Joaquín Bochaca

La Historia de los Vencidos

(El suicidio de Occidente)

Joaquín BOCHACA

(1931)

La Historia de los Vencidos

(El suicidio de Occidente)

1979

Publicado por

Omnia Veritas Ltd

www.omnia-veritas.com

PROLOGO 15

CAPITULO I 17

  VERSALLES 17

    El chantaje del bloqueo por hambre - El "Diktat" - La preparación de la futura guerra - *"Pacta sunt servanda... sic rebus stantibus"* - El *"Comité des Délégations Juives"* - Quién movía los hilos - Dos objetivos cumplidos. 17

    EL CHANTAJE DEL BLOQUEO POR HAMBRE 19
    EL "DIKTAT" 21
    LA PREPARACIÓN DE LA FUTURA GUERRA 29
    "PACTA SUNT SERVANDA... SIC REBUS STANTIBUS" 39
    EL "COMITÉ DES DÉLÉGATIONS JUIVES" 41
    ¿QUIÉN MOVÍA LOS HILOS...? 42
    DOS OBJETIVOS CUMPLIDOS 45

CAPITULO II 54

  EL COMUNISMO "RUSO" 54

    Un testimonio inaudito - Libro Blanco del Gobierno Británico - El Rapport Sisson - El testimonio del embajador Francis - El Rapport Simmons - El testimonio de Víctor Marsden - Los amos de Rusia en 1919 - El testimonio de Douglas Reed - El informe Ovennan - Las revelaciones de Robert Wilton - La Alta Finanza Judía y "Poale" - Una opinión de Sir Winston Churchill - El testimonio Homer - Un informe de Scotland Yard - Un dato de la Enciclopedia Británica - El testimonio del Cónsul Caldwell - El célebre vagón precintado - El testimonio Coty - El Gobierno británico, Vickers & Maxim y el asesinato de la familia imperial - Las revelaciones de Mrs. Williams y H. Gwynne - Testimonios de parte contraria - El terrorismo prerrevolucionario - El Embajador Morris - La consolidación del régimen soviético - El mito del antisemitismo soviético y el verdadero origen racial de Stalin - Libro Blanco del Gobierno Polaco - Las purgas de 1937 / 1938 - Las declaraciones de Theodor Butenko - La Komitern - Los verdaderos objetivos de Karl Marx. 54

    UN TESTIMONIO INAUDITO 56
    LIBRO BLANCO DEL GOBIERNO BRITÁNICO 59
    EL RAPPORT SISSON 60
    EL TESTIMONIO DEL EMBAJADOR FRANCIS 61
    EL RAPPORT SIMMONS 63
    EL TESTIMONIO DE VICTOR MARSDEN 64
    LOS AMOS DE RUSIA, EN 1919 65
    EL TESTIMONIO DE DOUGLAS REED 66
    EL INFORME OVERMAN 68
    LAS REVELACIONES DE ROBERT WILTON 68
    LA ALTA FINANZA JUDÍA Y "POALE" 69
    UNA OPINIÓN DE SIR WINSTON CHURCHILL 70

EL TESTIMONIO HOMER	71
UN INFOR ME DE SCOTLAND YARD	72
UN DATO DE LA ENCICLOPEDIA BRITÁNICA	72
EL TESTIMONIO DEL CÓNSUL CALDWELL	72
EL CÉLEBRE VAGÓN PRECINTADO	73
EL TESTIMONIO COTY	74
EL GOBIERNO BRITÁNICO, VICKERS & MAXIM, Y EL ASESINATO DE LA FAMILIA IMPERIAL	
	75
LAS REVELACIONES DE MRS. WILLIAMS Y H. GWYNNE	79
TESTIMONIOS DE PARTE CONTRARIA	80
EL TERRORISMO PRERREVOLUCIONARIO	84
EL EMBAJADOR MORRIS	87
LA CONSOLIDACIÓN DEL RÉGIMEN SOVIÉTICO	87
EL MITO DEL ANTISEMITISMO SOVIÉTICO Y EL VERDADERO ORIGEN RACIAL DE STALIN	
	91
LIBRO BLANCO DEL GOBIERNO POLACO	97
LAS PURGAS DE 1937-1938	98
LAS DECLARACIONES DE THEODOR BUTENKO	100
LA KOMINTERN	101
LOS VERDADEROS OBJETIVOS DE KARL MARX	113

CAPITULO III   **117**

DE LOCARNO A MUNICH   117

Francia invade Renania - El tratado de Locarno- Alemania, admitida en la Sociedad de Naciones - El Pacto Briand -Kellogg - Renania es devuelta a Alemania - La democracia alemana, asesinada en Occidente - Adolf Hitler sube al poder - Disolución de los partidos marxistas - Alemania se retira de la Sociedad de Naciones - Hitler pacta con Pilssudski - Consolidación del régimen hitleriano - Muerte de Hindenburg - la URSS ingresa en la Sociedad de Naciones - Alemania rec upera el Saar - El Pacto Franco-soviético - Hitler denuncia el pacto de Locarno y remilitariza Renania . El plan de paz hitleriano - La guerra de Abisinia - Tournée diplomática inglesa - Una oferta de Hitler, rechazada - La guerra de España - Cambio de decoración en Rumania y Yugoslavia - Bélgica vuelve a la neutralidad - El Pacto Antikomintern - La cuestión colonial - El fin del artículo 231 - El "Anchsluss" - El problema checoslovaco.   117

FRANCIA INVADE LA RENANIA	118
EL TRATADO DE LOCARNO	121
ALEMANIA ADMITIDA EN LA SOCIEDAD DE NACIONES	122
EL PACTO BRIAND -KELLOGG	123
RENANIA ES DEVUELTA A ALEMANIA	126
LA DEMOCRACIA ALEMANA, ASESINADA POR OCCIDENTE	127
ADOLF HITLER SUBE AL PODER	129

DISOLUCIÓN DE LOS PARTIDOS MARXISTAS — 130
ALEMANIA SE RETIRA DE LA SOCIEDAD DE NACIONES — 131
HITLER PACTA CON PILSUDSKI — 134
CONSOLIDACIÓN DEL RÉGIMEN HITLERIANO — 135
MUERTE DE HINDENBURG — 136
LA U.R.S.S. INGRESA EN LA SOCIEDAD DE NACIONES — 136
ALEMANIA RECUPERA EL SAAR — 137
EL PACTO FRANCOSOVIÉTICO — 138
HITLER DENUNCIA EL PACTO DE LOCARNO Y REMILITARIZA RENANIA — 140
EL PLAN DE PAZ HITLERIANO — 141
LA GUERRA DE ABISINIA — 142
TOURNÉE DIPLOMÁTICA INGLESA — 147
UNA OFERTA DE HITLER, RECHAZADA — 148
LA GUERRA DE ESPAÑA — 149
CAMBIO DE DECORACIÓN EN RUMANIA Y YUGOSLAVIA - BELGICA VUELVE A LA NEUTRALIDAD — 153
EL PACTO ANTIKOMINTERN — 154
LA CUESTIÓN COLONIAL — 154
EL FIN DEL ARTÍCULO 231 — 155
EL "ANSCHLUSS" — 156
EL PROBLEMA CHECOSLOVACO — 162

CAPITULO IV — 177

LA BARRERA POLACA — 177

El partido de la guerra - El caso de Ucrania y la "Drang nach Osten" - Las maniobras de Beck - El polvorín polaco - Cruz Gamada y estrella judía — 177

EL PARTIDO DE LA GUERRA — 178
EL CASO DE UCRANIA Y LA "DRANG NACH OSTEN" — 182
LAS MANIOBRAS DE BECK — 188
EL POLVORIN POLACO — 190
CRUZ GAMADA Y ESTRELLA JUDÍA — 200
"BOICOTEEMOS A LA ALEMANIA ANTISEMITA!" — 202

CAPITULO V — 223

EL SUICIDIO EUROPEO — 223

La misión de Doumenc - Intervención diplomática de Roosevelt - Tentativa de paz de S.S. Pío XII - ¡Bromberg! - Una última proposición de Berlín - Estalla la guerra mundial - La alternativa: ¿Berlín o Moscú? - Polonia se hunde en 17 días - La URSS apuñala a Polonia por la espalda - Fin de la campaña polaca - Dos ofertas de paz - La URSS ataca a Finlandia - Democracia y Becerro de Oro - Inglaterra y Francia contra los neutrales - Los métodos de la guerra total - Frente Occidental:

Decisión en cinco semanas - El Armisticio - El "Gaullismo" - Mers-el-Kébir y Dakar - La "gesta" de Dunkerque 223

LA MISIÓN DE DOUMENC 229
INTERVENCIÓN DIPLOMÁTICA DE ROOSEVELT 229
TENTATIVA DE PAZ DE S.S. PÍO XII 231
¡BROMBERG! 231
UNA ULTIMA PROPOSICIÓN DE BERLIN 234
ESTALLA LA GUERRA MUNDIAL 236
LA ALTERNATIVA: ¿BERLIN O MOSCU? 240
POLONIA SE HUNDE EN DIECISIETE DÍAS 247
LA U.R.S.S. APUÑALA A POLONIA POR LA ESPALDA 248
FIN DE LA CAMPAÑA POLACA 249
DOS OFERTAS DE PAZ 250
LA U.R.S.S. ATACA A FINLANDIA 251
DEMOCRACIA Y BECERRO DE ORO 251
INGLATERRA Y FRANCIA, CONTRA LOS NEUTRALES 253
LOS MÉTODOS DE LA "GUERRA TOTAL" 258
FRENTE OCCIDENTAL: DECISIÓN EN CINCO SEMANAS 264
EL ARMISTICIO 270
EL "GAULLISMO", MERS-EL-KÉBIR, Y DAKAR 272

CAPITULO VI 276

LA GUERRA DE ROOSEVELT 276

Esfuerzos para obtener la paz en Occidente - Italia entra en guerra - El "León" no se echa al agua - La "Operación Katherine" - "Una logia masónica que me olvidé de disolver..." - "Blitzkrieg" en los Balcanes - Los ingleses ocupan Islandia - La guerra en el mar - Montoire y la "colaboración" - Fracasos italianos en Africa del Norte - La misión de Rudolf Hess - Ocupación inglesa de Siria y el Líbano - Empieza la campaña antibolchevique - Las maniobras de un dictador democrático - Rockefeller y Roosevelt - El crimen de Pearl Harbour - Ocupación anglosoviética del Irán - Incremento de la guerra con los neutrales. 276

ESFUERZOS PARA OBTENER LA PAZ EN OCCIDENTE 276
ITALIA ENTRA EN GUERRA 277
EL "LEÓN" NO SE ECHA AL AGUA 278
LA "OPERACIÓN KATHERINE" 278
"UNA LOGIA MASÓNICA QUE ME OLVIDE DE DISOLVER..." 280
"BLITZKRIEG" EN LOS BALCANES 281
LOS INGLESES OCUPAN ISLANDIA 284
LA GUERRA EN EL MAR 285
MONTOIRE Y LA "COLABORACIÓN" 286
FRACASOS ITALIANOS EN AFRICA DEL NORTE 288

LA MISIÓN DE RUDOLF HESS	289
OCUPACIÓN INGLESA DE SIRIA Y EL LIBANO	291
EMPIEZA LA CAMPAÑA ANTIBOLCHEVIQUE	293
LAS MANIOBRAS DE UN DICTADOR DEMOCRÁTICO	297
ROCKEFELLER Y ROOSEVELT - EL CRIMEN DE PEARL HARBOUR	313
OCUPACIÓN A NGLOSOVIÉTICA DEL IRÁN	324
INCREMENTO DE LA GUERRA CONTRA LOS NEUTRALES	324

CAPITULO VII   **327**

LA "VICTORIA" DEL GENERAL INVIERNO   327

El General Invierno - Exitos de Rommel en Africa del Norte - La Guerra en el Oriente Medio - La Batalla del Atlántico - ocupación Británica de Madagascar - Ayuda masiva de Occidente a la URSS - Hasta las montañas del Cáucaso - El Alamein - Desembarco aliado en Africa del Norte - Stalingrado - La guerra subversiva - El rodillo ruso - Italia se tambalea - Desembarco aliado en Sicilia - El guiñol africano - De Moscú a Teherán, vía El Cairo - El Plan Morgenthau - Intensificación de la guerra aérea contra Europa - De Monte Cassino a Leros - Empieza el repliegue general en el frente del Este - Desembarco en Normandía - Las armas de represalia - Traicionado por todos - El último ataque de la Wehrmacht - De Gaulle en Moscú. Alianza con Stalin - Los soviéticos irrumpen en Alemania - El crimen de Dresde - Muerte de Roosevelt. Truman, nuevo Presidente - Los últimos estertores de Alemania - La personalidad de Hitler - La Democracia en acción en Italia - Hiroshima, Nagasaki y capitulación japonesa   327

EXITOS DE ROMMEL EN AFRICA DEL NORTE	330
LA GUERRA EN EL ORIENTE MEDIO	331
LA BATALLA DEL ATLANTICO	332
OCUPACION BRITANICA EN MADAGASCAR	334
AYUDA MASIVA DE OCCIDENTE A LA URSS	334
HASTA LAS MONTAÑAS DEL CAUCASO	335
EL ALAMEIN	336
DESEMBARCO ALIADO EN AFRICA DEL NORTE	336
STALINGRADO	339
LA GUERRA SUBVERSIVA	340
EL RODILLO RUSO	342
ITALIA SE TAMBALEA. DESEMBARCO ALIADO EN SICILIA	344
EL GUIÑOL AFRICANO	346
DE MOSCU A TEHERÁN VÍA EL CAIRO	348
EL PLAN MORGENTHAU	350
INTENSIFICACION DE LA GUERRA AEREA CONTRA EUROPA	352
DE MONTE CASSINO A LEROS	354
EMPIEZA EL REPLIEGUE GENERAL EN EL FRENTE DEL ESTE	355
DESEMBARCO EN NORMANDIA	357

LAS ARMAS DE LA REPRESALIA	358
TRAICIONADO POR TODOS	360
EL ULTIMO ATAQUE DE LA WEHRMACHT	365
DE GAULLE EN MOSCU. ALIANZA CON STALIN	366
LOS SOVIETICOS IRRUMPEN EN ALEMANIA	367
EL CRIMEN DE DRESDE	369
MUERTE DE ROOSEVELT.TRUMAN, NUEVO PRESIDENTE	371
LOS ULTIMOS ESTERTORES DE ALEMANIA	371
LA PERSONALIDAD DE HITLER	373
LA DEMOCRACIA EN ACCION EN ITALIA	378
HIROSHIMA, NAGASAKI Y CAPITULACION JAPONESA	378

CAPITULO VIII — **380**

PURIM 1945 — 380

Las trece razones de la sinrazón - La leyenda de los seis millones de judíos exterminados - La parodia jurídica de Nuremberg - La "liberación" de Europa. *Vae Victis* - Traición en Asia y nuevo Mapamundi. — 380

LAS TRECE RAZONES DE LA SINRAZON	380
I.-"LUCHAMOS EN DEFENSA DE LA INDEPENDENCIA POLACA" (Winston Churchill).	380
II.- "LUCHAMOS POR DEFENDER EL DERECHO DE LOS PEQUEÑOS PAISES A VIVIR SUS PROPIAS VIDAS". (Winston Churchill)	383
III.- "LUCHAMOS POR LA PAZ" (Lord Halifax)	385
IV.- "LUCHAMOS POR EL CUMPLIMIENTO DE LA PALABRA EMPEÑADA, Y CONTRA LA VIOLACION DE LOS TRATADOS INTERNACIONALES." (Sir Anthony Eden)	385
V.- "LUCHAMOS POR LA DEFENSA DE LOS PRINCIPIOS CRISTIANOS (Franklin D. Roosevelt)	386
VI.- "LUCHAMOS POR LA DEMOCRACIA" (Winston Churchill)	388
VII.- "LUCHAMOS POR LA SUBSTITUCION DE LA FUERZA BRUTA POR LA LEY COMO ARBITRO ENTRE LAS NACIONES" (Lord Halifax)	389
VIII.- "LUCHAMOS EN DEFENSA DE NUESTRA PROPIA SEGURIDAD" (Sir Anthony Eden)	392
IX.- "LUCHAMOS EN DEFENSA DE LA SAGRADA Doctrina QUE NOS ENSEÑA QUE TODOS LOS HOMBRES SON IGUALES DELANTE DE DIOS (Franklin D. Roosevelt)	394
X.- "LUCHAMOS EN DEFENSA DEL DERECHO DE LOS PUEBLOS A DISPONER DE SI MISMOS" (Franklin D. Roosevelt)	395
XI.- "LUCHAMOS CONTRA EL IMPERIALISMO Y LA OPRESION DE LOS PUEBLOS" (Joseph Djugaschvili (a) Stalin)	395
XII.- LUCHAMOS POR LA LIBERTAD DE COMERCIO... Y POR LA LIBRE NAVEGACION EN TODOS LOS MARES" (Sir Anthony Eden)	399
XIII.- "LUCHAMOS POR LA LIBERTAD" (Winston Churchill)	400

LA SINCERIDAD DE CHURCHILL	401
LA LEYENDA DE LOS SEIS MILLONES DE JUDIOS EXTERMINADOS	402
LA PARODIA JURIDICA DE NUREMBERG	423
LA "LIBERACION" DE EUROPA. ¡VAE VICTIS!	428
TRAICION EN ASIA Y NUEVO MAPAMUNDI	442

CAPITULO IX   **449**

    LA "DESCOLONIZACION"   449

        Ayuda técnica y militar a la URSS. La O.N.U. - El Estado de Israel - Anticolonialismo, neocolonialismo y "tercer mundo" - Oriente Medio - Egipto - Etiopía - Sudán Anglo-Egipcio - Somalia - Libia - Mascate - India - Indochina - Birmania - Indonesia - Filipinas - Malasia y Sarawak - Afganistán - Nueva Guinea Occidental - Guayana Británica - Antillas Británicas - Chipre - Túnez - Marruecos - El discurso de Brazzaville y el Africa Negra Francesa - Madagascar - Congo Belga - El "caso" de Argelia - El abandono del Africa Británica - · El reducto sudafricano - Angola, primera etapa de la conspiración contra Portugal - El buen colonialismo - El "antirracismo". De Budapest al "Deep South" - El asesinato de Kennedy, la cuestión racial y la mala fe de la Desinformación   449

AYUDA TECNICA Y MILITAR A LA URSS	449
LA O.N.U.	453
ANTICOLONIALISMO, NEOCOLONIALISMO Y "TERCER MUNDO"	463
ORIENTE MEDIO	466
EGIPTO	466
ETIOPIA	470
SUDAN ANGLO-EGIPCIO	471
SOMALIA	471
LIBIA	471
MASCATE	471
INDIA	472
SRI LANKA (EX CEILAN)	473
INDOCHINA	474
BIRMANIA	475
INDONESIA	475
FILIPINAS	476
MALASIA Y SARAWAK	476
AFGANISTAN	476
NUEVA GUINEA OCCIDENTAL	477
GUAYANA BRITANICA	478
ANTILLAS BRITANICAS	478
CHIPRE	478
TUNEZ	479
MARRUECOS	479

EL DISCURSO DE BRAZZAVILLE Y EL AFRICA NEGRA FRANCESA	*480*
MADAGASCAR	*481*
CONGO BELGA	*481*
EL "CASO" DE ARGELIA	*482*
EL ABANDONO DEL AFRICA BRITANICA	*484*
EL REDUCTO SUDAFRICANO	*487*
ANGOLA, PRIMERA ETAPA DE LA CONSPIRACION CONTRA PORTUGAL	*491*
EL "BUEN" COLONIALISMO	*492*
VENEZUELA	*493*
ARGENTINA	*494*
REPUBLICA DOMINICANA	*494*
CHILE	*496*
EL ANTIRRACISMO DE BUDAPEST AL "DEEP SOUTH"	*496*
EL ASESINATO DE KENNEDY, LA CUESTION RACIAL Y LA MALA FE DE LA DESINFORMACION	*508*

CAPITULO X — **512**

   LA GUERRA IDEOLOGICA — 512

      La guerra ideológica - Guerra subversiva y espionaje soviético - Las posiciones clave del poderío mundial de Israel - ¿Qué es el comunismo? — 512

   LA GUERRA IDEOLOGICA — *512*

   GUERRA SUBVERSIVA Y ESPIONAJE SOVIETICO — *521*

BIBLIOGRAFÍA — **533**

   OMISIONES — 538

OTROS LIBROS PUBLICADOS POR OMNIA VERITAS — **539**

Si nuestro país fuera derrotado, desearía que encontráramos un campeón tan indomable como el señor Hitler para restaurar nuestro coraje y conducirnos otra vez al lugar que nos corresponde entre las naciones.

Los que se han encontrado con el Señor Hitler cara a cara en asuntos públicos o en términos sociales han podido apreciar que se trata de un político altamente competente, ponderado, bien informado, de modales agradables y una desarmante sonrisa.

"El genio romano, encarnado por Mussolini, el más grande de los legisladores modernos, ha enseñado a muchas naciones cómo puede resistirse el asalto del Comunismo y ha indicado la ruta que un país puede seguir cuando es valerosamente conducido."

"Con el régimen fascista, Mussolini ha establecido un centro de orientación a partir del cual los países enzarzados en la lucha con el Comunismo deben encontrar la salvación.

Mussolini ha señalado a los pueblos que sufren bajo la influencia marxista el camino para escapar a la catástrofe que les amenaza".

PROLOGO

Este no es un libro en defensa de Alemania. Es un libro en defensa de la Verdad. Tampoco es un libro "antisemita" sea lo que fuere lo que se intente evocar con esa palabra equívoca. Es una denuncia, ya formulada antes por otras personas fuera de España, y muy pocas y muy parcialmente en España, contra ciertos individuos y ciertas Fuerzas. Si la abrumadora mayoría de los individuos sirviendo a tales Fuerzas resultan pertenecer a un grupo racial determinado, ello no es culpa del Autor, sino de la naturaleza de las actividades de tales individuos.

El Autor tiene plena conciencia de que muchas de las aseveraciones contenidas en este libro sorprenderán al lector. Pero, como puede comprobarse en la referenciación y bibliografía de esta obra, se ha procurado siempre, buscar la prueba de parte contraria, o, al menos, el testimonio de personas absolutamente neutrales en relación a cada caso o situación planteados.

Algunas personas piensan que esta Edad de la Democracia Liberal o Popular es la más adecuada a la naturaleza del Hombre (o del Ciudadano, o del "Camarada"), que vive en el mejor de los mundos posibles. Una opinión bien panglossiana. Esas mismas personas gustan de pensar "¡el confort intelectual antes que nada!" que las guerras, revoluciones y catástrofes que continuamente se producen en este Planeta feliz no son más que accidentes, sin autores que los produzcan, ni Fuerzas que los canalicen...

En este libro se sostiene una opinión contraria; una opinión basada en el principio de causalidad. Y además, basada en hechos y en citas procedentes del campo "liberal", no en teorías ni en frases entresacadas de discursos de Hitler, de Mussolini... o del noventa y cinco por ciento "como mínimo" de los celtibéricos profesionales de la pluma hasta mediados de 1943. Las conclusiones del Autor serán consideradas como contrarias al Viento de la Historia y, desde luego, como opuestas a la Coexistencia y a la Paz... ¡Como si fuera posible la Paz sin la Justicia! Por qué, ¡oh, ironía!, los feroces belicistas de 1939, los decididos a luchar ó por Dantzig "hasta la última gota de la sangre de los demás" son, ahora, los exégetas patentados e involuntariamente humorísticos del Marxismo Evolutivo, que interpretan un bototazo de Krutschev o una "boutade" de Kossygin como un síntoma de deshielo.

No; tal vez no sea este libro una contribución a la sedicente Causa de la Paz. Pero el Autor sustenta la anticuada opinión de que hay, por lo menos, dos cosas que justificarán, siempre, una guerra y mil guerras... por lo menos mientras el *Homo sapiens* tenga cerebro, corazón y sexo. Una de ellas es la Injusticia... Y la otra, la "Pax Soviética".

Joaquín Bochaca

CAPITULO I

VERSALLES

El chantaje del bloqueo por hambre - El "Diktat" - La preparación de la futura guerra - *"Pacta sunt servanda... sic rebus stantibus"* - El *"Comité des Délégations Juives"* - Quién movía los hilos - Dos objetivos cumplidos.

> *El Tratado de Versalles es un dictado de odio y de latrocinio*
> (STALIN)

Cuando el 11 de noviembre de 1918 se firmó el Armisticio en Compiégne fue con la condición explícitamente aceptada por los países Aliados de que, en el subsiguiente tratado de paz se aplicarían los catorce puntos de Wilson, solemnemente proclamados como finalidad de guerra de los Estados de la Entente.

Las circunstancias bajo las cuales el Armisticio fue firmado deben ser tenidas muy en cuenta. El Alto Mando alemán no solicitó el Armisticio por que sus ejércitos hubieran sido derrotados. En el transcurso de los cuatro años que duró la guerra, las tropas alemanas y austrohúngaras lucharon siempre en territorio extranjero; en Bélgica, Francia, Italia, Serbia, Rumania, Grecia. Rusia... Los Ejércitos Centrales nunca fueron vencidos en el campo de batalla, ni siquiera en Verdún, donde la heroica resistencia de los franceses hizo fracasar la ofensiva de Von Falkenhayn, pero sin que en el contraataque que siguió pudieran los galos obtener ventaja alguna. El Gobierno alemán solicitó el Armisticio por que los grupos "espartakistas" y comunistas de Rosa Luxembourg y Liebknecht estaban convirtiendo la retaguardia alemana en un campo de batalla y amenazaban con desatar una revolución generalizada del mismo tipo que la sobrevenida en Rusia un año atrás. Por otra parte, la entrada en guerra de los Estados Unidos convertía en problemática una rápida victoria germánica, y una victoria rápida era imprescindible si se quería evitar que la amenaza bolchevique interior degenerara en un cáncer imposible de controlar. Berlín pidió el Armisticio sobre la base del programa de Wilson, esto es, de una "paz sin vencedores ni vencidos", para poder dedicar todo el peso de su esfuerzo contra el bolchevismo interior y el que se insinuaba, amenazador, en las fronteras orientales del Reich.

El Armisticio fue firmado como preludio de una paz negociada. Es extremadamente importante tener bien presente este hecho, porque un Armisticio acordado en tales condiciones es muy diferente de una rendición incondicional.

"La guerra no debe terminarse con un acto de venganza. Ninguna nación, ningún pueblo deben ser robados o castigados. Ninguna anexión, ninguna contribución, ninguna indemnización." Éstas sabias y generosas fórmulas, que hicieron que el ingenuo Estado Mayor alemán depusiera las armas, creyendo en la palabra de honor y en las promesas de los estadistas aliados, promesas ratificadas bajo firma en el Armisticio de Compiégne, constituyeron, sin duda alguna, el mayor crimen político de la Historia de Europa y prepararon con matemática certeza, la siguiente conflagración mundial.

Bien sabido es que el vencedor se arroga todos los derechos y que dicta la paz. A pesar de todas las fórmulas altisonantes, eslóganes más o menos manidos para narcotizar incautos y reclutar carne de cañón, los "tratados" de paz no son más que la continuación de la guerra por medios diplomáticos, y su finalidad no es determinada por una especie de "justicia inmanente", sino por el objetivo perseguido por las potencias vencedoras.

No obstante, conviene recordar que, en 1871, al final de la guerra francoprusiana, que terminó con la más completa derrota francesa, el canciller Bismarck no exigió más que la devolución de AlsaciaLorena y una módica reparación de guerra. Alemania no le robó ningún territorio a Francia[1] ni creó, a su alrededor, un "cordón sanitario" de estados artificiales y hostiles, ni la forzó a "reconocer", bajo el chantaje del bloqueo por hambre, su "exclusiva culpabilidad"

---

[1] Los territorios de Alsacia y Lorena habían sido anexados por Francia. haciendo caso omiso de todos los tratados anteriores, después de 800 años de formar parte de estados germánicos. He aquí los nombres, tan franceses, de las poblaciones alsacianas de más de cinco mil habitantes: Strasbourg, Mulhausen, Reichshoffen, Pechelbronn, Wissenbou Thann, Savern Haguenau Huningen. Pablsboutg. Colmar, Altkirch, Sohirmeck, Schiltigheim Gtxebwiller, Brischen, Rrumath, Munster. Bitche, Merlebach, Niederbronn, Saarabbe. (N. del A).

en el desencadenamiento de la guerra. Alemania no atentó contra el rico e indefenso imperio colonial francés; antes bien, aún facilitó a Francia la posibilidad de una expansión colonial a fin de que se resarciera de sus pérdidas en Europa y recompusiera su prestigio de gran potencia... Sesenta años atrás, cuando el primer Napoleón fue derrotado por una coalición de la que las germánicas Prusia y Austria formaban parte preponderante, Metternich fue el mejor abogado de Talleyrand frente a las exigencias inglesas, y Francia, inerme y a merced de una poderosa coalición de vencedores, fue respetada en la integridad de su territorio metropolitano. Pero la xenófoba actitud de los políticos de París, rencorosos hasta el ridículo, contribuyó poderosamente, en 1918 - con el apoyo de una Inglaterra antieuropea y una Norteamérica desconocedora de los problemas de nuestro continente - a la eclosión del llamado "Tratado de Versalles", uno de los documentos más inicuos que fueron jamás rubricados por representantes de naciones civilizadas.

EL CHANTAJE DEL BLOQUEO POR HAMBRE

En el Armisticio de Compiégne los vencedores estipularon que el Tratado de Paz debería firmarse dentro de un plazo de treinta y seis días, notoriamente insuficiente para resolver todos los problemas planteados. Cada prolongación del estado de Armisticio debía ser comprada por Alemania con nuevas concesiones: entregas de carbón, de material ferroviario, de productos alimenticios, de patentes de invención, de maquinaria... Entre tanto, los revolucionarios de Alemania alentados y subve ncionados desde fuera desencadenan una serie de revueltas que obligan a la Wehrmacht a dedicarles toda su atención. Puede afirmarse que, sin la acción de los bolcheviques a finales de 1918, y en vista del engaño que se insinuaba, el Estado Mayor alemán habría continuado las hostilidades. En Compiégne, Alemania había firmado un Armisticio sobre la base de los puntos de Wilson, es decir, prácticamente, una pazempate. Pero entre Compiégne y Versalles, la Entente falta a sus compromisos, se aprovecha - alentánd ola óde la Revolución bolchevique en Alemania, y del tiempo ganado, que permite la llegada de nuevos contingentes norteamericanos a Francia, y modifica fundamentalmente la situación a su favor. En noviembre de 1918, cuando se firma el Armisticio de Compiégne, el Ejército alemán invicto, puede oponerse a una abusiva explotación de la victoria aliada. Pero en febrero de 1919, la Wehrmacht debe luchar en el frente interior contra los rojos y, por otra parte, la Entente ha ganado un tiempo precioso. Londres y París - y ciertas fuerzas internacionales que se mueven entre bastidores - explotarán el nuevo estado de cosas.

El chantaje aparece crudo y descarnado cuando Inglaterra y Francia deciden iniciar el bloqueo por hambre para apoyar sus exigencias, cada vez más desorbitadas. Winston Churchill, primer Lord del Almirantazgo, declara:

"Continuemos practicando el bloqueo por hambre con todo su rigor. Alemania está a punto de perecer de hambre. Dentro de muy pocos días estará en pleno colapso... entonces será el momento de tratar con ella"[2].

Unos días después, Alemania debe entregar toda su flota mercante a Inglaterra. La flota de guerra seguiría unos días después. Francia, por su parte exige el desmantelamiento de centenares de fábricas, y destruye todo lo que no puede llevarse.

En vano el mariscal Haig, comandante supremo de las fuerzas británicas aconseja poner fin a los abusos y no herir sin necesidad la dignidad del pueblo alemán. Lloyd George, Churchill y su "clique" le recuerdan que sus deberes de militar terminaron con el "alto el fuego". Ahora la palabra es de los políticos, que incluso empiezan a pelearse entre ellos por el derecho a la mayor cantidad posible de despojos del vencido. Es imposible imaginar una más cínica violación de unos acuerdos rubricados solemnemente. La Cruzada del Derecho y la Democracia se ha transformado en un Patio de Monipodio. Los acuerdos de Compiégne ya no cuentan para nada. Clemenceau proclamará, sin ambages: "Los acuerdos pasan, pero las naciones quedan".

Pero hay que adoptar una apariencia de legalidad. Hay que convencer al hombre de la calle de que, siendo Alemania culpable de la guerra, justo es que sobre sus hombros caigan todas las cargas de la misma. Por eso en el "tratado" se incluye una cláusula que dice: "Las potencias aliadas declaran, y el Gobierno alemán solemnemente admite, que la culpabilidad total en el desencadenamiento de la guerra incumbe a Alemania".

El conde BrockdorffRantzau, jefe de la Delegación alemana en Versalles,

---

[2] Declaración ante la Cámara de los Comunes, 3-III-1919.

abandona su puesto, alegando que su concepto del honor le impide apoyar, con su firma, una tal enormidad.

Pero nuevamente Inglaterra y Francia amenazan con una reanudación del bloqueo y la ocupación "sine die" de territorios que, incumpliendo los acuerdos del Armisticio de Compiégne, han invadido, sobre todo en Renania y Baviera.

Von Haniel, sustituto de Brockdorff Rantzau, anuncia que "Alemania se doblegará a todas las exigencias de sus enemigos: algunas de las cláusulas del Tratado sólo han sido incluidas para humillar a Alemania y a su pueblo. Nos inclinamos ante la violencia de que somos objeto por que después de todo lo que hemos sufrido, no disponemos ya de ningún medio para contestar. Pero este abuso de la fuerza no puede empañar el honor de Alemania".

Ciertos juristas de ocasión se rasgarán, años más tarde, sus democráticas vestiduras cuando Hitler, solemnemente, declare nula la cláusula de la culpabilidad exclusiva de Alemania en la primera hecatombe mundial.

EL "DIKTAT"

El 28 de junio de 1919, forzada por el chantaje del ha mbre y la ocupación militar extranjera, Alemania ponía su firma al pie del Tratado de Versalles. Otros cuatro "diktats" eran impuestos a Turquía, Hungría, Austria y Bulgaria: los de Sévres, Trianon, Saint Germain y Neuilly.

Los vencedores no sólo incumplieron su palabra, empeñada en Compiegne, sino también el preámbulo y articulado del Pacto de la Sociedad de Naciones, redactado el 28 de abril de 1919. A pesar de que los países de la Entente se habían comprometido a "no llevar a cabo una política de anexiones" y habían solemnemente declarado que "ningún territorio será separado de otro si no es con la expresa voluntad y aquiescencia de sus habitantes".

a) Francia se anexionó el Reichland (Alsacia Lorena) con 14.500 km^2 y 1.950.000 habitantes.

b) Bélgica se incorporó las comarcas de Eupen, Moresnet, Malmedy y St. Vith, con 1300 km^2 y 130.000 habitantes.

c) El territorio de Memel (2.150 km^2 y 141.000 habitantes) fue separado del

Reich y administrado por Francia como territorio autónomo, hasta que en 1924 la Sociedad de las Naciones se lo atribuyó a Lituania.

d) Dinamarca se anexionó el Schleswig del Norte, con 4.200 km² y 75.000 habitantes.

e) Polonia, estado inexistente desde 1795, fue resucitada por Clemenceau, con la única finalidad de completar el cerco de Alemania con países hostiles a ella. Con el único objeto de fortalecer al "gendarme" polaco, se le regalaron territorios tan indiscutiblemente germánicos como Sudaneu (550 km² y 30.000 habitantes); Posen (26.000 km² y 1.900.000 habitantes); Alta Silesia, riquísima región minera (3.300 km² y un millón de habitantes); Soldau (500 km² y 35.000 habitantes); más una porción de la Prusia Occidental, con el control efectivo de la teóricamente "Ciudad Libre" de Dantzig (17.700 km² y 1.300.000 habitantes).

f) Checoslovaquia, otra invención de los versallescos aprendices de brujos, recibió el territorio de los Sudetes (unos 15.000 km²) que contenía unos 3.200.000 alemanes.

g) El territorio del Saar fue colocado bajo administración francesa, con la condición de que, al cabo de "un cierto tiempo", se consultaría democráticamente a los habitantes sobre si deseaban formar parte de la República francesa o bien preferían reincorporarse al Reich. Francia explotaría esa rica región minera durante catorce años. En 1933, la inmensa mayoría de los votantes se decidieron por el retorno a la soberanía alemana, pese a las medidas policiacas arbitradas por París para tratar de quedarse con el Saar por el cómodo sistema de la prescripción histórica.

h) La Renania fue ocupada, unilateralmente, por tropas francesas, desde diciembre de 1918 hasta mediados de 1920 y, posteriormente, otra vez, en 1923, en dos incursiones de rapiña y saqueo que fueron calificadas por Sir John Simon, ministro británico de Asuntos Exteriores, de piratería. El "diktat" autorizaba a Francia a estacionar tropas en Renania durante tres años, para controlar la producción de acero y, a la vez, como garantía del pago de las reparaciones de guerra.

i) Basándose en el tan cacareado "der echo de los pueblos a disponer de sí mismos", la antigua monarquía de Austria Hungría, piedra básica de centroeuropea, fue desmembrada, si bien en ningún caso se consultó a las poblaciones interesadas sobre la orientación que deseaban dar a su destino. Violando, por enésima vez, sus propios principios y promesas, incumpliendo el articulado del Pacto de la Sociedad de Naciones, creado por ellos mismos, los estadistas democráticos se sacaron de su manga de prestidigitadores un nuevo naipe: Yugoslavia, que englobó los territorios de Montenegro, Croacia, Eslovenia, Bosnia, el Bánato - arrebatado a Hungría ó, Macedonia Occidental, Herzegovina, Serbia[3], la Estiria del Sur y porciones de Carintia y Carniola, con una población germánica de casi doscientos mil habitantes y una extensión de 2500 km².

j) Para contentar al aliado italiano, se le concedieron los dos puertos austrohúngaros del Adriático, Fiume y Trieste, atropellando, una vez más, el derecho de la libre disposición de los pueblos.

k) El Tirol del Sur, con mayoría de población austroalemana, fue atribuido a Italia.

l) Tracia fue arrebatada a Bulgaria en beneficio de Grecia.

m) A pesar de su mayoría de población magiar, y en contra del deseo expreso de ésta (manifestado en la Dieta de Carlsberg, de 1º de diciembre de 1918), Transilvania fue adjudicada a Rumania. Sin consultar al "pueblo soberano" le fueron, también, atribuidas a Rumania la Besarabia y la Bukovina, así como los dos tercios del Bánato (el tercio restante fue para Yugoslavia).

n) El imperio otomano fue reducido a su núcleo de Anatolia, más Estambul y una pequeña área anexa, en el continente europeo.

o) Para contentar al aliado griego, se le adjudicó el territorio de Argyro Castro, en Albania, más como Italia consideraba que sus hazañas en la Cruzada del Derecho y la Democracia no habían sido suficientemente bien pagadas en el Adriático, los albaneses debieron cederles - huelga decir, que sin consulta popular - el territorio de Vallona.

p) A pesar de que Lituania, Letonia y Estonia eran países que habían sido paulatinamente ganados para Europa merced al concurso del genio germánico que en diversas ocasiones neutralizó la influencia eslava que amenazaba desbordarse en el Báltico, y sin tener en cuenta que el Tratado de Brest Litovsk la Dieta de Wilna

---

[3] La defensa de Serbia fue el pretexto oficial de la Entente para «su» guerra. Y, vencedoras las democracias, Serbia pierde su libertad, al ser integrada, por fuerza, en el amorfo conglomerado yugoslavo. También en 1939 se haría la guerra por Polonia y, al llegar la Victoria, los polacos se convertirían en satélites soviéticos. (N. del A.)

reconocían a Lituania y Letonia como parte integrante del Reich, el Tratado de Versalles decidió, unilateralmente, la independencia de esas tres inviables repúblicas del Báltico.

q) Eslovaquia, a pesar del deseo notorio de sus habitantes de obtener la independencia nacional, había sido incluida, por fuerza, en el "Estado checoslovaco", cuya población checa, que representaba algo más del tercio del total, dominaba a los dos tercios restantes - apoyándose en las cláusulas de Versallesó, compuestos de alemanes, eslovacos, ucranianos y húngaros.

Estas son, a grandes rasgos, las alteraciones territoriales promovidas por el Tratado de Versalles y sus anexos. La fisonomía de Europa fue desfigurada por una buena treintena de golpes de bisturí, que crearon otros puntos de fricción entre la mayor parte de los países del Viejo Continente. Por otra parte, la balcanización general - siete nuevos estados independientesó añadía una pincelada más al cuadro del desorden el desconcierto generales. Se crearon "ex nihilo" nuevas naciones, como Checoslovaquia y Yugoslavia. Se resucitaron otras, como Polonia, Lituania, Letonia y Estonia... pero se olvidaron viejas naciones auténticas, como Ucrania, Macedonia, Eslovaquia y Croacia... En algunos casos, y en un intento de cubrir las apariencias, los vencedores pretendieron justificar sus anexiones mediante la celebración de plebiscitos falaces. En la Alta Silesia, por ejemplo, se procedió a la expulsión de los alemanes de aquella región, y luego se consultó a los componentes de la minoría polaca y a las tropas de ocupación de Pilssudski si deseaban integrarse en el nuevo Estado polaco. En el Schleswig, los partidarios de continuar formando parte del Reich obtuvieron la victoria en las elecciones - controladas por tropas coloniales francesas - por 97.000 votos contra 69.000. Entonces, a propuesta de Clemenceau, la Comisión de Embajadores encargada de la interpretación de los resultados del escrutinio trazó, arbitrariamente, dos zonas: Norte y Sur, adjudicando la segunda a Alemania y la primera a Dinamarca.

La vieja política francesa, consistente en crear estados imaginarios e inviables alrededor de Alemania, tuvo su culminación en Versalles: aparte de desenterrar al viejo fantasma polaco y de inventarse dos monstruos de la geopolítica Checoslovaquia Y Yugoslavia, a los que se cebaba con extensos territorios de población con mayoría germánica, Francia se instalaba en la orilla izquierda del Rin, con las miras puestas en el Saar y la Renania, y se entregaban más tierras alemanas a Dinamarca y Bélgica, transformándolas "volens nolens", en enemigas naturales de Alemania. Holanda debía, igualmente, formar parte del anillo antialemán, según los planes de Clemenceau. En efecto, el viejo "Tigre", tan generoso con las posesiones de los demás, quería entregar la comarca de Ems a los holandeses, pero éstos renunciaron a ese "regalo envenenado".

A pesar de que Inglaterra y Francia "no hacían una guerra de anexiones" - según frase del Premier Asquith - se repartieron el imperio colonial alemán y las posesiones otomanas en Africa y el Oriente Medio, sin preocuparse poco ni mucho de consultar democráticamente a los colonos blancos ni a las poblaciones indígenas interesadas. Diversos estadistas británicos, Asquith, Chamberlain, Bonar Law y Lloyd George entre otros habían públicamente prometido que Inglaterra no dirigía una guerra de conquistas. Lord Asquith había declarado, en la Cámara de los Comunes: "No deseamos aumentar la carga de nuestro imperio, ni en superficie territorial, ni en responsabilidades"[4].

El despojo de las colonias alemanas representaba una nueva violación de los acuerdos del Armisticio y, concretamente, del 2º punto de Wilson, en que se estatuía que "pueblos y provincias no deben pasar de una soberanía a otra como apuestas que se pierden o se ganan sobre una mesa de juego, en la cual se ventila el equilibrio de los poderes interiores".

He aquí cómo Inglaterra "aumentó las cargas de su imperio en superficie territorial y en responsabilidades", faltando para ello a su palabra empeñada:

a) Africa del Sudoeste alemana, atribuida en calidad de mandato a la Unión Sudafricana, entonces miembro de la Commonwealth. Territorio de 822.876 km^2, Con riqueza ganadera y yacimientos de oro, diamantes, cobre y uranio.

b) Africa Oriental alemana (la actual Tanganyika), con 935.000 km^2 y una población indígena de 5.500.000 habitantes. Pasó bajo soberanía británica en calidad de mandato.

c) Togo Meridional y Camerún del Sur, con un total de 280.000 km^2 Territorios colocados bajo tutela británica por decisión de la Sociedad de Naciones.

---

[4] Declaración ante la Cámara de los Comunes, 2-X-1915.

d) Nueva Guinea alemana, más los archipiélagos vecinos, Bismarck, Salomón, Nueva Hannover, Bougainville, Lincoln e Islas del Káiser, atribuidos, en calidad de mandato, a Australia, miembro del Reino Unido. Extensión total de éstos territorios: 240.000 km^2

e) Archipiélago de la Samoa, anexionado por la Gran Bretaña, en calidad de mandato de Nueva Zelanda, 2.700 km^2

f) Egipto, arrebatado a la soberanía otomana y colocado bajo tutela británica: 995.000 km^2

g) Chipre, igualmente sustraído al imperio otomano; 9.300 km^2

h) Palestina, anexionada en calidad de mandato: 23.500 km^2

i) Mesopotamia (Irak), arrebatada, como Palestina, al imperio otomano, y declarada mandato del Reino Unido, 375.000 km^2

En conjunto, pues, el imperio británico, abanderado de la democracia y defensor patentado del Derecho Internacional, "aumentó las cargas y responsabilidades de su imperio "con 3.700.000 km^2 de territorios, de los cuales 2.280.500 fueron arrebatados a Alemania y 1.419.500 a Turquía.

El imperio francés, por su parte, se avino a aumentar, también, las "cargas" de su imperio en 681.500 km^2, de los cuales 485.000 procedían del despojo del Camerún y el Togo, arrebatados a Alemania, y los otros 196.500 del Líbano y Siria, anteriormente partes integrantes del imperio Otomano.

La liquidación del imperio colonial alemán se consumó con la entrega del archipiélago de las Carolinas así como la región de Shantung, en China continental al Japón, y del territorio de Ruanda Urundi, en el Africa Central, a Bélgica.

Mencionemos que ni una sola de esas anexiones se realizó previa consulta democrática de las poblaciones interesadas, a las que se trató "como apuestas que se pierden o se ganan sobre una mesa de juego". Al igual que en el caso de las modificaciones territoriales europeas, la liquidación de los imperios coloniales alemán y otomano se llevó a cabo pisoteando los principios por los cuales los Aliados decían haber hecho la guerra y se había n comprometido a respetar.

El punto IV de Wilson, referente al desarme general, fue incorporado al Tratado de Versalles, pero en la práctica, sólo se aplicó a los vencidos. Al Reich se le autorizaba un Ejército de cien mil hombres, sin aviación, prácticamente sin flota de guerra, y sin armas pesadas. El Ejército alemán representaba, así, una décima parte del Ejército polaco. Por su parte, Francia se negó al desarme y los demás países democráticos, sin negarse oficialmente a ello, no sólo no desarmaron, sino que aún incrementaron su potencial bélico, y continuaron guerreando alegremente en los Balcanes, en Rusia, en Ucrania, en el Lejano Oriente, en Palestina y, en general, allí donde les convino.

Alemania, sola y desarmada en medio de un anillo de estados hostiles. Con el peligro bolchevique en el Este, y otro, de la misma naturaleza, y más peligroso, si cabe, dentro de casa. Con una Polonia xenófoba y envalentonada a un lado, y un Ejército de ocupación francés en el otro. No era esto lo convenido cuando el "alto el fuego"; no era esto la expresión de los "nobles ideales" por los cuales docenas de pueblos habían sido arrastrados a la guerra...

Esto no era una "paz sin vencedores ni vencidos"[5], como tampoco era una "paz sin contribuciones ni indemnizaciones" según se había convenido en Compiégne. Se obligó a Alemania a cargar con los gastos de reconstrucción de las regiones que había ocupado militarmente en Francia, Bélgica y Rumania. Esto, más o menos, podía defenderse. Lo que ya no podía defenderse tanto es que se incluyeran, en las reparaciones, los daños causados por los propios franceses en Alsacia Lorena. Y lo que ya no tenía ninguna justificación, moral o jurídica, era que se hicieran pagar al Reich los daños de guerra sufridos por las poblaciones civiles de las regiones no ocupadas. Esto era un abuso. Pero, no contentos con el abuso repetido, los democráticos campeones de la libertad y de la propiedad privada forzaron a Alemania a pagar los gastos de las tropas de ocupación en su propio territorio. El alemán tenía que trabajar para poder pagar el sueldo del senegalés que se hospedaba en su casa[6].

En Versalles no se fijó la suma total de las reparaciones que Alemania debía pagar, sino que se encomendó esa misión a una conferencia ulterior. Mientras economistas y expertos calculaban sabiamente lo que Alemania podría pagar en los siguientes cuarenta o cincuenta años, la sórdida cuestión de las reparaciones se

---

[5] Mensaje de Woodrow Wilson al Senado, el 21-1-1917.
[6] Los bien conocidos abusos de las tropas coloniales francesas, benévolamente tolerados, cuando no fomentados, por las autoridades Aliadas de ocupación, fueron reconocidos por la prensa francesa de la época, con las publicaciones izquierdistas en cabeza. (N. del A).

convirtió en un arma electoral, en una subasta política. En Inglaterra Bonar Law prometió a sus electores que, si tenían el supremo acierto de votar por él, se harían pagar a Alemania no menos de cuatrocientos mil millones de marcos oro. Inmediatamente Lloyd George anunció que si el electorado tenía el buen gusto de votar por él, Alemania debería pagar cuatrocientos ochenta mil millones de marcos. Esto obligó a Bonar Law a subir hasta el medio billón. En Francia, Loucheur pujó hasta los ochocientos mil millones. Naturalmente, esa subasta sólo podía terminar con la victoria del bien conocido genio financiero judío: "Le boche payera tout", dijo Simon Klotz, ministro de Finanzas con Poincaré".

Las promesas de Wilson, las convenciones de Compiégne, y el articulado de la Sociedad de Naciones fueron arrojados a la basura. El hecho de no avenirse a fijar la cantidad que se exigiría a Alemania es la mayor prueba de las verdaderas intenciones de los vencedores. Así se reservaban el "derecho" de aplicar más sanciones a los vencidos en el caso de que éstos no cumplieran, o no pudieran cumplir, lo "pactado". Y "lo pactado" era cualquier cifra demencial que pudiera ocurrírsele a un "defensor del derecho" en plena campaña electoral. Francia fue quien, más que nadie, impidió se fijara una cifra concreta. Sus intenciones las revelaría con arrolladora franqueza Poinc aré:

"Lamentaría sinceramente que Alemania pagara. Prefiero la ocupación y la conquista a embolsar el dinero de las reparaciones"[7].

Por fin, el 27 de abril de 1921, la comisión de reparaciones fijó, mayestáticamente, la cifra que Alemania debía pagar: 137.600.000.000 de marcos oro. La negativa alemana a aceptar tal astronómica cifra fue contestada con un ultimátum de Londres, el 5 de mayo de 1921, según el cual, si el Reich no reconocía esa deuda, la flota anglofrancesa reanudaría el bloqueo de Alemania, y la permanencia de los ejércitos de ocupación en suelo alemán se prolongaría sine die.

Peter Kleist escribe, a propósito de las sedicentes reparaciones de guerra:

"La suma de 132.000000.000 de marcos oro, más los 5.600 millones para pagar las deudas de guerra belgas, representaba, en total, el cuádruplo de las reservas de

---

[7] Conferencia de Prensa del 27-VII-1922

oro mundiales. Se correspondía, aproximadamente, con la totalidad de los bienes alemanes del año 1914. Era treinta y cuatro veces mayor que las contribuciones francesas del año 1871"[8] y eso que el Canciller de Hierro nunca pretendió que hacía la guerra "por el derecho" o "por la democracia", sino que se limitó a responder a la declaración de ruptura de hostilidades por Napoleón III. Bismarck, el difamado canciller, se limitó a recuperar la Alsacia y la Lorena y a imponer a su inerme enemigo la razonable contribución de guerra de 4.000 millones de marcos oro, que Francia pudo, con relativa facilidad, pagar en tres años."

Las incautaciones de las flotas mercante y de guerra de Alemania no se dedujeron - como hubiera sido lo lógico - de la cifra de 132.000 millones. Tampoco se tuvieron en cuenta, en el cómputo total, el valor de las patentes robadas a Alemania, ni los 11.000 millones de marcos correspondientes al valor de los bienes alemanes en el extranjero, confiscados por los vencedores ni los centenares de industrias desmanteladas por los franceses, ni el pillaje, sistemáticamente organizado, de obras de arte. Todo esto fue englobado bajo el aleatorio subtítulo de "reparaciones especiales" y pasado a beneficio de inventario.

Se obligó a Alemania a aceptar el control de la navegación fluvial en sus grandes ríos, Oder, Elba, Wesser y Rin, lo que estaba en contradicción con los principios de la recién fundada Sociedad de Naciones, que preveían la plena soberanía de cada nación dentro de su propio territorio.

Mírese por el ángulo que se quiera, el llamado "Tratado de Versalles" es indefendible, moral y jurídicamente hablando. El hecho de haberse impuesto mediante el chantaje del bloqueo por hambre, de haberse redactado quebrantando todas y cada una de las solemnes promesas anteriores y violando los principios de la Sociedad de Naciones, creada por los propios vencedores lo tacha de invalidez.

LA PREPARACIÓN DE LA FUTURA GUERRA

El presidente del Consejo de Ministros de Italia, Francesco Nitti escribió, en 1922, un libro titulado: El Tratado de Versalles como instrumento para continuar la guerra, con un apéndice, "El grave error de las reparaciones", en el cual, el autor,

---

[8] Peter v. Kleist *Auch Du warst dabei!*

que no puede, en modo alguno, ser sospechoso de germanofilia, demuestra que, en un plazo más o menos largo, Versalles será la causa de una nueva guerra de la cual no saldrán, en Europa al menos, más que vencidos.

Con la "jurisprudencia" de Versalles, además, la guerra dejaba de ser el recurso de la extrema necesidad a que se acogían los gobernantes de cada país para defender sus derechos - o lo que creían tales - y sus necesidades vitales. Versalles representa el nacimiento del maniqueísmo político, con la consagración del bien absoluto (la democracia) y del mal abyecto la autocracia. Los vencedores se irrogan todos los derechos y los vencidos son los réprobos destinados al castigo de sus jueces. En el futuro ya no habrán más guerras, sino cruzadas del Bien contra el Mal. Toda la gigantesca maquinaria de la propaganda había estado trabajando desde 1914 y aún antes hasta noviembre de 1918, por los Aliados, los "buenos". Desde entonces arranca la leyenda de las fábricas de aprovechamiento de cadáveres, de las violaciones de monjas, de los bombardeos deliberados de catedrales, de los niños con los ojos pinchados a bayonetazos. Desde entonces, también, se crea la contraverdad histórica del militarismo alemán y se presentan todas las guerras en que tomaron parte Prusia y los otros estados alemanes como "expediciones de rapiña".

"La Verité est ce que líon fait croire", decía Voltaire. Con arreglo a esta técnica se fabrica la tesis irreversible de la "Alemania guerrera" y, paralelamente, de la "Francia democrática", continuamente invadida, sin razón alguna, por un vecino bárbaro y belicoso que cree en la superioridad de la fuerza sobre el derecho, al revés que la "Patria del Mundo", la dulce Francia...

Peter Kleist reproduce, a este respecto, lo que dice el historiador y economista francés Charles Gide: "Conozco ciertas incursiones más allá del Rin, que provocaron cierto ruido en el mundo: me refiero a las de Luis XIV y Napoleón I. Por lo que se refiere a las invasiones alemanas ocurridas en el transcurso del siglo pasado, o sea, las de 1814, 1815 y 1870, hay que reconocer que las tres estaban plenamente justificadas, ya que las dos primeras constituían la respuesta a las cinco invasiones napoleónicas, y la tercera a una de las declaraciones de guerra más estúpidas que ha habido[9].

---

[9] Peter Kleist: Op. ch.

La Historia de los Vencidos (El suicidio de Occidente)

En verdad, un escritor que se sintiera inclinado a representar a Francia en un plano desfavorable con respecto a Alemania, encontraría, en la historia de las invasiones francesas de Alemania un casi inagotable arsenal propagandístico. Entre 1300 y 1600 anotamos "solamente" siete invasiones francesas de territorio germánico. Entre 1635 y 1659, la Guerra de los Treinta Años, sostenida por la obstinación del cardenal Richelieu, devastó a Alemania; pueden señalarse, como mínimo, quince invasiones. En la guerra sostenida por Francia contra Holanda en 1672, los franceses violaron el suelo germánico en cuatro ocasiones más, como mínimo. Después, entre 1676 y 1686, Francia cometió, al menos, diez actos de agresión mayor contra Alemania. La guerra de la Liga de Augsburgo en 1688 no fue, en realidad, más que una "guerra preventiva" contra los estados alemanes, Con la consiguiente devastación del Palatinado y las destrucciones de las villas universitarias de Worms, Speyer y Heidelberg En 1702, 1703 Y 1740 se producen nuevas invasiones francesas de Alemania. Una vez más, durante la Guerra de Siete Años (1756 1763) la agresión francesa contra Alemania se repitió. Finalmente, Napoleón, "ese italiano ilustre" - como le llamaba Spengleró convirtió el territorio alemán en un campo de batalla durante veinte años consecutivos. En resumen, desde la Edad Media hasta nuestros días, Francia ha agredido a los estados alemanes como mínimo, en treinta o treinta y cinco ocasiones.

Con respecto al supuesto dogma de la peculiar belicosidad germánica, el americano profesor Sorokin[10] nos facilita la siguiente estadística que lo destruye por completo, en la que expone el promedio de tiempo que pasaron en guerra estos países:

Polonia...58%
Inglaterra..56%
Francia...50%
Rusia..46%
Países Bajos...44%
Italia..36%
España..30%

---

[10] P. Sorokin: *Social and Cultural Dynamics*.

Alemania (incluyendo Austria) 28%

De estos datos se deduce que los diversos estados alemanes (Prusia, Baviera, Sajonia, Wurtemberg, Hannover, Austria, Hesse, etc.) pasaron en estado de guerra, desde el siglo VIII hasta 1925, mucho menos tiempo que Francia, la mitad de tiempo que Inglaterra, y muchísimo menos que Polonia, la "mártir" más belicosa de Europa y del mundo entero.

Se ha considerado, por el excelente investigador norteamericano Quincy Wright [11] que hubo "unas 2.600 batallas importantes", participando estados europeos, en los 460 años comprendidos entre 1480 y 1940... Francia participó en el cuarenta y siete por ciento de esas batallas. Los diversos estados alemanes, en el veinticinco por ciento, y Rusia e Inglaterra en el veintidós por ciento. El mismo escritor muestra que, de las 287 guerras afectando a los estados europeos en el periodo antedicho, el porcentaje de participación de los principales estados fue:

Inglaterra..28%
Francia..26%
España..23%
Rusia...22%
Austria Hungría...19%
Turquía..15%
Polonia..11%
Suecia..9%
Italia (Saboya Cerdeña..................................9%
Holanda..8%
Alemania (Prusia y Estados germánicos).......8%
Dinamarca..7%

Estas cifras tienen más valor que la propaganda estruendosa y los lloriqueos de las vestales democráticas que, no contentas con dominar directamente medio mundo, y dictar su voluntad desde Wall Street y la City al otro medio, no dudaron en lanzar al mundo a una guerra de extensión y crueldad sin precedentes por la primordial razón ópretextos a parte - de que Alemania amenazaba el cómodo "status

---

[11] Quincy Wright: *A Study of War*, Universidad de Chicago, 1942.

quo ante".

El historiador británico Russell Grenfell computó el número de conflictos bélicos en que se vieron envueltos los principales estados europeos en el periodo crucial comprendido entre la batalla de Waterloo y el magnicidio de Sarajevo: Inglaterra participó en diez guerras; Rusia, en siete; Francia, en cinco; Austria y Prusia, en tres[12].

Pero bien sabido es que, en las guerras modernas, la primera víctima es la verdad. La estruendosa campaña propagandística aliadófila llegó a hacer creer a las masas mundiales que el Reich era el principal y único culpable del desencadenamiento de la guerra. Recordemos que, en junio de 1914, el archiduque Francisco Fernando, príncipe heredero de la corona austrohúngara fue asesinado en Sarajevo, Bosnia. Los asesinos eran de nacionalidad serbia. Austria Hungría, sospechando la complicidad del Gobierno de Belgrado en el magnicidio, exigió una investigación oficial. Serbia se negó. Viena envió un ultimátum. Belgrado pidió ayuda a Rusia, campeona del paneslavismo. Alemania anunció que si un tercer país intervenía en la disputa entre Viena y Belgrado, se pondría al lado de aquélla. Serbia envió una nota diplomática harto despectiva en réplica al ultimátum austríaco. Austria declaró la guerra a Serbia el 28 de julio de 1914. Rusia movilizó anunciando que atacaría a Austria Hungría si ésta osaba violar la frontera serbia. El embajador alemán en San Petersburgo hizo saber personalmente al zar que la movilización significaba la guerra con Alemania. Francia, aliada de Rusia, declaró la guerra a Alemania. La pesadilla de las alianzas y coaliciones, como dijera Bismarck había desatado la guerra. Aunque la causa auténtica no fue ésta, sino el conflicto de intereses rusogermánicos por un lado, el ansia de revancha del "chauvinismo" francés, humillado en 1870 por Bismarck, por el otro y, dominando todo el conflicto, moviendo los hilos, o creyendo moverlos, Inglaterra, que abandonó su tradicional política proalemana y antifrancesa a partir del momento en que el káiser Guillermo II obtuvo el acuerdo del Gobierno turco para la construcción del ferrocarril Berlin Bagdad, vía terrestre que cruzaba una zona "sagrada" para los intereses británicos.

Todo esto es política, y no tiene nada que ver con la moral, ni la ética ni, mucho menos, con la democracia. El gran mérito de la propaganda inglesa fue hacer creer

---

[12] Russell Grenfell: *Unconditional Hatred*, pág. 55.

al mundo que luchaba por el derecho, haciendo honor a su alianza - ¡otra alianza! - con Francia, e indignada por la agresión alemana contra Bélgica. En efecto, Alemania, con objeto de coger del revés a las defensas francesas, violó la neutralidad belga. La postura del indómito cruzado británico lanzándose al combate para defender a un pequeño país recibió universal aclamación a pesar de su intrínseca falsedad. Ya en 1887, durante una de las innumerables crisis francogermanas, y cuando las relaciones entre Londres y Berlín eran inmejorables, Lord Vivian, ministro inglés de Asuntos Exteriores, dio abiertamente su aprobación al Gobierno alemán para invadir Bélgica, y a Bruselas se le dijo claramente que el Gobierno británico no intervendría en su favor[13]. Además, los planes militares de los Estados Mayores conjuntos inglés y francés consideraron siempre la posibilidad de una invasión anglofrancesa de Bélgica en caso de guerra común con Alemania. Es más, el secretario del Foreign Office, Sir Edward Grey, rehusó prometer la neutralidad británica en una eventual guerra entre Francia y Alemania, si ésta se comprometía a respetar las fronteras belgas. La pura verdad es que Inglaterra no fue a la guerra por Bélgica, ni mucho menos por Francia, sino para eliminar a un contrincante comercial y políticamente peligroso.

La Primera Guerra Mundial estalló a causa de un conflicto de intereses. No a causa de Serbia, ni de Bélgica, ni del famoso principio de las nacionalidades, del que ningún caso se haría en Versalles. Pero bueno será tener en cuenta que Rusia fue la primera potencia en movilizar[14]; que la respuesta de Serbia a la demanda de investigaciones sobre el magnicidio de Sarajevo fue vaga y deliberadamente hiriente; que si Austria movilizó, también Serbia lo hizo, y posiblemente antes; que Francia movilizó antes que nadie. Raymond Poincaré reconoció:

> "Ni Austria Hungría ni Alemania fueron las primeras en tener la intención de provocar una guerra general. No existe ningún documento que autorice a suponer que ellas habían planeado la guerra. Ésta estalló a causa de los intereses divergentes de

---

[13] William L. Langer: *European Alliances and Alignements*, 1871-1890, Nueva York.1950.

[14] Ya sea por accidente, ya por decisión unilateral de un general ruso desquiciado, el caso - hoy generalmente admitido - es que fueron tropas rusas las primeras en pe-netrar en territorio alemán, antes de la declaración de guerra.

La Historia de los Vencidos (El suicidio de Occidente)

unos y otros y también por culpa del tinglado de las alianzas".

Hubo un volumen propagandístico, escrito por el judío Henry Morgenthau, embajador de los Estados Unidos en Turquía, en el que se relataba una supuesta reunión secreta, ocurrida en Potsdam, el 5 de julio de 1914. En tal ocasión según Morgenthau - que recogía confidencias de segunda o tercera manoó, tres docenas de banqueros, industriales, militares y políticos alemanes se reunieron con el Káiser para ultimar los preparativos de la guerra inminente. No obstante, la famosa Conferencia de 1914 nunca tuvo lugar, por la sencilla razón de que las personas que se pretende tomaron parte en ella se encontraban en otros lugares en esa fecha.

A pesar de haberse probado hasta la saciedad que el libro de Morgenthau era, de principio a fin, una farsa, la Comisión Lansing lo presentó triunfalmente en Versalles como la prueba incontrovertible de la culpabilidad unilateral de Alemania en el desencadenamiento de la guerra, expresada en el denigrante artículo 231 del "Diktat". A pesar de haberse demostrado que el sedicente complot de Potsdam no había existido más que en la imaginación de Morgenthau y de que numerosos historiadores y publicistas de países Aliados y neutrales probaron que la culpabilidad única de Alemania era un mito[15], el artículo 231 fue mantenido como necesaria coartada del ignominioso "Tratado".

Si en Versalles se hubiera impuesto el célebre principio de las nacionalidades,

---

[15] Los principales historiadores revisionistas fueron, precisamente, ingleses y norteamericanos: Grenfell, Harry Elmer Barnes, Charles Callan Tansill, Oswald Gartison Willards, Hartley Grattan y muchos más. Dicho sea en su honor y en el de sus respectivas patrias.

Pero más peso aún que los estudios de esos historiadores, tienen las manifestaciones post facto de los jefes de Estado de las cuatro principales potencias de la Entente, Poincaré, Wilson, Lloyd George y Nitti, el ministro de la Guerra ruso, Suchomlinow. y el Jefe del Estado Mayor francés, mariscal Joffre: «*Cuando leemos los documentos oficiales anteriores a 1914, más nos convencemos de que nadie deseaba, realmente, la guerra*» Lloyd George). «*Ni Alemania ni Austria-Hungría tuvieron, jamás, la intención de provocar esta guerra*» (Poincaré). «*La Gran Guerra no ha tenido otro motivo que los intereses económicos de unos y otros* " (Wilson). «*La afirmación de la culpabilidad alemana fue un arma propagandística. Nada más*» (Nitti). «*Ni siquiera Clemenceau cree que Alemania es la única culpable*" (Suchomlinoff). «*La intervención de Inglaterra estaba prevista desde mucho tiempo antes (de su entrada en la guerra)*» (Autor). «*Nosotros contábamos con el apoyo no sólo de las seis divisiones inglesas, sino también de los belgas*» (Joffre). (Citado por Peter Kleist, óp. cit., y De Poncins. El testimonio de Joffre fue depuesto ante una Comisión parlamentaria, el 6-VII-1919.

el "derecho de los pueblos a disponer de sí mismos", Alemania no hubiera sido desposeída de 90.000 km² de su territorio nacional, y once millones de alemanes no hubieran pasado a depender de soberanías extranjeras y hostiles. A la República de Austria no se le hubiera prohibido, expresamente, por el "Tratado de Saint Germain", de unirse a Alemania, a pesar de las afinidades étnicas, lingüísticas e históricas existentes entre ambas y del deseo de la mayoría de la población en ese sentido. El "derecho de los pueblos a disponer de sí mismos", ese eslogan que ocupa tan escogido lugar en el arsenal ideológico de las democracias, se transformó, así, en el derecho de los vencedores a disponer de los vencidos a su antojo. Los inmortales principios de Libertad, Igualdad y Fraternidad fueron escarnecidos por los vencedores en todas partes, desde la Asamblea de la Sociedad de Naciones[16] hasta las selvas del Camerún y del Africa Austral, en donde ochenta mil colonos alemanes fueron apaleados por tropas coloniales anglofrancesas y expulsados de sus hogares dejándolo todo.

Los famosos "puntos de Wilson", preámbulo del "Diktat" sólo se cumplieron cuando beneficiaban a los vencedores; así, por ejemplo, era lógico, era justo, era moral que Polonia y Serbia consiguieran su famosa "salida al mar", aún cuando en el primer caso hubiera que partir en dos a Alemania y aislar la Prusia Oriental del resto del país, y en el segundo se debiera disolver la personalidad serbia en el conglomerado yugoslavo, liquidando. de paso, la independencia de Croacia, grupo nacional que, dentro del tan difamado Estado austrohúngaro, gozó de amplísima autonomía interna. En cambio, nadie se preocupó de que Hungría y Austria tuvieran su "salida al mar" que les garantizaba el punto XI.

La "paz" de Versalles llevaba en sí el germen de nuevas guerras; políticamente, había creado nuevos irredentismos. Los croatas y los eslovacos habían sido liberados de la paternal tutela austríaca para ser sometidos, los unos al yugo serbioyugoslavo, los otros al yugo checo. Poblaciones específicamente húngaras

---

[16] En la S. de N. el Imperio Británico estaba representado por Inglaterra, Ulster, Canadá, Australia, Nueva Zelanda y la India. Los seis delegados votaban, naturalmente, en bloque. Además, existían diversas «ficciones nacionales», como el pseudo estado de Hedjaz, villorrio medieval a orillas del mar Rojo, cuya independencia había sido reconocida por Inglaterra. Huelga decir que el emir del Hedjaz vivía de los subsidios de la City y del lucrativo negocio de la trata de esclavos y votaba siempre, en Ginebra, en favor del Reino Unido (N. del A.)

La Historia de los Vencidos (El suicidio de Occidente)

pasaban a depender de la soberanía rumana, yugoslava y checa. Los alemanes de los montes Sudetes se convertían en sujetos checoslovacos; los de la alta Silesia y el "Corredor" en polacos; los del Schleslewig en daneses; los de Eupen en belgas; los del Tiro I Meridional en italianos. A los desgraciados alsacianoloreneses se les decía que ellos, en realidad, eran puros franceses[17]. Económicamente, la paz de Versalles había asesinado a la vieja monarquía austrohúngara[18] para inventar, sobre sus ruinas, una serie de pequeños estados destinados a la miseria y al chantaje político. A Hungría se le había arrebatado el granero de Transilvania; Austria quedaba reducida a un amorfo territorio de seis millones de habitantes, de los que más de un tercio se aglomeraba en Viena. A Alemania se le habían arrebatado, además de sus colonias y de su flota, sus más ricas minas de hierro, y debía alimentar una población pletórica con una producción agrícola que - a causa de las pérdidas territoriales - había disminuido en un treinta y cinco por ciento. La nueva República de Weimar no podía ni pensar en comprar en el exterior lo que le faltaba para subsistir... la factura de las reparaciones impedía toda compra. Al socaire del hambre y de la explotación de Alemania la Revolución comunista latía en el interior, mientras los polacos y los lituanos violaban constantemente las fronteras del Este en expediciones de rapiña y saqueo distraídamente ignoradas por la Sociedad de Naciones.

Si políticamente Versalles era insostenible; si económicamente lo era aún más a no ser mediante el uso permanente de la fuerza por parte de los vencedores, moralmente abría un abismo de incomprensión y de odio entre éstos y los vencidos. Que la consecuencia de todo ello fuera el progresivo empeoramiento de la situación hasta la explosión de 1939 no lo dijeron entonces y después todos los alemanes conscientes solamente, sino que lo corroboran desde el propio campo de los vencedores.

Clemenceau, dirigiéndose a los cadetes de la Escuela Militar de Saint Cyr les dijo, tres meses después de firmarse el Tratado de Versalles: "No se preocupen

---

[17] Es un hecho histórico que el interés de París por la Alsacia y la Lorena arranca, cronologicamente, del momento en que se descubren las minas de potasa de Mulhausen, los yacimientos petrolíferos de Pechelbronn y el carbón y el hierro en la cuenca del Mosela (N. del A.)

[18] No puede olvidarse que Viena pudo hacer más para impedir la guerra. Recuérdese la frase del Káiser al monarca de Austria -Hungría: «¡Está usted haciendo dema-siado ruido con mi sable!» (N del A).

ustedes por su futuro militar. La paz que acabamos de firmar, les garantiza diez años de conflictos en el centro de Europa"[19].

Por su parte, Lloyd George, dijo:

> "La injusticia y la arrogancia ejercidas en el momento de la victoria, jamás serán olvidadas ni perdonadas. No puedo imaginarme otro motivo más poderoso para una guerra futura, que rodear al pueblo alemán... de una serie de pequeños estados, muchos de los cuales están constituidos por pueblos que jamás han tenido un gobierno estable, pero que incluyen una abundante población alemana que exigirá muy pronto su retorno a la Madre Patria. La proposición de la comisión polaca, apoyada por Francia, conducirá más pronto o más tarde, a una nueva guerra en el Este de Europa"[20].

Woodrow Wilson había, a su vez, manifestado ante el Senado de los Estados Unidos:

> "La guerra no debiera haber terminado con un acto de venganza... ninguna nación, ningún pueblo, debían haber sido robados ni castigados. La injusticia sólo puede engendrar injusticias futuras."

Francesco Nitti, presidente del Consejo de Ministros de Italia había escrito, en su obra precitada sobre el Tratado de Versalles:

> "El Tratado que hemos firmado no es la paz; es la guerra con otros medios más hipócritas y una traición a solemnes promesas anteriores.[21]

Si Clemenceau, Lloyd George, Wilson y Nitti, las cuatro figuras políticas más representativas de los países Aliados reconocen que el "Diktat" de Versalles, sobre injusto, era ineficaz y, además, el semillero de una nueva conflagración, huelga solicitar más testimonios en favor de esta tesis.

---

[19] Savitri Devi: *The Lightning and the Sun*.
[20] Peter Kleist: Op. cit.
[21] Michael F. Connors: *The Development of Germanophobia*.

"PACTA SUNT SERVANDA... SIC REBUS STANTIBUS"

El artículo 19 del Tratado de Versalles era uno de los pocos que estaba impregnado de sentido común y previsor juicio. Decía así: "La Asamblea de la Sociedad de Naciones puede, de vez en cuando, invitar a los miembros de la sociedad a proceder a un nuevo examen de los tratados que, con el tiempo, se hayan convertido en inaplicables, así como de aquellas situaciones internacionales cuyo mantenimiento podría poner en peligro la paz del mundo".

He aquí una cláusula comprensiva, que tiene en cuenta el viejo aforismo jurídico; *"Pacta sunt servanda, sic rebus stantibus"*. Los pactos deben cumplirse, siempre y cuando las circunstancias que los motivaron permanezcan invariables. La costumbre, madre de la Ley, ha sancionado infinidad de veces, en el terreno internacional, la caducidad de los tratados. Pretender que puedan existir leyes y, aún menos, tratados, intangibles y eternos, es sencillamente infantil. Sobre todo si se trata de un pacto de la naturaleza del de Versalles[22].

No obstante, el desgraciado Tratado de Versalles, que había hecho caso omiso de la geografía, de la historia, de la economía, del derecho y de la etnología terminaría, cual monstruo mitológico, devorándose a sí mismo, ya que en su propio preámbulo recordaba a todos sus signatarios "la necesidad de respetar escrupulosamente todas las obligaciones de los tratados", lo que estaba en contradicción con el artículo 19. Pero tal artículo sólo había sido redactado, según luego se vería en la práctica, para uso de los vencedores, muchos de los cuales se consideraban desfavorecidos en el reparto. Las disensiones entre los "Aliados" de la víspera comenzarían ya en plena conferencia. Las hostilidades empezaron, de hecho, con la ofensiva de Lloyd George y Wilson para hacer adoptar el inglés como lengua diplomática con igual rango que el francés; ofensiva que desposeyó a la lengua francesa de un privilegio que, por ejemplo, el Tratado de Francfort no le

---

[22] Paul Rassinier nos recuerda, en su documentada obra "Le véritable procès Eichmann... ou les vainqueurs incorregibles" que, si los tratados internacionales fueran de vigencia eterna, como pretendían los apólogos de Versalles, habría que validar ciertos tratados anteriores, nunca explícitamente derogados, que producirían muy curiosas situaciones. Así por ejemplo, según el Tratado de Troyes, firmado en 1420. los reyes de Inglaterra tienen derecho pleno a la Corona de Francia; según el Tratado de Madrid, firmado por Francisco I y Carlos V, Francia hubiera debido ceder Borgoña a España; según el propio Tratado de Versalles, los Aliados hubieran debido iniciar el desarme, como hizo Alemania, etc. (N del A.)

había retirado. El humor negro no estuvo ausente de esas sórdidas peripecias; desde el engaño de Lloyd George que obtuvo de Clemenceau, rigurosamente ignorante en la materia, la cesión de la región petrolífera de Mossul, con el pretexto de "dar un hueso a roer a los arqueólogos y a los misioneros", hasta la increíble campaña, conducida por brillantes inteligencias, para demostrar que la Renania era más latina que germánica[23].

Con respecto a Alemania, Austria, Turquía, Hungría y Bulgaria, en cambio, el "Tratado" era irreversible. Para ellos - y sólo para ellos - Versalles había alumbrado la Justicia Inmanente; como si no hubiere lesionado ningún grupo nacional o étnico; como si no hubiera lastimado ninguna ley geográfica; como si no hubiera perturbado, en ningún caso, el juego de la producción y de los cambios. Y esa maravillosa perfección no era solamente válida para unos cuantos años, sino para la eternidad de los tiempos. Europa había encontrado su forma definitiva. La rueda de la historia había cesado de girar el 28 de junio de 1919. Pero, insistimos, esto sólo rezaba para los vencidos; los vencedores, a parte de pelearse entre ellos por la posesión de la mayor cantidad posible de pastel, comprendían que, entre todos, estaban organizando una nueva guerra, más mortífera e irreparable que la recién terminada. En un libro, recientemente publicado, de M. Georges Bonnet ex ministro de Asuntos Exteriores de Francia[24], se narra la respuesta de Philippe Berthelot - que detentaba tal cartera en 1919ó a su colega austríaco Otto Bauer, que afirmaba que la balcanización de Europa y, particularmente, la inclusión de los Sudetes en el nuevo Estado checoslovaco provocaría una nueva guerra. "¡Bah! - respondió Berthelot, espíritu superior, según pareció. "Todo esto durará veinte años. Después, ¡ya veremos!"... Ya se vio, efectivamente: Fue la Segunda Guerra Mundial.

Redactado oficialmente por tres hombres de Estado, de los cuales el más poderoso, Wilson, desconocía soberanamente la geografía[25] el Tratado de Versalles

---

[23] Georges Champeaux: *La Grande Croisade des Démocraties*.

[24] Georges Bonnet: *Mirarle de la France*, Ed. Fayard. París, 1965.

[25] El ministro francés Philippe Berthelot contaba la siguiente anécdota: Una mañana, Wilson, Clemenceau y Lloyd George discutían acerca del trazado de la frontera polaca. De pronto, la conversación se interrumpió y los tres estadistas se fueron a consultar un mapa desplegado sobre una mesa, permaneciendo silenciosos durante largo rato: «Venez donc à notre aide, Berthelot; á nous trois, nous ne sommes pas foutus de trouver la Vistule!» (Venga en nuestra ayuda, Berthelot; entre los tres somos incapaces de encontrar el Vístula!» «Helo aquí, señor presidente -dijo Berthelot -. Este es un mapa alemán, y en alemán el Vístula se llama

fue designado por una comisión de periodistas británicos como "el peor libro del año 1919". Aunque hubiera tenido en cuenta los principios de la equidad, la concepción estática del futuro en que lo encorsetaban sus paladines, su formalismo pseudojurídico y, sobre todo, su estrechez de espíritu lo condenaban a la alternativa de desaparecer o ser la causa del suicidio de Europa. La estúpida obcecación de liberales, demócratas, xenófobos franceses de estilo girondino, internacionalistas nebulosos..., todas esas fuerzas a las que Spengler llamaba el Mundo Abisal consiguieron que pereciera Europa como centro del Mundo para que perviviera el fantasma de Versalles.

EL "COMITÉ DES DÉLÉGATIONS JUIVES"

Además de las naciones participantes en la contienda, tomó parte en las conferencias de Versalles la delegación de otra nación: la Nación Judía. Con tal pretensión se presentó y fue admitido un "Comité des Délégations Juives", que decía representar a israelitas de Palestina, Rusia, Canadá, Estados Unidos, Alemania, Ucrania, Rumania. Polonia, Italia, Bohemia, Eslovaquia, Inglaterra, Transilvania, Serbia y Francia. Esta "nación judía" decía tener diez millones de súbditos".

Su influencia fue desproporcionadamente importante, y una de sus propuestas fue aceptada e incorporada a los Tratados de Paz: el Tratado sobre las Minorías Nacionales, firmado el 28 de junio de 1919, por el cual se obligaba a Polonia, Estonia, Lituania, Letonia, Checoslovaquia, Rumania, Hungría, Albania y Yugoslavia a "conceder la autonomía cultural y política a sus comunidades alógenas".

En realidad, según luego se verá en la práctica, este Tratado sólo se aplicó en los casos que interesaban a la comunidad judía. A Polonia, en este sentido, se le hicieron una serie de imposiciones absurdas e irritantes. Por ejemplo, se prohibía a los polacos celebrar elecciones en sábado, día que era declarado festivo para los judíos del país; los hebreos polacos, ese día, no podían ser citados a juicio, ni llamados a filas, ni se les podía exigir el pago de deudas ni salarios.

Wechsel.» «Aaaahhh!», exclamaron a coro los amos del mundo. (Georges Champeaux: *La Croisade des Démocraties.*)

¿QUIÉN MOVÍA LOS HILOS...?

"En Versalles había una fuerza secreta que nos fue imposible identificar", dijo el presidente Wilson a su regreso a América, después de la fracasada Conferencia de la Paz. Infinidad de autores y tratadistas han estado de acuerdo con Wilson al afirmar que, detrás de los Clemenceau, los Lloyd George, los Nitti, los Meakino Y sobre todo, detrás del propio Wilson, había una fuerza, internacional y apátrida, que movía a los sedicentes "grandes estadistas" como marionetas. Esa fuerza misteriosa operaba, así mismo, detrás de la delegación alemana, minando sus ya de por sí escasos medios de resistencia ante el abuso concertado de que era objeto por parte de sus oponentes.

Hay un hecho trascendental, a propósito de la llamada Conferencia de la Paz que fue mantenido secreto por los que poseen el poder de esconder la verdad y proclamar la mentira con el nuevo Evangelio. Y es el siguiente:

Todas las decisiones de alguna importancia fueron tomadas por los Cuatro Grandes - Gran Bretaña, Estados Unidos, Italia y Francia - representados por Lloyd George, Woodrow Wilson, el barón Sonnino y Clemenceau. El consejero privado de Lloyd George era el judío Sir Philip Sassoon[26]; el "alter ego" de Wilson era el coronel Edward Mandell House y su consejero privado, Louis Dembitz Brandeis, ambos judíos[27]; el barón Sonnino era, él mismo, medio judío; en cuanto a Clemenceau mantenía, como omnisciente secretario al israelita Georges Mandel[28]. El consejero militar de los "grandes" era el judío Kish, y el intérprete óy única persona que asistió a todas las conversaciones celebradas por los primeros ministrosó, era el hebreo

---

[26] Lloyd George fue, durante varios años, abogado del Movimiento Sionista en Inglaterra. La colosal fortuna de los Sassoon - íntimos y asociados del Premier británico - fue amasada con el tráfico ilegal del opio, hecho público y notorio y jamás desmentido por nadie. El padre de Sir Philip, el «rey del opio», se casó con Aline de Rothschild, de París. (N. del A).

[27] Antes de su accesión a la Presidencia de los Estados Unidos, Woodrow Wilson había sido un alto empleado de la poderosa firma bancaria judía «Kuhn, Loeb & Co.», del Federal Reserve Board. Su campaña electoral había sido pagada por un consorcio de financieros de Wall Street, judíos en sus cuatro quintas partes, como mínimo. Antes de tomar una decisión importante, el Presidente consultaba con su "Brain Trust", integrado por los hebreos Brandeis (presidente del Tribunal Supremo, Mandell House, Bernard M. Baruch y el medio judío William C. Bullit. (N. del A).

[28] El verdadero nombre de Mandel era Rothschild, pero no estaba emparentado con los banqueros del mismo nombre. (N. del A).

Mantoux. El primer presidente de la Sociedad de Naciones, fue el judío Huymans quien, a su vez, nombró a su correligionario Lord Levy Lawson of Burnham[29] director del Departamento de Prensa, desde el cual ejerció una feroz censura sobre las actividades de la "fuerza secreta e inidentificable" de que hablara Wilson en un fugaz momento de sinceridad.

Es bien sabido que los sedicentes "grandes" de Versalles no sabían geografía; en cambio, sus consejeros - y tal vez algo más que simples consejeros - estaban muy documentados en tal ciencia. Archibald Maule Ramsay dice[30]: "Los secretarios y asesores judíos se reunían cada día a las seis de la tarde, después de las sesiones oficiales, y decidían el plan de trabajo a adoptar y las decisiones a preconizar el día siguiente". Los resultados de la tortuosa política de tales individuos fueron desastrosos para Europa.

La Delegación germánica en Versalles que, sucesivamente estuvo presidida por dos alemanes, el conde Brockdorff Rantzau y Von Haniel, se componía de otros dos alemanes y los siguientes israelitas: Jaffe, Brentano, Deutsch, Rathenau, Von Baffin, Von Strauss, Warburg, Oscar Oppenheimer, Struck, Mendelssohn Bartholdy y Wassermann[31]. Por otra parte, en la Delegación americana se podía contar a los hebreos: Julian Mack, Leopold Benedict, Louis Marshall, Jacob Syrkin, Jacob de Haas, Joseph Barondess, Nachman, Harry Cutler, Bernard Mannes Baruch, Louis Dembitz Brandeis, Edward Mandell House, B. L. Levinthal y el rabino Stephen Weisz (a) Wise.

Se objetará, no sin aparente razón que, al fin y al cabo, y por grande que pudiera ser la influencia de la judería, tanto en la Conferencia de la Paz como en la Sociedad de Naciones, las mayores autoridades jerárquicas, los primeros ministros, eran, con la única excepción del barón Sonnino, gentiles. La realidad es, no obstante, muy otra. Desde que el mundo es mundo, dinero significa poder. Evidentemente, un Gobierno - sobre todo si se trata de un gobierno autocrático, de una monarquía tradicional no parlamentaria, o de un régimen nacionalista muy joven - puede, hasta cierto punto, mantenerse independiente del poder del oro. Pero no puede negarse

---

[29] Multimillonario, emparentado con la judaizada alta nobleza de Inglaterra y propietario del conocido rotativo The Daily Telegraph. (Leonard Young: Deadlier than, the H Bomb, pág. 50).

[30] A. H. M. Rampsay: *The Nameless War*, pág. 57.

[31] Rabino Stephen Wise: *Años de Lucha*.

honestamente que la influencia de éste será, siempre, muy importante, pudiendo llegar a ser determinante en regímenes llamados democráticos. En general puede, sin ultraje a la verdad, afirmarse que tanto mayor será la influencia del dinero cuanto más "liberal" y "democrático" sea el régimen de un pueblo. En efecto, los políticos profesionales, para conseguir un mandato parlamentario, necesitan de los votos de la masa. Una campaña electoral para conseguir, para comprar tales votos es costosisima. Las elecciones se transforman en un torneo publicitario en el que, con monótona regularidad, termina por triunfar el candidato que más dinero ha podido gastar en propaganda electoral. Pero como en la mayoría de los casos, dicho candidato no posee el fabuloso capital necesario para costearse su propia campaña, debe tomarlo prestado. Y nadie da ni presta nada, a cambio de nada; y menos que nadie, un financiero. Para poder comprar sus votos y, con ellos, su promoción al envidiado cargo de "padre de la Patria", el político profesional ha debido vender o hipotecar su independencia personal al financiero o al grupo de intereses que la utilizarán en su propio beneficio. La consecuencia es que, en régimen democrático o pretendido tal, los gobiernos terminan por no ser otra cosa que Consejos de Administración de gigantescos trusts y monopolios. Y la democracia se transforma en una plutocracia.

Nos excusamos por esta digresión que estimamos necesaria para explicar la verdadera razón del poderío inmenso del judaísmo[32] y su absoluto o casi absoluto predominio en los países de regímenes parlamentarios Y, en el caso concreto que ahora nos ocupa, para aclarar la razón por la cual, en Versalles, y más tarde, en Ginebra, sede de la Sociedad de Naciones, el super capitalismo, la alta finanza apátrida, con absoluto predominio judío, y sirviendo los fines del judaísmo político, pudo imponer sus objetivos a través de puestos clave ocupados por sus hombres. Wilson, nominalmente presidente de los Estados Unidos[33] no era, en realidad, más que el hombre del Federal Reserve Board. Clemenceau era el hombre de los

---

[32] Nos referimos, claro es, al Judaísmo como movimiento político; no a la religión mosaica y menos aún, al pueblo judío en su totalidad. (N. del A.)

[33] Según Henry Ford (en The International Jew), Wilson había delegado la mayor parte de sus poderes efectivos en el todopoderoso Bernard M. Baruch, el llamado «procónsul de Judá en América». Mandel House y Brandeis eran dos hombres de Baruch.

Rothschild[34] con Mandel siempre a su lado. Sonnino era el agente de l trust israelita "Olivetti". El japonés Meakino representaba a la Banca Gunzbourg, de Tokio. Lloyd George, por su parte, era el mandatario fiel de la city. Los pueblos soberanos y sus cacareados derechos no contaron para nada en Versalles. Las "fuerzas secretas e inidentificables" que habían dictado su "paz", prepararán, fatalmente, la siguiente conflagración mundial. La guerra de 1914 18 no fue más que el primer acto del suicidio europeo, que se consumaría en 1945.

DOS OBJETIVOS CUMPLIDOS

Del caos en que quedó sumido el mundo civilizado después de Versalles, dos hechos esenciales - los dos objetivos verdaderos de la guerra terminada - emergieron sobre el resto de las injusticias allí cometidas.

El primero fue la consolidación definitiva de la Unión Soviética como estado "soberano" y punto de apoyo del comunismo internacional. De allí tratamos en el siguiente capitulo.

El otro objetivo fue la llamada "Declaración Balfour" concediendo a los judíos un "Hogar Nacional en Palestina, en detrimento de los árabes que vivían en aquel país desde diecinueve siglos. Sorprendente coincidencia fue que ambos acontecimientos capitales - Revolución soviética y promesa del "Hogar Nacional judío" - se produjeran casi simultáneamente.

Para la exposición de los hechos, convendrá dar un salto atrás y situarnos a principios del año 1916. Las tropas francesas, derrotadas, se amotinan; Petain reprimirá duramente la indisciplina e impedirá la desbandada general; Italia ha visto sus ejércitos seriamente diezmados por las tropas austrohúngaras; el coloso ruso se tambalea ante los serios golpes que le propinan los alemanes, turcos y austríacos y, más aún, a consecuencia del derrotismo interior que terminará por alumbrar la sangrienta Revolución de octubre de 1917. Los satélites balcánicos de Londres y París, Serbia, Montenegro y Rumania, se baten en retirada. Inglaterra tropezaba con terribles dificultades; la campaña submarina alemana ponía en peligro el avituallamiento de las islas; en Egipto, el Ejército británico se batía en retirada ante

---

[34] El jefe de Gabinete de Clemenceau era Georges Wormser, presidente del consistorio Israelita de París y director de la «Banque d´Escompte». (Henry Coston: *La Haute Banque ét les Trusts*, pág. 59.)

las embestidas turcas, y la pérdida del Canal de Suez parecía inminente.

Fue entonces cuando Alemania ofreció a Inglaterra la paz sobre la base del "status quo ante". Las fronteras europeas de 1914 serían restauradas. Inglaterra no podía hacer otra cosa que aceptar la oferta alemana. A principios de otoño de 1916, las reservas alimenticias de Inglaterra alcanzaban a tres semanas, y la campaña submarina germánica estaba en todo su apogeo. Las reservas de municiones eran todavía menores. El Ejércíto francés se amotinaba de nuevo e Italia[35], cuyas fuerzas armadas habían sido nuevamente batidas a las puertas de Venecia, negociaba una paz separada. Las tropas zaristas se retiraban tan apresuradamente en Ucrania que la mayor dificultad de la Wehrmacht era mantener el contacto.

Inglaterra estaba en una situación desesperada. Aceptar una "paz tablas" dejaba a salvo el imperio, pero evidentemente representaba un serio golpe moral para Inglaterra, a la par que dejaba a Alemania con las manos libres en el Este de Europa. No obstante, la alternativa era o aceptar la excelente oferta de Berlín y Viena, o perecer de inanición.

Londres había enviado tres misiones diplomáticas a los Estados Unidos desde el comienzo de la guerra, para tratar de persuadir a Washington de entrar en la misma como aliado de Inglaterra. Francia e Italia habían enviado igualmente sendas misiones con igual finalidad e idéntico resultado negativo. Los Estados Unidos estaban haciendo un magnífico negocio con la guerra, vendiendo a ambos bandos beligerantes y haciéndose pagar al contado. Las simpatías de la "Opinión Pública" - es decir, de unos cuantos fabricantes de noticias y comentarios, propietarios de periódicos, emisoras de radio y compañías cinematográficasó, estaban decididamente del lado de Alemania y de sus aliados. La alta finanza de Wall Street, que desde los tiempos del presidente William Howard Taft gobernaba por persona interpuesta en la Casa Blanca, era contraria a la Entente, por ser la Rusia zarista miembro esencial de la misma. Por otra parte, las tropas y autoridades alemanas de ocupación en Polonia y Rusia Occidental trataban a las comunidades judías de tales territorios con "gran comprensión, humanidad y cortesía", como se reconoció

---

[35] En 1914, dos meses antes del atentado de Sarajevo, Italia tenía una alianza con Alemania, Austria-Hungría y Turquía. Londres compró la alianza italiana ofreciendo a Roma, como botín de guerra, una expansión colonial en Africa del Norte y Albania. La volte face italiana fue uno de los más sórdidos episodios de la I Gu erra Mundial. (Nota del Autor.)

La Historia de los Vencidos (El suicidio de Occidente)

oficialmente en el Congreso Sionista de 1916[36].

En general, el sionismo era partidario de los imperios centrales. La razón es obvia: Palestina formaba parte del imperio otomano, y los sionistas confiaban en que el káiser, que, a parte de ser su aliado, mantenía excelentes relaciones personales con el sultán de Constantinopla, persuadiría a éste de la conveniencia de ceder a los israelitas Tierra Santa para instalar en ella el soñado Hogar Nacional judío. Los prohombres del sionismo, al enterarse de la oferta de paz de Alemania a Inglaterra, y en vista de que el sultán no parecía muy dispuesto a abandonar una parte de su patrimonio en favor de unas gentes que no tenían sobre el mismo ningún derecho, propusieron al Gabinete de guerra británico la incondicional ayuda judía. El acuerdo entre el Gobierno de Lloyd George[37] y la "Zionist World Organization" preveía que, a cambio de la promesa del Hogar Nacional en Palestina que Inglaterra se comprometía a entregarles, los prohombres del judaísmo americano harían entrar a los Estados Unidos en la contienda, al lado de los países de la Entente. Inglaterra prefirió continuar la lucha en tales condiciones, pues estaba segura de que, con la ayuda norteamericana y la traición del judaísmo contra Alemania en el continente[38] lograría mantener su posición de primera potencia mundial, como resultado de la victoria.

En efecto, Londres temía por encima de todo que Alemania, que contaba a tal efecto con la autorización del sultán, construyera el ferrocarril Berlín Bagdad (en realidad la vía férrea abarc aba desde Hamburgo hasta Basorah, en el golfo Pérsico), lo que pondría en peligro la vieja línea imperial británica: Gibraltar, Malta, Port Said, Suez, Socotra, Adén, Ceylán, Hong Kong. Si Alemania o cualquier otro país europeo deseaba comerciar con países orientales o simplemente entrar con sus buques en el Mediterráneo o salir de él, debía contar con la voluntad inglesa, que con el control del Canal de Suez y la entonces inexpugnable fortaleza de

---

[36] Podríamos citar un par de docenas de libros escritos por autores ingleses, en que se cubre de oprobio al judaísmo por su desafección a la Gran Bretaña, entre 1914 y 1916. Concretamente, en la bien conocida obra Democr acy or Shylocracy, de Harold Sherwood Spencer se pretende que el judaísmo es «un instrumento del imperialismo germánico». (N. del A.)

[37] El propio Lloyd George habla de tal acuerdo. calificándolo de «decisivo» y de «salvador» en sus Memorias de Guerra.

[38] Los mismos judíos se han vanagloriado de tal traición. La alta finanza se volcó materialmente en ayuda de Francia e Italia.

Gibraltar podía cerrar el Mare Nostrum a su arbitrio. El comercio del continente europeo con el Lejano Oriente estaba, pues, a la merced de la Gran Bretaña, cuya flota de guerra, además, era la dueña indiscutible de los mares. La ruta más corta entre Hamburgo y Bombay, si Inglaterra lo quería así, era por el cabo de Buena Esperanza, que, igualmente, estaba bajo la dependencia política de Londres. El camino más corto entre Alemania y la India requería, pues, tres semanas, y el más largo, contorneando Africa ocho semanas. En cambio, el proyectado ferrocarril permitiría hacer el mismo viaje en ocho días. Alemania podría, en caso de conflicto bélico con Inglaterra, llevar un ejército de invasión a las fronteras de la India en menos de una quincena. Inglaterra ofreció sumas astronómicas al sultán para que retirara la concesión del tan traído y llevado ferrocarril a Alemania pero el sultán rehusó. Que la construcción proyectada de ese ferrocarril fue el verdadero motivo de que Inglaterra se reconciliara con Francia y provocara constantes fricciones con el joven Estado alemán está fuera de toda duda razonable. Igualmente cierto es que fue Inglaterra quien inició la maravillosamente bien construida red de alianzas "defensivas", clarisimamente dirigidas contra Alemania que, en una década, quedó en medio de un "anillo de la muerte"[39] constituido por la Rusia zarista, sus satélites balcánicos, Serbia, Bosnia, Montenegro y Rumania, más Francia, Bélgica, Dinamarca y, naturalmente detrás de la "Home Fleet", Inglaterra. Hasta el lejano Japón, naciente potencia de rango mundial, s ería persuadido a entrar en la coalición de las "democracias", así como Portugal y buen número de repúblicas latinoamericanas, económicamente infeudadas a Londres. A última hora se produciría el "coup de théatre" italiano, que completaba el cerco germánico.

La entrada en guerra de los Estados Unidos junto a la Gran Bretaña, la ayuda financiera del sionismo a Francia e Italia, las revueltas "sociales" financiadas en gran parte con dinero judío - de ello hablamos en el siguiente capitulo - desencadenadas con extraordinaria oportunidad en Alemania y Austria, transformaron una victoria alemana que aparecía segura en 1916, en una situación de transitoria igualdad, pese al derrumbamiento de Rusia - la odiada Rusia zarista de los "progroms" ó, para desembocar en la sórdida estafa versallesca.

---

[39] La expresión es de Guillaume Hanoteaux, ministro de Asuntos Exteriores francés en 1914. (N. del A)

La Historia de los Vencidos (El suicidio de Occidente)

Los sionistas jugaron la carta alemana desde el comienzo de la guerra. Contaban con una derrota inglesa y con que la influencia personal del káiser sobre el sultán lograría de éste la cesión de Palestina para la implantación del "Hogar Nacional judío"[40]. Pero la mala disposición del sultán hacia tal proyecto, el hecho de que Alemania ofrecía a Inglaterra una "paz tablas" sin cambios territoriales, y con retorno a las fronteras de 1914 y, paralelamente, la situación en que se encontraba Inglaterra, que la obligaría a aceptar cualquier condición a cambio de la ansiada participación norteamericana en la contienda, movieron a los prohombres del sionismo a proponer su ayuda a la Gran Bretaña.

Numerosos escritores norteamericanos (entre otros Elizabeth Dillings, Olivia OíGrady, William Guy Carr, Robert Edmondsson, etc.) han narrado detalladamente las medidas tomadas por el judaísmo para hacer entrar en la contienda a los Estados Unidos. Es curioso el cambio que, en unos meses, se hizo dar al presidente Wilson, un auténtico "détraqué" sujeto a deficiencias psicosexuales. Cuando, a principios de 1916, el sionismo todavía espera que el káiser obtendrá para los judíos el territorio de Palestina y Wilson hace tentativas para obtener la paz (una "pax germánica"), y Londres y París ni siquiera se dignan contestar a sus propuestas, Wilson exclamará que "ingleses y franceses hacen gala de una mala fe exasperante". (Véase Georges Bonnet: *"Miracle de la France"*, París 1965, Ed. Fayard).

Es un hecho histórico que la gran Prensa norteamericana cambió bruscamente de orientación a partir del "London Agreement" entre el Gabinete de guerra británico y los sionistas. La propaganda aliadófila alcanzó grados de apología delirante, y las provocaciones antialemanas se multiplicaron.

En cuanto al incidente del Lusitania no fue más que un burdo pretexto. Los mismos americanos admitieron que el barco iba cargado con municiones con destino a Inglaterra, y armado con cañones de largo alcance. (Michael F. Connors: *"The Development of Germanophobia"*.) Según el historiador americano O. Garrisson Willards, en The True Story of the Lusitania, el comandante del buque tomó una

---

[40] Entre 1895 y 1915, Guillermo II apeló en varias ocasiones al Sultán para la ce-sión de Palestina a los sionistas. Las relaciones entre el judaísmo y los Hohenzollern eran excelentes. Fue en Alemania donde los judíos obtuvieron, en primer lugar, el reconocimiento de la igualdad de derechos con respecto a los otros ciudadanos. El Congreso Sionista Mundial, asimismo, tuvo su sede en Berlín hasta finales de 1915. (N. del A.)

ruta opuesta a la que se le ordenó en Nueva York internándose en una zona que se sabía dominada por los submarinos alemanes. Además el Lusitania fue hundido en febrero de 1915, y los Estados Unidos declararon la guerra a Alemania en abril de 1917, veintiséis meses más tarde. Es, pues, estúpida la versión oficial americana, según la cual Washington declaró la guerra en un rapto de indignación por el hundimiento del pacifico transatlántico. Inmediatamente después de la pérdida del Lusitania, el Gobierno americano reconoció oficialmente que Alemania estaba justificada en su acción contra el buque, de acuerdo con el Derecho Internacional, con las Convenciones de La Haya sobre la conducción de la guerra submarina, y más aún con la práctica corriente, incluso en la paz, según el derecho a la legítima defensa que asiste a todas las naciones. En 1915, Alemania, para hundir al Lusitaniaó cargado de municiones - usó el mismo derecho vital que los norteamericanos en 1962 para amenazar con hundir a los mercantes rusos, portadores de armamento atómico con destino a Cuba y eso que entre yankees y cubanos no existía estado de guerra declarada.

El pueblo alemán no tuvo conocimiento de esa auténtica "puñalada en la espalda", propinada por quien se suponía un viejo y fiel aliado, hasta el año 1919, en plena Conferencia de Versalles, cuando 117 dirigentes sionistas, a cuyo frente se hallaba Bernard Mannes Baruch, el "procónsul de Judá en América" le reclamaron a los ingleses el pago de su "libra de carne".

No obstante, Inglaterra no podía entregar Palestina a los judíos sin engañar a los árabes. Sin escrúpulo alguno, Londres vendió a los musulmanes y cristianos de Tierra Santa al sionismo internacional. Esto constituye una de las más sórdidas estafas de la Historia Contemporánea.

En efecto, a finales de 1915, cuando los turcos habían ocupado Sollum, la expedición fra ncobritánica a Gallipoli había terminado en un completo "fiasco", y el general Townshend se encontraba sitiado y en trance de rendirse en Kut el Amara, la defensa del Canal de Suez parecía imposible. Inglaterra necesitaba la ayuda de los árabes para continuar la guerra. Su única solución consistía en organizar la sublevación de los árabes, entonces sujetos del sultán de Constantinopla. Los árabes prometieron a Inglaterra luchar a su lado contra los turcos, a cambio de la promesa británica de ser libres de todo control extranjero una vez victoriosamente terminada la guerra. Es un hecho histórico que solamente gracias a la ayuda árabe pudo Inglaterra conservar el control del Canal de Suez. Sir Henry MacMahon, alto Comisario británico en Egipto, había prometido solemnemente. en el nombre del imperio británico al Emir de la Meca que, a cambio de la ayuda árabe a los Aliados la Gran Bretaña reconocería la independencia de un Estado árabe en territorios que incluían Palestina. Los limites de esos territorios, prometía oficialmente MacMahon, serían los siguientes:

- Mersina, en el Norte.
- Las fronteras de Persia, hasta el golfo de Bassorah, en el Este.
- El océano Indico, excepto Adén, en el Sur.
- El mar Rojo, y el mar Mediterráneo, en el Oeste.

Un simple vistazo al mapa muestra que Palestina formaba parte de ese territorio. Sir Henry MacMahon hizo su promesa formal, en el nombre del Gobierno británico, en un memorándum fechado el 25 de octubre de 1915. El Gobierno británico confirmó oficialmente las promesas de Mac Mahon y el acuerdo fue firmado. Pero mientras millones de árabes luchaban y doscientos mil perdían la vida en la guerra de Inglaterra creyendo se batían también por la libertad árabe, el ministro de Asuntos Exteriores inglés, Lord Arthur Balfour, vendía alegremente Palestina al sionismo a cambio de la promesa de los líderes de éste de provocar la entrada de los Estados Unidos en la guerra y de retirar todo su apoyo a Alemania. Como complemento de esa traición, Inglaterra y Francia, según los términos del acuerdo Sykes - Picot, se entendían para repartirse los territorios árabes - entonces bajo soberanía turca - al final de la guerra. Ramsey MacDonald, Primer Ministro de Su Majestad en 1923, resumió así esta triple maniobra:

"Nosotros provocamos una sublevación árabe en todo el imperio otomano, a cambio de la promesa de crear un Estado árabe independiente con las provincias árabes que formaban parte de aquél, incluyendo Palestina. Al mismo tiempo, animamos a los judíos del mundo entero a que nos ayudaran y contribuyeran a hacer entrar a los Estados Unidos en la contienda, a nuestro lado, prometiendo poner a disposición de los sionistas, y bajo su soberanía, las tierras de Palestina; y también al mismo tiempo, firmamos con Francia el Pacto Sykes Picot, repartiéndonos el territorio que habíamos ordenado a nuestro alto comisario MacMahon que prometiera a los árabes a cambio de su ayuda. Muy difícil será encontrar en toda la Historia Universal un caso de más cruda duplicidad, y no podremos escapar a la reprobación mundial que será su justa secuela"[41].

Y así, mediante este triple engaño, respaldado por el falso sentimentalismo de la creación de un "Estado refugio para los judíos "víctimas de prejuicios religiosos", el sionismo obtenía los siguientes beneficios:

a) Una posición clave en el Oriente Medio, encrucijada de tres continentes.

b) El control directo del oleoducto del Irak, cuya terminal se hallaba en Haifa.

c) Una "doble nacionalidad" para los judíos.

d) Las riquezas del mar Muerto (cloruro cálcico, magnesio y, sobre todo, potasas).

e) La proximidad con el Canal de Suez y las zonas petrolíferas de Siria e Irak.

A pesar de los esfuerzos hechos por Inglaterra - que se reservó, como sabemos, Palestina como mandato de la Sociedad de Naciones - entre 1919 y 1948, solamente 600.000 judíos pudieron aposentarse en su "Hogar Nacional", debido a la feroz resistencia de los árabes. Fue necesaria la masiva ayuda norteamericana y soviética, al final de la Segunda Guerra Mundial para aplastar a los árabes de Tierra Santa, mientras Inglaterra se salía como buenamente podía del avispero que ella más que nadie había contribuido a crear.

* * *

Lord Melchett (a) Alfred Mond (a) Moritz, entonces presidente del mastodóntico trust "Imperial Chemical Industries" dijo, el 14 de junio de 1928, ante el Congreso sionista reunido en Nueva York:

"Si os hubiese dicho en 1913, que el archiduque austríaco sería asesinado y que, junto a todo lo que se derivaría de tal crimen; surgiría la posibilidad, la oportunidad y la ocasión de crear un hogar nacional para nosotros en Palestina... me hubieseis tomado por un ocioso soñador. Mas... ¿Se os ha ocurrido pensar cuán extraordinario es que de

---

[41] Citado por Olivia María O¡Grady: *Beasts of the Apocalypse*, pag. 314-315.

toda aquella confusión y de toda aquella sangre haya nacido nuestra oportunidad...?

¿De veras creéis que sólo es una casualidad todo eso que nos ha llevado otra vez a Israel?"

Según parece deducirse de las palabras del "noble Lord", él -persona enterada e iniciada si las ha habido- no cree que "todo eso" (asesinato provocación del archiduque Francisco Fernando y consiguiente guerra generalizada entre los principales Estados europeos) fuera una casualidad.

Como tampoco fue -posiblemente- una casualidad que fuera Gavrilo Princip quien lo perpetrara, y que el tal Princip, y cuatro de sus seis cómplices, fueran correligionarios del multimillonario Lord de los múltiples alias.

De esa casualidad, de esa coincidencia elevada al rango de constante histérica, hablamos en el siguiente capitulo, consagrado al comunismo "ruso".

CAPITULO II

EL COMUNISMO "RUSO"

Un testimonio inaudito - Libro Blanco del Gobierno Británico - El Rapport Sisson - El testimonio del embajador Francis - El Rapport Simmons - El testimonio de Víctor Marsden - Los amos de Rusia en 1919 - El testimonio de Douglas Reed - El informe Ovennan - Las revelaciones de Robert Wilton - La Alta Finanza Judía y "Poale" - Una opinión de Sir Winston Churchill - El testimonio Homer - Un informe de Scotland Yard - Un dato de la Enciclopedia Británica - El testimonio del Cónsul Caldwell - El célebre vagón precintado - El testimonio Coty - El Gobierno británico, Vickers & Maxim y el asesinato de la familia imperial - Las revelaciones de Mrs. Williams y H. Gwynne - Testimonios de parte contraria - El terrorismo prerrevolucionario - El Embajador Morris - La consolidación del régimen soviético - El mito del antisemitismo soviético y el verdadero origen racial de Stalin - Libro Blanco del Gobierno Polaco - Las purgas de 1937 / 1938 - Las declaraciones de Theodor Butenko - La Komitern - Los verdaderos objetivos de Karl Marx.

> *"Elementos judíos conducen, a la vez, el comunismo y el capitalismo."* The World Significance of the Russian Revolution.
> Dr. Oscar Levy

El comunismo, basado en el ateísmo, el materialismo histórico, la lucha de clases y la planificación a ultranza, se impuso en un país como la vieja Rusia, el carácter de cuya población eslava parecía totalmente opuesto al éxito de la utópica experiencia marxista en su territorio. Según el sociólogo y economista alemán Werner Sombart, el ruso es profundamente religioso, patriótico, soñador, perezoso y poco dado a innovaciones.

Por otra parte, no deja de sorprender al observador imparcial el hecho -en verdad mágico- de que el Ejército rojo, integrado, según el gastado cuché de la moderna propaganda, por "parias de la Tierra" y "esclavos sin pan" derrotase con tan singular facilidad al Ejército imperial. Al parecer, a nadie ha sorprendido -por lo menos a ningún historiador consagrado- que los hambrientos, desarrapados proletarios

La Historia de los Vencidos (El suicidio de Occidente)

dispusieron, tanto o más que las tropas zaristas, de ametralladoras, cañones, tanques y aviones. Nadie parece haberse preguntado - y seguimos refiriéndonos a los insignes catedráticos de la enseñanza oficial en todo el Occidente- de dónde salió el dinero para financiar una tan colosalmente costosa empresa como fue la Revolución soviética en Rusia. Por qué no cabe duda alguna de que las cotizaciones de los escasos miembros del Partido -unos dos mil quinientos afiliados, teóricamente miserables parias-, no alcanzaban ni siquiera para pagar los desplazamientos de los conspiradores comunistas dentro y fuera de Rusia.

La respuesta a las dos interrogantes implícitamente planteadas en los dos párrafos precedentes es que, el por todos llamado "comunismo ruso" no es, propiamente hablando, "comunismo", ni tampoco es -excepto, quizá, en un sentido puramente geográfico- "ruso". No puede ser ruso un sistema político económico que preconiza como fin último propio, la dictadura del proletariado y el internacionalismo; que ha sido creado y modelado por individuos no rusos y, sobre todo, que postula unos principios opuestos al alma rusa. El hecho de que, en determinadas circunstancias, los objetivos políticos del comunismo internacional hayan podido coincidir con los de la antigua "constante nacional" rusa - presión sobre los Dardanelos; intento de salida al Mediterráneo; e incluso expansión en Asia- no implica necesariamente que siempre haya sido ni siempre haya de ser así. ¿Eran patriotas rusos Lenin y Trotsky cuando organizaban huelgas en 1905 mientras las tropas nacionales se batían contra los japoneses...? ¿Lo eran desde 1914 basta 1917 cuando predicaban el derrotismo y saboteaban el esfuerzo bélico de Rusia, entonces enfrentada a los imperios centrales? ¿O cuando en Brest Litovsk aceptaban unas cláusulas de Armisticio que cualquier gobierno zarista hubiera rechazado?

Y, por otra parte, ¿es qué puede llamarse "comunista" a un sistema cuyo fundador, Marx, era hijo de un prestamista, cuyos propagadores, Lassalle, abogado de prestigio, Heine, poeta hijo de un mercader e íntimo de los Rothschild, Boerne, primogénito del emisario de los Rothschild en Viena, Engels, hijo de un fabricante de textiles, Moses Hess, rabino, hijo de un agente de Bolsa, provenían de la alta burguesía...?, ¿comunista un movimiento implantado en Rusia por Lenin, de origen pequeño burgués, y Trotsky, casado con la hija del banquero Givotovsky, y cuyos jefes auténticos eran y son personas detentoras de un capital y, paralelamente, de un poderío como nunca soñó el más tiránico autócrata? El comunismo real -tan diferente del teórico o propagandístico, destinado a cazar incautos- es la forma más brutal y más explotadora del capitalismo. Si en Occidente los estadistas de hoy no son, en la mayoría de casos, más que meros agentes de trusts y monopolios que transforman su poderío financiero en poder político, más o menos disimulado, en Oriente el gigantesco "gang" del Kremlin, sin trabas y sin necesidad de disimulo por haber liquidado físicamente a la élite nacional que podía oponérsele, ha podido montar el más feroz y desalmado de los capitalismos: el capitalismo de Estado soviético.

El exilado rumano Traian Romanescu, ex profesor de la Universidad de Bucarest escribe a este respecto:

> "Después de la muerte de Stalin, y probablemente para fijar sus posiciones en el cuadro de la nueva sociedad burguesa capitalista que maneja el comunismo, los "socialistas" moscovitas completaron en 1954 una estadística de la situación material de los primeros 1.670 "hombres del trabajo" en la Unión Soviética. Como es natural, esa estadística no ha sido publicada, pero se ha conocido por la indiscreción de algunos miembros del Partido... En la Unión Soviética... 730 jerarcas son multimillonarios, otros 940 son millonarios, es decir, capitalistas"[42].

En otro lugar de esta obra se habla de las flagrantes concomitancias de los lideres soviéticos con la alta finanza y el capitalismo Occidental. Para seguir un orden cronológico, empezaremos con la exposición de documentos y testimonios, procedentes de los campos más dispares, que establecen, con irrefutable autoridad histórica, que el comunismo soviético no es, contrariamente a lo que creen los más, un sistema o una doctrina rusos sino que, al contrario, se trata de la manifestación visible de un fanático imperialismo que, ni por sus orígenes, su financiación, sus fines y sus caudillos reales puede, sin ultraje a la verdad, ser calificado de ruso.

UN TESTIMONIO INAUDITO

Rapport del Servicio Secreto americano, transmitido al Estado Mayor del Ejército

---

[42] Traian Romanescu: *Amos y Esclavos del Siglo XX*. Editorial JHS, México, página 70.

francés. (Archivado con la referencia 7-618-6 np 912 S.R. 2, II. Transmis par L´Etat-Major de l'Armée. Deuxième Bureau)[43].

➢ "Sección 1: En febrero de 1916, supone por vez primera, que una revolución estaba siendo fomentada en Rusia. Se descubrió que las personas y establecimientos bancarios que a continuación se mencionan estaban complicadas en esta obra de destrucción; Jacob Schiff, Max Breitung, Felix Warburg. Otto H. Kahn, Mortimer Schiff, Jerome H. Hanauer, Banco Kuhn, Loeb & Co. Todas estas personas son judías. La firma bancaria mencionada está dirigida por los señores Schiff, Kahn, Warburg Hanauer y Loeb.

➢ No puede haber, pues, duda ninguna de que la revolución que estalló un año más tarde, fue fomentada e iniciada por influencias claramente judaicas. En efecto, en abril de 1917, Jacob Schiff, en unas manifestaciones públicas, declaró que gracias a su ayuda financiera, la revolución rusa había podido triunfar.

➢ Sección II; En la primavera de 1917, Jacob Schiff empezó a comanditar a Trotsky con objeto de hacer estallar la revolución social en Rusia. El diario neoyorquino Forward, que es un órgano judeobolchevique, organizó una suscripción con el mismo objeto.

➢ Desde Estocolmo, el judío Max Warburg financiaba igualmente a Trotsky y los suyos. Éstos recibían también fondos del sindicato Rhenano/Westfaliano, importante empresa judeoalemana. así como de otro judío, Olaf Aschberg, del Nya Banken de Estocolmo. Así se establecieron las relaciones entre multimillonarios judíos y proletarios de la misma raza.

➢ Sección III: En octubre de 1917, estalló la revolución social en Rusia y gracias a ella, ciertas organizaciones soviéticas asumieron la dirección del pueblo ruso. En estos soviets se destacaron especialmente los individuos que mencionamos a continuación:

---

[43] Según el periódico *La Vieille France*, el contenido del rapport era conocido de todos los gobiernos de la Entente. La documentation Catholique de París lo publicó in extenso en su número del 6-III-1920. Más tarde lo reproducirían publicaciones de tanto relieve como *The Times*, Londres, 9-II-1918, y *The New York Times*, Nueva York. I-V-1922 y 31-XII-1923.

Nombres adoptados	Nombres verdaderos	Raza
Lenin	Ulianov	Ruso[44]
Trotsky	Bronstein	Judío
Steklov	Nakhames	Judío
Martov	Zederbaum	Judío
Zinoviev	Apfelbaum	Judío
Kamenev	Rosenfeld	Judío
Dan	Gourevitch	Judío
Ganetzsky	Fuerstenberg	Judío
Parvus	Helphand	Judío
Lunacharsky	Lunacharsky	Ruso
Uritzky	Radomilsky	Judío
Larin	Laurie	Judío
Bobrov (Bohrine)	Nathansson	Judío
Martinov	Zibar	Judío
Sujanov	Gimel	Judío
Sagersky	Krochmal	Judío
Riazanov	Goldenbach	Judío
Soltantzev	Bleichmann	Judío
Tschicherine	Tschicherine	Ruso[45]
Pianitzky	Ziwin	Judío
Axelrod	Ortbodox	Judío
Glazunov	Schultze	Judío
Lapinsky	Loewensohn	Judío
Zuriesan	Weinstein	Judío
Zhordania	Zhordania	Judío
Bogdanov	Siiberstein	Judío
Kamkov	Katz	Judío
Tchemomorsky	Tchernomordik	Judío
Abramovich	Bein	Judío
Maklakovsky	Rosenbloom	Judío

---

[44] Investigaciones posteriores demostrarían que Lenin era hijo de un ruso a su vez de origen mongol, y de una judía, María Alexandrowfla Blank. Su esposa, Nadezhda Krupskaya, era asimismo judía. En la casa de Lenin se hablaba yiddish, según el agente británico Herbert Fish, que vivió dos años junto al caudillo soviético. (Louis Marschalsko: *World Conquerors*, pág. 52.)

[45] Tschicherine, que llegó a ser comisario de Asuntos Exteriores, era, como Lenin, hijo de una hebrea. (Arnold S. Leese: *The Jewish War of Survival*, pág. 97.)

Garin	Garfeld	Judío
Kamneff	Goldberg	Judío
Joffé	Joffé	Judío
Meshkovsy	Goldberg	Judío

Las secciones IV y V del documento tratan de las actividades procomunistas del banquero Paul Warburg y del rabino Judah L. Magnes.

La sección VI descubre que Magnes, criatura política de Warburg y Schiff, fue dirigente de la organización sionista "Poale", de tendencia marxista.

La sección VII afirma que la revolución marxista fomentada en Alemania en 1918 se desarrolló siguiendo las mismas directrices judías que la revolución social en Rusia, y revela que sus dos principales dirigentes, Rosa Luxembourg y Hans Haase, eran judíos.

La sección VIII y última, resume; *"... Si tenemos en cuenta que la firma judía Kuhn, Loeb & Co. está íntimamente relacionada con el sindicato Renano- Westfaliano, entidad bancaria judeoalemana, con Lazard Fréres, banca judía de París y con la firma bancaria judía Gunzbourg, de San Petersburgo, París y Tokio, y si tenemos así mismo en cuenta que las mencionadas casas judías mantienen relaciones estrechas con la banca judía Speyer & Co., de Frankfurt, Londres y Nueva York y con la Nya Banken, Banco judío, declaradamente bolchevique, establecido en Estocolmo, comprobaremos que el movimiento bolchevique es la expresión de un movimiento general de los judíos y que ciertas casas de banca judías están interesadas en la organización de tal movimiento."*

LIBRO BLANCO DEL GOBIERNO BRITÁNICO

Mr. Oudendyke, embajador de los Países Bajos en San Petersburgo, y encargado de los intereses británicos en Rusia después de la liquidación de la Embajada de Su Majestad por los bolcheviques en 1917, envió un informe al Primer Ministro inglés, Lord Balfour, informándole sobre la gestación y desarrollo de la Revolución.

Este informe fue incluido en el Libro Blanco del Gobierno británico publicado en abril de 1919 con el subtítulo "Rusia nº 1". He aquí un extracto del testimonio del embajador Oudendyke:

"Considero que la inmediata supresión del bolchevismo es la tarea más urgente que tiene ahora el mundo civilizado, incluso si es preciso, para conseguirlo, desencadenar una nueva guerra. Y, a menos que el comunismo sea ahogado en su nido, ahora mismo, es inevitable que acabe abalanzándose, de una forma u otra, sobre Europa y el mundo entero... ya que (el comunismo) lo han organizado y lo dirigen judíos, gente sin patria cuyo único objetivo es destruir, en su beneficio, el actual orden existente.."

EL RAPPORT SISSON

Mr. Edgar Sisson, enviado especial del presidente de los Estados Unidos, Woodrow Wilson, envió un documentado informe a la Casa Blanca, en relación con los sucesos acaecidos en Rusia durante los cien primeros días de la Revolución. Mr. Sisson publicó su informe con la autorización del Gobierno de su país, en 1931, en un libro titulado *"One Hundred Days"*. Por otra parte, el Comité de Información Pública de los Estados Unidos editó los rapports Sisson, que incluían numerosas fotocopias de documentos oficiales, como "información de guerra" (serie N° 20, octubre de 1918), tras haber sido sometidos a estudio y aprobación de los investigadores de la Oficina Nacional del Servicio Histórico.

En los rapports se establece que *"un sin fin de documentos e informaciones oficiales y de observadores privados, demuestran el carácter casi exclusivamente judaico de la Revolución de octubre-noviembre de 1917. Se mencionan los nombres de los banqueros Jacob Schiff y Max Warburg como principales financiadores de los revolucionarios; se cita la cifra con que contribuyó, personalmente, Schiff: doce millones de dólares. De hecho, se afirma que el citado Schiff comenzó su obra probolchevique con la financiación de la propaganda comunista en los campos de prisioneros rusos en Manchuria, durante la guerra rusojaponesa de 1905. Este extremo fue confirmado por el testimonio de George Kennan, autoridad en asuntos rusos y ex embajador norteamericano en Moscú. Kennan manifestó a un reportero del New York Times[46] que una "Sociedad de Amigos de la Libertad Rusa", financiada,*

---

[46] El 24 de marzo de 1917.

dirigida y animada por Jacob H. Schiff envió a los campos de prisioneros rusos en Siberia Meridional y Manchuria, una tonelada y media de panfletos de propaganda roja".

EL TESTIMONIO DEL EMBAJADOR FRANCIS

David R. Francis, embajador de los Estados Unidos en Moscú, mantuvo a su Gobierno puntualmente informado sobre los acontecimientos. El Departamento de Estado publicó, más tarde, los documentos Francis, que han sido recogidos, entre otros autores, por Mrs. Elizabeth Dillings en su notable obra "The Plot Against Christianity".

Alude, Mr. Francis, a un curioso telegrama enviado por el comunista de Petrogrado Fuerstenberg (Ganetzky), a un correligionario suyo. (Obsérvense la fecha -unos días antes de la Revolución-, el banquero y los demás apellidos mencionados, igualmente judíos.)

Estocolmo, 21 septiembre 1917.
Sr. Raphael Schaumann (o Scholan):

Querido camarada: La casa bancaria del señor Max Warburg, a raíz de un telegrama del presidente del sindicato Renano-Westfaliano, abrió una cuenta corriente para la empresa del camarada Trotsky. Un abogado, tal vez el señor Kestroff, se hizo cargo de las municiones, cuyo transporte a Lulea y a Vardi organizó, juntamente con el dinero para el camarada Trotsky, según sus deseos.

Fraternales saludos, Fuerstenberg[47].

El documento nº 3, de la serie Francis dice, textualmente, así: "Circular del 2 de noviembre de 1914. Del Banco imperial a los representantes de la Nya Banken y a los agentes del Diskonto Gesellschaft y de la Deutsche Bank.

"Actualmente, tienen lugar conversaciones entre los agentes autorizados del Banco Imperial y los revolucionarios rusos, M. M. Zenzinov y Lunacharsky... - Estamos dispuestos a ayudar sus proyectos de agitación y de propaganda en Rusia a condición

---

[47] Publicado por la "Comisión de información Publica", Washington. 1918.

de que esa agitación y propaganda afecten, sobre todo, a los elementos combatientes en el frente. En ese caso, los agentes del Banco imperial tienen instrucciones de abrir a los revolucionarios los créditos necesarios al desempeño de su labor. Firmado, Risser".

Suplemento a ese documento;

"Z. y L. entraron en relación con el Banco imperial alemán actuando de mediadores los señores Rubenstein, Max Warburg y Parvus."

Todas las personas mencionadas en ese documento a excepción del revolucionario ruso Lunacharsky, eran judías. Por otra parte, hay que contar con la influencia que en el Banco imperial alemán poseían los hebreos Rathenau y Von Ballin. Así mismo, como era público y notorio, los cinco Bancos "D" de Alemania - entre los que se mencionan al Diskonto y el Deutsche Bank - eran entidades judías.

El documento N° 5 se refiere a una orden de pago cursada por el sindicato Renano-Westfaliano (calificado de entidad judeobolchevique por el Departamento de Estado americano) a un tal Svenson Baltzer y a Moses Kirch, representantes, respectivamente, de la Diskonto Gesellschaft en Estocolmo y de la Deutsche Bank, en Ginebra. A Baltzer y a Kirch se les encarga suministrar fondos a los señores Ulianov (Lenin) y Bronstein (Trotsky).

En el documento N° 6, el banquero Svenssen, de la "Banque díaffaires Waldemar Hansen & Co.," comunica a la Diskonto Gesellschaft que la cantidad de 315.000 marcos ha sido transferida a la cuenta del señor Lenin, en Kronstadt, en fecha 18 de junio de 1917.

El 7° documento se refiere a una carta del banquero Svensen al revolucionario judío Herzen (o Farzen) en Kronstadt. El capitalista Svensen escribe al proletario Herzen:

"Entregue los pasaportes y la suma de 207.000 marcos que usted ha recibido del señor Lenin, a las personas mencionadas en esta Carta (adjunta)."

El 8° documento da cuenta de que, según la orden de un tal Mr. Jullias, el Deutsche Bank ha pagado 32.000 francos que se han utilizado en la edición de panfletos comunistas.

Los documentos N° 9, 10 y 11 hacen referencia a entregas de dinero (marcos, francos y coronas suecas) hechas por el sindicato Renano-Westfaliano y la Nya Banken de Estocolmo a los revolucionados Fuerstenberg, Trotsky y Antonov[48].

Hay, todavía, un duodécimo documento, relativo a una comunicación del millonario comunista Parvus Helphand. a un tal señor M. de Estocolmo, anunciándole el envío de 180.000 marcos para la financiación de las actividades soviéticas en Finlandia. Parvus era íntimo de Trotsky y de Lenin.

Finalmente, en el tercer tomo de los documentos hechos públicos por el Departamento de Estado, y bajo la referencia n.0 861.00/228 - 1110, puede leerse un telegrama enviado por el embajador Francis a la Casa Blanca en el que, entre otras cosas, se dice:

"... Considerando que el Gobierno provisional[49] tenía urgente necesidad de fondos, Inglaterra ha ayudado a Rusia, y probablemente continuará haciéndolo hasta el reconocimiento del Gobierno por todos los países Aliados, una ayuda urgente sería oportuna y muy altamente apreciada. Es extremadamente importante para los judíos que esta revolución tenga éxito. Si bien los judíos prestan tan importante ayuda, una gran discreción deberá ser observada, ya que ella (la Revolución) está entrando en una fase en que podría despertar la oposición de los antisemitas que tan numerosos son aquí."

Los mencionados rapports del embajador Francis fueron publicados por el Departamento de Estado bajo el titulo Papers relating to the Fo-reign Relations of the United States, en tres volúmenes.

EL RAPPORT SIMMONS

El reverendo George A. Simmons, superintendente de la Misión Metodista de Petrogrado hasta primeros de octubre de 1918 declaró, bajo juramento, ante el

---

[48] Nombre auténtico, Antonov-Owsenko, judío, que sería nombrado cónsul soviético en Barcelona durante el período 1937-38.

[49] Mr. Francis se refiere al Gobierno prerrevolucionario de Kerensky (a) Kirbis Adler, correligionario de sus sucesores Ulianov-Lenin y Bronstein-Trotsky.

Senado de los Estados Unidos:

"... De entre los 388 miembros del soviet de Petrogrado sólo 16 eran rusos y todos los restantes judíos, exceptuando a un negro procedente de Nueva York, que se hacía llamar doctor Johnson...

De los 371 judíos pertenecientes al Soviet comunista septentrional, 265 -o sea más de las dos terceras partes- habían llegado a Rusia procedentes del Lower East Side de Nueva York.

"... Todas las iglesias de Petrogrado fueron profanadas. Sólo fueron respetadas las sinagogas. Cuando la revolución estalló, las calles de Petrogrado fueron inundadas de pasquines y folletos de propaganda, escritos casi todos en lengua yiddish"[50].

EL TESTIMONIO DE VICTOR MARSDEN

Víctor Marsden, uno de los periodistas de mayor renombre en Gran Bretaña y corresponsal del London Post en Moscú durante diez años, escribió una documentadísima obra[51] sobre la Revolución bolchevique. Mr. Marsden hizo notar el elevado porcentaje de judíos que integraron el "apparat" gubernamental soviético; así, por ejemplo, la participación judía en la alta burocracia bolchevique, en 1918:

PUESTO	MIEMBROS	JUDIOS
Politbureau	22	17
Comisariado de Guerra	43	34
Comisariado del Interior	64	45
Comisariado de Asuntos Exteriores	17	13
Comisariado de Finanzas	30	26
Comisariado de Justicia	19	18
Comisariado de Higiene	5	4
Comisariado de Instrucción Pública	53	44
Comisión de Socorros Sociales	6	6
Comisión de Trabajos Públicos	8	7

---

[50] Documentación del Senado de los Estados Unidos. Vol. III; núms. 62-65. Primera Sesión.

[51] Víctor Matsden: *Jews in Russia*.

La Historia de los Vencidos (El suicidio de Occidente)

Comisión de Reconstrucción	2	2
Delegación Soviética en la Cruz Roja	8	8
Comisarios Regionales	23	21
Comisión de periodistas (oficiales)	42	41
Comisión de Depuración	17	12
Supremo Consejo de Economía General	56	45
Bureau Consejo de Economía General	23	19
Comité Central del Congreso de los Soviets	34	33
Comité Ejecutivo del V Congreso del P.C.	62	34
Total	534	429

La proporción de judíos en el aparato gubernativo soviético es ligeramente superior al ochenta por ciento. Pero hay que tener en cuenta que en la obra precipitada de Marsden se consideran rusos, georgianos, letones y de otras nacionalidades a una serie de personajes que, más tarde, serían identificados como judíos, como Sverdlov, Karakhan, Bukharin, Manuilsky, Rakovsky, etc.

LOS AMOS DE RUSIA, EN 1919

Henry Ford Sr., uno de los primeros en comprender qué se escondía realmente detrás del bolchevismo "ruso" nos facilita una prueba estadística del aplastante predominio judío en Rusia roja (año 1919).

Organismo	Miembros	Judíos	%
Consejo de Comisarios Populares	22	17	77%
Comisariado de Guerra	43	33	77%
Comisariado de Asuntos Exteriores	16	13	81%
Comisariado de Justicia	21	20	95%
Comisariado de Hacienda	30	24	80%
Instrucción Pública	53	42	79%
Socorros Sociales	6	6	100%
Comisariado de Trabajo	8	7	88%
Delegados de la Cruz Roja rusa en Berlín, Copenhague, Viena, Varsovia y Bucarest	8	8	100%
Comisarios Provinciales	23	21	91%

O sea que, entre los 271 principales jefes soviéticos, según las investigaciones de Henry Ford, encontramos 232 judíos, lo que da el elevado porcentaje del 85,6%.

"Cuando Rusia se hundió" -dice Ford[52] - "inmediatamente surgió el hebreo Kerensky (Adler). Pero como los planes de Kerensky no eran lo suficientemente radicales, le sucedió el judío Trotsky. Hoy (1919) cada comisario es un judío. De sus escondrijos salen los judíos rusos como un bien organizado ejército..."

"Ni uno sólo de los banqueros judíos de Rusia fue molestado, mientras que los banqueros no judíos fueron fusilados sin excepción. EL COMUNISMO SÓLO ES ANTICAPITALISTA CONTRA LA PROPIEDAD NO JUDIA..."

Este párrafo de Ford es realmente revelador y cobra toda su vigencia cuando observamos como, desde 1917 hasta hoy, la familia Aschberg del Nya Banken de Estocolmo, controlando por la dinastía Rothschild, ha tenido a uno de sus miembros dirigiendo el Banco del Estado soviético. Víctor Aschberg, hijo de Olaf Aschberg que contribuyó a financiar la Revolución de 1917, ocupa una posición paralela en importancia a la que tuvo hasta hace poco Bernard Mannes Baruch, y tiene hoy Sidney Weinberg en los Estados Unidos.

EL TESTIMONIO DE DOUGLAS REED

Mr. Douglas Reed, antiguo subdirector del Times londinense publicó en dicho periódico una serie de artículos transmitiendo los resultados de sus observaciones e investigaciones sobre los primeros tiempos de la Revolución de octubre. Extractamos:

"Es bastante conocido el importante papel jugado por los judíos dentro del aparato directivo comunista. Lo que apenas se ha dicho, pero es igualmente cierto, es que los otros partidos revolucionarios de Rusia estaban también dominados por los hebreos, de manera que, fuera cual fuera la resolución final de la Revolución, lo único cierto e indudable era que los judíos colocarían a sus hombres en los lugares de honor. Los Comités centrales de los partidos revolucionarios -comunistas aparte -estaban integrados como sigue:

    Mencheviques 11 judíos

---

[52] Henry Ford: *The International Jew.*

Comunistas del Pueblo 5 judíos y un ruso
Socialistas del Ala Derecha 14 judíos y un ruso
Socialistas de Izquierda 10 judíos y dos rusos
Anarquistas 4 judíos y un mongol
Comunistas polacos 12judíos."

Mr. Reed nos facilita igualmente la composición del primer Gobierno (Consejo de Comisarios) de la U.R.S.S. Hela aquí:

COMISARIADO	NOMBRE	RAZA
Presidencia	Ulianov (Lenin)	Judío
Asuntos Exteriores	Tchitcherine	Ruso
Nacionalidades	Djugachvili (Stalin)	Georgiano
Agricultura	Protian	Armenio
Consejo Económico	Laurie (Larin)	Judío
Abastecimientos	Schlichter	Judío
Trabajo	V. Schmidt	Judío
Ejército y Marina	Bronstein (Trotsky)	Judío
Control del Estado	Lander	Judío
Tierras del Estado	Kauffmann	Judío
Seguros Sociales E.	E. Lilina (Knigissen)	Judío
Instrucción Pública	Lunacharsky	Ruso
Religiones	Spitzberg	Judío
Interior	Apfelbaum (Zinoviev)	Judío
Higiene	Anvelt	Judío
Finanzas	Goukovsky	Judío
Prensa	Volodarsky	Judío
Justicia	I. Steinberg	Judío
Elecciones	Uritzky (Radomilsky)	Judío
Refugiados	Fenigstein	Judío
Refugiados (Ayudante)	Savitch	Judío
Refugiados (Ayudante)	Zaslovsky	Judío[53]

Observamos que Douglas Reed considera a Lenin judío, cuando en realidad sólo era medio judío, lo mismo que Tchitcherine, considerado "ruso" por el publicista

---

[53] Douglas Reed: *Insanity Fair*.

británico. En cuanto a Stalin, un "georgiano" para todos los especialistas, era también de origen judío, como más adelante veremos. Es curioso constatar que el único ruso auténtico es Lunacharsky, el famoso comisario que presidió la infame parodia del llamado "Proceso del Estado soviético contra Dios" (que fue declarado culpable y ejecutado por una salva dirigida hacia el cielo).

EL INFORME OVERMAN

El informe de la Comisión Overman, leído ante el Senado de los Estados Unidos el 12 de febrero de 1919, revela que entre los 556 más importantes funcionarios del Estado bolchevique entre 1918 y 1919 había 17 rusos, 2 ucranianos, 10 armenios, 35 letones, 14 alemanes, 1 húngaro, 9 georgianos, 2 polacos, 3 finlandeses, 1 checo y 462 judíos.

LAS REVELACIONES DE ROBERT WILTON

Un testigo ocular de excepcional calidad para calibrar el significado y la finalidad real de la Revolución soviética es, sin duda, Roben Wilson, corresponsal del Times londinense en Rusia durante diecisiete años. Mister Wilson publicó un libro:

The Last Days of the Romanovs en el que reproduce documentos oficiales que confirman sus aserciones. En las pá-ginas 136 y 137 de su libro, Mr. Wilson publica la lista de los miembros del Comité Central del Partido comunista, de la Comisión Extraordinaria (Cheka) y del Consejo de Comisarios del Pueblo, en 1918. He aquí la composición de estos tres organismos capitales, atendiendo a la composición racial de sus miembros.

Comité Central del Partido Comunista de la URSS.

Judíos 42

Letones 6

Rusos 5

Georgianos 3

Ucranianos 1

Alemanes 2

Armenios 2

Checos 1

Comisión Extraordinaria de Moscú (Cheka)

Judíos 23

Letones 8

Rusos 2

Alemanes 1

Polacos 1

Armenios 1

Consejo de Comisarios del Pueblo

Judíos 17

Rusos 3

Armenios 2

Es preciso hacer constar que en la presente estadística se considera "rusos", "polacos", "letones", "alemanes", a determinados criptojudios cuyo origen racial sería aclarado más tarde. Con todo, de los datos precitados se desprende que, en el mejor de los casos, en estos tres poderosos organismos, la representación auténticamente rusa no llegaba al nueve por ciento.

LA ALTA FINANZA JUDÍA Y "POALE"

El exilado ruso Boris Brassol, que vivió en su patria durante los primeros años de la Revolución, revela[54]:

> "La alta finanza judía y el movimiento sionista Poale jugaron un papel preponderante en la conquista de Ucrania por los bolcheviques."

El judío Rappoport, un abogado de Kiev, escribió a propósito del Movimiento

---

[54] Boris Brassol: *The World at the Cross-Roads*.

Poale:

"... Después del hundimiento de las cooperativas nacionales, Ucrania perdió su base económica. Las instituciones bancarias, dirigidas por nuestros camaradas Nazert, Gloss, Fischer, Krauss y Spindler, prestaron una gran ayuda a Poale. A partir del nombramiento del camarada Margulies como director del Banco de Ucrania nuestro éxito ya no ofreció dudas... Como representante de Poale-Zion, considero es mi deber hacer constar el agradecimiento de nuestro Partido y del Bundí[55], verdaderos pastores del rebaño de borregos rusos"."

El periódico parisien LíIntransigeant (nº 14540, 27 de mayo de 1920) reprodujo in extenso las declaraciones de Rappoport.

UNA OPINIÓN DE SIR WINSTON CHURCHILL

Winston Churchill escribió a propósito de los judíos y de su intervención capital en la Revolución soviética lo siguiente;

"Es posible que esta raza sorprendente esté en el proceso de creación de un nuevo sistema filosófico y político, tan malévolo como benévola fue la Cristiandad, el cual, si no es contrarrestado, destruirá irremediablemente todo lo que el Cristianismo ha hecho posible... Esos movimientos (revolucionarios) entre los judíos no constituyen una novedad... Ellos han sido los inspiradores de todos los movimientos subversivos acaecidos en el siglo XIX; y ahora, esta banda de extraordinarias personalidades de los bajos fondos de las grandes urbes de Europa y América ha agarrado al pueblo ruso por el pelo y se ha convertido en la dueña indiscutible de ese enorme imperio."

"Importantísimo es el papel jugado en la creación del bolchevismo y en el actual desarrollo de la Revolución rusa por esos internacionalistas y en su mayoría ateos judíos... El predominio de los judíos en las instituciones soviéticas es sorprendente... el sistema terrorista aplicado por la comisión extraordinaria (Cheka) para combatir a los contrarrevolucionarios ha sido ideado y llevado a cabo por hebreos y, en ciertos casos notables, por hebreas. El mismo fenómeno pudo observarse durante el periodo de terrorismo rojo instaurado por Bela Kuhn (Cohen) en Hungría. Igualmente ha ocurrido en

---

[55] El Bund era el Partido Socialista judío, que jugó un papel muy importante en la Revolución, especialmente en Petrogrado y Ucrania.

Alemania (especialmente en Baviera); si bien en todos esos países muchos no judíos participaron en esa sangrienta locura, el papel jugado por los revolucionarios judíos es asombroso"[56].

Cuando Sir Winston Churchill escribió esto, era, aún, un hombre político libre. Más adelante, sus opiniones, sus conveniencias -o lo que él tenía por tales- variarían radicalmente; en otro lugar de esta obra analizamos el asombroso caso Churchill.

EL TESTIMONIO HOMER

A. Homer, hombre de ciencia y publicista británico, escribió un articulo publicado por el The Catholic Herald, en tres series, los días 21 y 28 de octubre y 4 de noviembre de 1933. Ese articulo fue reimpreso más tarde en forma de panfleto. En el mismo se lee:

"El movi miento soviético es una concepción judía, no rusa. Fue impuesto a Rusia desde el exterior, cuando, en 1917, para satisfacer determinados intereses judeoamericanos y judeoalemanes, Lenin, Trotsky y sus asociados fueron enviados a Rusia con objeto de derrocar el zarismo e implantar el comunismo...
El bolchevismo nunca ha sido controlado por rusos.

a) De los 224 revolucionarios que, en 1917, fueron enviados a Rusia con Lenin, Trotsky, Kamenev y Zinoviev con objeto de fomentar la Revolución bolchevique, 170, como mínimo, eran judíos.
b) Según The Times, de 29 de marzo de 1919, al menos las tres cuartas partes de los funcionarios que controlan el aparato central bolchevique, son judíos..., entre los cargos de menor relieve, los judíos son legión.

La población de la Unión Soviética es de ciento sesenta millones de habitantes, de los que unos seis millones son judíos, de manera que el porcentaje de hebreos en Rusia es del 3,75%. No obstante, según reconoce el Jewish Chronicle, órgano oficial de la judería británica, en su edición de 6 de enero de 1933, más de la tercera

---

[56] "*Zionism y Bolshevism*", articulo aparecido en el Illustraled Sunday Herald, 8 febrero 1920.

parte de los judíos rusos son funcionarios del Estado soviético."

Mr. Homer cita abundantes referencias de la financiación de los soviets por la alta finanza apátrida. Por ejemplo, menciona que muchos créditos hechos aparentemente por el Gobierno de los Estados Unidos a Alemania, inmediatamente después de la Primera Guerra Mundial, llegaron en realidad a Rusia. Leonid Krassin un judeobolchevique, millonario como la mayoría de sus colegas, sirvió de hombre enlace entre Wall Street y el Kremlin. Este hecho fue repetidamente denunciado ante el Congreso de los Estados Unidos. El Primer Plan Quinquenal fue financiado con dinero americano, o, más exactamente, procedente de Norteamérica.[57]

UN INFORME DE SCOTLAND YARD

"El comunismo es un movimiento mundial controlado por judíos." (Fragmento de un informe de Scotland Yard al Gobierno británico, en 1918. Mencionado en el documento 86100, 5067, archivos del Senado de los Estados Unidos. Comunicación del embajador Francis al secretario de Estado Lansing.)

UN DATO DE LA ENCICLOPEDIA BRITÁNICA

En el epígrafe "Ucrania", la Enciclopedia británica (edición 1966) menciona que en el primer soviet de Ucrania había 18 ucranianos, 38 rusos y 136 judíos.

EL TESTIMONIO DEL CÓNSUL CALDWELL

El cónsul norteamericano John Caldwell, representante de su país en Kiev, mandó un telegrama a su secretario de Estado mencionando el pri-mordial papel jugado por los judíos en la preparación y desarrollo de la Revolución rusa. Caldwell insistió en la importancia de la acción de la judería rusa y ucraniana. no sólo en las grandes ciudades, sino también en los pueblos. (Grupo documental nº 59. Documento n. 86100, 2205. Departamento de Estado.)

---

[57] A. Homer: *Judaism and Bolshevism*.

EL CÉLEBRE VAGÓN PRECINTADO

El historiador británico W. Russell Batsell describe, en su libro Soviet Rule in Russia (Londres, 1925) cómo fueron enviados a Rusia los agitadores comunistas que debían hacer estallar la revolución de octubre.

"En abril, el Gobierno alemán había permitido el paso, hacia Rusia, en un vagón de ferrocarril precintado, de un grupo de bolcheviques que se encontraban en Suiza. Formaban parte de este grupo, entre otros destacados revolucionarios, Lenin, Martov y Sokolnikov. La Entente replicó autorizando a Trotsky y Kamenev, con sus respectivos séquitos, a trasladarse a Rusia[58].

Recordemos que Alemania se hallaba en guerra contra los países de la Entente, uno de cuyos miembros principales era, precisamente la Rusia zarista. Es un hecho históricamente admitido hoy en día, que fueron tres prohombres judíos. el banquero hamburgués Warburg, el naviero Von Baum y el omnipotente Walter Rathenau, del trust A. E. O. quienes, apoyándose en el canciller Von Bethmann- Hollweg -medio judío- forzaron la mano al Káiser, que se resistía a provocar el incendio en la casa del vecino. El talmúdico cuarteto, haciendo gala de un patriotismo alemán del que ya no se acordaría en Versalles, convenció al no excesivamente inteligente Guillermo II de que "los enemigos del zar era n -si no sus amigosó al menos sus aliados." Y la troika judía de Ginebra atravesaría Alemania con su séquito de terroristas y guardaespaldas encerrados, como apestados, en un vagón precintado, hasta llegar a las primeras líneas del frente, en donde un destacamento especial se encargaría de situarlos detrás de las líneas rusas.

Sin excusar ni atenuar este hecho, puede, al menos, comprenderse la actitud alemana; al fin y al cabo. Alemania y Rusia estaban en guerra, y en una guerra, lo que cada contendiente busca es dañar a su enemigo, sin preocuparse gran cosa de la ética de los procedimientos... Ahora bien, lo que ya no puede comprenderse, lo que resulta extraordinariamente paradójico es que "la Entente replicara autorizando a Trotsky y Kamenev y sus respectivos séquitos a trasladarse a Rusia. El aventurero

---

[58] Nesta H. Webster publicó la lista de los 165 comunistas que viajaban en el histórico vagón: la señora Webster pretende que había 23 rusos, 3 georgianos, 4 armenios, 1 alemán y 134 judíos. (*The Surrender of an Empire*, pág. 77.)

Leiba Davidovich Bronstein, alias Trotsky, que Francia e Inglaterra habían expulsado de sus respectivos territorios por terrorista, fue "autorizado" por los Estados Unidos para ser enviado, precisamente en calidad de derrotista a la "aliada" Rusia. En este caso, el participio autorizado no deja de ser un hipócrita subterfugio. Trotsky no fue "autorizado" a dirigirse a Rusia: fue enviado allí a instancias del Gobierno de los Estados Unidos.

Bernard Marines Baruch, el bien conocido "Buda" de la democracia americana, ordenó la liberación de Trotsky, que se hallaba cumpliendo condena en el penal de Saint Louis. Acompañado de numerosos correligionarios, partió en un buque americano hacia Rusia, pero, interceptado por una unidad de la flota británica, fue nuevamente encarcelado en el penal de Nova Scotia (Canadá). Pero de allí volvió a liberarle la mano todopoderosa de Baruch, a pesar de formar parte el Canadá de la corona británica. Y, en un buque americano fue llevado hasta Rusia. Curiosa manera de comportarse con un aliado que, como Nicolás II, estaba llevando sobre sus hombros la más pesada carga de la guerra...[59]

Éste es un hecho histórico e irrefutable. El mismo Baruch admitió, respondiendo a las preguntas de una Comisión del Senado que, bajo su responsabilidad. había sido liberado Trotsky en dos ocasiones, una de ellas en territorio extranjero, aún a sabiendas de que se proponía dirigirse a un país amigo y aliado, con el propósito deliberado de sabotear el esfuerzo de guerra de ese país y hacerle salir, si era posible, de la misma.

EL TESTIMONIO COTY

Mr. François Coty, conocido reportero del entonces, más importante periódico francés, Le Figaro, escribió el 20 de febrero de 1932 que "la ayuda financiera prestada a los nihilistas durante ese periodo (1905-1917) por Jacob Schiff, del poderoso Banco neoyorquino Kuhn, Loeb & Co. no fue un acto de aislada generosidad. Una verdadera organización terrorista fue creada con dinero venido de América. Esa red terrorista bien pronto cubrió toda Rusia con sus emisarios y agentes".

---

[59] Confirmado por Henry Ford (*The Internacional Jew*); Robert H. Williams (*Know Your Enemy*); Douglas Reed (*Insanity Fair*), y otros autores.

Fue el propio Jacob Schiff, ayudado por correligionarios suyos, quien financió al Japón en la guerra contra Rusia, en 1904-05, según reconoce la propia Enciclopedia Judía."

EL GOBIERNO BRITÁNICO, VICKERS & MAXIM, Y EL ASESINATO DE LA FAMILIA IMPERIAL

La actitud del Gobierno británico hacia su aliado ruso fue, por lo menos, equívoca, durante el periodo revolucionario. Y dejó de ser equívoca una vez el bolchevismo firmemente establecido en el poder cuando Lloyd George, todo un Primer Ministro de Su Majestad, declaró, ante una atónita Cámara de los Comunes:

"Con el derrumbamiento del imperio de los Romanoff, uno de los principales objetivos de esta guerra se ha cumplido."

Lo cierto es que el Gobierno británico se había comprometido a ayudar a Rusia en la guerra contra los imperios centrales. La firma inglesa Vickers & Maxim fue comisionada para el suministro de armamento. Una referencia al papel jugado por Vickers & Maxim en el desarrollo de los acontecimientos que produjeron el colapso de Rusia es hecha por el propio Lloyd George: El profesor Sir Bernard Pares, un distinguido académico que conoció bien Rusia y los rusos... visitó Rusia en 1915, en su calidad de corresponsal oficial con el Ejército ruso, y a su regreso presentó un rapport muy notable". En dicho rapport, citado por Lloyd George, el profesor Pares dijo: "... Es mi deber informar que el desafortunado y extraño fracaso de Messrs, Vickers & Maxim & Co. en el suministro de armamento a Rusia está poniendo en grave peligro las relaciones entre nuestros dos países[60].

Un inciso. Parece, en efecto, desafortunado y extraño que unos tan acreditados "mercaderes de cañones" como Vickers & Maxim fracasaran en su suministro de armamento al Ejército imperial ruso. Esos mercaderes de la muerte habían demostrado su sin par eficiencia en docenas de conflictos bélicos, pero he aquí que, súbitamente, fracasaban... Y fracasaban de una manera rarísima, extraña... Sí, por que, durante seis largos meses, los rusos, no reciben ni un solo fusil. Cuando, a

---

[60] David Lloyd George: *War Memoirs* (vol. III. 1934).

finales de 1915, llegan los primeros fusiles, ametralladoras y cañones, las autoridades rusas se aperciben de que tales armas son de calibres diferentes a los usados por el Ejército imperial. A Rusia se le exige que pague por adelantado por unas armas que, de momento, no le sirven para nada... Entre tanto, otros rusos, o individuos con apellidos oportunamente rusificados, reciben clandestinamente armas en los países vecinos y en la misma Rusia. Las armas que los monopolios mundiales del armamento niegan al zar, son para Lenin y Trotsky.

Vickers & Maxim, firma mastodóntica cuyo "presupuesto" era superior al de muchos países del Viejo Continente, estaba controlada por Sir Ernest Cassel y Sir Basil Zaharoff, dos ciudadanos británicos. Según el editor hebreo Sir Sidney Lee[61], Sir Ernest Cassel era un judío nacido en Colonia (Alemania), íntimo de Jacob Schiff y director de la banca Bischofs-cheim & Goldsmidt, de Londres. En 1897 fue artífice de la compra de la "Barrow Naval and Shipbuilding Construction Company" y de Vickers & Sons Company y, más tarde, de la unión con las compañías de municiones y armamentos Maxim Gun y Nordenfeldt. Por su parte, la "combine" Maxim-Nordenfeldt había sido efectuada por otro judío, Sir Basil Zaharoff, procedente de una acomodada familia de Odessa (Ucrania)[62]. Como vemos, una vez más, aparece en acción el triángulo comunismo - alta finanza - judaísmo, trabajando en común.

Otro sí, el trust francés de armamentos, Schneider-Creusot, contribuyó, aunque en menor escala que la Vickers & Maxim, a organizar la derrota del régimen zarista. Según el autor inglés Sidney Dark[63] "La familia Schneider es de origen judeo-alsaciano".

Si nula fue la ayuda de los gobiernos de los países de la Entente -y especialmente Inglaterra - a su desgraciado aliado Nicolás II en la guerra contra los imperios centrales, más lo fue aún en la que debió sostener el Ejército imperial contra el tan bien pertrechado Ejército rojo. Londres mandó un Cuerpo expedicionario de 1.200 hombres, que operó, con rara pasividad, en la zona

---

[61] Sir Sidney Lee: *Dictionary of National Biography*.

[62] Guiles Davenport: *Zaharoff, High Priest of War*. Según este autor, el nombre auténtico de Zaharoff era Zacharias.

[63] Sidney Dark: *The Jew Today*. Confirmado por el boletín del "World Service". (I-V- 1934); A. N. Field: *All These Things*, etc.

La Historia de los Vencidos (El suicidio de Occidente)

portuaria de Arkangelsk, y Washington, en 1919, una vez finalizada la Primera Guerra Mundial, un par de divisiones que hicieron acto de presencia en Siberia Meridional[64]. La intervención de los Aliados se produjo en una escala completamente inadecuada a la magnitud del conflicto, y no pudo ayudar en nada a las tropas "blancas" del almirante Kolchak y de los generales Wrangel y Denikin. Para una sola cosa sirvió la intervención de la Entente: para hacer inclinar hacia el bando bolchevique las simpatías de una parte del populacho ruso, cuyos sentimientos "chauvinistas" se sintieron heridos por la intervención extranjera en favor del viejo régimen.

Tras su abdicación, el zar y su familia recibieron una oferta de asilo hecha por el Gobierno británico. Una polémica se desató sobre el hecho de haber o no haber sido posteriormente retirada tal oferta. Según Lloyd George, en sus aludidas "Memorias", tal oferta fue mantenida. Según Kerensky, en cambio, no lo fue. Pero Sir George Buchanan, embajador inglés en Rusia, afirmó en un libro de Memorias publicado por su hermana Miss Meriel Buchanan después de su muerte, que el Gobierno británico telegrafió al ruso, retirando la oferta de asilo[65]. Esto equivalía a condenar a muerte al zar, máxime si se tiene en cuenta que los esfuerzos hechos por el conde Mirbach, embajador de Alemania - interesado en salvar a la zarina, princesa de sangre germana - resultaron vanos por la traición de un "agent provocateur", llamado Yakolev, un judío de origen transilvano.

El 16 de julio de 1917, en la mansión Ipatiev de Ekaterinburg, el zar, la zarina, el zarevitch enfermo, las princesas Olga, Tatiana, María y Anastasia y cinco sirvientes fueron fusilados, sus cadáveres asaeteados con las bayonetas y horriblemente mutilados. Los cadáveres fueron conducidos a un bosque cercano e incinerados o quemados con ácido sulfúrico. Esa horrible masacre fue personalmente ordenada por el comisario Sverdlovd, descrito por el agente británico Bruce Lockhart como "un judío tan moreno que diríase casi negro"[66]. El pelotón de ejecución, mandado por Jakob Jurowsky, se componía de doce hombres, de los que

---

[64] El general M. Schuyler. uno de los jefes del Cuerpo Expedicionario Americano declaró: "El bolchevismo es totalmente judío. Las tropas que se nos enfrentaron estaban encuadradas por judíos". (Citado por A. S. Leese: *Bolshevism is Jewish*. 1919.)

[65] Morid Buchanan: *The Dissolution of an Empire*.

[66] Bruce Lockhart: *Memoirs of a British Agent*, Putnams, Londres, 1932.

sólo dos eran rusos, uno letón, y los otros judíos.

En la pared de la habitación donde el zar y su familia fueron ejecutados fueron hallados tres signos cabalísticos, inscritos de arriba abajo y de derecha a izquierda. Los símbolos consisten en la letra "L" repetida tres veces en escritura hebrea, samaritana y griega. Según la escritora norteamericana O'Grady, esa inscripción simbolizaba pasividad, significando que los asesinatos no provenían de la voluntad del ejecutor o ejecutores, sino que él o ellos actuaron en obediencia de una orden superior[67].

Cuatro días antes, el gran duque Miguel y su secretaria inglesa fueron fusilados en Perm, a trescientos kilómetros al Noroeste de Ekaterinburg. Los duques Sergio Mihailovitch, Igor, Constantino e Iván Constantinovitch. parientes cercanos del zar, fueron también fusilados en Ekaterinburg. El príncipe Pablo y la gran duquesa Isabel, con su séquito de diecisiete personas, fueron rociados con ácido sulfúrico y arrojados a un pozo seco, donde murieron al cabo de tres días de indecibles sufrimientos[68]. La supervisión de esa serie de asesinatos estuvo a cargo de los bolcheviques Golschekin, Voikov y Sarafov. Golschekin, alias Philip, era un judío que estuvo relacionado con Lenin desde 1911. Voikov era igualmente judío; la procedencia racial de Sarafov es desconocida[69].

Que el Gobierno británico, por acción y por omisión favoreció objetivamente el triunfo bolchevique está fuera de toda duda razonable. Más insidioso fue aún el caso de la "contrarrevolución" organizada en Moscú por el capitán O'Reilly, agente del Intelligence Service. O'Reilly, un aventurero que se llamaba en realidad Rosenblum y procedía de un ghetto lituano, estuvo asociado con el banquero Alexander Weinstein, un judío de Kiev, y se sabe que trabajó como agente especial para los japoneses durante la guerra de 1904-05 entre el Mikado y Rusia. En 1917, aparece como agente secreto británico[70] y es enviado a Rusia. Su misión oficial: organizar

---

[67] Olivia María O'Grady: *Beasts of the Apocalyse.* pág. 110. Según L. Fry (*Water flowing Eastward*, la inscripción cabalística significaba: "Aquí fue ejecutado el zar en castigo de sus crímenes". A. N. Field (op. cit., pág. 71), abunda en la misma opinión. Una cosa es cierta: se trataba de una inscripción cabalística judía.

[68] A. N. Field: Op. cit., pág. 70.

[69] Alfred Rosenberg: *The Grave-diggers of Russia.* Confirmado por el testimonio del capitán Bulygin, de la Comisión investigadora nombrada por el almirante Kolchak, y por el propio bolchevique V. Burtsev.

[70] La auténtica historia de este rocambolesco aventurero ha sido narrada, entre otros autores, por Mr. Bruce Lockhart, el capitán Hill y el teniente coronel Thwaites en *Behind the Scenes in Spionage* (Harrap, 1929).

La Historia de los Vencidos (El suicidio de Occidente)

la contrarrevolución, devolviendo a Rusia al lado de la Entente, pues los comunistas se disponen a concluir una paz separada con Alemania y Austria-Hungría. Su misión real: se ignora. La misión que cumplió: provocar prematuramente el alzamiento de los rusos anticomunistas, que fueron aplastados. Luego, O'Reilly huyó (igual que su correligionario Adler Kerensky, el introductor y solapador de la Revolución) sin que haya podido demostrarse que la omnipotente G.P.U. hiciera nada por impedirle la huida.

Ese aventurero escribió sus Memorias, que fueron publicadas por su esposa, la ex actriz sudamericana Pepita Bobadilla, que las prologó y epilogó[71]. Según Mrs. O'Reilly, todos los complots organizados por su marido fracasaron; siempre los rusos blancos que se fiaron de él fueron, finalmente, traicionados por alguien. Según el cónsul general de los Estados Unidos, Mr. Poole, O'Reilly, Rosenblum era un "agent provocateur". Esto lo confirman Bruce Luckhart y el mismo "capitán" Hill, durante muchos años colaborador de O'Reilly. Este provocador que tan eficientemente trabajó por los bolcheviques no era, tampoco, unaparia de la Tierra, ni un esclavo sin pan. Antes de la Revolución, trabajó en San Petersburgo como agente de cambio y Bolsa[72].

LAS REVELACIONES DE MRS. WILLIAMS Y H. GWYNNE

Mrs. Ariadna Williams, viuda del Dr. Harold Williams, durante muchos años corresponsal del Manchester Guardian en Rusia, publicó las Memorias de su marido, bajo el titulo From Liberty to Brest-Litovsk, en 1919. Un año más tarde, el editor del Morning Post londinense. H. A. Gwynne recopiló los artículos del periódico, relacionados con la cuestión rusa[73]. Según Mrs. Williams:

> *"La nueva clase que rápidamente cristalizó en derredor de los bolcheviques, se componía especialmente de individuos perfectamente ajenos al pueblo ruso... Abundaban los lituanos y letones, y también los caucasianos y asiáticos, pero la vasta mayoría se componía de judíos procedentes de los más diversos países. Esa gente*

---

[71] Sidney O'Reilly: *The Adventures of Sidney O'Reilly, Britain's Master Spy.*

[72] Capitán George A. Hill: *Go Spy the Land*, Londres, 1932.

[73] Ariadna Williams: *From Liberty to Brest-Litovsk*, Macmillan, Londres, 1919. H. A. Gwynne: *The Cause of World Unrest*. Grant-Richards, Londres, 1920.

hablaba muy mal el ruso. La nación cuyo sorprendente control acababan de obtener era extraña para ellos, y se comportaban, en consecuencia, como extranjeros en país conquistado".

Mr. Gwynne facilita diversas estadísticas e innumerables detalles reveladores. Por ejemplo, cita los nombres, reales y adoptados, de los 48 primeros personajes en el escalafón jerárquico soviético, 42 de ellos son judíos. Otros 2 son rusos casados con judías, Vorochilov y Kollontai. Dos más son medio judíos, Lenin y Tchitcherine. Completan la lista Goukovsky y el letón Peters.

La lista en cuestión coincide con la inscrita en la sección HL del rapport del Servicio Secreto americano, ya mencionada al comienzo del presente capítulo. Aparte de los nombres citados en dicho rapport, Mr. Gwynne añade los de Goussiev (Drapkin), Gorev (Goldman), Volodarsky (Cohen). Zervditch (Fonstein), Radek (Sobelssohn), Litvinoff (Meyer, Wallach, etc.) Kamensky (Hoffmann), Naout (Ginzburg), Igoev (Goldman), Vladimirov (Feldnian), Bounskov (Foundamentsky), Manuilsky y la Lebedteva (Simson), todos judíos, más Vorochilov, Kollontai y Goukovsky, rusos, y el chekista letón Peters. A propósito de Lenin, Mr. Gwynne reproduce una noticia publicada por el Jewish Chronicle, órgano del judaísmo británico, en la que, a parte de mencionarse la ascendencia del "Papa" soviético - judía por parte materna - y su matrimonio con la Kruppskaya, de bien acomodada familia judeoalemana, se dice que Lenin formó parte de círculos de estudios judíos cuando residió en Suiza, en 1897, y que su profesor era un rabino[74].

TESTIMONIOS DE PARTE CONTRARIA

Ninguno de los testimonios más arriba aludidos puede, ni aún con la mayor fantasía ni la más flagrante mala fe, ser tachado de "nazi", "fascista" o "antisemita" (palabra deliberadamente equívoca, escogida para denigrar sistemáticamente a los que exponen las actividades subversivas y revolucionarias del judaísmo político).

Ni el Estado Mayor del Ejército americano, ni la C.I.A., ni el "Deuxiéme Bureau" francés, ni Mr. Winston Churchill, ni el Departamento de Estado norteamericano pueden, seriamente, ser tildados de antisemitas. Por otra parte, las personalidades

---

[74] *The Jewish Chronicle*, 16-XII-1932.

e instituciones aludidas presentan las mayores garantías en cuanto a la seriedad de sus informaciones; tales personas y tales organismos no podían no estar bien informadas, y lo mismo cabe decir de Mr. Oudendyke, representante oficial del Gobierno británico en Petrogrado, del embajador americano Francis, de los miembros de las comisiones Simmons, Sisson y Overman, de periodistas de renombre como Monsieur Coty, Mr. Marsden, Reed, Wilson... No podía estar mal informado Lloyd George, todo un Premier británico filosemita y antiguo abogado de los sionistas de Inglaterra...

De todos los testimonios citados hasta ahora se deduce claramente que la Revolución soviética no fue obra de rusos explotados por la autocracia zarista, sino de judíos internacionalistas por mediación de sus hombres de mano, correligionarios suyos en abrumadora proporción. Pero esto no lo han dicho solamente los gentiles; los propios judíos lo han reconocido en muchas ocasiones. Así por ejemplo, el más importante de los semanarios judeoamericanos, The American Hebrew publicó, el 10 de septiembre de 1920, está auténtica confesión de parte:

"La Revolución bolchevique en Rusia fue obra de cerebros judíos, de la insatisfacción judía, de la planificación judía, cuyo objetivo es crear un orden nuevo en el mundo. Lo que de tan excelente manera fue realizado en Rusia, gracias a cerebros judíos y a causa de la insatisfacción judía y mediante la planificación judía será también, a través de las mismas fuerzas mentales y físicas judías, una realidad en todo el mundo".

Por su parte, el Jewish Chronicle londinense escribió el 4 de abril de 1919:

"Hay mucho de bueno en el bolchevismo, no sólo porque muchos judíos son bolcheviques, sino porque los ideales del comunismo y los del judaísmo son consonantes en lo esencial."

Alfred Nossig, uno de los más celebrados líderes espirituales del judaísmo declaró, en 1925:

"El socialismo y el código mosaico no están en oposición... nosotros tenemos un interés vital en la victoria final del socialismo en el mundo, no solamente por motivos tácticos y ocasionales, sino sobre todo porque el marxismo y la doctrina mosaica son

prácticamente idénticos..."⁷⁵

El Dr. Oscar Levy, judío americano, en una carta que fue reproducida en el prefacio del libro The World Significance of the Russian Revolution, de G. Pitt-Rivers, reconoció (1920):

> "Al frente del comunismo y del capitalismo hay elementos judíos, que buscan la ruina espiritual y material de este mundo... para satisfacción del intenso idealismo judío."

Un documento judío, citado por el *Sunday Times*, de Londres del 4 de abril de 1920, se jactaba, entusiásticamente, de que el comunismo no era más que una conspiración israelita para conseguir el imperio mundial de Sión. El despacho en cuestión decía exactamente: "La Prensa polaca reproduce un documento hallado en la cartera del comandante bolchevique Sunder, jefe de un batallón. Sunder fue muerto en acción. Ese documento, escrito en yiddisch, proyecta la luz sobre la organización clandestina judía en Rusia. He aquí su contenido:

> "Secreto. Al presidente de la sección de la Alianza israelita universal. La hora de nuestro completo triunfo se acerca. Estamos en la alborada de la conquista del mundo. Nuestros viejos sueños se están cumpliendo. A pesar de que, hace relativamente poco tiempo no teníamos ningún poder, ahora podemos alcanzar la victoria. Ya hemos obtenido el poder en Rusia. Nuestros primeros planes han sido coronados por el éxito, pero no debemos olvidar que los rusos, aunque estén ahora bajo nuestro dominio, nunca dejarán de ser nuestros mortales enemigos... Firmado. El Comité Central de la sección de Petrogrado de la alianza israelita universal."

Dos historiadores judíos que gozan de gran prestigio entre sus correligionarios corroboraron la evidencia del fondo judaico del movimiento bolchevique. William Zuckerman escribió:

> "Nosotros estuvimos en vanguardia del movimiento revolucionario ruso antes del derrumbamiento del zarismo, y nuestros servicios desde los primeros días de la heroica

---

⁷⁵ Citado por Léon de Poncins en *Les Forces Secrètes de la Revolution*, págs. 158 -160, edición inglesa.

La Historia de los Vencidos (El suicidio de Occidente)

lucha proletaria son reconocidos por todos los historiadores"[76]

En cuanto a Rappoport -uno de los más acreditados historiadores de la Revolución de 1917- estableció que:

"... los judíos de Rusia fueron globalmente responsables de la Revolución y de la victoria final del proletariado"[77]

Norman Bentwich, historiador judío de nacionalidad británica escribió (marzo de 1933):

"Es evidente que los cambios producidos por la Revolución soviética han sido especialmente favorables a los judíos... Cuando llegamos a Leningrado, los intérpretes y los guías de la organización turística del Estado eran, generalmente, judíos o judías. La misión del pueblo judío es ser el intérprete de la Rusia soviética ante el mundo, y del mundo ante la Rusia soviética, ya que él forma el núcleo esencial de la nueva sociedad proletaria..."[78]

En la revista Le Nouveau Mercure (París, marzo de 1927) el periodista hebreo René Gross, decía:

"Las dos internacionales de la finanza y del bolchevismo trabajan con ardor. Ambas representan los dos frentes de la internacional judía... Se trata de una conspiración contra todas las naciones gentiles".

Bernard Lazare, historiador judío y sionista prominente, reconoce, por su parte, que

"... en cuanto a la gestación del socialismo (comunismo) los judíos contribuyeron más que nadie. Marx y Lassalle en Alemania, Aaron Liberman y Adler en Austria, Dobrojonan Gherea en Rumania, Gompers, Kahn y De Lion en los Estados Unidos de

---

[76] Williams Zuckerman: *The Jews in Revolt.*

[77] Angelo S. Rappoport: *The Pioneers of the Russian Revolution*, Londres, 1918, págs. 249-250.

[78] Norman Bontwich, artículo titulado *"Is Judaism doomed it, Russia?"*, boletín del B´nai Bírith, Londres, marzo 1933.

América, fueron o son todavía los directores o los iniciadores. Los judíos rusos merecen lugar a parte en esta breve exposición. Los jóvenes estudiantes, evadidos de los ghettos, participaron activamente en la agitación nihilista: muchos de ellos -incluyendo a bravas judías- sacrificaron heroicamente sus vidas a la causa emancipadora, y al lado de esos médicos y esos abogados israelitas hay que colocar a la masa considerable de los refugiados artesanos que fundaron en Londres y en Nueva York, importantes organizaciones obreristas, centros de propaganda socialista, comunista e incluso anarquista[79].

El publicista judío Hermalin dijo, en un discurso pronunciado en Nueva York, en 1917, que

"... la Revolución rusa fue realizada por judíos. Nosotros formamos las sociedades secretas.. Nosotros inspiramos el reinado del terror... Nosotros por medio de nuestra convinc ente propaganda y de nuestras represiones masivas..."[80]

Uno de los fundadores del Partido laborista de Inglaterra, el profesor judío Harold Y. Laski, reconoció que

"... en 1897 se fundó el Bund, la unión de los trabajadores judíos en Polonia y Lituania... que se dedicó a las actividades revolucionarias en gran escala, y su energía les convirtió en el núcleo del Partido comunista en todas las Rusias"[81]

EL TERRORISMO PRERREVOLUCIONARIO

Si el terrorismo oficial - sucesivamente la Tcheka, la G.P.U. y la N.K.W.D. - ha sido, desde 1917, dirigido por hebreos, el predominio de individuos de esa raza en el terrorismo prerrevolucionario en Rusia es anonadante, como reconoce el propio Lazare en la obra antes citada.

En 1880, tres judíos -Deutsch, Axelrod y Vera Zasulich- y un ruso, Plekhanov, fundaron el "Partido socialdemocrático ruso", embrión del futuro Partido comunista[82].

---

[79] Bernard Lazare: *L'Antisémitisme*, pág. 435.

[80] Citado por *Nationalist News*. Dublin, mayo 1965.

[81] Articulo sobre "Comunismo" por Harold Y. Laski. *Enciclopedia Británica*, volumen III, págs. 824-827.

[82] Deutsch, hijo de un rico mercader de Kiev; Axelrod, abogado; Vera Zasulich, estudiante, hija de familia

Lenin se afiliaría más tarde a esa organización. Uno de los miembros de la misma, Grigori Davidovich Goldemberg, que había asesinado al príncipe Kropotkine, planeó el atentado contra el Zar Alejandro II, que fue efectivamente asesinado el 1º de marzo de 1881, por un comando de terroristas dirigidos por la hebrea Fignez Jesse Helfmann y Nikolai Sablin. Alejandro III, que sucedió en el trono a su asesinado progenitor, adoptó duras medidas de represión contra los revolucionarios. Un judío Mloditsky, atentó contra la vida del Primer Ministro, Loris- Melikov, en 1901. Hirsh disparó contra el gobernador de Vilna en 1902. Grigori Gershuni asesinó al ministro del Interior, Spyagin, a Bognanovich, gobernador de Ufa y dirigió el complot contra el príncipe Obolensky, gobernador de Kharkov. Su correligionario Karpovich asesinó al ministro de Educación, Bogolepov. En 1904, Sazonov asesinó al suc esor de Spyagin, Von Plehve[83].

"El Bund" de Odessa organizó la revuelta de 1904, Durante varios días la Commune fue instalada en la ciudad. La represión de los cosacos contra los judíos fue particularmente sangrienta. Pero al año siguiente el jefe de la policía de Odessa fue asesinado por el judío Stillman. El gran duque Sergio, gobernador general de Moscú fue apuñalado por Kayalev el 4 de febrero de 1905.

Nicolás II, de tendencias moderadas dictó disposiciones para suavizar el trato que se daba a los hebreos. Fue entonces cuando, además del "Bund", surgieron partidos mixtos sionista -marxistas, tales como Poale-Sión y los socialistas-sionistas. La agitación social llegó a su punto álgido con la emancipación de los judíos. El Primer Ministro Stolypine fue asesinado en Kiev por el judío Bogrov en 1911. Estallaron motines y huelgas en todo el país.

Coincidiendo con esta agitación interior, una fuerte campaña antirrusa se organizaba desde el exterior, y especialmente desde Norteamérica. Henry Ford nos dice[84] que "el 15 de febrero de 1911, estando Taft en el poder, los judíos Jacob Schiff, Jacob Furth, Louis Marshall, Adolph Krauss y Henry Goldfogle le pidieron que, como represalia contra Rusia, cuyas medidas "antisemitas" exasperaban a la judería americana, fuera denunciado el Tratado de Comercio rusoamericano, que

---

acomodada; Plekhanov, de procedencia burguesa, abogado. ¡Los parias de la tierra! (N. del A.)

[83] Von Plehve dijo que «el movimiento nihilista es oxtraño al pueblo ruso... obra de manos judías». (N. del A.)

[84] Henry Ford *The International Jew.*

llevaba ochenta años en vigor, y a plena satisfacción de las dos partes". El presidente Taft se negó al principio a aceptar una tal petición, pero bien pronto empezó una bombástica campaña de Prensa criticando todas las decisiones presidenciales; el Partido republicano temiendo el estado de opinión artificialmente creado por la Gran Prensa, que podía significar la derrota en las siguientes elecciones, presionó a Mr. Taft en el sentido de que aceptara las exigencias de los prohombres judíos. En diciembre de aquel mismo año, el tratado era denunciado, significando otro rudo golpe, económico y moral, para un régimen que ya empezaba a derrumbarse.

Jacob Schiff y Samuel Gompers obtuvieron también de Taft que el Gobierno de los Estados Unidos rehusara la extradición de los revolucionarios Pouren y Rudovitz, pedida por el Gobierno ruso, amparándose en un convenio de extradición mutua existente entre ambos países desde cincuenta años. Nuevamente encontramos al infatigable Schiff y a su "protegé", el rabino Magnes, en la dirección y cofinanciación del periódico Novy Mir (Nuevo Mundo), editado por Trotsky cuando vivía en Nueva York. La Fundación Garland contribuía también a la financiación de esa hoja re volucionaria que era enviada a Rusia con la cuidadosa y benévola ignorancia de las autoridades americanas.

Los Rothschild de Londres no quisieron ser menos que Schiff. El hebreo Rappoport narra un episodio más de la contribución de la alta finanza en la lucha contra el zar; "Alexander Herzen se vio forzado a abandonar Rusia, trasladándose a Londres, donde empezó a publicar el panfleto revolucionario "The Bell". Pero antes de marchar, convirtió su propiedades en obligaciones del Estado. El Gobierno imperial identificó los números de las obligaciones de Herzen y, cuando fueron presentadas para su pago, después de llegar Herzen a Londres, el zar, en la esperanza de aniquilar a su enemigo, dio órdenes al Banco de Estado de San Petersburgo de no pagar. El Banco obedeció, pero el zar se encontró con un enemigo que no esperaba: el primogénito de los Rothschild, quien le hizo saber que, como las obligaciones de Herzen eran tan válidas como las de cualquier otro ruso, estaba obligado a decidir sobre la insolvencia del Gobierno imperial. Si las obligaciones no eran pagadas en el acto, él (Rothschild) declararía la bancarrota al zar, sobre todo la de su moneda en las Bolsas europeas. Nicolás II, anonadado, se metió su orgullo en el bolsillo y pagó."⁸⁵ Los mismos judíos dieron aparatosa publicidad a este hecho, que representó un fortísimo golpe moral para el zarismo.

EL EMBAJADOR MORRIS

Ira Nelson Morris, embajador de los Estados Unidos en Estocolmo, fue una de las personas que más contribuyeron a ayudar a los bolcheviques en sus actividades prerrevolucionarias. Durante su gestión en Suecia, armas americanas llegaron a Rusia y Finlandia a través de Suecia. Morris era judío: antiguo conservero en carnes de Chicago, había formado el Gabinete electoral de Woodrow Wilson, junto a Bernard Mannes Baruch, el rabino Stephen Wise y el "coronel" Edward Mandell House. Morris había contribuido, junto a Schiff y el rabino Magnes a la fundación de la demasiado conocida "Sociedad de amigos de la libertad rusa", que aportaba fondos - americanos - para las "víctimas" del zarismo.⁸⁶

LA CONSOLIDACIÓN DEL RÉGIMEN SOVIÉTICO

Si bien desde 1917 hasta hoy ha habido un predominio judío en prácticamente todos los departamentos estatales soviéticos, hay dos -las finanzas y la policía- donde no ha habido predominio, sino poder absoluto. Más adelante tratamos de las finanzas soviéticas; en cuanto al terrorismo oficial en Rusia, desde la Cheka hasta la N.K.W.D., pasando por la O.G.P.U., siempre ha estado, empezando por Zinoviev en 1917 y continuando por Andropov en 1971, presidido por judíos.

Se han escrito centenares de libros sobre las insuperables salvajadas cometidas no sólo durante la Revolución sino después, de manera que consideramos ocioso volver a ello. El propio Gobierno soviético reconoció en 1935 que la cifra oficial de muertos causados por la Revolución era de unos 28 millones. (Marie Kerhuel: *Le colosse aux pieds d'argile*, página 156). Más tarde -1940- Molotoff daba una cifra más modesta: 12 millones, si bien no tenía en cuenta naturalmente a los muertos en los campos de trabajo de Siberia y de la Vorkuta, en el Círculo Polar. (Se trataba, al parecer, de "decesos por causas naturales"), ni a las comunidades que habían

---

⁸⁵ Angelo S. Rappoport: *Pioneers of the Russian Revolution*.
⁸⁶ Elizabeth Dillings: *The Plot Against Christianity*.

sido objeto de la "ingeniería social", tales como los alemanes del Volga y los fineses de Carelia Meridional, que desaparecieron sin dejar rastro.

Un comunicado de la Agencia Reuter (Rostov 31 de julio de 1919) reproducido por diversos periódicos occidentales (entre otros Vieille France, n° 137), relató las atrocidades de la Cheresvichaika, "Comisión de la Cheka judeobolchevique" de Kharkov: "A la llegada de las tropas zaristas de Denikine, se desenterraron los cadáveres de centenares de víctimas de los chekistas, en presencia de numerosos corresponsales de Prensa extranjera. Los cadáveres estaban mutilados. Las matanzas eran presididas por los propios comisarios. Era corriente que los verdugos practicaran una incisión en derredor del antebrazo, revolviendo luego la piel como si se tratara de un guante. La visita de Braunstein-Trotsky a Kharkov originó un incremento del sadismo. La primera pregunta que hacían los chekistas a los rusos que iban a torturar era: ¿Has insultado a Trotsky por ser judío?"

En Kiev se batieron, al parecer, todos los récords de brutalidad y de infamia.

"Todos los burgueses bolcheviques eran judíos. Los dos máximos responsables de la Cheka local eran Rakovsky, judío, de Bulgaria naturalizado rumano, y Latsis, judío de Letonia, presidente de la Comisión Extraordinaria para la supresión de la contrarrevolución. Éstos individuos utilizaban, sobre todo, a chinos y mongoles." (*Le Passé, les Temps Présents et la Question Juive*, pág. 297).

Fue la Rusia soviética el primer país del mundo en considerar el "antisemitismo" un delito, sancionado con penas que podían llegar a la muerte. El trotskista Simon Blumenthal calificó a la Revolución rusa de "progrom al revés".

Resulta, pues, evidente que con objeto de guardar al menos las apariencias, los llamados gobiernos democráticos de Occidente debieron practicar una política de oposición formal contra la U.RS.S. Es cierto -ya lo hemos visto- que en 1918 y 1919 Inglaterra envió armamento a los voluntarios bálticos que luchaban contra los invasores rojos mandados por Trotsky y Gamarnik, e incluso envió un pequeño destacamento que operó en la zona de Arkangelsk, pero no es menos cierto que, entre tanto, el Ejército rojo estaba siendo, simultáneamente, armado desde Occidente. El reverendo Denis Fahey nos habla de la enorme responsabilidad de Inglaterra en la definitiva consolidación del régimen soviético en Rusia en su obra "The Rulers of Russia". Ayuda económica, militar y financiera, que anteriormente había sido negada al zar. El escritor alemán Ernst von Salomon, que fue miembro de la legión de vo luntarios "Baltikum" que luchó contra los rojos en las marcas orientales de Alemania y en Lituania nos dice[87] que, cuando las tropas alemanas iban a entrar en Riga, en el invierno de 1919, la flota británica intervino en favor de los comunistas estonianos y rusos, impidiendo la liberación de la ciudad[88].

Mas no fueron sólo los ingleses, sino también los americanos, los franceses y el Gobierno alemán de Weimar, nacido de la derrota y tan impopular como incapaz, quienes contribuyeron a sostener a los bolcheviques impidiendo que el caos que éstos habían provocado les devorara a ellos mismos.

En 1923, Walter Rathenau, el hombre fuerte de la República alemana, firmaba el Tratado de Rapallo con los representantes de la Unión Soviética. Por el mismo, Alemania venía a reconocer de jure, al régimen bolchevique, e iniciaba con él una larga etapa de colaboración económica. Fueron signatarios de esa auténtica traición a Europa, representando a Alemania, además de Rathenau, sus correligionarios Mendelssohn y Von Ballin, y por parte soviética, Trotsky, Litvinoff, Rakovsky, Joffé, Sobelssohn Radek y Tchitcherine.

Entretanto, el "consejero privado" del presidente Wilson, el bien conocido "coronel" Mandell House conseguía que se reconociese el derecho de los comerciantes y financieros norteamericanos a tratar libremente con la U.R.S.S. El escritor y publicista inglés Wickham Steed, por su parte, cuenta que "en el mes de febrero regresaron de Moscú los señores Mandell House, William C. Bullitt y Lincoln Steffens, que habían ido a Rusia a estudiar las posibilidades de una apertura de negociaciones con la U.R.S.S. Lloyd George y Poincaré estaban al corriente de esas negociaciones y las aprobaban... Poderosos intereses financieros internacionales actuaban en favor de un reconocimiento inmediato de los bolcheviques... El banquero Jacob Schiff presionaba constantemente al presidente Wilson para que reconociera el régimen soviético que padecía, entonces, una intensa crisis interior, tanto política como económica... En el Daily Mail yo protestaba enérgicamente, el 27 de marzo, contra toda intención de reconocer a los energúmenos cuya finalidad confesada es subvertir el orden de Occidente y someterlo a la más repugnante

---

[87] Ernst Von Salomon: *Die Geachteten*.

[88] Esa medida recibió el beneplácito de los altos círculos ultraconservadores británicos que, con su clásica miopía «patriótica», aprobaban ese nuevo bofetón dado a Alemania. ¡El viejo "two power standard"! (N. del A.)

tiranía... El coronel House me rogó que fuera a verlo...; él (House) me increpó duramente por mi oposición periodística al reconocimiento del régimen soviético... Después me enteré de que Lloyd George y Wilson aceptarían, al día siguiente, las sugerencias de los señores Bullitt y House. Y así sucedió en efecto"[89].

House, que ostentaba indebidamente el título de "coronel", ocupaba junto a Wilson una posición par a la de un visir de sultanato árabe. En tan caracterizada "democracia" como Norteamérica, sin haber recibido los votos de sus conciudadanos, un Bernard Baruch aconsejaba a los presidentes votados por el pueblo "soberano", y un "coronel" House velaba por el exacto cumplimiento de tales consejos. Ese coronel que abogaba insistentemente por el reconocimiento de los bolcheviques, procedía, naturalmente, de una familia acomodada. En cuanto a William C. Bullitt - que tan importante papel desempeñaría durante la crisis germanopolaca de 1939, de la que surgiría la Segunda Guerra Mundial - era hijo de una rica judía de Filadelfia, y se casó con la viuda de John Reed, el llamado "primer comunista americano".

En enero de 1925, el Gobierno británico reconocía de jure al soviético. Francia, seguiría pocos meses después. En 1926, se firmaba el acuerdo Rockefeller Stalin, que aseguraba a la U.R.S.S. la financiación y el desarrollo de sus recursos petrolíferos. En 1933, el presidente Roosevelt reconocía a la Unión Soviética. El inevitable William C. Bullitt, primer embajador americano en el Kremlin, era pomposamente recibido por Stalin. Una oleada de millones de dólares, libras, francos y marcos cayó sobre la Rusia bolchevizada. Centenares de técnicos de los países capitalistas contribuyeron al desarrollo y renovación de la industria rusa; Averell Harriman dirigía una concesión de manganeso en el Cáucaso[90]; Roben Blum, hijo del futuro Primer Ministro de Francia Léon Blum Karfulkenstein, era "manager" de una filial de la poderosa industria Weiler, que fabricaba los motores de aviación "Júpiter" para el Gobierno soviético; Walter Rathenau y su correligionario Heinemann hacían empréstito tras empréstito a la U.R.S.S., mientras en "su" patria Alemania, seis millones de obreros permanecían en paro forzoso y las empresas privadas quebraban a millares. En París los banqueros Aschberg y

---

[89] Henry Wickham Steed, editor del Times, de Londres, 1919-1922: *Through Thirty Years*, págs. 301-304.

[90] Según confesión del propio Harriman en su libro *¿Paz con Rusia?*

La Historia de los Vencidos (El suicidio de Occidente)

Kagan, alias Kaganovich, asociado gerente de la poderosa Banca Seligman et Cíe, facilitaban, a través de sus numerosas relaciones e influencias, la colocación de los empréstitos soviéticos en Francia. En 1935, un grupo de magnates de la industria y de la finanza francesas se desplazaba a Moscú para ampliar las relaciones comerciales con la U.R.S.S.; los judíos René Mayer, Pierre Schweissguth, de la Banque Mirabaud et Cíe., y el "rey de la electricidad" Ernest Mercier formaban parte del séquito, mientras, en el Senado, el barón Maurice de Roths child abogaba por la ratificación del Pacto francosoviético[91]. El trust Vickers & Maxim, continuaba sirviendo pedidos de armas y aviones para el Kremlin.

Todo lo hasta ahora dicho de la estrecha relación entre el comunismo y la alta finanza apátrida no es, en realidad, más que unas pinceladas en el cuadro de la cínica alianza entre el capitalismo y el comunismo, dos sistemas falsamente opuestos, en realidad complementarios, y obedientes a un mando común. Y así, mientras Stalin recibía fastuosamente en Moscú a Felix Warburg, Buda de Wall Street, factótum de la poderosa Kuhn, Loeb & Co. y del Federal Reserve Bank, y miembro prominentísimo del Kahal de Nueva York, una insidiosa campaña mundial de Prensa, hecha de relatos "objetivos realistas" preparaba psicológicamente al mundo civilizado para que, al ejemplo de sus corruptos gobernantes, aceptara la persistencia del régimen asesino de la U.R.S.S. como algo perfectamente normal y conforme a la naturaleza de las cosas.

EL MITO DEL ANTISEMITISMO SOVIÉTICO Y EL VERDADERO ORIGEN RACIAL DE STALIN

Sabido es que a la muerte de Lenin, Joseph Vissarionovitch Djugaschvili, alias Stalin (Acero) le sucedió en el cargo de secretario general del Partido comunista. Stalin fue el "dictador"[92] de Rusia desde 1924 hasta 1953. Casado, sucesivamente, con tres judías, Ekaterina Swanidtze, Nadia Allelujevna y Rosa Kaganovich, hermana ésta última del jerarca Lazar Kaganovich, los expertos occidentales en cuestiones soviéticas consideraron a Stalin, durante largo tiempo, como georgiano.

---

[91] Henry Coston: *Les Financiers qui mènent le monde*, pág. 117.

[92] Damos a Stalin ese apelativo como concesión a la inercia mental de los más. En Rusia no hay, ni puede haber, más «dictador» que el Comité Central del Partido (Nota del Autor).

Ciertos estrategas de salón incluso llegaron a pretender que Stalin era el continuador de la vieja constante nacional rusa, una especie de Pedro el Grande, un gran patriota paneslavo... Y cuando en 1926 expulsó a Trotsky de Rusia y persiguió a determinados jerarcas judíos, ciertos periódicos y agencias de noticias internacionales denunciaron un supuesto "antisemitismo" estaliniano.

Lo que no dijeron, empero, es que la caída en desgracia de Trotsky y su camarilla, y más tarde de Kamenev, Zinoviev, Bukharin, etc., significó la elevación a cargos de altísimo rango político de hombres como Heinrich Jagoda (Herschel), Vishinsky, Jacob Malik, Wallach-Litvinoff, Yadanoff, Yézoff y otros muchos, todos ellos judíos. La "Gran Prensa" de Occidente, presentó como "medidas antisemitas" de Stalin lo que no eran más que consecuencias de la lucha por el poder. Es posible que, también, las diferencias que, desde un punto de vista táctico -no ideológico-, separaban al antiguo atracador de Bancos Djugaschvili (partidario de una revolución gradual) del marido de la multimillonaria Sedova Givotovsky (apóstol de la revolución mundial inmediata) influyeran en el odio fanático que sentían el uno por el otro. Pero lo que es materialmente imposible es que la rivalidad Stalin-Trotsky fuera el reflejo de una verdadera oposición entre los intereses del viejo bolchevismo judío y los del neopatriotismo comunista ruso.

Fue un verdadero milagro de prestidigitación pseudoinformativa el hacer creer a la desorientada opinión pública de Occidente que un "georgiano", Stalin, había puesto freno a la monopolización del poder político judío en la U.R.S.S., y que otro ruso, el mariscal Vorochilov, ocupaba el cargo de presidente de la Unión Soviética. Se silenciaba, arteramente, que dicho cargo era - y es - puramente honorífico, y que su única razón de ser radicaba en la necesidad de poder presentar un ruso auténtico, un eslavo, como primer personaje oficial del régimen[93] y, sobre todo, se eludía mencionar, en las ditirámbicas biografías oficiales del zar rojo, su origen familiar. Solamente se sabia de cierto que había nacido en Georgia, en el seno de una familia burguesa de clase media acomodada, y que un tío suyo le pagó los primeros estudios en un seminario ortodoxo.

Pero ciertos indicios posteriores abrieron resquicios a la duda razonable sobre

---

[93] La esposa del viejo Vorochilov era no solam ente judía, sino de origen neta-mente burgués, como la inmensa mayoría de revolucionarios "rusos". (N. del A.)

La Historia de los Vencidos (El suicidio de Occidente)

el verdadero origen racial de Stalin. En efecto, su nombre completo es Joseph (o Iosif) David Vissarionovich Djugaschvili. El primer nombre, Iosif, no es nada corriente entre la población georgiana ni entre la rusa ortodoxa; en cambio, es frecuente entre los judíos orientales. Lo mismo puede decirse de su segundo nombre, David. Vissarionovich, significa, en ruso, hijo de Vissarion; según Traian Romanescu[94] Vissarion es un nombre corriente entre las comunidades hebreas de Caucasia. Finalmente, el apellido paterno de Stalin, esto es, Djugaschvili, significa, textualmente, en lengua georgiana, "hijo de un judío".

El ex funcionario soviético Iván Krylov afirma que "el apellido de Stalin, Djugaschvili, significa, en georgiano, hijo de israelita; "chvili", hijo, y "Djuga", israelita. La familia Djugaschvili, de religión cristiana ortodoxa, desciende de leñadores judíos de las montañas del Cáucaso, convertidos, al menos oficialmente, a la religión del Estado, a comienzos del siglo XIX.[95]

Otro ruso, Imán Ramuza, escribió a propósito de los padres de Stalin, Vissarion y Cato Djugaschvili:

"Vissarion poseía una zapatería... era un judío nacido en Tskinvali (ahora llamado Stalinessere). El padre de Cato (la madre de Stalin) era un vendedor ambulante hebreo y vivía en Koutaisi. También poseía un pequeño almacén"[96].

Traian Romanescu señala, por otra parte, que el nombre "Kochba", o "Koba", que fue el que primeramente utilizó en los comienzos de su vida política el futuro amo del Kremlin cuando aún asaltaba Bancos en Caucasia, lo adoptó en honor de otro revolucionario judío, el llamado Bar-Koba que, en el año 165 de nuestra era acaudilló una sublevación de los hebreos contra Roma y fue declarado "el verdadero Mesías" por el Sanhedrín[97].

Se sabe también que el iniciador de Stalin en la doctrina marxista fue el hebreo georgiano Noah Zhordania, mientras que su "hombre de confianza" y encargado de

---

[94] Traian Romanescu: *La Gran Conspiración Judía*. págs. 138-139, México, 1961. (54) Ivan Krylov: «My Carcer in the Soviets Central Staff», parcialmente reproducido por la revista *Le Nouveau Prométhée*, Paris, mayo 1951.

[95] Iman Raguza: *The Life of Stalin*, pág. 14.

[96] Traian Romanescu: Op. cit., pág. 139.

[97] Op. cit.

organizar su protección personal era otro correligionario, Jakob Lazarevitch Menkhlis.

Ya hemos mencionado las tres esposas judías de Stalin y su parentesco con el factótum Kaganovich, imprescindible en todos los gobiernos soviéticos hasta 1961, en que, probablemente a causa de la edad, fue retirado a un cargo inferior. Con la Swanidze Stalin tuvo un hijo que llegó a general de aviación y fue capturado por los alemanes en 1942: Jacob Davidovich Djugachvili (¡extraño nombre para un ruso!) En cuanto a la hija que Stalin tuvo con Nadia Allelujevna, llamada Svetlana, se casó con Mikhail Kaganovich, uno de los jerarcas soviéticos de hoy, e hijo de Lazar Kaganovich. Stalin fue miembro del "Bund", organización marxista prerrevolucionaria exclusivamente reservada a judíos. Su primer panfleto revolucionario, titulado: "El problema nacional y la socialdemocracia", trataba del problema de los judíos en Rusia; Stalin proponía organizar a los judíos rusos en un Estado, que sería el núcleo de la U.R.S.S.

El llamado "antisemitismo" de Stalin -como el posterior "antisemitismo" de Krutschev, casado con una judía, rodeado de judíos y posiblemente judío él mismo- no son más que hábiles escenificaciones propagandísticas, destinadas a hacer creer a la opinión pública occidental que judaísmo y comunismo son diferentes y hasta antagónicos...

Si Stalin hubiera sido un "antisemita", hubiera liquidado la influencia judía en la U.R.S.S., o al menos la hubiera limitado seriamente. No obstante, según Charles Sarolea[98]:

"Estoy dispuesto a admitir que la población judía en Rusia es pequeña en relación a la población total del país, pero también los ingleses representan una fracción infinitesimal de la población de la India. Pero no es menos cierto que unos cuantos centenares de jerarcas, asistidos por unos cuantos millares de funcionarios judíos controlan tan perfectamente a Rusia como los quinientos funcionarios angloindios controlan la India. Para cualquier persona que haya viajado en Rusia negar una tal verdad equivale a regar la evidencia de sus sentidos... Cuando se com prueba que una importante cantidad de funcionarios del Ministerio de Asuntos Exteriores que uno ha conocido son todos judíos con dos únicas excepciones, puede decirse con toda justicia

---

[98] Charles Sarolea: *Impressions of Soviets Russia.*

La Historia de los Vencidos (El suicidio de Occidente)

que los judíos predominan en el Ministerio.

Mr. Sarolea, catedrático de la Universidad de Edimburgo, escribió su obra en 1924.

En 1931, apareció otro libro[99] de D. Petrovsky, en el que se muestra que entre el 75 y el 85% del funcionariado soviético continuaba siendo judío.

En el XV Congreso del Partido comunista de la U.R.S.S., por ejemplo, formaron parte, como miembros del Comité Central, además de Stalin, Rykov (judío), Vorochilov (ruso), Kuibychev (judío), Kalinin (judío), Molotov (ruso), Tomski (judío), Bukharin (judío), Uglanov (?), Petrovsky (ruso), Kaganovich (judío), Andreiev (judío), Kirov (ruso), Mikoyan (judío), Kossior (judío), Tchubar (judío). Es decir que, a parte el zar rojo, de entre los quince jerarcas detentando el poder en Rusia, diez por lo menos eran judíos, cuatro rusos, y uno más, Uglanov, de procedencia desconocida[100].

Se ha dicho que Stalin colocó a "criaturas" suyas, en el Comité Central, aumentando los efectivos del mismo, que llegó a componerse de 59 personas en 1935. Al mismo tiempo fue liquidando, primero políticamente, después físicamente, a la "vieja guardia bolchevique", Kamenev, Zinoviev, Sokolnikoff, Rykov, Joffé, etc. Todas esas personas eran judías pero las que les sustituyeron lo eran también... Así, por ejemplo, el citado Comité Central en 1935, tenía la siguiente composición:

V. V. Balitsky

K. J. Baumann

I. M. Vareikis

Jakob Gamarnik

I. Egoff

Isidor Zelensky

I. D. Kabakoff

Lazar Kaganovich

V. G. Knorin

M. Litvinoff Wallach

---

[99] D. Petrovsky: *La Russie sous les Juifs*. ed. La Baudiniére, Paris, 1931.

[100] *EL Partido Comunista Ruso en el Poder (1917-1960)*, por Nicolás Rutych, Ed. JUS, México, 1961.

Jakob Liobimoff

Dimitri Manuilsky

Jakob P. Nossow

J. L. Piatakov

I. O. Pianitzky

Mikhail O. Aazumov

M. L. Ruchimovich

K. V. Rindin

Mikhail M. Houtaevitch

M.S. Tchoudov

Abraham Schwernik

R. I. Eiche

Heinrich Yagoda

Jakob E. Iakir

Isidor A. Iakovlev

F. P. Griadinsky

G. K. Kaminsky

I. S. Unschlicht

A. S. Boulin

Mikhail Kalmanowitz

D. S. Beika

Moses Zifrinovitch

Abraham Trachter

Bitner

G. Kaner

Leo Krichman.

A. K. Lepa

Salomon Lozovsky

H. P. Pozern

T. D. Deribass

K. Striewsky

N. N. Popov

S. Schwartz

E. I. Veger

Jakob Menkhlis

A. I. Ugarov

G. Blagonravow

Abraham Rosengolz

A. P. Serebrowsky

A. M. Steingart

I. Pavlounowsky

G. Sokolnikoff

C. I. Broido

V. I. Polonsky

G. D. Weinberg

Mikhail Kaganovich

S. S. Labow

V. V. Ossinsky

STALIN

De esas cincuenta y nueve personas, cincuenta y seis son judías. En aquella época, se consideraba "georgiano" a Stalin. Ossinsky y Lavov estaban casados con judías[101].

LIBRO BLANCO DEL GOBIERNO POLACO

En 1936, el Gobierno polaco publicó un Libro Blanco sobre las actividades soviéticas en Europa Oriental y la labor de la Komitern en general. La siguiente lista de embajadores y ministros plenipotenciarios bolcheviques en diversos países fue incluida en tal documento:

Pais	Embajador	Raza
Gran Bretaña	Maisky (Steinman)	Judío
Alemania	Sunitz	Judío

---

[101] Rvdo. Denis Fahey: *The Rulers of Russia*, pág. 35. A. N. Field: *All These Things*. L. Marschalsko: *World Conquerors*. Confirmado por *The Defender*, Wichita, febrero 1935.

Francia	Potemkine	Ruso
Italia	Stein	Judío
Estados Unidos	Troyanowsky	Ruso
Japón	Yureneff (Goffmann)	Judía
Suecia	Sra. Kollontai	Judío
Turquía	Kanakhan	Judío
Bélgica	Rubinin	Judío
Noruega	Yakoubowitz	Judío
Suiza	Dr. Bagozky	Judío
Finlandia	Ashmou	Judío
Rumania	Ostrowsky	Judío
Grecia	Kobetzky	Ruso
Letonia	Brodowsky	Judío
Lituania	Karski (Bejman)	Judío
Uruguay	Minkine	Judío

Aunque no lo mencione el Libro Blanco polaco, hagamos constar que, por aquellas fechas, también en España había un "embajador" soviético, el judío Marcel Rossenberg, el cual "trataba a Largo Caballero y nuestros demás gobernantes como un "virrey", según el socialista Luis Araquistain[102].

Según el mismo documento, la delegación soviética en la Sociedad de Naciones estaba compuesta por: Maxim Wallach (Litvinoff), presidente; Stein, Markus, Bernners, Hirchsfeld, Halphand y Swanidze. Exceptuando a este último, que era georgiano, todos los demás eran judíos.

LAS PURGAS DE 1937-1938

A principios de 1937, el Gobierno soviético, incluyendo a los gobiernos provinciales, se componía de 503 altos funcionarios, de los cuales 406 eran judíos, lo que arroja un promedio del 81%. Diecinueve de los veintitrés miembros del Soviets local de Moscú eran judíos. Y cuarenta y uno de los cuarenta y tres editores y directores de la Prensa oficial también lo eran[103].

---

[102] Luis Araquistain: *El Comunismo en la Guerra Civil Española*.

[103] Según el rapport de la Comisión J. Hamilton Fish. Senador. Publicado por el Congreso de los Estados Unidos.

La Historia de los Vencidos (El suicidio de Occidente)

Estos datos corresponden a la época inmediatamente anterior a las grandes "purgas" supuestamente antisemitas ordenadas por Stalin. Después de ellas, los secretarios del Partido -auténticos "gobernadores"- de las diversas repúblicas soviéticas y sus primeros adjuntos, en total cincuenta altos jerarcas se clasificaban, atendiendo a su raza, así: cuatro rusos, dos armenios, un mongol y cuarenta y dos judíos[104].

El cambio más importante sobrevenido después de las terribles depuraciones stalinianas fue la sustitución de Maxim Wallach Meyer Litvinoff, por Skyriabine Molotoff, un bielorruso emparentado con la pequeña nobleza, de origen, pues, bien burgués, y casado con la hebrea Karpovskaja, hermana de un tal Sam Karpov Karp, fabricante de armamentos en Bridgeport, Connecticut, Estados Unidos[105]. Litvinoff fue nombrado presidente de la delegación soviética en la Sociedad de Naciones. Por su parte, Molotoff llevó tal cantidad de hebreos al comisariado de Asuntos Exteriores que en el Kremlin, humorísticamente, llamaban a tal dependencia "la Sinagoga"[106]. La mano derecha del proletario de sangre azul, Molotoff fue, durante muchos años, el judío Salomon Abraham Lozovsky.

Contrariamente, pues, a lo que se ha pretendido generalmente, las "purgas" antisemitas de Stalin no sirvieron más que para afirmar el poderío judaico en Rusia. El grupo Kaganovich - Stalin se había impuesto a la oposición trotskista; una mera disputa de gángsters recubierta con oropeles ideológicos: un anzuelo que se tragaron muchos anticomunistas de buena fe... En el infierno comunista, si no hubiera rivalidades habría que inventarlas. Una vez liquidada la élite nacional, los marxistas debían, lógicamente, pelearse entre ellos por la exclusiva posesión de los despojos de la vieja Rusia; el mal es malvado hasta para los malvados, y la solidaridad de los delincuentes no existe más que frente a la policía. Por otra parte, quien quiera que haya estudiado a fondo la realidad del comunismo comprenderá que un tal régimen de perversión sólo puede existir y subsistir dentro de unas leyes de dinámica de violencia constante; el bolchevismo no es más que neodarwinismo aplicado a la política... es zoología. Las purgas del "georgiano" Stalin eliminaron a todos -o casi todos- los trotskystas. y, basándose en que tales individuos eran, en

---

[104] Louis Marschalsko: *World Conquerors*. pág. 93.
[105] Ibid. Opus cit., pág. 100.
[106] Rvdo. Denis Fahey: *The Rulers of Russia*.

su mayoría, judíos, se concluyó apresuradamente, en un antijudaismo del Kremlin, es decir, en un antisemitismo de Stalin-Kaganovich, en un antisemitismo... ¡Judío!.. Si el "racket" soviético se compone, como hemos, visto, de hebreos, y de unos cuantos auxiliares dóciles más o menos eslavos, y si tal "racket" sólo puede mantenerse merced a sangrientas "purgas", osamos preguntarles a los creyentes en esa entelequia del antisemitismo soviético quienes debían, a su juicio, ser las víctimas. ¿Pieles rojas, acaso?

Los antirracistas profesionales, inventores del stalinismo judeofobo, olvidaron que, inmediatamente después de las depuraciones de trotskystas, el ex seminarista "georgiano" creó la Guardia de Seguridad del Kremlin, a cuyo frente puso al coronel judío Jacob Rappaport. Olvidaron que el ruso Potemkine, embajador soviético en Paris, fue sustituido por el judío Louritz; que otro hermano de Lazar Kaganovich, Moisés, fue nombrado comisario (ministro) de Transportes; que tres judíos, Mendel Kerman, Lazarus Kagan y Semen-Firkin fueron promovidos a la misión - de ocuparse de la población penitenciaria de la U.R.S.S., que se elevaba, entonces, a siete millones de personas. E ignoraron, deliberadamente o no, que los hebreos Blucher y Egonoff, depurados por trotskystas, habían sido sustituidos por Aronchatam y Rawinobich, correligionarios suyos, en los cargos de comisarios políticos del Ejército del Este y de la flota del Báltico, respectivamente.

LAS DECLARACIONES DE THEODOR BUTENKO

Un diplomático soviético, de raza eslava, Theodor Butenko, que huyó a Italia en 1938, después de las depuraciones de trotskystas, hizo unas declaraciones que fueron publicadas por el Giornal di talia, el 17 de febrero de 1938; entre otras cosas, dijo:

"Jamás la clase trabajadora sufrió tantas privaciones en Rusia, como ahora, en la época de la sedicente socialización. En el lugar de los antiguos capitalistas, una nueva burguesía se ha formado, compuesta, casi totalmente, por judíos. Todos los judíos residentes en Rusia parecen gozar de la protección especial de Stalin y Kaganovich. Todas las grandes industrias y factorías, ferrocarriles, el comercio en pequeña y gran escala están, virtual y efectivamente, en manos de judíos, mientras que la clase trabajadora rusa no figura más que bajo la denominación abstracta de "Patrona de la

Economía". Las esposas y familias de los judíos poseen lujosos coches y casas de campo, veranean en Crimea y el Cáucaso, lucen joyas y encargan a París sus joyas y artículos de lujo. Entretanto, el trabajador ruso, estafado por la Revolución, se arrastra miserablemente."

He aquí el sistema de poderío y privilegio judío, que algunos experto s pretendieron presentarnos como antisemitas. Los mismos expertos que nos describieron al "georgiano" Stalin persiguiendo a los judíos por la sola razón de serlo, "olvidarían" curiosamente que el primer judeobolchevique que caería liquidado por sus antiguos compañeros, Uritzky Radornilski, lo fue bien por orden del "clan" Trotsky, bien por orden del "clan" Martov (no ha podido aclararse quién fue el responsable), y tanto Trotsky como Martov eran, como sabemos, judíos. También se pasaría por alto que Lenin fue víctima de un atentado, que estuvo a punto de costarle la vida, y que la autora de tal atentado era la judía Blumkin. El mismo asesinato de Trotsky, perpetrado por un sujeto que se hacía llamar Jacques Mornard y cuyo verdadero nombre era Mercader del Rio, fue organizado por un sangriento hebreo que llegaría a tocar con los dedos la cima del poder soviético, Lavrenti Paulovitch Beria. Mercader del Río pudo llegar a ganarse la confianza de Trotsky merced a la traición de una empleada de éste, Sara Weill, israelita.

La lucha de Stalin contra el "trotskysmo" no fue una lucha de rusos eslavos contra judíos por motivos patrióticos, ideológicos o racistas. Fue una lucha entre judíos, por la obtención del poder. El conflicto que más tarde opondría a Krutschev con los llamados "cosmopolitas" tendría idéntica significación... Hay que tener bien presente que el fiscal del Estado, acusador de los "trotskystas" en 1937-38 no fue otro que Andrei Yanurevitch Vishinsky, judío. Y que judíos eran también el ministro del Interior que organizó los procesos, Yézoff, y el médico que obtuvo las "confesiones", Lev Grigorievitch Levin.

LA KOMINTERN

"La Unión Soviética es la Revolución victoriosa, la Komitern, la Revolución en marcha... La Komitern, en su calidad de agencia mundial de espionaje, de propaganda y de acción bolchevique, en tanto que instrumento de la guerra civil, es indispensable a la Unión Soviética"[107].

Hemos demostrado que el llamado "comunismo ruso", ni es comunismo ni, sobre todo, es ruso. Vamos ahora a demostrar que, al igual que en Rusia, los movimientos comunistas desatados con la colaboración de la Komitern (no existe un comunismo "nacional") no son, tampoco, comunistas -el comunismo auténtico, el de Marx, es irrealizable en este planeta- pero sí son verdaderamente, radical e irremediablemente judíos.

* * *

En Hungría:

El 30 de octubre de 1918, en pleno desorden y anarquía provocados por la derrota de las armas de los imperios centrales, la chusma de Budapest se echaba a la calle, ocupaba los lugares vitales de la ciudad y capturaba al comandante de la plaza. El general Lukasics, que mandaba la guarnición, se dispuso a reprimir la sublevación. El Consejo Nacional, presidido por el conde Karolyi, traidor a su sangre, a su patria y a su rey, decidió jugar la carta de los revolucionarios.

> "El Consejo Nacional de Karolyi decidió, en reunión secreta, deshacerse de los dos hombres capaces de oponerse a los designios revolucionarios: el ex presidente Tisza y el general Lukasics. Tres miembros del consejo, los periodistas judíos - Kéri y Fenyés y el capitán Cserniak, oficial desertor que se daba a sí mismo el título de "presidente del Soviets de los soldados", recibieron el encargo de reclutar ejecutores cuya misión era encuadrar debidamente a la soliviantada chusma. Por 100.000 coronas encontraron a un periodista hebreo llamado Joseph Pogany, Dobo, soldado desertor; Harvat Sanovics, marino desertor; Huttner, teniente de Ejército; un comerciante judío llamado Gartner y algunos comparsas más"[108]. El día siguiente, Tisza era asesinado, y con él, la casi totalidad de la élite nacional. El 16 de noviembre, se proclamaba la República de Hungría.
>
> Karolyi hizo en Hungría el mismo papel que Kerensky en Rusia: propiciar la Revolución. El 20 de marzo, Karolyi entregaba el poder en manos del judío Bela Kuhn (Cohn) y la dictadura bolchevique era implantada en Hungría.

---

[107] Leon de Poncins: *La Mystérieuse Internationale Juive*, pág. 129.

[108] J. J. Tharaud: *Quand Israel est roi*, pág. 84.

La Historia de los Vencidos (El suicidio de Occidente)

He aquí un extracto del rapport Lusk, presentado al Senado de los Estados Unidos por una comisión del mismo:

"No existe una oposición organizada contra Bela Kuhn. Al igual que Lenin, se rodea de comisarios que poseen una autoridad absoluta. De los treinta y dos comisarios principales, veinticinco eran judíos. Los principales de entre ellos formaron un directorio de cinco: Bela Kuhn, Simon Kunfi (Kunstatter), Bela Vago (Weiss), Joseph Pogany (Swartz) y Tibor Szamuelly, todos judíos."

La Cheka de Budapest dependía del Instituto de Investigaciones Políticas, dirigido por el hebreo Klein Corvin.

El bolchevismo húngaro duró cuatro meses. El 20 de julio, el Ejército rumano cruza la frontera y llega a las puertas de Budapest; el pueblo de la capital magiar se subleva. Bela Kuhn huye a Rusia (en 1936 aparecerá en España, en misión especial, y poco después será liquidado por orden de Stalin, que sospechaba era trotskista). Una oleada de antisemitismo se desata en Hungría, y el clamor popular hace culpables a los judíos, especialmente a los inmigrantes de Galitzia, de la implantación del bolchevismo durante cuatro meses de terror.

En Alemania:

La siguiente revuelta comunista en Europa estalló en Baviera, donde la antigua monarquía de los Wittelsbasch había sido derrocada y reemplazada por una "República socialista", independiente del Reich. Como presidente de tal República surgió el judío Kurt Eisner, que fue ejecutado por los contrarrevolucionarios mandados por el conde Arco. Pero el 6 de abril de 1919 es proclamada la "República de los Consejos soviéticos" bajo la dirección de un triunvirato integrado por Toller, Muhsson y Landauer, judíos los dos primeros y medio judío el tercero. Detrás de ellos, como emisarios de Moscú, la troika hebrea Levien, Levine y Axelrod. Todos los miembros del llamado Gobierno de Baviera son judíos, a excepción del comisado de Asuntos Exteriores, doctor Lipp, que había estado en observación en un asilo de alienados[109]. En medio del desorden que imperaba en el Reich, el presidente Noske pudo enviar tropas que sofocaron la rebelión el 30 de abril.

---

[109] E. O. Volkman: *Die Deutsche Staatsumwatzung*.

Pero no fue sólo en Baviera, sino en toda Alemania donde estallaron revueltas y algaradas marxistas. Ya en 1918, aprovechando el clima de malestar creado por la derrota en la Primera Guerra Mundial, los revolucionarios se sublevaron en Kiel, Hamburgo, Colonia, Frankfurt, Stuttgart, Magdeburgo y Berlín. La hebrea Rosa Luxembourg publicó en el periódico Rohte Fahne (Bandera Roja) el programa de la famosa Liga de Espartaco, totalmente bolchevizante. Junto a Rosa Luxembourg, Karl Liebknecht, hijo de una judía y de un alemán de raza aria que murió alcoholizado, dirigía los grupos de acción que llegaron a controlar Berlín en enero de 1919. Noske, hombre providencial para Alemania y Europa, dirigiendo personalmente el Ejército, logra sofocar la rebelión y Liebknecht y la Luxembourg son sumariamente ejecutados. Otra intentona comunista se produce en Brunswick, acaudillada por Kurt Eisner, Ernst Toller y Karl Radek Sobelssohn -todos judíos- pero la Wehrmacht ahoga la revuelta duramente[110].

Después de un corto período de relativa tranquilidad, estalló en Hamburgo otra Revolución bolchevique (octubre de 1923) dirigida por los judíos Heinz Neumann Neuberg, Burmeister Walter Zeutschel y Hans Kippenberger (Alfred Langer). Otra sublevación se produjo en Turingia, acaudillada por el célebre agente soviético Karl Radek y por su correligionario Otto Marquardt, empleado en la delegación comercial soviética. Un comité secreto, evidentemente bajo las órdenes del Kremlin, dirigía estos movimientos y algaradas que mantenían a Alemania en una perpetua agitación e impedían o retrasaban su recuperación nacional. De ese comité formaban parte el comunista -de origen burgués- Hugo Urbahns, judío, y el "gentil" Max Hoeltz.

En 1925, el Partido cambia de táctica y se decide a combatir por los medios "legales" es decir, democráticos, amparándose, generalmente, detrás del aleatorio nombre de "socialismo". Las experiencias de Baviera, Berlín y Brunswick habían mostrado que era prácticamente imposible apoderarse del control de Alemania por un golpe de fuerza; los sectores sanos de la población eran demasiado fuertes para ello, y las elites no estaban lo suficientemente corrompidas por el veneno democrático premarxista. Una intensa campaña de propaganda legal se desata entonces, en parte financiada con fondos soviéticos, y en parte alemanes. Demos

---

[110] Léon de Poncins: *La Mystérieuse Internationale Juive*. pág. 159.

la palabra al autor alemán Jamnrowski[111].

> "Joffé, representante en Berlín del Gobierno soviético, recordó abiertamente a Hugo Haase (judío, jefe del Partido socialista independiente) que su partido había recibido de la URSS una importante ayuda financiera para la impresión de su costosa propaganda. El contacto entre Rusia y el Partido socialista independiente se hacía a través de otro judío, el doctor Oscar Kohn, miembro del Reichstag, que había llegado a entre-gar a Haase sumas por un total de diez millones de rublos... Puede afirmarse, con una exactitud casi matemática que, en todas partes de Alemania donde ocurrieron alzamientos sovietistas, los judíos tomaron la dirección de tales movimientos y echaron aceite sobre el fuego. Si esos elementos hubieran triunfado, Alemania hubier a seguido el ejemplo de Rusia y Europa hubiera caído en manos del bolchevismo..."
>
> "... El gran ponte de la propaganda comunista en Alemania era un judío, Willi Muenzenberg, y era miembro del Reichstag. Poseía el diario comunista Die Welt am Abend y los periódicos Illustrierte Arbeiterzeitung y Magazin fur Alle. Muenzenberg era poco conocido del gran público, pero puede asegurarse que él era el verdadero organizador intelectual del Partido..."

Este "proletario", propietario de tres periódicos, era hijo de un banquero. Según diversos autores judíos, Muenzenberg no era israelita de raza; damos, pues, la versión de Herr Jamnrowski con reservas.

Añadamos que otro judío, Hans Kippenberger, que se había destacado en el alzamiento comunista de Hamburgo, era el frío organizador de la sección terrorista del Partido, pues éste no reculaba ante el asesinato cuando era preciso. "Esta actividad terrorista era favorecida por el apoyo tácito de los dos jefes principales de la policía berlinesa: el judío Bernhardt Weiss, vicepresidente, y el presidente Grzesinski, hijo de una judía y un polaco... Conviene tambien mencionar que casi todas las veces que los comunistas debían rendir cuentas a la justicia, su defensa era asegurada por abogados judíos, entre los que destacaba Hans Litten, que se había hecho, con ello, una fortuna de primer orden"[112].

En Austria:

---

[111] O. Jamnrowski: *Germanys Fight for Western Civilization*, Berlín, 1934.

[112] O. Jamnrowski: Op. cit.

En Austria, la socialdemocracia marxista ocupó, legalmente el poder desde 1918 hasta 1934. Según G. Batault[113] el papel jugado por los judíos en el marxismo austríaco es preponderante; baste citar los nombres de Victor Adler, Ellenbogen, Austerlitz, Mar Adler, Teressa Schlessinger, Hertz, Eckstein, doctor Diamant, Braun, etc.[114] Dos judíos ocuparon el poder en el período mencionado. Victor Adler y Otto Bauer, originario de una familia de ricos industriales israelitas de Brunn, en Moravia[115].

La administración socialista resultó un verdadero fiasco, y el movimiento "Heimwehr", dirigido por el príncipe Starhemberg, ganó el favor del electorado y Dollfuss fue nombrado canciller. No resignándose a perder el control del Estado, los marxistas organizaron una sublevación. La huelga general fue decretada en febrero de 1934, pero en tres días, el Gobierno, apoyado por la Heimwehr se hizo dueño de la situación y el marxismo austríaco fue aplastado. Otto Bauer y Julius Deutsch huyeron al extranjero, dejando a sus partidarios que se las compusieran como pudieran. Así terminó la socialdemocracia en Austria[116].

En Inglaterra:

En Inglaterra, el Partido comunista, numéricamente poco importante, ejerce, no obstante, una influencia notable que sería peligroso subestimar. Es imposible no observarla detrás de los agitadores del "Movimiento de la Paz", de las numerosas "ligas antifascistas" de los años veinte y treinta, y, sobre todo, de la constante inclinación del "Labour Party" hacia la izquierda. El Partido comunista inglés, desde hace muchos años, está dirigido por una troika compuesta por Harry Pollitt, Pat Kerrigan y Gallagher, este último judío. Pero infinitamente más importante que los gentiles Pollitt y Kerrigan y el judío Gallagher son los gentlemen que financian su labor y, por ende -¡quien paga, manda!- dictan su política. Según C. Jordan[117] el verdadero dirigente del Partido en Inglaterra, el auténtico "ojo de Moscú", es el

---

[113] G. Batault: *Le Problème Juif*.

[114] Un hijo de Victor Adler asesinó al conde Sturkh, presidente del Consejo de Ministros, y fue indultado en 1918. Cuando tomó el poder, su padre no solía indultar a nadie. (N. del A.)

[115] En realidad, Bauer presidía un triunvirato junto a sus correligionarios Julius Deutsch (organización militar del Partido) y Breitner (finanzas). (N. del A.)

[116] J. J. Tharaud: *Vienne-la-rouge*, pág. 124.

[117] Colin Jordan: *Fraudulent Conversion*, pág. 116-117

honorable Ivor Montagu, hijo del multimillonario hebreo Samuel Montagu, que, a su vez, fue uno de los primeros en financiar las actividades del Partido en las Islas inmediatamente después del fin de la Primera Guerra Mundial. El banquero Montagu dirige, desde hace muchos años, el "Movimiento de la Paz" en Inglaterra y escribe los editoriales del Daily Worker, el decano de los diarios bolcheviques en Europa.

Al frente de las diversas entidades criptocomunistas de Inglaterra se encuentran nombres tan judaicos como Hannen Swaffei, Morris Isaacs, Lord Marley, Gerald Barry, el profesor Harold Lasky, oriundo de Hungría y "Buda" del laborismo, Zilliacus, Nathan Birch, Jack Gaster, presidente de la "Asociación internacional de abogados democráticos", John Bernal, vicepresidente del Congreso Mundial de la Paz, etc., etc. En 1935, por primera vez, un comunista gana un acta en el Parlamento se trata de un judío, Philip Paratin.

En Francia:

Echemos, ahora, una ojeada a Francia. El Partido comunista francés fue fundado en 1920 cuando, en el Congreso de Tours, el Partido socialista unificado decidió adoptar la denominación de "comunista" y dio su adhesión a la III Internacional (Komintern). Según la escritora inglesa Nesta H. Webster[118] el paso decisivo de Tours fue posibilitado por dos emisarios judíos enviados desde Moscú por Lenin y Trotsky. Sus nombres: Clara Zetkin y Abralmovitch, alias Zalewsky, alias Albrecht. Como secretario general del Partido muy pronto emergería la personalidad de Henri Thorez, uno de cuyos abuelos se apellidaba Torres y era un hebreo oriundo de Portugal. Thorez estaba casado con Jeannette Veermeersch, judía y miembro del Comité Central del Partido.

Recordemos que, tras el asesinato de Jaurés, es un judío oriundo de Transilvania, Leon Blum Karfulkenstein, quien toma la dirección del Partido socialista. Blum, un intelectual millonario, era el polo opuesto de la imagen que las gentes se forman, generalmente, del marxista "duro y puro". En 1936 presidiria el Gobierno del frente popular que, siguiendo las directrices de Moscú, tanto haría por envenenar las relaciones entre Francia y Alemania.

---

[118] Nesta H. Webster: *The Socialist Network*, pág. 49.

En Holanda:

En la pequeña Holanda, el Partido, de escasa importancia numérica, fue dirigido desde el principio, por Saul De Groot un judío ferozmente partidario del georgiano Stalin. En Bélgica, el secretario general del Partido era otro israelita, Charles Balthasar.

Según el periódico alemán Der Weltbolshevism, el financiador de las actividades del Partido comunista en Suecia, detrás de un "frente de gentiles", fue uno de los mayores millonarios del siglo Ivar Krueger.

En Grecia:

El creador del Partido comunista griego fue, según Traían Romanescu[119] un tal Abraham Benaroggias (Abraham ben Aaron), que vivía en Salónica, donde se publicaban dos periódicos marxistas Avanti y El Tsoweno, siendo este último, al mismo tiempo, el órgano oficial de la comunidad judía de la ciudad. El profesor Romanescu reproduce una información del periódico ateniense Etnos[120] según la cual, en las reuniones de los bolcheviques locales, más del 75% de los participantes eran israelitas.

En Bulgaria:

En Bulgaria, excepcionalmente el Partido estaba bajo la dirección y el control de un "gentil", el famoso comisario Dimitroff, uno de los principales factótums de la Komitern. Secundaban a Dimitroff los hebreos Jack y Prima Friedmann, organizadores del complot contra Sveta Nedelia.

En Polonia:

Otros dos judíos internacionales, uno de origen ruso, Ilya Ehrenbourg, y otro alemán, Sobelssohn Radek, fueron los organizadores de la agitación bolchevique en Polonia hasta que el mariscal Pilssudski, ayudado por tropas de voluntarios rumanos, franceses, alemanes y los húngaros, rechazó a las tropas de Trotsky hasta más allá de la línea Curzon.

En la Checoslovaquia creada ex nihilo en Versalles, la liberaldemocracia autoriza

---

[119] Traian Romanescu: *Le Gran Conspiración Judía*.
[120] Ethnos, 22-I-1925.

(¡cómo no!) la actuación legal del Partido comunista checo, a cuyo frente vemos a otro hebreo, Salzmann Slansky.

En Rumania:

Las actividades comunistas en Rumania empezaron, prácticamente, en 1919. Un año después, Max Goldstein asesinaba a Greceanu, presidente del Senado. Goldstein fue ejecutado pero su cómplice, Ana Rabinson Rawinowich, hija de un rabino polaco, logró escapar a Suiza, donde se casó con el comunista Marcel Pauker, y emigró a Rusia. Tras el destierro de Trotsky, la Pauker denunció a su propio marido como trotskista, y éste fue fusilado por orden de Beria. Dejamos la palabra al rumano Traian Romanescu:

> "Ana Pauker fue secretamente enviada a Rumania para organizar un movimiento comunista subterráneo en 1932... En 1936 fue descubierta por la policía y encarcelada, pero cuando los soviéticos ocuparon Besarabia y Bukovina propusieron el canje de la Pauker por una personalidad rumana, a lo que el mariscal Antonescu accedió..."[121]

El periódico alemán Weltbolshevism (noviembre de 1937) concluía uno de sus artículos haciendo notar que la participación de los judíos en el movimiento comunista rumano era muy notable.

En Suiza y Dinamarca:

Incluso en Suiza y Dinamarca aparecieron partidos criptocomunistas. Así, en 1930, se fundó en Berna un "Partido socialista de la izquierda suiza", afiliado a la Komitern. El secretario general era un italiano, León Nicolé, pero a su lado, como "ojo de Moscú", tenía al judío ruso Dicker, instigador de la revuelta del 9 de noviembre de 1932. En Dinamarca, las actividades marxistas eran patrocinadas por dos profesores israelitas de la Universidad de Copenhague: Jacob Davidssohn y Georg Brandeis. La asociación sionista I.K.O.R., cuyo principal dirigente era el comunista Aid Larsen, estaba en la punta del combate de la llamada "Revolución social".

---

[121] Ibíd. Id. Opus cit.

En España:

En España, en cambio, el comunismo indígena estaba -al menos aparentemente- dirigido por españoles, si bien totalmente sometidos a las directivas de la Komitern, Pero cuando la República reconoce a la Unión Soviética, a España vienen dos judíos de altísimo rango revolucionario: Rossenberg y Antonow-Owssenko. Dolores Ibárruri "La Pasionaria" adquiere gran relieve, pero el primer comunista aunque, oficialmente, luzca etiqueta "socialista" que llega a la más alta magistratura del Estado republicano, es el judío Juan Negrin Diaz.

En América:

En el Nuevo Mundo el judaísmo es, como en Europa, la base principal del movimiento bolchevique.

Argentina:

En la Argentina fueron dos israelitas, Salomon y Julia Hasselmann los primeros organizadores del comunismo local, como agentes de la Komitern. En 1930 estalló una revuelta comunista cuyos líderes fueron Pedro Wald Naleskowskij y Macario Ziazin.

Tras el aplastamiento de la Revolución por el Ejército, el marxismo argentino inició su acción legal, a la democrática. En la acción propagandística destacó un tal Siskin Eisenberg, oriundo de un ghetto centroeuropeo.

El periódico América, de Buenos Aires (8 de septiembre de 1934) mencionó que, según datos oficiales del Ministerio del Interior existían, en el país, no menos de 225 publicaciones comunistas de ambas tendencias (stalinista y trotskista), de las cuales 40 se publicaban en ruso, 35 en yiddish y 27 en ucraniano. El periódico londinense The Patriot comentando estos hechos, hacía señalar que *"a pesar de que, teóricamente, el peligro revolucionario judeocomunista sea disminuido por la proclamación abierta de sus finalidades subversivas, esa ventaja es largamente compensada por el hecho de que nadie presta atención a su actividad, cuyo potencial es subestimado".*

En Chile y Uruguay:

En Chile y Uruguay se produjeron, igualmente, alzamientos bolcheviques, en

La Historia de los Vencidos (El suicidio de Occidente)

1931 y 1932. En Montevideo pudo establecerse la participación directa del embajador soviético Minkine en la organización de la revuelta, y el representante soviético fue expulsado del país.

En Brasil:

Numerosos fueron los israelitas que, en los años treinta, estuvieron detrás de los trastornos sociales y las huelgas revolucionarias brasileñas, de inspiración comunista: Rubens Goldberg, Nicolao Martinoff, José Weiss, Moysés Kava, Waldemar Rotherburg, Baruch Zell, etc., bajo la dirección del "gentil" Luis Carlos Prestes[122].

En México:

En México, la Revolución comunista de 1931, la más sangrienta de todas las habidas en la América de habla hispana, fue dirigida por un curioso personaje: Plutarco Elías Calles. La Gran Prensa mundial guardó un significativo silencio sobre las matanzas de católicos y anticomunistas en México[123], pero la verdad llegó a conocerse. El presidente Calles era francmasón, mestizo ilegítimo de india yaqui y, probablemente de judío sirio[124]. El lugarteniente de Calles era el hebreo Aarón Sáez, Ambos revolucionarios eran millonarios[125].

En Estados Unidos:

El movimiento marxista americano, en este periodo de la entreguerra fue el más característico de todos. Oficialmente, el Partido indígena fue fundado en septiembre de 1919, siendo su primer secretario general William Z. Poster, un "gentil", que fue pronto sustituido en tal cargo por el judío Carl E. Ruthenberg, si bien Foster continuó siendo el "hombre de confianza" del Kremlin. Olivia María O'Grady[126] facilita la composición del primer Comité Central del Partido:

Secretado general: William Z. Foster

---

[122] Louis Marschalsko: *World Conquerors*, pág. 54.

[123] Red Mexico, de E. Mac Cullongh, autor ingles, es la obra más documentada sobre esta cuestión. (N. del A).

[124] Leon de Poncins: *La Mystérieuse Internationale Juive*, pág. 241.

[125] Louis Marschalsko: Op. cit., pág. 54.

[126] Olivia M. O'Grady: *Beasts of de Apocalypse*, pág. 333-334.

Secretado nacional: Carl E. Ruthenberg, judío.

Subsecretario: Louis C. Fraina

Delegados: Nicholas I. Hourwich, judío. Alexander Stoklitsky, judío. Isaac E. Ferguson, raza desconocida. Elbaum, judío. A. Bittelrnann, judío. Dennis E. Batt, raza desconocida. Max Cohen, judío. Jay Lovestone, ario. H. M. Wicks, ario.

Comité ejecutivo: Oscar Tywerowsky, judío. Schwartz, judío. Petras, raza desconocida. Karosses, judío. Max Cohen, judío. Dirba, judío. Wicks, ario.

Secretario del Comité para Nueva York: Harry Winitsky. judío. Editores del Communíst World, órgano oficial del Partido: Max Cohen y Tywe-rowsky, judíos. Bertram D. Wolfe, editor asociado, y George Ashkenouzi, director[127].

El programa del Partido fue redactado por siete judíos y un americano de origen italiano, Louis Fraina.

* * *

En casi todas partes, como hemos visto, el movimiento bolchevique era controlado por judíos, con el auxilio de tropas de choque locales y en general, de individuos pertenecientes a la odiada clase capitalista. En última instancia, la Komitern, dirigida por Manuilski, Lozovsky y Dimitroff, dirigía las operaciones acomodándose, según las circunstancias, a las características y peculiaridades de cada país. Al lado de la Komitern y dependiendo directamente de ella, numerosas entidades cripto y paracomunistas contribuían a la subversión mundial bolchevique: la Organización Internacional de Estudiantes, el Congreso de los Intelectuales Antifascistas, que presidía el judío Victor Basch, la Asociación Internacional de Mujeres Democráticas, el Socorro Rojo Internacional, y otras muchas.

Por razones tácticas, la Komitern cambió de nombre y adoptó la denominación de Kominform (Información comunista), si bien esa metamorfosis no engañó a nadie... Komitern o Kominform, el caso es que sus objetivos, su política, sus mandos auténticos dependían del judaísmo internacional, igual que el Estado soviético,

---

[127] Aparte del Comunist World, otros tres importantes periódicos comunistas se publicaban en Nueva York: el Forward, fundado por el banquero Schiff y dirigido entonces por Abraham Cohen; el New Masses, propiedad de John L. Spivak y dirigido por Michael Gold y el Daily Worker de Philip Bart. Todos estos individuos son judíos. (Nota del Autor.)

instalado en Rusia merced a la ayuda masiva de la alta finanza internacional.

LOS VERDADEROS OBJETIVOS DE KARL MARX

Todo es judaico en el comunismo, desde su dirección hasta su organización y trasfondo. Judíos fueron prácticamente todos los teorizantes y fundadores de esa utópica aberración contra natura: Karl Marx = Haim Mordekai Kissel, Friedrich Engels, Ferdinand Lassalle, Boerne, Cohen, Karl Kautsky, Heinrich Heine, Edouard Bernstein, Lastrow, Loening, Max Hirsch, Wirschauer, Longuet, Lafargue... Judíos fueron los estadistas que más o menos discretamente les protegieron y solaparon sus actividades, desde Disraelí [128] hasta Kerensky y desde Rathenau hasta Roosevelt. Judíos, como ya hemos visto, los banqueros internacionales que financiaron las actividades revolucionarias primero en Rusia y después en el mundo entero. Judíos o de origen judío son la mayor parte de las instituciones y símbolos bolcheviques: la estrella roja comunista es un símbolo hebreo; la organización y el funcionamiento de los soviets es idéntico al de los kahales; los "koljoces" de la Rusia bolchevizada funcionan de manera bien similar a los famosos "kibutz" de Palestina; el Estado soviético es el primero del mundo en considerar el antisemitismo un crimen, la primera pregunta del cuestionario a que se somete un aspirante a miembro del Partido comunista americano es:

"¿habla usted yiddish?"

El movimiento comunista mundial parece sometido a una constante según la cual, tanto mayores y más rápidos son sus éxitos en un determinado país, cuanto más importante es, cuantitativa o cualitativamente hablando, la comunidad judía que alberga. Una excepción parece ser Norteamérica. En realidad, es la mayor confirmación de esa regla. En efecto, objetivamente hablando -sólo lo objetivo cuenta en política- camuflando sus decisiones bajo la capa de los errores o del oportunismo histórico del momento, desde 1917 hasta hoy, los sucesivos Gobiernos de Washington han sido la palanca que ha posibilitado la instalación, en medio mundo, de regímenes marionetas del Kremlin. De ello hablamos en los capítulos que siguen. Los políticos de la Casa Blanca, que tan inteligentes fueron en el

---

[128] En efecto, Marx desarrolla sus actividades en la Old England victoriana de Disraelí, con plena impunidad. Los rayos de la Justicia inglesa se reservan para los irlan-deses. (N. del A.)

transcurso de su Guerra de Secesión, de sus guerras de expansión imperialista contra México y contra España, de sus guerras de genocidio contra los aborígenes de su propio país, en la Primera Guerra Mundial y en la gran cruzada de las democracias contra Alemania, no se han vuelto, súbitamente, unos deficientes mentales, cada vez que han enfocado un problema relacionado con el comunismo. No es posible el error continuo... Lo que ocurre es que todos los formidables recursos del Occidente "capitalista" son necesarios para hacer triunfar al Oriente "comunista". ¿Paradoja? No. Sencilla lógica para los que son capaces de seguir el hilo rojo de una conspiración multisecular contra Europa y el Mundo Blanco.

¿Contradicciones inherentes al malvado sistema capitalista... como diría el heredero de un prestamista, Marx? En absoluto, no. Capitalismo y comunismo son tan exactos en sus consecuencias y en sus métodos, que nada de extraño tiene que las personas que los crearon y que, actualmente, los controlan, sean de la misma extracción racial.

Los verdaderos objetivos del comunismo son revelados por su "padre espiritual", Marx, en una carta que escribió a su correligionario Baruch Levi[129]:

> "En esta nueva organización de la Humanidad, los hijos de Israel, esparcidos por todos los rincones de la Tierra... se convertirán, en todas partes, sin oposición alguna, en la clase dirigente, sobre todo si consiguen colocar a las masas obreras bajo su control exclusivo. Los Gobiernos de las naciones integrantes de la futura República universal caerán, sin esfuerzo, en las manos de los israelitas, gracias a la victoria del proletariado. La propiedad privada podrá, entonces, ser suprimida por los gobernantes de raza judía que administrarán, en todas partes, los fondos públicos.
>
> "Así se realizará la promesa del Talmud según la cual, cuando llegue el tiempo del Mesías, los judíos poseerán los bienes de todos los pueblos de la Tierra".

Esa confesión de Marx es de enorme importancia. Los obreros, para él, no son más que ol s instrumentos que deben utilizar los judíos para convertirse en los amos del mundo y, como dice cínicamente el autor de El Capital, administrar sus riquezas. Marx, hijo de un prestamista usurero, nieto y heredero de un rico rabino, y casado

---

[129] Documento citado por la *Révue de París*, de 1º de junio de 1928, pág. 574. Reproducido, entre otros, por H. de Vries de Heekelingen: *Israel; son Passé, son Avenir...*, París, 1937, pág. 104, y por el publicista sueco Einar Aberg en numerosos panfletos. (Nota del Autor).

con una burguesa alemana, no era un "paría de la Tierra, esclavo sin pan". Pero sí era, en cambio, un patriota judío.

En otro espacio de la carta a Baruch Levi, antes citada, Marx escribía:

> "El pueblo judío, considerado colectivamente, será su propio Mesías. Su reino sobre el Universo se obtendrá por la unificación de las otras razas humanas, la supresión de las fronteras y de las monarquías, que son el baluarte del particularismo, y el establecimiento de una República universal que reconozca los derechos de los ciudadanos judíos."

El burgués adinerado Haim Kissel Mordekai Marx, no era un anticapitalista en el recto sentido de esa expresión. De haber sido un verdadero anticapitalista hubiera fustigado, en sus obras demagógicas, a los auténticos capitalistas, es decir, aquellos que viven del capital, del llamado dinero escriptural, del "Book-Money", creado por los banqueros por una simple anotación en sus libros... del dinero - crédito, llamado por el propio Trotsky, yerno de un poderoso banquero, "moneda falsa de curso legal". Mas, ¡oh, paradoja!, cuando habla del dinero - crédito, de la finanza usurera, Marx se expresa de manera tan cauta como temerosa. Hablando de la finanza, internacional y apátrida, Marx es un auténtico reaccionario retrógrado, para utilizar una expresión cara a los camaradas del Partido Comunista.

De haber sido un anticapitalista auténtico, Marx hubiera mencionado, en sus obras comunistas, a los numerosos capitalistas judíos que, ya en su época, infestaban Europa. Ejemplos no le faltaban: los Pereyre, los Camondo, los Peixotto, los Mayer, los Reinech, los Mendelssohn, los Schneider, y, sobre todo, aquella "estrella de cinco puntas" constituida por el Imperio Rothschild en Frankfurt, Londres, París, Viena y Nápoles. Una acumulación de riqueza, conseguida sin trabajo ni beneficio alguno para la comunidad - antes bien, en detrimento suyo -, como jamás los siglos vieron. He aquí un bello ejemplo de capitalismo a destruir. Pero Marx guarda discreto silencio. Para él, los únicos "capitalistas" son los dirigentes de empresa, los industriales, los terratenientes, y hasta los obreros expertos y peritos que rehusan ser rebajados al nivel de los jornaleros sin oficio ni beneficio.

Para Marx, evidentemente, el capitalismo de Estado soviético, bautizado "comunismo" para las masas ignorantes, no es más que un medio, una herramienta para llegar al verdadero fin: el imperialismo mundial de Sión.

CAPITULO III

DE LOCARNO A MUNICH

Francia invade Renania - El tratado de Locarno- Alemania, admitida en la Sociedad de Naciones - El Pacto Briand -Kellogg - Renania es devuelta a Alemania - La democracia alemana, asesinada en Occidente - Adolf Hitler sube al poder - Disolución de los partidos marxistas - Alemania se retira de la Sociedad de Naciones - Hitler pacta con Pilssudski - Consolidación del régimen hitleriano - Muerte de Hindenburg - la URSS ingresa en la Sociedad de Naciones - Alemania rec upera el Saar - El Pacto Franco-soviético - Hitler denuncia el pacto de Locarno y remilitariza Renania . El plan de paz hitleriano - La guerra de Abisinia - Tournée diplomática inglesa - Una oferta de Hitler, rechazada - La guerra de España - Cambio de decoración en Rumania y Yugoslavia - Bélgica vuelve a la neutralidad - El Pacto Antikomintern - La cuestión colonial - El fin del artículo 231 - El "Anchsluss" - El problema checoslovaco.

> *"Si el principio de libre determinación hubiera sido lealmente empleado con Alemania, los Sudetes, Austria, Dantzig, el Corredor y diversas partes de Polonia hubieran debido ser incorporadas al Reich".* Lord Lothian

Mientras en Rusia se asentaba y consolidaba el bolchevismo, y en Occidente el liberalismo empezaba a perder viejas posiciones en beneficio del larvado marxismo de la socialdemocracia, la República de Weimar, nacida de la derrota, empezaba su efímera existencia. La Constitución, elaborada por el judío Hugo Preuss, era de tendencia socializante y contenía el suficiente número de "libertades" para que su estricta aplicación fuese totalmente funesta, aún para un pueblo disciplinado como el alemán.

Un doble peligro amenazaba entonces a la naciente República: uno exterior, personificado por los bolcheviques del Báltico y los xenófobos polacos y lituanos, y otro interior, derivado del descontento y el desorden social creados por la derrota y las actividades de los grupos "spartakistas", socialistas, bolcheviques, etc.

Cinco meses después del alto el fuego, las tropas polacas de Korfanty saquearon la Baja Silesia, mientras las numerosas comisiones de control aliadas en Alemania, asistían, impávidas, a aquel acto de piratería. Tropas de voluntarios alemanes consiguieron expulsar del país a los polacos, los cuales, en la Ata Silesia -que les había sido adjudicada en la feria de Versalles- se vengaron brutalizando a los escasos alemanes que habían quedado en la región después de su anexión por Polonia. La misma actitud de culpable inhibición adoptaron las tales comisiones de control cuando unidades del flamante Ejército lituano entraron en Memel y exterminaron a cuatro mil civiles alemanes indefensos, la mayoría ancianos, mujeres y niños. La joven República alemana debía limitarse a responder a todas esas agresiones -en tiempo de paz- con platónicas protestas de las que nadie, ni en el Foreign Office, ni en el Quai díOrsay, ni en la Sociedad de Naciones hacia el menor caso.

En cuanto al peligro interior que se cernía sobre Alemania, las complicidades de que los revolucionarios disponían en el seno del propio Gobierno hacían muy difícil de contrarrestarlo con éxito.

FRANCIA INVADE LA RENANIA

El día 11 de enero de 1923, y tomando pretexto de un retraso del Gobierno alemán en la entrega de unas remesas de carbón a la comisión de reparaciones, Francia y Bélgica, unilateralmente decidían la ocupación de la zona industrial de Essen, en Renania. Poincaré quiso presentar esta acción como una medida pacifica de tipo coercitivo, excusa que a nadie engañó. *"El hecho de que un Ejército armado ocupe, en tiempos de paz, regiones alemanas no militarizadas, presenta el proceder francés como una acción bélica"*, dijo la nota oficial de protesta del Gobierno alemán.

Los objetivos perseguidos por el Gobierno francés con esta medida eran, pura y simplemente, la anexión de la rica zona industrial y minera de Renania, bajo un burdo pretexto. Alemania era, entonces, *"res nullus"*, algo que pertenecía al primero que lo tomara; cualquier arbitrariedad, cualquier robo de que se la hiciera objeto se justificaba con un papel sellado a los ojos de la conciencia universal. Así, con la excusa del retraso en la entrega de unas toneladas de carbón - retraso que el Foreign Office calificó de hipotético y, en todo caso, "microscópico"-, Francia se disponía anexionarse la Renania, materializando aquel viejo objetivo de la política exterior francesa.

El Gobierno alemán protestó oficialmente ante la Sociedad de Naciones por esta flagrante violación francesa del Tratado de Versalles. El areópago internacional consumió toneladas de tinta y de saliva, pero nada práctico hizo. Mientras tanto, el Reichstag, por una mayoría de 283 votos contra 28, decidió adoptar los métodos de la resistencia pasiva en el Ruhr. La respuesta francesa fue ocupar Dusseldorff, Bochum, Munster, Dortmund y otros centros industriales del Oeste de Alemania.

"Una ola de detenciones arbitrarias llenó de pánico a la población civil; las tropas de senegaleses y argelinos se adueñaron de las calles; los oficiales franceses, esgrimiendo sus fustas, obligaban a los ciudadanos alemanes a bajar de las aceras"[130].

Con la ocupación de la Renania, Alemania perdía el 90% de su carbón, el 50% de su acero y el 70% de su hierro.

No obstante, Poincaré se equivocó en sus cálculos, tendentes a apropiarse de la Renania mediante el aleatorio procedimiento del "fait accompli". El viejo político olvidó que después de Versalles, Francia se había convertido en la *"enemiga natural de Inglaterra"*[131]. Y fue Londres quien hizo fracasar el plan anexionista de París.

Es una constante histórica de la política inglesa con respecto al Viejo Continente el "equilibrio de las potencias". Cada vez que un Estado europeo se ha impuesto como poder hegemónico o, simplemente, como poder superior a los demás, Inglaterra ha tenido la suprema habilidad de persuadir a otros estados de formar una coalición contra aquél. Así lo han podido constatar, en su propia carne, la España de Carlos V y Felipe II, la Francia de Luis XIV y la de Napoleón, la Alemania del Káiser y la de Hitler. Inglaterra ha hecho luchar a los europeos, los unos contra los otros, y a la hora de los tratados de paz, ella - que, comparativamente, poco ha intervenido en los campos de batalla - se ha reservado la parte del león. Pero, una vez en plena "paz", el más fuerte de sus Aliados de la víspera se ha convenido, declaradamente o no, en el nuevo enemigo de Inglaterra.

---

[130] Peter v. Kleist: *Auch du warst dabei!*

[131] Lloyd George tuvo la franqueza de comunicarle a Clemenceau, en Versalles, que Francia se había convertido en la nueva enemiga de Inglaterra. Según G. Champeaux, (Op. cit.)

"Nosotros no tenemos amigos ni Aliados, sino únicamente intereses", dijo Lord Palmerston. Y es lógico que la experiencia secular le aconsejan a Inglaterra, después de Versalles, enfrentarse a una Francia que, poseyendo el segundo imperio colonial del mundo, la tercera flota de guerra y siendo, tras el despojo de Alemania, la primera potencia militar del continente, podía llegar a poner en peligro la vieja "balance of power".

Lógico era, pues, que la City, los Comunes y la Gran Prensa británica pusieran el grito en el cielo, y calificaron de *"acto de piratería la ocupación de la Renania por los franceses"*. Nada más cierto que la denominación de piratería cuadraba perfectamente con la acción ejecutada por Poincaré, mas, ¿podía esperarse que fuera precisamente un Gobierno inglés quien lanzará acusaciones de piratería?

¿No fue mediante actos parejos al de la ocupación de la Renania, que Inglaterra se agenció una gran parte de su patrimonio colonial? ¿No eran unos auténticos piratas -aunque les llamaran corsarios- Morgan, Drake, Raleigh y otros celebrados "gentlemen, que apresaban navíos franceses y españoles, en tiempo de paz?... Y el propio Tratado de Versalles, del que Inglaterra emergió llevándose nada menos que 3.700.000 km^2 de territorios, ¿no fue, en realidad, el ma-yor acto de piratería política de los últimos siglos?

Esto debió pensar Poincaré. Debió de creer que aunque la política no tenga muchos puntos de contacto con la ética, nadie tendría el valor de reprocharle su proyectada anexión renana. Poincaré pagaría tal elemental error con el ostracismo político y Francia denunciada a la faz del mundo por el dedo puritano de Albión, debería retirarse de la cuenca del Ruhr. Llevándose, eso si, carbón, hierro, acero e instalaciones industriales desmanteladas.

Las consecuencias del "coup de la Rhénanie" fueron graves para la ya de por sí anémica República alemana, cuya autoridad se conmovió ante el golpe recibido por su política de cumplimiento de los compromisos de Versalles. Económicamente, los resultados de la operación de Poincaré, si fueron catastróficos para Alemania (el marco cayó en vertical) también lo fueron para Francia y para su prestigio. Políticamente, representó un rudo golpe para la estabilidad interior del nuevo régimen alemán; en lo sucesivo, todo político que hablara de cumplir lo "pactado" en Versalles, sería tratado de traidor vendido al extranjero.

EL TRATADO DE LOCARNO

En la política interior alemana, los efectos inmediatos del salto fran-cés sobre Renania fueron un fuerte impulso recibido por los partidos de derechas y, a la muerte del presidente Ebert, el viejo mariscal Hindenburg fue elegido canciller.

En 1925, Stressemann, Primer Ministro, se decidió a asistir a la Confe -rencia de Locarno, donde pensaba obtener la definitiva retirada de las tropas de ocupación en Alemania, una reducción de las reparaciones y, además, la revisión de la tesis de la culpabilidad. Consiguió lo primero - porque así convenía a Inglaterra - pero no lo segundo, ni siquiera la anulación del infamante artículo 232, el de la culpabilidad unilateral ale-mana, porque ello no convenía a Inglaterra, cuyas guerras, como es bien sabido, siempre se han hecho en defensa del cristianismo y del derecho y por tanto sus enemigos han sido invariablemente unos malvados.

Stressemann en Locarno renunció oficialmente, en nombre de su Gobierno, a Alsacia y Lorena; reconoció el "status quo" de las fronteras germanobelgas y firmó una auténtica capitulación ideológica pero muy poco obtuvo sobre lo esencial, aparte la ya prevista retirada de las fuerzas militares de ocupación en Alemania. Los Aliados aceptaron todo lo que él dio, y le dejaron marchar con las manos vacías. Pidió el reconoci-miento de la igualdad de derechos para Alemania, con relación a los demás países -los países "civilizados" y democráticos- y se le negó; pidió la admisión de Alemania en la Sociedad de Naciones, y se le respondió que primero debía hacerse digno de ella; pidió que los demás países ini-ciaran el desarme que se habían comprometido a realizar, en Versalles, y que Alemania había consumado ya, y se le respondió que el desarme de las grandes potencias no incumbía a Alemania. Pidió al amable Briand que se considerara que existía el artículo 19 del Tratado de Versalles, que preveía la revisión del mismo, y un silencio glacial acogió tal petición.

Los firmantes del Tratado de Locarno -Inglaterra, Francia, Italia, Bélgica y Alemania- se comprometían a respetarse mutuamente sus fronteras, a no aliarse militarmente con otros países sin consultar previamente con los demás miembros del Pacto, y a dirimir sus eventuales diferencias mediante conferencias internacionales. Evidentemente y como podía esperarse -nadie hizo el menor caso de lo pactado a orillas del lago Mayor. Allí Alemania renunciaba oficialmente a las tierras que le habían sido arrebatadas en el Oeste. Pero, como más adelante se vería, esto no bastaría a Francia, que violaría los acuerdos de Locarno aliándose -sin consultar con sus cosignatarios- con la Unión Soviética.

ALEMANIA ADMITIDA EN LA SOCIEDAD DE NACIONES

A pesar de que, en Versalles, se había prometido a la delegación alemana que inmediatamente sería admitida la nueva República en la Asamblea de Ginebra, los sucesivos obstáculos puestos por Francia y sus satélites de entonces Polonia, Bélgica, Checoslovaquia Lituania y Rumania, aliados al obtuso egoísmo británico que se desinteresó de la cuestión, había así conseguido retrasar la admisión de Alemania durante cinco años, bajo diversas excusas Por fin el 10 de septiembre de 1926, el Reich era oficialmente admitido en aquél areópago deliberante que tantas esperanzas suscitara y tantas desilusiones provocara después.

Alemania presentó diversas quejas contra Polonia, Lituania y Checos-lovaquia acusándolas de maltratar a las minorías alema nes en los territo -rios germanos que a estos países habíanseles concedido en Versalles. Huelga decir que ni una sola de esas quejas fue, no ya atendida, sino ni siquiera estudiada A la Sociedad de Naciones no le importaban las minorías nacionales, excepto en su articulado, para cumplir con los preceptos del culto de la nueva deidad de la época, la "conciencia universal".

Ante la Asamblea de Ginebra se plantearon las siguientes reclamaciones en favor de minorías oprimidas y pueblos cautivos: los ucranianos de Checoslovaquia, Polonia (Galitzia), U.R.S.S., y Rumania; los alemanes de los montes Sudetes, de la Alta Silesia, de Dantzig-Prusia Occidental y Memel; los austroalemanes del Tirol del Sur; los magiares de Checoslovaquia y el Bánato (Yugoslavia); los fineses de la U.R.S.S. (Carelia Oriental; los croatas (Yugoslavia); los albaneses, contra Grecia e Italia; los georgianos y armenios contra la U.R.S.S.; los kurdos contra la U.R.S.S. y Turquía; los wafdistas egipcios y los sinnfeiners irlandeses, contra Inglaterra. Ninguna decisión práctica, ni siquiera teórica, se tomó en favor de esos pue-blos. En cambio, la menor indicación del titulado "Comité de Delegaciones judías" obtenía la consideración devota de todo el mundo [132]. Fue el único caso que mereció,

---

[132] El Comité de Delegaciones judías fue fundado en París el 25 de marzo de 1919, siendo su primer presidente el juez Julian Mack, del Tribunal Supremo de los Estados Unidos. El 10 de mayo, el Comité

regularmente, la preciosa atención de los hombres justos del areópago ginebrino.

EL PACTO BRIAND -KELLOGG

Fuera del ámbito de la Sociedad de Naciones, en cuya eficacia iban perdiendo, todos, paulatinamente, la fe, se firmó el llamado Pacto Briand -Kellogg, en París, por el cual, los países firmantes (Estados Unidos, la Gran Bretaña, Francia, Alemania, Italia, Polonia y Bélgica) se comprometían a renunciar a la guerra, como medio de política internacional. En realidad, el Pacto Briand-Kellogg no fue más que un pobre "ersatz" de la Conferencia dei Desarme, que había pedido reiteradamente Alemania, amparándose en las cláusulas dictadas por sus propios vencedores en Versalles.

En efecto, según el sacrosanto Tratado de Versalles, Parte V, relativa a las cláusulas militares, aéreas y navales: *"Con objeto de hacer posible una limitación general de los armamentos de todas las naciones, Alemania se compromete a observar estrictamente las cláusulas militares, navales y aéreas estipuladas a continuación."* El texto no deja lugar a dudas; todas las potencias signatarias se habían comprometido a reducir sus armamentos. Alemania había cumplido lo pactado; ahora pedía que los demás países hicieran lo mismo[133]. A pesar de las platónicas recomendaciones de la Sociedad de Naciones, Francia se niega a desarmar. El Plan MacDonald de limitación de armamentos (abolición de las llamadas "armas ofensivas" (bombarderos, tanques, artillería pesada)) es rechazado por Francia[134]. Pero la estricta verdad es que Inglaterra y los Estados Unidos que, ahora, acusan de belicismo a los franceses, no han hecho, por su parte, nada que permita suponer que van a decidirse a emprender el camino del desarme. Una reunión preparatoria a este objeto tiene lugar en Ginebra, en Septiembre de 1925,

---

presentó a la Conferencia un memorándum referente a la protección de las minorías, teniendo la suprema audacia de asimilar su causa de pueblo rico y prepotente a la de las auténticas minorías nacionales oprimidas por los vencedores e ignoradas de todo el mundo. (N. del A.)

[133] En 1927, el mariscal Foch, a su regreso de un viaje de inspección por Alemania, manifestó, ante la Asamblea Nacional francesa, que el Reich había cumplido escrupulosamente las cláusulas del desarme estipuladas en Versalles. El mariscal Joffre y el ministro Bonnet lo confirmaron más tarde. (J. Alerme: *Les causes militaires de notre défaite.*)

[134] Georges Champeau: *La Croisade des Démocraties*, pag. 134, tomo I.

con nulo resultado. Alemania pide que todos los países y, sobre todo, Francia, la más intransigente al menos formalmente, reduzcan sus armamentos o, en caso negativo, que se le conceda al Reich autorización para rearmarse a un nivel no inferior al de Francia. En definitiva, la República alemana mantiene una posición que puede sintetizarse así: o bien el anillo de estados hostiles que la rodean, y especialmente Francia, se desarman o bien Alemania debe rearmarse al mismo nivel que Francia. La tan democrática "igualdad de derechos".

La delegación alemana, por otra parte, recuerda a los demás miembros que, habida cuenta del reciente precedente de la invasión francesa de Renania y de la concentración de tropas coloniales en las márgenes del Rin, Francia amenaza a Alemania, y como ésta es miembro de la Sociedad de Naciones, está en el derecho de exigir que los otros estados miembros obliguen a París a iniciar su desarme. Los argumentos del Reich son incontestables. Por eso no se les opone ningún argumento. Pero tampoco nadie hace nada en la vía del desarme. Todos continúan armándose, Francia ostensiblemente y los demás, más discretamente.

Las sucesivas conferencias de desarme que se van celebrando son autén-ticos sainetes. Los debates sobre el llamado "desarme cualitativo" alcanzan las más elevadas cumbres de la comicidad. Cada estado declara "ofen-sivas" aquellas armas de que está poco provisto, y "defensivas" las que posee en gran cantidad. El delegado francés, que merecía llamarse Tar-tufo, "desbautiza" los carros de asalto y, para atestiguar su carácter "defensivo", los "rebautiza" con el pacifico nombre de carros de combate... El acorazado es un arma "defensiva" declaran, virtuosamente, los repre-sentantes de Inglaterra y los Estados Unidos. "En cambio, el submarino es un arma ofensiva". El delegado japonés, por su parte, considera que los acorazados y los submarinos son armas ofensivas, razón por la cual, el Japón, país pacífico, no posee ninguno. Pero es, precisamente, el dele- gado japonés el que pone el dedo e n la llaga al declarar: "Un navío de guerra es un arma defensiva cuando en su mástil lleva la bandera inglesa o americana y es un arma ofensiva en todos los demás casos", después de tras una ceremoniosa inclinación de cabeza, abandonará la sala de conferencias.

No contenta con incumplir sus obligaciones respecto al desarme, Francia inicia, en 1927, la construcción de la Línea Maginot, que se extiende a lo largo de toda su frontera con Alemania. Esta nueva y flagrante violación del espíritu y la letra del Tratado de Versalles no provoca ninguna reacción en la Sociedad de Naciones. En cambio cuando en 1937, Alemania iniciará la construcción de su Línea Siegfried, el altavoz ginebrino hará oír su clamoreo ensordecedor a propósito del denostado militarismo alemán.

Violando igualmente los compromisos contraídos en Locarno, Francia se une, por un sistema de alianzas defensivas y ofensivas con los países de la llamada pequeña Entente (Polonia, Checoslovaquia, Rumania y Yugoslavia), resucitando la vieja política francesa del cerco de Alemania, en cuyo derredor bailan "la danza de la muerte" una serie de Estados hostiles satélites de Francia. Un informe secreto, enviado el 11 de abril de 1919 al presidente Wilson por el general de Estado Mayor F. J. Kernan es muy significativo a este respecto:

"En Europa Central predominan absolutamente los uniformes franceses. Los esfuerzos constantes y organizados de esos agentes, tienden a disciplinar el espíritu militar en Polonia, Checoslovaquia y, según creo. en Rumania también. La idea imperialista se ha apoderado de los franceses como una psicosis de locura. Los franceses se esfuerzan abiertamente en organizar una cadena de estados militarmente fuertes, si es posible bajo mando francés, con objeto de ir añadiendo más tarde nuevos aliados... Polonia, Checoslovaquia y Rumania están gastando sumas fabulosas en crear ejércitos desproporcionados a su verdadera importancia y necesidades. Todo eso significa que, bajo la hegemonía francesa... se constituirá una fuerte alianza militar, que será probablemente capaz de dominar a Europa[135]*".*

Según Baker, el único interés de Francia por Polonia es "el debilitamiento de Alemania y, por ello, no solamente se han adjudicado a los polacos provincias sobre las que no tienen ningún derecho sino que, además, los franceses les están ayudando a crear un enorme ejército"[136].

Ya en 1920, cuando más se charlaba en Ginebra y en Versalles de "paz eterna" y de "desarme general", Francia había firmado un pacto de alian-za defensiva con

---

[135] R. S. Baker, secretario personal del presidente Wilson: Woodrow Wilson. *Memoiren und Dokumente*, pág. 317, tomo I.

[136] R. S. Baker: Op. cit., pág. 47. tomo II.

Polonia. El autor francés D'Etchegoyen escribió, en 1925[137]:

"Las cantidades que hemos entregado a nuestra cara aliada Polonia se cifran, ya, en varios miles de millones de francos."

En cuanto a Checoslovaquia, el estado artificialmente creado por las mentes enfermas de los hombres de Versalles, no tenía otra finalidad que ser "el portaaviones de la democracia, situado en el flanco de Alemania"[138]. La ayuda militar y económica francesa a los checos, sin ser tan importante como la prestada a Polonia fue, así mismo, notable[139].

La firma del Pacto Briand-Kellogg no modificó en nada la actitud de Francia y su manera de interpretar los acuerdos de Versalles y de Locarno.

RENANIA ES DEVUELTA A ALEMANIA

En los tratados de paz se había estipulado que Renania sería ocupada, militarmente, por unidades de los ejércitos inglés, francés y belga, durante cinco años, al cabo de los cuales dicha región volvería a ser alemana, si bien quedando como zona desmilitarizada. Ya se ha hablado del intento de anexión de Poincaré, fallido a causa de la oposición de Londres y Washington. Pero incluso después de Locarno y del Pacto Briand-Kellog, las tropas de ocupación extranjeras continuaban estacionadas en Renania. Si bien París era partidaria del "status quo", Londres, que tenía prisa en ver a los franceses detrás del Rin, y Washington, cuya obsesión era que Alemania no se hundiera, provocando una crisis económica mundial, forzaron a los "revanchards" a cumplir (bien que con seis años de injustificado retraso) con la obligación, suscrita en Versalles, de devolver Renania a Alemania.

La devolución tuvo lugar el día 30 de junio de 1930. Los periódicos franceses lucieron, aquel día, una franja negra en su portada. Los comunistas de L'Humanité estuvieron en vanguardia del "patriotismo de luto", acusando a la pérfida Albión de haber atropellado los intereses franceses en Renania.

Esto merece un breve inciso.

---

[137] Olivier d'Etchegoyen: Pologne, Pologne..., pag. 294, tomo I.

[138] Citado por Savitri Devi: *The Lightning and the Sun*, atribuyendo la frase a Clemenceau.

[139] Olivier d'Etchegoyen: Op. cit., pág. 295. tomo I.

La Historia de los Vencidos (El suicidio de Occidente)

A mediados de 1930, las derechas parecían imponerse en el mundo político alemán; por esa razón, el camarada Thorez era antialemán y, paralelamente, más "chauvin" que Poincaré. Pero, en vísperas de las elecciones de 1933, cuando los pronósticos y los sondeos de opinión - que resultaron erróneos - dan al "cartel de izquierdas", aliado al viejo "Zentrum" confesional, como seguro ganador, Thorez, secretario general del Partido comunista, manifestaba en Berlín: "Soy partidario de la libre disposición del pueblo de Alsacia y de Lorena, aún cuando ello signifique su libre separación de Francia... Soy partidario de la libre disposición de todos los pueblos de lengua alemana, y de su derecho a unirse libremente"[140]. Luego, al ganar las elecciones el Partido nacionalsocialista, Thorez volvería a ser el abanderado de la germanofobia patriotera de girondinos y jacobinos, para cambiar nuevamente en el momento de firmarse el Pacto Ribbentrop-Molotoff y ser, una vez más, ferozmente germanófobo -desde Rusia - a partir del día 22 de junio de 1941, cuando Hitler se abalanzó sobre la U.R.S.S. ¡Y pensar que por semejante clown votaban, regularmente, cinco millones de personas en un país que pasa por ser el más espiritual de la Tierra!

LA DEMOCRACIA ALEMANA, ASESINADA POR OCCIDENTE

¿Cuál era, entre tanto, la actitud espiritual de los pueblos de los países democráticos con respecto a Alemania? O, para formular la pregunta en más justos términos: ¿Qué les decían de Alemania a sus clientelas los grandes "medios informativos" de las democracias occidentales?

La triste realidad es que, salvo contadas excepciones, desde el gran rotativo hasta el humilde diario de provincias, y desde los libros de texto (ese instrumento de la educación dirigida por el sedicente estado democrático) hasta los manuales para la educación de párvulos, se alimentó cuidadosamente la llama del odio, rechazando brutalmente todos los intentos que la tan pulcramente aséptica y democrática República alemana hizo para olvidar el pasado y preparar, sin reservas mentales, un futuro basado en la justicia y la hermandad de los pueblos de Europa.

Todos los medios fueron lícitos en la campaña de odio y difamación desplegada

---

[140] Según *Lectures françaises*, n.0 75, junio 1963.

contra el pueblo alemán: las puras mentiras, las medias verdades, los relatos "objetivos", las versiones parciales y oblicuas, los sofismas inteligentes, los más inverosímiles inventos, todo ello hábilmente mezclado y elaborado para el consumo de todas las inteligencias, de todos los prejuicios y de todas las filias y fobias nacidas al calor del resentimiento creado por la desorbitada propaganda de los tiempos de guerra.

El himno alemán, cuya primera estrofa dice:

"Alemania sobre todo en el mundo, desde el Mass hasta el Vístula, y desde el Danubio hasta el Belt..." es alterado por un periodista francés: "Alemania sobre todos en el mundo"... La "nueva versión" del Deutschland Über alles es reproducida millones de veces por las rotativas del orbe entero. ¡Los alemanes se consideran por encima de todos los pueblos del mundo!.. ¡Horrible racismo! Y esto se dirá en Francia, cuyo himno nacional, "La Marsellesa", califica de "impura" la sangre del extranjero[141].

En esta campaña mundial antialemana colaboraron activamente y, de hecho, dirigieron la orquestación, ciertos intelectuales judíos. Recordemos que Hitler no está todavía en el poder; en Alemania no se persigue, aún, a los israelitas, que ocupan lugares preeminentes en la vida social, artística, industrial y financiera, y dominan en el Gobierno[142]. Pero es un hecho: Berthold Brecht, Heinrich y Thomas Mann, Erich María Remarque, Werfel, Arnold Zweig. Ernest Lissauer son las autoridades que se citan en Francia y otros países para demostrar que el pueblo alemán no es más que un hato de fanáticos sedientos de venganza y animados de

---

[141] La germanofobia fue cultivada por los propios ministros responsables de la Educación Nacional, en Francia. Un librito de las Editions Patriotic, destinado a primera enseñanza, mostraba a un soldadito de seis años vengando el honor de Francia al utilizar como orinal un casco prusiano. (Romi: *Fraiche et Joyeuse*, pág. 30.) Los cuadernos para escolares iban decorados, en su portada, con escenas de barbarie germánica -un pelotón de soldados alemanes fusilando a una campesina alsaciana; una lorenesa abofeteando al Káiser, etc.ó. A los alumnos de los grados superiores se les enseñaba que la guerra había estallado a causa de los sueños de dominio universal del Káiser. (N. del A).

[142] Henry Ford señala (*The International Jew*) que, en un momento dado, había los siguientes judíos ocupando puestos claves en el Gobierno alemán: Hirsch, ministro de Gobernación; Ernst. jefe de la policía de Berlín; Rosenfeld, ministro de Justicia, Futran, de Enseñanza; Simon, de Hacienda: Stadthagen, del Trabajo; Wurms, de Alimentación; Kastenberg, director del Negociado de Letras y Artes; Kohen, del omnipotente "Comité de Obreros y Soldados"; Brentano, ministro de Industria, etc.

los más bajos instintos.

La democracia alemana no murió, como más tarde pretendería la "jurisprudencia" de Nuremberg, a causa de las ansias de revancha del militarismo prusiano. Fue asesinada por las propias democracias occidentales, que incumplieron clamorosamente la totalidad de los compromisos dictados por ellas mismas en Versalles; la agredieron y expoliaron en Renania; animaron al "ganso polaco"[143] a que violara las fronteras de Silesia; la rodearon de una serie de pseudonaciones armadas hasta los dientes y no cesaron, durante quince años, de someterla a toda suerte de humillaciones, e injusticias que, forzosamente, debían desprestigiar a los ojos del pueblo alemán, al régimen que soportaba, sin protesta, tal estado de cosas.

ADOLF HITLER SUBE AL PODER

Adolf Hitler había nacido en Braunau-am-Inn, el 20 de abril de 1899. Durante la Primera Guerra Mundial, se enroló como voluntario en el Ejército alemán y, en 1916, por méritos de guerra, es ascendido a cabo y recibe la "Cruz de Hierro". El 7 de octubre de 1916 cae herido en campaña y, tras unas semanas de hospital, regresa al frente, donde sufre un envenenamiento por gas y queda temporalmente ciego. Después de la guerra co-mienza a intervenir en política e ingresa, en 1919, en el "Partido obrero alemán". Un año después, y a propuesta suya, consagra la swástika como emblema del Partido[144].

En 1920, cambia el nombre de la organización política en que milita por el de "Partido Nacionalsocialista obrero alemán" (National Sozialistisches Deutsches Arbeiter Partei) y organiza las famosas "Sturm Abteilung" (Secciones de Asalto) encargadas de garantizar el orden en los mítines del Partido, contra las agresiones de los militantes comunistas.

El Ier Congreso del N.S.D.A.P. se celebra en Munich, el día 29 de enero de 1923. El 8 de noviembre de aquel mismo año, Hitler y sus partidarios organizan un "putsch" tendente a apoderarse del poder, pero el ejército sofoca la acción, y el día

---

[143] La expresión es de Sir Winston Churchill. en Yalta.
[144] La cruz gamada es el más antiguo símbolo que, en su peregrinar por el mundo, hasta establecerse en Europa, usó el hombre blanco. Aparece en las primeras inscripciones y esculturas sumarias e hittitas. Otra forma de swástika, o cruz gamada, es la rueda solar, símbolo religioso de los adoradores del Sol. (N. del A).

12 es detenido, ingresando en el penal de Landsberg, donde permanecerá trece meses. Al salir de la cárcel, donde ha escrito su Biblia política, el "Mein Kampf", reasume la jefatura del Partido y el 3 de julio de 1926 organiza el II Congreso del N.S.D.A.P. en Weimar. En las elecciones de mayo de 1928, los nacionalsocialistas consiguen doce escaños en el Reichstag. A partir de entonces, los mítines y conferencias del joven Partido se multiplican. En las elecciones del 14 de septiembre de 1930, los "camisas pardas" consiguen 107 puestos en el Reichstag, 6.300.000 alemanes han votado por Hitler, cuyo Partido es el segundo del Reich. En cinco de los estados federales, los nazis obtienen mayoría parlamentaria, incluyendo Prusia.

El 31 de julio de 1932 el N.S.D.A.P. logra 230 diputados en el Reichstag, convirtiéndose en el Partido más poderoso de Alemania. El mariscal Hin-denburg ofrece, entonces, el cargo de vicecanciller del Reich a Hitler, que rehusa alegando que, *"según los métodos parlamentarios de que tanto alardean sus adversarios, a un Partido político que obtiene la mayoría le corresponde la Cancillería, y no una vicepresidencia".* Nuevamente ofrece Hindenburg a Hitler una activa participación en el Gobierno del Reich, proponiéndole incluso el cargo de canciller, bajo ciertas condiciones políticas que son rechazadas. Por fin; el 30 de enero de 1933, Hitler, jefe de la mayoría parlamentaria, es nombrado, por Hindenburg, canciller del Reich, aunque supeditado a la presidencia de aquél. Franz von Papen, antiguo nacionalista monárquico, es nombrado vicecanciller.

Hitler y el nacionalsocialismo han subido al poder de una manera escrupulosamente democrática, tras un indiscutible triunfo en las urnas. Este triunfo se ratificará ampliamente en las elecciones del 5 de marzo de 1933, al conseguir 282 actas de diputado, o sea un aumento de 52; los nazis han obtenido el 54% de votos con respecto al censo electoral, y el 69% con respecto al número de votantes efectivos[145].

DISOLUCIÓN DE LOS PARTIDOS MARXISTAS

El 27 de febrero de 1933 el Reichstag fue incendiado por el comunista holandés Van der Lubbe, un individuo tarado y medio loco, que había colocado alquitrán en

---

[145] En las siguientes elecciones, el 7 de marzo de 1936, el N.S.D.A.P. obtendría el 92.8% de los votos. Observadores de la prensa extranjera dieron fe de la pureza democrática de los comicios. (N. del A.)

el gran salón de sesiones y luego le había prendido fuego. El viejo edificio quedó convertido en un montón de ruinas. Pero Van der Lubbe, sin duda posible, debía tener cómplices. Se acusó a Ernst Togler, el líder de la fracción comunista en el Parlamento, que había sido la última persona en abandonarlo la víspera. También se acusó a los bolcheviques búlgaros Dimitroff, Popof y Taneff, que vivían clandestinamente en Berlín.

Los indicios que poseía la policía alemana contra estos individuos eran anonadantes, pero no existían pruebas materiales. Togler fue absuelto y lo s tres búlgaros expulsados del país, donde habían entrado ilegalmente[146].

Pero Hitler, con pruebas materiales o sin ellas, estaba resuelto a acabar con el marxismo en Alemania. A propuesta suya, Hindenburg firmó la llamada "Ley para la protección del pueblo y del Estado", gracias a la cual una serie de artículos de la Constitución del Reich, que hacían referencia a las libertades de asociación y de Prensa fueron coartados. Podrá evidentemente objetarse que esa medida era antidemocrática, pero convendrá tener presente que, en su campaña electoral, Hitler ya había anunciado que, en caso de contar con la confianza del pueblo, la primera medida que tomaría sería reformar la Constitución del Reich en todo aquello que pudiera afectar a la seguridad del mismo, notablemente si sus garantías podían ser utilizadas por una minoría antinacional en contra de la colectividad..."[147]

La mayoría del pueblo alemán se había pronunciado por Hitler y su programa, y después de la adopción de tales medidas, siguió otorgá ndole su confianza.

Frick, ministro del Interior, y Goering, ministro comisario del Interior, de Prusia, aplicaron la nueva ley con particular dureza. Seis mil funcionarios comunistas fueron detenidos e internados, con lo cual el Partido quedó inmediatamente desarticulado. Casi simultáneamente, los Partidos Comunista y socialdemócrata fueron disueltos. El marxismo había sido puesto fuera de la ley.

ALEMANIA SE RETIRA DE LA SOCIEDAD DE NACIONES

El 16 de marzo de 1933, el Premier inglés, Ramsay MacDonald, laborista,

---

[146] Los comunistas pretendieron que el incendio del Reichstag fue obra de las SA hitlerianas, por instigación de Goering. Pero ni siquiera en el sedicente "Proceso" de Nuremberg pudo probarse tal cosa. (N. del A.)
[147] Hans Grimm: *Warum? woher? Aber vohin?*

presento el enésimo plan a la Conferencia del Desarme. Proponía que Francia redujera su Ejército a un máximo de 400.000 hombres. A Alemania se le autorizaría a doblar los efectivos de su "Reichswehr", es decir, 200.000 hombres. En cuanto a Polonia, con una población que representaba el 40% de la de Alemania, se le autorizaría una fuerza, también, de 200.000 hombres. Pero hay que tener en cuenta que el bloque constituido por Francia y sus satélites (Bélgica, Polonia, Rumania, Checoslovaquia y Yugoslavia) representaría una fuerza de 1.100.000 hombres, o sea cinco veces y media más que Alemania. Francia, Bélgica y la pequeña Entente disponían, entre todas, de una fuerza aérea de casi cinco mil aviones de combate, mientras Alemania carecía de arma aérea.

La concesión de MacDonald es, no obstante, apreciada por Hitler, que da su consentimiento al plan inglés. Pero Francia no se muestra de acuerdo, y aunque actuando con prudente discreción en la Sociedad de Naciones, mueve hábilmente a sus peones, en especial Polonia, para que boicoteen la iniciativa británica[148], que busca restablecer el equilibrio continental.

El grupo francés gana tiempo con sus dilaciones y, mientras tanto, en los pasillos del Palacio de las Naciones se discute más que en el hemiciclo. Cuando la Conferencia se vuelve a reunir, el representante británico, Sir John Simon, anuncia que el Gobierno inglés va a presentar un nuevo plan que, de hecho, contradice al primero, en el que se admitía -relativamente- el principio de la igualdad de derechos, reclamado por Hitler y por todos sus antecesores democráticos, Ebert, Cuno, Stressemann. Curtius y Bruening. Simon propone un "plazo de prueba para Alemania", que deberá demostrar ser digna de la confianza que en ella depositan las grand es democracias y sus satélites. Durante ese plazo, la Reichswehr no podrá adquirir nuevas armas. Eso equivale a dejar al Reich con un pequeño ejército de cien mil hombres, provisto de armas cortas y artillería ligera, sin aviación y con una marina de guerra de tercer orden, frente a una coalición que cuenta con más de un

---

[148] El mariscal Pilsudski, se había erigido dictador de Polonia, y gobernaba despóticamente haciendo la vida imposible a las minorías nacionales que englobaba su país. La Conciencia Universal se desentendía de ello, lo mismo que del campo de concentración de Bereza-Kartuska, donde se sometía a toda suerte de vejaciones a los detenidos alemanes y ucranianos. Pilsudski fue el primero en preconizar una «guerra preventiva» contra Hitler para eliminar el "peligro alemán" y anexionarse la Prusia Oriental. Pero Inglaterra, a la que no interesaba que los satélites de Francia se fortalecieran demasiado. torpedeó el plan. (N. del A.)

La Historia de los Vencidos (El suicidio de Occidente)

millón de hombres en pie de guerra, más una poderosa aviación, la marina francesa y material moderno[149].

Toda idea de igualdad de derechos - algo tan pulcramente democrático - ha desaparecido del plan inicial; el desarme de Francia Y de los países que rodean a Alemania queda postergado "sine die..."

La reacción de Hitler es inmediata. La delegación alemana en la Conferencia del Desarme se retira, dando un fuerte portazo. Tres días después, el 21 de septiembre; Alemania se retiraba igualmente de la Sociedad de Naciones.

El 14 de octubre, el Gobierno del Reich publicaba un manifiesto a propósito de la cuestión. Entre otras cosas, se decía: "El Gobierno del Reich y el pueblo alemán rechazan la violencia como medio para superar las diferencias existentes entre los pueblos europeos... pero declaran que la aprobación de la igualdad de derechos para Alemania es la condición moral y material para que nuestro pueblo y su Gobierno formen parte de una institución internacional. El Gobierno ha tomado, pues, la decisión de abandonar la Sociedad de Naciones Y la Conferencia del Desarme basta que se nos conceda la igualdad de derechos".

Hitler, por su parte, dijo en un discurso electoral:

"Si el mundo decide que todas las armas sean destruidas, nosotros estamos dispuestos a renunciar a toda clase de armas desde ahora. Pero si el mundo decide que todos los pueblos se pueden armar, menos nosotros. no estamos dispuestos a tolerarlo, porque Alemania no es un pueblo de "parias".

El Führer, por otra parte, recuerda a los estadistas de las democracias occidentales que, tan pronto como ellos estén dispuestos a cumplir la palabra que empeñaron en Versalles, relativa al desarme general. o se deciden a aplicar prácticamente la "igualdad democrática" con respecto a Alemania, ésta estará dispuesta a reingresar en la Sociedad de Naciones.

Se consulta al pueblo alemán, en un plebiscito celebrado el día 11 de noviembre

---

[149] El Reich no poseía un arma aérea, mientras la pequeña Lituania disponía de no menos de 150 aviones de combate y 60 bombarderos. Un enjambre de pequeñas "naciones", manipuladas por Francia, que había violado las fronteras alemanas en tiempos de paz siguiendo el ejemplo dado por aquélla con su agresión contra la Renania, podían rearmarse impunemente, durante ocho años - plazo propuesto por Sir John Simon -, mientras Alemania quedaba a la merced de unos y otros. (N. del A.)

de 1933, si aprueba la retirada de su patria del areópago ginebrino. El 96,5% del cuerpo electoral participa en las elecciones; mas del 95% de los votantes dan su conformidad con el paso dado por Hitler.

HITLER PACTA CON PILSUDSKI

El 26 de enero de 1934, Hitler asestó un golpe mortal a la política de cerco, preconizada y practicada por Francia con respecto a Alemania desde los tiempos del cardenal Richelieu. El Führer se dirigió a Pilsudski, proponiéndole un pacto de no agresión, válido por diez años.

Pilsudski, hombre realista, se daba perfecta cuenta que el interés de Francia hacia los polacos era para utilizarlos como carne de cañón en una eventual guerra contra el Reich. También veía que Polonia, situada entre dos vecinos poderosos debía decidirse por uno de los dos; el dictador polaco, que nueve meses atrás quería invadir la Prusia Oriental, aceptó el ofrecimiento que le hacía Hitler de firmar un pacto que, en realidad, únicamente podía estar dirigido contra la U.R.S.S.

Alemania acababa de abrir una brecha en el cerco francés. A partir de entonces, Polonia seguiría su propia política, durante cuatro años, sin hacer ya caso de los intereses o de los "complejos" germanófobos de Francia. Este espectacular "renversement des alliances" sería acompañado de un no menos espectacular cambio de actitud de la Gran Prensa mundial con respecto a Polonia, que sería tildada de reaccionaria y antisemita.

Goering es enviado a Budapest y Goebbels a Ginebra, donde concluyen sendos pactos de amistad con Hungría y Suiza. Y, el 14 de junio de 1934, Hitler se entrevista, por primera vez, con el Duce italiano, Benito Mussolini, al que va a visitar en Venecia[150].

La Gran Prensa no se recata en poner de relieve los peligros que entrañaría un acuerdo entre los dos. Al término de esa entrevista, los Gobiernos italiano y alemán publican un comunicado conjunto en el que se da a conocer la coincidencia de los

---

[150] Mussolini y el fascismo habían llegado al poder en Italia mediante el tan alabado "libre juego de los partidos" "La marcha sobre Roma" de los camisas negras fue, en todo caso, un procedimiento de obtención -o consolidación- del poder, más humanitario que la guillotina, madre de la Revolución Francesa. (N. del A).

puntos de vista de ambos estadistas sobre la situación internacional.

CONSOLIDACIÓN DEL RÉGIMEN HITLERIANO

Ciertos elementos de origen sospechoso se habían ido introduciendo en las SA, a las que pretendían dar una orientación marcadamente izquierdista y, desde luego, opuesta a la política del Führer. Diversos altos jefes de las Secciones de Asalto querían a toda costa una "segunda revolución", un entendimiento con la U.R.S.S. y una política más agresiva con respecto a las potencias occidentales, especialmente Francia.

La derecha, pretendía apoyarse en Von Papen y en buena parte del Estado Mayor de la Wehrmacht para imponer una restauración de los Habsburgo. El Inteligence Service se movía detrás de esas fuerzas, no para favorecerlas, evidentemente sino para crearle problemas al nacionalsocialismo, que había restablecido la paz interior en Alemania y hecho posible la reaparición del país en los mercados internacionales convirtiéndolo, nuevamente, en un concurrente peligroso para los productos ingleses.

Hitler lanza una sería advertencia a Roehm, Obergruppenführer de las SA que, según ha descubierto la Gestapo, piensa lanzarse a la calle el 30 de junio, en Munich. También de Berlín llegan noticias de que las SA preparan una manifestación y que ya hay camionetas preparadas para trasladar a los manifestantes. Hitler, secundado por Goering, Heydrich y Goebbels, entra en acción. Roehm es destituido de su cargo y reemplazado por Von Lutze. A las dos de la madrugada, Hitler emprende el vuelo hacia Munich, acompañado por Goebbels, Von Lutze y Dietrich, jefe de Prensa del Reich. El Führer se dirige directamente al Ministerio del Interior de Baviera, a donde son conducidos todos los conjurados. Mientras tanto, en Berlín, Goering se anticipa a los planes del Obergruppenfuhrer Karl Ernst, le detiene y le hace fusilar. Gregor Strasser, al que se acusa de "trotskista" es también fusilado. La conjura es aplastada en tres horas.

El Ministerio del Interior publica un comunicado según el cual los conjurados, no sólo pretendían dar un golpe de Estado, lo que está probado, sino que planeaban dar muerte al Führer. Se hace saber que "ciertos elementos extranjeros" han maniobrado a expensas de los altos jefes de las SA Se alude, sin nombrarlos, al

Intelligence Service y a la masonería. Se da a conocer que Roehm y Karl Ernst eran homosexuales, y que tales individuos anormales abundaban en las altas esferas de las SA. Se especula con la posibilidad de que la masonería haya dirigido en su provecho las actividades de esos tarados bajo la amenaza del chantaje[151].

La Prensa alemana anunció el fusilamiento de cincuenta jefes de las SA, trece funcionarios de la misma organización, tres jefes de las S.S. y cinco funcionarios del Partido. En total, setenta y una personas. La Prensa extranjera, por su parte, llegó a hablar de una auténtica sublevación antihitleriana y habló de varios millares de ejecuciones. Le Temps, diario parisién de centro-derecha dio la cifra de trescientos fusilados. La Pravda se convirtió en el hagiógrafo de los "mártires"...

MUERTE DE HINDENBURG

El 2 de agosto de 1934, falleció el presidente del Reich, Hindenburg. Hitler que ha ahogado en sangre la conjura de los altos mandos de la S.A. y ha enviado a Von Papen, la figura más representativa de los monárquicos, a un destierro de primera clase, como embajador en Viena, quiere reunir en su mano todos los poderes, y unir el cargo de presidente al de canciller del Reich. En consecuencia, se convoca en plebiscito. El 91% del cuerpo electoral aprueba la propuesta de Hitler y su Gobierno. El hijo de Hindenburg había invitado al pueblo a votar esa concesión de plenos poderes.

LA U.R.S.S. INGRESA EN LA SOCIEDAD DE NACIONES

Ciertas fuerzas de Occidente que, desde el nacimiento de la U.R.S.S. la habían apoyado moral y materialmente, iniciaron, hacia 1931, una campaña político-periodística destinada a patrocinar la admisión de los soviéticos en los grandes organismos internacionales. Los mismos gobiernos de las grandes democracias, influenciados cuando no dominados por el "Money Power", dan a entender que sería un acto de realismo político admitir a los señores del Kremlin en el diálogo internacional. Así, los soviets toman parte en la Conferencia Económica Mundial de

---

[151] Hitler dio órdenes severísimas en el sentido de expulsar de todos los cargos oficiales a los homosexuales, por considerarlos un peligro para la seguridad del Estado. (N. del A).

Londres (mayo de 1933). Su delegación la componen el judío Litvinoff, presidente, sus correligionarios Maisky y Oaserki, y el letón Meschlauk. Este primer paso será rápidamente seguido de otro, realmente decisivo. Benes, ministro de Asuntos Exteriores de Checoslovaquia y presidente de la pequeña Entente, es el artífice principal de la admisión soviética en el Consejo de Ginebra. Por fin, la U.R.S.S. es admitida en la Sociedad de Naciones y el 18 de septiembre de 1934 su delegación es recibida con gran pompa. Litvinoff, el *"homme á tout faire"*. del bolchevismo dirige la representación comunista.

La admisión de la U.R.S.S. en la Sociedad de Naciones es un auténtico bofetón diplomático dado a Alemania, a la que se ha forzado, prácticamente, a abandonar su puesto en tal Asamblea Internacional al negarle la concesión de la igualdad de derechos; igualdad que se reconoce graciosamente a los bolcheviques que poseen, según es público y notorio - el mayor Ejército del mundo en efectivos humanos-. Pero los hombres de Ginebra no consideran suficiente el admitir a la U.R.S.S.; hay que honrar como es debido al zar Stalin -que, dos años atrás, había calificado a la Sociedad de Naciones de "cueva de ladrones"-, y, a propuesta de Benes, la Unión Soviética es nombrada "miembro permanente" del Consejo. En noviembre, se nombra al bolchevique judío Moses Rossenberg, secretario general adjunto.

La primera intervención de Litvinoff en la tribuna ginebrina fue para proponer un desarme total e inmediato de todos los países del mundo. Los otros delegados sonríen; después ríen discretamente; finalmente, sueltan estentóreas carcajadas. Por fin, el mismo Litvinoff se desternilla de risa[152].

ALEMANIA RECUPERA EL SAAR

En enero de 1935 debía de celebrarse, según los términos del Tratado de Versalles, un plebiscito en la región del Saar, por el que sus habitantes determinar si querían reintegrarse a Alemania, unirse a Francia, o bien el mantenimiento del "status quo". En noviembre de 1934, el Gobierno francés, pretextando unos "posibles" motines en la región, concentró cuatro divisiones de infantería en la frontera. Hitler envío una nota de protesta a París, alegando que esa extemporánea

---

[152] Georges Champeaux: *La Croisade des Démocraties.*

manifestación de fuerza militar era una coacción intolerable hacia los electores. El Quay d'Orsay rechazó la nota alemana. La Wilhelmstrasse mandó otros cinco extensos memorándums al Gobierno francés. Por fin la crisis se solucionó merced a la intervención de la Sociedad de Naciones, que envió una tropa de policía internacional al Saar, para que permitiera la celebración regular del plebiscito y atestiguara de su legitimidad.

El plebiscito tuvo lugar, bajo control internacional, el 13 de enero de 1935. Los franceses habían tenido todas las oportunidades para modelar el estado de ánimo del pueblo sarrés durante casi quince años; la propaganda francesa no había escatimado dinero ni tiempo para atacar a Alemania incluso antes de la subida de Hitler al poder. Pero todo fue en vano. Los 150.000 franceses del Sarre resultaro n ser un infantil invento del señor Clemenceau. Y el resultado de las elecciones arroja unos porcentajes semejantes a los obtenidos por la política de Hitler en el Reich: el 90,75% de los votos son favorables a la unión con Alemania; 8,85% prefieren el mantenimiento del status quo; y sólo 0,4% votan por la unión con Francia.

Los anexionistas de París han hecho algo más que perder un plebiscito. Francia ha hecho el más espantoso de los ridículos, ya que no conseguir más que 2.098 sufragios favorables de un total de 525.000 a pesar de haber contado, durante tres lustros, con todos los medios de coacción moral y material, Prensa, propaganda y ejércitos de ocupación, es la prueba más evidente de que las repetidas intentonas francesas de apoderarse del Sarre no son más que manifestación del deseo de París de obtener aquella rica cuenca minera, aún a costa de la declarada hostilidad de los habitantes del país.

Una de las más absurdas fronteras de Versalles había sido democráticamente derribada por Alemania.

EL PACTO FRANCOSOVIÉTICO

En el discurso pronunciado con ocasión de la reincorporación del Saar al Reich, Hitler manifestó que no pensaba hacerle ninguna otra reclamación territorial a Francia. Herr Luther, embajador alemán en Washington, comunicó al Departamento de Estado que el Führer prometía no pedir jamás la devolución de Alsacia y Lorena, honrando así la palabra de su predecesor Stressemann.

La Historia de los Vencidos (El suicidio de Occidente)

La respuesta francesa fue el pacto de alianza firmado el 2 de mayo de 1935, entre París y Moscú. Este pacto, de hecho, colocaba a Alemania entre dos fuegos. Si Pilsudski había abandonado el sistema de alianzas francés, la poderosa U.R.S.S. le reemplazaba con ventaja. Quince días después se firmaba otro pacto entre Checoslovaquia y la U.R.S.S., que completaba el anterior, toda vez que Praga, aliada estrechísima de París y miembro esencial de la pequeña Entente, era el puente entre ambos países y el portaaviones designado para atacar al Reich por el aire.

La reacción de la Wilhelmstrasse fue inmediata. En un memorándum dirigido a los Gobiernos francés, inglés, italiano y belga, el Führer acusó a Francia de haber violado el Tratado de Locarno por el cual, entre otras obligaciones, los firmantes se comprometían a no aliarse con otros países sin consulta previa con los demás signatarios.

El mariscal Petain declaró, en una interviu concedida al periodista Jean Martet, poco tiempo después:

> "Al tender la mano hacia Moscú, hemos hecho creer a las buenas gentes ignorantes que el comunismo es un sistema de Gobierno como otro cualquiera. Hemos hecho entrar al bolchevismo en el circulo de las doctrinas confesables. Y me temo que, muy pronto, nos veremos obligados a lamentarlo[153]".

Hitler, por su parte, declaró al periodista Bertrand de Jouvenel, enviado de Paris-Midi:

> "...mis esfuerzos personales hacia un entendimiento duradero entre Francia y Alemania subsistirán siempre. No obstante, en el terreno de la práctica, este deplorable pacto francosoviético crea una situación totalmente nueva. Vosotros, franceses, os estáis dejando complicar en el juego diplomático de una potencia que no desea otra cosa que sembrar el desorden en Europa; desorden de la que ella sola será la beneficiaria."

El Führer añadió que incluso un párvulo comprendería que el pacto francosoviético sólo podía concebirse como dirigido contra Alemania. En consecuencia, proponía a Francia que abandonara su alianza con la U.R.S.S., y

---

[153] Edición del 30 -IV -1936.

tendía su mano proponiendo liquidar para siempre la enemistad franco-alemana. "No tengo nada que pedir a Francia ni a Inglaterra", añadía Hitler.

Temiendo una reacción de la opinión, el Gobierno francés impidió la publicación de la interviu, que había tenido lugar el 21 de febrero. Fue publicada el día 28, o sea un día después de la aprobación del pacto francosoviético por la Cámara de Diputados, por 353 votos contra 164.

El Senado ratificaría dicho pacto contra natura el día 12 de marzo. Pero, entre tanto...

HITLER DENUNCIA EL PACTO DE LOCARNO Y REMILITARIZA RENANIA

El día 7 de marzo, Hitler comunicaba oficialmente a los Gobiernos interesados que, habiendo violado Francia el Pacto de Locarno, cuyas obligaciones eran incompatibles con el nuevo pacto francosoviético, se consideraba desligado del mismo. En consecuencia lo denunciaba y procedía a la remilitarización simbólica de Renania.

Esa remilitarización, provocó muy violentas reacciones, bien orquestadas por la Gran Prensa, que presentó ese acto como una amenaza para la paz mundial, mientras pasaba por alto la provocación francesa al aliarse con la URSS y faltar a los compromisos suscritos en Locarno.

El 12 de mano, los ministros de Asuntos Exteriores de Francia, Inglaterra, Italia y Bélgica se reúnen en Londres y "constatan" la violación del Tratado de Locarno por parte de Alemania. A propuesta de Italia, se invita al Reich a enviar un plenipotenciario a Londres. La Wilhelmstrasse se muestra de acuerdo a condición de que;

a) El representante alemán tenga los mismos derechos a uso de la palabra y exposición de sus tesis que los demás delegados.

b) Se estudie la previa violación francesa de los acuerdos de Locarno.

c) Las demás delegaciones se comprometan a entrar inmediatamente en negociaciones sobre nuevas propuestas alemanas.

Estas proposiciones fueron rechazadas por Francia y su satélite belga, mientras

Inglaterra e Italia, preocupadas sobre todo por el pleito que ambas sostenían a propósito de Abisinia, se desentendían visiblemente del asunto.

Así reocupó Hitler la región renana, haciendo saltar por los aires el artificial bastión que Francia había construido en tierras alemanes. Es innegable que la remilitarización de la ribera izquierda del Rin violaba el artículo 43 del Tratado de Versalles, de la misma manera que el restablecimiento del servicio militar obligatorio en Alemania contravenía el artículo 160. Pero no es menos innegable que, en el primer caso, la "política del cerco" de los Gobiernos franceses y la violación por París del Pacto de Locarno y en el segundo, los sucesivos boicots de los países democráticos, encabezados por la propia Francia, contra la Conferencia del Desarme, justificaron políticamente las medidas tomadas por Hitler.

Un Estado no puede exigir a otro con el cual ha suscrito un acuerdo que respete los términos del mismo, si él mismo empieza por violarlos cuando le conviene. Los Gobiernos alemanes anteriores a Hitler cumplieron lo estipulado en Versalles y se desarmaron. Francia aprovechó la circunstancia para intentar apoderarse de Renania. No sólo no redujo su potencial militar, sino que lo incrementó. Posteriormente, la propia Francia, incumpliendo lo solemnemente firmado en Locarno, se alió con la Rusia soviética. Con ello, Francia y sus aliados perdían toda fuerza moral y jurídica para escandalizarse por el restablecimiento del servicio militar obligatorio en Alemania y la subsiguiente remi litarización de Renania.

Por otra parte, el "acuerdo" dictado en 1919 para que Alemania no tuviera ni un soldado en una provincia suya no podía ser más que una medida provisional, pero no una definitiva renunciación a la propia soberanía en ese territorio fronterizo.

¿Es que podría, alguien, imaginar que las tan democráticas Inglaterra y Francia tolerarían, indefinidamente, la exigencia de potencias extranjeras de no estacionar tropas en determinadas regiones de sus propios territorios?

EL PLAN DE PAZ HITLERIANO

El 31 de mano, Hitler pronunció un discurso en el que ofrecía un plan de paz, significativamente dirigido al Mundo Occidental. El Führer pedía, para Alemania, el reconocimiento de la igualdad de derechos y prometía respetar sus fronteras occidentales. En cambio, nada parecido ofrecía con relación a las fronteras alemanas del Este, y hacía diversas claras alusiones al bolchevismo y a la necesidad, para Alemania, de crecer territorialmente a costa de la U.RS.S., a la que se eliminaría, al mismo tiempo, como pesadilla de los países civilizados.

La Gran Prensa anglofrancesa batió todos los récords de la mala fe, en esta ocasión. El discurso fue deliberadamente mal interpretado; se reprodujeron frases fuera de su contexto; se suprimieron párrafos muy significativos. Un ejemplo bastará:

L´Humanité, órgano del Partido comunista francés titulaba, sobre cinco columnas, en primera plana: "¡LA CATEDRAL DE STRASBURGO TIENE PARA NOSOTROS UNA PROFUNDA SIGNIFICACION! DICE HITLER."

Pero lo que Hitler había dicho, exactamente, era:

> "No tenemos ninguna otra reclamación territorial a presentar a Francia, una vez resuelto democráticamente el problema del Sarre. Consideramos nuestras fronteras en el Oeste como definitivas. Renunciamos, para siempre, a Alsacia y Lorena. La catedral de Estrasburgo tiene para nosotros una profunda significación, pero renunciamos a ella, definitivamente, en aras del entendimiento que deseamos establecer con Francia sobre bases duraderas".

No fue sólo L'Humanité quien tergiversó groseramente. El resto de la Prensa francesa, cada vez más secundada por la inglesa, se esforzó en desvirtuar la oferta de paz de Alemania. Se hizo creer a las masas desorientadas que Hitler, cual un nuevo Atila, se preparaba para lanzar a sus hordas de "hunos" sobre la pacífica Francia. Inglaterra, Francia y la U.RS.S. que controlaban, entre las tres, la mitad de las tierras y la totalidad de los mares de este planeta se sintieron sobrecogidas de súbito horror al pensar que, para el monstruo nazi, la catedral de Estrasburgo tenía una "profunda significación".

LA GUERRA DE ABISINIA

Teóricamente al menos, frente a las reivindicaciones de Alemania se alzaban los otros firmantes del Pacto de Locarno y de la Conferencia de Stressa[154], esto es:

---

[154] Después de la reinstauración del servicio militar obligatorio en Alemania el año 1935, los otros signatarios del Pacto de Locarno se reunieron en Stressa, a orillas del lago Mayor, sin tomar otro acuerdo que una «condenación» del acto unilateral de Hitler, que había actuado sin consultar a los demás signatarios. El

La Historia de los Vencidos (El suicidio de Occidente)

la Gran Bretaña, Italia, Francia y Bélgica. La realidad, sin embargo, era diferente. Inglaterra, a la que convenía una Alemania relativamente fuerte que hiciera contrapeso a Francia, se oponía a la adopción de medidas demasiado drásticas contra el Reich; Bélgica no contaba más que como un simple satélite francés; en cuanto a Italia, se encontraba ideológicamente mucho más cerca del nacionalsocialismo alemán que de las democracias occidentales. Bien es cierto, generalmente en política, los intereses y las llamadas constantes nacionales cuentan más que las ideologías. Pero en cualquiera de los casos, la ya de por sí precaria "Entente" entre las democracias y el fascismo italiano se disolvería como azúcar en el agua con ocasión de la guerra de Abisinia.

Nos será preciso dar un salto atrás para analizar someramente el desencadenamiento de esa nueva crisis.

En 1884, Italia, instalada recientemente en Somalia, había visto en Etiopía un obstáculo a su expansión. En 1901, Italia e Inglaterra firmaban una convención, según la cual ésta se reservaba como zona de influencia el Sudán, mientras Etiopía quedaba dentro de la esfera de intereses de Italia. Pero unos meses después de la firma de ese tratado, las tribus etíopes atacaban por sorpresa a las tropas coloniales italianas, derrotándolas completamente. Roma se vio obligada a reconocer la independencia del Negus Menelik. Los abisinios contaron, en esta rápida campaña, con la ayuda de técnicos militares británicos y de armamentos de fabricación inglesa. A las indignadas protestas italianas Londres respondió invocando, virtuosamente, la libertad de comercio, es decir, la facultad de vender sus armas a quien quisiera comprarlas; el Gobierno de Su Majestad por otra parte, rechazaba como calumniosas las imputaciones italianas referentes a la ayuda de "supuestos expertos militares ingleses al Ejército del Negus". Sea como fuere, la operación había sido brillantísima para Inglaterra: el Sudán había sido incorporado a la corona británica, y los italianos no habían podido instalarse en Abisinia. "Está dentro de la línea de nuestro interés que aquellos territorios que nosotros no podamos absorber, no sean absorbidos, en ningún caso, por otros países europeos"[155]. Esta clásica y elemental

---

Führer contestó que tampoco, a él le consultaron en relación con el rearme inglés o francés, ni con el Pacto franco-soviético o la construcción de la Línea Maginot (N. del A.)

[155] Frase pronunciada por el Premier Balfour, ante la Cámara de los Comunes el 8 de abril de 1903. (N. del A.)

fórmula del viejo imperialismo británico había sido aplicada por enésima vez...

Pero el 18 de marzo de 1934 Mussolini había declarado ante la II Asamblea del Partido fascista, que Italia necesitaba una expansión en Africa. El nombre de Abisinia no había sido pronunciado, pero todo el mundo se había dado por enterado, ya que tal país[156] era el único territorio africano que -aparte Liberia, auténtica "colonia" americana - quedaba por conquistar. Y el Negus Hailé Selassié se había apresurado a comprar armas a Inglaterra. El 3 de diciembre de 1934 se producía un incidente en Ual-Uual, puesto fronterizo etiope-somalí. No es el caso, ahora, de entrar en el detalle del aluvión de notas de protesta que se cambiaron entre Roma, Addis-Abeba y Londres, inmediatamente secundado por París. Italia había reivindicado su derecho a una expansión en Africa: Mussolini, además, había declarado:

"Inglaterra y Francia, que poseen, juntas, las dos terceras partes del continente africano, nos discuten, ahora, el derecho a dirimir nuestros conflictos con Abisinia". El Duce hizo alusión a la "mala memoria" de los gobernantes de París y Londres que, en 1915, hicieron "cierta promesa" a Italia...[157]

El Foreign Office se niega a ceder. Inglaterra no puede permitir que una potencia de primer orden se instale en Etiopía, donde el Bar-el-Azrak, o Nilo Azul, tiene sus fuentes; del Nilo Azul depende la prosperidad de Egipto. Londres teme que los italianos cambien el curso del río; por otra parte, si Italia se apodera de Etiopía, el Sudán angloegipcio quedará emparedado entre dos territorios italianos: al Oeste, Libia; al Este, Etiopía, soldada con Eritrea y la Somalia italiana. Al mismo tiempo, un poderoso imperio colonial europeo se instalará en las cercanías de la vieja ruta imperial británica que partiendo de Gibraltar, continúa por Malta, Chipre, Port-Said, Suez, Adén, Socotra, Colombo, Singapur y Sarawak, hasta llegar a Hong-Kong.

---

[156] En Abisinia se practicaba, oficialmente, la esclavitud; se torturaba y mutilaba bárbaramente a los presos; el analfabetismo y el fetichismo eran generales. En 1962, en Katanga, los soldados etíopes de la O.N.U. batieron todos los récords de la brutalidad y la infamia. (N. del A.)

[157] Con objeto de asegurarse la participación italiana en La Primera Cruzada Democrática (1914-18), Londres y París habían prometido a Roma ciertas concesiones territoriales en el Africa Oriental y en la frontera libio-tunecina. (Articulo 13 del Acuerdo anglo-franco-italiano del 26-IV-1915.) El cumplimiento de tal promesa había sido aplazado sine die. (N. del A.)

La Historia de los Vencidos (El suicidio de Occidente)

Inglaterra no puede tolerar la presencia europea junto a esa arteria vital de su imperio. En consecuencia, a través de la Sociedad de Naciones, dócil instrumento suyo, prohibe majestuosamente a Italia incorporarse Etiopía. El Sínodo ginebrino declara virtuosamente que la guerra no es un instrumento adecuado para dirimir las diferencias entre los pueblos.

Y, no obstante, la guerra italoetiope no era el primer conflicto armado que se producía desde la creación de la Sociedad de Naciones. En 1919-1920, la Rusia de los soviets se anexionaba, por la fuerza, las Repúblicas de Georgia, Armenia y Azerbaidján; en 1921, invadía Tanu-Tuva y la Mongolia Exterior; en 1922, incumpliendo su palabra, invadía Ucrania y la Carelia Oriental. La misma Rusia soviética atacaría, desde 1920 hasta 1923, a Polonia. En 1931, el Japón, con el respaldo de Norteamérica, había invadido la Manchuria, provincia china. Desde 1932 hasta 1935 Paraguay y Bolivia se habían disputado, en el curso de sangrientos combates la posesión del territorio del Gran Chaco. Incluso la misma Inglaterra, que pretendía dar lecciones de pacifismo a Italia, había combatido duramente, desde 1919 hasta 1921 a los irlandeses que luchaban por su libertad, esa bendita libertad que -según Londres- debía respetarse en beneficio de los traficantes de esclavos de Abisinia.

Ciertamente la Sociedad de Naciones había "estudiado" todos esos conflictos (exceptuando, claro está el anglo-irlandés). innumerables informes, recomendaciones proyectos, resoluciones y memorándums habían sido redactados. Toneladas de saliva y de tinta habían sido consumidas Pero... ¿se habían adoptado sanciones económicas contra la U.R.S.S.?... ¿Se habían tomado medidas contra Paraguay, Bolivia, Japón.., e Inglaterra? No. Todo había quedado en unas simples condenaciones platónicas. ¡Ah!, pero el caso de Italia era diferente. Italia ponía en peligro la ruta imperial británica. Por consiguiente, el 2 de noviembre de 1935, con objeto de castigar "la injustificada agresión de Italia a Etiopía", la Sociedad de Naciones tomaba el acuerdo de;

a) Prohibir la exportación y el tránsito de armas con destino a Italia.

b) Prohibir los préstamos directos o indirectos, a Italia.

c) Embargar todas las exportaciones con destino a Italia, exceptuando el petróleo, el hierro, el carbón y el algodón.

Esas sanciones debían entrar en vigor el 18 de noviembre, pero ya el día 6, el llamado "Comité de los Dieciocho", dirigido por Inglaterra sugería extender el embargo a la totalidad de 105 productos exportados a Italia. Esa medida suplementaria, llamada "sanción petrolera" debía ser sometida a la aprobación del Consejo de la Sociedad de Naciones el 29 de noviembre. Pero, entre tanto, el señor Cerutti, embajador de Italia en París, entregaba una nota al Gobierno francés notificándole que Italia consideraría la adhesión de Francia a la sanción petrolera como un acto hostil. Laval, patriota y realista, que dirige la política francesa sin preocuparse gran cosa de los intereses de Inglaterra, se muestra conciliador pese a los ataques de la izquierda y de la extrema derecha xenófoba. Pero dos nuevas fuerzas, de gran influencia en Francia entrarán en liza en favor de la Gran Bretaña. la masonería y el judaísmo. Judíos y masones no sienten, evidentemente el menor interés por Etiopía; pero unos y otros odian cordialmente a Mussolini; estos, por que nada más llegar al poder, clausuró las logias italianas y envió al destierro en Lipari al gran maestre; aquéllos, por que ven en el fascismo una prefiguración del nacionalsocialismo y están convencidos de que una derrota del fascismo heriría, por repercusión, el prestigio de Hitler[158].

La consecuencia de la política de sanciones es la retirada de Italia de la Sociedad de Naciones, el envenenamiento de las relaciones anglofrancesas-italianas y el subsiguiente acercamiento de Berlín y Roma. Por otra parte, el régimen esclavista del Negus se derrumbará a pesar de la ayuda declarada de Inglaterra. Alemania será el primer país en reconocer el imperio italiano de Abisinia, lo que motivará un indignado discurso de Avenol, secretario de la Sociedad de Naciones Entre tanto, las tropas soviéticas ocupan las cinco repúblicas musulmanas de Asia Central (Kazakstán, Uzbekistán, Tadjikistán, Kirghizia y Turkmenistán, con cuatro millones de kilómetros cuadrados y más de veinticinco millones de habitantes, Pero no se adoptan sanciones contra la U.R.S.S.; al contrario el chekista Moses Rosenberg es confirmado en su cargo de secretario general adjunto de la Sociedad de Naciones.

---

[158] Georges Champeaux: *La Croisade des Democracies*.

TOURNÉE DIPLOMÁTICA INGLESA

La consolidación del nacionalsocialismo en Alemania, la incorporación de Abisinia a Italia y la conversión de ambas en potencias económicas y políticas de primer orden, ligadas, además, por una estrecha afinidad ideológica, creaba una situación nueva, que obligaba a Inglaterra a variar el rumbo de su política exterior. La "balance of power" se había inclinado demasiado hacia el nazifascismo; era preciso, pues, desde el punto de vista británico, apoyar a los enemigos de Italia y Alemania. El gran capital judío -y no-judío - de la City se convertiría en el abanderado de la nueva cruzada en favor de la democracia amenazada, y la Entente Cordiale sería resucitada por sus campeones, Churchill y Blum.

La política inglesa no es simple ni jamás lo ha sido. Taine decía que "no es una teoría de gabinete aplicable en el acto, enteramente y de una pieza, sino un caso de tacto en el que se procede por fintas, transacciones y compromisos, sobre un trasfondo de hipocresías y doblez". Así, el primer paso dado por Londres consistió en proponer una entrevista en Berlín, entre Sir John Simon, ministro de Asuntos Exteriores, Anthony Eden, Lord del Sello Privado [159] y el canciller Hitler. La Wilhelmstrasse aceptó en el acto.

Los dos políticos ingleses son afablemente recibidos por el Führer que, de buenas a primeras, les asegura no tener ninguna reclamación a presentar a Inglaterra ni a ningún otro país de Occidente. En cambio, llama la atención de sus huéspedes sobre el peligro bolchevique. Eden trata de minimizar la importancia del mismo, pero Hitler le responde enumerando las rebeliones comunistas, las diversas y recientes agresiones soviéticas a países asiáticos y las probadas infiltraciones bolcheviques en los Partidos socialdemócratas de Occidente. Alemania, según Hitler, necesita de un poderoso Ejército que la proteja de la amenaza roja: las fuerzas militares del Reich no deben ser, en ningún caso, inferiores a las de sus vecinos, especialmente la casi vecina Unión Soviética. El Führer acusa a Checoslovaquia de ser una avanzadilla bolchevique proyectada hacia el corazón de Alemania. El resultado práctico de esas conversaciones es un Tratado naval

---

[159] Sir Anthony Eden era la mano derecha de Winston Churchill y el «chef de file» de los llamados jóvenes conservadores, que exhibían una política social avanzada y una política exterior basada en el imperialismo económico. Su carrera política se inició como delegado británico en la S. de N. (N. del A.)

angloalemán según el cual él Reich se contenta, sin previa presión británica en ese sentido, con limitar su rearme naval hasta un tonelaje que represente, como máximo, el 35% de la flota de guerra británica.

Esta prueba de buena voluntad no tendrá contrapartida inglesa. Al contrario, la siguiente etapa de *la tournée* diplomática de Simon y Eden es Moscú, donde se celebran entrevistas con Stalin y Molotoff. Luego, Varsovia, donde la legación británica es acogida con menos cordialidad, y el viejo mariscal Pilsudski dice agriamente a Eden: "Hacemos nuestra propia política nosotros solos. Sería preferible que se ocuparan ustedes de sus colonias y dejaran a los europeos ocuparse de sus propios asuntos".

Eden regresa a Londres, después de detenerse en Praga para visitar a Benes y declara ante los micrófonos de la B.B.C.; "La Unión Soviética es un país donde todo el mundo se preocupa de trabajar, exclusivamente, sin pensar en guerras. Sería absurdo suponer que Rusia tiene intenciones agresivas contra Alemania". La reacción del otro huésped de Hitler, Sir John Simon, es igualmente desagradable para aquél. Después de anunciar en un comunicado oficial que las conversaciones angloalemanas se habían desarrollado en un ambiente de gran cordialidad, Simon anuncia que "existen grandes diferencias de opinión entre ambos Gobiernos".

Los ingleses han obtenido una victoria diplomática. Alemania se ha comprometido a no construir una flota de guerra superior al treinta y cinco por ciento, en tonelaje, de la inglesa, sin contrapartida alguna. Pero los ingleses no quieren saber nada de cruzadas antibolcheviques. Un discurso de Hitler en el que explica que el acuerdo naval anglogermano es la prueba de que no abriga intenciones agresivas contra el imperio británico, es unánime y deliberadamente ignorado por la sedicente "Prensa Libre" de Inglaterra.

UNA OFERTA DE HITLER, RECHAZADA

El 1º de abril de 1936, Joachim von Ribbentrop, embajador de Alemania en Londres, entrega a Eden una serie de proposiciones de Hitler tendentes a poner fuera de las leyes de la guerra las bombas de gases e incendiarias; los bombardeos de ciudades situadas a más de doce millas de la zona de combate y la artillería de tipo pesado. Esto era un primer paso hacia el desarme general. Eden, que respondió a Ribbentrop cinco semanas más tarde, dijo que "el memorándum alemán es muy interesante y digno de estudio", pero, a pesar de los apremios de Ribbentrop, se negó a "estudiarlo" verdaderamente Tres semanas después, el Ministerio del Aire británico anunciaba la construcción de dos nuevos prototipos de aviones de bombardeo.

La Prensa británica de la época guardó un discreto silencio sobre este asunto. Será preciso hacer creer a John Bull que con Hitler no se podía tratar y que era el propio Führer quien había iniciado el rearme, cuando es la pro pia evidencia, reconocida por diversos jefes militares franceses, entre ellos Foch y Petain, que, mientras Alemania destruía todos sus ca -rros de combate, entre 1919 y 1933, sus antiguos enemigos, que se habían comprometido a hacer lo mismo, no sólo no lo hacían, sino que construían trece mil.

LA GUERRA DE ESPAÑA

Es una opinión corrientemente aceptada en toda Europa, que la República se instauró en España merced a una victoria electoral republicana. Y nada más falso. El resultado de las elecciones municipales del 12 de abril de 1931, clasificando los elegidos en los dos grupos fundamentales de monárquicos y antimonárquicos arrojó un total de 8.291 concejales para los primeros y 4.314 para los segundos. Uniéndoles los proclamados por el articulo 29 de la Ley Electoral entonces vigente, los monárquicos habían obtenido un total de 22.150 concejales, por 5.875 los republicanos[160].

Una derrota aplastante para los sedicentes demócratas (aunque de tales bien poco tuvieran unos y otros). Las maniobras oblicuas del triángulo Roma -Nones - Alcalá Zamora - Marañón, para convencer a Alfonso XIII de que abdicara, el tendencioso telegrama circular de Portela Valladares a los gobernadores provinciales incitándoles a abandonar sus puestos al anunciarles unos resultados electorales falseados, las actividades del Gran Oriente y, en mucho menor medida, las actividades del Kremlin y sus agentes, contribuyeron a implantar en España un régimen que un viejo bolchevique de la talla y el prestigio de Trotsky consideraba

---

[160] Eduardo Comin: *Historia Secreta de la II República.*

puente ideal para el comunismo.

En el primer Gobierno provisional de la titulada "República de trabajadores", encontramos a los masones Alejandro Lerroux, ministro de Estado; Fernando de los Ríos, Justicia: Santiago Casares, Marina: Alvaro de Albornoz, Fomento; Francisco Largo Caballero, Trabajo. El presidente Alcalá Zamora, y el ministro de Justicia, De los Ríos, eran judíos.

A Las tres semanas de la proclamación de la República, empezaba la quema de conventos. Un mes más tarde, huelga general en Asturias. La enumeración de las algaradas y los tiroteos entre revolucionarios de todas las tendencias y los guardias civiles, de las huelgas, escenas de pillaje y desórdenes de todas clases precisaría de un grueso volumen.

El anarquismo se impone entre el peonaje de Cataluña, y entre el campesinado de Aragón y Andalucía. Los comunistas, aunque numéricamente escasos, se infiltran hábilmente en las filas de los otros partidos marxistas, especialmente en el Partido socialista obrero español.

La República de trabajadores debe enfrentarse, en cinco años, a más rebeliones, desórdenes y algaradas que la tan criticada monarquía en cinco siglos. A pesar de lo cual la Gran Prensa hace creer a los mal informados ciudadanos del Occidente de Europa -y no digamos ya de la U.R.S.S.- que la revuelta del 17 de julio de 1936 ha interrumpido un idílico sueño de paz en que se hallaba sumido el viejo pueblo español.

Objetivamente hablando, la sustitución de una guerra civil intermitente y mitigada por una guerra civil continua y virulenta, el redoblamiento súbito del incendio español iba a servir los designios de Stalin. Sin duda se veía éste amenazado con perder un foco de bolchevización local, pero durante todo el tiempo de la guerra civil podría atizar el antagonismo de las llamadas naciones democráticas contra las fascistas y, singularmente, el antagonismo francoalemán. No hay que olvidar, en efecto, que si una nueva guerra europea generalizada es el gran objetivo del Kremlin (toda vez que la U.R.S.S. guardará sus fuerzas intactas) en la neutralidad, para explotar a su favor la situación revolucionaria creada al término de las hostilidades) existe, todavía, otro objetivo inmediato en los planes de la Komintern; objetivo que se entrecruza, por otra parte, con aquél. Ese objetivo ha sido definido por Dimitroff ante el VII Congreso Mundial comunista: desviar hacia Francia la amenaza alemana que se cierne sobre la U.R.S.S.

El advenimiento del frente popular en Francia creará un clima excepcionalmente favorable a la realización de los designios soviéticos[161].

Stalin no tendrá grandes inconvenientes en persuadir no solamente a la extrema izquierda y francesa, sino incluso a los xenófobos girondinos del centro y centro - derecha de que la guerra de España puede ser una revancha del fracaso de las sanciones tomadas contra la Italia fascista: la derrota del "fascista" Franco sería la derrota del nazifascismo Una victoria de los gubernamentales en España, conseguida gracias a la ayuda francesa, intimidaría a Hitler y le disuadiría de su proyectado ataque contra Francia. Por otra parte, la anarquía que los comunistas y sus compañeros de viaje van a crear -con sus huelgas y su demagogia- debilitará terriblemente a Francia. Ese debilitamiento irá acompañado de un rosario de incontinencias verbales antialemanas.

El diabólico plan estaliniano se dibuja claramente: excitar a Francia contra Alemania; tentar a ésta con la disminución sistemática del potencial bélico francés; provocar a Hitler y a Mussolini, tarea que realizarán, conscienteme nte o no, pero con perfección absoluta, comunistas y socialdemócratas desde Francia y, en menor grado, desde Inglaterra y Checoslovaquia. El resultado lógico de todas estas maniobras debe ser la ansiada guerra entre democracias y fascismo. Una guerra que, si por una parte liberaría a Stalin del mayor de sus temores, la Wehrmacht, por otra abriría el camino a la revolución europea.

Y aunque la victoria final de fuerzas de tan dispares procedencias como las que forman el bando nacionalista representará, evidentemente un paso atrás para el comunismo internacional, éste habrá conseguido su mayor y primordial objetivo: hacer imposible todo entendimiento pacifico entre los dos grandes bloques europeos. De otra parte, España deberá pagar un terrible precio por su guerra civil. Más de un millón de muertos; un cuarto de millón de emigrados; la economía

---

[161] El 4 de junio de 1936, el multimillonario socialista hebreo Léon Blum a) Kar -fulkstein forma gobierno de Frente Popular. Veintinueve judíos jefes, subjefes y adjuntos de gabinete le escoltan: Presidencia del Consejo: André Blumel, Heilbronner, Jules Moshe a) Moch, Hug, Grünebaum -Ballin, Mme. Picard-Moch. Subsecretaría de Estado: Schuler, Interior: Salomon, Bechoff, Cahen-Salvador. Finanzas: Weil-Raynal. Justicia: Rodriguès, Weyl. Educación Nacional: Moerer, Abraham. Chaskin. Adrienne Weill. Well-Lot. Economía Caben-Salvador Agricultura: Lyon, Riere, Veil. Trabajo: Dreyfuss. Ma-rina Mercante: Gregh. Correos: Didkowsky, Grimm. Sanidad: Wuzler, Huzemann. Educación Física: Endlitz. (N. del A.)

nacional deshecha y, como remate de los crímenes del marxismo, el pillaje organizado del Tesoro del Banco de España. enviado a Odessa el 25 de octubre de 1936[162].

Dos factores influyeron, con signo distinto, en el desarrollo y resultado final de la guerra de liberación: el apoyo francosoviético a través de las brigadas internacionales, que encaminaron hacia la península Ibérica toda la cloaca social de Europa y hasta del Nuevo Continente, y la resuelta actitud de Alemania e Italia, que impidieron una ayuda demasiado descarada por parte de Francia, mientras ayudaron, con las divisiones "Cóndor" y "Arco Azul", a la victoria de Franco.

La República española había reconocido diplomáticamente a la Unión Soviética, enviando como embajador en Moscú a Marcelino Pascua, del Partido de izquierda republicana, mientras el Kremlin enviaba a España a dos embajadores de primerísimo rango: Rossenberg, en Madrid y Antonow-Owssenko, junto a la Generalitat de Cataluña. Tanto Rosenberg como Antonow eran judíos, al igual que Ilya Ehrenburg y Bela Kuhn, que dirigían la propaganda radiada en la zona roja. En las célebres brigadas internacionales los judíos eran legión. Según Joaquín Palacios Armiñán[163] vinieron a España no menos de 35.000 hebreos, de los que 7.000 perdieron la vida y otros 15.000 resultaron heridos. El porcentaje de judíos entre los dirigentes de las brigadas era elevadísimo.

Mencionemos, entre otros, a Lazar Fekete, general Kléber, que inició su carrera bolchevique participando en el asesinato de la familia imperial rusa; Zálka Matéi, general Lukasz, Wolff, Hans Beimler, Karol Swyerczewsky, general Walter, posteriormente ministro del Interior en la Polonia comunizada; George Montague Nathan, un millonario procomunista de Inglaterra; Goldstein, Rosenstein, Joe Loew, el llamado "Carnicero de Albacete", André Marty; Ernst y Otto Fischer, Kurt y Hans Freud, Paul Vaillant-Couturier, Grigorievitch, general Stern, etc.

La derrota del marxismo en tierras ibéricas impidió la total realización de los

---

[162] Según el embajador Pascua, fueron enviadas a Rusia 7.800 cajas llenas de oro amonedado y en lingotes, con un peso neto de 510.079 kilogramos. En este robo -el mayor del siglo - participaron exclusivamente personajes judíos, desde Juan Negrin, entonces ministro de Hacienda de la República española, hasta los funcionarios soviéticos que intervinieron en el asunto: Grinko, ministro de Hacienda de la U.R.S.S.; Margulies y Kagan, director y subdirector del Grossbank. y Martinsohn, viceministro de Finanzas. (N. del A.)

[163] Revista En Pie, Madrid, abril 1963.

planes stalinianos, si bien el objetivo primordial, abrir un abismo insalvable entre democracias y fascismo, se había logrado con creces.

CAMBIO DE DECORACIÓN EN RUMANIA Y YUGOSLAVIA - BELGICA VUELVE A LA NEUTRALIDAD

Tres sucesos diplomáticos de la mayor importancia se produjeron en el segundo semestre de 1936. Los cambios de decoración en Rumania y Yugoslavia, provocando el fin de la pequeña Entente, y el retorno de Bélgica a la neutralidad, por estimar que el pacto francosoviético y la remilitarización de la Renania cambiaban totalmente las premisas en que Bélgica se había basado para adherirse al Pacto de Locarno.

En Rumania, los Partidos nacionalistas se habían impuesto totalmente a la política equívoca del rey Carol, siempre bajo la influencia de su amante Magda Woolf, princesa Lupescu. Carol, apoyándose en su ministro de Asuntos Exteriores, Titulesco, gran animador, con Benes, de la pequeña Entente, quería mantener a Rumania como aliado incondicional de Francia. Pero la presión popular y el éxito electoral de la Guardia de Hierro en 1936, le forzaron a sustituir a Titulesco por Octavian Goga, jefe del Partido nacionalcristiano, que preconizaba una política racista en el interior, y en el exterior un incondicional antibolchevismo y un acercamiento a Alemania. La Guardia de Hierro, conducida por Corneliu Zelea Codreanu es el partido más potente. Carol ha debido contemporizar transitoriamente, en espera de su oportunidad.

En Yugoslavia, el economista Milan Stoyadinovitch, que el regente había llamado al poder en junio de 1935, trabaja con todas sus fuerzas para lograr un acercamiento a Italia y Alemania. Francia, para proteger a su población campesina, había cerrado sus puertas al trigo rumano y a los cerdos de Serbia; instantáneamente, Alemania ofrecía máquinas a Rumania y Yugoslavia, adquiriendo, por el procedimiento del trueque, toda su producción. Esa política del intercambio instaurada con éxito singular por el doctor Schacht, era muy conveniente para estos dos países. Stoyadinovitch no cejará hasta lograr firmar un pacto de amistad y cooperación económica con el Reich, primero, y con Italia y Bulgaria después.

A pesar de las intrigas de Londres y París, el bloque de estados balcánicos, con la sola excepción de Grecia, ligada de muy antiguo a la política inglesa, ha cambiado de campo. La City ha recibido un golpe que no perdonará.

EL PACTO ANTIKOMINTERN

El 23 de octubre de 1936, el conde Ciano, ministro de Asuntos Exteriores de Italia llegaba a Berlín con objeto de conferenciar con Hitler sobre la necesidad de presentar un "frente negativo" contra la Sociedad de Naciones y ponerse de acuerdo sobre la cuestión austríaca. El 2 de noviembre, Mussolini en un discurso pronunciado en Milán, bautizaba la nueva alianza: "La vertical entre Roma y Berlín no es un diafragma, sino más bien un eje alrededor del cual pueden colaborar todos los estados europeos animados de una voluntad de paz".

Pero el acto político más importante del año es la firma del pacto anti-Komintem el 25 de noviembre en Berlín, entre Alemania y el Japón. Ambos países se comprometen a ayudarse mutuamente en la lucha contra la propaganda y las actividades subversivas comunistas Un año después, Italia se adhería al pacto. El Eje Berlin-Roma-Tokio se dibujaba como una terrible amenaza para los señores del Kremlin.

LA CUESTIÓN COLONIAL

Amparándose en el articulo 19 del Tratado de Versalles, que preveía la revisión del mismo en aquellos puntos que la experiencia mostrara era conveniente y siempre sobre la base de discusiones diplomáticas entre los representantes de las potencias interesadas Alemania presentó una reclamación a la Sociedad de Naciones, al Foreign Office y al Quay d´Orsay, en el sentido de consultar a los indígenas de los antiguos territorios coloniales de Alemania, que le habían sido arrebatados en 1919, si deseaban continuar bajo la administración anglofrancesa o bien volver a depender de la soberanía alemana.

La Wilhelmstrasse presentó esta demanda sin gran convicción[164] pero lo curioso

---

[164] En el Mein Kampf su Biblia política, Hitler se muestra disconforme con la política colonial para Alemania. El coloniaje hace imposible la unión sangre y tierra, base de la política racista del III Reich. "Las colonias sólo sirven para chupar la mejor sangre de la nación", afirmaba el Führer. Alemania, según él, debía hallar

del caso es que en Londres, sobre todo en los medios conservadores, se subrayó la modestia de las pretensiones alemanas. El propio Lloyd George declaró que la guerra estallará más pronto o más tarde si no se atendían las reclamaciones del Reich en materia colonial. Pero la nota cínica la dio el Morning Post. Ese periódico aclaraba que cuando Lloyd George hablaba de la cuestión de los mandatos del Camerún, Togo y Africa Austral, no se refería a la posibilidad de ceder a Alemania la menor parcela del imperio. Lloyd George consideraba, simplemente, el reparto del imperio colonial francés.

Esto armó en París el revuelo que es de imaginar. Por fin, en una reunión entre Bonnet y Simon, la Gran Bretaña y Francia acabaron por sugerir, en una nota conjunta enviada a la Wilhelmstrasse, que a Alemania se le cedieran territorios coloniales holandeses, belgas y portugueses. Una manera de decir no al Reich y, al mismo tiempo, colocar a estos países en la órbita antialemana.

EL FIN DEL ARTÍCULO 231

En un discurso pronunciado ante el Reichstag el 30 de enero de 1937, Hitler declaró:

> *"Retiro solemnemente la firma de una declaración prestada bajo presión y chantaje, y en contra de su mejor saber por un Gobierno alemán débil, de que la culpa de la pasada guerra correspondía a Alemania."*

El infamante articulo 231 del Tratado de Versalles, denunciado por Hitler era la coartada moral de la expoliación de Alemania por los antiguos Aliados. Nadie tuvo la generosidad ni el valor, en Londres y París, de denunciarlo, pese a las repetidas demandas de todos los Gobiernos alemanes anteriores a Hitler.

Igual que con el caduco articulo 231 sucede con las llamadas "deudas de guerra", a las cuales se consideran obligados a aferrarse los políticos

---

espacio vital para su estallante demografía en las tierras del este del Báltico y de occidente de Rusia, que debían ser arrebatadas a los soviéticos. una vez neutralizados como amenaza potencial para Alemania en primer término, y en último análisis para Europa entera. Es posible que Hitler pusiera sobre el tapete la cuestión de las colonias contando con una negativa, que le pondría a él en mejor posición para posteriores reclamaciones (Nota del Autor.)

anglofranceses de la vieja escuela. Con respecto al control internacional de las vías fluviales alemanas, impuesto contra derecho en Versalles, los Gobiernos de Ebert, Cuno, Curtius, Stressemann y Brunning discutieron durante años, sin lograr ninguna concesión. Como tampoco lograron sustraer el Reichsbank del control aliado, ni las carreteras del Reich. Todo esto lo suprimió Hitler. Las tres comisiones de control aliadas - fluvial de carreteras y bancaria - son invitadas a salir de Alemania. Con respecto al tráfico por las vías fluviales alemanas, Hitler concede a los buques de todas las naciones, excepto la U.R.S.S., los mismos derechos y las mismas tarifas de que disfrutan los buques alemanes.

Ninguna de las potencias signatarias de Versalles eleva la menor protesta. Todos parecen comprender que el control de las vías de comunicación interiores y del Banco de emisión de un país no pueden ser medidas definitivas, sino transitorias. Sólo una parte de la Prensa francesa se lamenta de esta decisión unilateral de Alemania. "Alemania - dice Le Temps - ha retirado su firma de un acuerdo mutuo". Pero ninguna persona sensata puede pretender que en Versalles se llegó a un "acuerdo". Bien al contrario, los franceses deberían lamentarse de haber dejado en manos de Hitler la ocasión de borrar para siempre aquel estigma de la historia de Europa[165].

EL "ANSCHLUSS"

Los Tratados de Versalles y de Saint Germain habían despedazado el imperio austrohúngaro. De este imperio de la Mittel-Europa los vencedores habían separado a Hungría, Chequia (Bohemia y Moravia), Galitzia, Silesia, Bukovina, Bosnia-Herzegovina, Dalmacia, Croacia, Istria, Transilvania, el territorio de Oldenburgo y el Tirol del Sur. En 1914, Viena reinaba sobre cincuenta y dos millones de habitantes; en 1919, sólo sobre seis millones.

La destrucción de Austria-Hungría fue una victoria masónica. En junio de 1917 se celebró en la sede del "Grand Orient de France" el Congreso de las Masonerías de las naciones aliadas y neutrales. De las cuatro condiciones necesarias y primordiales para una "paz masónica", tres significaban la desmembración del viejo

---

[165] Peter von Kleistt *Auch Du warst dabei!*

imperio: independencia de Chequia; reconstitución de Polonia independiente, liberación de todas las nacionalidades oprimidas por los Habsburgo. La condición restante se refería a la devolución de Alsacia y Lorena a Francia.

Sabido es que todas esas condiciones fueron tenidas en cuenta por los estadistas de Versalles.

¿Era viable el Estado austríaco de 1919? Nadie lo pensaba entonces. La opinión general era que la joven República de signo marxistoide instaurada tras la expulsión de los Habsburgo acabaría por verse obligada a unirse económica y políticamente a uno de los dos bloques de la nueva Mittel-Europa. Una exigua minoría, que se agrupaba detrás del conde Czernin, preconizaba la constitución de una unión aduanera que englobara a todos los antiguos territorios del viejo imperio austrohúngaro. Pero la gran masa del pueblo, desde los católicos hasta los marxistas quería, a toda costa, la unión con Alemania.

Ya en noviembre de 1918, Victor Adler, judío que dirigía el Partido socialista, había enviado un telegrama al nuevo Gobierno de Berlín -también con mayoría socialista- en el que expresaba su deseo de ver reunidos, en un próximo futuro, la República alemana de Austria y el Reich.

El día 12 de noviembre, la Asamblea Nacional de Austria, adoptaba un proyecto de ley tendente a la creación de una República germanoaustriaca. El articulo 3º de tal ley decía así; "Austro-Alemania constituye parte integrante de la República alemana". Otto Bauer, ministro de Asuntos Exteriores, entregaba al cuerpo diplomático acreditado en Viena una nota en la que se decía:

"Los Estados Unidos y la Entente han combatido para defender el derecho de los pueblos a disponer de sí mismos y de las nacionalidades a unirse libremente entre sí. No puede rehusarse, de acuerdo con los principios de la democracia, a Austro-Alemania un derecho que se ha concedido largamente a los eslavos, a los polacos y a los italianos"

El 4 de marzo de 1919, la Asamblea Constituyente celebra su primera sesión. El presidente de la misma declara, entre una ensordecedora salva de aplausos, que Austria forma parte de Alemania y que nadie está calificado para decidir con qué pueblo o pueblos puede o no unirse el pueblo austroalemán. El 16 de mano, la Asamblea Nacional austríaca, adopta definitivamente el párrafo 2º de la Ley

Constitucional, en el que se dice, textualmente, que "Austria es una parte integrante de Alemania". El canciller Karl Renner declara, en un discurso, el 19 de marzo que "nuestra política exterior perseguirá su idea directriz esto es, la unión con la Madre Patria, Alemania. El Gobierno hará cuanto esté de su mano para conseguir que la reunificación de las dos Alemanias se realice lo más pronto posible".

El 1º de octubre de 1920, la Asamblea Nacional pide, por acuerdo unánime de sus miembros, la organización, dentro del plazo de seis meses, de un plebiscito consultando al pueblo si desea o no unirse con el Reich. La primera provincia consultada es el Tirol del Norte: el 98,6% de los electores son partidarios del Anschluss. En mayo de 1921, el plebiscito celebrado en Salzburgo arroja un 99% de votos favorables a la unión austroalemana. Las provincias de Styria y Carniola y la capital, Viena, deben pronunciarse a continuación. Pero la Sociedad de Naciones interviene, a petición de los Aliados. En virtud del artículo 80 del Tratado de Versalles, y del artículo 88 del Tratado de Saint Germain, que garantizan la "independencias de Austria", los plebiscitos son suspendidos.

Difícilmente puede hallarse una mayor burla de los principios democráticos. Doscientos cuarenta y siete mil austríacos se han pronunciado, libremente, por la unión con Alemania, mientras escasamente 2.200 han votado en contra. Las naciones democráticas, con Francia, Inglaterra y Checoslovaquia a la cabeza, esgrimen lo que llaman acuerdos de Versalles y Saint Germain, que "garantizan" (¡curiosa expresión, en este caso!) la "independencia" austríaca. Y todo ello, naturalmente, en el nombre del sacrosanto "derecho de los pueblos a disponer de sí mismos".

La Asamblea Nacional austríaca protestó por lo que fue calificado en Viena como una "intolerable interferencia extranjera en los asuntos internos de Austria". En 1923, el Gobierno de Austria organizó un referéndum, en el que cada ciudadano debería responder "si" o "no" a la siguiente pregunta: "Cree usted que el Gobierno de Austria debe solicitar el permiso de la Sociedad de Naciones para la posterior celebración de un plebiscito en vista de decidir la unión de Austria con el Reich alemán?"

Inmediatamente, Inglaterra, Francia y Yugoslavia presionaron a la Sociedad de Naciones para que prohibiera la celebración de ese referéndum.

A pesar de la intransigente oposición de los antiguos Aliados, desde Viena y

La Historia de los Vencidos (El suicidio de Occidente)

desde Berlín se pide insistentemente, y en todos los tonos, la libertad de autodecisión para los dos pueblos germánicos. En mayo de 1931, el canciller austríaco Schober y el ministro alemán de Asuntos Exteriores, Curtius, se entrevistan con el objeto de preparar un proyecto de unión aduanera austroalemana. Pero Francia protesta en Ginebra: tal proyecto es contrario a la independencia austríaca. De toda evidencia, en París, Londres, Praga y Ginebra, por no hablar de Moscú, se preocupan más de la independencia austríaca que en Viena.

La masa del pueblo austríaco sigue siendo partidaria del Anschluss, pero algo ha cambiado en la escena política de la capital danubiana. Los Partidos marxistas, con los socialdemócratas a la cabeza, ya no quieren la unión con Alemania. Sus opiniones al respecto empezaron a cambiar en 1925, cuando el mariscal Von Hindenburg fue nombrado canciller del Reich. Si Otto Bauer, Adler, Ellenbogen y todos los marxistas austríacos habían propugnado el Anschluss después de la guerra mundial había sido por razones de Partido. La supresión de la frontera entre Austria y Alemania hubiera permitido crear un gran Estado socialista precomunista. Pero, en 1925, al derrumbarse, falto de apoyo popular, el régimen marxistoide de Weimar y aparecer la figura de Hindenburg, los socialistas austríacos dejan de ser partidarios del Anschluss.

Alemania había dejado de ser marxista, por lo tanto, para Herr Bauer y compañía, dejaba de ser la "Madre Patria". Los sedicentes demócratas son los mismos en todas partes. ¡Lo primero es el partido!

Cuando Hitler llega al poder, los socialistas austríacos son unos fanáticos del A.E.I.O.U.[166] Pero la audiencia de los marxistas es muy reducida entre el pueblo. Seyss-Inquart y el doctor Tavs, que dirigen el Partido nacionalsocialista de Austria, son infinitamente más populares. En las elecciones municipales de Innsbruck, los nacionalsocialistas que propugnan el Anschluss, obtienen una mayoría aplastante. El canciller Dollfuss anula el resultado electoral y suspende la continuación de las elecciones. Se inicia entonces la campaña contra el peligro alemán, el "expansionismo prusiano" y el nazismo. El Partido de Seyss-Inquart es puesto fuera de la ley. Dollfuss gobierna con poderes excepcionales y medidas de urgencia,

---

[166] A.E.I.O.U.: Austria Est Imperare Omnia Universo, sigla que aparecía en las armas de los Habsburgo. (N. del A.)

detenciones en masa e incluso ejecuciones. El campo de concentración de Woellersdorff no tardó en llenarse.

En febrero de 1934, los comunistas y los socialistas se aprovechan del malestar general para intentar un golpe de Estado. Fue ahogado en sangre. La represión fue durísima. Pero ello no mejoró la situación del Gobierno Dollfuss, y la miseria continuó siendo dueña del país. El 25 de julio, los nacionalsocialistas se echan a la calle, y conquistan varias posiciones clave durante varios días, pero el Ejército, con el que se contaba, se pone de lado del Gobierno. Trescientos muertos cayeron por ambos bandos, y entre ellos el canciller Dollfuss. El putsch fracasó, y las medidas antialemanas e impopulares continuaron, si bien Schussnigg, sucesor de Dollfuss, trató de suavizar asperezas. El 11 de julio de 1936 se entrevistó con Hitler en Berlín. El mismo día se publicó un comunicado conjunto, en el que se manifestaba que Alemania reconocía la plena soberanía del Estado austríaco y Austria se comprometía a llevar a cabo una política sobre la base de los hechos reales y que "Austria es un Estado alemán". El Partido nacionalsocialista austríaco tendría pleno derecho a actuar libremente y a propagar sus ideas, incluyendo la central: el Anschluss. Además, se firma un tratado de comercio entre ambos Estados.

Pero Schussnigg interpreta el tratado a su modo, o sea, el de la independencia del Estado austríaco, haciendo caso omiso del otro aspecto del mismo, o sea, su carácter alemán. A principios de 1938, Schussnigg, aconsejado por su amigo el ministro francés Puaux, intenta afianzar la existencia del Estado austríaco mediante una hábil maniobra. Con el mayor secreto, y contra el parecer de sus compañeros de gabinete, decide organizar un plebiscito. El presidente federal de Austria, Miklas, se opone: en Austria no existen padrones completos ni tampoco listas electorales y no se ha previsto ningún sistema de control. Pero Schussnigg, apoyado por la Prensa extranjera, se mantiene decidido a realizar su plebiscito, mediante el cual piensa arrebatar a Hitler un argumento importante y consolidar, a la vez, su régimen.

Todo se prepara apresuradamente para lograr el efecto del "fait accompli" en esta pretendida consulta popular. Los colegios electorales no estarán formados por las autoridades locales, ni tampoco por los Partidos, sino por miembros del llamado Frente patriótico. El Estado controlará, pues, las elecciones y el recuento de los sufragios. No basta con eso: el voto puede ser secreto o no, según las circunscripciones. La prensa gubernamental descubre cínicamente el sentido de esta nueva jugada: todo voto favorable al Anschluss significa "alta traición".

La maniobra es tan burda que hasta en Londres y París se sumen en el más profundo silencio. Mussolini le aconseja a Schussnigg que desista de llevar a cabo su experimento: "La bomba le explotará en las manos, Herr Schussnigg". -En Viena comienzan a ponerse nerviosos. Hitler dirige una petición a la Sociedad de Naciones para que ésta intervenga y controle el plebiscito. Como en Ginebra dan la impresión de lavarse las manos, Seyss-Inquart, jefe del Partido nacionalsocialista, dimite de su cargo de consejero de Estado e invita a la población a abstenerse de votar. Hitler presenta una contraposición; que se aplacen las elecciones hasta dentro de tres semanas, durante las cuales habrá tiempo de preparar nuevos padrones y listas electorales; y además, que el voto sea secreto. Finalmente, los nacionalsocialistas deben tener derecho a participar, junto a los delegados del frente patriótico gubernamental, a controlar los escrutinios.

Schussnigg se apoya en los únicos aliados que le quedan; los marxistas. Centenares de camiones cruzan las calles de Viena, repletos de energúmenos que gritan: "¡Viva Schussnigg!" "¡Viva Moscú!", pero nadie les secunda. Schussnigg presenta la dimisión como canciller federal. El presidente de la República, Miklas, llama a Seyss-Inquart y le encarga que forme nuevo Gobierno. Los camisas pardas se apoderan del poder sin resistencia. En un sólo mes, el nazismo austríaco ha pasado de la ilegalidad en que lo había sumido Schussnigg a la cima del Estado. A las 5.30 de la madrugada, las tropas de la Wehrmacht, al mando del mariscal Von Bock cruzan la frontera austríaca. Ni un sólo acto de resistencia pasiva, menos aún un sólo disparo, se opone a la pacífica ocupación de Austria. Von Papen, que acompaña a Hitler a su llegada a Viena, refiere[167]:

> "La fantástica ovación con que se recibió a Hitler había llevado a los jefes del Partido, hombres ya curtidos, a un estado de excitación indescriptible. La gente repetía, incesantemente: Heil, Heil, Sieg Heil!"

A pesar de los innumerables testimonios de fuentes neutrales, reportajes, crónicas y testimonios gráficos que atestiguaron el entusiasmo con que la población austríaca acogió su unificación con el resto de la comunidad germánica, la Gran

---

[167] Franz Von Papen; *Memorias*.

Prensa inglesa y francesa no tardó en presentar el Anschluss como una "invasión", describiendo a Austria como un país inicuamente Sojuzgado [168]. Creemos sinceramente que, en cualquier caso, la anexión de Austria era mucho menos objetable que las sucesivas incorporaciones soviéticas de Ucrania, Carelia, las cinco repúblicas musulmanes del Asia Central y Mongolia. Al fin y al cabo, entre esos países y el resto de la Unión Soviética no existían lazos de sangre, de idioma, de cultura ni de religión. En cambio, sí existían entre alemanes y austríacos, los cuales se unieron según el tan cacareado principio democrático de la autodeterminación como quedaría cumpli damente demostrado en el plebiscito celebrado el 10 de abril de 1938, que arrojó un resultado de 4.275.000 votos favorables a la ratificación del Anschluss, y 12.300 en contra.

Pero la Gran Prensa, el terrible "Qatriéme Pouvoir" de las democracias, silenció las anexiones forzosas del bolchevismo y presentó el, en todo caso, incruento Anschluss como una terrible amenaza para la seguridad de Europa.

Se estaba preparando el escenario para arrojar a Occidente a una guerra estúpida, perjudicial a sus propios intereses, con objeto de salvar al bolchevismo entronizado en Moscú.

EL PROBLEMA CHECOSLOVACO

Desde la creación del N.S.D.A.P. y la publicación de "Mein Kampf", Hitler había siempre reiterado que no tenía ninguna reclamación que presentar a los países occidentales Por parte. de Alemania, todas las diferencias existentes con Francia habían quedado zanjadas con la reincorporación del Sarre, la remilitarización de Renania y el renunciamiento definitivo a Alsacia y Lorena. Una vez concluidos esos ajustes en sus fronteras occidentales y conseguido el Anschluss con su provincia natal de Austria, Hitler inició resueltamente "el viraje de todos sus dispositivos hacia el gran encuentro con la URSS"[169].

---

[168] Las democracias facilitaron la mejor prueba de que, a sus ojos, Alemania y Austria forman una unidad nacional cuando, al final de la ultima guerra, incluyeron a Austria entre los países que debían pagar «reparaciones» a los estados "agredidos" y si Austria es un agresor, sólo podía haberlo sido en su calidad de provincia alemana, ¿O no? (N. del A.)

[169] Salvador Borrego: *Derrota Mundial*, pág. 105.

La Historia de los Vencidos (El suicidio de Occidente)

Para ello, el Führer debía asegurar su flanco Sur. Allí se hallaba Checoslovaquia, creación "ex nihilo" de Versalles. Para formar el extraño "salchichón" checoslovaco fue necesario colocar a 3.600.000 alemanes, 800.000 húngaros, 500.000 ucranianos, 806.000 polacos y 2.500.000 eslovacos bajo la despótica soberanía de 6.000.000 de checos, que representaban aproximadamente el 43% de la población del artificial Estado y ocupaban un territorio equivalente al 40% del área total del mismo.

Checoslovaquia había sido creada con una única finalidad: servir de portaaviones contra Alemania. No se trata de una simple frase de propaganda alemana: en la Memoria 1ª de la delegación Checa en Versalles, se decía, sin tapujos: "La situación especial de Checoslovaquia convierte a esta, necesariamente, en la enemiga mortal de Alemania". Clemenceau, Poincaré, Briand y Pierre Cot, ministro francés del Aire, habían en diversas ocasiones manifestado que Checoslovaquia estaba destinada, en caso de guerra, a servir de base desde la que se podría bombardear, con toda facilidad, a Alemania.

Lloyd George fue el primer político en reconocer[170] que "toda la documentación que nos fue proporcionada por ciertos aliados nuestros en Versalles, era falsa y tendenciosa. Sobre todo, en los casos checoslovaco y polaco, dictaminamos basándonos en flagrantes falsificaciones".

Alemania y Austria, así como Hungría, se habían negado siempre a reconocer las fronteras checoslovacas, y el Consejo Nacional de Ucrania había reclamado, repetidamente, a Benes, que reconociera el derecho de autodeterminación a la Rutenia Transcarpática. Polonia, por su parte, presentó varias reclamaciones a propósito de la comarca de Téscheno. En cuanto a los eslovacos, cordiales enemigos históricos de los checos, reclamaban igualmente su autonomía interna y hasta su separación pura y simple del artificial Estado en que habían sido integrados por la fuerza. El mismo Massaryk reconocía[171] que, mientras una minoría de eslovacos deseaban ser incorporados a Rusia o a Hungría, la gran mayoría aspiraba a la independencia nacional, pero que, de hecho, el eslovaco partidario de una unión con Chequia (Bohemia y Moravia) era una especie muy rara.

---

[170] Discurso pronunciado en el Guildhall, de Londres, el 7 de octubre de 1928.
[171] Jan Massaryk: *La résurrection d´un état*.

Preciso es rendirse a la evidencia de que, de entre las muchas arbitrariedades cometidas en Versalles, la invención del Estado checoslovaco ocupaba, al lado del "Corredor" de Dantzig, el lugar de honor. El mismo Tardieu, el más acérrimo defensor de las secuelas de Versalles reconocerá[172]:

"Los Aliados no crearon a Checoslovaquia por sí misma, sino para levantar una barrera contra el germanismo."

Y Lansing, secretario de Estado norteamericano, dirá, el 1º de abril de 1919, en Versalles:

"La delimitación de las fronteras en función de su valor estratégico y bélico, como se ha hecho en los casos checoslovaco y polaco, se opone al espíritu esencial de la Sociedad de Naciones y de la política de los Estados Unidos, según ha sido expresada por boca del presidente Wilson".

La propaganda de Benes y Massaryk, apoyados por la Prensa anglofrancesa pretendió demostrar que las reivindicaciones alemanas sobre los Sudetes no tenían otro fundamento que las invenciones hitlerianas. Nada más falso. Ya en 1880, los alemanes sudetes, entonces bajo soberanía austrohúngara, habían reclamado su Anschluss con el Reich, molestos por la política proeslava del emperador Francisco-José. En 1931, Conrad von Heinlein, organizó el frente nacional de los Sudetes, que reclamaban el cumplimiento de las promesas hechas por Benes cuando, en 1919, garantizaba la autonomía interna a las minorías nacionales de Checoslovaquia (recordemos que tales minorías representan, juntas, el 57% de la población y ocupan las dos terceras partes del territorio), promesa ratificada legalmente en la Constitución del Estado checoslovaco.

Heinlein que, al igual que su contemporáneo en Austria, Seyss-Inq uart, no era miembro del N.S.D.A.P., había logrado constituir un Partido político que, con sus 57 diputados y más de 200.000 afiliados era, con mucho, el primer Partido político de Checoslovaquia. Esa fuerza política se había constituido a pesar de las medidas arbitrarias e ilegales de los señores Benes y Massaryk y de las represiones de la

---

[172] Gringoire, 23 noviembre 1938.

La Historia de los Vencidos (El suicidio de Occidente)

soldadesca checa. El 4 de marzo de 1919, por orden personal de Benes, las tropas ametrallaron a las manifestantes alemanes que reclamaban su derecho a estar legalmente representados en el Parlamento (Praga había invalidado las elecciones, que habían representado un triunfo para Heinlein). Cincuenta y dos alemanes sudetes fueron asesinados, sin que la conciencia universal encontrara motivo suficiente para sus llantos de plañidera. ¡Paradójica situación en verdad! Los alemanes sudetes, amparándose en la Constitución del Estado checoslovaco, solicitan la autonomía interna. El tal Estado se niega. Se celebran las elecciones generales, y el frente nacional de los Sudetes logra una mayoría aplastante en su región -el 93% de los votos emitidos- y la mayoría relativa en todo el territorio del Estado. A Conrad von Heinlein le corresponde presidir el nuevo Gobierno, los alemanes de Checoslovaquia deben administrarse a sí mismos. Esto es pura democracia. Pues bien: el democrático Benes anula las elecciones, y cuando los alemanes se manifiestan en protesta pacífica, la soldadesca checa dispara contra la multitud.

El dictador Hitler pide que se respeten los resultados de las elecciones, y los políticos democráticos de Londres, París y Moscú, apoyan a Benes. Los alemanes de los Sudetes envían veintidós notas de protesta a la Sociedad de Naciones, que se limita a archivarlas sin tomar resolución alguna.

En Praga "reina", el déspota absoluto, Votja Benes, el artífice de la pequeña Entente. Su historia política está jalonada de favores al bolchevismo, En 1920, en ocasión del ataque de la U.R.S.S. contra Polonia, Benes que, por otra parte, suministraba armamentos a los soviéticos, prohibió el paso a través de Checoslovaquia de los convoyes de armas y municiones enviados por el almirante Horthy desde Hungría: si Rumania no hubiera permitido el tránsito y contribuido con su propia ayuda, la contraofensiva de Pilsudski a las puertas de Varsovia hubiera fracasado, y Polonia hubiera sido bolchevizada ya entonces. Más adelante, Benes es, con Titulesco, el artífice de la admisión de la U.R.S.S. en la Sociedad de Naciones... Después, ayudará a limar aristas entre Litvinoff y el ministro francés Alexis Léger, facilitando la firma del pacto francosoviético. El 16 de mayo de 1935, firmará con el judío Alexandrowski, embajador soviético en Praga, un tratado de asistencia mutua entre Checoslovaquia y la U.R.S.S., calcado del pacto suscrito entre Léger y Litvinoff unos meses atrás. Finalmente, Benes morirá a manos de los verdugos soviéticos, que él más que nadie contribuyó a instalar en Praga. ¡Así paga Moscú!

El 24 de abril de 1938, Conrad Heinlein anunció, en Carlsbad, las reivindicaciones de los alemanes sudetes, las cuales, por otra parte, no contenían nada que no estuviese garantizado por la Constitución checa. Benes, que debe afrontar las demandas de las minorías húngara y ucraniana, aparte de la presión exterior de Polonia sobre Téscheno y el malhumor de los eslovacos quiere salvar la situación, aplazando las elecciones hasta el 22 de mayo. Pretende, durante este tiempo ganado, obtener garantías formales por parte de Francia, Inglaterra y la U.R.S.S. Stalin es formal en su respuesta: ayudará a Checoslo vaquia si los Estados occidentales lo hacen a su vez. El zar rojo no quiere la guerra con Alemania, y menos si debe hacerla sólo, pero no le desagrada la idea de que Inglaterra y Francia se metan en el avispero checo y se enzarcen en una lucha a muerte con el Reich.

Massaryk y Benes declaran al Times de Londres -que, aún en el caso de que el 100% de los alemanes sudetes pidan, democráticamente, el Anschluss con Alemania, Checoslovaquia se opondrá a ello, con las armas, si es preciso. La respuesta de Hitler es inmediata. Invita a los Gobiernos británico, francés e italiano a hacer de árbitros en la cuestión. Significativamente, Hitler deja fuera de tal arbitraje a Moscú.

Chamberlain, Primer Ministro británico, acepta en el acto la propues-ta del Führer. Chamberlain es, probablemente, el último Premier auténticamente británico que tendrá Inglaterra, en el sentido de que para él sólo cuenta el interés de las Islas. Político realista, siente el máximo desprecio por las transitorias ideologías; no tiene ningún interés en organizar "cruzadas antifascistas", de las que entrevé que el único beneficiario será el comunismo. Hablando en los Comunes de la cuestión checa, Chamberlain dirá que, en buena lógica democrática, no puede negarse a los alemanes de los Sudetes el derecho a disponer de sí mismos de la manera que mejor les plazca. Lord Lothian, que forma parte del equipo gubernamental de Chamberlain, declarará en la Cámara de los Lores:

> "Si el principio de autodeterminación hubiera sido aplicado en Versalles en un plano de igualdad para todos, los Sudetes, una buena parte de Bohemia, grandes porciones de Polonia y el "Corredor" de Dantzig hubieran debido ser atribuidos al Reich. Las

demandas de Hitler se basan no sólo en una razonable lógica y en principios absolutamente democráticos, sino incluso en los términos del propio Tratado de Versalles, cuyo articulo 19 prevé la solución de los conflictos que se planteen mediante el recurso de los plebiscitos populares".

Hitler y Chamberlain se entrevistan en Berchtesgaden. El Premier británico recibe, días más tarde, en Londres, al presidente del Consejo de Ministros francés, Daladier, y a su ministro de Asuntos Exteriores, Bonnet, para estudiar en común el caso checo. Chamberlain y Daladier publican un comunicado conjunto, en el que, entre otras cosas, se manifiesta que "...estamos de acuerdo en que, después de los recientes acontecimientos, se ha llegado a un punto en el cual... ya no puede continuar efectivamente la permanencia de los territorios Sudetes dentro del Estado Checoslovaco, sin poner en serio peligro la paz de Europa. Ambos Gobiernos han llegado a la consideración final de que el mantenimiento de la paz y la seguridad de los intereses vitales de Checoslovaquia no pueden ser garantizados a no ser que la región de los Sudetes sea incorporada al Reich".

Al día siguiente, estas proposiciones francobritánicas se transmiten a Praga, que las acepta "con el corazón dolorido".

Hitler y Chamberlain celebran una segunda entrevista en Godesberg. Chamberlain propone unos plazos de entrega muy largos. La región de los Sudetes deberá ser cedida a Alemania al cabo de varios meses. Hitler no acepta. Teme que Benes utilice a los civiles de los Sudetes como rehenes; en los últimos días se han producido violentos choques entre el Ejército y la policía checos y la población civil en Carlsbad. Más de cincuenta mil alemanes han abandonado sus hogares. Hitler, acusa a Benes de tergiversar, una vez ha dado su acuerdo para la devolución de los Sudetes al Reich. El Führer escribe a Chamberlain:

"Su Excelencia me confirma que la base del acuerdo de la cesión de los territorios de los Sudetes alemanes ha sido débilmente aceptada. Lamento tener que recordar a Su Excelencia que el reconocimiento teórico de derechos, a nosotros, los alemanes, se nos ha efectuado en numerosas ocasiones anteriores a ésta. En 1918 se firmó el Armisticio sobre la base de la aceptación de los catorce puntos del presidente Wilson que fueron reconocidos fundamentalmente por todos. Pero más tarde fueron violados de un modo humillante al llevarlos a la práctica. Lo que a mí, me interesa, Excelencia, no es

el reconocimiento de unos derechos y de que estas regiones sean cedidas al Reich, sino solamente la puesta en práctica del acuerdo que ponga fin a los sufrimientos de las desgraciadas víctimas de la tiranía checa, que esto se haga lo más pronto posible y que, por otra parte, se cumpla con la dignidad de una gran potencia."

Chamberlain se entrevista nuevamente con Hitler. Cuando se hallan en plena discusión, llega un telegrama anunciando que Benes acaba de dar, por radio, la orden de movilización general del Ejército checoslovaco. El Consulado británico en Praga interviene, y es retirada la orden de movilización, pero esto no anula los efectos de la "gaffe" de Benes. Éste intenta un nuevo aplazamiento de las elecciones generales, pero Chamberlain le aconseja desistir, pues, de lo contrario, no puede asegurar que logrará frenar la impaciencia de Hitler.

Las elecciones tienen lugar en los días fijados: el éxito de los alemanes sudetes es total. A pesar de las medidas coercitivas empleadas por el Gobierno checo, logran el 91,5% de los votos alemanes. El 70% de la población eslovaca ha votado por los nacionalistas del padre Tisso; en Rutenia y Teschen, donde las minorías ucraniana, húngara y polaca no presentaban candidaturas propias, las abstenciones son del orden del 60%. A pesar de que la importante minoría israelita ha votado en bloque por el Partido gubernamental, el fracaso del dúo Benes-Massaryk es absoluto.

Benes se muestra, ahora, dispuesto a entrevistarse con Chamberlain y su ministro de Asuntos Exteriores, Runciman, que, primero, visitan a Hitler en Berchtesgaden. El Führer se limita a pedir que los demócratas de Praga cumplan con su propio credo político y apliquen los resultados de los sacrosantos comicios populares. Afirma que ya ha tenido demasiada paciencia con los señores Benes y Massaryk y que no piensa seguir tolerando que los checos continúen asesinando indefensos civiles alemanes. No obstante, acepta los buenos oficios de Inglaterra para que ésta convenza al Gobierno checo de la necesidad de devolver, de una vez, los Sudetes a Alemania.

Simultáneamente, Polonia y Hungría presentan sus reivindicaciones a Praga. El Consejo Nacional de Ucrania pide la autonomía interna para la Rutenia Transcarpática El artificial Estado inventado en Versalles hace aguas por todas partes. Pero Benes, hombre de recursos inagotables, pretende todavía ganar tiempo. Ahora propone a Hitler y a Chamberlain que la cuestión de los Sudetes sea llevada ante el Tribunal Permanente de Justicia Internacional de La Haya. El embajador británico, Sir Basil Newton, visita a Benes en su domicilio y le notifica que, si a consecuencia de la actitud equívoca de su Gobierno estalla un conflicto europeo, Inglaterra considerará que no se halla obligada a asistir a Checoslovaquia, a pesar del Tratado de mutua ayuda que las une.

Benes recibe, a continuación, a los jefes del Ejército checoslovaco, que le traen malas noticias. Hitler se ha entrevistado con el presidente del Consejo de Hungría, Bela Imredy, mientras Goering y el regente Horthy se encontraban en Raminden. El gobierno polaco ha enviado una nota a Londres, París, Roma Y Berlín. haciendo saber que reivindica la posesión de la Silesia de Tescheno. En caso de conflicto, Checoslovaquia sería atacada desde tres lados diferentes, mientras, en el interior, la actitud de los ucranianos de Rutenia y de los propios eslovacos es cada vez más hostil. Los militares aconsejan pues la aceptación del pla n anglofrancés que ya ha sido aprobado por Hitler. Checoslovaquia perderá los Sudetes y concederá amplia autonomía interna a las zonas fronterizas con Hungría y Polonia. Benes accede. Mejor dicho, lo hace ver.

Una vez aceptado el principio de la devolución del territorio de los montes Sudetes a Alemania, Chamberlain y Hitler se entrevistan de nuevo, en Godesberg, con objeto de fijar los límites exactos de la nueva frontera. El Führer propone que se celebre un nuevo plebiscito y que sea éste quien decida. Una vez celebrados los comicios, la Wehrmacht procederá a ocupar los territorios que se hayan pronunciado por el Anschluss con Alemania.

Chamberlain propone en Godesberg, que la ocupación de los territorios en litigio no se realice inmediatamente, para dar tiempo a la minoría checa de los Sudetes y a los funcionarios del Estado checoslovaco a partir, si así lo desean. Pero cuando Hitler y Chamberlain parecen a punto de llegar a un acuerdo, surge una nueva maniobra de Praga. El Gabinete Hodza dimite y Benes asume legalmente, los plenos poderes.

La primera medida de Benes desde su nuevo cargo consiste en rechazar el proyecto Chamberlain, que ya había sido aceptado por todos los interesados. incluyendo el anterior Gobierno de Praga. He aquí un nuevo motivo para que Hitler insista en sus pretensiones de ocupación inmediata. Si se pierde más tiempo, Benes y su Gobierno complicarán aún más la situación y sin duda utilizarán como rehenes a los civiles alemanes de Checoslovaquia. En vano protesta Chamberlain de su buena fe, "Su buena fe es una cosa, y su influencia sobre Benes es otra, mi querido Primer Ministro", le responde Hitler.

Ante la estupefacción de la delegación británica que acompaña a Chamberlain, Hitler hace oír a sus huéspedes los discos en que se ha n registrado las conversaciones habidas entre Benes y el embajador soviético en París, Rossenberg. Resulta que la política exterior de Praga es dirigida telefónicamente, por los señores del Kremlin, vía París. He aquí por qué Hitler quiere terminar de una vez el "affaire" checoslovaco. Chamberlain acepta. ahora, "casi" todo. Pero existe una discrepancia: Hitler exige un plebiscito en todo el territorio checo, y no solamente en la región de los montes Sudetes. Como los checos sólo representan el 43% de la población de "su" Estado, el plebiscito en todo el territorio significa el fin de Checoslovaquia. Pero significa también la estricta aplicación de los principios democráticos. Chamberlain pregunta a Hitler qué porcentaje de votos consideraría él necesarios para adjudicar un territorio checoslovaco a uno de los Estados reclamantes, es decir, Alemania, Polonia y Hungría. Sin contar a los nacionalistas ucranianos y eslovacos. El Führer responde que se halla muy sorprendido de que tal pregunta se la formule un estadista democrático. Para él, de toda evidencia la mitad más uno de los votos son suficientes. Aparece, así, como muy probable, que los partidarios de la intangibilidad del Estado checoslovaco serán puestos en minoría incluso en Praga, la capital del Estado, donde residen muchos alemanes, ucranianos y eslovacos.

Pero la desaparición de Checoslovaquia, que sería una catástrofe para Moscú, representada, igualmente, un durísimo golpe para la City, muy interesada en las grandes fábricas de armamento checas y en el complejo industrial Skoda. Por eso Chamberlain intenta ahora poner en práctica el viejo sistema político inglés consistente en alternar las zalamerías con las amenazas. Pero Hitler le responde:

"Lo que me interesa a mí, Excelencia, no es el reconocimiento del principio que concede a Alemania la devolución de ese territorio, sino únicamente la realización de ese principio... Yo no pido un favor a nadie, yo pido a unos gobernantes que se dicen demócratas que apliquen su propio credo político y a los gob ernantes de Checoslovaquia que apliquen los principios de su propia Constitución referente a sus

minorías nacionales... Yo, querido Primer Ministro, no regateo unos kilómetros cuadrados de territorios; tampoco sugiero que tres millones y medio de ingleses sean arbitrariamente colocados bajo la tiranía del señor Benes; únicamente exijo que tres millones y medio de alemanes vuelvan a la soberanía alemana".

Georges Champeaux, en el tomo II de La Croisade des Démocraties, comenta:

"El Chamberlain que, el 22 de septiembre se encaminaba al Hotel Dreesen para entrevistarse con Hitler era un árbitro soberano -o creía ser -lo - en razón de un derecho hasta entonces indiscutido para Inglaterra. Era el digno sucesor de Lord Palmerston, aquél Primer Ministro que envío un ultimátum al rey de Grecia, culpable de haber dejado saquear, en Atenas, la tienda del judío Pacífico; de aquél Disraelí que le comunicaba a Rusia que el Tratado de San Stéfano, impuesto por aquélla a Turquía, no era del agrado del Gobierno británico; de aquél Lloyd-George que, en 1919, obligaba al Japón abandonar sus conquistas en el Chang-Tung. Pero Hitler le hizo notar desde el principio, que el tiempo de Palmerston, Disraelí y Lloyd-George había pasado, y que Alemania se consideraba con derecho a tratarla de igual a igual. Por primera vez desde Waterloo, un jefe de Estado europeo rehusaba inclinarse ante el dogma de la supremacía política de Londres".

Hitler envía un ultimátum a Benes. El 1º de octubre de 1938, los Sudetes deben haber sido devueltos a Alemania. En caso contrario, la Wehrmacht entrará en acción. Praga responde con la movilización general. Y, el 28 de septiembre, Hitler ordena, a su vez, la concentración del grueso de sus tropas ante las fronteras checas. Un día antes, en Inglaterra, Su Majestad Jorge V decreta el estado de excepción, el Ministerio de la Marina anuncia la movilización de la Armada, que se encuentra ya en estado de alerta. El día 28, se anuncia la movilización de las reales fuerzas aéreas y de la milicia territorial femenina. Por su parte, Mussolini publica un comunicado anunciando que sostendrá a Alemania pase lo que pase y coloca a sus fuerzas armadas en pie de guerra. Hungría llama a filas a tres reemplazos y concentra tropas ante las fronteras checas. Desde Varsovia informan que se han producido incidentes antipolacos en la región de Téscheno y se rumorea que Polonia va a romper sus relaciones diplomáticas con Checoslovaquia.

En Francia, el generalísimo Gamelin y el almirante Darlan, comunican a Daladier

Primer Ministro, que el Ejército y la flota están preparados.

No así el general Vuillemin, jefe del Estado Mayor de las fuerzas aéreas, que afirma que sería ridículo pretender enfrentar a la aviación francesa con la Luftwaffe. Inmediatamente, se acusa a Vuillemin de ser un agente de Hitler. LíHumanité es el portaestandarte de esta acusación absurda.

La psicosis de guerra se ha apoderado de todas las Cancillerías. Su Santidad el Papa dirige un llamamiento a los estadistas para que eviten una guerra que será fatal para todos los que en ella tomen parte.

En tan dramática situación, una iniciativa de Mussolini salva la paz. Propone a Chamberlain, Daladier y Hitler, una reunión, en Munich, para decidir, de una vez, el problema checo. Mussolini asistirá también, pero no así Benes. Sin asistir el principal interesado, se decidirá de la suene del artificial Estado checoslovaco. Hitler cede en varios puntos. Renuncia a un proceder unilateral por parte de Alemania y se muestra de acuerdo en que una organización internacional, por ejemplo, la Sociedad de Naciones, controle la ejecución de los acuerdos. Checoslovaquia cederá a Alemania toda población donde el frente nacional sudete haya obtenido la mayoría absoluta de votos en las últimas elecciones. Así mismo, se firma un acuerdo naval germanobritánico, cuyas cláusulas aseguraban a Inglaterra su hegemonía marítima. Hitler pretende demostrar, así, su voluntad de dirigirse hacia el Este, hacia la Rusia soviética, voluntad ya impresa en el "Mein Kampf". Para una tal contienda no se precisaba una gran flota. Eso debía tranquilizar a los belicistas ingleses, con Churchill, Eden y Attlee a la cabeza.

Chamberlain y Daladier fueron entusiásticamente recibidos a su retorno a Londres y París. La paz había sido salvada, y no existía ningún inglés ni ningún francés que deseara ir a la guerra por defender a un pequeño tirano, como Benes. Churchill refiere, en sus Memorias que "... turbas vociferantes aplaudieron a Chamberlain y a Daladier a su regreso de Munich".

La pérdida de los Sudetes representaba, para Checoslovaquia, prácticamente, el fin de su existencia como Estado soberano. El cuarenta por ciento de la industria se hallaba concentrado allí, lo mismo que un tercio -el mas activo- de la población. En cuanto a Benes, demolido por la pérdida de los territorios alemanes de "su" Estado, había caído en el ostracismo político.

Inmediatamente, Polonia se ponía en movimiento y, sin previa declaración de

La Historia de los Vencidos (El suicidio de Occidente)

guerra, ocupaba "manu militari", la región de Téscheno donde, si es cierto que habitaban ochenta mil polacos, no es menos cierto que con ellos convivían ciento cincuenta mil ucranianos, alemanes, eslovacos, húngaros y checos. En París esto causa un disgusto mayúsculo. Y, en seguida, se acusa a los gobernantes de Varsovia -que las exigencias de la alta coyuntura política exigirán sean presentados como demócratas y como mártires unos meses más tarde- de ser unos reaccionarios fascistas, sobre todo, unos fanáticos antisemitas.

Hungría procede de modo menos violento que Polonia, y deja al arbitraje de Mussolini y Hitler, representados por sus ministros de Asuntos Exteriores Ciano y Ribbentrop, la decisión de la delimitación exacta de sus fronteras con Checoslovaquia.

El 6 de octubre, Eslovaquia proclama su autonomía, dentro del Estado checoslovaco. Praga reconoce al Gobierno eslovaco, presidido por el padre Tisso. Días después se forma, en Uzhorod, un Gobierno autónomo cárpato-ucraniano, presidido por Andrej Brody, que también es reconocido, de momento, por Praga. Pero al cabo de una semana Brody es detenido por la policía checa. El doctor Hacha, que ha sustituido a Benes al frente del Gobierno checoslovaco, envía a un general checo, Leo Prchala, a Bratislava, nombrándole miembro del Gobierno autónomo eslovaco. Esta medida es anticonstitucional.

El 10 de marzo, Praga descarga otro golpe contra Ucrania Transcarpática, anulando su régimen autónomo. Simultáneamente, el padre Tisso y sus ministros Adalbert Tuka y Alexander Mach, son detenidos por la policía checa. Estalla la crisis política. Praga libera a Tisso, encargándole que forme Gobierno en Bratislava, pero éste se niega a actuar bajo la presión policiaca. Tres gobiernos constituidos por Hacha se derrumban en el espacio de unas semanas. A pesar de representar a un importante núcleo de población, el secretario de Estado, Karmassin, representante de la minoría alemana en Eslovaquia, no es llamado para ocupar ningún cargo en los tres gobiernos.

Hitler interpreta todas estas medidas de Praga como una violación de los acuerdos de Munich, donde él reconoció las nuevas fronteras checas bajo la condición expresa de que *"los checos solucionaran la cuestión de sus minorías nacionales por vías pacificas y legales, y sin opresión"*. Por eso, con el apoyo político de Berlín, el 14 de mano, las tropas húngaras entran en la región Cárpatoucraniana.

También Eslovaquia proclama su independencia estatal. Y Polonia vuelve a concentrar sus tropas en Téscheno.

Monseñor Volozin, acompañado de los miembros de su Gobierno, visita al cónsul de Alemania en Chust y le informa de que "Ucrania Transcarpática (Rutenia) ha proclamado su independencia, colocándose bajo la protección del Reich". Unas horas después, la Dieta de Bratislava autoriza a monseñor Tisso para que mande a Goering un telegrama redactado así:

> "Le ruego ponga en conocimiento del Führer lo siguiente: El Estado eslovaco se coloca bajo vuestra protección, y os ruega que os dignéis asumir el papel de protector." Hitler acepta en el acto.

En vista de la agravación de la situación, el doctor Hacha y su ministro de Asuntos Exteriores, Chavlkovski, solicitan ser recibidos en la Cancillería del Reich.

Hitler le expone todas las incorrecciones y faltas a su palabra cometidas por el Gobierno de Praga con relación a sus minorías nacionales y le anuncia que, a las primeras horas de la mañana siguiente, las tropas alemanas entrarán en Bohemia-Moravia. Hacha se desmaya al oír estas palabras. El propio médico de Hitler le atiende. Al volver en sí, su primera medida es ponerse al habla con Praga para ordenar que no se ofrezca resistencia a la Wehrmacht.

El mismo día, el doctor Hacha firma un documento según el cual "pone en las manos del Führer de Alemania, el destino de la nación y del pueblo checo". Hitler se compromete a "acoger al pueblo checo bajo la protección del Reich y garantizar un desarrollo autónomo inherente a sus peculiaridades nacionales"[173].

Unas horas después, las tropas alemanas, al mando de los generales Von Blaskowitz y List cruzan la frontera checa. No se dispara un solo tiro. Bohemia y Moravia, que durante más de mil años formaron parte integrante de estados alemanes, entra a formar parte del Reich en calidad de "Protectorado". La Wehrmacht se apodera de una fabulosa cantidad de armamento. Dos mil cañones y cuarenta y cinco mil ametralladoras -que nunca fueron poseídas por el "Ejército de cien mil hombres" autorizado a la Alemania prehitleriana-, pasan a ser propiedad

---

[173] Arnold Toynbee: *Hitler's Europe*.

de los arsenales del Reich.[174]

André François Poncet, al que es imposible calificar de germanófilo, ha escrito:

"Los eslovacos y los rutenos habían obtenido la autonomía que les permitía la propia Constitución del Estado checoslovaco. Pero los checos rehusaron considerarles como entidades autónomas. A Hitler, para borrar del mapa a Checoslovaquia, le bastaba con tomar partido por los eslovacos, y cuando el padre Tisso y monseñor Volozin -representando a los rutenos- se pusieron bajo la protección de Berlín, los checos se encontraron, legal y efectivamente, solos. "Es pues evidente que los acuerdos de Munich fueron violados, en primer lugar, por Praga, y no por Berlín".[175]

Pero, como indica muy bien Paul Rassinier, "los acuerdos de Munich habían sido complementados por un pacto angloalemán (30 de septiembre de 1938) y otro francoalemán (16 de noviembre de 1938), por el que las tres potencias se comprometían a consultarse para la solución de cuestiones de interés común. Hitler debía, pues, antes de admitir bajo su protección a eslovacos y rutenos, consultar con Inglaterra y Francia. Cuando se apercibió - y luego quedaría plenamente demostrado -que la violación de los acuerdos de Munich era teledirigida desde Londres por Benes, y desde Moscú por Gottwald, debió convocar a los primeros ministros inglés y francés. Y cuando eslovacos y rutenos se colocaron bajo su protección, debió hacerles patente que tenían que colocarse bajo la protección de ingleses y franceses también, y no solamente la suya".[176]

¿Qué hubiera sucedido entonces? Creemos que hubiese sido difícil para los Gobiernos inglés y francés dejar que la situación se eternizara, e ignorar las quejas de Hitler, Tisso y Volozin sin "perder la cara" ante el mundo.

En vez de ello, Hitler solucionó el problema a su manera: las tropas alemanas penetraron en Checoslovaquia y ocuparon Bohemia y Moravia, sin resistencia. Eslovaquia fue proclamada independiente bajo la protección del Reich. Rutenia pasó, como región autónoma, bajo soberanía húngara; al doctor Hacha se le obligó a declarar que "colocaba al pueblo y al territorio checo bajo la protección del Reich

---

[174] Ya en Munich, Inglaterra intentó comprar el material de guerra sobrante a Praga. Pero los regateos de Benes demoraron las negociaciones. (N. del A.)

[175] André François Poncet: *De Versailles a Potsdam*.

[176] Paul Rassinier: *Les Responsables de la Seconde Guerre Mondiale*.

alemán", dotándose a Bohemia y Moravia de un "staathalter" (protector, residente en Praga (Herr von Neurath). Creemos, con Rassinier, que el "salto a Praga" fue un error. Hitler recordó - y era verdad - que en Praga vivían muchos alemanes y que allí se había creado la más antigua Universidad germánica, pero ello no soslayaba el problema de que Bohemia y Moravia ya no podían considerarse territorios alemanes. Más que una injusticia para con los checos, el salto a Praga fue un error, pues ya, a partir de entonces, no pudo Hitler presentarse como un defensor de la libre determinación de los pueblos.

Chamberlain declaró en los Comunes que "el Estado cuyas fronteras tratamos de garantizar se ha desmoronado desde dentro". En consecuencia, el Gobierno de Su Majestad "no se considera por más tiempo obligado con respecto a Praga".

En Moscú, Stalin ordenó la movilización de tres reemplazos.

Con la eliminación de la cuña checoslovaca, el comunismo se sentía en cuarentena. Y Chamberlain fue quemado en efigie en la Plaza Roja.[177]

---

[177] Archibald M. Ramsay: *The Nameless War*.

CAPITULO IV

LA BARRERA POLACA

El partido de la guerra - El caso de Ucrania y la "Drang nach Osten" - Las maniobras de Beck - El polvorín polaco - Cruz Gamada y estrella judía

> *"La mayoría de los ingleses no se dan cuenta de que, habiendo hecho su trabajo para el círculo gobernante judío, deben ahora desaparecer como poder mundial"*. General Luddendorff: The Coming War.

El Pacto de Munich era, en cierto modo, la prolongación del Tratado de Locarno, y tenía por principio fundamental el revisionismo y por método la colaboración organizada y permanente de las cuatro grandes potencias europeas: Gran Bretaña, Francia, Italia y Alemania. Deliberadamente, se dejaba al margen de los asuntos europeos a la U.R.S.S. y se sustraían las decisiones y los movimientos de las grandes potencias responsables a las peligrosas presiones de los pequeños intereses irresponsables.

Munich consagraba, de hecho, la división del mundo en zonas de influencia, con su centro geopolítico en Europa. Reconocía, también, la legitimidad de la expansión alemana hacia el Este y el Sudeste de Europa; expansión marcada por la Naturaleza: el Danubio corre en dirección Oeste-Este. El III Reich emprendía el camino tomado cinco siglos atrás por los caballeros teutónicos de la Orden Hanseática; dos siglos atrás por los Habsburgos austríacos y treinta años antes por el káiser Guillermo II. Ya en Locarno, el canciller Stressemann, que había aceptado como definitivas las fronteras Occidentales del Reich, rehusaba hacer lo mismo con las Orientales. En "Mein Kampf", Hitler hablaba de detener, definitivamente, la marcha de los germanos hacia Occidente, para dirigirse hacia el Oriente, hacia la Rusia soviética y los pueblos colocados bajo su dependencia. Alemania buscaría su espacio vital en el Este, engrandeciendo a Europa, y liquidando la amenaza bolchevique. Éste era el espíritu de Munich, que sólo beneficios podía reportar a los pueblos europeos, incluyendo a Inglaterra y a la propia Rusia, que sería liberada de la tiranía soviética y volvería a formar parte del concierto de los países libres.

Los acuerdos de Munich, fueron, pues, algo infinitamente más importante que la solución del problema de las minorías nacionales en Checoslovaquia. Significaba la ruptura de los Cuatro Grandes del Continente con la URSS y por consiguiente, la desaprobación del pacto francosoviético. Europa, para los europeos, y el bolchevismo en cuarentena.

Ilya Ehrenbourg acusó, en un violento editorial de la Pravda, a "ciertos miembros del Gabinete inglés, incluyendo a su presidente, Chamberlain de haber dado carta blanca a Alemania para que atacara a la U.R.S.S.

EL PARTIDO DE LA GUERRA

Pero las fuerzas que, desde Occidente, habían contribuido a instaurar el bolchevismo en Rusia no podían permitir que los acuerdos de Munich y, sobre todo, su espíritu, prevalecieran. En Inglaterra, una importante fracción del Partido conservador, encabezada por Churchill, secundado a su vez por Eden, Halifax, Lord Vansittart, Duff Cooper y Hore Belisha, más el pleno de los Partidos laborista y liberal; todos los Partidos de extrema izquierda, la mayoría de los socialistas, y una buena parte de los "chauvins" girondinos y de la extrema derecha de Maurras, convencidos de que la misión histórica de Francia consiste en poner trabas al germanismo; toda la masonería continental y la mayoría de las casas reales, fuertemente infiltradas por la masonería y enlazadas con la familia real británica... Y, por encima de todas estas fuerzas e influencias, encauzándolas o dirigiéndolas abiertamente en muchos casos, el judaísmo -sionista o no-. Éstos fueron los abanderados del Partido de la guerra, que disponía de formidables recursos financieros y políticos, y estaba respaldado por Wall Street y su "fondé de pouvoirs", Roosevelt.

Ese "Partido de la guerra" consiguió sembrar la nerviosidad y el confusionismo entre las masas desorientadas agitando ante los ojos de éstas el espantajo de un

La Historia de los Vencidos (El suicidio de Occidente)

Hitler traicionero que se preparaba a reconquistar la Alsacia-Lorena [178] y a arrebatarle a Inglaterra su inmenso imperio colonial. Dos días después de firmados los acuerdos de Munich, Duff Cooper, ministro de la Guerra del Gabinete Chamberlain atacaba, violentísimamente, en los Comunes, a su Primer Ministro, acusándole de haber sufrido la mayor derrota diplomática de toda la historia del imperio.

Chamberlain, atacado por toda un ala de su propio Partido, se vio obligado a ceder terreno y a recomendar el rearme intensivo. Poco después, Runciman, el pacifista que acompañó a Chamberlain en Munich, era "dimitido". El Partido de la guerra marcaba punto tras punto, no sólo en Inglaterra, sino también en Francia. Una formidable campaña de Prensa o, más exactamente, de noticias tergiversadas, contribuyó a envenenar el ambiente entre la opinión publica. El conservador The Daily Telegraph, de Londres, que pasa habitualmente por un periódico serio, informó, el 17 de septiembre de 1938 que Hitler financiaba la carrera política de Georges Bonnet, el líder de los "munichois". Tres días después, el Daily Telegraph publicaba una minúscula rectificación en un rincón de la última página, pero el efecto de la calumnia ya se había conseguido. A partir de entonces, todo ministro pacifista será tratado de "agente de Hitler". El 4 de octubre, Daladier sustituirá a François-Poncet, embajador en Berlín, por Coulondre. Esto es un deliberado bofetón diplomático a Hitler. Coulondre es un marxista público y notorio que, antes de ser enviado al Reich, había sido embajador en Moscú. Su adjunto, Dejean, es un francmasón de alto rango que hará cuanto estará de su mano para envenenar las relaciones francogermanas.

Del otro lado del Canal de la Mancha, el desarrollo de los acontecimientos es singularmente idéntico. Chamberlain, atacado desde todas partes y boicoteado por su propio Partido, si bien defiende en los Comunes no sólo el Pacto de Munich sino también su espíritu, por otra parte ha proclamado la necesidad de acelerar la cadencia del rearme. La respuesta de Hitler llega casi de inmediato. En un discurso pronunciado en Saarbrucken, manifiesta que si hombres como Churchill, Eden, o los judíos Cooper y Belisha suceden en el poder a Chamberlain, "una

---

[178] Los belicistas franceses recordaban que el *Mein Kampf* contenía diversas alusiones poco amables para Francia. Pero olvidaban que tal obra fue escrita en plena ocupación francesa de Renania. (N. del A.)

nueva guerra mundial puede venir en cualquier momento". Y añade:

> *"Nosotros queremos la paz. Estamos prestos a mejorar nues tras relaciones con Inglaterra pero sería conveniente que Inglaterra abandone ciertas actitudes del pasado. Alemania no necesita una institutriz inglesa."*

El Führer afirma, así, netamente, su intención de "arreglar los problemas del Este de Europa", o, mas concretamente, de llegar a su ansiado choque con la U.R.S.S., y que, en tal circunstancia, Inglaterra no tiene ninguna razón de intervenir.

Quince días después de firmado el Pacto de Munich, su espíritu había muerto. El Partido de la guerra había conseguido hacer aceptar la tesis de que para Occidente era imprescindible exterminar a la Alemania Nacionalsocialista, y que dejarle manos libres para que atacara a la U.R.S.S. era contrario a los intereses europeos. El propósito evidente era colocar a Occidente entre Hitler y Stalin, aún a riesgo de atraer sobre aquél el formidable rayo de la guerra alemán. Francia e Inglaterra, según confiesa el propio Sir Winston Churchill, en sus "Memorias", intentaron, a finales de 1938, concluir una alianza ofensiva -defensiva con la U.R.S.S. [179] Esa tentativa no cristalizó porque desde el mismo Kremlin la torpedearon. En efecto, Stalin presentó unas demandas calculadamente desmesuradas (carta blanca para la anexión de los países bálticos, Finlandia, Besarabia, media Polonia, Irán y control de los estrechos del mar Negro) con la idea de que Londres y París se vieran obligados a rechazarlas. El zar rojo tenía un doble motivo para obrar así:

a) Sabía que el potencial bélico con que contaban, entonces, los anglofranceses. era notoriamente insuficiente para enfrentarse con la Wehrmacht, y le constaba que la moral bélica de las democracias occidentales dejaba mucho que desear.

b) Le constaba que se estaba tramando una conjura para lanzar a Inglaterra, Francia y sus satélites europeos contra Alemania. Una vez mutuamente debilitadas

---

[179] Recordemos que Francia ya había suscrito un Pacto de Amistad con la U.R.S.S., en 1934. valedero por diez años, y que Londres y París estaban ligados, asimismo, por un pacto de ayuda mutua. (N. del A.)

La Historia de los Vencidos (El suicidio de Occidente)

democracias y fascismo, el Ejército rojo intervendría para "restablecer el orden".

En Berlín están al corriente de que desde Londres y París se está resucitando la política del cerco diplomático de Alemania, tal como ocurrió en los años anteriores al estallido de 1914. Hitler hace una nueva tentativa el 24 de noviembre de 1938, fecha de la redacción de un documento por el que Alemania se compromete a "trabajar para el desarrollo de relaciones pacificas con Francia", reconoce, solemnemente, como definitivas las fronteras francoalemanas trazadas en Versalles, y se declara resuelta a "consultar con Francia en el caso de que la evolución de las cuestiones interesando a ambos países amenazaran ser causa de dificultades internacionales". Ese pacto francoalemán había sido ya ideado en Munich, y fue firmado por Ribbentrop y Bonnet el 6 de diciembre en Paris. No era sólo Alemania la que se comprometía a consultar sus diferencias con Francia sino ésta, también, las suyas con Alemania. Tácitamente, pues, a cambio de la renuncia definitiva del Reich a Alsacia-Lorena, Francia daba un paso hacia el abandono de su política con respecto a Alemania desde los tiempos de Richelieu. Tener las espaldas libres para su ataque contra la URSS. Hitler no pedía ni había pedido jamás otra cosa a Francia.

El Pacto de París, que hubiera podido ser el preludio de un franco entendimiento entre los países civilizados y el punto de partida de la exterminación del bolchevismo, fue boicoteado por el cada día más poderoso clan belicista. Al día siguiente de la firma del pacto, y en el mismo momento en que Ribbentrop era agasajado por el "Comité Francia-Alemania", Duff Cooper, del Gabinete británico y germanófobo empedernido, se dirigía, en un banquete dado en su honor en París, a una asistencia entre la que se contaban los principales hombres políticos franceses, que le ovacionaban clamorosamente. Cooper denunció la política de Munich, rindió vibrante homenaje "a la raza que había traído el Cristianismo al Mundo" y calificó de "papelucho sin valor" el pacto firmado la víspera en el Quai díOrsay. El judío Cooper, después de echarse incienso sobre su propia cabeza con lo de "la raza que trajo el Cristianismo al Mundo", califica un pacto firmado libremente por Francia de "papelucho sin valor", pero en el curso del mismo Parlamento criticará violentamente a Hitler por haber violado el Tratado de Versalles, que Alemania fue forzada a firmar, bajo chantaje. ¡Admirable lógica talmúdica!

Entre tanto, la estrella de Paul Reynaud, el campeón de Moscú y de los grandes trusts sube tanto en Francia como la de Churchill en Inglaterra. El belicismo va viento en popa.

EL CASO DE UCRANIA Y LA "DRANG NACH OSTEN"

Después de Munich, el problema ucraniano se convierte en el problema capital de la política europea. Preciso será, antes de seguir adelante, examinar, someramente al menos, en qué consiste tal problema.

Ucrania es una realidad étnica y nacional: es el país de los rutenos, que hablan el idioma ruteno, llamado también "pequeño ruso". Limita, al Norte, por una línea que va de Brest-Litovsk a Nowo-Khopersk, extendiéndose, por Oriente, desde Nowo-Khopersk a Rostov; por el Sur, sigue las costas del mar de Azov y del mar Negro, hasta llegar al delta del Danubio; al Oeste, sigue una línea que, partiendo del delta del Danubio, sigue el curso del Dniester, cruza los Cárpatos al Sur de Czernovitz y llega a Brest-Litovsk. Es uno de los países más ricos del mundo; no es solamente el granero de Europa; posee también minas de carbón y yacimientos pe-trolíferos en Galitzia, mineral de hierro en Poltawa, aluminio y manganeso en Yekaterinoslaw y, sobre todo, la inmensa riqueza de la cuenca hullera del Donetz. Los ucranianos poseen una literatura abundante y una rica música folklórica; su cultura nacional está netamente diferenciada con relación a la rusa. Constituidos como nación independiente desde mediados del si-glo IX, los ucranianos fueron, hasta la mitad del siglo XIII el baluarte del Sudeste europeo contra las hordas del Asia. La invasión de Gengis-Khan arrasó el país, pero al cabo de unos cincuenta años los ucranianos recobraron su independencia para convenirse en vasallos, primero del rey de Lituania, y luego del de Polonia, a principios del siglo XV. Una parte de Ucrania, no obstante -la zona oriental que se extendía desde Czernikow hasta Braclaw, con capital en Kiev- había conseguido mantenerse independiente. Esa independencia sería reconocida por el zar Alexis y el rey Juan-Casimiro de Polonia, en 1654. Pero, en 1667, polacos y rusos incumplían su palabra y se repartían ese territorio. Durante un siglo, tres grandes insurrecciones ucranianas - las de Steppa, Pougatchew y Stenka Razine- provocarán otras tantas brutales represiones rusopolacas.

En el siglo XVIII, el primer reparto de Polonia hace pasar la Galitzia (Ucrania Occidental) bajo soberanía austrohúngara. Los repartos segundo y tercero

La Historia de los Vencidos (El suicidio de Occidente)

aumentarán el territorio ucraniano sometido a Rusia con las provincias de Polonia y Volynia. Los zares poseen, entonces, más de las tres cuartas partes de Ucrania, de la que desaparece hasta el nombre; para transformarse, por decreto zarista, en "pequeña Rusia".

Durante un siglo y medio, numerosas sublevaciones contra la dominación rusa y polaca estallarán a ambos lados de la frontera. En febrero de 1917, inmediatamente después de la abdicación de Nicolás II los ucranianos reclaman la autonomía -que les garantiza, verbalmente, al menos, la propaganda bolchevique que busca, en aquellos momentos, debilitar al Gobierno provisional de Kerensky- y reúnen en Kiev la Rada, o Asamblea Nacional de Ucrania. El 7 de noviembre, la Rada anuncia la creación de la República de Ucrania, que es inmediatamente reconocida por Inglaterra y Francia, que acreditan sendos embajadores en Kiev, confiando en que los ucranianos combatirán a su lado contra los imperios centrales. Pero el martirizado pueblo ucraniano prefiere conservar su neutralidad, lo que motiva el cese de la ayuda francobritánica. El 9 de febrero de 1918, las tropas rojas se apoderan de Kiev, y cuando todo parece perdido para los nacionalistas ucranianos, la intervención de las tropas alemanas y austrohúngaras estabiliza nuevamente la situación. Por el Tratado de Paz de Brest-Litovsk, la Rusia soviética debe reconocer, bajo presión alemana, la independencia de Ucrania, la cual es inmediatamente reconocida por Alemania, Austria-Hungría, Bulgaria y Turquía.

En diciembre de 1918, los rutenos proclaman, en Lwow, la República Occidental de Ucrania, y el 22 de enero de 1919, con la unión de ambas porciones, la Rada proclama en Kiev la unificación nacional ucraniana. El Estado ucraniano, ese sueño de cuarenta y tres millones de personas, se ha convertido en una realidad. Pero poco tiempo durará la independencia ucraniana. Después de la derrota de los imperios centrales, y abandonada por la Entente, será atacada, a la vez, por los rusos blancos de Denikin -cuya estupidez política es proverbial- los rojos de Trotsky y Gamarnik, y los polacos de Pilsudski, que reclaman la Ucrania Occidental. Los anarquistas ucranianos, a las órdenes de Mahkno, combatirán con la misma energía a los rojos, a los blancos, a los nacionalistas ucranianos y a los polacos de Pilsudski. Durante dos años y medio, Ucrania será pasto de unos y otros, mientras la Sociedad de Na ciones hará el poco airoso papel de Poncio Pilatos.

He aquí los principales episodios que se irán sucediendo paulatinamente:

a) Conquista de la Galitzia por Polonia, y ejecución de la élite nacional oesteucraniana a manos de los verdugos de Pilsudski.

b) Aplastamiento del Ejército ucraniano de Petliura por los rusos blancos de Denikin, instrumento inconsciente del bolchevismo al que tanto pretendía combatir.

c) Derrota de Denikin y de su sucesor, Wrangel, a manos de los comunistas soviéticos y de los anarquistas de Mahkno.

d) Guerra rusopolaca por la posesión de Ucrania Occidental, finalizada por el Tratado de Riga 18 de mayo de 1921 que consagra el reparto de esos territorios, otorgando la Galitzia a Polonia y el resto de la Ucrania del Oeste a la Rusia soviética.

e) Aplastamiento de las bandas anarquistas de Mahkno por el Ejército rojo.

f) Entrada en vigor de dos cláusulas de los Tratados de Versalles y Saint-Germain, que adjudican la Bukovina a Rumania, y la Rutenia Transcarpática a Checoslovaquia.

El resultado final de todas esas guerras, "tratados" y celestineos es el reparto de Ucrania entre cuatro potencias: la U.R.S.S., que reina despóticamente sobre 35.000000 de ucranianos habitantes de la llamada "pequeña Rusia". Polonia, que se queda con la Galitzia, poblada por 6.500.000 de ucranianos. Rumania, con la Bukovina, cuya población es de 1.300.000 habitantes, y Checoslovaquia, con la Rutenia Transcarpática, poblada por 500.000 ucranianos y 100.000 alemanes, húngaros, eslovacos y polacos.

No puede decirse que el caso ucraniano fuera menospreciado en las discusiones de Versalles y Saint-Germain. Una activa delegación rutena había, incluso, obtenido ciertas no negligibles satisfacciones de principio. Por ejemplo, el Tratado de Saint-Germain estipulaba (articulo 10.º):

"Checoslovaquia se compromete a organizar el territorio de los rutenos al Sur de los Cárpatos en las fronteras fijadas por las potencias aliadas y asociadas, bajo la forma de una unidad autónoma en el interior del Estado de Checoslovaquia."

El mismo Tratado, que atribuía la Bukovina a Rumania, imponía a los gobernantes de Bucarest idénticas obligaciones.

Con referencia a Polonia, el Consejo Supremo de la Sociedad de Naciones la autorizaba a ocupar militarmente la Galitzia... "con objeto de garantizar la protección de las personas y los bienes de la población contra los peligros a que les someten las bandas bolcheviques..." La Sociedad de Naciones, además, estipulaba que esa autorización no prejuzgaba en absoluto las decisiones que el Consejo tomaría ulteriormente a propósito de esos territorios. El 27 de septiembre de 1921, la Asamblea de Ginebra votaba la resolución siguiente:

"Polonia es solamente el ocupante militar y provisional de Galitzia, cuya soberanía es reservada a la Entente."

Si las disposiciones del Tratado de Saint-Germain relativas a Ucrania Occidental hubieran sido respetadas, los ucranianos sometidos al dominio centralista de Varsovia, Praga y Bucarest hubieran conocido una sensible mejora de sus condiciones de vida y de su dignidad nacional. Pero ni Polonia, Checoslovaquia, ni Rumania respetaron sus compromisos, y las platónicas recomendaciones de la Sociedad de Naciones no surtieron el menor efecto. Al contrario, checos, polacos y rumanos hicieron cuanto estuvo de su mano para impedir cualquier manifestación de la personalidad ucraniana. Sin duda alguna, Polonia fue la más brutal en su represión: campesinos expropiados, maestros ucranianos apaleados, bibliotecas incendiadas deportaciones masivas de la población; centros de estudios ucranianos dispersados por agentes provocadores a sueldo de la policía polaca, etc.
Y eso no es nada, comparado con lo que deben sufrir los ucranianos del Este: disolución de todos los organismos locales; ejecuciones de kulaks por decenas de millares, requisas de pequeñas propiedades rurales. Cuando, en 1932, "el año del hambre", miles de familias ucranianas intentan huir a Rumania, Stalin coloca la frontera en Estado de sitio; durante meses el Dniester acarreará cadáveres de fugitivos abatidos por las patrullas del Ejército rojo. Georges Champeaux reproduce[180] ciertas cifras y datos facilitados en el VIII Congreso del Partido comunista. Según ellos, de los 5.618.000 kulaks que existían en 1928, no quedaban el 1º de enero de 1934, más que 149.000 individuos despojados de todos sus derechos y propiedades. De los 5.469.000 que faltaban, 1.500.000 habían muerto

---

[180] G. Champeaux: Ibid. íd.

de hambre o habían sido sumariamente ejecutados. Los otros, habían sido deportados, a Siberia o trabajaban en condiciones infrahumanas, en la construcción del Canal Moscú-Volga. Una última prueba les reserva Stalin a los ucranianos en 1935: en previsión de un ataque alemán, y desconfiando de la lealtad a los soviéticos de los habitantes de Ucrania, hace arrasar cuatrocientos pueblos de las cercanías de las fronteras de Ucrania con Polonia y Rumania, y ordena la deportación al interior de Rusia, de trescientas mil personas.

Lejos de descorazonar al patriotismo ucraniano las persecuciones polaca y soviética no hacen más que exasperarlo. El coronel Konovaletz, que dirigía la "Organización militar ucraniana" que combatía, en lucha de guerrillas contra polacos y soviéticos a la vez, se convirtió en un personaje de leyenda. En 1929, Konovaletz crea otra organización, la "Liga de nacionalistas ucranianos". Estos movimientos actúan sobre la masa del pueblo ruteno, llegando a constituir un serio problema para Moscú. La G.P.U. consigue infiltrar a uno de sus elementos el judío Wallach, dentro de la organización de Konovaletz hasta conseguir ganarse la confianza de éste. Wallach asesinará a Konovaletz en abril de 1938.

Otro judío, Schwartz-Bart, había asesinado, en París, en mayo de 1926, al predecesor de Konovaletz y héroe de la independencia ucraniana. Petliura.

* * *

Todos los patriotas ucranianos siguieron la crisis germanocheca a propósito de los Sudetes con apasionada atención.

Lógicamente. la sacudida que conmovía a la creación artificial de Benes y Massaryk debía repercutir en beneficio de las aspiraciones nacionales de los ucranianos de la Rutenia Transcarpática.

Como sabemos una parte de los territorios ucranianos sometidos a Praga, la comarca de Téscheno, fue reivindicada por Polonia. Daladier aconsejó a Benes de no oponerse a la invasión de ese territorio por las tropas polacas. Benes obedecerá. A las fuerzas que mandan en Benes les interesa conservar y si es posible, fortalecer, la barrera polaca, que preserva a Stalin del ataque frontal alemán.

Hitler y Mussolini intentaron en Munich hacer reconocer el derecho de los ucranianos de Checoslovaquia a su autogobierno. La idea maestra del Führer era

La Historia de los Vencidos (El suicidio de Occidente)

crear una Ucrania autónoma, bajo soberanía alemana, que serviría de canal para la invasión de la Rusia soviética. El núcleo de esa nueva Ucrania lo constituirla la Rutenia Transcarpática. Pero esa idea hitleriana será ferozmente combatida, no solamente por Londres y París, sino por Beck, ministro de Asuntos Exteriores de Polonia y sucesor de Benes como campeón de las pequeñas naciones"[181].

Beck prometió al conde Csaki, jefe del Gabinete del Ministerio de Asuntos Exteriores de Hungría, todo su apoyo para las reivindicaciones húngaras a Checoslovaquia. El Gobierno de Imredy, como sabemos, se limitó a pedir, en una nota conjunta enviada a Londres, Paris, Roma, Praga y Berlín, la devolución de los territorios húngaros colocados bajo soberanía checoslovaca en 1919, pero Beck insistió en que Hungría se anexionara todo el territorio ruteno. De esta manera, Polonia y Hungría tendrían una frontera común. Los motivos de Beck para mostrarse tan sospechosamente generoso hacia Budapest eran:

a) Constituir entre Alemania y la U.R.SS. una especie de Osten-Europa de la que él hubiera sido el líder.

b) Hacer salir a Hungría de la zona de influencia alemana.

c) Impedir la liberación de los ucranianos de la Rutenia Transcarpática, lo que no hubiera dejado de excitar el irredentismo de los ucranianos de Galitzia.

Estos tres objetivos coincidían plenamente con el interés del "Partido de la guerra" afincado en Occidente, del que ya hemos hablado, y de cuya composición y objetivos hablamos al final del presente capitulo. Dicho Partido de la guerra buscaba apuntalar la barrera polaca, que impedía el choque, que quería evitarse a toda costa, entre Hitler y Stalin. El interés del Nacionalsocialismo alemán y de Hitler, apóstol de la "Drang Nach Osten" - la marcha hacia el Este - consistían en ganarse el favor del pueblo ucraniano. Si Alemania conseguía liberar a los rutenos, suscitaba entre los demás ucranianos una doble esperanza: el fin de la tiranía soviética y la posterior creación de una Ucrania autónoma bajo soberanía del Reich. La

---

[181] Es curioso que ese nuevo defensor de la ideología democrática sea, igual que su predecesor Benes. el portavoz de un Estado construido sobre el principio de la opresión de las minorías. Según el periódico londinense Jewish Daily Post, de 28 de julio de 1935: "... El ministro de Asuntos Exteriores de Polonia, coronel Joseph Beck, es de origen parcialmente judío... Su padre es un judío converso de Galitzia..." (N. del A.)

independencia, o, cuando menos, la autonomía de Rutenia, significaba ganar las simpatías de cuarenta y tres millones de ucranianos. Por otra parte, la importancia estratégica de la Rutenia Transcarpática la convierte en el centro de la política europea de aquel momento. Rutenia es el camino ideal para un ejército que, partiendo de Viena, y a través de Eslovaquia, bajo influencia alemana, se dirigiera hacia la Ucrania dominada por los soviéticos. Su extremo oriental está a sólo 135 kilómetros de los puestos fronterizos avanzados de la U.R.S.S. Por lo tanto, el llamado "Plan Beck", consistente en establecer una frontera polacomagiar, equivalía a cerrar el paso natural de la "Drang Nach Osten".

Como hemos visto en el precedente capitulo, Hungría se negará a entrar en las combinaciones de Beck, y someterá su caso a una Comisión de Arbitraje germanoitaliana. Evidentemente, las decisiones del arbitraje de Viena son acogidas con satisfacción por el pueblo ucraniano. Una parte de la patria ha logrado la autonomía; los militantes de la Gran Ucrania podrán organizarse legalmente desde allí. Un Partido de tendencia nacionalsocialista, el "Partido Nacional Ucraniano" se constituye en Chust, capital de Rutenia. Entre tanto, la agitación irredentista estalla no sólo en Galitzia, sino en Kiev. Medio centenar de oficiales ucranianos del Ejército rojo son deportados a Siberia bajo la inculpación de complot contra la unidad de la patria soviética.

LAS MANIOBRAS DE BECK

El arbitraje de Viena causa gran decepción en Varsovia. La autonomía de Rutenia ha redoblado las esperanzas de los ucranianos de Galitzia, y estudiantes ucranianos y polacos han llegado a las manos en Lwow. La ley marcial es declarada en Lemberg. La Prensa anglofrancesa acusa a Alemania de sostener a los "separatistas" ucranianos.

Desde Nueva York, se azuza a Beck y a su presidente, Moscicki, contra Alemania. El 19 de noviembre, el conde Potocki, embajador polaco en Washington, se entrevista con William C. Bullitt, ex embajador de Roosevelt en Moscú y miembro del poderoso "Brains Trust" que gobierna en la Casa Blanca. Bullit asegura a Potocki que, en caso de guerra entre Alemania y Polonia, los Estados Unidos estarán al lado de Varsovia. Como Potocki objetara que Alemania no ha presentado, aún, ninguna reclamación a Polonia, Bullitt, habló de la cuestión ucraniana y de las tentativas alemanas en Ucrania. Confirmó que Alemania dispone de un personal ucraniano completo, preparado para la futura administración de Ucrania, donde los alemanes pensaban fundar un Estado autónomo, bajo dependencia alemana. Una tal Ucrania sería muy peligrosa para Polonia, pues haría sentir necesariamente su influencia sobre los ucranianos de Galitzia... Por esta razón la propaganda del doctor Goebbels se orienta en el sentido del nacionalismo ucraniano, y Rutenia Transcarpática, cuya existencia es vital para Alemania por razones de orden estratégico, debe servir de punto de partida de esa futura empresa.

Por mediación de Potocki, Beck responde a Bullitt, asegurándole que Polonia está dispuesta a oponerse por todos los medios a la expansión alemana hacia el Este. El 26 de noviembre de 1938, un comunicado oficial, publicado simultáneamente en Moscú y Varsovia confirma, con toda solemnidad, el pacto de no agresión polacosoviético[182]. Todas las convenciones polacosoviéticas existentes, incluyendo el pacto de amistad y no agresión de 1932 continúan siendo, en toda su extensión, la base de las relaciones entre Polonia y la U.R.S.S." Beck ha sido el artífice de esa nueva maniobra. Dos días después, en una entrevista concedida a un reportero del Times, el ministro de Asuntos Exteriores polaco confirmará que, con tal de impedir la realización de los planes alemanes en Ucrania, Polonia se aliará con quien sea. "Tenemos intereses comunes con la U.R.S.S.", dirá Beck.

Los gobernantes de Varsovia tienen mala memoria; una mala memoria que corre parejas, en el caso ucraniano, con la mala fe.

Han pretendido olvidar que, en noviembre de 1919, el héroe nacional de Ucrania, Petliura, refugiado en Polonia, había concluido un acuerdo con Pilsudski, tendente a la liberación de la Ucrania Oriental del yugo bolchevique, a cambio de lo cual, los ucranianos renunciaban a Galitzia en favor de Polonia, y que, a pesar de esos acuerdos, Polonia firmó con la U.R.S.S., el 18 de marzo de 1921, el Tratado de Riga, por el cual ambos países se repartían Ucrania. La declaración conjunta polacosoviética del 26 de noviembre de 1938 es una repetición del Tratado de Riga el cual, a su vez, es la moderna versión del Tratado de Andrusovo.

En Andrusovo, Juan-Casimiro de Polonia y el zar Alejandro traicionaron sus

---

[182] Paul Rassinier: *Les Responsables de la Seconde Guerre Mondiale*.

acuerdos con los cosacos para repartirse Ucrania. En Riga, Pilsudski traicionaría sus acuerdos con Petliura para hacerse confirmar por Lenin la posesión de Galitzia. En noviembre de 1938, Beck se entiende con Stalin contra los nacionalistas ucranianos y su campeón del momento, Hitler. Es una ley de la Historia: para mantener a Ucrania bajo su dominación común, Polonia y Rusia siempre han estado y siempre estarán de acuerdo. Pero lo que olvidan los megalómanos de Varsovia es que existe otra ley histórica, según la cual, Rusia, blanca o roja, siempre estará de acuerdo con Alemania, con Austria-Hungría, con Lituania, con Suecia o con quien sea, para presidir el reparto de Polonia...

EL POLVORIN POLACO

La "Drang Nacho Osten" había conseguido, con la liberación de Rutenia Transcarpática, una vía de acceso. Pero tal vía de acceso era insuficiente para la campaña de Rusia que Hitler y el Alto Estado Mayor de la Wehrmacht preparaban. La Alemania de 1938 no tenía fronteras comunes con la U.R.S.S. Prusia Oriental se hallaba cerca de la Unión Soviética y era, juntamente con la Rutenia recientemente liberada, otro camino natural de la marcha hacia el Este, pero se encontraba artificialmente separaba del resto de Alemania por el titulado "Corredor" polaco, que los nefastos estadistas de Versalles adjudicaron a Polonia contra toda noción de derecho. El ataque a Rusia sólo podía realizarse en la zona del Báltico, si se atendían las demandas de Hitler a Polonia. El Führer pedía:

a) Que Dantzig, ciudad indiscutiblemente alemana y, teóricamente, libre, fuera devuelta al Reich.
b) Que se permitiera construir a Alemania, a través del "Corredor", un ferrocarril y una carretera que permitiera unas comunicaciones normales con su provincia de Prusia Oriental.

A cambio de la devolución de Dantzig y su puerto, y la autorización a construir un ferrocarril y una autopista -condiciones sine qua non para la organización del ataque contra la U.R.S.S.- Alemania ofrecía renunciar a los territorios alemanes que en Versalles habían sido adjudicados a Polonia y reconocer las fronteras de 1919 y, además, garantizar el libre acceso de Polonia báltica. Pero antes de seguir adelante, consideramos necesario un análisis del caso del "Corredor" y la nueva Polonia, creada en Versalles como un "contrapeso contra la influencia y el poderío germánicos"[183].

El nuevo Estado polaco, después de casi un siglo y medio de eclipse, reaparece a consecuencia del Punto XIII de Wilson, redactado así:

> "Se formará un Estado polaco independiente, englobando todos los territorios indiscutiblemente polacos, que tendrá asegurado su libre acceso al mar, y cuya independencia política, así como su integridad nacional, deberán ser garantizadas por un tratado internacional."

A pesar de que los mismos vencedores acordaron en Versalles que por "territorios indiscutiblemente polacos" se entendían las comarcas donde la población fuera polaca al menos en un 51%, se adjudicaron al nuevo Estado inmensas regiones donde la población era mayoritariamente alemana, rusa, ucraniana, lituana, bielorrusa y hebrea. La llamada "Polonia" reconstruida en Versalles, abarcaba una población de unos 32.000.000 de habitantes que, atendiendo a su origen étnico, se distribuían así:

Polacos 18.000.000
Ucranianos 6.500.000
Alemanes 4.500.000
Judíos 1.500.000
Lituanos 800.000
Rusos 700.000

Es decir, que los polacos representaban aproximadamente el 56% de la población total del Estado. Añadiéndoles los judíos, apenas el 61%.

El Punto XIII de Wilson aseguraba a Polonia el "libre acceso al mar".

Exceptuando a Clemenceau, obsesionado con la idea de fortalecer al máximo al gendarme polaco, cuya misión era vigilar a Alemania, todos los estadistas de Versalles estuvieron de acuerdo en que el acceso al mar debía proporcionarse a

---

[183] Jacques Bainville: *Les conséquences politiques de la Paix*.

Polonia, bien mediante la internacionalización del Vístula, bien mediante la creación de un puerto franco internacional en Dantzig, Koenigsberg o Stettin. Así lograría Polonia su salida al Báltico sin atropellar ninguna ley natural o historica.

El mariscal Foch dijo, en cierta ocasión, que el "Corredor" de Dantzig, creado en Versalles, sería motivo de una Segunda Guerra Mundial, propósito recogido por el historiador francés Bainville en la obra citada anteriormente. A la luz de los acontecimientos posteriores creemos que, de hecho Dantzig fue el polvorín colocado adrede por la "fuerza secreta e inidentificable" en uno, de los caminos naturales de Alemania hacia Rusia. Esa "fuerza" a que se refería Wilson utilizó, en su provecho, la germanofobia enfermiza de Clemenceau, la ignorancia supina de la delegación americana en Versalles y la xenofobia patriotera de los polacos. Así se creó, despreciando el "derecho de los pueblos a disponer de sí mismos", el "Corredor" que convertía a la Prusia Oriental, con Koenigsberg, en un islote separado del resto de Alemania.

Que la célebre "salida al mar" no era más que un pretexto cómodo para dividir a Alemania, fortalecer a Polonia y crear una psicosis de guerra permanente, y no una necesidad vital polaca, como pretendían Dmowski y demás líderes del nuevo Estado lo demuestra el hecho de que, en 1939, el comercio marítimo de Polonia representaba, sólo, el 6% del comercio exterior del país, y estaba casi exclusivamente alimentado por la exportación del carbón de la Alta Silesia; es decir que provenía de un territorio que el Tratado de Versalles arrebató a Alemania.

El derecho de plebiscito no se aplicó en Dantzig, a pesar de haberse comprometido a ello, los vencedores, pues es evidente que, de haberse consultado a la población, jamás ésta hubiera aceptado ser puesta bajo la soberanía polaca. Dantzig es una ciudad alemana desde su fundación -fue construida por los caballeros teutónicos en el siglo XI- y su población, en 1919, era alemana en un 96,5%, contando solamente con un 3,5% de polacos y judíos. La Prusia Occidental del "Corredor" estaba, así mismo, habitada por una mayoría de alemanes -903.000- y una relativamente importante minoría de polacos, judíos y cachubes (eslavos oriundos de Pomerania y feroces rivales de los polacos) cuyo total se acercaba al medio millón de personas. El 11 de julio de 1920 se celebraron plebiscitos en las ciudades de Allenstein y Marienwerder, en la Prusia Occidental adjudicada a Polonia, consultando a la población si deseaban la anexión a Polonia o formar parte

La Historia de los Vencidos (El suicidio de Occidente)

del Reich. De 475.925 votos emitidos, 460.054, o sea un 96,6% votaron a favor de Alemania, pero las autoridades locales impidieron la celebración de nuevos plebiscitos[184].

Jacques Bainville explicaba así la inviabilidad del "Corredor" polaco:

> *"Imaginemos, por un momento, que Francia ha sido vencida y que, por una razón cualquiera, el vencedor ha considerado necesario ceder a España un corredor que llega hasta Burdeos, dejándonos el departamento de los Bajos Pirineos y Bayona. ¿Cuánto tiempo soportaría Francia una tal situación?"*

Y el mismo Bainville responde:

> *"La soportaría todo el tiempo que el vencedor conservara su superioridad militar y España pudiera conservar el "Corredor". Lo mismo sucederá, fatalmente, con el "Corredor" de Dantzig y la Prusia Occidental. Sería un milagro que Alemania consintiera en considerar sus fronteras del Este como definitivas"*[185].

Otro historiador francés, Alcide Ebray, comentaba así el peligro que representaba para la paz el creciente apetito de Polonia:

> *"Si quiere justipreciarse exactamente lo que representa la solución dada al problema del acceso polaco al mar, hay que pensar, sobre todo, en el futuro. Es preciso contemplar el mapa de esas regiones y reflexionar. Se comprenderá entonces que la Ciudad Libre de Dantzig y la Prusia Oriental forman, ahora, un enclave en territorio polaco, y que Polonia, con el paso del tiempo, tendrá, necesariamente, una tendencia a apoderarse del mismo"*[186].

Una verdadera legión de historiadores y publicistas no alemanes reconocieron, en su día, que, no ya la artificiosa solución del "Corredor", sino la misma resurrección de Polonia -al menos en la forma que se había hecho en Versalles- era un error y un verdadero crimen político. "Se ha creado una Polonia artificial que, con su "Corredor" cortando en dos a Prusia, y su frontera de Silesia para favorecer

---

[184] Friedrich Grimm: *Francia y el Corredor Polaco*.

[185] Jacques Bainville: Op. cit., pág. 80.

[186] Alcide Ebray: *La Paix Malprope* págs. 137-138.

los intereses polacos; con sus treinta y dos millones de habitantes, de los cuales casi el cuarenta y cinco por ciento son alógenos hostiles, no es viable. Esa importante minoría de ucranianos, alemanes, rusos blancos y lituanos, está siendo salvajemente oprimida... Los ucranianos de Galitzia han perdido todos los derechos de que gozaban cuando dependían de la soberanía austrohúngara, bajo cuyo régimen poseían sus propias escuelas y varias cátedras en la Universidad de Lemberg. Toda protesta cerca de la Sociedad de Naciones provoca la persecución de la policía polaca. Un verdadero terrorismo organizado reina en el país"[187].

La ciudad de Dantzig había sido declarada "libre" en el Tratado de Paris (15 de noviembre de 1920) pero, en la práctica, se concedían al Gobierno polaco todos los resortes del mando y de la administración. Las relaciones de Dantzig con el exterior eran aseguradas por Varsovia, de la que dependían también el puerto, los ferrocarriles, los servicios postales, telegráficos y telefónicos, la emisora de radio, los servicios de Aduanas, los canales, el uso del río Vístula dentro de los límites de la ciudad, y las carreteras. En realidad, pues, Dantzig no era "libre" más que en teoría. Huelga decir que los habitantes de Dantzig no tenían, tampoco, derecho a la libre determinación es decir, no podían renunciar a su pretendida "libertad" optando, democráticamente, por el retorno a la soberanía alemana[188].

Pero a Polonia no le bastaba con la "colonia" de Dantzig ni con oprimir a sus minorías; quería forzar a los alemanes de la ciudad "libre" a emigrar, para repoblarla con polacos. Para ello, el Gobierno de Varsovia tomó una serie de medidas que contravenían el espíritu y la letra del Tratado de París; desvió su tráfico naval hacia

---

[187] Georges Michon: *Clemenceau*, pág. 234.

[188] La misma mala fe se advierte en los convenios de París a propósito del acceso de la Prusia Oriental al Vístula. Los diques de ese río, que protegen las tierras bajas de Prusia Oriental, habían sido colocados bajo control polaco. Ello equivalía a dejar la seguridad de miles de familias alemanas en manos de un vecino agresivo y rencoroso.

En el Tratado de Versalles se había prometido a la Prusia Oriental un acceso al Vístula, pero al llevar a la práctica esa promesa de los Aliados y los polacos parecieron mofarse del pueblo alemán. Ese "acceso al Vístula" se situó cerca del pueblecito de Kurzebrack: se trataba de un caminito de cuatro metros de anchura. Por esos cuatro metros debían circular las mercancías de toda la Prusia Oriental para llegar al Vístula. Ese camino estaba, además, interceptado por una barrera aduanera polaca, que ponía toda clase de obstáculos burocráticos al tráfico. El comercio de la Prusia Oriental bajó, a consecuencia de la incomunicación con el resto de Alemania, provocada por el "Corredor", en un 35 %, y más de la mitad de las industrias de la región debieron cerrar sus puertas. (Vide J. Tourly: *Le Conflit de demain*, París, 1928, págs. 118-119.)

el puerto de Gdynia, cuya construcción fue encomendada a un consorcio francés, destinado a arruinar Dantzig y obligar a sus moradores a emigrar a Alemania. Toda clase de trabas burocráticas, impuestos "especiales" y medidas discriminatorias arbitradas por Varsovia hicieron descender las actividades de Dantzig y su puerto en un 84% con relación a 1914[189].

Las relaciones entre Polonia y Alemania, como ya hemos visto en los capítulos I y III, debían resentirse, lógicamente, de la creación del "Corredor"; agravando la situación las incursiones de Korfanty en Silesia, el intento de invasión de la Prusia Oriental por Pilsudski y el Tratado polacosoviético de 1932.

Sólo después de la elección de Hitler como canciller del Reich se apaciguaron los ánimos. El Führer había comprendido que una discusión constante sobre la cuestión germanopolaca significaría una permanente inquietud para Europa. Él dio, pues, el primer paso hacia Polonia y se esforzó en encontrar con Pilsudski un arreglo entre los dos países, un status quo temporal que, así lo esperaba Hitler, crearía relaciones más amistosas y confiantes entre Polonia y Alemania, y finalmente conduciría a una solución pacífica de las cuestiones territoriales. Así se concluyó la Convención germanopolaca de 1934, que dejaba los límites fronterizos entre ambos países tal como estaban, durante diez años, al cabo de los cuales se volvería a estudiar la cuestión.

Las proposiciones de Hitler a finales de 1938, pidiendo la libre determinación para Dantzig que, al fin y al cabo, era una ciudad "libre", y la construcción de un ferrocarril y una autorruta extraterritorial, no afectaban para nada a las fronteras de Polonia. Pero el realista Pilsudski había muerto sin poder terminar su obra - consolidar la nueva Polonia y aliarse con Alemania contra la U.R.S.S.- y en su lugar se encontraban ahora políticos como Beck, Smigly-Ridz y Moscicki, cuya orientación era más "democrática" que polaca. Y las propuestas de Hitler, que incluso en Inglaterra y Francia fueron consideradas moderadas fueron rechazadas por Varsovia bajo el pretexto de que "las dificultades políticas interiores impedían tomarlas en consideración".

En febrero de 1939, las relaciones entre los dos países empeoraron aún más, a causa de las manifestaciones antialemanas ocurridas en Varsovia. Berlín acusó a

---

[189] Friedereich Grimm: *Op. Cit.*

Varsovia de haber fomentado discretamente tales "manifestaciones espontáneas". Un mes más tarde, Polonia movilizaba a cuatro reemplazos. Y, el 31 de marzo, Inglaterra le da un cheque en blanco a Polonia. No le promete una simple ayuda militar o económica: le promete, por boca de Chamberlain -ya definitivamente arrastrado por el clan belicista - nada menos que:

> "En el caso de una acción que amenazara claramente la independencia polaca y que el Gobierno polaco consideran necesario combatir con sus fuerzas armadas, Inglaterra y Francia les prestarán toda la ayuda que permitan sus fuerzas".

Es decir que, según esa "garantía" anglofrancesa. Polonia tiene toda latitud para interpretar a su conveniencia cualquier actitud alemana o no alemana; y puede responder a toda acción "agresiva" (sin molestarse en precisar, exactamente, qué se entiende, exactamente, por "acción agresiva") contra sí misma o contra terceros que directa o indirectamente puedan afectarla -o crea ella que puedan afectarla-, con el uso de sus fuerzas armadas, las cuales serán inmediatamente asistidas "por toda la ayuda que permitan las fuerzas de Inglaterra y Francia"[190].

Jamás, en todo el transcurso de la historia de los hombres, un Estado soberano se ha atado de tal manera a otro. Jamás un Estado realmente soberano ha ido a la guerra por defender los intereses de otro. Y menos que nadie, Inglaterra.

Posteriormente se sabría que Chamberlain - constitucionalmente, ya que no realmente - la primera autoridad política del imperio británico, se avino a otorgar la famosa "garantía" a Polonia basándose en una falsa información de las agencias de noticias internacionales[191] según la cual los alemanes habían enviado un ultimátum de 48 horas a Varsovia. Una vez dada su "garantía", Chamberlain no podía volverse atrás sin firmar el decreto de su muerte política[192]. El clan belicista, con Churchill y Eden a la cabeza, había ido ganando posiciones hasta llegar a imponerse totalmente a un Chamberlain engañado, traicionado por su propio

---

[190] Un primer ministro inglés comunica a la Cámara de loa Comunes que Inglaterra y FRANCIA han dado una garantía a un tercer país, cuando el francés de la calle aún no ha sido informado de nada... ¡Oh, manes de Juana de Arco! (N. del A.)

[191] Según Henry Ford (en *The International Jew*), todas las grandes agencias de noticias mundiales son judías. (N. del A.)

[192] A. H. M. Ramsay: *The Nameless War*, pág. 60.

La Historia de los Vencidos (El suicidio de Occidente)

Partido, y enfermo.

El cheque en blanco dado a Varsovia representaba, jurídicamente hablando, una violación anglofrancesa al espíritu y a la letra de los acuerdos de Munich, donde se había decidido que las futuras diferencias entre los cuatro firmantes o que afectaran a la paz de Europa, serían discutidas en conferencias internacionales. Hitler hizo una propuesta concreta, a propósito del "Corredor", a Polonia e, ipso facto, sugirió a Inglaterra, Francia e Italia, que intervinieran como mediadores. La respuesta anglofrancesa consistió, prácticamente, en aconsejar a los belicistas de Varsovia una política de intransigencia que hacía inútil todo diálogo.

Es una tragedia que un conflicto mundial hubiera de estallar, nominalmente al menos, a pretexto de un caso tan diáfano como el del "Corredor". Wladimir d'Ormesson, escritor y crítico francés, que no puede ser calificado de "nazi" escribía, en 1932:

> *"La verdad es que el "Corredor" representa una mancha sobre el mapa de Alemania, y que tal mancha corta en dos al territorio nacional; algo que un párvulo de cinco años, en la escuela de su pueblo, es capaz de comprender. Esa es, justamente, la única cosa que él puede comprender en política extranjera. En suma, se trata de una simple "cuestión visual". De una mancha de color sobre un mapa. He aquí el prototipo de una clásica cuestión de prestigio, con todo lo que esa palabra comporta de peligroso"*[193].

La garantía francobritánica, en realidad, sólo tendía a consagrar a Polonia como barrera que impedía el mortal ataque de Hitler a Stalin. Y prueba de ello es que, unos meses más tarde, cuando la U.R.S.S. apuñalaría por la espalda a Polonia, la famosa garantía de Londres y París no sería aplicada. El curioso redactado de la misma, demás, no sólo cortaba el paso hacia Rusia por el sector Norte utilizando Dantzig como base de tránsito hacia la Prusia Oriental, sino que establecía otra barrera en el Sur, donde la cuña rutena quedaba definitivamente bloqueada, toda vez que Polonia no dejaría de aplicar la garantía en el caso de Ucrania.

Pero el chauvinismo polaco recibiría todavía, nuevos alientos esta vez desde Washington. El embajador conde Jerzy Potocki informó a Beck, por aquél entonces, de que "...el ambiente que reina en los Estados Unidos se caracteriza por el odio

---

[193] Wladimir d'Ormesson: *À propros du Corridor de Dantzig*.

contra el fascismo y el nacionalsocialismo, especialmente contra el canciller Hitler... La propaganda se halla en manos de los judíos, los cuales controlan casi totalmente el Cine, la Radio y la Prensa. A pesar de que esta propaganda se hace muy groseramente, tiene muy profundos efectos, ya que el público de este país no tiene la menor idea de la situación real de Europa"[194].

En el mismo informe, el conde Potocki citaba a los intelectuales judíos que estaban al frente de la campaña antialemana y propugnaban la mayor ayuda posible a Polonia: Bernard M. Baruch, Felix Frankfurter, Louis D. Brandeis, Herbert H. Lehmann, el secretario de Estado Morgenthau, el alcalde de Nueva York, Fiorello La Guardia, Harold Ickes, Harry Hopkins y otros amigos íntimos del presidente Roosevelt.

Ya a principios de 1939, Roosevelt había iniciado los preparativos para una futura guerra contra Alemania, si bien con la idea de "no tomar parte en la misma al principio, sino bastante tiempo después de que Inglaterra y Francia la hubieran iniciado"[195]. La razón es obvia: Roosevelt no intervendrá al principio por que prefiere dejar que los europeos se despedacen entre sí; luego ya vendrá él a "salvarlos". William C. Bullitt, embajador en Moscú y su colega Joseph P. Kennedy en Londres, recibieron instrucciones en el sentido de presionar a los Gobiernos francés e inglés para que "pusieran fin a toda política de compromiso con los estados totalitarios y no admitir con ellos ninguna discusión tendente a provocar modificaciones fronterizas ni cambios territoriales"[196]. Bullit y Kennedy, además informaron a París y Londres de que "los Estados Unidos abandonaban definitivamente su política aislacionista y estaban preparados, en caso de guerra, a sostener a Inglaterra y Francia poniendo todo su dinero y materias primas a su disposición"[197].

La tensión entre Alemania y Polonia hubiera sido fácilmente eliminada de no haber intervenido Inglaterra y Francia, empujadas por los Estados Unidos. Es un hecho corrientemente admitido, hoy en día, que Varsovia estaba dispuesta a permitir la construcción de la autorruta y del ferrocarril extraterritorial y a no poner obstáculos

---

[194] Report del conde Potocki a su Gobierno, el 16-I-1939. Reproducido en documento I-F-10. febrero 1939, del embajador Lukasiewicz, en París, a su Gobierno.
[195] Report 3/SZ tjn 4, 16-1-1939, despachado por la Embajada polaca en Washington.
[196] Ibid. Id.
[197] Ibid. Íd.

a la libre disposición de los habitantes de la "Ciudad Libre" de Dantzig[198]. En un report enviado por Raczynski, embajador polaco en Londres, a su Gobierno, el 29 de marzo de 1939 el Gobierno británico le dio, verbalmente, una garantía de ayuda en caso de ataque alemán a Polonia, garantía que sería confirmada y ampliada oficialmente, unos días después. Amparándose en la garantía anglo- francesa, en las promesas de Washington y en su pacto de amistad con la U.R.S.S., el Gobierno de Varsovia creyó llegado el momento de pasar a la contraofensiva diplomática.

En un memorándum entregado por Lipski, embajador polaco en Berlín, a Von Ribbentrop, ministro de Asuntos Exteriores del Reich, Polonia rehusaba todas las sugerencias de Alemania con respecto al "Corredor" Dantzig, y la participación o, al menos, la benévola neutralidad de Polonia con relación al proyectado ataque alemán contra la U.R.S.S. "Cualquier intento de llevar a la práctica los plane s alemanes y, especialmente incorporar Dantzig al Reich, significará la guerra con Polonia" añadió Lipski[199].

En Varsovia y Cracovia se organizan manifestaciones espontáneas" contra Alemania. Resuenan gritos de "¡A Dantzig!" y "¡A Berlín!" Violando su propia constitución -que le obliga a respetar las instituciones docentes de sus minorías nacionales-, el Gobierno polaco confisca docenas de asociaciones culturales alemanas; de las 500 escuelas alemanas que hay en Polonia 320 son cerradas. Se producen dete nciones arbitrarias de alemanes residentes en Polonia, y la opresión alcanza su punto álgido precisamente en Dantzig. Paisanos de Silesia cruzan todos los días la frontera con dirección a Alemania pues nadie les protege contra las vejaciones de que les hacen objeto los polacos.

La situación internacional ha llegado a su punto culminante. Ya no se trata de Dantzig, ni del "Corredor"; se trata de la consolidación de una política de fuerza dirigida contra el núcleo principal de Europa; política alimentada por la xenofobia francesa, el imperialismo yanki que ve en el suicidio europeo la premisa para su posterior hegemonía mundial, el deseo de Stalin de desviar la amenaza alemana sobre la U.R.S.S., el miedo inglés a perder sus mercados tradicionales en el continente[200] ante la formidable expansión comercial de Alemania, y, sobre todo, el

---

[198] J. von Ribbentrop: *Zwischen London und Moskau*, págs. 155-156.

[199] Ibid. Íd. págs. 162-163.

[200] El 30 de noviembre de 1938. el ministro de Economía del Reich. Walter Funk sale de Berlín para

furor racial del judaísmo internacional. Sobre la influencia capital de este último factor convendrá hacer un inciso.

CRUZ GAMADA Y ESTRELLA JUDÍA

Los judíos siempre han estado en guerra con los gentiles. No en guerra abierta desde luego, pero puede hallarse confirmación de este estado de beligerancia permanente en los libros "sagrados" del judaísmo empezando por el Talmud. Incluso la Biblia testimonia de ese estado de guerra constante en que se halla el pueblo judío con relación a todos los demás. Benjamín Disraeli, el judaico Premier británico, nos facilita un testimonio de parte contraria de incalculable valor, a propósito de esa constante y no declarada guerra del judío contra la civilización. Occidental el Cristianismo y, en todo caso, contra el Mundo Blanco:

"La influencia de los judíos puede ser hallada en la última aparición de principios disolventes que están conmoviendo a Europa. Se está desarrollando una insurrección contra toda tradición y contra la aristocracia... La igualdad natural de los hombres y la derogación del principio de propiedad son proclamadas por las sociedades secretas que forman los Gobiernos provisionales, y hombres de raza judía se encuentran al frente de cada uno de ellos. El pueblo elegido de Dios coopera con los ateos: los mayores acumuladores de propiedad se alían con los comunistas: la raza elegida se da la mano con las más bajas castas de Europa: y todo ello por que deseamos destruir a esa Cristiandad ingrata, que nos debe hasta su nombre y cuya tiranía no podemos soportar por más tiempo."

---

emprender, viaje sucesivamente a Belgrado, Sofía y Ankara. Yugoslavia, Bulgaria y Turquía concluyen tratados comerciales con el Reich, que se compromete a absorber toda su producción, pagándola a precios superiores a los que pueda ofrecer cualquier concurrente. Un acuerdo similar se concluye con el nuevo estado eslovaco. El ministro inglés Robert Spears Hudson declara la guerra económica a Alemania: «... u os comprometéis a vender vuestros productos a precios razonables (sic) u os aplastaremos con vuestras propias armas». Pero la irritación de la City llegará a su colmo el 10 de diciembre. cuando Berlín firma un acuerdo comercial con México, en virtud del cual, y por el sistema del trueque - tan odiado por la City - Alemania absorberá todo el petróleo mexicano a cambio de maquinaria agrícola y aparatos de irrigación. Así, no sólo Alemania tendrá su petróleo sin necesidad de pasar por la Royal Dutch, sino que la City no percibirá ni un chelín sobre operaciones de crédito, fletes o seguros. Esa ofensa no será perdonada por la plutocracia londinense. (N. del A.)

En la misma obra[201] Disraeli afirma que la raza judía es la superior y que, por lo tanto está destinada a gobernar el mundo.

Ochenta años después de haber escrito lo que antecede Disraeli, y de haberse vanagloriado de que su raza estaba en el origen de la mayoría de los conflictos sangrientos desatados entre los pueblos cristianos[202], el judaísmo organizaba, para salvar a su criatura, la Unión Soviética, y destruir a Alemania y a Europa, el mayor cataclismo bélico de todos los tiempos.

El 2 de enero de 1938, el Sunday Chronicle, de Londres, publicaba un artículo titulado: "JUDEA DECLARA LA GUERRA A ALEMANIA" en el que, entre otras cosas, se decía:

"El judío se encuentra ante una de las crisis más graves de su historia. En Polonia, Rumania, Austria, Alemania, se halla de espaldas a la pared. Pero ya se prepara a devolver golpe por golpe.

Esta semana, los líderes del judaísmo internacional se reúnen en un pueblecito cerca de Ginebra para preparar una contraofensiva.

Un frente unido, compuesto de todas las secciones de los Partidos judíos se ha formado, para demostrar a los pueblos antisemitas de Europa que el judío insiste en conservar sus derechos.

Los grandes financieros internacionales judíos han contribuido con una cantidad que se aproxima a los quinientos millones de libras esterlinas. Esa suma fabulosa será utilizada en la lucha contra los estados persecutores. Un boicot contra la exportación europea causará, ciertamente, el colapso de esos estados antisemitas"[203].

El 3 de junio de 1938, el muy influyente The American Hebrew, portavoz del judaísmo norteamericano escribía, en un editorial:

"Las fuerzas de la reacción contra Hitler están siendo movilizadas. Una alianza entre Inglaterra, Francia y Rusia derrotará más pronto o más tarde, a Hitler. Ya sea por accidente ya por designio, un judío ha llegado a la posición de la máxima influencia en cada uno de esos países... Léon Blum es un prominente judío con el que hay que contar.

---

[201] Benjamin Disraeli: *Life of Lord George Bentick*, Londres, 1852. pág. 496.
[202] Benjamin Disraeli: *Conníngsby*. Nueva York. Ed. Century, págs. 231-252.
[203] Efectivamente, al cabo de un mes, el Gobierno de Octavian Goga, en Rumania cayó a causa de una crisis económica causada por el boicot exterior. (N. del A.)

Él puede ser el Moisés que conduzca a nuestro lado a la nación francesa. ¿Y Litvinoff? El gran judío que se sienta al lado de Stalin inteligente culto, capaz, promotor del pacto francorruso gran amigo del presidente Roosevelt: él (Litvinoff) ha logrado lo que parecía increíble en los anales de la diplomacia: mantener a la Inglaterra conservadora en los términos más amigables con los rojos de Rusia. ¿Y Hore Belisha? Suave, listo, inteligente, ambicioso y competente... su estrella sube sin cesar...

Esos tres grandes hijos de Israel anudarán la alianza que, pronto enviará al frenético dictador, el más grande enemigo de los judíos en los tiempos modernos al infierno al que él quiere enviar a los nuestros.

Es cierto que esas tres naciones, relacionadas por numerosas acuerdos y en un estado de alianza virtual aunque no declarada, se opondrán a la proyectada marcha hitleriana hacia el Este y le destruirán (a Hitler).

Y cuando el humo de la batalla se disipe podrá contem plarse una curiosa escena, representando al hombre que quiso imitar a Dios, el Cristo de la swástica, sepultado en un agujero mientras un trío de noarios entona un extraño réquiem que recuerda, a la vez a "La Marsellesa" al "Dios salve al rey" y a "La Internacional", terminando con un agresivo ¡Elí, Elí, Elí!"

Lo menos que puede decirse al comentar este texto es que, según la autorizada opinión del órgano oficial de la judería americana, un alto funcionario inglés, francés o ruso es, ante todo judío y está dispuesto a envolver a "su" patria oficial - en este caso Inglaterra, Francia o Rusia- en una guerra mundial con el exclusivo objeto de librar al pueblo judío de su mayor enemigo. ¡Pero si un ruso, inglés o francés auténtico osa pretender, públicamente, que el judío independientemente del lugar de su nacimiento es, antes que nada, judío, se va a la cárcel, por "difamación!"

Hay que insistir en el hecho de que el judaísmo -o, si se prefiere, el movimiento político internacional que se arroga la representación de los judíos, haciendo abstracción de sus "patrias" de nacimiento- había declarado la guerra a Alemania antes de la llegada de Hitler al poder. En efecto, el boicot antialemán empezó en Norteamérica en 1932 (es decir un año antes de la elección de Hitler como canciller del Reich). Por aquella época, el New York Times -diario propiedad de judíos y editado por judíos- publicaba anuncios que ocupaban una página entera:

"BOICOTEEMOS A LA ALEMANIA ANTISEMITA!"

La Historia de los Vencidos (El suicidio de Occidente)

Samuel Fried, conocido sionista escribió en 1932: "La gente no tiene por qué temer la restauración del poderío alemán. Nosotros, judíos aplastaremos todo intento que se haga en ese sentido y si el peligro persiste destruiremos esa nación odiada y la desmembraremos[204]."

Unos días después de la subida de Hitler al poder, el judío Morgenthau, secretario del Tesoro de los Estados Unidos declaró que "América acababa de entrar en la primera fase de la Segunda Guerra Mundial"[205]. Por su parte, el rabino Stephen Wise, miembro prominente del "Brains Trust" de Roosevelt anunció, por la radio, la "guerra judía contra Alemania"[206].

También por aquellas fechas, el editor del New York Morning Freiheit, un periódico comunista escrito en yiddisch, dirigió un llamamiento a los judíos del mundo entero para unirles en la lucha contra el nazismo.

En el verano de 1933 se reunió en Holanda la "Conferencia judía internacional del boicot" bajo la presidencia del famoso sionista Samuel Untermeyer -que a su vez era presidente de la "Federación mundial económica Judía" y miembro del "Brains Trust" de Roosevelt- y acordó el boicot contra Alemania y contra las empresas no alemanas que comerciaran con Alemania. A su regreso a América, Untermeyer declaró en nombre de los organismos que representaba, la "guerra santa" a Alemania, desde las antenas de la estación de radio W.A.B.C. el 7 de agosto de 1933. En el curso del mismo año fundó otra entidad, la "Non Sectarian Boicott League of América" cuya misión era vigilar a los americanos que comerciaban con Alemania[207].

En enero de 1934, Jabotinsky, el fundador del titulado "Sionismo Revisionista" escribió en Nacha Recht: "La lucha contra Alemania ha sido llevada a cabo desde hace varios meses por cada comunidad, conferencia y organización comercial judía en el mundo. Vamos a desencadenar una guerra espiritual y material de todo el mundo contra Alemania".

Herbert Morrisson, que fue secretario general del Partido laborista británico y sionista convencido, habló en 1934 en un mitin celebrado para recaudar fondos para

---

[204] citado por Louis Marschalsko en *The World Conquerors* pág. 104.
[205] Según el *Portland Journal* (12-11-1933).
[206] Robert Edward Edmondsson: *I Testify*.
[207] Arnold S. Leese: *"The Jewish war of Survival?"*

el titulado: "Consejo representativo judío para el boicot de los bienes y los servicios alemanes". Y dijo: "Es un deber de todos los ciudadanos británicos amantes de la libertad colaborar con los judíos en el boicot de los bienes y los servicios alemanes y hacer el vacío comercial a aquellos ingleses que quisieran comerciar con la Alemania antisemita. Precisamente, para boicotear a los ingleses que quisieran comprar o vender mercancías alemanas, dos judíos, Alfred Mond, Lord Melchett, presidente del trust "Imperial Chemical Industries", y Lord Nathan, de la Cámara de los Lores crearon una entidad que llegó a ser terriblemente eficaz en la guerra económica contra Alemania: la "Joint Council of Trades and Industries". También se creó una "Womens Shoppers League" que boicoteaba especialmente los productos agrícolas alemanes, y una "British Boycott Organization", dirigida por el hebreo capitán Webber, que organizaba la guerra económica en los dominios del imperio británico".

Todos estos actos de guerra económica y de boicot ilegal fueron permitidos y hasta alentados por los Gobiernos de la Gran Bretaña y los Estados Unidos de cuya composición hablamos más adelante.

Algo parecido ocurría en Francia. El hebreo Emil Ludwig, emigrado de Alemania vertía su hiel en los diarios franceses de todas las tendencias. En el ejemplar de junio de Les Aniles, Ludwig escribió que "Hitler no declarará nunca la guerra, pero será obligado a guerrear; no este año, pero más tarde. No pasarán cinco años sin que esto ocurra".

Otro exilado, Thomas Mann, escribía en La Depeche de Toulouse, el 31 de marzo de 1936: "Hay que acabar con Hitler y su régimen. Las democracias que desean salvaguardar la civilización no pueden escoger: Que Hitler desaparezca!" Y citamos a Mann y a Ludwig como botones de muestra de un extensísimo repertorio de escritores judíos que llevaban a cabo una guerra propagandística contra Alemania. Arnold Zweig, Remarque, Thomas Mann, el físico y matemático Albert Einstein, criptocomunista notorio, Julien Benda y otros muchos participaron en esa campaña de injurias exageraciones y falsos infundios. La Lumiere, periódico oficial de la francmasonería francesa era el campeón del clan antialemán, igual que en su día, lo había sido de los políticos "sancionistas" antiitalianos. Dirigía ese periódico de enorme influencia, el judío Georges Boris y eran sus principales colaboradores Georges Gombault Weisskopf, Saloman Grumbach y Emile Khan, correligionarios

La Historia de los Vencidos (El suicidio de Occidente)

suyos, y Albert Bayet, presidente del Sindicato de periodistas. Otro periódico que participó vivamente en la campaña fue Le Droit de Vivre, órgano de los sionistas franceses. Bernard Lecache (Lekah) director de esa publicación y presidente de la L.I.C.A. -*"Liga Internacional Contra el Antisemitismo"*[208] escribió el 19 de noviembre de 1933: "Es obligación de todos los judíos declarar a Alemania una guerra sin cuartel".

El Gobierno francés no tomó ninguna medida contra esos israelitas a pesar de que al atacar a una potencia extranjera con la que Francia mantenía relaciones diplomáticas normales, se situaba al margen de la ley. Tampoco había tomado ninguna medida cuando, el 3 de abril de 1933 y en señal de protesta por que Hitler había prohibido a los hebreos alemanes dedicarse a las profesiones de periodismo abogacía y banca, el "Comité francés para el Congreso Mundial judío" la "L.I.C.A.", la "Asociación de antiguos combatientes voluntarios judíos" y el "Comité de defensa de los judíos perseguidos en Alemania" mandaron un telegrama a Hitler anunciándole el boicot de los productos alemanes en Francia y su imperio colonial.

Los judíos americanos, por su parte fueron los provocadores del incidente del Bremen, paquebote alemán cuya tripulación fue abucheada y apedreada en el puerto de Nueva York, por un millar de jóvenes hebreos, el 27 de julio de 1935. Los manifestantes pudieron llegar hasta el buque y, apoderándose de la bandera alemana, la arrojaron al agua. El incidente fue causa de la inculpación de cinco personas las cuales fueron absueltas por el juez Brodsky -judío también- que prácticamente felicitó a los delincuentes. El embajador del Reich en Washington, Herr Luther protestó oficialmente cerca de Cordell Hull. secretario de Estado que, oficialmente, presentó las excusas de su Gobierno por el incidente.

Las excusas de Hull fueron presentadas el 16 de septiembre, pero tres días antes el mismo Hull había anunciado a Luther que a partir del 15 de octubre de 1935, el gobierno americano aumentaría las tarifas aduaneras contra las mercancías alemanas, en señal de represalia por el trato dado por los alemanes a los judíos alemanes. Esto era una intolerable injerencia americana, bajo presión del judaísmo en los asuntos internos de otro país. Al mismo tiempo que Hitler dictaba medidas

---

[208] L.I.C.A.: Ligue International Contre le Racisme et l´Antisemitisme, con sede en París. La mayor parte de sus dirigentes son comunistas, criptocomunistas o socialistas de extrema izquierda. (N. del A.)

de orden interno contra los judíos alemanes, la G.P.U. desataba una campaña de terrorismo en Ucrania y Georgia, cuyas víctimas se contaban por decenas de millares. Esto era discretamente silenciado por la "Prensa libre" de América que, mientras encontraba normal la segregación racial en los Estados de la Unión, se irrogaba el derecho de encontrarla detestable en Europa.

En marzo de 1937 en una Asamblea del "Congreso judío americano", celebrada en Nueva York, el alcalde, Fiorello La Guardia, un judío oriundo de Fiume, insultó groseramente a Hitler. El citado "Congreso" votó, por unanimidad, el boicot contra Alemania e Italia (a pesar de que ésta última nunca tomó medidas especiales contra sus judíos). Los insultos de La Guardia motivaron una nueva protesta diplomática de Berlín, nuevamente atendida por Cordell Hull, bien que sin tomar medida especial alguna contra los provocadores[209].

Seis meses después (septiembre de 1937), se celebra en Paris el 1er Congreso de la Unión Mundial contra el racismo y el antisemitismo. Toman la palabra, entre otros los judíos Bernard Lecache, He inrich Mann y Emil Ludwig, que se distinguen, juntamente con el "hermano" Campinchi, en el torneo de violencias verbales contra Alemania, el nacionalsocialismo y Hitler.

A principios de 1938, tenía un redoblado impulso la campaña antialemana en Francia. El israelita Louis Louis-Dreyfus, el "rey del trigo", financia generosamente los periódicos belicistas de Paris. Varias publicaciones que, hasta entonces, habían sido partidarias de una Entente con Alemania cambian súbitamente de parecer... "L'argent na pas d'odeur..."

Un periodista judío (¡no un "nazi"!), Emmanuel Berl, publicaba una revista, Pavés de Paris, en la cual denunciaba la existencia de un "Sindicato de la Guerra". Citaba nombres y cifras. Decía abiertamente que Robert Bollack, director de la Agencia Fournier y de la Agencia Económica y Financiera, había recibido varios millones de dólares, enviados desde América para "regar" a la Prensa francesa.

"La acción de la alta finanza en el empeoramiento de las relaciones diplomáticas es demasiado evidente para que pueda ser disimulada[210]".

El semanario Le Porc Epic acusaba, entre tanto, a la "Union et Sau-vegarde

---

[209] El Congreso Judío Americano y el Congreso Mundial Judío que se adhirió, decían representar, juntos, a siete millones de israelitas diseminados en treinta y tres países. (Nota del Autor.)

[210] *Pavés de París*, 3-11-1939.

La Historia de los Vencidos (El suicidio de Occidente)

Israélite", a nombre de la cual se reunían sumas importantes que luego se destinaban a "acondicionar" a la Prensa[211].

También Charles Maurras afirmaba en L'Action Française que los fondos de Nueva York para el "Comité de la Guerra" en Francia y Bélgica, los había traído el financiero Pierre David-Weill, de la Banca Lazard. Precisaba que tales fondos eran distribuidos por Raymond Philippe, antiguo director de la Banca precitada y por Robert Bollack. Maurras hablaba de tres millones de dólares y acusaba formalmente a las diversas ramas de la familia Rothschild de participar en el movimiento[212].

Los judíos más representativos y prominentes confirmaron a posteriori y en plena guerra, que ellos la habían declarado antes que nadie[213] y que ellos eran los causantes de la misma. El rabino M. Perlzweig jefe de la Sección británica del Congreso Mundial judío declaró, en 1940: "El judaísmo está en guerra con Alemania desde hace siete años.[214] Otro rabino Stephen Wise, presidente del Comité ejecutivo del Congreso Mundial judío escribió: "La guerra europea es asunto que nos concierne directamente"[215]. Por su parte, el oficioso Jewish Chronicle, escribió, en un editorial (8 de mayo de 1942) que "... hemos estado en guerra con él (Hitler) desde el primer día que subió al poder".

El Chicago Jewish Sentinel, órgano de la judería de la segunda ciudad americana descubrió, el 8 de octubre de 1942 que "la Segunda Guerra Mundial es la lucha por la defensa de los intereses del judaísmo. Todas las demás explicaciones no son más que excusas".

Moshe Shertok que en 1948 sería jefe del Gobierno del Estado de Israel declaró (enero de 1943 ante la Conferencia sionista británica que el sionismo declaró la guerra a Hitler mucho antes de que lo hicieran Inglaterra, Francia y América, "porque esta guerra es nuestra[216] guerra". Y Chaim Weizzmann apóstol del sionismo ofreció antes de la declaración formal de guerra de Inglaterra y Francia al Reich, la ayuda

---

[211] *Le Porc Epic*, 3-XII-1938. Citado por Henry Coston en *Les Financiers qui menent le monde*.

[212] Henry Coston: Op. cit.

[213] Chaim Weizzmann famoso sionista que sería el primer presidente del Estado de Is rael, declaró, en nombre del Pueblo judío, la guerra a Alemania. (Robert H. Ket-tels: *Révision... des Idées. Souvenirs*. pág. 69.)

[214] *Toronto Evening Telegram*, 26-11-1940.

[215] Stephen Wise: *Defense for América*, Nueva York 1940, pág. 135.

[216] Subrayado por el autor. *Jewish Chronicle*, 22-1-1943.

de todas las comunidades judías esparcidas por el mundo y hasta propuso la creación de un Ejército judío que lucharía bajo pabellón inglés.

Pero la mejor prueba de que la guerra fue provocada deliberadamente por el judaísmo, nos la da el propio Sir Neville Chamberlain, el hombre que firmó la declaración de guerra de la Gran Bretaña al Reich, arrastrando, tras sí al satélite francés.

James V. Forrestal, secretado de Estado para la marina, anotó en su diario con fecha de 27 de diciembre de 1945 lo siguiente:

"Hoy he jugado al golf con Joe Kennedy[217]. Le he preguntado sobre la conversación sostenida con Roosevelt y Chamberlain en 1938. Me ha dicho que la posición de Chamberlain era entonces, la de que Inglaterra no tenía ningún motivo para luchar y que no debía arriesgarse a entrar en guerra con Hitler. Opinión de Kennedy: Hitler habría combatido contra la URSS sin ningún conflicto posterior con Inglaterra de no haber mediado la instigación de Bullitt sobre Roosevelt, en el verano de 1939 para que hiciese frente a los alemanes en Polonia, pues ni los franceses ni los ingleses hubieran considerado a Polonia como causa suficiente de una guerra de no haber sido por la constante, y fortísima presión de Washington en ese sentido. Bullitt dijo que debía informar a Roosevelt de que los alemanes no lucharían. Kennedy replicó que lo harían y que invadirían Europa. CHAMBERLAIN Declaró QUE AMÉRICA Y EL MUNDO JUDÍO HABÍAN FORZADO A INGLATERRA A ENTRAR EN LA GUERRA."

Las Memorias de Forrestal fueron publicadas con el título The Forrestal Diaries. El párrafo citado aparece en las páginas 121-122. Ninguno de los personajes aludidos por Forrestal desmintió una sola de sus manifestaciones.

Forrestal se refería a "América y el mundo judío".... Bien, pero ¿que "América"? En una encuesta realizada por el Instituto Gallup en 1940, el 83,5% de ciudadanos americanos consultados habianse mostrado contrarios a la idea de ver a su país mezclado en una nueva guerra mundial. Al lado de un 12,5% de respuesta vagas sólo un 4% de consultados se mostraron partidarios de la entrada en la guerra. El presidente Roosevelt fue reelegido precisamente por que acentuó, aún más que el otro candidato, su propaganda pacifista, con una serie de promesas que luego

---

[217] Padre del futuro presidente.

incumpliría.

Luego cuando Chamberlain decía que "América" fue uno de los factores que forzaron" a Inglaterra a declarar una guerra contraria a sus intereses se refería, sin duda posible, al Gobierno de la Casa Blanca, y no al pueblo americano. Analicemos, brevemente, la composición del Gobierno americano en la época azarosa que precede a la entrada de los Estados Unidos en la guerra mundial.

El presidente Roosevelt había sido elegido, por vez primera, en 1932. Su campaña electoral -un torrente de ruidosa propaganda que arrastró todo lo que se puso por delante- fue financiada por los siguientes personajes y entidades:

- Bernard M. Baruch y su hermano Hermann;
- William Randolph Hearst, el magnate de la Prensa;
- El banquero Edward A. Guggenheim;
- Los hermanos Percy y Jesse Strauss, de los almacenes Macyís;
- Harry Warner, de la compañía cinematográfica Warner Bros;
- John J. Raskab, bien conocido sionista;
- Joseph P. Kennedy;
- Morton L. Schwartz;
- Joseph E. Davies, de la General Motors Co..;
- Las hermanas Schenck, de la Loeb Cansolidated Enterprises;
- La R. J. Reynolds Tobacco;
- El banquero Cornelius Vanderbilt Whitney;
- James D. Mooney, presidente de la General Motors Co.;
- La United States Steel: la familia Morgenthau;
- Averell Harrimann y otros personajes y entidades de menor relieve.

Las mismas personas y entidades apoyarían a Roosevelt en 1936 y 1940[218].

¿Quién era Roosevelt? Según las investigaciones llevadas a cabo por el doctor Laughlin, del Instituto Carnegie, Franklin Delano Roosevelt pertenecía a la séptima generación del hebreo Claes Martenszen van Roasenvelt, expulsada de España en 1620 y refugiada en Holanda, de donde emigró, en 1650 - 1651, a las colonias

---

[218] Henry Coston: *La haute banque et les trusts.*

inglesas de América. El publicista judío Abraham Slomovitz publicó en el Detroit Jewish Chronicle que los antepasados judíos de Roosevelt residían en España en el siglo XVI y se apellidaban Rosacampo. Robert Edward Edmondsson, que estudió el árbol genealógico de las Rosenvelt - Martenszen - Roosevelt, dice que desde su llegada a América tal familia apenas se mezcló con elementos anglosajones puros, abundando sus alianzas matrimoniales con Jacobs, Isaacs, Abrahams y Samuel[219].

Cuando murió la madre del presidente, Sarah Delano, el Washington Star publicó una crónica sobre las actividades de la familia Roosevelt desde su llegada a América que coincidía plenamente con los testimonios precitados. El New York Times del 4 de marzo de 1935, recogía unas manifestaciones de Roosevelt en las que reconocía su origen hebreo. A mayor abundancia de detalles, la esposa del presidente Eleanor Roosevelt prima suya, era igualmente judía y fervorosa sionista.

Roosevelt se rodeó desde el primer momento de una serie de personajes dudosos que, con el tiempo, llegarían a formar el verdadero Gobierno de los Estados Unidos; ellos constituyeron lo que se llamó el "Brains Trust", o "Trust de los Cerebros" que aconsejaba al presidente. Algunos de las miembros de dicho Brains Trust eran, al mismo, tiempo, secretarios de Estado (ministros).

El Brains Trust original fue fundado por el profesor Raymond Moley y el juez Samuel Rosenman, que organizaron los fundamentos legales del mismo. Con ellos, formaban parte de tal organización -que, recordémoslo, nunca fue votada por el pueblo norteamericano- Louis D. Brandeis, del Tribunal Supremo; Felix Frankfurter, ministro de Justicia; Jerome N. Frank; Mordekai Ezekiel; Donald Richberg, de la Comisión de Inmigración; Harold Ickes, ministro del Interior; Henry Morgenthau. Jr. secretario del Tesoro; Ben Cohen; David Lilienthal; Herbert Feis; el gobernador del Estado de Nueva York, y poderoso banquero, Herbert U. Lehmann; Nathan Margold; Isador Lubin; Gerard Swaape; E. A. Goldenweiser; el juez Cardozo, del Tribunal Supremo; David K. Niles; Joseph E. Davies y L. A. Strauss, todos ellos judíos. Entre los gentiles del Brains Trust formaban Miss Frances Perkins, criptocomunista[220] y ministro de Trabajo; el general Hugh S. Johnson; el secretario de Estado, Cordell Hull[221]; George E. Warren y el vicepresidente Henry Wallace. Más adelante

---

[219] Robert Edward Edmmondsson: *I Testify*.

[220] Según A. N. Field en *All these things*.

[221] Hall estaba casado con la hermana del millonario judío Julius Witz. (N. del A.)

La Historia de los Vencidos (El suicidio de Occidente)

ingresarían los prominentes banqueros Warburg, de la casa bancaria Kuhn, Loeb & Co., Weinberg y Dillan (Lapawsky) y su correligionario Fiorello La Guardia, alcalde de Nueva York.

Por encima del Brains Trust estaba, sin duda, el todopoderoso Bernard Mannes Baruch, consejero, sucesivamente, de Wilson, Hoover, Roosevelt, Truman y Eisenhower y llamado "The Unofficial President of the United States".

Mención a parte merece Harry Hopkins, personaje que, sin ser jamás elegido ni votado para cargo alguno por el pueblo norteamericano ocupó, permanentemente, junto a Roosevelt, el lugar de "consejero adjunto". La reputación de Hopkins era tan mala que el historiador Sherwood califica su nombramiento coma "el acto más incomprensible de toda la gestión presidencial"[222]. Hopkins llegó a tener más influencia y poderío que cualquier favorito real en la Edad Media. El mismo general de Estado Mayor George Cattlett Marshall confesó al historiador y panegirista rooseveltiano, Sherwood, que debía su nombramiento a Hopkins[223]. Según una información del "James True Industrial Control Report"[224] "un persistente rumor señala que Hopkins y Tugwell tienen sangre judía[225]. Sus actividades, aspecto físico y creencias así lo hacen suponer". También es bien sabido que Hopkins debía su formación política a las enseñanzas del profesor Steiner, judío vienés. Cuando, en 1935, y ante la sorpresa general, fue nombrado por Roosevelt secretario de Comercio, las relaciones económicas de los Estados Unidos con la U.R.S.S. experimentaron una gran mejora[226].

A propuesta de Hopkins ingresarán, más tarde, en el Brains Trust, Tom Corcoran, un aventurero irlandés; Maurice Karp, un multimillonario judío, cuñado del famoso comisario soviético Molotoff; el bien conocido sionista Samuel Untermeyer; Samuel Dickstein, un hebreo ruso que dirigía, prácticamente el Departamento de Inmigración, y James M. Landis, que, más tarde, llegaría a secretario de Agricultura,

---

[222] John C. Sherwood: Roosevelt & Hopkins.

[223] Ibid. Id. Op. cit.

[224] National Press Bdg., 21-XII-1935.

[225] Rexford Tugwell había escrito diversos libros filocomunistas y era miembro in- fluyente del A.C.L.U. (American Civil Liberties Union), entidad especializada en la protección legal de los bolcheviques americanos. (N. del A.)

[226] John C. Sherwood: *Roosevelt & Hopkíns.*

en tiempos de Kennedy[227].

No obstante Hopkins no pasaba de ser un eslabón, aunque muy importante. El auténtico poder radicaba en el triángulo Baruch - Frankfurter - Morgenthau, no sólo por la personalidad y méritos de sus tres componentes, sino por el hecho de estar relacionados o emparentados con las principales familias de la alta finanza internacional. Así, por ejemplo, Morgenthau, Sr., secretario del Tesoro de los Estados Unidos, estaba emparentado con Herbert U. Lebmann, gobernador del Estado de Nueva York y poderoso banquero; con los Seligmann, de la Banca "J. & W. Seligmann"; con los Warburg, de la "Kuhn, Loeb & Co.", del "Bank of Mannhattan" y del "International Acceptance Bank"; con los Strauss, propietarios de las almacenes "R. & U. Macys" y con los banqueros Lewissohn, controladores, con sus correligionarios Guggenheim, del mercado mundial del cobre. Morgenthau llevó al Departamento del Tesoro a una legión de correligionarios suyos, nombrando su primer secretario a Earl Beillie, antiguo alto empleado de la Banca J. & W. Seligmann".

Cuando Chamberlain acusaba al "mundo judío" de haber forzado a Inglaterra a declarar la guerra a Alemania, no solamente se refería a la talmúdica administración rooseveltiana, sino que aludía, igualmente, al clan belicista de Londres, cuya cabeza visible y líder indiscutido era Winston Churchill.

Churchill era hijo de una norteamericana. Su familia ha mantenido siempre, estrechísimas relaciones amistosas y económicas con judíos. El padre de Sir Winston, Lord Randolph, estaba asociado con Lord Rosebery, marido de una Rothschild. En cierta apurada ocasión, Lord Rosebery le hizo un préstamo de cinco mil libras esterlinas a Lord Randolph. Recibir dinero de los judíos es una vieja tradición en la familia Churchill. Uno de sus antepasados, Lord Marlborough, cobraba seis mil libras esterlinas anuales del financiero Salomon Medina, a cambio de información confidencial sobre la alta política inglesa y continental[228]. August Belmont, el agente de la dinastía Rothschild en Nueva York era íntimo amigo y asociado del abuelo materno de Sir Winston[229]. Según Henry Coston[230]. Winston

---

[227] Louis Marschalsko: *World Conquerors*.

[228] Leonard Young: *Deadlier than the H Bomb*.

[229] Arnold Leese: *The Jewish War of Survival*, pág. 92.

[230] Henry Coston: *Les Financiers qui mènent le monde*.

Churchill debe su carrera política a Sir Ernest Cassel, el riquísimo israelita que fue confidente de Eduardo VII; Sir Ernest le ayudó no sólo políticamente, sino que incluso financió sus primeras campañas electorales. Un hermano de Churchill era alto empleado de la firma de agentes de Bolsa "Vickers Da Costa", empresa judía que trabaja para los Rothschild de Londres. Una hija de Churchill, Diana, se casó con el actor judío Vic Oliver. Su hijo, Randolph, fue secretario de la "Young Mens Comittee of the British Association of Maccabees", una entidad filojudía. Una nieta de Churchill se casó con el judío D'Erlanger, director de la empresa de navegación aérea, B.E.A. El mejor amigo de Sir Winston fue -de toda notoriedad- nada menos que Bernard Baruch.

Par otra parte, según el Boletín de la Sociedad Histórica del Estado de Wisconsin (septiembre de 1924), la familia de la madre de Churchill era parcialmente judía. En efecto, Pally Carpus van Schneidau, una dama sueca, se casó con el judío Fraecken Jacobson. El matrimonio emigró a los Estados Unidos, y una hija suya, Pauline, fue adoptada por el mayor Ogden. Pauline van Schneidau se casó con Leonard Jerome; su hija, Jennie Jerome, fue la madre de Churchill. Leonard Jerome, abuelo del futuro Sir Winston, tenía sangre india[231]. La Prensa específicamente judía, ha mimado, más que nadie, a Sir Winston, lo cual no es de extrañar si tenemos en cuenta que durante todo el transcurso de su larga carrera política ha servido con celo los intereses de Sión, y se ha manifestado sionista en diversas ocasiones.

Pero he aquí los miembros componentes del Gabinete Chamberlain que declaró la guerra, el 3 de septiembre de 1939:

➢ Lord Halifax, ministro de Asuntos Exteriores. Masón de alta graduación. Su hija y heredera estaba casada con una nieta de los Rothschild.

➢ Sir John Simon, canciller del "Exchequer". Intimo amigo y protegido político del financiero Sir Philip Sassoon, uno de los prohombres del sionismo británico. Estaba casado con una judía.

➢ Sir Samuel Hoare, ministro del Interior. Masón.

➢ Lord Hore Belisha, ministro de la Guerra. Judío. Llevó infinidad de correligionarios suyos a su Ministerio, siendo de destacar Sir Isador Salmon,

---

[231] "*Nationalist News*", Dublín, enero 1965.

consejero adjunto, y Sir E. Bovenschen, subsecretario, así como Humbert Wolfe, que se encargó del Departamento de Reclutamiento.

> Lord Stanhope. Primer Lord del Almirantazgo, judío.

> Runciman. "Lord presidente del Consejo." Uno de los pocos partidarios auténticos de Chamberlain. Pacifista. Un hijo suyo estaba casado con una Glass, judía.

> Sir Malcolm McDonald. Secretario de Colonias. Asociado con el prominente industrial y financiero judío. Israel M. Sieff[232].

> El duque de Devonshire. Subsecretario de los Dominios. En el Consejo de Administración de la "Alliance Assurance Co." tenía como asociados a los judíos Rothschild, Rosebery y Bearsted.

> El marqués de Zetland. Secretario de Estado para la India. Francmasón prominente, tenía lazos familiares con judíos a través de su matrimonio. Su adjunto era Sir Cecil Kisch, y su consejero financiero, Sir Henry Strakosch, ambos judíos.

> El consejero económico del llamado "Gobierno indio" era T. E. Gregory, un israelita cuya verdadero nombre era Guggenheim.

> Sir Kingsly Wood, secretario del Aire, y el conde De la Warr, ministro de Educación, eran asociados del P.E.P., entidad definida coma "vivero de marxistas" por el propio Churchill.

> Oswald Stanley. Ministro de Comercio. Emparentado, por su matrimonio, con los Rothschild de Londres.

> Lord Maugham. Presidente de la Cámara de los Lores. Casado con una judía. Su secretario permanente era el israelita Sir Claude Schuster.

> E. L. Burgin. Ministro de Transportes y Comunicaciones. Director de una empresa de abogados, que defendía los intereses de la poderosa Banca judía "Lazard Bros".

> H. H. Ramsbotham. Ministro de Obras Públicas. Casado con una judía De Stein, cuyo padre es uno de los prohombres de la City.

> Lord Woolton. Ministro de Abastecimientos. Ex director general y

---

[232] Israel Mosca Sieff era el fundador y "alma mater" del P.E.P. (Political aid Eco-nomical Planning), entidad cuyo objetivo era la creación de un racket gigantesco de monopolios y trusts que, bajo la egida de la "planificación", ahoguen toda iniciativa - y toda propiedad privada. A. N. Field ha definido el P.E.P. como "la implantación del bolchevismo desde arriba". (N. del A.)

miembro del Consejo de Administración de la firma judía Lewis Ltd.

➢ Sir Adair Hore. Secretario de Pensiones Sociales. Judío. Padrastro del ministro de la Guerra, Hore-Belisha.

➢ Sir J. Reith. Ministro de Información. Casado con una judía de la familia Oldhams, propietarios del importante rotativo laborista Daily Herald.

➢ Lord Hanke y. Ministro sin Cartera. Judío.

Según Henry Coston[233] en el momento de estallar la guerra, 181 de los 415 diputados de la Cámara de las Comunes eran directores, accionistas, notarios o administradores de sociedades financieras o comerciales. Estos 181 "padres de la Patria" ocupaban, en total, 775 lugares de miembros de los consejos de administración y de dirección en los 700 Bancos, grandes empresas industriales, sociedades navieras, compañías aseguradoras y casas exportadoras más importantes del imperio británico. Al menos, las tres cuartas partes de tales empresas eran judías[234].

No es, pues, de extrañar, que Chamberlain, a pesar de su voluntad de oponerse a la guerra - voluntad que, de todos modos, cedió notablemente al consumarse los tratados comerciales de Alemania con Yugoslavia, Turquía, Bulgaria y México, clientes tradicionales de Inglaterra - fuera progresivamente arrastrada a la misma, dada la calidad del clan belicista que le hacía frente, con Churchill a la cabeza. El pueblo inglés había dado sus votos al Partido conservador, y a Chamberlain, es decir, a la política que éste representaba, pero, tal como suele suceder muy frecuentemente en las democracias, la voluntad del pueblo fue suplantada por la de una minoría de políticos profesionales e intrigantes.

El almirante Sir Barry Domvile, héroe de la Primera Guerra Mundial cuenta que "en el Hotel Savoy se reunían a menudo, en un cuarto reservado, Lord Southwood (né Elias, de la Oldbams Press), Lord Bearsted (né Samuel, del Oil Trust), Sir John Ellerman (asociado de Lord Rothschild), Israel Moses Sieff (del "Political & Economical Planning" y de los almacenes "Marks & Spencer") y Sir Winston

---

[233] Henry Coston: *Les financiers qui ménent le monde*, págs. 292-293.

[234] Gitshelher Wirsing escribió que "los banqueros son las verdaderas dueños y gobernantes del Imperio británico". (Vide Cien Familias dominan el Imperio.) Las grandes dinastías políticas de los Dominios estaban igualmente Infeudadas al gran capital. (N. del A.)

Churchill. Posiblemente, una gran parte de la intrahistoria de estos azarosos tiempos se ha escrito en esas cordiales reuniones de prohombres británicos"[235].

A pesar del oro y la influencia judías, del belicismo declarado de toda la masonería continental, del malestar de la City por la creciente competencia comercial alemana, y de la presión de Wall Street, vía Casa Blanca, Chamberlain aún intentó un último esfuerzo para salvar la paz, enviando, extraoficialmente, cerca de Hitler, a Sir Oswald Piraw, ministro de Defensa de la Unión Sudafricana y uno de los más prestigiosas políticos del imperio británico. La misión de Piraw consistía en arreglar una nueva entrevista entre Chamberlain y Hitler, con objeto de tratar de hallar una nueva solución a la cuestión polaca, artificialmente envenenada por unos y otros. Piraw escribió la siguiente a este propósito:

"Chamberlain estaba animado de los mejores deseos, pues había hecho depender el futuro de su carrera política de un entendimiento duradero entre el imperio británico y el Reich. Pero entre la buena voluntad de Chamberlain y la realidad positiva se erguía, firme como una roca, la cuestión judía. El Premier británico debía batallar con un Partido -su propio Partido conservador- y con un electorado que la propaganda mundial israelita había influenciado al máximo... Los factores que hicieron fracasar la política pacifista de Chamberlain y, en consecuencia, mi misión de paz en Berlín fueron: la propaganda judaica, llevada a escala mundial y concebida de manera inconmensurablemente odiosa; el egoísmo político de Churchill y sus secuaces; las tendencias semicomunistas del Partido laborista y el belicismo de los "chauvinistas" británicos, apoyados por ciertos traidores alemanes"[236].

Piraw hacía ciertamente alusión a algunos grupos antinazis, polarizados en torno al general Beck, a Von Witzleben, al almirante Canaris y a otros militares de alto rango que conspiraron activamente contra Hitler antes y después de estallar la guerra. Estos grupos, de escasa importancia por sí mismos, consiguieron hacer creer a los viejos imperialistas británicos que ellos representaban una fuerza decisiva en Alemania, y que, en caso de guerra, Hitler y su régimen se desmoronarían.

Para todo aquél que conserve intactas sus facultades de análisis y no se deje engatusar por la engañosa propaganda sostenida a escala mundial por la Gran

---

[235] Barry Domvile: *From Admiral to Cabin Boy*. Londres, 1948, pág. 39.

[236] Oswald Pirow: *Was the Second World War Unavoidable?*

Prensa, la Radio, el Cine y la Televisión, ha de resultar forzosamente evidente que la Segunda Guerra Mundial fue provocada esencialmente, sino exclusivamente, por el movimiento político judío y las fuerzas a él tradicionalmente infeudadas, y que Dantzig no fue más que un burdo pretexto; un capotazo dado al toro alemán para impedir su embestida contra la U.R.S.S. a costa de lanzarlo, por fuerza, contra Occidente y causar el suicidio de Europa. Así se salvaba al bolchevismo y se le brindaba en bandeja una ubérrima cosecha. Kaganovich. el secretario general del Partido comunista de la U.R.S.S. y cuñado de Stalin había dicho, en 1934:

"Un conflicto entre Alemania y los anglofranceses mejoraría extraordinariamente nuestra situación en Europa, y daría un renovado impulso a la Revolución mundial"[237].

Que la apreciación de Kaganovich era exacta resulta incontestable. Para comprobarlo, basta con echar una ojeada al mapa mundial de 1939 y compararlo con el de hoy.

* * *

El papel jugado por los judíos alemanes en la "Revolución social" de Alemania y Austria en 1918, causa del hundimiento de las potencias centrales, fue decisivo. No lo dijo solamente Hitler; docenas de testimonios de calidad dieron fe de ello. Los mismos judíos se ufanarán, vanagloriándose, de tal hecho históricamente indiscutible. Como también es indiscutible que el papel jugado, individualmente, por ciertos judíos, en la ignominia de Versalles, fue importantísimo.

Hitler fue repetida y democráticamente votado por el pueblo alemán, habiéndose siempre presentado a la arena electoral con un mismo programa en la que se refiere a la cuestión judía. Se proponía acabar con las actividades del judaísmo políticamente organizado y de sus "instrumentos", comunismo y masonería. Quería romper las cadenas de la alta finanza, que esclavizan a los pueblos. Y además, y como medida de seguridad, se proponía prohibir el acceso de los hebreos a determinadas profesiones y cargos públicos. El 15 de septiembre de 1935, el Reichstag sancionó la "Ley de Ciudadanía del Reich", según la cual sólo serían

---

[237] Izvestia, 24-1-1934.

considerados súbditos alemanes los hijos de padres arios. El 21 de diciembre de 1935 fue promulgado un decreto reglamentando la Ley de Ciudadanía. Los funcionarios públicos de raza judía eran separados de sus cargos, pasando a la situación de retiro y cobrando íntegramente sus pensiones. Los judíos que pudieran acreditar que habían combatido en la pasada guerra encuadrados en la Wehrmacht tenían asignada una pensión especial. Más tarde se prohibiría a los judíos el ejercicio de ciertas profesiones: empleados de Banca, médicos, abogados y periodistas.

La Gran Prensa mundial gritó, inmediatamente, que los judíos eran objeto de persecuciones en Alemania, cuando lo cierto es que éstas aún no habían empezado.

El hecho de prohibir ciertas actividades a una comunidad residente en Alemania, que acumulaba, ella sola, una cuarta parte de la renta nacional cuando representaba, numéricamente, el 0,9% de la población del país fue presentado por las grandes agencias informativas mundiales como una terrible persecución.

Resulta por demás curioso que hablara de persecuciones el talmúdico New York Times o el arzobispo católico Mundelein, de Chicago, que, entonces, silenciaban cuidadosamente la discriminación racial contra los negros y los indios americanos. Que en la remota Europa, a siete mil kilómetros de distancia, un Estado soberano dictara ciertas medidas interiores que afectaban a seiscientos mil miembros de una riquísima comunidad, y esa era una cruel persecución. Pero que en la democrática América, en la cristiana América de los arzobispos Mundelein y Spellman, seiscientos mil indios expoliados, supervivientes del mayor genocidio que registra la Historia Universal fueran aparcados en "reservas" y quince millones de negros no pudieran mandar a sus hijos a la Universidad, ni votar ni ser elegidos, eso era, entonces, perfectamente normal y moral.

También era sorprendente que protestara contra las medidas tomadas por el Gobierno alemán contra los judíos alemanes el muy oficioso The Times londinense que, en cambio, guardaba distraído silencio a propósito de ciertas medidas discriminatorias de la nunca bien ponderada democracia británica que, como es bien sabido, es el "non plus ultra" de todas las democracias habidas y por haber. Rarísimo era que, en vez de preocuparse tanto por las medidas tomadas por un país extranjero contra sus propios ciudadanos, el Times no hubiera dedicado, al menos, uno de sus sesudos editoriales a criticar la discriminación religiosa existente en tan calificada democracia como es Inglaterra, donde un católico no puede ser coronado rey ni investido del cargo de Primer Ministro.

La maquinaria propagandística mundial presentó las medidas "antisemitas" de la Alemania nacionalsocialista como una rareza, bestial y fanática, de sus dirigentes. Soslayó el hecho innegable de que el llamado "antisemitismo" existe desde hace seis mil años, es decir, desde que el pueblo judío aparece entre las primeras brumas de la Historia, y que su causa es la idiosincrasia especial y la conducta de los propios judíos hacia los demás pueblos, según reconoce el padre del sionismo moderno, Theodor Herzl:

> *"La cuestión judía sigue en pie; sería necio negarlo. Existe prácticamente doquiera existen judíos en número perceptible. Donde aún no existiera, es impuesta por los propios judíos a causa de sus peculiares actividades. Naturalmente, nos trasladamos a sitios donde no se nos persigue pero, una vez allí instalados, nuestra presencia provoca inmediatamente nuevas persecuciones. El infausto judaísmo... introduce ahora en Inglaterra y los Estados Unidos el antisemitismo"*[238].

Medidas tanto más drásticas que las adoptadas por Hitler contra los judíos fueron tomadas por San Luis y Napoleón Bonaparte, en Francia, por los Reyes Católicos en España, y por el rey Eduardo el confesor en Inglaterra. Hojéese la Biblia y se comprobará que el pueblo judío ha sido "perseguido" - o, en otros términos, los demás pueblos se han visto obligados a tomar medidas de autodefensa en contra suya- desde los albores de la Historia.

Hombres de todas razas y religiones han debido tomar medidas especiales contra los judíos. Los Papas no han sido una excepción a esta regla, antes al contrario. Nada menas que veintiocho Soberanos Pontífices dictaron cincuenta y siete bulas y edictos[239] que la conciencia universal calificaría, hoy, de racistas,

---

[238] Theodor Herzl: *A Jewish State*, pág. 4.

[239] Desde la "Sicut Judaeis non esset licentia", de Honorio III (I-XI-1217) hasta la "Beatus Andreu", de Benedicto XIV (22-11-1755). Los Soberanos Pontífices que dic-taron bulas relativas al judaísmo fueron: Honorio III, Gregorio IX, Inocencio IV, Clemente IV, Gregorio X, Nicolás III, Nicolás IV. Juan XXII, Urbano V. Martín V, Euge-nio IV, Calixto III, Pablo III, Julio III, Pablo IV, Pío V, Gregorio XIII, Sixto V, Cle-mente VIII, Pablo V, Urbano VIII, Alejandro VII, Alejandro VIII, Inocencio XII. Cle-mente XI, Inocencio XIII. Benedicto XIII y Benedicto XIV.

antisemitas y neonazis. Algunas de tales bulas obligaban a los judíos residentes en países cristianos a lucir un distintivo especial[240]; otras, les prohibían el ejercicio de cargos públicos[241]; de la industria, de vivir cerca de los cristianos[242], de poseer tierras[243], o de dedicarse a la venta de objetos nuevos[244]. El Papa Pía V ordenó la expulsión de los judíos de los Estados Pontificios[245] exceptuando los residentes en las ciudades de Roma y Ancona.

Si bien es históricamente irrefutable que sólo gracias a la protección especial de las Sumos Pontífices no fue el pueblo judío exterminado de la faz de la tierra, no es menos cierto que la Iglesia Católica, en general, ha considerado siempre a los judíos como individuos especiales, estableciendo a su intención una serie de medidas discriminatorias que no somos quien para calificar. Muchas de esas medidas fueron, posteriormente, adoptadas por diversos estadistas[246], entre ellos, Hitler[247]. El mal llamado "antisemitismo" no es una creación hitleriana, sino judía.

La Gran Prensa Mundial no se contentó con denigrar sistemáticamente a Alemania y a su régimen político de entonces sino que, además, silenció con sospechoso pudor una serie de hechos que, de haber sido divulgados, hubieran permitido a los pueblos europeos comprender mejor el problema. Por ejemplo, cuando el 4 de febrero de 1936, Wilhem Gustloff, jefe del grupo Nacionalsocialista de alemanes residentes en Suiza fue asesinado por el hebreo Frankfurter, sólo dos de los diecisiete diarios parisinos publicaron la noticia, y aún sin mencionar la extracción racial del autor del crimen.

El 7 de noviembre de 1938, un incidente aparentemente inesperado, pero de

---

[240] Honorio III: "Ad nostram noveritis audientiam", 29-IV-1291. Martín V: "Sedaes Apostólica", 3-VI-1425.

[241] Eugenio IV: "Dudum ad noatram audientiam", 8-VIII-l442. Calixto III: "Si ad reprimendos", 28-V-1456.

[242] Paulo IV: "Cum nimis absurdum. 8-VIII-1555. Calixto III". Si ad reprimendos 28-V-1456,

[243] Pablo IV: "Cum nimis absurdum". Pío V: "Cum nos nuper", 19-1-1567.

[244] Clemente VIII: "Cum saepe accidere", 28-11-1592.

[245] Pío V: "Hebraeorum Gens", 26-11-1569. Clemente VIII: "Caece et obdurata", 25-11-1593.

[246] Por ejemplo, la tan criticada medida hitleriana prohibiendo a los no judíos de servir como domésticos a los judíos tuvo su precedente en la Encíclica "Impia Judaeorum Perfidia", del Papa Inocencio IV (9 -V-1244). Diversos Papas recordaron a los cristianos tal prohibición, Eugenio IV con especial severidad. ("Dudum ad nostram audientiam", 8 -VIII-1442). (N. del A.)

[247] Nos estamos refiriendo, ahora, a las medidas tomadas en tiempos de paz, entre 1933 y 1939. Una vez en marcha la guerra empezaron las deportaciones, campos de concentración, etc. De todo ello, así como de la fábula de los "seis millones de gaseados" hablamos en el capitulo VIII. (N. del A.)

La Historia de los Vencidos (El suicidio de Occidente)

hecho cuidadosamente preparado de antemano, motivó la ansiada reacción popular alemana-. El agregado consular alemán en París, Von Rath, fue asesinado por un joven hebreo, emigrado de Alemania, Herschel Grynzspan. Esta clásica provocación fue seguida de un clamor de indignación que conmo vió todo el III Reich; algunos de los líderes más exaltados de las unidades de combate del Partido nacionalsocialista organizaron, la noche del 8 al 9 de noviembre, bajo la dirección del doctor Goebbels, una verdadera orgía de antisemitismo, que sería conocida con el nombre de "Kristallnacht" (la noche de cristal): escaparates de tiendas judías apedreados, quema de sinagogas y algún que otro puntapié. Ninguna persona en su sano juicio podrá encontrar loables los excesos de la Kristallnacht. Pera tampoco pueden olvidarse las constantes provocaciones judías; después de la campaña mundial propagandística y del boicot económico empezaban los asesinatos de funcionarios alemanes en el extranjero esto fue la gota de agua que hizo derramar el vaso.

Se sabe que la mayoría de altas jerarquías nazis criticaron acerbamente a Goebbels por haber apadrinado la idea de las represalias antijudías[248]. Pero la campaña antialemana que siguió en toda Europa y América hizo aún más difícil la situación de los judíos alemanes.

En efecto, manifestaciones antialemanas fueron organizadas en varias ciudades europeas, sobre todo en Francia. No obstante, no era la primera vez en la Historia que el asesinato de un alto funcionarioó en este caso de dos altos funcionarios, Gustloff y Von Rath, a manos de un extranjero provocaba enérgicas represalias contra los compatriotas del asesino[249]. Pero si en los otros casos la Prensa Mundial se había limitado a mencionar el incidente, en esta ocasión se cargaron de tal manera las tintas, que el lector de periódicos de juicio imparcial debió admitir implícitamente que una cosa es ejercer represalias contra italianos, españoles o chinos y otra cosa muy diferente apedrear el escaparate de un judío berlinés.

El caso fue que a consciencia -o a pretexto- de la Kristallnacht las relaciones

---

[248] Según K. Hierl (In Dienst für Deutschland, pag. 138), los excesos de la Kristallnacht indignaron profundamente al Führer que dijo abruptamente a Goebbels: *"Con esta necedad, con esta inútil violencia, habéis estropeado un trabajo de muchos años"*.

[249] Por los abusos cometidos contra los italianos de Lyon y Marsella, después de que un italiano, Casserio, asesinara al presidente Carnot, en 1905. (N. del A.)

angloalemanas empeoraron ostensiblemente. El embajador británico en Berlín fue llamado a Londres para "informar sobre los acontecimientos del 8 de noviembre". El presidente Roosevelt por su parte, rompió las relaciones diplomáticas con Alemania el 13 de noviembre Pocos días después. aquél siniestro personaje declaraba, en un discurso radiado a todo el país. que "apenas podía creer que tales cosas" -es decir, apedrear escaparates y quemar unas cuantas sinagogas- "puedan suceder en el siglo XX".

Cosas mas graves estaban sucediendo entonces, en pleno siglo XX, en España, donde tambien se quemaban templos, tambien se apedreaban escaparates e – incidentalmente - un millón de personas perecían. También en Rusia, en pleno siglo XX, el camarada Stalin se libraba a una auténtica cacería humana de la que eran víctimas no sólo muchos rusos decentes, sino hasta la flor y nata de la vieja guardia bolchevique, todo ello aliñado con refinamientos de asiática crueldad.

Todas estas cosas sucedían también en pleno siglo XX, pero ni la Gran Bretaña llamó a Londres a sus embajadores en Madrid y Moscú, para informar sobre los acontecimientos, ni Roosevelt rompió las relaciones con España ni con la U.R.S.S. Para Roosevelt. Churchill y todo clan belicista, evidentemente era mas grave arrasar las tiendas de unos cuantos judíos de Berlín, que asesinar a dos funcionarios alemanes, a unos de miles de españoles o a una cifra indeterminable de rusos.

Cruz gamada y estrella judía: he aquí los dos símbolos que se enfrentan. Los términos del problema eran sencillos. Alemania esquilmada en Versalles sin colonias y con un territorio insuficiente para su población estaba decidida a aumentar espacio vital. No pedía nada ni a Francia, ni a la Gran Bretaña, ni, menos aún, a los Estados Unidos de Roosevelt y su Brains Trust. Pero se disponía a crecer territorialmente a costa de la U.R.SS., a la que se eliminaría como peligro mundial contando, si no con la ayuda de las democracias occidentales si, al menos, con su benévola neutralidad. Una vez eliminado el "portaaviones", checoslovaco, sólo Polonia se interponía entre Hitler y Stalin. La maniobra concebida inicialmente por aquél, consistente en sortear el obstáculo polaco por Ucrania y los Países Bálticos, fue hecha imposible por Beck, que se negó a continuar la política del viejo Pilsudski, partidario de una alianza de Alemania contra la U.R.S.S. Polonia se convirtió, así en barrera entre los dos colosos y en excusa para lanzar a Occidente a una guerra con Alemania, perjudicial para sus propios intereses.

La Historia de los Vencidos (El suicidio de Occidente)

CAPITULO V

EL SUICIDIO EUROPEO

La misión de Doumenc - Intervención diplomática de Roosevelt - Tentativa de paz de S.S. Pío XII - ¡Bromberg! - Una última proposición de Berlín - Estalla la guerra mundial - La alternativa: ¿Berlín o Moscú? - Polonia se hunde en 17 días - La URSS apuñala a Polonia por la espalda - Fin de la campaña polaca - Dos ofertas de paz - La URSS ataca a Finlandia - Democracia y Becerro de Oro - Inglaterra y Francia contra los neutrales - Los métodos de la guerra total - Frente Occidental: Decisión en cinco semanas - El Armisticio - El "Gaullismo" - Mers-el-Kébir y Dakar - La "gesta" de Dunkerque

> *Estoy seguro de que existe cierta escondida presión detrás de todos los problemas de Europa, Asia y América.* Mariscal Smuts (citado por J. Creagh-Scott en Hidden Government, pág. 9).

Desde finales de 1938 el Kremlin inicia un cambio en su política exterior, hasta entonces incondicionalmente hostil a la Alemania nacionalsocialista. En enero de 1939 el cambio aparecerá aún más evidente. El embajador soviético en Berlín, Merekaloff - un ruso que ha sustituido muy oportunamente al judío Suritz - propone a Von Ribbentrop la apertura de relaciones comerciales, pero éste se niega en redondo a discutir, siquiera. el asunto.

Seeds, el embajador británico en Moscú propone a Molotoff la conclusión de un pacto anglosoviético de ayuda mutua. En el Kremlin acogen esta propuesta con frialdad; no entra en sus cálculos "sacarles las castañas del fuego a los capitalistas occidentales, molestos por la competencia comercial alemana" según declara, sin eufemismos, Stalin. En cambio, "la Unión Soviética no considera las diferencias ideológicas con Alemania como un obstáculo insalvable para una mejor cooperación política entre ambos países", según manifiesta Merekaloff en Berlín. Durante seis largos meses, las insinuaciones de Moscú a Berlín se multiplicarán. En un discurso pronunciado el 10 de marzo ante el Comité Central del Partido, Stalin lanza sus filípicas de rigor contra los capitalistas de Occidente pero, por primera vez en seis años, se abstiene de atacar al nacionalsocialismo y al fascismo. Pero en Berlín no se dan por aludidos. Antes al contrario, en un violento discurso antibolchevique, Hitler manifiesta que el comunismo no es más que un grosero disfraz del judaísmo, enumerando diversos altos personajes soviéticos pertenecientes a la raza judía.

Después del discurso de Hitler (28 de abril de 1939 una serie de sorprendentes cambios tienen lugar en las altas esferas gubernamentales soviéticas. Stalin y su ministro del Interior, Beria, un criptojudío al que se tiene en Europa por georgiano, colocan a todos los trotskystas el sambenito de cosmopolitas y lo traducen, *sotto voce*, por sionistas. Litvinoff, el polifacético hebreo, es sustituido por un ruso de pura raza -y hasta de sangre azul- como Molotoff. Se le da, al "presidente" Vorochiloff una inusitada beligerancia y se recalca cuidadosamente su origen eslavo. Sven Hedin dice que "la Rusia soviética mostró una nueva faz a la Alemania hitleriana; una faz de trazos fríos, estoicos, eslavos o asiáticos, pero sin un sólo rasgo semítico. El mayor error cometido por los líderes del nacionalsocialismo fue creer que ese cambio era auténtico"[250].

En mayo de 1939, el embajador alemán en Berlín, conde Von der Schulenburg visita a Molotoff para aceptar la propuesta de éste relativa al establecimiento de relaciones comerciales entre Alemania y la U.R.S.S. Molotov pone como condición que previamente se pongan las bases políticas "necesarias para la reanudación de conversaciones comerciales". En la Wilhelmstrasse no aceptan esa sugerencia soviética.

Entre tanto, en Londres intentan, a todo trance, llegar a un acuerdo político con la U.R.S.S. Sir Archibald Sinclair, líder del Partido liberal, declara en la Cámara de los Comunes que "Inglaterra no puede ganar una eventual guerra contra Alemania sin la cooperación soviética". Eden y Attlee, líder de los laboristas, abundan en la misma tesis. En cuanto a Churchill que sólo unos años atrás, era ferviente anticomunista, manifiesta, sin ambages, que "no sólo debemos llegar a una colaboración estrecha con Rusia, sino que los otros Estados del Báltico, Letonia, Lituania, Estonia y Finlandia, deben unirse al pacto. No existen otros medios para mantener el frente oriental contra Alemania que la colaboración activa de la Rusia

---

[250] Sven Hedin: *Without Commission in Berlín*.

soviética"[251].

El propio Churchill, punta de lanza del clan belicista inglés, creía que "... la trágica resolución del caso checoslovaco nos demostraba que era preciso buscar una alianza con la Unión Soviética"[252]. Esa alianza se buscó, pero Moscú no quiso saber nada de pactos con las democracias occidentales, entonces. La negativa del Kremlin se hizo en la forma de unas peticiones tan desorbitadas que ningún Gobierno inglés pudiera aceptarlas sin quedar vitaliciamente desconsiderado a los ojos de la opinión pública. Así, Stalin exigió, como condición previa para la firma del proyectado pacto anglosoviético, el que se permitiera a la Unión Soviética ocupar Finlandia, Estonia, Letonia, Lituania, Polonia, Besarabia, Bukovina, los Dardanelos y, además, una expansión colonial en el Extremo Oriente.

Insólitamente, los Partidos laborista y liberal presionaron al Gobierno para que éste aceptara las desorbitadas pretensiones soviéticas. Por otra parte, no hay que olvidar que Francia tenía en vigor una alianza con Polonia a su vez aliada de la U.R.S.S.; que la misma Francia estaba aliada, desde 1934, con la U.R.S.S., y que Inglaterra estaba a su vez firmemente ligada con Francia y Polonia.

"Simultáneamente, el Kremlin tendía la mano hacia Berlín. Los historiadores antinazis Hinsley y Bullitt -éste último, además, diplomático de primera fila y miembro del Brains Trust de Roosevelt- concuerdan en afirmar que las negociaciones germanosoviéticas empezaron a iniciativa de Moscú y que, si sólo de Hitler hubiera dependido, las negociaciones hubieran terminado en un fracaso total"[253].

De hecho, en la circunstancia dada, lo único que podía hacer Hitler para evitar el cerco completo de Alemania era volverse hacia Rusia. A pesar de las profundas diferencias de orden ideológico existentes entre ambos países. No tenía otra solución. La tortuosa política del eje Londres-Washington-París no le dejaba otra salida. En realidad, el pacto germano-soviético firmado por Von Ribbentrop y Molotoff, en presencia de Stalin, el 23 de agosto de 1939, hubiera representado, de haberse tratado la U.R.S.S. de un Estado soberano y "normal", una magnífica ocasión para evitar un conflicto generalizado. Con aquel pacto de no-agresión entre Alemania y la U.R.S.S., Hitler intentaba demostrar a las democracias occidentales

---

[251] Winston S. Churchill: *Memorias*.

[252] Op. cit. Ibid. Id.

[253] William C. Bullitt: *Cómo los Estados Unidos ganaron la guerra, y por qué están a punto de perder la paz.*

que si Stalin había firmado alianzas y pactos con Francia, Polonia, Checoslovaquia, Lituania y la Austria de Dollfuss, y tratados comerciales y de amistad con los Estados Unidos y se disponía a dejarse querer por los británicos, de la misma manera era capaz de firmar un pacto con Alemania, o sea que los pactos y tratados firmados por el ex seminarista georgiano eran papeles mojados. Podrá objetarse que el pacto firmado por Ribbentrop con Molotoff fue, igualmente, un papel mojado[254]; esto es, con ciertos matices a considerar más tarde, incuestionablemente cierto. Puede acusarse a Hitler de haber sido desleal con Stalin, y a éste de haberlo sido con aquél.

En cambio, las democracias occidentales fueron siempre extremamente leales con el comunismo soviético. Pero dudamos de que los ochocientos millones de esclavos ganados por el marxismo gracias a esa lealtad democrática la aprecien mucho.

Es evidente que las democracias occidentales buscaban el cerco político, diplomático y militar de Alemania, restableciendo la situación prebélica de 1914. Como también es evidente, y nadie ha podido jamás negarlo, que lo que Hitler buscaba era enfrentarse con la U.R.S.S. Pero, naturalmente, enfrentarse con ella a solas. Cuando Hitler y sus ministros se apercibieron de que Londres y París, empujados por Washington, convirtiendo Dantzig en un "casus belli", ponían la barrera polaca entre Alemania y la U.R.S.S., quisieron romper la maniobra de cerco con aquella medida transitoria - ¡y bien demostraron los hechos posteriores cuán transitoria era! - de firmar un pacto con Stalin, anticipándose a los anglofranceses, iniciadores, antes que nadie, de la "carrera hacia el Kremlin".

La idea de Hitler era políticamente correcta. Francia e Inglaterra, con la ayuda activa de sus satélites europeos y la "no beligerante de sus instigadores estadounidenses eran incapaces de batir a la Wehrmacht. Esto sería cumplidamente demostrado por los hechos. Por lo tanto, rompiendo, mediante el Pacto Ribbentrop-Molotoff el cerco militar y diplomático de Alemania, Hitler esperaba ganar tiempo, forzar una decisión favorable a propósito de Dantzig y el "Corredor" y unir, así, las dos porciones de Alemania separadas por el Tratado de Versalles. Entonces llegaría

---

[254] "Los alemanes, con este pacto, sólo intentan ganar tiempo, y evitar que los ingleses lleguen antes que ellos. Si me dieron tan fácilmente lo que les pedí, es porque se disponen a recobrarlo pronto", dijo Stalin a Molotoff, según T. Plevier, en Moscu... (Nota del Autor.)

el momento de continuar la política hitleriana de la "Drang nach Osten". Teóricamente, el pacto germanosoviético debía obligar a los anglofranceses a levantar la barrera erigida en Dantzig.

Pero todo ello - lógicamente correcto - resultó, en la práctica, un monumental error político; el más grande y definitivo de los errores políticos nazis. A él fueron inducidos Hitler y Ribbentrop, más que por la sagacidad de Stalin y Molotoff, por la secular pericia de la camarilla que, detrás de los señores del Kremlin, movía los hilos. Hitler esperaba que, al encontrarse sin la esperada ayuda del aliado soviético -no olvidemos que la U.R.S.S. tenía un pacto con Francia y otro con Polonia- franceses e ingleses se abstendrían de intervenir en Dantzig. Pero ni la U.R.S.S. era un Estado soberano y "normal" que pudiera tener en cuenta los imperativos de las constantes nacionales o del viejo imperialismo zarista "ruso", ni las viejas democracias occidentales eran otra cosa que imperios caducos manejados por los intereses cosmopolitas de Wall Street y de la City. Ni el mismo Hitler podía sospechar que las fuerzas combinadas de la alta finanza y del judaísmo, aliadas circunstancialmente a los pequeños intereses de los no menos pequeños "patriotismos, inglés, francés y polaco, tendrían tanta fuerza como para obligar a los Gobiernos de Londres y París a lanzarse a una guerra tan impopular como innecesaria, para desviar, sabiéndolo o no, el rayo de la guerra alemán y atraérselo sobre sí mismos.

Los espectaculares cambios y reajustes realizados por el bolchevismo y la súbita ascensión táctica de ciertos rusos y ucranianos de raza eslava a puestos de mando y responsabilidad hicieron creer a la Wilhelmstrasse que un cambio profundo se había operado en las altas esferas moscovitas. Pero todo había sido una hábil maniobra y nada más. Según William C. Bullit "desde 1934, Roosevelt fue informado de que Stalin deseaba concertar un pacto con el dictador nazi, y de que Hitler podía tener un pacto con Stalin cuando lo deseara. Roosevelt fue informado con precisión, día tras día, paso a paso, de las negociaciones secretas entre Alemania y la U.R.S.S. en la primavera de 1939... En verdad, nuestra información sobre las relaciones entre Hitler y Stalin era tan excelente, que habíamos notificado al Kremlin que esperase un ataque alemán a principios del verano de 1941, y habíamos comunicado a Stalin los puntos principales del plan estratégico de Hitler.[255] A Stalin le quedaban, pues, dos años de tiempo para prepararse; y para contribuir a desviar el golpe alemán, obligar a la Wehrmacht a enzarzarse en una lucha con Occidente e impedir un choque prematuro entre Alemania y la U.R.S.S., se planteó el pacto contra Natura, firmado el 23 de agosto de 1939 en Moscú.

En dicho pacto se estatuía el mantenimiento del statu quo ante en el Este de Europa. Es absolutamente falso que Alemania y la U.R.S.S. pactaran para repartirse Polonia. El reparto de Polonia resultó del pacto Molotoff-Ribbentrop. Es cierto que, implícitamente, Alemania reconocía ciertos territorios como "zonas de influencia"[256] soviéticas y que, en caso de que la U.R.S.S. decidiera apoderarse de la Galitzia o de otros territorios arrebatados a Rusia en Versalles, en beneficio de Polonia, Berlín aceptaría el "fait accompli". Tal vez esto no sea muy agradable para un patriota polaco, pero, objetivamente, cabe preguntarse por qué razón iba Alemania a arriesgarse a una guerra prematura contra el Kremlin por salir en defensa de los polacos que, aparte de tener, también, su pacto con la URSS, habían estado durante largos años, haciendo la vida imposible a sus minorías germánicas, y se negaban a toda concesión en el caso de Dantzig y el "Corredor". La U.R.S.S. violaría, un año más tarde, su pacto con Alemania, al ocupar, los días 3, 5 y 6 de agosto de 1940, los Estados bálticos -Letonia, Estonia y Lituania- e incorporarlos como "repúblicas autónomas". Esto era contrario a los acuerdos Molotoff-Ribbentrop, según los cuales Alemania y la U.R.S.S. se comprometían a respetar la estructura interna de aquéllos Estados. Poco más tarde, los rusos invadían Besarabia y Bukovina, y casi simultáneamente, atacaban a Finlandia, todo lo cual incumplía nuevamente el Pacto de Moscú. Hasta que un día, en plena guerra, el 10 de noviembre de 1940, Molotoff se presentaba en Berlín con una serie de demandas exorbitantes: manos libres en Finlandia, ocupación de los Dardanelos, y expansión colonial en Asia. Alemania se daba ahora de bruces con la realidad de un bolchevismo afincando en la U.R.S.S., que se presentaba amenazador cuando la Wehrmacht debía enfrentarse a los Ejércitos francés e inglés y a sus numerosos satélites continentales.

El pacto germanosoviético -única solución diplomática dejada a Hitler, jugada

---

[255] William C. Bullitt: *The World Menace*.

[256] El gobierno interesado trata exclusivame nte con los gobiernos de los países comprendido en su zona de influencia; el Estado consignatario se desentiende formalmente de ello. (N. Del A.)

forzada en el tablero europeo en la situación dada - fue, a la postre, fatal para Berlín. Es cierto que le permitió ganar algún tiempo -y, aún, bastante menos del necesario y esperado - pero no es menos cierto que puso en manos de Stalin la posibilidad de escoger el momento de la ruptura de hostilidades y permitió la realización, ya forzosa, de la alianza anglofrancosoviética.

LA MISIÓN DE DOUMENC

Dos días antes de la conclusión del pacto germanosoviético, el 21 de agosto de 1939, el encargado militar de la Embajada de Francia en Moscú, general Doumenc, recibió la orden de firmar un acuerdo militar con la U.RS.S., según el cual los soviéticos ocuparían Rumania y Polonia -la "amada" Polonia de las democracias- tras permanecer neutrales en la futura lucha entre alemanes y anglofranceses, durante algún tiempo. Paralelo al pacto "público" entre Berlín y Moscú, existía otro secreto -y escrupulosamente cumplido por ambas partes- entre Moscú, Londres y París[257]. La doble maniobra no fue totalmente coronada por el éxito por haberse anticipado Hitler al proyectado ataque de Stalin.

INTERVENCIÓN DIPLOMÁTICA DE ROOSEVELT

Chamberlain había conseguido mantener al presidente Roosevelt alejado de los problemas europeos. En vísperas de los acuerdos de Munich, aún intentó Roosevelt proponer su mediación, que fue rechazada.

Pero a medida que perdía firmeza la posición de Chamberlain al frente del Gobierno británico y, paralelamente, la iban ganando sus oponentes Churchill, Eden, Halifax y Vansittart, lograba Roosevelt intervenir con mayor frecuencia en los asuntos de Europa.

En plena discusión germanopolaca, el presidente norteamericano tomó la iniciativa de dirigir una insólita carta a Hitler y a Mussolini, en la que, tras constatar "ciertos rumores que esperamos sean infundados, según los cuales nuevas agresiones se preparan contra otras naciones independientes", preguntaba sin ambages a ambos estadistas: "¿Están ustedes dispuestos a prometerme que sus

---

[257] J. Von Ribbentrop: *Zwischen London und Moskau.*

ejércitos no atacarán los territorios ni las posesiones de las naciones mencionadas?" A continuación, citaba una lista de treinta y un países y terminaba expresando la esperanza de que el cumplimiento de tal promesa pudiera asegurar, al menos, medio siglo de paz, afirmando que "los Estados Unidos, en ese caso, estarían dispuestos a participar en negociaciones tendentes a aliviar al mundo de la pesada carga de los armamentos".

Como hace notar monseñor Giovanetti[258], al dirigirse únicamente a las potencias del Eje, el presidente Roosevelt parecía querer colocarlas a priori en el banquillo de los acusados. Esa desgraciada carta, más que una torpeza y una violación de los usos diplomáticos, era una grosería y una provocación.

Mussolini se encontraba en plena conferencia con Goering y Ciano en Roma cuando le entregaron esa carta, y fue entonces cuando pronunció su célebre diagnóstico: "Efectos de la parálisis progresiva...", haciéndole eco Goering:

"Principios de enfermedad mental"[259].

La reacción de Hitler fue inmediata. Ordenó a Von Ribbentrop que sus servicios hicieran las siguientes preguntas a los países citados por Roosevelt:

1. ¿Tenían la impresión de que Alemania les amenazaba?
2. ¿Habían pedido a Roosevelt que les sirviera de portavoz? (Naturalmente, esa consulta no fue hecha a Polonia, Francia y Gran Bretaña, que se encontraban en pleno forcejeo con el Reich a propósito de Dantzig.)

Los 28 países consultados respondieron con una doble negativa. Hitler dio lectura, una a una, a las respuestas de los Estados consultados, es decir, Suecia, Finlandia, Dinamarca, Noruega, Suiza, Letonia, Estonia, Lituania, Rumania Bulgaria, Hungría, Yugoslavia, Turquía, Portugal, Irlanda, Irán, Liberia, Ecuador, Argentina, Brasil, Chile, Colombia, Perú, Panamá, Guatemala Venezuela, Uruguay y Cuba.

Fue un discurso de una rara elocuencia interrumpido con frecuencia por torrentes de aplausos y por las carcajadas de los asistentes. Hitler afirmó:

"Declaró solemnemente que las alegaciones sobre un ataque de Alemania contra

---

[258] *Le Vatican et la Paix*, pág. 51.
[259] Conde Ciano: *Memorias*.

La Historia de los Vencidos (El suicidio de Occidente)

territorios americanos no son más que imposturas y groseras mentiras, sin contar con que tales alegaciones no pueden salir más que de la imaginación de un loco."

TENTATIVA DE PAZ DE S.S. PÍO XII

En esa atmósfera de pasiones desatadas, un hombre conservaba su sangre fría y no desesperaba de lograr salvar la paz: S.S. Pío XII. Diplomático de carrera, no ignoraba que es preciso sistematizar los problemas. Sabía también que era en Europa donde se hallaban los riesgos de guerra, y por eso desaprobaba la intromisión de Roosevelt en los asuntos del Viejo Continente, pretendiendo mezclarlos con los del resto del mundo[260].

Los estados europeos que tenían entre sí litigios a solucionar eran cinco: Francia, Inglaterra, Polonia, Alemania e Italia. Francia con Alemania, por la intervención francesa en los asuntos de Europa Central y Oriental y la garantía dada por París a Varsovia. Inglaterra con Alemania por las mismas causas y por la competencia comercial alemana. Alemania con Polonia, naturalmente. Italia con Francia (reivindicaciones italianas sobre Córcega, Niza y Túnez) y con Inglaterra (por sus restricciones a Italia en el uso del Canal de Suez).

Como Alemania e Italia no pertenecían a la Sociedad de Naciones, la única manera de solucionar los problemas existentes entre esos países era reunir a sus representantes en una conferencia. Pío XII encargó a sus servicios diplomáticos que sondearan a los gobiernos interesados sobre la posibilidad de organizar esa conferencia de los cinco. Berlín y Roma respondieron positivamente, pero Londres, París y Varsovia no dieron su conformidad[261].

Sin pretenderlo, Pío XII había demostrado que los que se oponían a la liquidación de los problemas europeos mediante conferencias internacionales no eran Hitler o Mussolini, sino Francia, Inglaterra y Polonia[262].

¡BROMBERG!

---

[260] Paul Rassinier: *Les responsables de la Seconde Guerre Mondiale*, pág. 223.
[261] Monseñor Gilovanetti: *Le Vatican a la Paix*. pág. 61.
[262] Paul Rassinier: *Op. cit.*, pág. 227.

Después de la firma del pacto germanosoviético, los acontecimientos se precipitan dramáticamente. El 25 de agosto, Hitler se entrevista con Henderson, embajador británico, y le manifiesta estar resuelto a llegar a una solución que ponga fin a las diferencias con Polonia. El Führer propone una alianza germanobritánica "que no sólo garantice, por parte alemana, la existencia del imperio colonial británico, sino que también si necesario, ofrezca al imperio británico la ayuda del Reich". Hitler reitera, por enésima vez, que no tiene ninguna reclamación que hacerle a Inglaterra ni a ningún otro país occidental.

Mientras Henderson se desplaza en avión a Londres para discutir con Chamberlain y Halifax el ofrecimiento de Hitler, éste se entrevista con el embajador sueco, Birger Dahlerus, que se ha ofrecido a actuar como mediador. El Führer propone que el caso de Dantzig y el "Corredor" se solucione mediante negociaciones directas entre Berlín y Varsovia.

Dahlerus dice[263] que, el 27 de agosto, es recibido en Downing Street por Chamberlain, Lord Halifax y Sir Alexander Cadogan, secretario del Foreign Office; en el curso de la conversación se da cuenta de que Henderson, la víspera, no ha transmitido íntegramente las propuestas de Hitler a Chamberlain[264]. Los ingleses, evidentemente, hacen más caso a Henderson que a Dahlerus, pero todavía Chamberlain ve una posibilidad de salvar la paz y comunica al intermediario sueco que sugiera al Führer trate de entenderse directamente con Varsovia.

A pesar de que las negociaciones germanopolacas quedaron interrumpidas a mediados de julio por la movilización general del Ejército polaco; de que todas las propuestas alemanas de arreglo habían sido desoídas; y, sobre todo, a pesar de las violencias sufridas por las minorías germánicas en Polonia que alcanzaron su punto culminante con las masacres del 21 de agosto[265], Alemania se mostraba dispuesta a iniciar nuevas conversaciones con Polonia, bajo arbitraje británico, y proponía

---

[263] Birger Dahlerus: *Memorias*.

[264] Recordemos que Chamberlain se había avenido a otorgar su célebre "garantía" a Polonia, basándose en un supuesto ultimátum de Berlín a Varsovia; ultimátum que no había sido enviado en realidad. Pocos premiers británicos han sido más veces engañados ópor sus propios partidariosó que Chamberlain. (N. del A.)

[265] Ese día fueron identificados por los alemanes 12.857 cadáveres, arrastrados por el Vístula. Se trataba de miembros de la minoría germánica en Polonia. (Salvador Borrego: *Derrota Mundial*, pág. 124.) La Associated Press confirmó el hecho, pero no habló de tan alta cifra, como pretendía Berlín, sino de "varios millares de cadáveres". (Nota del Autor.)

oficialmente a Varsovia de enviar un plenipotenciario polaco calificado para negociar. Se emplazaba al representante polaco para presentarse en Berlín el miércoles, 30 de agosto de 1939.

Varsovia da, al principio, su consentimiento. Lipsky, el embajador polaco en Berlín, vuela a Varsovia para recibir instrucciones, y presentarse, con plenos poderes para negociar, el 30 de agosto, a las 4.30 de la tarde, en la Wilhelmstrasse. Pero, al día siguiente, nuevo cambio de decoración. Beck y Rydz-Smigly manifiestan que "Polonia no tiene nada que discutir con Alemania".

A las 16.30 del 30 de agosto, en vez del esperado negociador polaco, llegó la noticia de que el Ejército polaco tomaba posiciones junto a la frontera occidental del país. Media hora más tarde, llegaba otra noticia insólita: Inglaterra se retractaba de su ofrecimiento de mediadora pero confirmaba, oficialmente, su "garantía" a Polonia. Chamberlain había sido definitivamente barrido por Halifax y el clan de Churchill, Eden y Vansittart.

En estos momentos en que la situación ha llegado a su momento más crítico, surge el incidente de Bromberg, matanza salvaje, de indefensos civiles que hará ya imposible, entre Alemania y Polonia, todo entendimiento pacifico.

La encuesta de la Cruz Roja Internacional, el Libro Blanco publicado por el Ministerio de Asuntos Exteriores del Reich y las revelaciones de la Prensa internacional, hablan de mujeres con los pechos seccionados, ancianos castrados, criaturas de cinco y seis años de edad empaladas, públicas violaciones de muchachas. Más de diez mil inocentes sacrificados por la chusma -seis mil quinientos, según la encuesta de la Cruz Roja -; se trataba de alemanes residentes en la Polonia inventada en Versalles. Un político neutral tan objetivo como Dahlerus, al que ni con la más desenfrenada fantasía podrá calificarse de nazi, había aconsejado a Varsovia que pusiera coto a las campañas tendenciosas de Prensa y Radio, que impidiera a sus turbas incontroladas que cometieran más actos de violencia contra los alemanes de Polonia y que no tratara de interceptar por la fuerza la huida de los fugitivos[266]. Los políticos de Varsovia, creyéndose invencibles con la "garantía" francobritánica, las promesas de ayuda de Roosevelt y su "pacto de

---

[266] En los siete primeros meses de 1939, el número de alemanes escapados de Polonia ascendió a 70.000. (Los Horrores Polacos, Ministerio de Asuntos Exteriores del Reich.)

amistad y no -agresión" con la U.R.S.S., habían cometido un típico acto de provocación[267]. Ya no se trataba del "Corredor"; un abismo insondable se había abierto entre Polonia y Alemania.

Difícil es saber quién fue el instigador del populacho polaco, autor de aquél espantoso crimen colectivo. ¿El propio Gobierno de Beck, creyéndose que con las garantías de Occidente y la "amistad" de la U.R.S.S., la victoria polaca sobre Alemania llegaría tan segura como rápidamente? ¿La influencia judía, tan fuerte en Polonia? ¿El Intelligence Service, viejo especialista en esa clase de menesteres? ¿El Partido comunista polaco? O, tal vez, ¿todos, consciente o inconscientemente, a la vez? Poder responder a esa pregunta sería vital para establecer una buena parte de la responsabilidad en el estallido de la Segunda Guerra Mundial.

UNA ULTIMA PROPOSICIÓN DE BERLIN

El 30 de agosto, en vista de la incomparecencia del representante polaco, Hitler hace una última proposición a Varsovia, Londres y París, consistente en la celebración de un plebiscito en Dantzig, en el plazo de un año y bajo control internacional. En caso de victoria electoral alemana, Dantzig será devuelto al Reich aunque, en todo caso, Polonia conservará el puerto de Gdynia y se le autorizará a construir una carretera y una vía férrea extraterritorial a través de la Prusia Occidental hasta aquél puerto. En el caso de resultar el plebiscito en favor de Polonia, Alemania reconocerá como definitivas sus fronteras con ese Estado, si bien será autorizada a construir una vía de comunicación extraterritorial hasta la Prusia Oriental. Estas proposiciones debían haber sido notificadas oficialmente al plenipotenciario polaco citado para ese mismo día, y que no se presentó. Jurídicamente, son inatacables. El carácter alemán de Dantzig es unánimemente reconocido, incluso por los polacos, y es perfectamente absurdo que los campeones de la democracia se nieguen a aceptar unas propuestas que, al fin y al cabo, se basan en el derecho de autodeterminación de los pueblos. Políticamente, son

---

[267] Nadie acusó entonces, a Alemania, de maltratar a ciudadanos polacos residentes en el Reich, ni a los alemanes residentes en Polonia de atacar a los polacos. Solamente la nota oficial del Gobierno polaco de 30-VIII-1939 hablaba, vagamente, de las provocaciones alemanas en Dantzig, en todo caso, posteriores a la masacre de Bromberg. (N. del A.)

realistas, e, incluso, generosas, y, en cualquier caso, no lesionan para nada el pacto germanopolaco de 1934, según el cual se reconocería el statu quo ante de las fronteras entre ambos países durante diez años.

En efecto, el Reich no le pide a Polonia la cesión de un sólo metro cuadrado de territorio polaco; únicamente pretende que se le permita la construcción de un ferrocarril y una autorruta extraterritorial y aún ello condicionado a la aprobación, por plebiscito democrático, de las poblaciones de las regiones interesadas. En cuanto a la posesión de la ciudad de Dantzig, preciso es recordar que, oficialmente, tal ciudad y su zona anexa eran "libres" y no dependían, políticamente, de Varsovia.

El embajador inglés, Henderson, que, como mediador parece haber hecho todo lo posible para torpedear las negociaciones aconseja, no obstante, a Lipski, embajador polaco en Berlín, que se presente en la Wilhelmstrasse para ver a Ribbentrop. Es preciso cubrir las apariencias para poder presentarse ante la opinión pública como pulcros gentlemen; el eje democrático Varsovia-Londres-París no debe, jamás, romper las negociaciones. Ahora bien, lo que puede hacer - y hace- es boicotearlas. Así, la tarde del 31 de agosto, Lipski recibe instrucciones de Varsovia para entrevistarse con Von Ribbentrop y discutir, con él, las proposiciones alemanas. Pero el texto de esas instrucciones es captado por los Servidos de Contraespionaje alemanes. Uno de los párrafos dice: "En ningún caso entrará usted en discusiones concretas; si se le hacen proposiciones verbales o por escrito, escúdese en que no posee plenos poderes para aceptar o discutir tales proposiciones".

Ribbentrop, que tiene ya en su poder las instrucciones de Varsovia a Lipski, le recibe con fría cortesía, a las 18.30 horas del día 31 de agosto, deplorando el retraso de su interlocutor[268]. A continuación le pregunta si tiene plenos poderes para negociar. Lipski. naturalmente, recita la lección que trae aprendida. Ribbentrop, que sabe que ya nada puede esperarse de Polonia, le comunica que informará al Führer de su visita.

A las 21.30 llegan noticias de nuevos incidentes en Dantzig. Miles de paisanos alemanes cruzan la frontera polaca en dirección al Reich, en la Alta Silesia y Prusia

---

[268] Lipski, que debía haberse presentado CON PODERES, a las 16.30 del 30 de agosto lo hace SIN PODERES óempujado por Hendersonó, a las 18.30 del 31 de agosto (N. del A.)

Occidental.

Se recuerda que a las doce de la noche de aquél mismo día vence el plazo del ultimátum alemán a Varsovia para, al menos, iniciar conversaciones tendentes a solucionar el problema del "Corredor". Mussolini ofrece a Alemania, Polonia, Inglaterra y Francia sus servicios como intermediario. Pero ya es demasiado tarde. Ni en Varsovia ni en Berlín quieren saber nada de nuevas negociaciones. A últimas horas de la noche, el Gobierno del Reich informa por radio del curso de los últimos acontecimientos, se recuerda que Alemania ha aceptado la mediación de Inglaterra y Francia. Que la respuesta del Gobierno polaco ha sido la movilización general. Que los malos tratos dados por los polacos a los alemanes del "Corredor", Alta Silesia y Sudaneu, han culminado con el salvaje crimen colectivo de Bromberg, y que, en tales circunstancias, el Gobierno del Reich se ve obligado a reconocer el fracaso de todos sus esfuerzos para llegar a una solución amistosa de la situación, que todos -incluso en Varsovia - reconocen es insostenible. Y se concluye recordando, por última vez, a los gobernantes de Varsovia que aún tienen tiempo, hasta las doce de la noche de evitar lo peor.

ESTALLA LA GUERRA MUNDIAL

Llega el momento crítico, medianoche, entre el 31 de agosto y el 1º de septiembre, y no pasa nada. Los dos ejércitos se encuentran concentrados a lo largo de la frontera. En la Wilhelmstrasse llegan noticias de que Mussolini está intentando, desesperadamente, conseguir un nuevo aplazamiento del ultimátum alemán. Attolico, el embajador italiano en Berlín, se entrevista con el Führer. Propone un aplazamiento de cinco días. Pero, súbitamente, llegan noticias de la frontera germanopolaca. J. Sueli publicista húngaro editor del bien conocido World Conquerors, de Louis Marschalsko, refiere[269] que, en las primeras horas de la madrugada del 1º de septiembre de 1939, estaba escuchando el programa de la estación de radio de Gleiwitz, en Alemania, junto a la frontera polaca. Repentinamente, el programa musical se interrumpió, y unas voces excitadas anunciaron, en alemán, que la ciudad de Gleiwitz había sido invadida por

---

[269] L. Marschalsko: Op. cit.. pág. 81.

formaciones irregulares, no uniformadas, procedentes de Polonia; casi inmediatamente, las voces cesaron. Hacia las 2.30 de la madrugada, Radio Gleiwitz emitió un boletín de noticias en lengua polaca. Poco después, Radio Colonia anunciaba que la policía de Gleiwitz estaba rechazando el ataque de los polacos. A las 5.15, Radio Gleiwitz volvía a emitir en alemán, informando que la intervención de la Wehrmacht había puesto fin a la invasión polaca.

A las 5.45, por orden personal de Hitler, los Cuerpos de Ejército de los generales Von Kluge, Blaskowitz, List y Von Reichenau atravesaban las fronteras occidentales de Polonia, mientras Von Kuchler atacaba desde la Prusia Oriental.

Incluso la Prensa inglesa admitió -aunque disimulando, hipócritamente, la noticia en unos escuetos párrafos de última página- que los polacos habían sido los primeros en romper las hostilidades, atacando Gleiwitz con tropas irregulares[270]. El Führer habló, el 1º de septiembre, en el Reichstag. "Me he decidido a hablar con Polonia el mismo lenguaje que ella utiliza con nosotros desde hace meses; el único lenguaje que sus gobernantes de hoy parecen entender. Ya he dicho muchas veces que no exigimos nada de las potencias occidentales, y que consideramos nuestras fronteras con Francia como definitivas. He ofrecido siempre a Inglaterra una sincera amistad y, si es preciso, una estrecha colaboración. Pero la amistad no puede ser un acto unilateral." A continuación, explica los motivos del ataque alemán contra la última de las fronteras de Versalles y, nuevamente, se dirige a Francia e Inglaterra:

> "Si los estadistas de Londres y París creen que esto afecta a sus intereses, no me queda más remedio que lamentar tal punto de vista. Pero deseo que conste que el Reich no siente ninguna animadversión ni ningún deseo de revancha contra sus hermanos del otro lado del Rin."

No obstante, unas horas después, los embajadores francés e inglés se presentan en la Wilhelmstrasse para entregar un ultimátum a Hitler. O bien las tropas alemanas se retiran al otro lado de la frontera y garantizan, además, que los ataques no se repetirán, o bien Inglaterra y Francia cumplirán las obligaciones que han contraído con Polonia; esto es, declararán la guerra al Reich. Ribbentrop toma nota

---

[270] Pretendióse, apres-coup, que los atacantes de Gleiwitz eran miembros de las SS, pero ni siquiera en Nuremberg pudo demostrarse la verdad de tan novelesca explicación. (N. del A.)

del ultimátum, y manifiesta que informará del contenido del mismo a Hitler.

El 2 de septiembre, Mussolini está a punto de salvar la paz. Propone una conferencia de reconciliación con participación alemana, polaca, inglesa, francesa e italiana. Las bases de esa conferencia serían: Armisticio previo, conservando ambos ejércitos sus posiciones actuales. Convocatoria de la conferencia en un plazo de cuarenta y ocho horas. Solución del conflicto germanopolaco mediante la celebración de un plebiscito internacionalmente controlado en las zonas sujetas a discusión, esto es, el "Corredor" de Dantzig. Hitler y Daladier aceptan. La muy oficiosa Agencia Hayas informa, en un comunicado especial, que el Gobierno francés se declara dispuesto a participar en la conferencia de reconciliación. En Varsovia parecen, también, dispuestos a negociar, pero el Gobierno británico rehusa; y no sólo rehusa, sino que hasta convence a París para que retire su adhesión a la propuesta de Mussolini[271].

El día siguiente, 3 de septiembre, el Gobierno inglés se decide por la declaración de guerra a Alemania. Durante cuatro horas se discute ásperamente; un valeroso grupo de pacifistas intenta todavía reanimar a Chamberlain, pero el viejo Primer Ministro, enfermo y traicionado por su propio Partido, es arrollado por el clan animado por Churchill, Cooper, Eden y Vansítart. A las nueve de la mañana, Neville Henderson, embajador en Berlín, entrega un nuevo ultimátum a Ribbentrop:

> *"... en el caso de que a las 11.00 del día de hoy, 3 de septiembre, no se dé una respuesta satisfactoria en el sentido de que el Gobierno alemán pondrá fin a todos los ataques contra Polonia, el Gobierno británico se considerará en estado de guerra con Alemania".*

Poco después, el embajador francés presentaba otra nota redactada en los mismos términos.

Hitler respondió con una declaración oficial, negándose a "recibir, aceptar o cumplir" las exigencias de los ultimátums de Inglaterra y Francia.

El sueco Dahlerus intentó, todavía, una postrera maniobra de arreglo, sugiriendo

---

[271] "La responsabilidad de Mandel y del hombre de Churchill en Francia es enorme. Ha hecho cuanto ha podido para forzar a Daladier a rechazar los buenos oficios de Mussolini. Los belicistas han ganado la partida... Mandel había liado mil intrigas, más monstruosas las unas que las otras con Churchill." (Philippe Henriot: *Comment mourut la Paix*.

La Historia de los Vencidos (El suicidio de Occidente)

a Goering que se trasladara personalmente a Inglaterra para tratar de llegar a un acuerdo de alto el fuego con el Gobierno británico.

Hitler autorizó a Goering para que emprendiera el vuelo inmediata-mente hacia Londres. Dahlerus consiguió, desde Berlín, entablar comunicación telefónica con el Foreign Office, preguntando cómo sería recibida la visita de Goering. Halifax responde que mientras Alemania no responda a los términos del ultimátum que se le ha enviado, la visita de Goering no tiene razón de ser.

Y, a las once de la mañana, la voz de Chamberlain anuncia, por la radio, que la Gran Bretaña se encuentra en estado de guerra con Alemania... A las cinco de la tarde Francia declara, también, la guerra al Reich[272].

Acaba de alzarse el telón de la tragedia del suicidio europeo.

* * *

Uno tras otro, los estados miembros de la Commonwealth van declarando la guerra a Alemania. He aquí como describe Henry Coston de qué manera la Unión Sudafricana se ve complicada en el conflicto:

"El general Smuts, presidente de la República, unos días antes de estallar la guerra, fue a casa de Jack Barnato Joel, en Londres, para consultarle sobre una eventual entrada de la Unión Sudafricana en la contienda. Se sabe que, justamente entonces, fue cuando Smuts entró en el Consejo de Administración de la "De Beers" (trust diamantifero controlado por Barnato). Por otra parte, siete influyentes parlamentarios del grupo belicista y germanófobo de Smuts pertenecían al Consejo de Administración de la "British South Africa & Co."

"Uno de los principales financiadores del general Smuts era el magnate de las minas de oro "New Modderfontain Gold Mining Co.", Sidney Goldmann[273].

---

[272] Según los Memorias de Dirksen, embajador alemán en Londres, existía sin acuer-do verbal con el Gobierno británico, en el sentido de que éste, pasara lo que pasara, a pesar de su «garantía» a Polonia. no intervendría en coso de guerra germanopolaca. Esto lo confirman las Memorias de Robert Coulondre, embajador de Francia en Berlín. Halifax fue el tutor de este magistral "truco", tendente a facilitar la posibilidad de un choque armado en el Corredor. (Véase Robert H. Kettels: *Revision... des Idees. Souvenirs*, pag. 59. (N. del A.)

[273] Henri Coston: *Les Financiers gui ménent le monde*, pág. 295.

Precisemos por nuestra parte, que tanto Barnato como Goldmann son judíos. Los trusts "De Beers" y "British South Africa" estaban -y continúan estando- controlados por los multimillonarios hebreos Sir Ernest Oppenheimer y Alfred Beit. Sudafricanos. indios, canadienses, australianos neozelandeses, egipcios, pakistaníes, birmanos, árabes, negros, amarillos... zulúes, cafres, hotentotes, gurkhas... una cuarta parte de la humanidad se encuentra súbitamente, en estado de guerra con Alemania, sin haber sido democráticamente consultada, y a consecuencia de un problema remoto que concierne a una ciudad, Dantzig, que la inmensa mayoría de súbditos de Jorge VI serían incapaces de encontrar en un mapa mundi.

LA ALTERNATIVA: ¿BERLIN O MOSCU?

Si algo hay de evidente, de diáfano, en la política europea de la anteguerra, es el deseo de la Alemania nacionalsocialista de luchar, a solas, con el bolchevismo instalado en Rusia. Esto es bien sabido y generalmente aceptado por políticos responsables de Occidente, con Churchill a la cabeza, cuando afirma, en sus "memorias" que "evidentemente no daremos manos libres a Alemania a ningún precio en el Este de Europa".

Esto lo decía Churchill cuando Polonia estaba en los mejores términos con Hitler, y Pilsudski quería aliarse con éste contra la U.R.S.S. De donde se deduce que cuando Churchill decía "el Este de Europa" sólo podía referirse a Rusia.

Dejando a un lado a la democracia que, por principio no cree -o dice no creer- en nada, dos ideologías se hallaban, entonces ferozmente enfrentadas: el comunismo y el nacionalsocialismo. De un lado el rebaño de los amargados sin oficio ni beneficio engañados por sus falsos pastores, hebreos o no, entronizados en Rusia merced a la más salvaje revolución de la historia. Del otro, un régimen que podía o no gustar a los no alemanes, pero que innegablemente había realizado una labor gigantesca. y había llegado al poder mediante unas elecciones de cuya pureza democrática nadie dudó en su día. El marxismo, con pretensiones, mil veces proclamadas, de imponer en el orbe entero la dictadura del proletariado. El nacionalsocialismo con un programa específico, concretamente anti-marxista, y con la pretensión de crecer políticamente a costa del bolchevismo, y territorialmente a

La Historia de los Vencidos (El suicidio de Occidente)

costa de la Unión Soviética.

El bolchevismo, enemigo declarado de los grandes imperios europeos y, especialmente, del imperio británico[274]. El nacionalsocialismo, reconociendo sus fronteras con Francia como definitivas y tendiendo docenas de veces su mano a Inglaterra.

Es cierto que entre el régimen alemán de entonces y las concepciones democráticas imperantes en Occidente existían muchas discrepancias de tipo doctrinal e ideológico, pero no es menos cierto que el nacionalsocialismo nunca pretendió ser un sistema político "de exportación".

Una alternativa se presentaba entonces a las democracias occidentales, ante el choque inevitable entre comunismo y nazismo: ¿Berlín o Moscú? ¿Se aliarían Inglaterra y sus satélites continentales, Francia incluida, con Alemania, contra el comunismo soviético? Ésta parece haber sido la intención de Chamberlain en Munich[275]. O bien, contrariamente, ¿se aliarían las democracias con su enemigo jurado, el comunismo, en contra de Alemania, como querían Churchill, Eden, y las fuerzas políticas a que ellos estaban infeudados, para frenar - o intentarlo - a la U.R.S.S. una vez vencida aquélla?

La segunda solución fue la escogida óy no por el pueblo soberano, que había dado sus votos a Chamberlain, y no a Churchill - y sus resultados a la vista están. No somos de los que intentan volver a escribir la Historia a base de alargarle unos centímetros la nariz a Cleopatra, o de darle órdenes formales a Grouchy para que llegara a tiempo, con sus refuerzos, a Waterloo; pero creemos que para cualquier cerebro normal, era perfectamente perceptible, en 1939 que una Segunda Guerra Mundial redundaría tal vez, en una eliminación del "made in Germany" como concurrente peligroso para el "made in England", pero que, ciertamente, Europa desaparecería como centro rector del Universo y que el imperio británico, como Hitler predijera, desaparecería de la faz del inundo como potencia de primer orden,

---

[274] Marx decía que "mientras subsista el Imperio británico será imposible edificar el Socialismo" es decir, el Comunismo. (N. del A.)

[275] A menos que lo que pretendieran los políticos británicos en Munich fuera ganar tiempo, por no estar aun, preparada la opinión pública de su país para una nueva Cruzada Democrática. Faltan elementos para juzgar a Chamberlain ólos premiers británicos nunca han sido sujetos fáciles para el psicoanálisis, pero todos los indicios dejan suponer que su intención era evitar un choque armado con Alemania, pero el clan belicista de su propio partido le traicionó y arrastró a la guerra. (N. del A.)

convirtiéndose en satélite distinguido del "Money Power" de Washington.

Había, todavía, una tercera solución, consistente en dejar que alemanes y soviéticos lucharan entre sí, mientras las democracias se hacían pagar su neutralidad y ganaban tiempo para rearmarse, con lo cual, al final de la guerra entre alemanes y soviéticos, podrían los anglofranceses obligar al maltrecho vencedor a respetar sus intereses, si los creían amenazados. Éste era el punto de vista de muy calificados políticos europeos y americanos, incluyendo al futuro presidente Truman y era, también, la clásica expresión de la política tradicional inglesa, consistente en hacer luchar entre sí a las dos máximas potencias continentales del momento, para decidir la Gran Bretaña, en última instancia, con sus cipayos, su "Home Fleet" y el consiguiente bloqueo por hambre, la contienda de la manera más favorable a sus intereses. Esta vieja constante nacional británica, el "two power standard", le dictaba a Albión no ya interponerse entre Hitler y Stalin, sino utilizar su vieja y tortuosa diplomacia para precipitar el choque entre ambos.

¿Por qué Inglaterra, por primera vez en su Historia, abandonó su viejo y sagrado egoísmo nacional y, en vez de luchar, como siempre, por sus exclusivos intereses, lo hizo por una ideología?... ¿Cuál fue la causa del colosal error de los habitualmente astutos políticos de Westminster? Ya que, hoy en día, no puede haber duda alguna... El interponerse entre Alemania y la U.R.S.S. fue, mirado desde un punto de vista estrictamente británico, una equivocación de dimensiones cósmicas. Ahora bien: ¿Y si los políticos y los parlamentarios que arrastraron al viejo Chamberlain hasta la declaración de guerra atendieron más a sus ligámenes con la City, con el rey Rothschild, o con el "Money Power" que a su patriotismo inglés? Ya hemos mostrado cómo todos los miembros del Gabinete inglés en el momento de la declaración de guerra a Alemania estaban ligados, por lazos profesionales o familiares con el judaísmo y eran, en su inmensa mayoría, masones. En otro lugar hablamos del papel jugado por Inglaterra, desde los tiempos de Cromwell, como abanderada y aliada objetiva -sabiéndolo o no sus dirigentes legales- del judaísmo y los movimientos políticos a éste infeudados. Bástenos con mencionar, aquí, que cuando el judaísmo internacional consigue instalar a Roosevelt y apuntalar a Djugachvili-Stalin en la cima del binomio URSS- USA, Inglaterra pierde su vigencia objetiva como gran potencia mundial, protectora y, a la vez, protegida, de Israel y es lanzada, pese a las reticencias de su último estadista nacional, Sir Neville

La Historia de los Vencidos (El suicidio de Occidente)

Chamberlain, a su suicidio, arrastrando en el mismo a Francia, satélite suyo desde Waterloo.

Supongamos que, como querían hacer creer Churchill y quienes a Churchill movían y utilizaban, Alemania representaba un peligro mortal para el imperio británico; admitámoslo a efectos puramente polémicos. ¿Justificaba ello que Inglaterra se inmiscuyera en el conflicto político e ideológico germanosoviético?

¿No era, en cambio, lo lógico que tratara ella de atizar, de activar tal conflicto, máxime teniendo ó cómo la tuvo siempre - la posibilidad de quedar al margen del mismo?

"Alemania había cometido numerosas violaciones del Tratado de Versalles", decían, virtuosamente, los políticos de Londres y París. Sea. Hitler había violado diversas cláusulas del "Tratado de Versalles". Y supongamos que sus adversarios - ingleses y franceses - habían, en cambio, observado todos los términos del famoso documento, de infausta memoria. Olvidémonos de la ocupación francesa de la Renania, en tiempos de paz; del boicot francobritánico en las conferencias del desarme en Ginebra; de la alianza francosoviética violando el Tratado de Locarno; de la construcción de la Línea Maginot; de la "volte face" británica después del Tratado de Munich, igualmente violado con la garantía de Londres a Varsovia. Borremos todo ello de nuestra memoria, y guardemos, sólo, en la misma, los cargos que a Alemania hacían sus jueces, las democracias occidentales. Los nazis, es cierto, habían hecho cuanto habían podido para unir Austria a Alemania. Pero el Anschluss se había llevado a cabo sin dispararse un sólo tiro; la población austríaca había acogido a sus "invasores" con entusiasmo, según atestiguaron incluso las grandes agencias informativas internacionales, habitualmente poco simpatizantes con el nazismo... Algo muy diferente a lo acaecido durante muchos años en Irlanda, por ejemplo, donde los ingleses se mantenían con los tanques en las calles y fusilando rehenes.

También se habían anexionado el territorio indudablemente germánico de los Sudetes, y ello con la anuencia de Chamberlain, que dio su acuerdo en Munich. Y, en agosto de 1939, reclamaron Dantzig, realmente, una ciudad alemana, y, teóricamente, una "ciudad libre", y aún subordinaban su incorporación a un plebiscito favorable, internacionalmente controlado.

En cambio, la Unión Soviética, desde su nacimiento, en 1917, se había anexionado, "manu militari" Carelia Meridional y Ucrania (cuya independencia habían reconocido, en 1918, las democracias occidentales y los propios soviéticos), más Georgia, Armenia, Kazakhstán, Uzbekistán, Azerhaidján, Tadjikistán, Kirghizia, Turkmenístán, Tanu-Tuva y la Mongolia Exterior, con un total de 6.349.000 km^2 y una población de 61.200.000 habitantes, Algo más que Dantzig.

Para la curiosa óptica de los gobernantes occidentales, no obstante, Alemania era el agresor, y no la U.R.S.S.

Para esos mismos gobernantes de Occidente, Alemania era, así mismo, un "Estado policía" dirigido por unos tiranos sanguinarios, por que los líderes del Partido comunista que no habían conseguido huir al extranjero habían sido internados en campos de concentración, porque la masonería había sido puesta fuera de la ley y porque el demasiado conocido pastor Niemoller se había internado torpemente en terrenos políticos no recomendables y había sido tratado con no excesivos miramientos por la Gestapo. Alemania era un Estado retrógrado porque dictaba contra sus judíos unas normas en todo caso más moderadas[276] que las impuestas por Norteamérica contra sus negros y sus aborígenes, por Inglaterra contra sus irlandeses, y por la Unión Soviética contra sus... rusos.

La población penal de Alemania en 1939 -contando sólo a los presos políticos- se elevaba, según fuentes antinazis por otra parte muy discutibles, a sesenta mil personas. En cambio, en la Rusia soviética, según el embajador americano y gran amigo de la U.R.S.S. William C. Bullitt, en los campos de concentración y las cárceles de la G.P.U. el número de detenidos "no habrá sido nunca inferior, durante el período 1922-1937 a diez millones[277]. En cambio, Molotoff, opinaba que el número de presos políticos se acercaba a los doce millones[278].

El nacionalsocialismo, en fin, se había impuesto en Alemania de manera totalmente incruenta y según las normas del juego político de sus adversarios, esto es del sufragio universal. El comunismo, en cambio había necesitado de una interminable serie de matanzas colectivas para imponerse en Rusia. Sólo en los tres

---

[276] Antes del desencadenamiento de la guerra, sólo se produjeron agresiones aisladas contra los judíos de Alemania según reconoce el escritor judío Eugene Kogon: *The SS State*.

[277] William C. Bullit: *The World Menace*.

[278] Según el mismo Molotoff (*Pravda*. 28-1-1935), en 1934 cinco millones y medio de pequeños terratenientes fueron deportados a Siberia.

primeros años de la Revolución, según estadísticas archivadas en la Biblioteca del Congreso de los Estados Unidos[279] fueron asesinados por la G.P.U. o por las "unidades especiales" de represión del Ejército rojo: 28 obispos y arzobispos; 6.776 sacerdotes; 15.265 profesores y catedráticos; 54.000 oficiales y suboficiales del antiguo Ejército imperial; 260.000 soldados; 198.000 policías; 355.000 intelectuales; 195.000 obreros y 915.000 agricultores. Más de dos millones de rusos y un millón de ucranianos debieron emigrar al extranjero.

Pero el exponente de la tiranía estaba representado por Alemania, y no por la U.R.S.S. según la extraña perspectiva visual de los políticos de Londres y París. La llamada "opinión pública", que no se basa ni puede basarse, en el conocimiento de los hechos -reservado por su complejidad a una elite de especialistas- ni en la propia observación -fenómeno puramente individual- cree lo que los grandes medios informativos modernos le hacen creer. El "hombre moderno que no tiene fe en nada ni en nadie, ni siquiera en Dios se cree, sin pasarlo por el tamiz del previo análisis, cualquier juicio o idea expresada en un periódico de gran circulación o en la radio. El único requisito para hacer creer lo que fuere al hombre masa, al "hombre voto", es que tal juicio o idea sea suficientemente repetido, según la harto conocida técnica publicitaria. La calidad o la astucia del razonamiento o del sofisma no influye casi para nada en el hecho de su aceptación por el hombre masa, ese deshumanizado subproducto de la moderna democracia, ser de ideas simples y "necesidades" complicadas. Para el pobre "Juan Pueblo" que se imagina ser el fundamento del Estado porque se lo han hecho creer quienes le explotan y a él le resulta agradable tal creencia, tiene plena vigencia el postulado: Repetición sistemática de los hechos o las ideas falsos o no, equivale a verdad. Esto es así, mal que nos pese, en una época como la actual que se precia de "racionalista".

El milagro de la Gran Prensa, de la Radio, de las películas tendenciosas, de las "informaciones" amañadas o lanzadas al pasto del público desde ángulos insólitos de las calumnias bajo titulares a cinco columnas en primera página, rectificadas o desmentidas -y no siempre- en un rincón de la última, al día siguiente, el auténtico prodigio diabólico consistente en "hacer ver a millones de engatusados ciudadanos que Alemania era "el agresor" y la Rusia soviética no lo era, demuestra hasta qué

---

[279] Vide L. Marschalko: *World Conquerors*, pág. 53

punto el liberalismo y todos sus derivados, hasta llegar al marxismo, ha conseguido consumar al descrédito de la realidad.

Por que la realidad fue que Polonia a la que se pretendía presentar como "mártir" hacía unos meses tan sólo que se había abalanzado sobre la Checoslovaquia de Benes, cuando éste se hallaba en plena pugna diplomática con Hitler, arrebatándole el territorio de Téscheno, que si ciertamente nunca había sido checo, tampoco podía considerarse polaco, sino ucraniano. Pero solo Alemania sería consagrada agresora de Checoslovaquia, y no Polonia, a la que se reservaba el papel de "barrera" protectora de los soviéticos y, a la vez de víctima... ¡La víctima Polonia!.. ¡cuántas veces lo hemos oído?! En cambio, ¿cuántas veces hemos oído hablar de la mártir -auténtica- Ucrania, víctima de cinco repartos, en todos los cuales participó la belicosa Polonia?

Alemania era la agresora, la única agresora en un mundo ideal y aséptico, de la misma manera que era la gran incumplidora de pactos y compromisos internacionales. Nada importaba que otros Estados - y no sola-mente la U.R.S.S.- la aventajaban en eso de "incumplir" pactos ópero, ¿es un pacto un compromiso suscrito bajo coacción? - se repetiría hasta la saciedad que Alemania había violado sus compromisos internacionales[280] olvidándose cuidadosamente de mencionar las circunstancias que servían de marco a tales incumplimientos y teniendo buen cuidado de presentarse, los jueces democráticos, como cumplidores esclavos de sus compromisos.

Así se llegaría a escoger la peor alternativa para Inglaterra y Francia y, en definitiva para Europa; alternativa que debía significar el primer paso del salvamento del comunismo por las democracias occidentales, y que produciría el siguiente escenario: la protestante Albión, aliada a la III República de anticlericales franceses se lanzaba, sin preparación, a una aventura bélica de imprevisibles consecuencias, para salvar a la católica Polonia -o más exactamente, para permitir a la misma conservar un territorio robado veinte años atrás-; la "sinagoga" de Roosevelt daba su bendición a los "cruzados" que acudían en ayuda del país más antisemita de

---

[280] El mismo Bullitt refiere (*The World Menace*) que la Unión Soviética había violado veintiocho compromisos internacionales y el Reich alemán, veintiséis. En la misma obra enumera, distraídamente, una buena veintena de incumplimientos de pactos por parte francobritánica y olvida otros tantos por parte norteamericana. (N. del A.)

Europa[281]; entre tanto, la U.R.S.S. Estado ateo y aliado de Francia, de Alemania y de... Polonia, se disponía a asestar a ésta una puñalada por la espalda ante el beneplácito de los intrépidos defensores... ¡¡¡de Dantzig!!! Grotesca situación...

POLONIA SE HUNDE EN DIECISIETE DÍAS

No hay peor mentira que la que halaga la vanidad del mentiroso, que acaba tomándolo por verdad. Tanto había hablado la propaganda polaca de las "debilidades internas" del nacionalsocialismo y de la baja moral de la Wehrmacht, tanto se confiaba en la prometida ayuda francobritánica y en la amistad soviética, que el grueso del Ejército polaco - 1.750.000 soldados - adoptó, desde buen comienzo, una posición ofensiva, despreciando las más elementales precauciones defensivas. Pero el Estado Mayor alemán, perfectamente enterado del optimista estado de ánimo polaco, deja clavado en el terreno a su centro, mientras hace avanzar rápidamente a Von Reichenau y Von Kluge por los flancos. Los propios polacos se precipitan, por iniciativa propia, dentro de la trampa que, férreamente, se cierra tras ellos al cabo de seis días exactos.

El 7 de setiembre 175.000 soldados polacos se rinden en la gran bolsa del Vístula. Al día siguiente, otros 60.000 soldados, copados cerca de la frontera checa por la s tropas de Von List y Von Reichenau, capitulan igualmente. Al atardecer del mismo día 8 de septiembre, las avanzadillas de Blaskowitz, Kuchler y Von Kluge llegan a los arrabales de Varsovia desde tres direcciones diferentes. El día 9 la capital polaca es cercada y los ejércitos que desde el Sur y el Este corren en su auxilio son cercados a su vez y deben capitular casi sin lucha.

El 10 de septiembre se envía un ultimátum de rendición a Varsovia, que es rechazado. El Estado Mayor polaco convierte a la capital en una fortaleza, e invita a la población civil a luchar contra la Wehrmacht. Esto constituye cronológicamente, la primera violación de las leyes de la guerra cometida en la Segunda Guerra Mundial. Los civiles que participan en acciones de guerrillas o en lucha abierta sin ir uniformados son, de acuerdo con la Convención de Ginebra de 1929 "delincuentes de guerra", y la pena prevista para tales delincuentes es el pelotón de ejecución.

---

[281] Polonia y Rusia son, manual de Historia Universal a la vista, los dos países que detentan el récord de pogromos. (N. del A.)

No obstante, no se registraron ejecuciones de francotiradores en esta prime-ra campaña de Polonia.

El 11 de septiembre, el Ejército de Kuchler rebasa Varsovia por el Norte, mientras el de Von Reichenau llega a las puertas de Lublin. El ejército polaco se desmorona en todas las líneas; tal vez el hecho de que más del cuarenta por ciento de los efectivos de tal ejército no son nacionales, sino halógenos hostiles, pueda explicar parcialmente los motivos de tan rápida y completa hecatombe. El día 15, el Gobierno polaco huye a Londres donde se instala, anunciando que continuará la lucha en el exilio.

El 17 de septiembre, un Ejército polaco que intenta romper el cerco que atenaza a Varsovia es aplastado por las tropas de Blaskowitz y cercado a su vez cuando, maltrecho, intenta retirarse. En sólo diecisiete días, el orgulloso Ejército polaco ha sido prácticamente aplastado. Unicamente quedan unos reductos fortificados en la península de Hela y en la fortaleza Modlin, así como en la capital. Varsovia. Seiscientos mil polacos han sido hechos prisioneros; noventa mil han perdido la vida y más de doscientos mil han sido heridos. Casi el sesenta por ciento del Ejército regular ha sido puesto fuera de combate; la pequeña flota polaca ha sido apresada por la "Kriegsmarine", y la aviación ha sido diezmada por la Luftwaffe dos escuadrillas logran huir a Londres.

La prometida ayuda anglofrancesa no se ha producido. Los franceses se han quedado atrincherados tras la Línea Maginot, mientras los ingleses se limitan a mandar al continente dos divisiones, de momento. La Royal Air Force efectúa media docena de "raids" de reconocimiento, y la "Home Fleet" no abandona las aguas inglesas. "La drole de guerre", la llaman en Francia[282].

LA U.R.S.S. APUÑALA A POLONIA POR LA ESPALDA

El mismo 17 de septiembre, cuando el Gobierno polaco abandonando a los restos de su maltrecho Ejército y a sus francotiradores, ha huido a Londres, tres millones de soldados soviéticos inician la invasión de Polonia por el Este.

---

[282] El embaidor polaco en Berlín, Lipski, declaró a su colega británico, Henderson que "en caso de guerra estallarían motines en toda Alemania, los alemanes tirarían las armas, y los polacos entrarían en Berlín en dos semanas". (N. del A.)

La Historia de los Vencidos (El suicidio de Occidente)

Pero ni Londres ni París declaran la guerra a la Unión Soviética, como exige su pacto - su famosa garantía - con Polonia. El mismo Churchill declara que los soviets han ocupado unas regiones que les corresponden en derecho. Lloyd George escribe al embajador polaco en Londres que todos deben congratularse del hecho de que "el Gobierno británico no haya considerado el avance ruso en Polonia como un acto de la misma naturaleza que la invasión alemana"[283].

Es decir para los distinguidos gentlemen de Londres, un ataque a Polonia desde el Oeste merece una declaración de guerra mientras que un ataque al mismo país desde el Este merece todos los plácemes. Un ataque alemán a un país hostil realizado tras las provocaciones de Posen y Bromberg, y con el objetivo limitado de recuperar ciertos territorios considerados germánicos por todo el mundo, es un acto deleznable; pero un ataque soviético al mismo país con el que están ligados por un "pacto de amistad y no-agresión", realizado con toda alevosía, cuando no puede defenderse, y sin previa declaración de guerra, para apoderarse de la mitad del mismo esto es un acto loable para los distinguidos caballeros de Westminster.

FIN DE LA CAMPAÑA POLACA

El 25 de septiembre, cuando el destino de Polonia ya está decidido, el general Blaskowitz invita a la rendición a las tropas polacas que aún resisten en Varsovia, pero el comandante de la plaza se obstina en convertir a ésta en una fortaleza. El día siguiente la Luftwaffe arroja volantes sobre la ciudad aconsejando a sus habitantes la capitulación. Blaskowitz ordena el alto el fuego y ofrece al Alto Mando polaco que la población civil se refugie en el barrio Praga que será declarado "zona neutra". El comandante de la plaza no se digna contestar a esta proposición.

Hitler ordena entonces a Blaskowitz que Varsovia sea tomada a sangre y fuego y hace responsable de lo que pueda ocurrirle a la población civil al comandante militar de la plaza y a Sikorski que, desde los micrófonos de la B.B.C., invita a la población civil a tomar las armas contra el enemigo. El 26 por la noche comienza el ataque general contra Varsovia; dos días después, la ciudad capitula. Doce mil

---

[283] El nuevo primer ministro polaco general Sikorski, era un viejo amigo de Nathaniel Rothschild de Londres, el cual le proporcionaría el edificio y las dependencias para instalar su Gobierno en el exilio. (N. del A).

civiles han perecido a consecuencia del último asalto de la Wehrmacht.

DOS OFERTAS DE PAZ

El 19 de septiembre, en Dantzig, Hitler pronunció un discurso en el que precisó que con la recuperación de la ciudad y el "Corredor" y el colapso de la resistencia polaca la guerra en Polonia podía darse por acabada. Alemania nada pedía a Inglaterra ni a Francia, por lo que "la guerra en Occidente no tenía razón de ser". Hitler ofrecía una paz-empate a las democracias occidentales. Éstas decían haber ido a la guerra para proteger a Polonia; pero Polonia había desaparecido del mapa y no solamente a causa del ataque alemán, sino también del soviético, y del poco o nulo entusiasmo puesto en la defensa del país por un cuarenta por ciento de halógenos hostiles. No había ya ninguna Polonia que proteger, y por eso el Gobierno del Reich ofrecía entablar negociaciones sobre la base del "fait accompli"; esto no era, tal vez, muy moral, pero era todavía un medio de evitar la generalización de la guerra. La Historia dirá que Hitler, una vez agotados todos los medios diplomáticos, y tras veinte años de provocaciones polacas se arriesgó a una guerra local a cambio de una conquista que él consideraba vital para su pueblo; mientras que Inglaterra decidió imponerle, como precio de tal conquista, una guerra mundial.

La Prensa inglesa reprodujo sólo unos párrafos del discurso del Führer, alterando completamente el significado de los mismos al citarlos fuera de su contexto. El Gobierno de Chamberlain se limitó a rechazar la propuesta alemana, mientras en París Daladier respondía bravamente que "Francia continuará esta guerra hasta la victoria final".

Una nueva propuesta de Hitler tuvo lugar el 6 de octubre, una vez acabada la campaña de Polonia. El Führer anunciaba la reincorporación de Dantzig, el "Corredor" y la Alta Silesia al Reich. Afirmaba que Polonia renacería como Estado independiente tan pronto como las democracias occidentales se decidieran a poner fin a las hostilidades; entre tanto, se constituye el "Gobierno general" de Polonia, bajo control alemán. A Francia y a Inglaterra les proponía, nuevamente, una paz tablas.

Un despectivo silencio fue la respuesta del Foreign Office y del Quai d'Orsay.

LA U.R.S.S. ATACA A FINLANDIA

Mientras en el Oeste continúa la "drole de guerre" y tanto en la Línea Maginot como en la Siegfried evitan incluso provocar tiroteos inútiles, el Ejército rojo ocupa sucesivamente Lituania, Letonia, Estonia, Besarabia y Bukovina del Norte, amén de, aproximadamente, el cuarenta por ciento de lo que constituía Polonia unas semanas atrás. Nadie, en el Oeste, parece indignarse por todas estas agresiones calificadas.

El 30 de noviembre, el Kremlin publica un comunicado según el cual Finlandia amenaza la seguridad de Leningrado y ha cometido, además una violación de fronteras en Carelia. Amparándose en estos burdos pretextos, el Ejército rojo se pone en marcha para aniquilar a la pequeña Finlandia que, con sus cuatro millones de habitantes, pone en terrible peligro, según Stalin, a la gigantesca URSS. Tampoco los pulcros políticos occidentales encuentran gran cosa a decir ante esta nueva agresión soviética.

Pero el pequeño Ejército finés, conducido por el héroe nacional, Mannerheim, resiste ante el rodillo ruso. Un invierno particularmente crudo viene en ayuda finlandesa y paraliza los movimientos del gigante soviético. Pero, al llegar la primavera de 1940, Finlandia deberá capitular, viéndose obligada a ceder a la URSS las islas Suursaari y la base naval de Viborg en el golfo de Finlandia, amén de una rectificación de fronteras en Carelia, favorable a la U.R.S.S. a lo largo de unos ochenta kilómetros.

Finlandia debe, igualmente, ceder territorio en Carelia Central (Kualajaervi) y en el Norte, donde los soviéticos se han apoderado de la base naval de Pétsamo, en el fjord de Varanger, así como del "Corredor" que conduce al mismo, para permitir a Finlandia una salida al Artico. Huelga decir que Churchill, Daladier, y sus respectivos ministros, no encontraron ningún inconveniente en la supresión de este "Corredor". De la misma manera que un ataque a Polonia desde el Oeste era inmoral y otro desde el Este era moral, lo mismo sucedía con la supresión del "Corredor" de Dantzig y el de Pétsamo...!

DEMOCRACIA Y BECERRO DE ORO

Durante la "drole de guerre". (Invierno de 1939 y primavera de 1940) ciertos políticos ingleses, partidarios de la paz, intentaron, aprovechando la calma absoluta del frente occidental, llegar a un acuerdo para hacer cesar las hostilidades Parece ser que el propio Chamberlain, apoyado por Runciman y otros conservadores contrarios a la "dique" de Churchill, animaba discretamente esas iniciativas.

Pacientes negociaciones se llevaron a cabo, extraoficialmente, entre el Foreign Office y la Wilhelmstrasse, y a punto estuvieron de verse coronadas por el éxito. Los alemanes aceptaron todas las condiciones inglesas: limitación de las anexiones alemanas a la ciudad de Dantzig y al Corredor., renunciando a la Alta Silesia y a la Prusia Occidental, y firma de un convenio germanopolaco regulando la cuestión de las minorías alemanas en Polonia. El acuerdo parecía probable, e incluso los comunicados ingleses de la época suavizaron notablemente su tono, dando relieve a ciertos actos de caballerosidad de la Wehrmacht en Polonia. No obstante, las negociaciones habrían de fracasar. Una vez obtenido un acuerdo de principio, los negociadores ingleses fueron informados por su Gobierno de otras dos condiciones que debían ser sometidas a los negociadores alemanes. Estas dos cláusulas adicionales serían rechazadas por Hitler y la guerra continuarla con redoblado furor.

¿Cuáles fueron esas dos condiciones suplementarias que malograron el acuerdo? Los ingleses exigían que Alemania renunciara a su autarquía económica y adoptara el patrón-oro, volviendo al sistema librecambista. Además. Alemania debía autorizar la reapertura de las logias masónicas, clausuradas por Hitler.

Este hecho, mencionado en 1947 en el boletín, muy autorizado, de la "National Industrial Development Association of Eire" fue, posteriormente, confirmado por el coronel J. Creagh Scott, diplomático bien conocido que tomó personalmente parte en las negociaciones con la Wilhelmstrasse, y no fue desmentido.

Creagh Scott acusó públicamente al Gobierno británico, en una conferencia pronunciada en el Ayuntamiento de Chelsea, de haber provocado la guerra únicamente para defender el patrón-oro y la masonería, dos instrumentos sionistas[284].

---

[284] La revista *Défense de l'Occident*, París, mayo 1953, nº 5, pág. 31 menciona estos hechos, y recuerda que fue bajo presión expresa del banquero judío Sir Montagu Norman que Churchill propuso a Roosevelt que el retorno al patrón-oro fuera inserto en la Carta del Atlántico. (N. del A.)

INGLATERRA Y FRANCIA, CONTRA LOS NEUTRALES

Las democracias occidentales, que pretendían luchar por el derecho y la libertad serían, cronológicamente, las primeras en atropellar el derecho de los países neutrales a continuar siéndolo. En septiembre y octubre de 1939, la R.A.F. emprendió vuelos de reconocimiento sobre Alemania, pasando por el espacio aéreo de Bélgica y Holanda. A mediados de octubre, la R.A.F. inició los ataques aéreos sobre Alemania Occidental, cruzando nuevamente, para ello, sobre Holanda y Bélgica. Estos dos países protestaron oficialmente ante Londres.

En octubre, la Gran Bretaña decretó el bloqueo contra Alemania. Todas las mercancías destinadas a Alemania, quedaban confiscadas; todos los barcos neutrales que transportaran mercancías hacia Alemania debían atracar en puertos británicos, donde su cargamento sería confiscado; en caso contrario, serían hundidos. Todas las mercancías alemanas destinadas a países neutrales serían igualmente, confiscadas, aunque viajasen bajo pabellón neutral. Esto era un acto contrario a las leyes de la guerra, Y concretamente a la Convención de Ginebra de 1929, de la cual Inglaterra era signataria. Así mismo, era un acto que lesionaba los intereses de los países neutrales. Una veintena de Gobiernos protestaron, pero sólo en dos casos la Gran Bretaña se avino a ceder: frente a Italia y el Japón, países firmantes del pacto anti Komintern con Alemania. No era cuestión de provocar a Roma o a Tokio, anticipando su entrada en la guerra al lado del Reich. Alemania respondió a estas medidas con el anuncio del bloqueo contra Inglaterra por medio de los ataques submarinos. No obstante, los sumergibles alemanes se abstuvieron de molestar a los buques neutrales, sobre todo suecos, noruegos y norteamericanos, que se dirigían a las Islas Británicas.

A finales de 1939 el mar del Norte se convirtió en escenario de fuertes combates navales: los transportes de minerales suecos parten del puerto noruego de Narvik, en dirección a Alemania. La "Home Fleet" y la R.A.F. intervienen repetidamente violando las aguas jurisdiccionales y el cielo de Noruega y Dinamarca. También el espacio aéreo sueco es violado por la aviación británica que se dirige al Báltico para hostilizar el tráfico naval germano. Las defensas antiaéreas danesas disparan repetidamente contra la R.A.F. y la aviación francesa.

El 16 de diciembre, Churchill, jefe del Gabinete de guerra presenta un memorándum al Gobierno, preconizando una acción común contra Noruega y Dinamarca que, una vez ocupadas, deberán servir de base para un ataque a Alemania desde el Norte.

Churchill declara, en su memorándum que "las pequeñas naciones no deben atarnos las manos". Pero los franceses, que deben suministrar la carne de cañón en la proyectada operación -los ingleses se limitan a ofrecer su flota y el apoyo de la R.A.F.- se muestran bastante reacios a la misma en un principio. La invasión de Escandinavia por los Aliados es aplazada.

A principios de 1940, la posición de Chamberlain se agrava, por su resistencia a avalar tales procedimientos guerreros. Paralelamente, la de Churchill se robustece, y la guerra contra los neutrales se intensifica aún más. El 16 de febrero de 1940, un destroyer británico abordó y hundió al mercante alemán Altmark cuando éste viajaba por aguas jurisdiccionales noruegas. Noruega protestó.

Un mes después, otro transporte alemán, el Edmund Stinnes, es hundido por la R.A.F. cuando navegaba por aguas danesas. Entre tanto, los espacios aéreos de Dinamarca, Noruega, Suecia, Bélgica, Luxemburgo y Holanda son constantemente violados por la aviación aliada, sin que haya constancia, hasta ahora, de un sólo acto análogo, con respecto a éstos u otros Estados por parte de Alemania.

El 3 de abril, Francia e Inglaterra exigen a Noruega que impida el paso por sus aguas, de los transportes de minerales, alemanes o no, que se dirijan a puertos alemanes. El Gobierno de Oslo se niega a cumplir estas exigencias El mismo día, Lord Halifax informa al embajador noruego en Londres que Inglaterra desea obtener bases en la costa noruega, para poner fin al transporte alemán de minerales procedentes de Suecia.

Dos días antes fue aprobado el llamado "Plan Stratford", para la ocupación anglofrancesa de los puertos noruegos de Narvik, Stavanger, Bergen y Trondheim. Dicho plan debía iniciarse el 7 de abril con la colocación de minas ante Oslo y el Skager-Rak; el día siguiente comenzaría la ocupación de los puertos citados.

El "Plan Stratford", en su concepción inicial, preveía la invasión de Noruega para el día 5 de abril, pero las objeciones del almirante Darlan hicieron demorarlo unos días, y esto permitió a Hitler, informado del plan, dar un contragolpe anticipado. En realidad, el Consejo Supremo Militar Aliado, presidido por el propio Churchill, ya había decidido llevar a cabo la acción sorpresa contra Escandinavia el 28 de mano,

La Historia de los Vencidos (El suicidio de Occidente)

si bien el mal tiempo había obligado a un primer aplazamiento. En el memorándum de la "Operación Stratford" se declaraba que "la neutralidad de ciertos países es considerada por la Gran Bretaña y Francia como contraria a sus intereses vitales".

La primera parte de la citada operación consistía, pues, en la invasión de Noruega y Dinamarca. Para la segunda fase, una vez consolidados los Aliados en estos países, se había previsto la ocupación de Suecia[285].

Pero el Alto Mando alemán, que ha olfateado la maniobra, improvisa, rápidamente, un contra golpe. La medianoche del 7 de abril, en el mismo momento que en Inglaterra las tropas destinadas a la invasión de Escandinavia comienzan a embarcar, dos flotillas de destructores, torpederos y transportes de tropas parten de los puertos alemanes del mar del Norte y del Báltico, con dirección a Narvik y a Trondheim. Casi a la misma hora, ha salido de Scapa Flow la fuerza principal de la "Home Fleet", destinada a abrir paso a los transportes de tropas y preparar el desembarco inglés.

Una vez conocido en Londres el éxito inicial de la maniobra alemana, todo el plan aliado es cambiado, con el fin de combatirla. Las tropas que ya habían subido a bordo son desembarcadas; la "Home Fleet" se dispone a cañonear las cabezas de puente alemanas, los servicios de propaganda deben alterar todos sus planes de "guerra psicológica": ya no se trata de justificar ante el mundo la invasión de unos países que comercian con Alemania, es decir, de unos países hostiles a los altos ideales democráticos encarnados por Londres y París, sino de criticar la injustificada agresión alemana contra unos países eminentemente democráticos, a los cua-les deben inmediatamente proteger Inglaterra y Francia, guardianes celosos y desinteresados de los derechos de los pequeños países.

Todos los objetivos alemanes son alcanzados con una precisión de relojería, tras estrecha cooperación de la Luftwaffe con la Wehrmacht y la Kriegsmarine.

El 9 de abril, por la mañana, se entrega simultáneamente, en Oslo y Copenhague, una nota que pretende justificar la ne cesidad alemana de proceder a la ocupación temporal de ambos países. Los territorios noruego y danés serán convertidos en base de operaciones si la actitud de los Gobiernos de Londres y

---

[285] Winston Churchill (*Memorias*) y Paul Reynaud (*Révélations Politiques*) reconocen estos hechos. (N. del A.)

París lo hace necesario. Mientras dure la ocupación militar, ambos países se gobernarán a sí mismos. La integridad territorial de los mismos es garantizada. Dinamarca se limita a elevar una protesta diplomática, pero el Ejército danés ha recibido órdenes de no disparar un sólo tiro; el país es ocupado en veinticuatro horas, sin incidentes. El Gobierno danés comienza su colaboración con los ocupantes, aunque algunos ministros disconformes deciden emigrar a Londres, donde constituyen un "Gobierno en el exilio".

En Noruega las cosas no se resuelven tan satisfactoriamente para Alemania; allí la acogida a los alemanes es muy diferente. La secular influencia masónica, muy fuerte en este país, las estrechas y antiguas relaciones comerciales con Inglaterra, las simpatías personales del monarca hacia la corte inglesa pesan infinitamente más que las actividades del "Nasjonal Samling", Partido que, bajo la impulsión de Vidkun Quisling, consejero de Estado, propugna una orientación noruega hacia Alemania y, en todo caso, resueltamente anticomunista. Este estadista, al que la propaganda de los vencedores pintará con los negros colores del "villano" de película de Hollywood se opone a que su país corra la misma suerte que Polonia, a la que anglofranceses y soviéticos han prometido, unos meses atrás, protección y amistad, y ha sido abandonada por los unos y traidoramente apuñalada por la espalda por los otros. Quisling denuncia las constantes violaciones anglofrancesas del espacio aéreo y de las aguas territoriales noruegas, y llama la atención sobre la acción que, en Londres, se trama contra su patria. En caso de no oponerse a la misma, los políticos responsables de Oslo provocarán las contramedidas alemanas.

Aunque una parte de la población y del Ejército seguirán las directivas de Quisling de oponerse a la acción de los primeros violadores de la neutralidad noruega, la mayor parte se pondrán del bando aliado, lo que no impedirá que en menos de quince días, los anglofranconoruegos, sean completamente derrotados. El Cuerpo expedicionario inglés, en el que ya figuran tropas de color y voluntarios polacos que lograron huir de su país a través de Noruega y Suecia, debe emprender viaje de regreso en Narvik.

El rey Haakon inicia conversaciones con los alemanes sobre la forma en que se llevará a cabo la ocupación del país, mientras dure la contienda. Pero no hay acuerdo, ya que, mientras el monarca quiere eliminar de su Gobierno a Quisling, los alemanes exigen que sea él, y no un probritánico, el Primer Ministro. En

La Historia de los Vencidos (El suicidio de Occidente)

consecuencia, el rey sale para Inglaterra, acompañado de su Gobierno, y se instala en Londres.

Apoyándonos en los hechos y en las propias manifestaciones de personajes responsables del campo Aliado, podemos establecer que fueron Inglaterra y Francia los primeros en violar la neutralidad de terceros y los auténticos culpables de la propagación del incendio bélico a través de Europa. Ciertamente, la hábil propaganda anglosajona presentó la acción alemana contra Dinamarca y Noruega como una agresión caracterizada. Es indudablemente cierto que el III Reich transgredió el derecho internacional con su acción contra esos países; pero no es menos cierto que tal acción no pasó de ser una simple operación preventiva, realizada después de la comisión de centenares de violaciones contra la neutralidad de esos países por los patentados campeones de la democracia y la libertad. Inglaterra no hizo otra cosa, más tarde, en Islandia, Siria, el Líbano, Madagascar, Túnez, Irán y, en general, donde le convino y pudo. Si no hizo lo mismo en Escandinavia, y más tarde en Bélgica, fue por que los Servicios Secretos alemanes captaron el Plan Stratford y porque las tres armas del Reich demostraron una mejor y más rápida capacidad de maniobra que sus oponentes. De no haber sido así, hubiera sido la Wehrmacht quien hubiera acudido a socorrer a sus aliadas escandinavas.

Quien sale ganando con la ocupación alemana de Noruega es Suecia, cuya invasión estaba prevista en el Plan Stratford; los suecos ven, así, su neutralidad asegurada. Su comercio con Alemania podrá, ahora, realizarse por vía terrestre, sin temor a las medidas navales inglesas.

La acción de Inglaterra contra los neutrales toma un nuevo rumbo a mediados de abril de 1940. Rumania es amenazada con el bloqueo económico por parte de Londres y París, si no cesa inmediatamente de suministrar petróleo a Alemania. A Hungría se le aconseja, igualmente, que cese de comerciar con el Reich. Similares consejos, acompañados de presiones políticas y financieras se prodigan también a Yugoslavia, donde gobierna un Gabinete partidario de la neutralidad, si bien sus simpatías se orientan hacia Alemania, su principal cliente. El 31 de marzo, Londres había anunciado que no sería permitido a México ni a la República Argentina mantener relaciones comerciales con Alemania.

A principios de abril, el Foreign Office inicia una serie de presiones sobre el

Gobierno irlandés para que éste rompa sus relaciones diplomáticas con Alemania. De Valera se niega a dar un sólo paso en el camino sugerido por Londres y, simultáneamente, se restringen las exportaciones británicas de primeras materias a Irlanda.

En mayo, las islas de Jan Mayen y de los Osos, pertenecientes a Noruega, son ocupadas por tropas de infantería de marina de la Home Fleet. También son ocupadas por los ingleses las islas Faroer, pertenecientes a Dinamarca. El Gobierno danés protesta en vano.

No son sólo los daneses quienes protestan; también los portugueses, los más viejos aliados del imperio británico se quejan de que la Home Fleet y la Marina francesa bloquean su comercio con Alemania. Churchill responde a todas estas protestas, por los micrófonos de la BBC anunciando que "Inglaterra no reconoce como neutrales los actos que, directa o indirectamente puedan favorecer a Alemania, AUNQUE SE AJUSTEN A LAS NORMAS DEL DERECHO INTERNACIONAL".

España, que había sufrido, en 1940, una mala cosecha de cereales, entró en negociaciones con diversos Gobiernos extranjeros, con objeto de vencer las dificultades alimenticias del país; en especial se pensaba en los Estados Unidos y la Argentina, con su excedente de producción agrícola. Este plan para aliviar la situación de España fracasó por la actitud de Inglaterra, que continuamente creaba dificultades en la odiosa cuestión de sus "navicerts".

LOS MÉTODOS DE LA "GUERRA TOTAL"

Según las Convenciones de Ginebra y La Haya y toda la legislación promovida a ese respecto por la Sociedad de Naciones, la guerra debía limitarse a ser un conflicto entre combatientes regulares; quedaban excluidas todas las formas de combate que pudieran dañar, innecesariamente, a las poblaciones civiles no combatientes.

Ya hemos visto cómo fueron Inglaterra y Francia las primeras en realizar actos hostiles contra países neutrales, en iniciar el bloqueo por hambre y en imponer líneas de conducta favorables a sus intereses a no-beligerantes, utilizando para ello la coacción y el chantaje político o por hambre.

La Historia de los Vencidos (El suicidio de Occidente)

Fue también, Inglaterra, quien deshumanizó la lucha en el mar. Según el Convenio de Londres, 1936, los barcos mercantes quedaban sometidos a la regulación de "presas". Si un submarino avistaba a un mercante, debía salir a la superficie, darle el alto, y proceder a un registro del mismo. En caso de que el mercante enemigo transportara mercancías de interés militar, el comandante del submarino debía proceder a su hundimiento, a condición de tomar a cuantos tripulantes pud iera a bordo de su sumergible y de acondicionar a los restantes en lanchas de salvamento avisando, al mismo tiempo, al buque enemigo más próximo. de la situación de la tripulación del mercante. El buque mercante quedaba, pues, excluido del combate, y, como tal, se hacía acreedor al trato reservado a la población civil. No obstante, en el "Manual para la Defensa de la Marina Mercante", 1938, el Almirantazgo británico instruyó a los capitanes de los buques mercantes en el sentido de que, al avistar a un submarino o a un buque de guerra enemigo, debían telegrafiar inmediatamente la posición del enemigo equiparando así a los mercantes con los barcos de guerra en lo referente al sistema de transmisiones. Esto es lealmente reconocido por el historiador británico Roskyll[286].

Esta orden contradice el espíritu y la letra del Convenio de 1936, del que Inglaterra fue no sólo signataria, sino principal promotora. Los buques de mercancías ingleses se colocaban, por decisión unilateral del propio Almirantazgo británico, dentro de la categoría de "fuerza combatiente".

Así mismo, en noviembre de 1939, el Almirantazgo ordenó que los mercantes y los petroleros británicos fueran dotados de artillería[287], Con objeto de que pudieran presentar resistencia a los submarinos alemanes; de manera que éstos ya no pudieron llevar a cabo la guerra limitada que se les había ordenado[288]. La propaganda británica vociferó entonces que los sumergibles alemanes atacaban "indefensos mercantes" y que, en los ataques, perecían pacíficos civiles.

También fue por orden de Churchill que la R.A.F. empezó a abrir fuego contra las ambulancias aéreas de la Cruz Roja alemana que recogían pilotos náufragos en el Canal de la Mancha[289].

---

[286] Capt. Roskyll: *The War at Sea.*

[287] Winston S. Churchill: *Memorias.*

[288] Karl Doenitz: *Zehn Jahre und Zwanzig Tage.*

[289] Winston S. Churchill: *Op. cit.*

Desmond Young, historiador británico, reconoce[290] que los ingleses fueron los primeros en proceder al esposamiento de los prisioneros de guerra, durante la campaña del Norte de Africa[291].

Otro de los métodos ilegales empleado a instigación británica fue el uso de francotiradores y guerrilleros. Este sistema, que ya había sido empleado con escaso éxito militar en Varsovia, volvió a ser utilizado en Noruega, y, en mucho menor escala, en Dinamarca. En general el pueblo escandinavo se desentendía de la guerra. El bien organizado Partido comunista noruego participó activamente en la campaña de sabotajes que fatalmente habrían de provocar las medidas de represión -muchas veces con una falta total de tacto- del ocupante. Esto envenenó las, hasta entonces, correctas relaciones entre las autoridades de ocupación y los pueblos noruego y danés... Esta manera de hacer la guerra sería fomentada desde Londres en todos los países que sucesivamente irían siendo ocupados por la Wehrmacht.

Pero, sin duda alguna, el más condenable de los métodos británicos de guerra total fue el bombardeo de objetivos no militares.

En el momento de estallar la guerra, los Gobiernos francés e inglés publicaron una declaración conjunta en el sentido de que "solamente objetivos estrictamente militares en el sentido más estrecho de la expresión serán bombardeados". Una tal declaración, naturalmente, fue hecha cuando aún Neville Chamberlain era Primer Ministro -y para el autor- este hecho señala claramente la diferencia de calidad humana entre un Chamberlain y un Churchill.

Duff Cooper, uno de los más empedernidos campeones del antinazismo declaró, el 27 de enero de 1940 que "parecía existir una especie de acuerdo tácito entre los beligerantes para no bombardearse mutuamente".

Más tarde empezarían los bombardeos francobritánicos de Alemania, pero limitando su acción a objetivos exclusivamente militares; los alemanes respondieron con ataques aéreos a Scapa Flow y otras bases de la "Home Fleet". No obstante, mientras Chamberlain pudo mantenerse como Primer Ministro, los ataques aéreos se limitaron a objetivos militares, pese a los deseos de Churchill, jefe del Gabinete de guerra, que preconizaba "acciones más extendidas". Preguntado Chamberlain

---

[290] Desmond Young: *Rommel*.

[291] El mismo autor señala, en la obra aludida, que el mariscal Rommel jamás adoptó medidas de retorsión contra los prisioneros aliados en su poder. (N. del A.)

en los Comunes por el diputado conservador Archibald Maule Ramsay si Inglaterra seguiría las sugestiones de Churchill en el sentido de bombardear poblaciones civiles, respondió que nunca el imperio británico utilizada tales métodos indignos, por lo menos mientras él, Chamberlain, presidiera sus destinos[292].

El propio Chamberlain criticó los bombardeos de los barrios residenciales de Helsinki por la aviación roja, y ratificó que nunca el imperio británico utilizaría tales procedimientos.

No cabe duda de que esas declaraciones de Chamberlain acabaron de decidir su suerte política. En vista de que Hitler no daba el primer paso con medidas hostiles a Inglaterra o a Francia y de que la humana política de Chamberlain dejaba la puerta abierta a una paz-empate, el clan de Churchill decidió deshacerse del hombre que, probablemente, pasará a la Historia como el último Primer Ministro británico.

La maquinaria de la intriga contra Chamberlain fue puesta en movimiento. Se le acusó del fracaso de la Operación Stratford. Se tuvo buen cuidado de olvidar que, antes de Stratford, Churchill había sido nombrado jefe del Gabinete de guerra interaliado, e investido de plenos poderes y con toda responsabilidad para toda clase de operaciones navales, militares y aéreas, y que si alguien debía ser destituido a causa de este segundo Gallipoli[293] era, precisamente, el ministro responsable, es decir, el propio Churchill.

Pero era preciso sacrificar al patriota Chamberlain y salvar al demócrata Churchill, que fue proclamado Primer Ministro. El nuevo Premier, nombrado el 11 de mayo de 1940, rompió el acuerdo tácito germano-aliado de respetar a las poblaciones civiles. Y este auténtico crimen de guerra fue realizado, por primera vez, por aviones de la R.A.F. unas horas después de la investidura del autor del fiasco noruego en la más alta magistratura del Estado británico.

A pesar de que la poderosa máquina de propaganda inglesa secundada por las agencias "informativas" mundiales, hizo creer a la opinión mundial que el bombardeo de poblaciones civiles fue una iniciativa alemana los propios responsables británicos admitirían, más tarde, que fue "una espléndida decisión de

---

[292] Archibald Maule Ramsay: *The Nameless War*.

[293] Durante la Primera Guerra Mundial, Winston Churchill, entonces Primer Lord del Almirantazgo. organizó la expedición contra Gallipoli (Turquía europea). La opera-ción, que terminó en un clamoroso fiasco, había sido desaconsejada por todo el Estado Mayor. (N. del A.)

Churchill" el bombardear objetivos no militares y que tal decisión provocaría, meses más tarde, la airada réplica de la Luftwaffe sobre Londres. Esto lo escribe el propio J. M. Spaight. secretario del Aire, en un curioso libro titulado: Bombing Vindicated (Reivindicación del Bombardeo). Y lo corroboran Freda Utley, Liddell Hart, Veale, Leese y, en general, todos los historiadores anglosajones de algún prestigio, empezando por el "Premio Nobel" Winston Churchill. Sir Arthur Harris, mariscal del aire, a cuyo cargo corrió, directamente esa deshonrosa clase de "guerra" confirma igualmente que fue Inglaterra la introductora del hipócritamente llamado "strategical bombing" en la contienda mundial[294].

El general y crítico militar inglés S. E. C. Fuller escribe[295] que "el 11 de mayo de 1940 Churchill ordenó personalmente el bombardeo de la ciudad de Freyburg, que carecía completamente de objetivos militares y, en consecuencia, no poseía instalaciones de defensa antiaérea. Hitler no devolvió el golpe pero, indudablemente, este ataque y otros de similar estilo que seguirían contra otras ciudades alemanas lo impulsaron, a su vez, a tomar medidas de represalia".

El antes citado Spaight, testimonio de primera calidad y rango admite[296] que "Hitler no quería que continuase la guerra de terrorismo aéreo" y reconoce, con cierta nobleza a posteriori que "existen pruebas concluyentes de que Hitler y Goering se opusieron tenazmente al terrorismo aéreo contra las poblaciones civiles".

A partir del 11 de mayo la R.A.F. bombardeó casi diariamente objetivos no militares de Alemania. El Gobierno del Reich protestó repetidamente contra esta forma de "combatir". En el mes de julio Hitler advirtió que, de no cesar los bombardeos contra los objetivos no militares, Alemania se vería obligada a tomar represalias. No obstante, los ataques terroristas arreciaron todavía en el mes de agosto hasta que, el 7 de septiembre, casi cuatro meses después del primer bombardeo de Freyburg. y cuando la R.A.F. había realizado un centenar y medio de incursiones contra objetivos civiles de Alemania, la Luftwaffe llevó a cabo su primer bombardeo de represalia sobre Londres, causando gran número de víctimas y daños materiales de importancia. Sir Thomas Elmhirst, vicemariscal británico del aire manifiesta que "el ataque de la R.A.F. a un barrio residencial berlinés el 27 de

---

[294] Sir Arthur Harris: *Bomber Offensive*.
[295] J. F. C. Fuller: *History of World War II*.
[296] J. M. Spaight: *Bombing Vindicated*.

agosto de 1940, puso a Hitler fuera de sí, y ordenó a Goering, comandante supremo de la Luftwaffe, que tomara represalias contra el centro de Londres. La orden pareció quedar en suspenso, Pero un devastador ataque contra el centro de Colonia, la noche del 4 de Septiembre puso en marcha el mecanismo de la venganza alemana"[297].

El *New York Times* (13 de mayo de 1941) reprodujo unas declaraciones de Mr. Taylor, un alto funcionario de la Cruz Roja norteamericana, atribuyendo al Gobierno británico toda la responsabilidad en la guerra contra las poblaciones civiles europeas.

E. J. P. Veale, escritor inglés, explica el terrorismo aéreo contra los civiles alemanes, en el sentido de que el Gabinete de guerra británico quería provocar represalias hitlerianas, para enardecer así los ánimos del pueblo británico, que no comprendía el motivo de la guerra y se resistía a participar en la misma. El mismo autor explica que "uno de los mayores triunfos de la moderna ingeniería propagandística fue el haber llegado a convencer al pueblo británico de que la responsabilidad de los bombardeos de objetivos no militares recaía sobre los nazis"[298].

En ningún caso puede admitirse que el bombardeo de Varsovia y, posteriormente, de Rotterdam por las tropas alemanas, fuera un precedente similar del "strategical bombing", como se ha pretendido a posteriori. Hitler sólo ordenó el bombardeo de la capital polaca después de que el comandante de la plaza sitiada armó, en contra de las leyes de la guerra, a la población civil, se negó a evacuarla a una zona neutra y rehusó repetidas ofertas de rendición. El caso de Rotterdam es similar y puede ser considerado como un bombardeo de artillería contra una ciudad fortificada. Si "crimen de guerra" hubo en Varsovia y Rotterdam, debe ser cargado en cuenta a los comandantes militares de esas plazas, o a los jefes políticos que, desde el confortable exilio londinense, ordenaron franquear la barrera -respetada durante siglos por los países civilizados- que separaba al no combatiente del combatiente regular.

El Gobierno que ordena a su Ejército utilizar a la población civil como parapeto

---

[297] Sir Thomas Elmhirst: *The German Air Forces.*
[298] F. J. P. Veale: *Crimes Discreetly Veiled.*

no tiene ningún derecho a esperar que las tropas enemigas suspendan las hostilidades por ese motivo. La responsabilidad por lo que pueda ocurrirle al parapeto humano incumbe exclusivamente, al Gobierno que ordena tales medidas.

El intento de justificar o de excusar el terrorismo aéreo de la R.A.F. invocando el "precedente" de Varsovia o Rotterdam no puede convencer a nadie. Incluso en la propia Inglaterra, la inmensa mayoría de especialistas, historiadores y críticos militares, incluyendo al más renombrado de todos ellos, Liddell Hart, se admite, hoy, que fue por iniciativa de Churchill que, sin previa provocación, la R.A.F. se lanzó al ataque de la población civil de Europa y no solamente de Alemania[299].

FRENTE OCCIDENTAL: DECISIÓN EN CINCO SEMANAS

A pesar de que el rey Leopoldo III decidió, en 1936, romper su alianza militar con Francia y volver a la neutralidad, sus Gobiernos se vinieron mostrando, en general, simpatizantes con Francia e Inglaterra, desde que fueron rotas las hostilidades, en septiembre de 1939. También Holanda sobrevaloró el potencial bélico de los anglofranceses y adoptó una política de benévola neutralidad con respecto a Londres y París.

Una carrera entre los dos beligerantes se establece para ocupar estos países. En Bruselas y La Haya examinan fríamente la situación y creen discernir que Inglaterra y Francia tienen más probabilidades de ganar la guerra. No se les ocurre pensar a Pierlot, Gerbrandis y sus respectivos Gobiernos que la contienda puede, muy bien, terminar con una victoria real de dos potencias que son, en aquellos momentos todavía, oficialmente neutrales, dos potencias extraeuropeas que, en la postguerra, y como usurario precio de su ayuda arrebatarán mancomunadamente, a belgas y holandeses, sus respectivos imperios coloniales, bajo pretexto de anticolonialismo y humanitarismo... algo que difícilmente puede concebirse hubiera hecho Hitler.

Pero, en realidad, tanto belgas como holandeses se dan cuenta de que existe, en tiempo de guerra, una fatalidad de las zonas débiles y que es una desgracia "geográfica" ser un pequeño país neutral, estratégicamente interesante.

---

[299] El consejero especial de Churchill para todo lo concerniente al strategical bombing era un tal Lindemann (a) Lord Cherwell, judío de origen alemán. (N. del A.)

La Historia de los Vencidos (El suicidio de Occidente)

Una vez tomada su decisión - procurar permanecer neutrales, pero inclinándose hacia Francia e Inglaterra - belgas y holandeses empiezan a fortificar sus fronteras con Alemania y a concentrar en las mismas el grueso de sus ejércitos; pero los belgas no adoptan medida alguna de protección en su frontera con Francia. Pero todavía hay más:

> "En el Ministerio de Defensa belga ya se tienen estructurados los planes en los cuales se indica qué carreteras deben ser reservadas para dejar el paso libre a las tropas francesas e inglesas. Los regimientos franceses saben ya, desde abril, el itinerario que deben seguir una vez internados en territorio belga. Los Estados Mayores de las neutrales Bélgica y Holanda se reúnen con los enviados de los Estados Mayores inglés y francés. Mientras la frontera alemana está prácticamente cerrada, no cesan de llegar oficiales de enlace francobritánicos a Gante, Amberes, Beerschot y Luettich"[300].

Paul Reynaud reconoce estos hechos, con los cuales Holanda y Bélgica se había n colocado automáticamente, dentro de la contienda. Un Estado neutral tiene perfecto derecho, si le place a fortificar sus fronteras con un vecino y dejar desprotegidas sus fronteras con otro... pero, a parte de que esto es un acto inamistoso -es lo menos que puede decirse- con respecto al primer vecino, lo que ya queda más allá de todo derecho de país neutral es admitir, en su suelo, unidades armadas de uno de los bandos beligerantes. Y es un hecho que, desde el primer día, la Wehrmacht tuvo ante sí, en suelo holandés y belga, a divisiones franceses y británicas[301]. La Wilhelmstrasse había enviado sendas notas de protesta a Holanda y Bélgica, con relación a la presencia de elementos militares aliados en aquéllos países y a la concentración de tropas belgas y neerlandesas junto a la frontera con Alemania.

Los alemanes temían un ataque contra Renania y Westfalia, desde Holanda y Bélgica; ataque que hubiera cogido a contrapié a las defensas alemanas concentradas en la Línea Siegfried. Y, por otra parte, no dejaban de ver que Bélgica era el "pasaje" ideal para atacar a Francia por el Norte cogiendo la Línea Maginot del revés.

---

[300] Peter Von Kleist: *Auch du varst dabei.*
[301] Paul Reynaud: *Révelations Politiques.*

Los anglofranceses, por su parte, temían que a pesar de todas las demostraciones de amistad del Gobierno belga y la corte holandesa, unos y otros intentasen conservar una efectiva neutralidad. En consecuencia, para prevenir tal eventualidad, planearon la invasión de Bélgica. Ello se hizo público cuando, el 24 de junio de 1940, una vez vencida Francia, los servicios especiales de las S.S. se incautaron de los archivos del Ministerio de Asuntos Exteriores y del Estado Mayor conjunto interaliado, en La Cherté -sur-Loire, donde encontraron un plan detallado para la invasión del territorio belga[302].

Pero, una vez más, Hitler se revelará más rápido que sus enemigos y, el 10 de mayo, desoyendo las indicaciones de su Alto Estado Mayor[303] que le aconseja prudencia y prefiere que sean los Aliados quienes tomen la iniciativa de las operaciones en el frente occidental, ordenará el ataque general a lo largo de todo el frente francés, de Bélgica, de Holanda y del gran ducado de Luxemburgo. Cien divisiones alemanas se enfrentan a ciento diez divisiones francesas, reforzadas por las ocho divisiones del Cuerpo expedicionario inglés, y otras treinta y dos divisiones de los Ejércitos holandés y belga. El critico inglés Liddell Hart dice que "... en la campaña occidental, Hitler movilizó efectivos menores en número que sus adversarios... Alemania sólo utilizó 2.800 tanques en la campaña, con una capacidad de maniobra muy superior, empero, a la de los Aliados, que contaban con 3.500. En cambio, la superioridad alemana era evidente en el aire; los 3.000 aparatos de la Luftwaffe eran, técnicamente, muy superiores a los 2.700 que, combinadamente, podían oponer, en aquél momen-to, Inglaterra, Francia, Holanda y Bélgica[304]".

La disposición general del plan de ataque alemán era la siguiente: mientras el Grupo de Ejércitos del general Ritter von Leeb acosaba y fijaba en sus posiciones a más de la mitad de los efectivos del Ejército francés, concentrados en la Línea Maginot, el Grupo de Ejércitos de Von Rundstedt irrumpía por Luxemburgo y el Sur de Bélgica, en la región de las Ardenas, dirigiéndose hacia Sedan. Al Norte, el Grupo de Ejércitos de Von Bock dibujaba un doble ataque hacia Rotterdam y Bruselas.

Las tropas aliadas cometieron el error de avanzar en el sector central del frente

---

[302] Véase Hinsley y Liddell Hart, ingleses y Pasquier, francés. La revista belga *L'Europe Réélle* (nº 60, abril 1963) confirma este extremo. (N. del A.)

[303] Desde 1938 Hitler era Jefe Supremo de las Fuerzas Armadas alemanas. (Nota del autor.)

[304] Charles Liddell Hart: *Defence of Europe*.

belga, cayendo así en la trampa tendida por el Alto Mando alemán y quedando posteriormente cercadas. A pesar de que los holandeses provocaron inundaciones al volar sus propios diques, las tropas de Von Bock, apoyadas por los paracaidistas de Student, llegan el 14 de mayo, ante Rotterdam. El comandante militar de la plaza quiere repetir la suerte de Varsovia. Rotterdam -que cuenta con uno de los más populosos ghettos de Europa- es convertido en una fortaleza. Von Bock envía un ultimátum al comandante militar de la plaza. Al ser rechazado, la Luftwaffe entra en acción. Al cabo de cinco horas, la ciudad capitula.

El desastre aliado en Bélgica no será menor. Los tanques de Guderian avanzan sin detenerse, hasta llegar al mar el 20 de mayo, junto a Abbeville. Las mejores formaciones acorazadas francesas, todo el Cuerpo expedicionario inglés y el grueso del Ejército belga han quedado cercados en una enorme bolsa. Amberes es ocupado el día 21; Boulogne y Calais, el 22; las tropas aliadas se concentran en Dunkerque, donde no parece haber salvación para ellas.

Pero una extraña orden de Hitler, que se presenta por sorpresa en el cuartel general del Grupo de Ejércitos de Von Rundstedt, deja a la Wehrmacht clavada en el terreno, lo que permitirá a los ingleses escapar precipitadamente, abandonando a sus aliados.

Más adelante hablamos de lo que la propaganda inglesa, con hipérbole, llamaría el "milagro" de Dunkerque.

Entre tanto, el Ejército Von Leeb ha perforado en varios puntos la Línea Maginot. El generalísimo Gamelin, que dirige la resistencia francesa, se ve obligado a retirar tropas del sector Norte para intentar apuntalar el sector Este, que se tambalea. Pero el 5 de junio, todo se derrumba. Una nueva ofensiva alemana barre las defensas de la llamada "Línea Weygand". El día 7, los alemanes ocupan Rouen. Churchill se desplaza a Tours, a donde se ha trasladado el Gobierno francés por la proximidad de los alemanes, cuya llegada a París es inminente. El Premier británico exhorta a Reynaud a continuar la resistencia, y promete enviar veinte divisiones, que llegarán a Francia... probablemente en octubre. Reynaud pide ayuda a Roosevelt; éste, a pesar de la hostilidad del Senado, promete enviar material bélico a Francia. Pero tal ayuda no llegará... Los franceses se repliegan, en una desbandada general. El Gobierno se traslada a Burdeos; la Línea Maginot se desmorona; el día 14 de junio, París capitula sin lucha. El Gobierno Reynaud quiere apelar a medidas insólitas.

Incita a la lucha de guerrillas; anuncia que todo aviador alemán que se vea obligado a lanzarse en paracaídas o a aterrizar detrás de las líneas francesas, será linchado. En la retaguardia, el judío Georges Mandel- Rothschild dirige la represión contra los políticos e intelectuales franceses que, habiéndose opuesto a sacrificar a su patria "por Dantzig", pretenden poner, ahora, fin al caos en que se debate y aconsejan proponer a Alemania la firma de un Armisticio.

El 16 de junio, capitula la plaza fuerte de Verdún. Reynaud vuelve a pedir ayuda a Churchill, y este le promete el envío de cinco escuadrillas de caza. ¡Cinco escuadrillas de caza! Francia ha movilizado a todos sus hombres hasta la edad de cuarenta años, mientras Inglaterra sólo ha enviado un Cuerpo expedicionario que se ha limitado a emprender precipitada huida desde Bélgica, a través de Flandes, hasta Dunkerque y de allí otra vez a su isla. Los periódicos ingleses acusan al Ejército francés de incapacidad para todo, excepto para retirarse; pero cuando desde Burdeos piden, angustiosamente ayuda, todo lo que promete Churchill, el fiero león, el infatigable luchador hasta la muerte... de los demás, ¡es el envío de 125 aviones de caza!

Weygand sustituye a Gamelin al frente de las tropas francesas, que aún tratan de resistir en sectores aislados, quiere organizar una nueva línea de defensa en el Somme, pero otra vez los tanques alemanes hunden el frente, y se produce el pánico. El Ejército francés se retira en pleno desorden.

El Gobierno Reynaud se reúne por última vez. A pesar de que la mitad de sus ministros y todos los jefes militares son partidarios de solicitar el Armisticio, Reynaud se aferra a la idea de continuar la lucha, mientras sea posible, en Francia y, más tarde, en Argelia. Mientras se está en plena deliberación llega una insólita propuesta de Churchill: que Francia y la Commonwealth formen, en el futuro un solo Estado, denominado "Unión anglofrancesa.. Ciudadanía común, Gobierno común; la guerra continuará bajo mando unificado".

Esta extraña proposición recibe el apoyo de los socialistas y los radicales franceses; pero la oposición al plan es muy fuerte. El mariscal Petain, vicepresidente del Estado, amenaza con presentar su dimisión. Se comprende que los imperialistas británicos preconicen, ahora, una "unión" con Francia, después de haber creado su colosal "Commonwealth" atizando las diferencias de los otros pueblos europeos y traicionándolos, sucesivamente, a todos. Francia está militarmente aniquilada y un

"Gobierno" marioneta instalado en Argel no sería más que un instrumento inglés. El papel representado por "Francia" sería ínfimo, y con el tiempo será absorbida por Inglaterra que cuenta con que - como siempre - los demás hagan la guerra en su beneficio. La "Home Fleet", los ejércitos pluriraciales de la Commonwealth, la ayuda de Roosevelt y, más adelante, de Stalin; el sacrificio de los neutrales del continente que, uno a uno, irán siendo exprimidos como limones; el bloqueo por hambre, el trabajo de zapa de masonería y judaísmo, eliminarán el "made in Germany" como amenaza para el poderío británico, que saldrá de la guerra, como siempre, como único vencedor real, habiéndose anexionado el rico imperio colonial de su antiguo aliado. ¡Curioso final para la Entente Cordiale!

Y... ¡acertado cálculo el de Churchill! Sólo que se produce un pequeño error de apreciación. La judeomasonería, la mejor arma del imperio desde Cromwell, ya no es la aliada objetiva de aquél; Churchill sugiere -o le es sugerido por sus amigos que financian su carrera[305]- una "unión al Gobierno francés: es decir, le sugiere a Reynaud-Mandel que asesine a la patria de San Luis y de Juana de Arco, para entregar sus colonias, inermes, a Inglaterra. Pero Churchill, masón al fin es traicionado por la masonería; en otras palabras: el Alto Mando de la Revolución, la alta finanza apátrida, la sinarquía, el Sanedrín, Israel, la judeomasonería, llámesele como se prefiera a la "Fuerza Secreta e Inidentificable" denunciada por Wilson en Versalles, induce al imperialismo británico, encarnado por Churchill a que traicione a Francia, anexionándosela realmente bajo el pretexto de la "unión". Pero la segunda parte del plan consiste en que una vez consumada la traición inglesa, Inglaterra será, a su vez, traicionada por su ex aliada, por Israel. Y esto no lo vio entonces Churchill. O, si lo vio, razones tendrían quienes su carrera política pagaban

---

[305] Uno de los mayores éxitos de la publicidad contemporánea aplicada a lo política es el renombre insólito de Churchill. Mágico ha de ser el poder del lavado de cerebro colectivo, llamado publicidad, para lograr extraer del ostracismo al promotor del formidable fiasco de Gallipoli; llevarlo al poder después del fracaso de la Operación Stratford; consagrarlo "Defensor" del Imperio cuando éste desaparece a consecuencia de una guerra ideológica por él buscada con denuedo; gran "humanitario" cuando fue él mismo quien inició los bombardeos terroristas sobre Europa; "Premio Nobel"... ¡de Literatura! por sus Memorias autoapologéticas, llenas de detalles nimios y faltas de todo lo esencial. Incluso ORADOR, cuando más de la mitad de sus mots célebres son plagios flagrantes. Por ejemplo "su" conocida tirade de "mucha sangre, sudor y lágrimas" está entresacada del Canto IV de La Edad de Bronce, de Lord Byron. "Nunca tantos debieron a tan pocos", que Churchill tomó de Baudelaire. Y la expresión "Telón de Acero", erróneamente atribuida al Hombre del Puro, pues su auténtico autor fue... ¡el doctor Goebbels! (Discurso del 30-11-1945). (N. del A).

-y quien paga, manda- para hacerle callar.

Porque esa fuerza inidentificable que mue ve a naciones y estadistas como peones en el tablero mundial se las ingeniaría para hacer prolongar inútilmente la guerra, para torpedear toda posibilidad de paz empate, repetidamente propuesta por Hitler, para envolver a Inglaterra en una segunda guerra idiota en Extremo Oriente, para soliviantar artificialmente los irredentismos coloniales, para forzar a Londres a pagar precios leoninos por la ayuda americana -o judeoamericana- y para cargar sobre los hombros de Inglaterra una astronómica deuda de guerra.

De esta manera se suprimía, con la ayuda de Inglaterra, al imperio francés y, más tarde, creaba las condiciones indispensables para el hundimiento de la propia Inglaterra. El resultado final lo tenemos hoy en día ante nuestros ojos: Europa no existe -aunque se reúnan, en Estrasburgo o en Bruselas unos cuantos magnates del carbón y del acero; aunque se reúnan, en Varsovia, unos cuántos gángsters y organicen el "Comecon" -y el Eje Washington-Moscú, fiel servidor de otro eje, el detentor del auténtico poder, el Wall Street-Kremlin, domina el mundo tras una supuesta enemistad ideológica.

Porque, a pesar de que la proyectada "unión" fracasaría, debido a la oposición de Petain y a los fulminantes avances alemanes, el posterior desarrollo de la guerra y, en particular, el nacimiento del "gaullismo", facilitaría la tarea inglesa; así serían ocupadas Siria, el Líbano, parte de Indochina, Madagascar, con la excusa de impedir que se apoderaran de ellas los alemanes...

EL ARMISTICIO

Pero volvamos a Burdeos, donde, en plena reunión extraordinaria del Gobierno, la mitad de los ministros, con Petain como bandera, piden el cese de una lucha insensata. Reynaud presenta la dimisión. El presidente de la República, Lebrun, la acepta, y encarga a Petain que forme nuevo Gobierno. Éste es investido por la Asamblea Nacional; antes de la votación, Petain ha manifestado claramente que, en caso de contar con la Confianza de la Asamblea, su primera medida consistirá en tratar de obtener un Armisticio. La Asamblea Nacional otorga su confianza al viejo mariscal, que sube, así, al poder, de una manera irreprochablemente democrática.

La Historia de los Vencidos (El suicidio de Occidente)

El 17 de junio, a las dos y media de la tarde, Petain anuncia, por radio, al pueblo francés, que ha pedido al Gobierno alemán el cese de las hostilidades; un Armisticio entre soldados, sobre la base del honor.

El Armisticio se firma el día 21, en Compiégne, en el mismo escenario de la capitulación alemana en 1918. La delegación francesa, presidida por el general Huntziger es recibida con honores militares; Hitler, que espera a los franceses, se levanta al llegar Petain y le estrecha la mano. Se destina un apartamento privado a los franceses, para que puedan conferenciar; los delegados disfrutan de una ilimitada libertad de movimientos; las conversaciones se desarrollan correctamente[306].

Las condiciones impuestas por Alemania son extremadamente suaves, especialmente si consideramos que Francia ha sufrido la mayor derrota de su historia. Alemania no exige indemnizaciones de guerra desorbitadas, ni cesiones de territorio, ni devolución de las colonias alemanas arrebatadas por Francia en Versalles, faltando a su palabra. No pide, siquiera, la entrega de la flota de guerra, casi intacta aún y que constituye, por calidad y tonelaje, la tercera fuerza naval del mundo y que podría, en buena lógica, ser considerada como botín de guerra[307].

Alemania no obliga a Francia a reconocer que le corresponde toda la parte de culpa en el desencadenamiento de la guerra, como hicieran Poincaré, Clemenceau, Berthelot et alia en Versalles, con Alemania. No se obligaba, tampoco, a Francia, a romper sus relaciones con Inglaterra.

La condición más dura -aunque inevitable dadas las circunstancias- consistía en la ocupación temporal de la costa atlántica de Francia y de territorios del Norte del país, incluyendo París. El Gobierno de la zona libre se estableció en Vichy; a Francia se le permitió conservar todas sus instituciones y orientar sus relaciones exteriores de la manera que mejor le pluguiera, siempre que -claro es- no representaran un obstáculo para el Reich en guerra.

---

[306] En 1918, los delegados alemanes fueron tratados por los franceses de manera indigna; Foch ni se levantó ni respondió a su saludo; les sometió al régimen de prisioneros e incluso les amenazó... En 1945, Keitel, que estuvo en Compiégne, sería tratado por Eisenhower y Montgomety al estilo de Foch. (N. del A.)

[307] Los altos mandos de la Flota francesa habían prometido a Churchill que, en ningún caso, la Flota sería cedida a Alemania. Tal promesa sería mantenida. Peto no deja de ser sorprendente que con toda Francia metropolitana en poder de los alemanes, éstos toleraran una tal situación. (N. del A.)

Pero en Inglaterra, donde lo único que han hecho durante la campaña occidental es enviar una "infantería de retroceso" que emprenderá la excursión Dover-Flandes-Dunkerque-Dover en un tiempo récord, consideran que Francia todavía no se ha sacrificado bastante. Y Churchill, el 22 de junio, prefiere unas frases despectivas para su aliada vencida, en medio de una cerrada ovación de la Cámara de los Comunes. Para el señor Churchill, por lo visto, Francia no ha vertido suficiente sangre aún. Ya tomará él las medidas adecuadas para colmar tal laguna...

EL "GAULLISMO", MERS-EL-KÉBIR, Y DAKAR

Inglaterra rompe sus relaciones diplomáticas con Francia y crea, en Londres, un titulado "Gobierno de Francia libre", presidido por un general provisional, Charles De Gaulle, que desobedeciendo las órdenes recibidas, ha huido a Inglaterra. Albión, siempre hábil, necesita "cipayos" europeos, los cuales deben ser encuadrados por "gobiernos" sin fundamento legal y sin jurisdicción, residenciados en Londres. En vísperas del hundimiento de Francia, el general Spears, del Intelligence Service, busca, afanosamente, una figura relevante de la política o del Ejército francés, que se avengan a desempeñar el papel de líder de la "Francia libre", en Londres. Sucesivamente, el mariscal Juin, el almirante Darlan, los generales Gamelin y Weygand, Nogués, etc., rehusan. Spears, como último recurso, se dirige a De Gaulle que, el 18 de junio de 1940, desde los micrófonos de la B.B.C. se dará a conocer al francés medio.

He aquí cómo describe la "epopeya" el conocido escritor francés Pierre Antoine Cousteau:

"El 18 de junio, un cierto general trashumante pronunció, ante cierto micrófono insular, cierto discurso "deroulediano", que nadie en Francia escuchó, que nadie en todo caso habría aprobado entonces y que, más tarde, por obra y gracia de la fortuna de las armas anglosajonas y soviéticas, se convirtió en la carta inmaculada de los neoconformistas de la hora veinticinco.

"Pero, apenas cuarenta y ocho horas después de ese momento incomparable de la conciencia humana, dicho general fue a visitar al coronel Lelong, jefe de la misión francesa en Londres y le anunció que, tras madura reflexión, había decidido regresar a Francia, para ponerse a la disposición del Gobierno del mariscal Petain. El coronel

La Historia de los Vencidos (El suicidio de Occidente)

Lelong informó al ministro de la Guerra, en Burdeos, de esa decisión. Añadió que la misión no tenía ningún avión disponible, pero que el general iba a pedir uno a los ingleses, a título personal"[308].

Pero como, en tan críticos momentos, los ingleses no disponían de aviones para prestarlos a generales provisionales de tan provisionales ideas. El general trashumante debió quedarse -a la fuerza- en Londres y continuar sobre la gloriosa ruta del 18 de junio. Esta anécdota pertenece a la Historia, aunque no a la recargada leyenda de la "Résistance", que, provisionalmente, también, prima sobre la Historia. Evidentemente, los hagiógrafos patentados de la Résistance, que pulsan la cuerda vibrante al comentar la llamada proclamación del 18 de junio, evitan mencionar que el gallo cantó tres veces el día 20 de junio de 1940, en el despacho del coronel Lelong[309].

De Gaulle constituye, por fin, un Gobierno en el que predominan los judíos: Alphand, Economía; Schumann, Prensa y Propaganda; Pierre Bloch, Interior; René Mayer, Comunicaciones; general Koenig, Guerra. Otros dos judíos, René Samuel Cassin y Mantoux, son los secretarios de De Gaulle.

Pocos días después de haber constituido De Gaulle su Gobierno, se produce el ataque de la flota inglesa contra la base naval de Mers-el-Kébir, en Argelia. Los barcos franceses, anclados, atacados por sorpresa, no tienen oportunidad de defenderse; varios de ellos son hundidos; mil doscientos marinos perecen en esta agresión. La conciencia universal no parece indignarse mucho por este auténtico crimen de guerra, perpetrado contra el aliado de la víspera. Cinco días después, el 8 de julio, unidades de la R.A.F. y de la "Home Fleet" atacan a una flotilla francesa, estacionada en Dakar, y tratan de desembarcar unidades de infantería de marina. El ataque es rechazado, con pérdidas para los atacantes, entre los que se cuentan dos centenares de "gaullistas". En represalia por estos ataques ingleses, aviones franceses bombardean Gibraltar[310].

---

[308] *Lectures Françaises*, n.0 16, París, junio-julio 1958.

[309] Diversos historiadores y publicistas franceses han hablado de esta volte face singular. Recomendamos, entre otros, a Stephen Hecquet: *Les Guimbardes de Bordeaux*. (La Librairie Française, 51, Rue de la Harpe. París, Vème.)

[310] El almirante Sommerville, que dirigió los ataques contra Mers-el-Kebir y Dakar, hizo todo cuanto pudo para evitarlos, y se hizo repetir dos veces la orden por el propio Churchill. Unas semanas después, sería

Siguiendo el ejemplo de los noruegos, daneses, polacos y "gaullistas", también los belgas y holandeses constituyen sus respectivos Gobiernos en el dorado exilio londinense. A pesar de que ha reconocido diplomáticamente a la Francia de Vichy. Roosevelt inicia relaciones con De Gaulle, y nombra a otro judío, R. E. Schoenfeld, agregado de Embajada encargado de las relaciones con tales Gobiernos fantasma.

Es necesario dar un salto atrás para analizar, con cierto detenimiento el episodio de Dunkerque, que la propaganda inglesa quiso presentar como un éxito de su Cuerpo expedicionario. La realidad, empero, fue muy otra. Porque hoy está históricamente demostrado que fue Hitler quien hizo, deliberadamente, posible la huida de los ingleses, con objeto de facilitar un acuerdo con el imperio británico.

El eminente critico militar inglés Charles Liddell Hart publicó, en 1948 una documentadisima obra sobre los principales acontecimientos bélicos de la Segunda Guerra Mundial, titulada: *The Other Side of the Hill* (El Otro Lado de la Colina); el capitulo X del libro trata de "Cómo Hitler derrotó a Francia y salvó a Inglaterra". Entre otras cosas puede leerse: "El 22 de mayo, Hitler ordenó a las Divisiones Panzer que detuvieran su avance, para dar tiempo a las tropas británicas a reembarcar. El Führer envió un telegrama a Von Kleist concebido en los términos siguientes: "Las divisiones blindadas deben mantenerse fuera del alcance del tiro de artillería ligera, en Dunkerque. Sólo deben realizarse movimientos de reconocimiento y protección de nuestras líneas."

Como Von Kleist, que tenía una aplastante victoria al alcance de la mano, creyera en un error de transmisión y pidiera aclaraciones, Hitler mandó, personalmente, un segundo telegrama en el que, enfáticamente, se ordenaba a los Panzer retirarse detrás del Canal de Dunkerque.

Liddell Hart reproduce, igualmente, una conversación sostenida entre Hitler y el mariscal Von Rundstedt, en la cual el Führer dijo que "consideraba, pese a todo, al imperio británico, junto a la Iglesia Católica, como uno de los pilares del orden en el mundo. Hitler insistió en que no quería guerra con Inglaterra y que, para ello, quería evitarle la humillación de capturar a la totalidad de su Cuerpo expedicionario"[311].

Liddell Hart confirma que "si el Ejército británico hubiera sido capturado en

---

destituido. (N. del A.)

[311] Ch. Liddell Hart: *The Other Side of the Hill*; Boswell Ed.; Londres, 1948.

La Historia de los Vencidos (El suicidio de Occidente)

Dunkerque, el pueblo inglés habría considerado que su honor había sido manchado... una mancha que hubiera debido ser lavada. Dejándole escapar. Hitler esperaba conciliarse la simpatía británica[312].

Los generales Guderian, Blumentritt, Von Brauchitsch, Von Kleist y Siewert confirmaron que fue, personalmente, Hitler, quien, por las razones aducidas, frenó a sus tropas ante Dunkerque.

Otro historiador británico, Desmond Young, precisa igualmente que el general Speidel le manifestó que Hitler debió repetir la orden de detenerse a Guderian, Von Bock y Von Kleist, detrás del Canal de Dunkerque, para permitir la huida de 350.000 soldados británicos. Los también ingleses Hinsley, Fuller y Leese, el canadiense Arcand, el húngaro Marschalsko, entre otros muchos, han descrito, con lujo de detalles, el episodio de Dunkerque, que, lejos de ser una "gesta" del Ejército británico, no fue más que otro intento hitleriano para impedir la continuación de la guerra[313].

El cálculo del Führer resultó falso, por que si, a veces, pueden perdonar una ofensa, lo que nunca perdonarán los mortales es un favor. O casi nunca.

La nueva propuesta de paz, hecha, oficialmente, cuando los últimos destacamentos británicos abandonaban Dunkerque, sería rechazada. Y el clamoreo ensordecedor de la propaganda haría creer a las masas desorientadas que el episodio de Dunkerque fue una heroica gesta del Cuerpo expedicionario inglés.

---

[312] Ibid. Íd.
[313] Op. cit.

CAPITULO VI

LA GUERRA DE ROOSEVELT

Esfuerzos para obtener la paz en Occidente - Italia entra en guerra - El "León" no se echa al agua - La "Operación Katherine" - "Una logia masónica que me olvidé de disolver..." - "Blitzkrieg" en los Balcanes - Los ingleses ocupan Islandia - La guerra en el mar - Montoire y la "colaboración" - Fracasos italianos en Africa del Norte - La misión de Rudolf Hess - Ocupación inglesa de Siria y el Líbano - Empieza la campaña antibolchevique - Las maniobras de un dictador democrático - Rockefeller y Roosevelt - El crimen de Pearl Harbour - Ocupación anglosoviética del Irán - Incremento de la guerra con los neutrales.

> *"Yo os prometo, solemnemente, madres americanas, que vuestros hijos no lucharan en playas extranjeras".* Franklin Delano Roosevelt

ESFUERZOS PARA OBTENER LA PAZ EN OCCIDENTE

A pesar de que la nueva oferta de paz hecha por Hitler después de la huida de Dunkerque fue rechazada por Inglaterra, el Gobierno alemán continuó sus tentativas para lograr el alto el fuego precursor de la paz. El 14 de julio de 1940, Hitler declaró, en una entrevista concedida a un reportero de la United Press, que estaba dispuesto a aceptar la mediación de quien fuera, con tal de llegar a un acuerdo, sobre bases honorables, con la Gran Bretaña y que, una vez obtenido el mismo, la Wehrmacht se retiraría inmediatamente de los territorios temporalmente ocupados en el Oeste.

Cinco días después, el 19 de julio, en un discurso pronunciado en el Reichstag, el Führer volvió a proponer el cese de las hostilidades sobre la base de la "paz empate" con Inglaterra. No obstante, el monopolio propagandístico mundial tergiversó groseramente el significado de la proposición alemana, presentándola

La Historia de los Vencidos (El suicidio de Occidente)

como un ultimátum al imperio británico. Lord Halifax y Churchill respondieron con una despectiva negativa.

Fue precisamente en esa época cuando la Wilhelmstrasse dio la mejor prueba de su deseo de terminar la guerra en Occidente. Citamos el testimonio de Joseph E. Davies, personalidad política de primer rango en la América de Roosevelt, que fue sucesivamente embajador en Bruselas y Moscú. Davies, judío y miembro del "Brains Trust", no puede ser calificado de pronazi. Pues bien, en un discurso pronunciado en el Ayuntamiento de Los Ángeles, el 22 de enero de 1943, Davies declaró que Alemania ofreció, a mediados de 1940, la dimisión de Hitler, si con ello Inglaterra venía a aceptar una paz-tablas[314].

Esta oferta se hizo a través del Vaticano. Según Davies, Churchill rechazó esa proposición sin consultar siquiera con su Gobierno.

Todavía se harían, entonces, dos tentativas más para detener la insensata guerra de Occidente, ambas iniciadas por Alemania, por conducto de Suecia y del Vaticano[315], tentativas igualmente fracasadas por la actitud intransigente de Churchill.

ITALIA ENTRA EN GUERRA

El 10 de junio de 1940, Italia había entrado en la contienda, al lado de Alemania. Hitler conocía la deficiente preparación militar italiana y nunca se hizo excesivas ilusiones sobre la ayuda que podía proporcionarle su nuevo aliado. En cambio, confiaba que el peso especifico de Italia, sus posibilidades industriales, su imperio colonial y su notable flota de guerra, le ayudarían en su intento de convencer a los hombres de Londres de la necesidad de detener las hostilidades.

Ciano se trasladó a Berlín y presentó dos listas: en una exigía cantidades fabulosas de armamento petróleo y materias primas. En la segunda, presentaba las reivindicaciones territoriales italianas: Córcega, Niza, las Somalias francesa y

---

[314] *The Times*, Londres, 22-1-1943.

[315] En realidad, ése fue el tercer intento hecho por Alemania a través de la Santa Sede. Aparte del ya mencionado, en noviembre de 1939. Goering, monseñor Von Kaas, Von Papen, el coronel Beck y el abogado Ludwig Muller, oficiosamente alentados por Hitler, pidieron a S.S. Pío XII intentara obtener el cese de hostilidades. Lo gestión fracasó por la obstinación de Churchill y Halifax. (*Lectures Françaises*, París, n. 106.)

británica, Malta, el Chad, Aden, Perim, Socotra y una rectificación favorable en la frontera libiotunecina. Hitler responde que se tratará de ayudar militarmente a Italia, pero en general se muestra contrario a los cambios territoriales; no entra en sus planes descuartizar el imperio británico, sino hacer las paces con él y concentrar su esfuerzo sobre la U.R.S.S.; tampoco está de acuerdo en que se humille innecesariamente a Francia. Únicamente accede a que, una vez obtenido el cese de hostilidades, se facilite una expansión italiana en Africa del Norte y el Medio Oriente, armonizando sus intereses con los de las otras potencias coloniales europeas. Ciano vuelve, desilusionado, a Roma.

EL "LEÓN" NO SE ECHA AL AGUA

En vista de las reiteradas negativas británicas a aceptar las propuestas de paz alemanas, Hitler da la orden de preparar la invasión de Inglaterra, *"para evitar que la Isla pueda ser utilizada como base para la continuación de la guerra"*. La operación recibe el nombre clave de "León Marino". Pero este "león" no se echará al agua: el mismo Hitler dará la orden de suspender la proyectada operación. "En su lugar, ordena preparar la invasión de Rusia"[316].

Ochenta divisiones alemanas son trasladadas, con todo su equipo, a Polonia y Prusia Oriental. En una Europa repleta de agentes británicos y soviéticos, es imposible que un tan imponente movimiento de tropas, atravesando todo el continente, pasara inadvertido. En Londres sabían perfectamente que Hitler no tenía la menor intención de invadir las Islas Británicas... no obstante, la Prensa y la Radio siguen agitando ante las masas inglesas, reacias a batirse por Dantzig o por la U.R.S.S., el espantajo del ataque alemán.

LA "OPERACIÓN KATHERINE"

En el verano de 1940, el Estado Mayor alemán sabía que la U.R.S.S. atacaría al Reich por la espalda tan pronto como éste se viera envuelto en un largo conflicto militar en el continente. El Ejército rojo había concentrado ciento cincuenta divisiones a lo largo de la frontera con Alemania, mientras otras ciento veinte estaban

---

[316] Ch. Liddell Hart: *The German Generals State*.

desplegadas en profundidad. Una fuerza impresionante de cerca de cinco millones de hombres, dotados de moderno material de guerra.

Fue entonces cuando Churchill planeó la "Operación Katherine", con objeto de "forzar el paso de la "Home Fleet" por el Báltico y poder, así, extender la mano hacia Rusia, en forma que ejercería, seguramente, un efecto decisivo".

Si bien esta acción no pudo lle varse a cabo por no contar todavía la R.A.F. con suficiente fuerza para apoyar una acción de tal envergadura, no es menos cierto que ya se contaba en Londres, con el apoyo soviético, siempre y cuando se lograra distraer las fuerzas de Alemania en otras operaciones secundarias, ya creando un puente naval hacia Rusia en el Báltico, ya provocando nuevos conflictos entre Alemania y otros países neutrales.

Empezaron entonces las maniobras de la diplomacia británica para retrasar la invasión alemana de Rusia y permitir, así, a la U.R.S.S. descargar el primer golpe. Belgrado, Atenas, Sofía y Estambul fueron teatro de innumerables intrigas. Roosevelt a pesar de su "neutralidad", también interviene en esta guerra de Cancillerías; la Casa Blanca ofrece importantes prestamos a Yugoslavia y Turquía. Londres ofrece también su "ayuda" económica a esos países, pero con la condición de que se abstengan de comerciar con Alemania y modifiquen prácticamente su posición de neutrales por una actitud "benévola" hacia la Gran Bretaña.

Si las gestiones de Londres y Washington no obtienen el éxito esperado en esos países, en cambio la Casa Real de Grecia, emparentada con los Mountbatten, cede bases en territorio griego para ser utilizadas por la "Home Fleet" y la R.A.F. Estas bases constituyen una amenaza directa para Italia; Roma protesta enérgicamente ante el Gobierno griego, acusándole de violar la neutralidad y de poner en peligro la paz en los Balcanes. Unicamente en Sofía obtiene el Eje una victoria diplomática; el Gobierno búlgaro hace caso omiso de los cantos de sirena de los anglosajones y se alinea al lado de Berlín y Roma, aunque conservando su neutralidad.

Se produce, entonces, el ya mencionado viaje de Molotoff a Berlín, el 10 de noviembre de 1940, y la negativa de Hitler a aceptar sus demandas, que el astuto ruso presenta de forma deliberadamente inaceptable, para hacer recaer sobre Berlín la responsabilidad de la ruptura. El Führer ordena entonces la elaboración del "Plan Barbarroja", para el ataque contra la U.R.S.S. que, por su parte, no cesa de situar tropas en la frontera con Alemania. El ataque alemán está previsto para febrero o marzo de 1941, pero Churchill y el "neutral" Roosevelt, conocedores de las intenciones de Hitler, conseguirán retrasarlo unos meses, lo que representará un enorme alivio para Stalin. Para ello, Londres y Washington deberán movilizar más "carne de cañón" y lanzarla contra Alemania.

Hemos dicho que Roosevelt y Churchill conocían los planes de Hitler. Es conveniente un inciso para hablar del que fue, indiscutiblemente, el mayor de los errores del III Reich en política interior.

"UNA LOGIA MASÓNICA QUE ME OLVIDE DE DISOLVER..."

El nacionalsocialismo fue, por encima de todo, un movimiento ideológico opuesto al marxismo, pero también a su falso rival el capitalismo. Fue una llama que prendió singularmente en las clases medias y laboriosas, así como en el campesinado.

Paradójicamente, ciertos círculos de la alta aristocracia prusiana, de la "burguesía financiera" y, sobre todo, de los altos escalafones del Ejército, se opusieron, más o menos veladamente, al régimen hitleriano. Una parte importante de esos sinuosos adversarios tenía o había tenido relaciones con grupos judíos o habíase aliado a la masonería. Ésta había sido disuelta al poco tiempo de la llegada de Hitler al poder, y sus principales dirigentes habían huido al extranjero o habían sido detenidos. Pero muchos otros, fingiendo lealtad al régimen se dedicaron a sabotearlo y a facilitar información a Londres.

Hjalmar Schacht, antiguo francmasón[317] puso innumerables trabas al desarrollo del esfuerzo bélico alemán. Al lado de Schacht y llevando a cabo una acción saboteadora de nefastos efectos para su patria, se hallaba el almirante Wilhelm Canaris, jefe del Servicio de Contraespionaje alemán y, a la vez, agente desde la Primera Guerra Mundial, del Intelligence Service[318].

Pero el mayor núcleo de traidores se encontraba en el Ejército sobre todo en las altas capas del mismo incluyendo el Alto Estado Mayor. El general Ludwig Beck, que fue jefe de Estado Mayor hasta 1938 no cesó de conspirar durante toda la guerra, y en 1944 fue uno de los principales organizadores del atentado contra el

---

[317] Schacht confiesa su afiliación masónica en la página 8 de sus Memorias (Ed. española). Fue insólitamente absuelto por el Tribunal de Nuremberg. (N. del A.).

[318] En 1944, la Gestapo logró hacerse con pruebas de la traición de Canaris, que fue ejecutado. (N. del A.)

Führer, siendo descubierto y ejecutado. Muchos militares de la vieja escuela, fríos estrategas, odiaban a Hitler porque, en diversas ocasiones, les puso en evidencia, por ejemplo, en la campaña de Francia: todos los generales "aristócratas", Von Stuelpnagel, Von Leeb, Franz Halder, Brauchitsch, etc., eran contrarios a la acción contra Holanda y Bélgica, al lanzamiento de paracaidistas en Eben Emael, a la acción contra Noruega y Dinamarca, operaciones todas ellas concebidas por Hitler y coronadas por el más rotundo éxito. Por eso odiaban al Führer, que desconfiaba de ellos con sobrados motivos, y le llamaban - en privado - "el cabo".

Los generales Fromrn, Von Falkenhausen, y otros varios, cometieron innumerables sabotajes y fueron así, un precioso aliado para Londres y, a la larga, y ciertamente contra su voluntad, para Moscú también. Muchos otros generales y mariscales permanecieron leales hasta el final pero a pesar de conocer las actividades de sus colegas traidores se abstuvieron de denunciarlas. Y es que, en general, los militares profesionales, exceptuando a algunos jóvenes elementos ganados por los ideales del nacionalsocialismo, hicieron más caso del viejo espíritu de clan, manteniéndose como una casta a parte del resto de la comunidad, que de las exigencias de la lealtad a su país en guerra.

"El viejo núcleo de generales prusianos es una logia masónica que me olvidé de disolver" dijo Hitler a finales de la contienda.

Gracias a esos núcleos de traidores -a los que Churchill rinde homenaje en sus "Memorias"-, gracias, especialmente, a las informaciones de Canaris, pudieron saber Roosevelt y Churchill los detalles exactos, y la fecha del proyectado ataque alemán contra la U.R.S.S. y así, a parte de poner a Stalin sobre aviso[319] pudieron retrasar la iniciación de "Barbarroja". La manera de retrasarla consistió en provocar un nuevo estallido bélico, esta vez en los Balcanes.

"BLITZKRIEG" EN LOS BALCANES

Si no faltaban los criptotraidores en Alemania, todavía eran más numerosos en Italia, donde gozaban del apoyo, más o menos declarado, de la Corte. El conde Ciano, yerno de Mussolini al que acabaría por traicionar descaradamente, azuzaba

---

[319] *War and Peace*. Documentos oficiales del Departamento de Estado norteamericano,

de continuo a éste contra Hitler, bajo el pretexto de que Berlín nunca informaba a Roma de las decisiones importantes que pensaba tomar. (En efecto, los alemanes se apercibieron muy pronto de que en el Gran Consejo Fascista no sabían guardar un secreto. Solamente Mussolini gozaba de toda la confianza de Hitler). En consecuencia según Ciano, Italia no tenía por qué informar a Alemania de lo que pensaba hacer. Mussolini convencido por su yerno, al que tenía entonces en gran estima, dijo, el 12 de octubre de 1940: "Hitler siempre me presenta los hechos consumados. Ahora se enterará él, por los periódicos que Italia ha conquistado Grecia[320]".

Pero Hitler no se enteró de tal proyecto por los periódicos, en Roma no guardaban los secretos alemanes, pera tampoco los que concernían a Italia. El 18 de octubre, seis días después de la brusca decisión secreta de Mussolini, Von Ribbentrop, ministro de Asuntos Exteriores del Reich, le comunicó a Ciano, con toda crudeza, que "toda acción contra Grecia, a pesar de que éste país haya violado las leyes de la neutralidad al ceder bases a los ingleses, sería altamente inoportuna en estos instantes, y absolutamente contraria a los intereses del Eje"[321]. Hitler temiendo una extensión de la guerra, se propuso entrevistarse con Mussolini para disuadirle de su propósito, pero éste, sin previo aviso a Berlín, declaró la guerra a Grecia el 28 de octubre, atacándola desde Albania, entonces protectorado italiano. Después de unos pequeños éxitos iniciales, debidos sobre todo al efecto de sorpresa, el valeroso Ejército griego, apoyado por unidades inglesas, empezó a rechazar a los italianos. El 3 de noviembre, las tropas anglogriegas cruzaron la frontera meridional de Albania.

Simultáneamente, en Belgrado, se desarrolla una sorda batalla entre bastidores. El Gobierno partidario de una "neutralidad amistosa" con respecto a Alemania, se ve sometido a fuertes "presiones" de la diplomacia británica. Campbell, el embajador del Reino Unido, no cesa de intrigar para crear un conflicto germanoyugoslavo. También desde la Embajada soviética se crean dificultades al Gobierno. Churchill le envía a Campbell el siguiente telegrama:

"Continúe molestando y hostigando al rey Pablo y a sus ministros. Indíqueles, si es

---

[320] Galeazzo Ciano: *Memorias*.

[321] J. Von Ribbentrop: *Zwischen London und Moskau*.

La Historia de los Vencidos (El suicidio de Occidente)

preciso, que los alemanes están preparando la invasión del país"[322].

A pesar de que Roosevelt y Churchill presionan a Belgrado para que incluso, declare la guerra a Alemania, el Gobierno de Cvetkovic firma un pacto de amistad y no-agresión con el Reich, el 24 de mano de 1941.

En Rumania, el Gobierno de Antonescu se ha orientado resueltamente hacia Alemania. La terrible presión soviética sobre Bucarest forzó al conducator a inclinarse hacia Berlín[323]. Excepto en Grecia ódonde las tropas italianas huyen a la desbandada -la situación política en los Balcanes parece haber mejorado notablemente para Alemania. No habrá guerra en esta zona de Europa, si bien todos estos pequeños países participarán activamente en la campaña antibolchevique que se prepara febrilmente en Berlín... El 26 de marzo, el Gobierno de Cvetkavic firma su adhesión al Pacto Tripartito[324].

Pero apenas han transcurrido veinticuatro horas cuando en Belgrado se produce un autentico "coup de théatre". En las primeras horas de la madrugada del 27 de marzo hay un cuartelazo, organizado por la Embajada británica, y contando con la probada colaboración de las células comunistas serbias. El Gobierno es derrocado; el príncipe regente Pablo es obligado a dimitir, y el rey Pedro, que es menor de edad es elevado al Trono. El pacto germanoyugoslavo es denunciado, y la adhesión de Belgrado al Pacto Tripartito, retirada. Cvetkovic es detenido; tropas británicas procedentes de Grecia entran en Yugoslavia y se dirigen a la frontera alemana. El nuevo Gobierno, presidido por Simovic, firma un Tratado de Asistencia Mutua con la U.R.S.S. y otro con Inglaterra. Manifestaciones antialemanas tienen lugar en las calles de Belgrado.

Hitler que se disponía a atacar a la U.R.S.S. en abril, tiene que maniobrar con celeridad para evitar el ataque angloyugoslavo contra "el bajo vientre" de Alemania. Para conjurar esta nueva amenaza el ataque contra el bolchevismo deberá ser

---

[322] Winston S. Churchill: *Memorias*.

[323] Recordemos que los soviéticos habían ocupado Besarabia y Bukovina. A esa ocu-pación siguió una fuerte presión política sobre el Gobierno de Bucarest. (N. del A.)

[324] Pacto firmado, el 27-IX-1940. en Berlín, entre Alemania. Italia y el Japón. Por el mismo, los tres Estados se comprometían a respetarse mutuamente sus zonas de influen-cia y a apoyarse política y militarmente en caso de ataque a una de las tres. Una cláusula secreta del mismo estipulaba que al ataque de Hitler contra la U.R.S.S. seguirla la invasión japonesa de Siberia Meridional.

nuevamente aplazado. El Alto Estado Mayor de la Wehrmacht se opone a la acción contra Yugoslavia; Hitler alega que si Alemania no ataca, será atacada, "pues los ingleses no estacionan sus tropas en Serbia sin algún motivo"... Treinta y una divisiones alemanas concentradas en Polonia, Prusia Oriental y Bohemia son rápidamente transportadas al Sur de Alemania, y el 6 de abril de 1941, a primeras horas de la madrugada, la Wehrmacht se lanza al ataque. Es una ofensiva en tromba que sigue un itinerario totalmente insospechado, a través de las escarpadas montañas de Serbia, hasta llegar a Skoplje, rebasarla, y continuar, franqueando la frontera grecoyugoslava, hasta Salónica que es ocupada en un impresionante asalto.

Después de once días de lucha, el Ejército yugoslavo capitula. Trescientos mil soldados que habían sido copados entre Belgrado y Skoplje, se rinden con armas y bagajes. La "ayuda masiva" que Churchill había prometido no llegó a tiempo; solamente las cinco divisiones inglesas que penetraron en Yugoslavia el 26 de mano, y han repetido el "número" de Dunkerque: excursión desde Grecia y Albania hasta Belgrado y regreso a Grecia...

Pero tampoco en Grecia tendrán los ingleses más suerte. Los italianos, ayudados por unidades selectas de la Wehrmacht, pasan al contraataque y estabilizan al frente. Pero la Wehrmacht ataca también por Macedonia y, al cabo de ocho días justos, Grecia capitula. La familia real huye a Londres. Las tropas británicas no se dan por enteradas de la capitulación oficial del Gobierno de Atenas, y se concentran en la isla de Creta, junto con treinta mil soldados griegos que guarnecen ese territorio, y se niegan a cumplir la orden de deponer las armas.

A pesar de contar con la protección de la flota inglesa del Mediterráneo, la aparentemente inexpugnable fortaleza de Creta será conquistada por los alemanes sin utilizar una chalupa. Seis mil soldados de al s S.S. lanzados en paracaídas, logran ocupar, valiéndose del factor sorpresa, el aeropuerto de Maleme, lo que permitirá el aterrizaje de planeadores con dos divisiones de tropas selectas. Creta será rápidamente ocupada, y una parte de las tropas británicas logrará reembarcar, protegida por la "Home Fleet", con destino a Egipto.

La campaña de los Balcanes ha durado, escasamente, tres semanas.

LOS INGLESES OCUPAN ISLANDIA

La Historia de los Vencidos (El suicidio de Occidente)

A principios de 1941, Islandia, Estado neutral, fue ocupada por tropas "para impedir una eventual ocupación alemana", según el comunicado oficial del Gabinete de guerra inglés. Duff Cooper declaró a este propósito que "Inglaterra lucha por el bienestar de las pequeñas naciones. Una vez establecido este punto, no debemos preocuparnos demasiado de si esas naciones aprueban siempre o no, nuestros actos".

El pueblo islandés, independiente desde 1918, aunque bajo soberanía nominal de la corona danesa, hizo patente su descontento por la invasión del país, menudeando los actos de sabotaje, y la resistencia pasiva contra los ocupantes británicos.

LA GUERRA EN EL MAR

Tampoco en el mar, a pesar de contar entonces con la mayor flota de guerra del mundo, cosechaban éxitos los ingleses. En el momento de empezar la guerra, Alemania disponía de 57 submarinos de los que sólo 39 pudieron entrar inmediatamente en servicio. Con un número -relativamente- tan modesto, de sumergibles, los éxitos alemanes serían tan asombrosos que llegarían a poner en serio peligro a Inglaterra. En el transcurso del primer año de guerra los submarinos del almirante Doenitz hundieron navíos mercantes y de guerra por un total de 1.200.000 toneladas, 950.000 toneladas más fueron echadas a pique por la acción mancomunada de las minas magnéticas, de los bombarderos de largo alcance, y de una quincena de destructores y cruceros ligeros que operaban como corsarios. Los cruceros auxiliares alemanes capturaron, por su parte, otras 200.000 toneladas de barcos mercantes y petroleros.

El segundo año de la guerra marítima fue todavía más catastrófico para la Gran Bretaña. Alrededor de 6.500.000 toneladas de buques fueron destruidas por la acción de los submarinos, la Luftwaffe y las minas magnéticas.

La "Home Fleet" encajó varios golpes humillantes. El primero de ellos, el 14 de octubre de 1939, cuando un submarino alemán logró, increíblemente, burlar las defensas y las barreras electrificadas subacuáticas de la base de Scapa Flow, y hundió al acorazado Royal Oak, de 35.000 toneladas, y averió gravemente a otro. Otro fuerte golpe fue el hundimiento del portaaviones insignia Courageous, que navegaba protegido por una flotilla de destructores. Un submarino alemán, afrontando las cargas de pro-fundidad, hundió al Courageous cerca de las costas de Islandia.

Tal vez el episodio más representativo de la desigual lucha que en los mares se libraba fue el del Bismarck. Este acorazado, el único gran buque de combate de que disponía la Marina alemana zarpó el 21 de mayo de 1941, para participar en la lucha contra los mercantes ingleses. Le acompañaba el acorazado de bolsillo Prinz Eugen, de 9.500 toneladas.

El día 24, entre Islandia y Groenlandia, les salieron al paso el acorazado Hood, la mayor nave de guerra del mundo, y buque insignia de la "Home Fleet" (desplazamiento: 42.500 toneladas), el acorazado Prince of Wales, de 32.000 toneladas, y dos cruceros pesados. El desigual combate terminó dos minutos después de haber empezado, con el hundimiento del Hood, que fue plenamente alcanzado por la tercera andanada del Bismarck. Poco después, el Prince of Wales era alcanzado por varios disparos y se ponía precipitadamente a salvo. El Almirantazgo británico, inmediatamente, envió a aquella zona a siete acorazados, dos portaaviones, cuatro cruceros, una veintena de pequeñas unidades de superficie, cuatro submarinos, y un centenar de aviones más. El Bismarck, con una avería en las hélices y otra en la protección del timón, no pudo escapar a la jauría que le acosaba.

Luchando prácticamente sólo (el Prinz Eugen, que había resultado averiado por una andanada del Hood, recibió orden de ganar las costas de Noruega) el Bismarck consiguió alcanzar a dos cruceros, hundir un destructor y derribar una treintena de aviones antes de ser hundido, a 600 kilómetros al Oeste de Brest.

MONTOIRE Y LA "COLABORACIÓN"

Desde Dunkerque. Francia considera con recelo a su antiguo aliado inglés. Este recelo se tornará en hostilidad a partir del ataque contra Mers-el-Kébir y las acciones contra Dakar y Africa del Norte, el reconocimiento inglés del Gobierno de De Gaulle y el bloqueo británico, que alcanza también a Francia.

Hitler aprovechará estas circunstancias para llevar hasta extremos exagerados su política de dulzura hacia Francia. Es por orden expresa del propio Führer que

La Historia de los Vencidos (El suicidio de Occidente)

dejan de publicarse las atrocidades cometidas entre la declaración de guerra y la capitulación de Compiégne contra los súbditos alemanes residentes en Francia, y los prisioneros de guerra capturados por el Ejército francés.

En Montoire se entrevistan Hitler y Petain, acordando una política de colaboración franc oalemana. Esta "colaboración" se revelará relativamente fructífera -por ambas partes- durante algún tiempo, si bien los franceses, con sus "arriére - pensées", sus reservas mentales y su "doble juego" terminarán por prestarles magníficos servicios, no siempre involuntarios, a sus aliados de Londres[325].

Más tarde, sobre todo al estallar la guerra entre Alemania y la U.R.S.S., las llamadas "Fuerzas francesas del interior" se destacarán en acciones de guerrilla y sabotaje así como en actos de terrorismo ciego, dirigido contra la propia población civil francesa, lo que provocará enérgicas contramedidas de las autoridades de ocupación y las consiguientes represalias, terminando por envenenarse un ambiente que, si Vichy hubiera ayudado algo más, hubiera podido mantenerse en un estado de paz relativa. Pero la mayoría de los hombres de Vichy eran patriotas de la vieja escuela[326] y, aún reconociendo que la guerra había estallado, en buena parte, por culpa de un Gobierno francés, no podían olvidar que Alemania, la "eterna enemiga", había infligido a Francia la más aplastante derrota de toda su historia. Así, salvo raras excepciones, la colaboración no pasará de ser un "matrimonio de conveniencia no consumado".

Evidentemente, los "vichys-sois" practicantes del doble juego se equivocaron: cuando los beneficiarios de su actitud llegaron, en 1944, detrás de los carros de combate anglo-americanos, los partidarios del "attentisme", germanófobos obsesos, fueron perseguidos como alimañas por aquéllos. Alemania también se equivocó, con respecto a Francia. Hitler olvidó que una guerra puede terminar con un vencedor y un vencido, e incluso con dos vencidos... pero nunca con dos vencedores, ni con una paz-empate. El vencedor que no aplasta al vencido, termina por ser traicionado

---

[325] Innumerables masones ocuparon altos cargos en Vichy, pese a la actitud oficial antimasónica, del Gobierno Petain. Henry Coston da sobre ello abundantes detalles en Le Rétour des 200 Familles.

[326] Maurras, ultranacionalista (*La France díabord*), y viejo antialemán, escribió libremente bajo el régimen de Vichy. Pero después los "gaullistas" le sometieron a un proceso inicuo, y fue condenado a reclusión perpetua. (N. del A.)

por éste; en política, la generosidad paga raramente dividendos. La Historia no es un torneo de nobles medievales, suponiendo que los tales fueran como nos los describen los libros de caballerías... Un "chauvin" francés puede olvidarse, temporalmente, de Dunkerque, de Mers-el-Kébir, de Dakar, de Siria, de Madagascar... pero nunca perdonará la generosidad de quien antes le ha vencido en combate abierto. En política, generosidad equivale actualmente al menos, a debilidad. El hombre disuelto en la masa sólo respeta la fuerza. Y si Hitler hubiera tratado a Francia como ésta, por ejemplo, trató a Alemania en 1918 y siguientes, la "colaboración" hubiera sido un éxito real, y no verbal, la "Résistance" hubiera debido limitar sus actividades a escuchar la B.B.C., y mucha sangre francesa y alemana hubiera sido ahorrada. Este error psicológico del III Reich habría de resultarle fatal.

FRACASOS ITALIANOS EN AFRICA DEL NORTE

La entrada de Italia en la guerra trajo como consecuencia un aumento del número de frentes de combate. Las primeras escaramuzas angloitalianas tuvieron lugar en Somalia. Las tropas italianas, muy superiores en número, ocuparon con facilidad la Somalia británica, mientras el Ejército de Libia cruzaba la frontera egipcia en dirección a Tobruk.

Pero estos éxitos iniciales no tuvieron continuación. En enero de 1941, los ingleses pasaron al contraataque y recuperaron todo el terreno perdido en Egipto, cruzando a su vez la frontera libia y ocupando Benghasi. Las tropas del duque de Aosta capitulan, y toda el Africa Oriental italiana (Etiopía, Eritrea y Somalia) es conquistada por tropas coloniales británicas. Las cosas van de mal en peor para los italianos en Africa del Norte.

Mussolini se propone hacer procesar al mariscal Graziani, que ha cometido errores monumentales y ni siquiera se ha acercado al frente. Pero el rey Víctor Manuel interviene, impidiéndolo[327].

Graziani es sustituido por Hugo Cavallero, pero la situación sigue empeorando. Hitler que teme que la quebradiza moral italiana se venga abajo envía, a petición de Mussolini, al general Erwin Rommel, al mando de tres divisiones blindadas

---

[327] Galeano Ciano: *Memorias*.

mixtas. El Cuerpo expedicionario de Africa -el "Afrika Korps"- entra en combate el 1º de abril y el VIII Ejército británico debe desandar todo el terreno andado; los germanoitalianos vuelven a cruzar la frontera libioegipcia y llegan a las puertas de Tobruk.

Pero Hitler no parece preocuparse mucho de este nuevo escenario de combate. Considera que es de incumbencia italiana; le preocupa, sobre todo, la inmediata invasión de Rusia y, si es posible, previamente, hacer las paces con Inglaterra. No quiere distraer más fuerzas y Rommel deberá arreglárselas como pueda con sus tres divisiones blindadas. Por su parte, los italianos prestan una ayuda muy relativa. Su poderosa marina de guerra se niega, en absoluto, a combatir, y permanecerá así todo el tiempo en la rada de Tarento. Únicamente algunos submarinos son, a petición de Hitler, enviados al Atlántico para participar en la lucha contra los mercantes ingleses y la "Home Fleet", logrando éxitos parciales. Aisladamente, los italianos realizan algunas acciones brillantes (hundimiento de un acorazado británico por lanchas rápidas en Port-Said, ataque de los "hombres ranas" contra Gibraltar), pero en conjunto su aportación al esfuerzo del Eje es bien discreta; el Ejército de tierra, sobre todo, maniobra con escasa agilidad y hasta crea dificultades a Rommel.

Desde Berlín piden constantemente que los acorazados y cruceros italianos escolten a los convoyes en el estrecho de Sicilia, pero la flota no sale de su escondrijo de Tarento. Rommel pide insistentemente que se ataque Malta, base naval que, de continuar en poder de los ingleses, impedirá, a la larga, el mantenimiento del frente germanoitaliano en Africa del Norte. Tal ataque no se llevará a cabo[328].

LA MISIÓN DE RUDOLF HESS

Después de la derrota inglesa en Creta y del victorioso contraataque de Rommel en Africa del Norte, la situación volvió a empeorar para la U.RS.S., en vigilia de un ataque general de la Wehrmacht. Inglaterra no podía echarle más capotazos al toro alemán para desviarle de su objetivo. Turquía, desoyendo las indicaciones de

---

[328] Hitler había planeado la "Operación Félix". consistente en la ocupación de Gibraltar por un Cuerpo de Ejército al mando de Von Reichenau, que atravesaría la Península con el acuerdo del Gobierno español. Tal acuerdo nunca fue concedido.

Londres y Washington, había firmado un pacto de no-agresion con Alemania, mientras Bulgaria[329], Rumania, Eslovaquia y Finlandia, directamente amenazadas por Moscú, se adherían al Pacto Tripartito. Croacia seguiría más tarde[330]. Suecia y España habían afirmado su neutralidad, lo mismo que Suiza, Portugal e Irlanda, ésta última debiendo resistir a terribles presiones de todo orden de su poderoso vecino inglés.

No quedaban más cipayos europeos para morir por Inglaterra y, a la larga, por Moscú y Wall Street. Roosevelt no había aún podido vencer la formidable oposición del Senado y del Congreso americano, reacio a dejarse enredar en una guerra ajena...

En aquél momento, y antes de decidirse a poner en marcha el mecanismo de la "Operación Barbarroja", Hitler quiso hacer una enésima tentativa para llegar a un cese de hostilidades con Inglaterra.

El 10 de marzo de 1941, Rudolf Hess, lugarteniente del Führer y líder del N.S.D.A.P. arriesgó su vida para lograr la paz. Pilotando un "Messerschmitt", logró burlar la vigilancia de las patrullas de la R.A.F. y aterrizó en Escocia. Su propósito era entrevistarse con el duque de Hamilton, antiguo amigo suyo y muy influyente en la corte. Hess confiaba en que el duque le ayudaría a conseguir una entrevista con Jorge VI y con Churchill para convencerles de que "el Führer no quiere continuar esta guerra insensata" y de que "el verdadero enemigo está en Rusia"[331].

Hess proponía, nuevamente, una paz-empate, a condición de que se dejaran manos libres a Alemania frente a la U.R.SS. Como garantía de las intenciones del Reich de cumplir lo pactado, el mismo Hess se ofrecía como rehén. No hay que olvidar que, en el momento en que Hess se presentó en Inglaterra con su misión de paz, Alemania aparecía como muy probable vencedora. Inglaterra había sido batida en todas partes, en Francia, en Bélgica, en Noruega, en Yugoslavia, en Grecia, en Creta, en Libia... incluso en los mares. Todos sus cipayos continentales habían sido

---

[329] Bulgaria participó, con sus tropas, en la ocupación de las dos Macedonias, griega y yugoslava, relevando en tal misión a las tropas alemanas e italianas. (N. del A.)

[330] En abril de 1941, bajo la presidencia de Ante Pavelic, se constituyó el Estado de Croacia. que permanecería fiel a su alianza con el Reich hasta el fin de la guerra. Hungría ocupó el Bánato, mientras en Serbia y Eslovenia se establecían gobiernos locales, de tipo fascista. (N. del A.)

[331] *Prisoner of Peace*, versión inglesa de England-Nurnberg-Spandau, por Frau Ilse Hess.

sucesivamente arrollados, y Roosevelt seguía sin conseguir envolver a América en el conflicto, al lado de Albión.

Pero Hess no conseguiría entrevistarse con el rey, ni con Churchill que lo mandó encarcelar. En vez de considerar, al menos, la posibilidad de detener la matanza entre pueblos blancos y, en caso de desacuerdo, permitirle regresar a su patria, el Gobierno británico le trataría como un prisionero de guerra corriente y, más tarde, como un criminal de guerra, en la farsa pseudojurídica de Nuremberg.

El duque de Hamilton, rompiendo, por fin, un silencio que le fue impuesto durante veinte años, dijo, el 25 abril de 1962 que "ciertamente, la guerra habría podido terminar en 1940; pero la mejor oportunidad la facilitó el vuelo de Hess, en mayo de 1941".

Aparte de la negativa de aceptar la propuesta de paz del emisario de Hitler, lo que llama la atención en este caso es la manera de proceder de Inglaterra para con un emisario que se presenta voluntariamente. Los mensajeros de paz eran respetados incluso por los pieles rojas. A. J. P. Taylor, bien conocido escritor inglés, al que ni con la más calenturienta imaginación puede tildarse de "pro- nazi", reconoce que el trato dado a Hess constituye une "negra mancha sobre nuestro honor".

El propio Churchill[332] manifiesta estar muy contento de "no ser directamente responsable de la manera cómo se trató a Hess... enviado de paz que vino a estas islas por su propia voluntad".

Hitler, tal como estaba convenido en caso de fracasar la acción de Hess, hizo publicar un comunicado oficial declarando que su lugarteniente, Rudolf Hess padecía, desde hacía algún tiempo, una progresiva enfermedad mental[333].

OCUPACIÓN INGLESA DE SIRIA Y EL LIBANO

El 7 de junio de 1941, el Gobierno británico hizo saber que tropas gaullistas, apoyadas por unidades británicas, habían dado comienzo a la ocupación militar de

---

[332] Winston S. Churchill: *Historia de la Segunda Guerra Mundial*. (Vol. III.)

[333] Hitler reconocería tácitamente su participación en la misión Hess cuando, al dar instrucciones a Wolff para establecer contactos de paz con los angloamericanos, le dijo: "Ya sabe usted que, en caso de fracasar en su misión, me veré obligado a negarle, como en el caso de Hess." (N. del A.)

Siria y el Líbano". La Prensa y la Radio inglesas justificaban la empresa mediante informaciones sobre la supuesta presencia de tropas alemanas en aquella zona. La realidad, empero, es que no había un sólo soldado alemán ni en Siria ni en el Líbano, y así lo reconocerían los propios ingleses más tarde.

Las tropas francesas leales a Vichy, mandadas por el general Dentz, resistieron hasta el 14 de junio, fecha en que fue ocupada Damasco. Dentz pidió entonces el Armisticio. Ocho mil franceses y árabes perdieron la vida. Los Aliados tuvieron unas mil bajas. Un hecho merece ser especialmente tenido en cuenta: el comunicado oficial británico pretendió que la acción se había realizado por los franceses "gaullistas", mandados por el general Catroux; la realidad, empero, fue que solamente tomaron parte en la acción dos regimientos franceses "libres"; el resto del ejército invasor lo componían australianos, indios, egipcios y una brigada de infantería inglesa. En los términos de la capitulación, los ingleses evitaron cuidadosamente citar para nada a los franceses "gaullistas". El resultado fue la ocupación total de Siria y el Líbano por Inglaterra.

De Gaulle pretendió que Vichy enajenaba el patrimonio colonial francés en beneficio de Alemania. Era, pues, deber de los franceses de Londres, apoyados por sus "aliados" británicos, impedir tal desastre nacional. Pero, para ganarse las simpatías de los árabes, el propio general Catroux, manifestó, el 8 de junio que "Siria y el Líbano deben ser independientes". Anthony Eden, en los Comunes, apoyó esa manifestación. El 28 de septiembre de 1941, era formalmente declarada la independencia de las repúblicas del Líbano y Siria[334].

En realidad, tal "independencia" no pasaba de ser formularia. Catroux imponía su ley a los dos Gobiernos levantinos. Pero, en 1943, tras las elecciones libanesas, el nuevo Gobierno salido de los comicios reclamó la independencia auténtica. Los ingleses, que manejaban en realidad a los nacionalistas, crearon dificultades a los "gaullistas". Éstos detuvieron a los miembros del Gobierno, y al amotinarse el pueblo, gaullistas y senegaleses dispararon a mansalva. Hubo trescientos muertos. Los ingleses protestaron oficialmente. De Gaulle debió ceder, e Inglaterra se apoderó, prácticamente, del control efectivo de Siria y el Líbano, tras la fachada de

---

[334] André Savignon: *Dans ma Prison de Londres*. 1959-1946, pág. 64.

dos Gobiernos populares.

EMPIEZA LA CAMPAÑA ANTIBOLCHEVIQUE

A pesar del fracaso de la misión Hess, Hitler decidió llevar adelante la realización del "Plan Barbarroja". Se preveía una triple ofensiva con dirección a Leningrado, Moscú y Kiev. El complicado plan había sido elaborado en buena parte por el propio Hitler, en desacuerdo con la mayoría de sus generales, los cuales eran partidarios de seguir las huellas de la invasión napoleónica.

Nunca fue un secreto que Hitler buscó toda su vida enfrentarse al comunismo. La "Drang Nach Osten" está inscrita docenas de veces en el Mein Kampf. Es cierto que la hábil política de Londres no le dejó otra salida -para evitar el cerco diplomático- que aliarse circunstancialmente (con reservas mentales amplísimas por ambos bandos) con la U.R.S.S. Y no es menos cierto que, como han demostrado virtuosamente cronistas de tan altos vuelos como un Walter Lippmann, un Drew Pearson, un Walter Winchell (Lifchitz) e incluso un Winston Churchill, el ataque alemán contra la U.R.S.S. fue un acto inmoral, puesto que violó el pacto de "no-agresión" que a ésta ligaba al Reich.

"Los actos inmorales no están justificados contra nadie, ni siquiera contra el comunismo", dijo, piadosamente, el cardenal Spellmann.

Permítasenos decir esto: Un pacto, cualquiera que sea su naturaleza, obliga a las dos partes contratantes, las cuales se comprometen a cumplir ciertas obligaciones recíprocas, cada una de las cuales es contrapartida de otra. Pues bien, antes del ataque de Hitler, los soviéticos violaron su pacto con Alemania.

a) El 3 de junio de 1940, ocupando Lituania.

b) El 5 de junio de 1940, ocupando Letonia.

c) El 6 de junio de 1940, ocupando Estonia.

d) El 25 de junio de 1940, exigiendo a Rumania la entrega inmediata de Besarabia y Bukovina del Norte[335].

e) El 30 de noviembre de 1940, atacando a Finlandia y obligándola a ceder

---

[335] El ultimátum soviético a Rumania tuvo lugar UN DÍA DESPUÉS DE HABER INICIADO CHURCHILL Y STALIN SUS "RELACIONES CONFIDENCIALES" ¿COINCIDENCIA? (N. del A).

importantes porciones de su territorio, en el Báltico y en el océano Ártico.

f)   En marzo de 1941, apoyando el "cuartelazo" de Simovic en Belgrado y firmando un pacto de ayuda mutua con Yugoslavia, cuyo nuevo Gobierno acababa de romper sus relaciones con el Reich, denunciando unilateralmente el Pacto Tripartito al que se había adherido un día antes, y abierto sus fronteras a las tropas inglesas.

Los cinco primeros casos representan flagrantes violaciones del pacto germanosoviético, por una de cuyas cláusulas Moscú y Berlín se comprometían a respetar el "statu quo ante" territorial en el Este de Europa, exceptuando ciertas "zonas de influencia" anteriormente dependientes de Polonia. El sexto, fue un acto de hostilidad manifiesta, contrario al espíritu del Pacto Ribbentrop-Molotoff.

Esperamos haber convencido a los obsesionados por la juridicidad. Podríamos, aún, añadir, que en el momento en que Hitler se lanzó al ataque, las tropas soviéticas concentradas cerca de la frontera estaban dispuestas en posición de ataque y a los jefes del Ejército rojo capturados por la Wehrmacht, se les requisaron planos y cartas de Polonia Oriental, Alemania y Hungría. Esto lo atestigua el propio Franz Halder, mariscal alemán, que se alaba, hoy en día, de haber boicoteado órdenes superiores en plena campaña y se califica a sí mismo de "antinazi"[336].

Es evidente que la renuncia de Hitler a aceptar las propuestas de Molotoff en noviembre de 1940, precipitó la guerra entre el Reich y la U.R.S.S. Pero no es menos cierto que una colaboración -relativa y condicional- entre nacionalsocialismo y bolchevismo sólo podía durar mientras las necesidades políticas, y sobre todo estratégicas, fueran lo suficientemente fuertes como para difuminar la profunda oposición entre los dos regímenes.

Hitler quería la guerra contra la U.R.S.S. Naturalmente, prefería luchar contra ella a solas. La terca obstinación de los políticos de Westminster -obstinación que acabará por ser fatal al propio imperio británico- se lo impedirá. Así, Hitler contraviniendo los grandes principios del Mein Kampf se verá envuelto en una guerra de dos frentes... No obstante, el coraje de la Wehrmacht y el pueblo alemán, o, si se prefiere, el fanatismo, el valor, la fascinación ejercida por ol s principios del nuevo

---

[336] Franz Halder: *El Estado Mayor alemán.*

La Historia de los Vencidos (El suicidio de Occidente)

movimiento, fuere por lo que fuere, la victoria estuvo al alcance de la mano del III Reich..., a pesar de lo desigual de la lucha. Pero Roosevelt y su "Brains Trust" lograrían complicar a los Estados Unidos en la contienda. Esto salvaría, "in extremis", a la cínica alianza Londres-Moscú, capitalismo y comunismo.

* * *

A las 3.15 de la madrugada del 22 de junio de 1941, la artillería alemana empezó a machacar los puestos avanzados del Ejército rojo, al otro lado de la frontera germanosoviética; la Luftwaffe inició su acción media hora más tarde lanzando a sus "Stukas" sobre los aeródromos soviéticos, y a las 4.10, 174 divisiones de la Wehrmacht se desplegaron en un frente de dos mil kilómetros de longitud. Casi a la misma hora, el pequeño Ejército Finlandés se lanzaba a la reconquista de los territorios que la U.R.S.S. habíale arrebatado unos meses antes. Rumania, con 18 divisiones equipadas con material alemán se unía al ataque general. Pocos días más tarde seguirían Hungría y Eslovaquia.

La Wehrmacht y sus aliados se enfrentaban a un enemigo que, numéricamente, les doblaba en efectivos. Pero mientras la moral combativa de las tropas europeas era muy elevada, el "glorioso" Ejército rojo se movía con escasa elasticidad... Abundaban las deserciones en masa. Treinta divisiones son cercadas en Minsk; veintidós en Smolensk... las tropas alemanas avanzan a razón de sesenta y setenta kilómetros diarios. La Luftwaffe destruye, sólo en los dos primeros días de guerra, casi tres mil aviones, en combates aéreos o en tierra. Los alemanes cruzan el histórico río Beresina y atraviesan la Línea Stalin.

En el sector Norte, las tropas de Von Leeb, partiendo de Prusia Oriental, engullen rápidamente los países bálticos. En Kaunas, capital de Lituania, se ha formado ya un Gobierno nacional, que proclama la independencia del país y ofrece su colaboración a Alemania en la lucha contra el bolchevismo; lo mismo ocurre en Estonia y Letonia (la Legión letona llegará a ser uno de los cuerpos de élite de las S.S.), en Ucrania polaca y en la Polonia Oriental liberada por las tropas de Von Bock y Guderian. Incluso en el Cáucaso ocurren rebeliones antisoviéticas ante el anuncio del rápido avance alemán.

Las tropas rumanas, al mando del conductor Antonescu avanzan hacia Odessa.

Más al Norte, Von Rundstedt atraviesa la antigua frontera rusopolaca en dirección a Kiev. Pero la resistencia se va endureciendo paulatinamente. Las deserciones en masa van haciéndose cada vez más raras, y la moral combativa del Ejército rojo aumenta extraordinariamen-te. La N.K.W.D. y los comisarios políticos son los autores de ese aumento de combatividad de las tropas soviéticas. Se instala un verdadero "apparat" policiaco dentro del Ejército rojo; la delación está a la orden del día; las represiones alcanzarán incluso a varios generales; una simple palabra considerada "derrotista" conduce directamente al pelotón de ejecución. Detrás de las unidades de primera línea se instalan patrullas de represión que ametrallan a los que intentan replegarse o desertar.

No lo decimos nosotros. Lo dicen los judíos norteamericanos Louis Don Levine y Bernhardt Hecht; cantores de la gesta de sus correligionarios de la N.K.W.D. y de la Policía Militar soviética, los cuales, no sólo sostuvieron a un Ejército que se desmoronaba, sino que también le forzaron a violar las leyes de la guerra, ordenando la ejecución y la tortura de prisioneros.

Según los comunicados del Ministerio de Propaganda del Reich, el "apparat" policíaco que sostenía el Ejército rojo se componía en un 98% de judíos. La cifra es probablemente exagerada; según Levine, en todo caso, el porcentaje de hebreos no bajaba del 80%[337].

Según el húngaro Marschalsko[338] "cuando, en 1941, las tropas europeas cruzaron las fronteras soviéticas, tuvieron la sorpresa de constatar que el predominio judaico en Rusia era aún mayor de lo anunciado por la propaganda de Streicher y Goebbels. Empezando en la frontera polaca, en todas las provincias soviéticas hasta Stalingrado, sólo los judíos eran alcaldes de ciudades, directores de granjas colectivas y jefes de la Policía. Casi todos los comisarios y miembros prominentes de la Policía Secreta capturados por los alemanes pertenecían, sin excepción, a la misma raza cosmopolita".

En el Estado Mayor Central del Ejército habían, también, muchos judíos y, según el periodista norteamericano Runes[339] "en la guerra contra Hitler, encontramos a 313 generales judeosoviéticos".

---

[337] Vide. L. Marschalsko: *World Conquerors*, pág. 94.
[338] Ibíd. Íd. Op. cit., pág. 92.
[339] Dagobert Davis Rune: *The Hebrew Impact on Western Civilization*.

La producción de guerra la dirigía Anastas Moysseyevitch Mikoyan, un judío de Armenia. Sus correligionarios Abraham Wikbosky y Jakob Zaltzmann estaban encargados, respectivamente, de los arsenales y de la producción de tanques.

* * *

A pesar del notable recrudecimiento de la resistencia soviética, las tropas de Von Rundstedt ocupan Kiev y prosiguen su avance hacia Kharkov. Las tropas del mariscal Budienny no logran estabilizar una línea de resistencia coherente, tratan de replegarse y son cercadas en Gomel. El balance de la maniobra conjunta de Von Rundstedt y de las unidades blindadas de Guderian es brillante: 700.000 prisioneros y un millar de tanques destruidos. Entre tanto, en el frente Norte, las tropas de Von Leeb llegan a los arrabales de Leningrado y, al cabo de dos días, la cercan. La flota roja no saldrá del puerto en toda la guerra.

En el sec tor Central, en fin, el avance hacia Moscú prosigue incansablemente, a pesar de la firme resistencia. Las tropas de Timoshenko son cercadas en Viasma y Briansk, al Sudeste de Moscú. La ocupación de la capital soviética parece inminente, pero nuevas reserva s rojas son lanzadas al contraataque. El frente se estabiliza a unos 200 kilómetros del Kremlin.

Hitler ordena entonces concentrar el mayor esfuerzo en el frente Sur las tropas de Rundstedt y Manstein ocupan en tres semanas, la península de Crimea y la fortaleza de Sebastopol, donde los rojos oponen una valerosa resistencia. Kharkov es tomada por asalto y el avance prosigue hacia Rostov y el Cáucaso.

Vuelve la Wehrmacht a concentrar el peso de su ofensiva en el sector Central, y Zhukov, que ha sustituido a Timoshenko, se ve obligado a replegarse. El grueso de la infantería alemana llega a treinta kilómetros de Moscú, pero las avanzadillas de tanques de Von Hoth y Guderian profundizan hasta los suburbios de la meca del bolchevismo, que ha sido abandonada por Stalin y su Gobierno.

La ocupación de Moscú parece inminente. Pero una vez más desde América, llegará la salvación para el comunismo.

LAS MANIOBRAS DE UN DICTADOR DEMOCRÁTICO

Moscú será salvado a consecuencia de un verdadero rosario de maniobras perpetradas por Roosevelt y su "Brains Trust", con la eficaz colaboración de Churchill y su Gabinete de guerra. Para mejor comprender la gestación de los acontecimientos, será conveniente dar un salto atrás hasta 1935 (31 de agosto) fecha en que fue aprobada por el Congreso de los Estados Unidos la llamada "Neutrality Act".

Por la "Neutrality Act" se prohibía la exportación de materiales de interés militar a otros países envueltos en una guerra. Dos años más tarde, esta ley fue ampliada con el aditamento de la fórmula "Cash and Carry", según la cual, todos los artículos de interés no militar que compraran los beligerantes en los Estados Unidos debían ser pagados al contado y transportados hasta destino en barcos de los países compradores. Estas medidas fueron impuestas por el Senado y la Cámara de Representantes, que tenían demasiado fresco en sus memorias la manera cómo el país habíase encontrado envuelto en la anterior conflagración mundial, que tanto dinero y sangre le había costado para no obtener, tras la victoria ningún beneficio real.

Más aún; para evitar que un nuevo Wilson encontrara el medio de mezclar a los Estados Unidos en una guerra ajena, el ala derecha del Partido republicano y la fracción sudista del Partido demócrata, más diversos elementos na cionalistas no afiliados a ninguno de los dos grandes partidos tradicionales, organizaron una campaña pidiendo que la facultad de declarar una guerra no continuara dependiendo de una reducida "clique" de políticos profesionales, sino que dependiera del ase ntimiento popular.

En efecto, ¿qué cosa más natural, en una democracia, que consultar al pueblo antes de tomar una decisión tan grave como lo es una declaración de guerra?... Pero Roosevelt y sus seguidores bloquearon tal propuesta.

En 1937, Roosevelt pronunció su famoso "discurso de cuarentena" contra los agresores, Alemania e Italia y, simultáneamente, dio comienzo a su lucha contra la "Neutrality Act". En noviembre de 1938, rompió las relaciones diplomáticas con Alemania, tomando como pretexto los acontecimientos de la "Kristallnacht", y pronunció otro discurso insultante contra el nacionalsocialismo. La reacción alemana no se hizo esperar

La Historia de los Vencidos (El suicidio de Occidente)

"... Si el señor Roosevelt decide retirar a su embajador en Berlín, esto le concierne a él exclusivamente. Si Norteamérica no quiere mantener relaciones diplomáticas normales con nosotros, no tenemos nada que objetar. Pero nos molesta profundamente que se ocupen, en la Casa Blanca, de nuestras diferencias con los judíos. Los alemanes nunca han pedido cuentas a los Estados Unidos sobre la manera cómo tratan a sus negros o cómo exterminaron a sus indios..." manifestó el ministro de propaganda, Goebbels, por los micrófonos de Radio Berlín.

A principios de 1939, en el transcurso de la Conferencia de Panamá, en la que parti cipan todos los países del continente americano, Roosevelt intenta convencer a los delegados de la necesidad de avenirse a su orientación internacional contra el nacionalsocialismo y el fascismo. Pero nadie apoya al belicista presidente ni se muestra de acuerdo en seguir sus pasos, al contrario, Argentina y México se manifiestan resueltamente en contra de la política de la Casa Blanca.

Cuando estalla la guerra en 1939, Roosevelt ordena al Ejército devolver parte de su material, como chatarra, a la industri a privada, para que ésta pueda, a su vez, venderlo, privadamente, a Inglaterra y Francia. Como tal venta es imposible mientras exista la "Neutrality Act", el presidente consigue minimizar los efectos de la misma, anulando la prohibición de la exportación de armas y municiones por individuos y empresas particulares.

El 3 de enero de 1940, Roosevelt pronuncia un discurso ante el Congreso, insultando repetidamente al III Reich. Los términos empleados por el presidente son de una dureza inaudita y se apartan tan completamente de la línea del lenguaje diplomático, que su discurso es interrumpido varias veces por diputados republicanos y hasta de su propio Partido. Una encuesta realizada por el Instituto Gallup demuestra que el 83% de los norteamericanos son opuestos a la entrada de su país en la guerra. El famoso piloto Lindbergh acusa a Roosevelt y a su Gobierno de intentar mezclar a los Estados Unidos en la guerra de Europa.

Harold Ickes, ministro del Interior, replica acusando públicamente a Lindbergh de ser el "Quisling" de América. Para el judío Ickes, Lindbergh y el 83% de americanos que pensaban como él eran unos "Quislings".

A pesar de la creciente oposición del Congreso, del Senado y del pueblo americanos, Roosevelt no cesa de dar pasos en dirección de la guerra. Inicia su correspondencia bélica con Churchill, prometiéndole ayuda. Roosevelt no se limita a las promesas; a mediados de enero hace una venta simulada de "chatarra" a la Gran Bretaña. El costo del material entregado -moderno material de guerra- es de trescientos millones de dólares, pero los ingleses sólo pagan cuarenta y tres millones.

Roosevelt es acusado en el Congreso de violar la "Neutrality Act" y de "derrochar bienes nacionales en beneficio de una potencia extranjera".

Roosevelt pidió, dos semanas después, autorización al Congreso para enviar a Inglaterra un millón de fusiles pertenecientes al Ejército norteamericano. El Congreso, por mayoría aplastante, negó la autorización, pero Roosevelt burló esta negativa por el cómodo sistema de hacerlos vender a la industria privada en calidad de "chatarra", y así los fusiles pudieron ser comprados por Inglaterra.

La campaña contra Roosevelt y los belicistas que le sostienen arrecia en todo el país. El senador Lindbergh es uno de sus más calificados líderes. Pero Lindbergh será políticamente asesinado por una de las más sucias y estruendosas campañas difamatorias que el mundo ha visto. Mostrando claramente que obedecen a una voz de mando y a una consigna general, la Gran Prensa, la Radio y Hollywood atacan al senador desde todos los ángulos; se desentierran viejos asuntos que conciernen a la familia de su esposa; se insinuará que se ha dedicado, al tráfico de influencias; se pedirá, muy seriamente, que se le someta a examen psiquiátrico; se publicarán frases dichas por él diez años atrás, pero teniendo buen cuidado de alterarlas convenientemente o de citarlas fuera de su contexto...

Así será socialmente liquidado el hombre que el Partido republicano pensaba oponer a Roosevelt en las elecciones de 1940. El procedimiento seguido por Roosevelt y su "dique" será conocido con el nombre de "Tratamiento Lindbergh" (Lindbergh-treatment) y, en vista del éxito obtenido, será puesto en práctica muchas veces más, como tendremos ocasión de ver.

Otro caso que ilustra claramente los métodos empleados por el equipo de Roosevelt para eliminar a toda oposición nacional que desea conservar la neutralidad del país, es el de Huey P. Long. Mr. Long, senador por Louisiana, denunció varias veces la política belicista y procomunista de Roosevelt y sus acólitos del "Brains Trust" desde su subida al poder, en 1933.

El 9 de agosto de 1935, Long habla en el Senado para profetizar su propio

La Historia de los Vencidos (El suicidio de Occidente)

asesinato; lee un documentado rapport en el que se dice que un grupo de "henchmen" (satélites, empleados) de Roosevelt se han reunido en un hotel de Nueva Orleans para preparar su liquidación física. La presunta víctima muestra incluso la cinta de dictáfono que recoge diversas fases de la reunión aludida. El Senado en pleno se ríe de Huey Long, al Prensa le trata de loco y, como es costumbre, se pide el examen psiquiátrico del senador. Pero no habrá necesidad de reconocimiento médico... Tres semanas después, el senador Long, que fue, cronológicamente, el primero en darse cuenta de que Roosevelt quería provocar una guerra en Europa para luego hacer entrar a los Estados Unidos en la misma, y osó denunciar públicamente la maniobra, es asesinado, ante el State Capitol Building, por un emigrado judío, Karl Weiss, que dispara sobre él varias tiros a quemarropa.

Gerald L. K. Smith, que describe este hecho[340] y otros similares, manifiesta que la familia de Long fue amenazada y los miembros de su Gabinete político sobornados para que no pidieran una investigación oficial sobre el asesinato y las circunstancias que lo rodearon. También el F.B.I. fue paralizado por órdenes directas de la Casa Blanca.

Fue, también, por esta época, cuando ocurrieron las extrañas y oportunísimas muertes de los senadores Shawl, por Minnesota, y Cutting, por Nuevo Méjico, que también se habían distinguido en la lucha política contra la obsesión belicista, germanófoba y prosoviética de Roosevelt y Hopkins. John Simpson, presidente de la "Farmers Union" de Oklahoma City, y contrario decidido a la intervención americana en los asuntos europeos pereció, también, por aquél tiempo, en bien extrañas circunstancias. En cuanto a Oswald K. Allen, que sucedió al asesinado Huey Long como senador por Louisiana, murió unas semanas después de haber tomado posesión; díjose que su muerte fue causada por envenenamiento. Allen se proponía abrir una investigación oficial sobre el asesinato de su predecesor[341].

El doctor William Wirt, senador por Indiana, acusó formalmente a la administración de Roosevelt de planear la entrada del país en la guerra. Especificó que el vicepresidente, Henry Wallace, y los "brain-trusters" Frankfurter, Rex Tugwell

---

[340] Gerald L. K. Smith: Suicide. pág. 25.

[341] Gerald L. K. Smith. Op. cit., pág. 26.

y Sam Rosenman eran los abogados de una futura alianza política y militar con la U.R.S.S. El Senado se rió del doctor Wirt. Unos meses después, William Wirt falleció repentinamente; su familia pidió que se le hiciera la autopsia, pero las autoridades negaron la autorización.

Edward Jones, multimillonario, propietario de pozos de petróleo en Texas, fue captado por la administración de Roosevelt como funcionario del "New Deal". Como Jones se diera cuenta de que el objetivo perseguido por los "new-dealers" era "socializar" América, presentó la dimisión de su cargo y se dispuso a alertar la opinión pública del país. Los inspectores del Fisco le visitaron cinco días después de su dimisión como miembro del "New Deal"; fue condenado a setenta y cinco años de prisión, por delitos fiscales[342]. El coronel Myles Lasker, abogado de la señora Roosevelt y correligionario suyo, visitó a Mr. Jones en la cárcel y le ofreció "olvidar el asunto" si aceptaba volver a su anterior cargo oficial[343].

Los procedimientos especiales utilizados por Roosevelt para eliminar a los hombres y fuerzas que se oponían a su política belicista, en el plan exterior, y marxista, en el plan interior, tuvieron su paralelo en los medios empleados para silenciar o liquidar políticamente a los miembros del Cuerpo diplomático que, habiéndose dado cuenta de las intenciones del presidente, intentaron impedir su realización. Los casos de Tyler Kent, Joseph P. Kennedy y del embajador Earle son particularmente aleccionadores.

Tyler Kent, alto empleado de la Embajada americana en Londres, comunicó a sus amigos Anna Wolkoff, Archibald M. Ramsay y Christobel Nicholson que había visto ciertos documentos que demostraban que Roosevelt, contrariamente a lo prometido a sus electores, estaba comprometiendo a los Estados Unidos en la conflagración mundial, en connivencia con influyentes grupos judíos -y no judíos- de Londres y Nueva York. Kent ocupaba un cargo que le permitía acceso a los mejor guardados secretos: era jefe del Gabinete de Cifra.

Ciertos mensajes enviados por Roosevelt a Churchill y descifrados por Kent, hacían estado de la ayuda del presidente norteamericano al futuro Primer Ministro británico, para desacreditar internacionalmente a Chamberlain, todavía "Premier" y

---

[342] El abogado de Jones afirmó que "falsas pruebas" fueron sembradas por los agentes del Fisco en los archivos de su cliente. En casación, su pena fue reducida a un año y una multa de $25.000. (N. del A.)

[343] Gerald L. K. Smith. Op. cit., págs. 34-35.

obstáculo a los métodos de la "guerra total". Otros mensajes se referían a los sistemas que se emplearían para burlar la "Neutrality Act." Kent intentó hacer conocer estos hechos al pueblo americano -no olvidemos que los Estados Unidos eran, todavía, un país neutral- mediante una conferencia de Prensa. Pero no pudo realizar su propósito. La Policía británica le detuvo, a pesar de su inmunidad diplomática; un tribunal especial inglés que no tenía ninguna jurisdicción sobre Kent, ciudadano americano óle juzgó y le condenó a siete años de prisión, en la isla de Wight.

John E. Owen, hijo del cónsul americano en Copenhague y amigo personal de Kent, enterado de la situación en que éste se encontraba, se trasladó a los Estados Unidos para informar al pueblo de los métodos que utilizaba su democrático presidente. Owen, conocedor de todos los detalles del caso Kent, debía hablar por radio acerca del mismo, pero no pudo hacerlo. La víspera de su conferencia radiofónica se le encontró muerto por envenenamiento[344].

Joseph P. Kennedy, embajador norteamericano en la corte de Saint James, hizo un viaje a su patria, poco antes de la entrada oficial de ésta en la guerra y, nada más desembarcar, manifestó: "Para meter a éste país en la guerra de Europa, tendrán que pasar sobre mi cadáver". Kennedy sabía perfectamente que la guerra era innecesaria, no ya para los Estados Unidos, sino incluso para Inglaterra, y que ésta podía tener la paz con Hitler cuando quisiera... pero olvidó que él, personalmente, era vulnerable. Su colosal fortuna había sido amasada en tiempos de la Ley Seca, mediante el contrabando al por mayor de licores; por otra parte, sus relaciones con el Fisco de los Estados Unidos distaban mucho de ser cordiales. Así, poco trabajo les costó a Harry Hopkins y a su "gang" de la Casa Blanca, hacer callar a Kennedy, bajo chantaje[345].

Además, Kennedy, uno de los diplomáticos de primera fila del país, no volvió a ser acreditado en ninguna otra capital extranjera. Y aunque un hijo suyo llegó nada menos que a la presidencia y fue, hasta su trágica muerte, servidor fiel de Wall Street, una extraña "maldición" parece pesar sobre esta familia.

John Winant, sucesor de Kennedy como embajador en Londres, no fue

---

[344] Ann H. P. Kent: Appeal presented to the Democratic National Convention. Citado por Leonard Young: *Deadlier than the H Bomb.*, pág. 59.
[345] Gerald L. K. Smith. Op. cit., pág. 11.

obediente ejecutor de las consignas de Roosevelt, se preocupó más de los intereses americanos que de las necesidades bélicas inglesas y se dio cuenta de porqué su predecesor Kennedy había sido "dimitido". Winant se opuso a los planes de Roosevelt y Hopkins, pero, al igual que Kennedy, era "vulnerable". (Escoger colaboradores "vulnerables" es práctica política muy corriente en estos tiempos; así están sujetos, en caso de desobediencia, por el procedimiento del chantaje. Winant había heredado una colosal fortuna, pero los medios con que ésta habíase constituido distaban mucho de ser regulares. Puesto en la disyuntiva de dar su caución a las maniobras de Roosevelt o ver el nombre de su familia en el lodo y su fortuna sujeta a una comisión investigadora del Fisco, optó por dispararse un tiro en la sien[346].

Pero tal vez el caso del embajador Earle es el más aleccionador de todos. Earle, ex gobernador del Estado de Pennsylvania llegó a ser, prácticamente, el "segundo de a bordo" en la dirección de la maquinada política del "New Deal". A principios de 1940, Roosevelt le envió como embajador a Sofía. Un día recibió una comunicación de Franz von Papen, entonces embajador alemán en Bulgaria. Von Papen transmitió a Earle una detallada proposición del Gobierno del Reich, tendente a evitar una guerra entre los dos países. A parte de la promesa de respetar las zonas de influencia americanas en el Pacífico y el Atlántico, Alemania se comprometía a cortar sus relaciones comerciales con Latinoamérica, que volvería a formar parte del sistema económico norteamericano. A cambio de ello, el Reich pedía la neutralidad de los Estados Unidos en el conflicto armado europeo. Earle se trasladó rápidamente a Washington y transmitió el mensaje a Roosevelt, pero éste le ordenó callar. Earle objetó contra tal orden y quiso alertar al país sobre las medidas belicistas de su presidente.

Earle fue entonces destinado como agregado naval a una isla del Pacífico Sur, en el archipiélago de las Samoa, donde permaneció durante toda la guerra, virtualmente como un prisionero.

* * *

---

[346] Vide. L. Marschalsko, Smith, Young. Op. cit.

La Historia de los Vencidos (El suicidio de Occidente)

Mientras Roosevelt se desembaraza, por medio de la violencia y del terrorismo, de aquellos norteamericanos que intentan oponerse a sus designios belicistas, no ceja, por otra parte, de secundar a Inglaterra en el terreno diplomático. Turquía, Bulgaria, Rumania y Finlandia son sucesivamente alentadas a participar en la cruzada de las democracias contra Alemania; en ninguno de estos casos tendrá Roosevelt éxito. En cambio, es gracias en buena parte a la intervención personal del embajador americano que puede llevarse a cabo el cuartelazo de Belgrado y la posterior complicación de Yugoslavia en la guerra. También la Embajada americana en Atenas juega un papel importante en la conjura organizada por liberales, comunistas y angló filos para conseguir que Grecia ceda bases militares y navales a Inglaterra, lo que provocará el posterior conflicto con Italia. Por otra parte, el almirante Leahy "nuestro embajador en Vichy, tenía por misión entorpecer las buenas relaciones entre el Reich y el Gobierno de Petain"[347].

La "Neutrality Act" es continuamente violada por el Gobierno de Roosevelt. Churchill se queja de que los submarinos alemanes y la Luftwaffe están causando pérdidas terribles a la Marina inglesa. La Casa Blanca ordena entonces que cincuenta destructores americanos sean cedidos a Inglaterra, a cambio de la cesión temporal de bases a los Estados Unidos en territorios británicos de las Antillas. Esto promueve un escándalo mayúsculo en el Congreso y, durante unas semanas, Roosevelt observará escrupulosamente las leyes de la neutralidad.

El motivo del apaciguamiento de los fervores bélicos del presidente es la proximidad de las elecciones generales. Con una desvergüenza admirable, Roosevelt basa su campaña electoral en el pacifismo.

"No intervendremos, directa ni indirectamente, en la guerra de Europa ni en la de Asia..."

"Yo os prometo, madres americanas, que vuestros hijos no serán enviados a morir en guerras extrañas. Os he dicho, y no me cansaré de repetirlo, que lucharé siempre por mantener a este país alejado de Conflictos bélicos que le son ajenos..."

"Con la ayuda de Dios, mantendré a este país en el campo de la paz..."

---

[347] Frase atribuida al secretario de Estado, Cordell Hull, por el documento oficial War and Peace, del Departamento de Estado de los Estados Unidos.

Una estruendosa campaña electoral, en verdadero "brainwashing" -lavado de cerebros- colectivo, barre literalmente a la oposición republicana y nacionalista[348]. El 5 de noviembre de 1940, Roosevelt es elegido presidente por tercera vez consecutiva.

La primera medida que toma, una vez reelegido, consiste en traicionar todas sus promesas electorales: propone a la Cámara de Representantes la instauración del servicio militar obligatorio. La ley es aprobada por la Cámara por un sólo voto de ventaja. Pero la ley establece la movilización de medio millón de hombres; en la práctica, y pese al escándalo que se organiza en ambas Cámaras, Roosevelt se arregla para que los movilizados sean un millón seiscientos mil.

Roosevelt ordena, también, el incremento de la producción de armamentos. En enero de 1941, dos meses después de haber sido elegido para realizar una política pacifista "todo estaba previsto y preparado para entrar en la guerra contra el Eje"[349].

La ayuda a Inglaterra se hace ya en forma totalmente descarada. El mismo Churchill reconoce en sus "Memorias" que "la ayuda americana había ido incrementándose paulatinamente. En el señor Morgenthau, secretario del Tesoro, encontró la causa aliada su más esforzado campeón". Recordemos que Morgenthau fue, con Baruch, Frankfurter, Hopkins y Brandeis, el miembro más influyente del "Brains Trust".

El 10 de enero de 1941, Roosevelt, mayestáticamente, saltando por encima de las Cámaras, sustituye la fórmula del "Cash and Carry" por la "Lend Lease Act" (Ley de Préstamos y Arriendos). La nueva ley permite que las mercancías sean vendidas a crédito, y transportadas a Inglaterra en barcos americanos con pabellón británico. No contento con esto, Roosevelt ordena artillar a los mercantes, lo que se opone, no solamente a la Convención sobre Neutrales, sino a las leyes de la guerra.

El senador Burton K. Wheeler afirmó que la Ley de Préstamos y Arriendos no era más que "un recurso legislativo que permite al presidente llevar contra Alemania e Italia una guerra no declarada". Herbert Agar, uno de los dirigentes de la campaña electoral del presidente manifestó: "Mister Rooseve lt pretende que la Ley de Préstamos y Arriendos impedirá nuestra entrada en la guerra, pero él sabe muy bien

---

[348] Hopkins dijo: "Nuestra fórmula para obtener el poder político es: dinero, dinero y dinero: impuestos, impuestos e impuestos; elecciones, elecciones y elecciones." (Nota del autor).

[349] Robert E. Sherwood: *Roosevelt & Hopkins*.

que esto es una patraña".

En enero de 1941, y también a espaldas del pueblo americano y de sus organismos representativos democráticos, se reunían secretamente en Washington dos comisiones de altos oficiales de la Marina y del Ejército de los Estados Unidos y de la Gran Bretaña para redactar el anteproyecto de un documento encaminado a determinar "los mejores métodos para permitir a las fuerzas armadas de los Estados Unidos y de la Commonwealth, y sus aliados, derrotar a Alemania y a sus acólitos en caso de una intervención yanki". A esto siguió el Plan Común de Guerra, firmado el 29 de marzo de 1941[350].

Al mismo tiempo, otra comisión similar se reunía en Singapur para elaborar un plan común de guerra en el Pacífico. Este plan se proponía "derrotar a Alemania y el Japón en el Extremo Oriente". Este plan recibió el nombre de código de "Rainbow". (Arco Iris).

Sin saberlo el pueblo americano, la Marina de guerra de los Estados Unidos comienza a auxiliar directamente a la "Home Fleet" británica, en su lucha contra los submarinos y los buques mercantes alemanes. Los destructores, cazatorpederos y cruceros ligeros yankis señalan la posición de los barcos alemanes a la Marina inglesa. Dos submarinos delatados por la neutral Marina estadounidense, más los mercantes Iderwald, Columbus, La Plata, Wangoni, Lhein y Phryrgia son destruidos por los ingleses. A pesar de esa sucesión de provocaciones, nada ocurre. Alemania no responde a las provocaciones yankis.

El 9 de abril, Roosevelt firma un "acuerdo" con el embajador danés, Kauffmann, que permite a los Estados Unidos tomar posesión de Groenlandia, vieja colonia de Dinamarca. El Gobierno de Copenhague desautoriza a su embajador, le destituye y le procesa, en rebeldía, por traición. Además, declara el acuerdo Kauffmann-Roosevelt nulo. Esto no impedirá al democrático dictador ordenar la ocupación de la isla, cuya importancia estratégica está valorada por el hecho de hallarse en la ruta de América hacia la Rusia europea.

La conciencia universal no se conmueve en absoluto por esta agresión contra el pequeño país danés. La opinión pública americana se inquieta por este nuevo paso hacia la guerra, pero Roosevelt no hace caso. Poco después (7 de julio), por

---

[350] John T. Flynn: *El mito de Roosevelt*, pág. 101.

orden expresa del presidente, tropas de infantería de marina americanas relevan a las fuerzas de ocupación inglesas en Islandia. El pueblo islandés no es democráticamente consultado; los nuevos ocupantes anuncian medidas terroristas contra los saboteadores. La conciencia universal tampoco se rasga las vestiduras por este "atentado contra la paz". Roosevelt justifica todas esas medidas con la excusa de la salvaguardia de la zona de seguridad americana. Aparte de que nadie amenaza tal seguridad, es curioso que ella se encuentra en Islandia, una isla que pertenece al Viejo Continente.

Al producirse el ataque alemán contra la U.R.S.S., la intervención americana en la guerra se acentúa aún más. La táctica de la Casa Blanca consiste en hacer la guerra sin declararla oficialmente; provocar represalias alemanas y preparar, así, el clima propicio para una ruptura de hostilidades. He aquí la opinión de Hopkins:

"Hace tiempo pienso que los Estados Unidos deben hacer la guerra totalmente. SERÍA DESEABLE ENTRAR EN LA GUERRA DE FORMA QUE ALEMANIA FUERA LA AGRESORA... Los ESTADOS UNIDOS DEBEN PARTICIPAR EN LA GUERRA CONTRA ALEMANIA LO MÁS PRONTO POSIBLE"[351]. Pero, contrariado, el "alter ego" de Roosevelt reconoce: "... evidentemente, el Congreso no dará su aprobación a una declaración de guerra."[352].

Hitler se da perfecta cuenta de que lo que pretenden en la Casa Blanca es provocarle y forzarle a un acto de represalia, o de simple defensa propia, que la máquina propagandística judeoamericana y sus cajas de resonancia esparcidas por todo el mundo se encargarán de amplificar convenientemente, para permitir a Roosevelt convencer al Senado y al pueblo de la necesidad vital de responder a la agresión hitleriana. En consecuencia, la Marina de guerra y la Luftwaffe reciben órdenes tajantes de abstenerse de responder, en todos los casos y circunstancias, a las provocaciones y agresiones yankis.

Dos días después de iniciado el ataque alemán contra la U.R.S.S., Joseph Davies asegura a Stalin que los Estados Unidos le prestarán un apoyo total[353].

El 1º de julio, Roosevelt envía patrullas navales al Atlántico Norte, con la misión específica de comunicar la posición de los sumergibles alemanas a las flotas

---

[351] Roben E. Sherwood: *Roosevelt & Hopkins*.

[352] Ibid. Id. Op. cit.

[353] *War and Peace: documentos oficiales del Departamento de Estado norteamericano*.

La Historia de los Vencidos (El suicidio de Occidente)

británica y soviética. Cinco días más tarde, ordena la protección de los mercantes ingleses que navegan entre las costas de Norteamérica y de Islandia. Esta protección consiste en torpedear a los submarinos que pretenden atacar a los convoyes ingleses. El 7 de julio, empiezan los envíos de aviones americanos a Rusia. Y Hopkins dice (según su panegirista Sherwood): "América está haciendo por Rusia lo que no haría por ninguna otra nación del mundo, sin pedir garantías de ninguna clase"[354].

El senador Barkley declara ante sus colegas que "si Alemania tuviera intención de atacarnos, nuestras entregas de armas a la Gran Bretaña ya le hubieran suministrado una magnífica ocasión para hacerlo". El mismo Hopkins confiesa:

> "Hitler tiene todas las excusas imaginables para declararnos la guerra". Y Roosevelt: "Los Estados Unidos deben entrar en la guerra contra Alemania lo más pronto posible, incluso a costa de enfrentarnos, igualmente, con el Japón, aliado de Hitler"[355].

Estas prisas belicistas no las puede motivar más que el ataque alemán contra la U.R.S.S. Es estúpido pensar que la seguridad americana está en peligro, como pretende el presidente. Alemania no cuenta con una flota de invasión. Por otra parte, no hay flota de invasión en el mundo que pueda transportar un ejército a través de los siete mil kilómetros de océano que separan las costas atlánticas de Europa de las de América. Como tampoco hay ejército en el mundo que, tras haber atravesado a sangre y fuego los ocho mil kilómetros que separan Polonia de la península de Kamchatka se disponga, muy seriamente, a cruzar el estrecho de Behring, conquistar Alaska, el Canadá, y los Estados Unidos a no ser que, amparado por la formidable Marina de guerra alemana, prefiera organizar un desembarco "monstruo" en las soleadas playas californianas, tras cruzar todo el océano Pacífico... Pero no importa; nada arredra a Roosevelt, el más increíble de los modernos estadistas, que pretende que América está en terrible peligro. Y, en consecuencia, ordena la declaración de "emergencia nacional ilimitada".

Una nueva medida hostil a Alemania es adoptada cuando Roosevelt ordena

---

[354] Georges Ollivier: *Franklin Roosevelt. L'Homme de Yalta.*
[355] Robert E. Sherwood: *Roosevelt & Hopkins.*

congelar los créditos alemanes en los Estados Unidos. Una medida similar se tomará, dos días después, contra Italia, Hungría y Rumania. Las potencias del Eje se limitan a una protesta diplomática, meramente formal.

A finales de julio, sin excusa ni justificación alguna, el gobierno norteamericano ordena el cierre de las embajadas y legaciones consulares alemanes e italianas en los Estados Unidos y, simultáneamente, procede a la incautación de quince barcos mercantes daneses, seis italianos y cinco alemanes que se encuentran en puertos americanos. Estos buques serán posteriormente entregados a Inglaterra.

El 3 de agosto de 1941, Roosevelt embarca en el yate Potomac, y se encuentra con Churchill, que le espera, en el acorazado Prince of Wales, en "algún lugar del Atlántico" cerca de Terranova. Antes de salir del país, Roosevelt promete, solemnemente, a las Cámaras, que no contraerá ningún compromiso. Naturalmente, el presidente faltará a su palabra una vez mas.

El documento que será firmado por Roosevelt y Churchill y pasará a la historia de las grandes estafas colectivas con el nombre de "Carta del Atlántico" promete "la paz, la seguridad y la libertad a la humanidad doliente, después del aplastamiento definitivo de la tiranía nazifascista". Los ocho puntos de la carta garantizan:

a)   Derecho de autodeterminación para todos los pueblos, incluyendo los vencidos.
b)   No habrán anexiones territoriales.
c)   Devolución de la libertad a las naciones que la han perdido.
d)   Libertad absoluta de comercio,
e)   Mejoría social y de los standards de vida.
f)   Paz y seguridad general.
g)   Libertad de navegación.
h)   Abandono de la fuerza como medio para dirimir las diferencias entre los pueblos; desarme de los países agresores y establecimiento de un sistema de seguridad general.

Además, se envió una nota al Japón que tenía todas las características de un

La Historia de los Vencidos (El suicidio de Occidente)

ultimátum[356]. La Carta Atlántica fue bautizada, nada menos que por el New York Times como el "Mein Kampf Yanki"[357].

La Carta del Atlántico no llegará a tener verdadera fuerza legal en los Estados Unidos pues Roosevelt, temeroso de que el Congreso y el Senado la repudiaran, no lo sometió a su aprobación como mandan los cánones de la democracia. Pero, con o sin "aprobación senatorial", la Carta del Atlántico se convertirá en "finalidad de guerra" para los Aliados, la U.R.S.S. incluida.

El pueblo americano no aprecia en absoluto la firma que Roosevelt ha puesto al pie del documento firmado a bordo del Potomac, en Placenta Bay. Y todavía aprecia menos que se entregue su dinero a la Unión Soviética. En efecto, la popularísima revista Life publicó por aquél entonces una fotografía que mostraba a Fiordo La Guardia, alcalde de Nueva York, entregando un cheque de once mil millones de dólares al embajador soviético en Washington, Litvinoff. Hopkins, sonriente, parecía dar su bendición al acto, que representaba la primera entrega americana a la Rusia soviética, de acuerdo con los términos de la "Lend Leasse Act". El pueblo americano trabajaba y pagaba unos impuestos extenuantes para que el producto de los mismos - destinado a sostener la tiranía soviética -fuera a parar a las manos de un judío de Byalistok, vía un judío de Fiume[358], bajo la satisfecha supervisión de un ex hombre, como Hopkins[359].

Pero la opinión del pueblo americano no cuenta para el dictador de la Casa Blanca. Intenta minar aún más la "Neutrality Act", pero el Congreso rechaza su pretensión. A pesar de lo cual, Roosevelt da un paso más hacia la guerra: el 11 de septiembre, en un discurso pronunciado ante el Senado anuncia que el dominio de los océanos Pacifico y Atlántico es vital para la seguridad de los Estados Unidos. A los perplejos senadores no les dice nada más... pero a su secretario de Ma rina, Stimson, le ordena mantener secreta la orden que, privadamente, le ha dado. Se trata de la famosa orden "Disparen primero", según la cual la Marina "neutral" de

---

[356] Cordell Hull: *Memorias*.

[357] Número del 16-VIII-1941.

[358] L. Marschalsko: *World Conquerors*.

[359] No se trata de un insulto gratuito. Eliot Roosevelt cuenta (en "Así lo quería mi padre") que el mismo presidente calificaba a Hopkins de hall-a-man. (medio hombre). La debilidad del influyente braintruster y ministro de Comercio por los jóvenes efebos era pública y notoria. (N. del A.)

los Estados Unidos tiene orden de abrir fuego contra cualquier buque o sumergible alemán o italiano que encuentre.[360]

La opinión americana desconoce el carácter agresivo de las patrullas yankis en alta mar... nada se le ha dicho a este respecto. Pero, en cambio, si se le dice que el destroyer americano Greer ha sido atacado por un submarino alemán. El torpedo, afortunadamente, no ha estallado.

Roosevelt, incansable, presenta una nueva proposición a las Cámaras: que los mercantes norteamericanos -que ya han sido artillados hace meses- puedan llevar, con pabellón americano, las mercancías que transportan hasta los puertos ingleses o de la Commonwealth. El proyecto es rechazado, pero Roosevelt vuelve a presentar otro similar, con ligeros retoques formales. En plena discusión del Congreso, otro destroyer, el Kearny, que participa en las patrullas del Atlántico Norte, es alcanzado por un torpedo; el buque resulta ligeramente averiado y once tripulantes perecen; otros dieciocho resultan heridos. Pero las Cámaras siguen diciendo no a los proyectos presidenciales. Entonces, con rarísima oportunidad, el destroyer Reuben James es plenamente alcanzado por un torpedo alemán y se hunde. Ciento quince tripulantes perecen. Unos días más tarde, por ínfima diferencia favorable de votos (once en el Senado y dieciséis en el Congreso) Roosevelt consigue que sea anulada la "Neutrality Act" y aprobada su proposición que -como subraya el senador Usher Burdick- "de hecho, mete a nuestros mercantes en plena contienda, con todas sus consecuencias".

Pero la victoria de Roosevelt es incompleta, ya que si el pueblo americano -o, más exactamente, sus representantes legales- acepta el riesgo de vender libremente y sin trabas toda clase de mercancías a la Gran Bretaña y a la U.R.S.S., no quiere, en modo alguno, verse mezclado en la contienda directamente, a pesar de que Roosevelt y su "Brains Trust" les juren que el país se halla gravemente amenazado por Alemania e Italia. Los torpedeamientos de los destructores yankis han conseguido crear el clima psicológico favorable para forzar la mano de las Cámaras, pero de allí ya no se pasará. Hace falta una verdadera agresión calificada, un auténtico desastre nacional. Y esto, Hitler no parece dispuesto a pro-

---

[360] Que la orden "Disparen primero" debía mantenerse secreta, que fue dada a espaldas de las Cámaras y de la mayoría de los ministros y que se buscaba provocar a los submarinos alemanes lo confirman los documentos oficiales War and Peace, del Departamento de Estado norteamericano, (N. del A.)

proporcionárselo a la Casa Blanca[361].

En Berlín se han apercibido del juego de Roosevelt, y no han picado en el anzuelo de sus provocaciones. Pero el inquilino de la Casa Blanca, viejo tahúr, dirige su vista hacia otra ruleta, Si Berlín no ha respondido a las innumerables provocaciones que se le han infligido, ya se encontrará un medio para destrozar los nervios de Tokio y obligarle a golpear espectacularmente, realizando una agresión calificada. Esa agresión con la que sueñan Roosevelt, Hopkins y sus mentores, para entrar en la guerra y salvar, con sangre americana, a la Unión Soviética.

ROCKEFELLER Y ROOSEVELT - EL CRIMEN DE PEARL HARBOUR

Desde septiembre de 1931, el Japón se encuentra en guerra con China. Es innegable que el Mikado es el agresor. Ya ha conseguido crear un Estado "títere" en Manchukuo (Manchuria) y se ha apoderado de la provincia de Jehol, en China del Norte, así como de la región de Shanghai. Los Estados Unidos son los proveedores del Japón en diversas materias primas indispensables para la conducción de la guerra, especialmente petróleo. Inglaterra es igualmente complaciente con Tokio, y no sólo le suministra materiales estratégicos sino que, en 1939, a punto está de reconocer el "derecho de beligerancia" nipón en China[362]. En marzo de 1940, bajo protección japonesa, se establece, en Nanking, un "Gobierno nacional" chino, presidido por Wang-Ching-Wei.

En aquellos momentos el Japón ha conquistado ya, aparte Manchuria, el treinta

---

[361] Los alemanes nunca reconocieron haber disparado contra los provocadores destroyers americanos... pero, en fin, creamos al honorable señor Roosevelt bajo palabra: los torpedos fueron disparados por los submarinos de Doenitz. Admirémonos de la inconmensurable estupidez germánica, que les hace torpedear a los destructores en el momento psicológicamente más desfavorable para ellos, precisamente EN PLENA DISCUSIÓN DE LAS CÁMARAS. Maravillémonos, asimismo, de la oportunísima, de la graduada ferocidad de los torpedos alemanes: primero, un torpedo que no estalla; luego, una avería, y, finalmente, un hundimiento,.. Diríase que, a pesar de las severísimas órdenes cursadas por el propio Hitler en el sentido de no responder a las provocaciones de los destroyers yankees. los hombres de Doenitz hicieron cuanto pudieron para facilitarle el juego a Roosevelt y su camarilla... M. Karl: Pearl Harbour, traición de Roosevelt. ¿... Los hombres de Doenitz? Preguntémonos: CUI PRODEST?... ¿A QUIÉN BENEFICIABAN ESOS TORPEDEAMIENTOS: A ALEMANIA... O A LOS ANGLOSOVIÉTICOS? (N. del A.)

[362] Hong-Kong, rodeada por tropas niponas; Singapur y Birmania pueden excitar la codicia japonesa; en consecuencia, Inglaterra se muestra "comprensiva". (N. del A.)

por ciento del territorio chino continental, más la isla de Hainán. Chiang-Kai-Shek, abandonado por todos, se defiende como puede, pero debe luchar, simultáneamente, contra los japoneses y contra las bandas comunistas chinas que, apoyadas por la U.R.S.S., se han apoderado del Sing-Kiang (Turkestán chino).

Los soviéticos inician tanteos diplomáticos para pactar con el Japón, pero este les vuelve la espalda, espectacularmente, y firma el pacto antiKomintern, con Alemania e Italia.

Pero no basta con el pacto antíKomintern: el 27 de septiembre de 1940, Japón firma con Alemania e Italia el Pacto Tripartito, según los términos del cual, todo ataque contra uno de los firmantes significará, de hecho, una agresión contra los otros dos. Pero existe una cláusula secreta en el pacto: el previsto ataque alemán contra la U.R.S.S. será seguido de una acción armada nipona contra la Unión Soviética en Oriente[363]. Esto lo saben en Washington y, en vista de la negativa alemana a responder a las provocaciones de que se le ha hecho reiteradamente objeto, Roosevelt deducirá, correctamente, que un "estado de guerra oficial con Berlín puede obtenerse vía Tokio.

En consecuencia, el 26 de julio de 1941, Roosevelt ordena congelar los valores japoneses en los Estados Unidos, poniendo bajo control gubernamental "todas las operaciones relacionadas con intereses nipones, y, como resultado de ello, queda virtualmente paralizado el comercio entre los Estados Unidos el Japón"[364].

Los Estados Unidos eran, juntamente con la Gran Bretaña y Holanda, los principales exportadores de petróleo al Japón, pero... "unos días más tarde, este Gobierno (el americano), de acuerdo con los de la Gran Bretaña y los Países Bajos (el de los exilados de Londres) decidió suspender toda exportación de petróleo al Japón[365]. La disposición tenía carácter retroactivo, pues existía un acuerdo en firme con los japoneses para suministrarles petróleo hasta fines de 1941. Pero, además...

"Con objeto de hacer más eficaces esas medidas, el Gobierno (americano) presionó a los países de Iberoamérica para que rompieran sus compromisos comerciales con Tokio[366].

---

[363] J. Von Ribbentrop: *Zwischen London und Moskau*.
[364] *War and Peace*, pág. 135.
[365] *War and Peace, Departamento de Estado norteamericano*, Págs. 136-137.
[366] Ibid. Íd. Op. cit,, pág. 137.

Los países latinoamericanos, sobre todo Venezuela y Méjico, habían establecido firmes re laciones comerciales y amistosas con el Japón. Pero Roosevelt les presiona, y tales relaciones son rotas unilateralmente.

Churchill reconoce que "la aplicación drástica de las medidas económicas -bloqueos, embargos, incautaciones, presiones sobre terceros, etc. óimpuestas por los Estados Unidos y secundadas por la Gran Bretaña y Holanda, produjeron una terrible crisis en el Japón... Las medidas adoptadas por Roosevelt y secundadas por nosotros (los ingleses) significaban la estrangulación económica del Japón"[367].

Es evidente que si el Japón no quería morir de hambre, o capitular incondicionalmente en China, cuando estaba a dos pasos de la victoria, tenía que ir a buscar las materias primas embargadas y el petróleo que súbitamente se le negaba, donde pud iera encontrarlo.

El príncipe Konoye, presidente del Consejo de Ministros, viejo occidentalista, intenta llegar a un acuerdo con los Estados Unidos, para que éstos levanten su bloqueo. Grew, embajador americano en Tokio, garantiza la buena fe de Konoye, pero Roosevelt se niega a concederle la entrevista que le ha pedido. Las conversaciones se realizarán a un escalón más bajo, entre Nomura, embajador nipón en Washington, y Cordell Hull. Se celebrarán más de cuarenta reuniones entre la misión japonesa y la americana, presidida por Hull; los americanos no desaprovecharán ninguna ocasión que se les presente para humillar a sus huéspedes. Por fin, la Casa Blanca se digna presentar sus propuestas..., o, más exactamente, sus condiciones. Helas aquí:

➢ renuncia a toda aspiración japonesa en el continente asiático, incluyendo Corea -parte integrante del Japón desde 1907-;

➢ vigencia del principio de no-intervención en los asuntos internos de otros países;

➢ statu quo en el Pacífico;

➢ establecimiento de relaciones de buena vecindad con la Unión Soviética, y

---

[367] Winston S. Churchill: *Memorias*.

> abandono de la alianza japonesa con Alemania e Italia.

Es decir: Japón debía rendirse incondicionalmente y a la "discreción" de los políticos de Washington; debía entregar incluso partes de su -entonces - territorio metropolitano, Corea y Formosa; debía abandonar todo el territorio conquistado tras dura lucha en China continental, debía abandonar el territorio de Manchuria; debía volver a sus islas, sin combate. Sólo entonces se le devolverían al Japón sus bienes embargados, sus barcos robados y se le venderían, a buen precio, las mercancías que precisara para subsistir... Una significativa exigencia adicional: Japón debía garantizar formalmente que, ni entonces ni en el futuro, llevaría a cabo acciones agresivas contra la Unión Soviética. Concluyendo: el Japón victorioso en el campo de batalla debía renunciar estrictamente a todo y volver a sus islas, donde sus noventa millones de habitantes, apiñados, no podían vivir... debía renunciar a toda expansión exterior, en beneficio de los Estados Unidos y la U.R.S.S., a quienes, sobrándoles terreno, mantenían una política exterior netamente expansionista. Debía comprar el petróleo que quisiera la "Standard Oil" al precio que fijara mayestáticamente la "Standard Oil", y vender sus productos manufacturados al precio que quisieran los amos de Washington y, finalmente, debía entrar en la vía del neutralismo, preludio de su bolchevización.

Las ofertas de la Casa Blanca eran absolutamente inaceptables para cualquier país soberano y todavía más para un país victorioso, Roosevelt sabía que Tokio las rechazaría pues, entre morir sin lucha y luchar con una posibilidad de victoria la elección no ofrece duda. Precisamente, la de Roosevelt consista en obligar al Japón a luchar, con objeto de meter a los Estados Unidos en la guerra, y llegar a tiempo de salvar a la U.R.S.S., cuyos ejércitos estaban siendo derrotados por la Wehrmacht desde Carelia hasta Crimea. Esta conclusión es irrefutable, pues, según él tantas veces citado documento oficial del Departamento de Estado norteamericano "War and Peace"...

"... el día anterior a la entrega de nuestras condiciones a los japoneses, se discutió cómo sería posible obligar a los nipones a disparar el primer tiro, sin necesidad de correr nosotros (los americanos) un peligro excesivamente grande".

La Historia de los Vencidos (El suicidio de Occidente)

Roosevelt desea pues, fervientemente, que se produzca el "primer disparo" en Extremo Oriente. Sus provocaciones contra Alemania no han surtido efecto. Y, con objeto de conseguir hacer entrar a América en la guerra, el presidente necesita una agresión formal japonesa. Ésa es la razón de sus constantes provocaciones y no, como pretenden falazmente sus acólitos, su "deseo de conservar la paz". Mientras la U.R.S.S. no ha sido atacada por Alemania y mientras el Mikado no ha dado su adhesión al Pacto Tripartito, a Roosevelt no le ha preocupado en absoluto la "paz" en Asia, y hasta ha facilitado la agresión japonesa contra Chiang-Kai-Shek en busca de espacio vital, y la ha facilitado, no por mala voluntad hacia China, sino por que "bussiness is bussiness". Sólo cuando el bolchevismo, instaurado en Rusia se encuentra en peligro, decide Roosevelt olvidarse del "bussiness" y acordarse de la "paz".

Por otra parte, como ya hemos visto, el Japón, según una cláusula del Pacto Tripartito, se ha comprometido a atacar a la U.R.S.S. Washington ha informado diligentemente al Kremlin del ataque que contra él se trama en Extremo Oriente[368], y los soviéticos se ven obligados a mantener a sesenta y cinco divisiones en Siberia Meridional, Mongolia Exterior y Sakhalin del Norte. Un millón y medio de hombres, que tanta falta le hacen a Stalin en la Rusia europea, donde la Wehrmacht se acerca incesantemente a Moscú y está consuman o el cerco de Leningrado.

* * *

El historiador norteamericano Emmanuel M. Josephsson afirma y demuestra que fueron los magnates del poderoso clan Rockefeller y el "Brains Trust" de Roosevelt quienes posibilitaron la realización del triple objetivo buscado, entonces, para la salvación del bolchevismo desde América, Es decir[369]:

a)   Mediante el bloqueo del Japón, conducirlo a una situación en la que, forzosamente, y para no sucumbir de hambre, tuviera que realizar un acto agresivo contra uno de sus vecinos, con objeto de obtener el petróleo y las primeras materias que necesitaba angustiosamente.

---

[368] *War and Peace*, Departamento de Estado norteamericano.
[369] Emmanuel M. Josephsson: *Rockefeller, the Internationalist*.

b) Desviar el golpe japonés contra la U.R.S.S. (para el que, ahora, existía doble motivo: el Pacto Tripartito y la existencia de petróleo en la Rusia asiática) y atraerlo sobre los Estados Unidos, con objeto de poder, mediante esa agresión técnica nipona, hacer entrar al pueblo americano en la guerra, en contra de su voluntad.

c) Una vez conseguido el anterior objetivo, y basándose, en el propio Pacto Tripartito, una de cuyas cláusulas era, precisamente, la mutua asistencia de los tres signatarios en caso de guerra, el Gobierno de la Casa Blanca tendría una base legal y una apariencia de derecho para incluir, entre sus enemigos, a Alemania e Italia, a parte del Japón.

El primer punto del plan había sido ya obtenido, merced al bloqueo del Japón y a las maniobras anticonstitucionales de Roosevelt: Tokio estaba, en la situación dada, materialmente obligado a atacar; a "agredir".

La siguiente tarea consistió en hacer creer al Mikado que la posición de los Estados Unidos en el Pacifico era muy débil. Simultáneamente, los Gobiernos neerlandés e inglés retiraron, sin razón aparente, una buena parte de sus efectivos militares y navales del Sudeste de Asia e Insulindia. Los Altos Estados Mayores respectivos -sin duda no informados por sus gobiernos de lo que se tramaba- protestaron, enérgicamente, contra tales medidas.

El escritor Josephsson revela en la obra antes aludida, y lo confirma, entre otros, nada menos que el general Willoughby, que fue jefe del contraespionaje americano en Tokio, después de la Guerra Mundial, que el anhelado cambio de frente japonés fue inducido y alentado por el Consejo de Relaciones Exteriores" (Council of Foreign Relations) organización que, pese a su denominación de empaque oficial, es privada, y funciona bajo el patrocinio del clan Rockefeller.

El mismo Josephsson, confirmado por testimonios de la calidad de un general Willoughby, un Charles Callan Tansill y un general Wedemeyer, afirman que fue el famosísimo espía Richard Sorge quien, en última instancia, convenció a los japoneses de la conveniencia de cambiar de dirección su proyectado ataque en busca de primeras materias y petróleo, desviándolo de la Siberia Meridional hacia las Indias angloholandesas y los territorios americanos del océano Pacifico.

Sorge era un alemán que, gracias a la protección de Canaris, llegó a ser un alto funcionario del Servicio Secreto. Por recomendación de Canaris llegó incluso a ser agregado militar de la Embajada alemana en Tokio. Su misión consistía en ponerse en contacto con la funcionaria de la Embajada americana en Tokio, Agnes Smedley, miembro del Partido comunista y, a la vez, agente del C.R.E. Servía de enlace entre Sorge y la Smedley un alemán de raza judía, apellidado Stein, domiciliado en Tokio. La Smedley y Stein transmitieron a Sorge todos los detalles del minucioso plan elaborado por los Rockefeller y Roosevelt para forzar, prácticamente, al Japón, a atacar a los Estados Unidos. El trabajo que debía realizar Sorge era sutilísimo: como funcionado que era de la Embajada alemana en Tokio, debía dejarse "trabajar" por los agentes japoneses que se movían por Embajadas, Legaciones y Consulados, y hacerles creer que las posiciones americanas en el Pacifico eran muy débiles y, sobre todo, que las defensas de la base naval de Pearl Harbour eran deficientisimas. Agnes Smedley, por otra parte, debía, igualmente, dejarse sonsacar por agentes nipones, corroborando las manifestaciones de Sorge.

El general Willoughby afirma, también, que el "Consejo de Relaciones Exteriores" y el "Instituto de Relaciones del Pacifico", ambos financiados por los Rockefeller, emplearon a la red de espionaje de Sorge para hacer que el Japón abandonara su proyectado ataque contra Rusia y se abalanzara sobre Pearl Harbour, cuya protección había sido increíblemente abandonada.

Insiste el prestigioso general americano sobre el hecho de que la guarnición de Pearl Harbour no era solamente insuficiente, en relación a la poderosa flota que albergaba, sino que se hallaba "extrañamente desprotegida y desprevenida"[370]. Otro aspecto de la misión de la organización de Sorge consistió en dejar entrever a los japoneses que el ministro de Asuntos Exteriores, Matsuoka -que preconizaba seguir los compromisos del Pacto Tripartito y, en consecuencia, atacar a la U.R.S.S.- recibía dinero de Berlín. El caso fue que Matsuoka fue sustituido por el almirante Toyada, conocido por sus simpatías proamericanas.

La organización de la derrota de Pearl Harbour fue un verdadero "chef d'oeuvre". Rockefeller y el grupo Sorge ya habían cumplido su misión de hacer cambiar de dirección el proyectado golpe japonés. La etapa siguiente, o sea, obligar a los nipones a atacar, precisamente, en un punto determinado, Pearl Harbour, fue

---

[370] Charles A. Willoughby: *Shanghai Conspiracy*.

preparada con virtuosismo extraordinario por un general experto en derrotas: George Catlett Marshall, jefe del Estado Mayor de la Armada.

La flota sacrificada en la base naval de Pearl Harbour había sido situada allí por orden especial del presidente Roosevelt, el 22 de abril de 1940. El almirante Richardson, jefe de la flota del Pacífico, fue personalmente a Washington a visitar al secretario de Marina, Stimson y al mismo Roosevelt, exponiéndoles su punto de vista, opuesto al estacionamiento de una gran flota en Pearl Harbour. Su oposición se basaba en las razones siguientes:

a) Los buques carecían de la tripulación necesaria para un caso de emergencia.

b) Las islas Hawai estaban demasiado expuestas por su situación a los ataques del presunto adversario de los Estados Unidos en aquella zona, el Japón.

c) Los elementos defensivos de la base eran netamente insuficientes para protegerla contra los ataques aéreos o submarinos.

En consecuencia pedía que la flota del Pacífico fuera retirada de Pearl Harbour y enviada a cualquier otro lugar. Pero la flota seguiría atracada en Pearl Harbour... y el almirante Richardson, insólitamente, cambiado de destino.

Entre tanto, el embajador en Tokio, Grew, uno de los más prestigiosos dentro del escalafón diplomático yanki, comunica a Roosevelt que los servicios de información de la Embajada le han hecho partícipe de la intención de los japoneses de atacar Pearl Harbour, en los primeros días de diciembre (1941), si las últimas propuestas de Nomura para hacer levantar el bloqueo no son aceptadas por Washington. Pero en la Casa Blanca no parecen darse por aludidos.

El almirante Husband E. Kimmel, comandante de la plaza de Pearl Harbour manda, a, su vez, un informe a Washington, pidiendo baterías antiaéreas, cien aviones patrulleros Y ciento ochenta cazabombarderos. Pero el Departamento de Guerra le contesta que no dispone de ese material. Esto es una mentira flagrante:

Estados. Unidos está enviando aviones por millares a la Gran Bretaña y a la Unión Soviética[371]. Kimmel se queja a sus superiores por la falta absoluta de

---

[371] Husband E. Kimmel: *Facts about Pearl Harbour.*

defensas de Pearl Harbour pide personal especializado para las instalaciones de detección, pero, según el Departamento de Guerra, presidido por el inefable Marshall, los Estados Unidos no disponen de técnicos en detección[372].

Marshall hace bien las cosas. Sabe que si se dota a la base de Pearl Harbour de unas defensas adecuadas, Japón no atacará -pues Tokio sabe perfectamente que su única posibilidad de victoria en la guerra radica en dar un fuerte golpe inicial por sorpresa; de lo contrario la enorme potencialidad americana se impondrá rápidamente- y si Japón no ataca a América, se decidirá a cumplir lo pactado con Alemania y se lanzará sobre la Rusia asiática. Y esto es, precisamente lo que Marshall interpretando sin duda consignas de Roosevelt, debe evitar a toda costa. Es un hecho históricamente admitido, hoy día, que la Casa Blanca sabía, desde el 24 de septiembre por lo menos, que los japoneses atacarían Pearl Harbour el 7 de diciembre, en caso de que los americanos no levantasen su bloqueo. El Servicio de Contraespionaje americano logró, incluso descifrar el código secreto japonés llamado "Código Púrpura", lo que permitió a Washington captar todos los mensajes que Tokio enviaba a sus diplomáticos en territorio americano y conocer no solamente las intenciones japonesas, sino incluso la hora exacta del ataque Pero Roosevelt y Marshall mantuvieron deliberadamente en la ignorancia de lo que se tramaba a la base de Pearl Harbour. Frustraron todo intento de movimiento defensivo por parte de los comandantes de la base y, no contentos con ello -para facilitar aún más el ataque nipón y hacer más atrayente el cebo- mandaron a los dos portaaviones Lexington, anclados en Pearl Harbour a las islas Samoa, en el Pacífico Sur. El grueso de la flota del Pacifico quedaba, así, insólitamente desprotegido, sin aviación de patrulla, privado de toda información sobre la situación real de las relaciones yanki-japonesas, Y encerrado en una auténtica ratonera.

El vicealmirante Robert E. Theobald, uno de los jefes de la flota del Pacífico, escribe:

"... y a pesar de conocerse con lujo de detalles el plan de ataque japonés, sólo se envió un mensaje de alarma a la base (de Pearl Harbour)... pero utilizando la vía ordinaria, cuando Marshall tenía a mano el teléfono transpacífico. Esa inútil comunicación

---

[372] Ibid. Íd. Op. cit.

llegó a manos de Kimmel ocho horas después de haber comenzado el ataque..."[373].

Mauricio Karl relata con todos los pormenores los subterfugios empleados por Roosevelt y Marshall para mantener en la ignorancia del ataque nipón a la base de Pearl Harbour. Marshall conocía la hora exacta del ataque y no podía ignorar el tiempo que tarda en llegar un telegrama desde Washington a las islas Hawaii[374].

De haber usado el teléfono rtanspacífico, el mensaje hubiera llegado bastante antes de la hora en que se había previsto el ataque nipón. Kimmel hubiera tenido aún tiempo de colocar a sus fuerzas en estado de alerta y mandar fuera del puerto a algunas patrullas de observación... y a Marshall y a sus superiores les constaba que los japoneses, informados al minuto por sus agentes en Pearl Harbour de los movimientos americanos, darían media vuelta, desistiendo de atacar si éstos se apercibían de la proyectada agresión[375].

El radiotelegrama sólo se envió, a sabiendas de que llegaría demasiado tarde, para procurar a Marshall una tosca coartada[376].

John T. Flynn, biógrafo de Roosevelt, relata que "... el presidente le dijo a Stimson que la mejor táctica era obligar a los japoneses a descargar el primer golpe. Esto conduciría automáticamente a la guerra con Alemania e Italia, Y el problema se resolvería de la mejor manera posible..." Y añade Flynn: "Roosevelt consiguió lo que hacía años buscaba afanosamente". Como es natural, el traidor ataque japonés unió a toda la nación en derredor del Gobierno. La conclusión la ofrece el propio Flynn: "Los japoneses atacaron, Norteamérica se encontró en guerra. Y ROOSEVELT VIO ASÍ RESUELTO SU PROBLEMA"[377].

* * *

---

[373] Robert E. Theobald: *Last Secret of Pearl Harbour*.

[374] Mauricio Karl: *Pearl Harbour, traición de Roosevelt*.

[375] El autor americano Ronald Seth, germanófobo bien pensante y escritor conformista si los hay, da interesantes informaciones sobre la red de espionaje trabajando para los japoneses en las Hawaii hasta el 7 de diciembre de 1941. Según Seth (en Secret Servants) el jefe de la red era un alemán, llamado Bernard Julius Kuhn. Dicho "alemán", era judío.

[376] Mauricio Karl. *Op. cit.*

[377] John T. Flynn: *El mito de Roosevelt*.

La Historia de los Vencidos (El suicidio de Occidente)

El domingo, 7 de diciembre de 1941, a las siete de la mañana, la aviación japonesa se lanzó a un devastador ataque sobre la flota americana del Pacífico, anclada en Pearl Harbour. Dieciocho grandes navíos de guerra, entre ellos seis acorazados y un crucero pesado, fueron hundidos. Otros once buques de guerra, incluyendo dos acorazados más fueron seriamente averiados. Las instalaciones de la mayor base naval americana fueron totalmente destruidas. Ciento noventa aviones pesados fueron destruidos en tierra. Tres mil cuatrocientos marinos y soldados americanos perecieron y otros mil cuatrocientos resultaron heridos. Las pérdidas japonesas. como consecuencia del factor sorpresa, fueron mínimas[378]. A la misma hora en que se iniciaba el ataque, la agresión soñada por Roosevelt y los suyos, el embajador japonés en Washington notificaba, oficialmente, al Gobierno de los Estados Unidos, la declaración de guerra. Y, APROXIMADAMENTE, TAMBIÉN, A LA MISMA HORA, UN MILLÓN Y MEDIO DE SOLDADOS SOVIETICOS EMPEZABAN A SER PRECIPITADAMENTE TRANSPORTADOS DE SIBERIA Y MONGOLIA HACIA LA RUSIA EUROPA.

La doble maniobra de la Casa Blanca -meter a los Estados Unidos en la guerra e impedir un "segundo frente" contra el comunismo en Asia Oriental- había sido coronada por el éxito. Y Roosevelt pudo anunciar, triunfalmente, al Congreso: "A pesar de que Alemania e Italia no han hecho todavía, una declaración "formal" de guerra, se consideran tan en guerra con los Estados Unidos como con Inglaterra y Rusia".

En efecto, el día siguiente, Alemania e Italia, amparándose en las "constantes violaciones de la neutralidad cometidas por el Gobierno de los Estados Unidos" enviaron sendas declaraciones de guerra. En realidad, esa declaración de guerra no tiene más efecto que permitir a los submarinos alemanes responder a los ataques de los buques yankis, toda vez que el estado de guerra existía, en realidad, desde seis meses atrás. La única variante consistirá, ahora, en la participación efectiva de tropas americanas en la lucha, pero Hitler confía en que los japoneses distraerán una buena parte de tales tropas en el área del Pacífico. En cualquiera de los casos, en Berlín se dan cuenta de que la guerra será larga y difícil, pues mientras es

---

[378] En los primeros días de diciembre, y antes del ataque japonés a Pearl Harbour, buques americanos arrojaron cargas de profundidad contra submarinos japoneses en el Pacífico, por lo menos en dos ocasiones comprobadas. (Charles A. Lindbergh: *Memorias de Guerra*, pág. 923-924, ed. inglesa.)

evidente que el Japón se limita a hacer "su guerra" e Italia resulta ser más un lastre que un aliado, Alemania se encuentra prácticamente sola frente a la mayor coalición que los siglos han visto: el imperio británico, la Unión Soviética y los Estados Unidos, más sus innumerables "satélites", unidos bajo el signo de la democracia...

OCUPACIÓN ANGLOSOVIÉTICA DEL IRÁN

El 25 de agosto de 1941, tropas británicas acantonadas en Irak y Pakistán Occidental invadieron Persia (Irán) "con objeto de que no pudiera ser utilizada como base por los alemanes". Una simple ojeada al mapa convencerá al más ingenuo: los alemanes no pueden, materialmente, llegar al Irán. La verdadera razón de la invasión estriba en que la Gran Bretaña necesita petróleo, y el Irán posee numerosos yacimientos de "oro negro". Bien es cierto que tales yacimientos pertenecen, en su casi totalidad a la "Angloiranian Oil Co." trust petrolífero británico, pero Londres debe pagar sustanciosos royalties por la extracción del mismo.

Evidentemente, es mucho más económico explotar el subsuelo persa sin pagar derechos; además, la ocupación de ese país permitirá usar todos sus recursos en la cruzada de las democracias. Existe todavía otra razón: la ocupación de Persia permitirá una comunicación terrestre directa y fácil, entre ingleses y soviéticos...

El siguiente día de haber iniciado los ingleses su invasión por las fronteras Este y Oeste, avanzaron los soviéticos por el Norte. En Teherán se produjeron motines entre el populacho, y consta la intervención del cónsul de los Estados Unidos en la organización de tales algaradas. La resistencia iraní se desmoronó el 9 de septiembre. El Sha fue obligado a abdicar. Británicos y soviéticos se repartieron el control del país, y en Teherán se constituyó un nuevo Gobierno, favorable a los Aliados.

INCREMENTO DE LA GUERRA CONTRA LOS NEUTRALES

La entrada de los Estados Unidos en la guerra trajo como consecuencia el incremento de la guerra contra los países neutrales. Una de las primeras, decisiones de Roosevelt con relación a la guerra en el Atlántico consistió en ordenar al almirante Stark que preparara una fuerza de invasión para arrebatar el archipiélago de las

La Historia de los Vencidos (El suicidio de Occidente)

Azores a Portugal. Pero, al parecer, el presidente temió luego que Portugal declarará la guerra a los Aliados y pusiera sus colonias a la disposición del Eje. En consecuencia, canceló la orden de invasión[379].

Summer Welles, subsecretario de Estado, dio fe de ese abandonado proyecto de invasión. El mismo personaje reveló que, en septiembre de 1941, la Gran Bretaña decidió ocupar las islas Canarias, aún a riesgo de guerra con España; Churchill expuso sus proyectos a ese respecto a Roosevelt, en la reunión de Placenta Bay, que alumbraría la demasiado famosa Carta del Atlántico. Roosevelt se mostró de acuerdo con su colega británico. Churchill estaba entonces convencido de que la Gran Bretaña no lograría conservar mucho tiempo su base de Gibraltar; en tal circunstancia, la posesión de las Canarias podía ser un "second best". La posterior evolución de los acontecimientos y los refuerzos militares enviados a aquel archipiélago debieron decidir a Londres a abandonar su proyectada agresión[380].

Pero fue en el continente americano donde la guerra contra los neutrales adquirió mayor virulencia. Panamá y Uruguay, países donde la influencia norteamericana era muy grande, debieron declarar la guerra al Eje. Cuba seguiría poco después. La doctrina de Monroe mostraría su verdadero significado: "América para los americanos" debía traducirse "América para los norteamericanos".

Los diversos países latinoamericanos debieron, sucesivamente, ir declarando la guerra a Alemania e Italia o, al menos, abandonar sus relaciones diplomáticas y comerciales con ellas, bajo la presión -tan poco democrática- del gran hermano del Norte.

La voluntad de aquellos países neutrales no fue tenida en cuenta por Roosevelt: la menor tentativa de desobediencia a los ukases del monarca de la Casa Blanca significaba, para el Gobierno del país que tal osara, ora una revolución interior, ora un embargo exterior, ya una masiva financiación a los adversarios del Gobierno en cuestión, ya un aumento abusivo en los precios de las primeras materias a comprar en Estados Unidos.

Un caso característico fue el de la Argentina. El Gobierno de Buenos Aires fue advertido por la Casa Blanca de que la supresión de periódicos en lengua yiddisch

---

[379] Arnold S. Leese: *The Jewish War of Survival.*
[380] Summer Welles: *Memorias.*

en las ciudades de Buenos Aires y Rosario de Santa Fe era un acto "antiamericano". Presiones diplomáticas siguieron y la Prensa judía reapareció. La conciencia universal no se rasgó las vestiduras por todas esas evidentes intromisiones en los asuntos internos de estos países neutrales...

CAPITULO VII

LA "VICTORIA" DEL GENERAL INVIERNO

El General Invierno - Exitos de Rommel en Africa del Norte - La Guerra en el Oriente Medio - La Batalla del Atlántico - ocupación Británica de Madagascar - Ayuda masiva de Occidente a la URSS - Hasta las montañas del Cáucaso - El Alamein - Desembarco aliado en Africa del Norte - Stalingrado - La guerra subversiva - El rodillo ruso - Italia se tambalea - Desembarco aliado en Sicilia - El guiñol africano - De Moscú a Teherán, vía El Cairo - El Plan Morgenthau - Intensificación de la guerra aérea contra Europa - De Monte Cassino a Leros - Empieza el repliegue general en el frente del Este - Desembarco en Normandía - Las armas de represalia - Traicionado por todos - El último ataque de la Wehrmacht - De Gaulle en Moscú. Alianza con Stalin - Los soviéticos irrumpen en Alemania - El crimen de Dresde - Muerte de Roosevelt. Truman, nuevo Presidente - Los últimos estertores de Alemania - La personalidad de Hitler - La Democracia en acción en Italia - Hiroshima, Nagasaki y capitulación japonesa

La rápida llegada de más de un millón y medio de soldados soviéticos procedentes de la Rusia Asiática detuvo el avance alemán en el sector central del frente del Este en dirección a Moscú. Y no solamente lo detuvo sino que incluso permitió a los rojos montar una formidable contraofensiva a las puertas de la capital, obligando a las tropas de la Wehrmacht a replegarse en una profundidad de cien kilómetros.

El "General Invierno" fue otro de los factores que, más decisivamente influyeron en la lucha. Pero el Ejército Alemán no sólo se enfrentó a temperaturas que oscilaron con frecuencia entre cuarenta y cincuenta grados bajo cero, sino a masas humanas que le superaban en proporción de cuatro y cinco contra uno. La ayuda anglosajona, por otra parte, se multiplicó a pesar de que los submarinos alemanes intensificaron sus ataques a los convoyes que se dirigían a la URSS.

Todo esto facilitó la contraofensiva de Invierno de los rojos que les permitió recuperar algún terreno en el sector central del Frente y también en la zona de Lago

Ilmen. En Ucrania, en cambio, las ganancias soviéticas fueron mínimas y, aún, pagadas a terrible precio En Leningrado. las tropas de Vorochilov intentaron repetidamente romper el cerco sin conseguirlo pero al helarse las aguas del Lago Ladoga los bolcheviques pudieron enviar abundantes refuerzos y pertrechos a la ciudad sitiada. En este sector, las pérdidas rusas en el invierno 1941-1942 fueron horrorosas: cerca de tres cuartos de millón de soldados fueron puestos fuera de combate. Vorochilov movilizó a la población civil y ordenó a la Policía Militar ametrallar por la espalda a quien intentara rendirse o, simplemente, retirarse. Solamente por estos métodos terroristas lograron los soviéticos conservar la plaza y entretener en aquel sector a una veintena de divisiones alemanas que tan necesarias eran en el Sector Central.

Fue precisamente en esa crítica Zona Centro donde estuvo a punto de hundirse el sistema defensivo germano. Los generales de Hitler eran partidarios de retirarse hasta Polonia para estar más cerca de sus bases de aprovisionamiento. El Führer se opuso resueltamente a tal solución. Exigió que todas las posiciones conquistadas se defendieran, pues estaba convencido de que una retirada general haría cundir el pánico entre las tropas y desmoralizaría a la población civil. Los viejos generales prusianos "demostraron" a Hitler que la resistencia a ultranza contradecía los fundamentos de la llamada "ciencia militar". Después de escuchar la docta lección de sus generales, el "cabo" Hitler ordenó que la Wehrmacht se clavara en el terreno y resistiera hasta el imite de sus fue rzas. El Führer estaba convencido de que "existen fuerzas psíquicas" "La fuerza de voluntad, el coraje, la fanática determinación de vencer" que no mencionan los manuales militare.

Sin necesidad de ser un experto en Táctica y Estrategia puede, no obstante constatarse, que una vez más el "cabo" tuvo razón y sus generales no la tuvieron. La Wehrmacht se aferró al terreno y sus pérdidas territoriales fueron relativamente mínimas, haciéndoselas pagar a carísimo precio, en sangre y armamento a su mastodóntico adversario. La victoria que la Wehrmacht obtuvo sobre el "General Invierno" hubiera podido ser más completa si el General Ritter Von Leeb hubiera cumplido la orden que se le dio de lanzarse francamente al ataque en Leningrado. Von Leeb, típico ejemplar de militar prusiano. siempre opuesto a Hitler y al nacionalsocialismo, objetó que la orden del Führer era técnicamente imposible de cumplir.

La Historia de los Vencidos (El suicidio de Occidente)

Fue también Hitler y no sus generales. quien ideó el sistema de las llamadas "posiciones erizo", reductos fortificados que se dejaban cercar, deliberadamente por los soviéticos. Estos "erizos" cambiaban frecuentemente de posición y emplazamiento y aparecían por los lugares más inesperados, acosando por la retaguardia a los rojos que ya los habían rebasado. Muchos de estos "erizos" fueron sumergidos por la fuerza del número, pero contribuyeron a estabilizar el frente en aquel terrible invierno.

Franz Halder, antiguo Jefe del Estado Mayor de la Wehrmacht, había dogmatizado que el sistema de los "erizos era una ridiculez"... Más adelante, Hitler diría: "Salvo raras excepciones, nuestros generales no han sabido sacarles el máximo rendimiento a las maravillosas tropas de que disponían; sólo han creído en su ciencia... creen que una guerra puede ganarse retrocediendo... Mis generales son unos idiotas". Tal vez fuera ese juicio excesivamente severo, pero de lo que no cabe duda es de que los aciertos, la intuición, el genio, llámesele como quiera, de quien en definitiva, no era un militar profesional, crearon en ellos un complejo de despecho y humillación, que les llevó a menudo a sabotear sus órdenes o a cumplirlas a desgana.

En todo caso, el frente alemán se sostuvo con más o menos firmeza, y hasta se lograron algunos avances territoriales en el Sector Norte, donde los finlandeses avanzaron en dirección al puerto de Murrnansk.

Es precisamente en el invierno de 1941 a 1942 cuando unidades de voluntarios de toda Europa encuadrados en la Wehrmacht, luchaban en el frente ruso por primera vez. Italia envía, para empezar, seis divisiones; España su "División Azul"; Bélgica su "Legión Wallonie" al mando de León Degrelle, más una división de flamencos; hay tropas danesas, noruegas, croatas; holandesas, estonianas, los SS letones, un batallón de irlandeses, otro de suecos, la "Legión de Volontaires Français" con su "División Charlemagne"[381]... Hay, naturalmente, junto a los alemanes; sus aliados rumanos, búlgaros, eslovacos, húngaros y finlandeses... y hay, sobre todo, ¡representantes de los pueblos de la Gran Rusia...!

Hombres que luchan contra el Comunismo impuesto a su respectivos pueblos.

---

[381] Saint Paulien ha cantado ("Les Maudits") la gesta impar de la división "Charlemagne". Los franceses fueron los últimos europeos en abandonar la resistencia, ante la Cancillería del Reich cuando ya toda la guardia personal de Hitler había perecido en el combate. (N. del A.)

55.000 cosacos que, a las órdenes de Von Pannwitz y del atamán Domano, actúan en Ucrania; 5.000 kalmucos; 105.000 armenios y georgianos; tres divisiones ucranianas; más de cien mil turkestanos; 40.000 tártaros: una división bielorrusa y trescientos mil gran-rusos que, a las órdenes de Vlasov lucharán desde 1944 hasta el final de la guerra contra el Marxismo.

Empero, la cooperación de los pueblos de Rusia en la batalla contra el bolchevismo hubiera podido -y debido- ser mucho mayor. La culpa de que así no fuera hay que cargarla en el debe de los alemanes, Berlín se equivocó en el planteo político de la campaña de Rusia, en vez de organizar una guerra de liberación ciertos servicios alemanes pretendieron llevar a cabo una guerra de conquista. Muchas energías antibolcheviques, latentes sobre todo en Ucrania y el Cáucaso, fueron, así. desaprovechadas. En 1944, y por orden personal de Hitler, se cambió de política en el Este, pero entonces ya era demasiado tarde.

La increíble falta de tacto político del "Gauleiter" de Ucrania, Koch y del ministro Alfred Rossenberg, así como los excesos represivos de ciertos generales muchas veces actuando en desacuerdo con las directivas de Berlín ófue una ayuda inestimable, para Stalin.

EXITOS DE ROMMEL EN AFRICA DEL NORTE

La ofensiva de Rommel había sido detenida por falta de combustible. La aviación italiana no lograba asegurar una protección suficiente para los petroleros que atravesaban el Mediterráneo, la mayoría de los cuales eran hundidos por los ingleses. La Flota Italiana, por su parte continuaba encerrada en el Adriático, pese a las conminaciones de Mussolini. Así mientras Rommel y Bastico veían sus reservas en hombres y material reducidos de día en día, los Aliados, inversamente, lograban organizar una Fuerza formidable que al mando del General Aunchinleck. se lanzó al ataque el 18 de Noviembre de 1941. El famoso Octavo Ejército Británico lo componían aproximadamente un cincuenta por ciento de ingleses y el resto eran egipcios, australianos, neozelandeses, indios, pakistaníes y dos divisiones de judíos y polacos.

La suerte favorece a Rommel. Una tremenda tempestad de arena disimula los movimientos alemanes. Los Aliados son cogidos por sorpresa: cunde el pánico y el

La Historia de los Vencidos (El suicidio de Occidente)

Octavo Ejercito está a punto de quedar totalmente cercado. Bastico, vejado porque Rommel no le ha informado del ataque que preparaba, recuerda a éste que le debe subordinación y obediencia. La entrevista es tempestuosa: Bastico intima a Rommel la orden de replegar sus tropas. Rommel se niega. Bastico amenaza: "Las tropas italianas no le seguirán"... "Sabré pasarme de su concurso" responde el Zorro del Desierto. La ofensiva sigue su curso: durante dos días los italianos no siguen el avance alemán. Finalme nte, a regañadientes, Bastico, siguiendo las ordenes del Mariscal Hugo Cavallero, ordenará a sus tropas de pasar al ataque. Pero se ha perdido un tiempo precioso. Con todo, en solo cinco días, el Octavo Ejército ha perdido las dos terceras partes de sus carros de combate: veinticinco mil soldados Aliados son capturados. Rommel llega a las puertas de Tobruk, la mayor fortaleza del Africa del Norte. Pero su ofensiva debe detenerse una vez más por falta de carburante.

Después de unos meses de relativa inactividad, Rommel se lanzó nuevamente al ataque a finales de Marzo (1942), rompió una vez más el frente británico y capturó Tobruk, haciendo treinta y cinco mil prisioneros. El Octavo Ejército fue una vez más derrotado, llegando Rommel a conquistar más de medio Egipto y deteniéndose en El Alamein cuando el carburante para sus tanques se agotó. Por otra parte, abundantes refuerzos habían llegado de la India y de América, y el Octavo Ejército fue nuevamente reconstruido. Montgomery sustituyó a Aunchinleck y se preparó para una nueva ofensiva, que sería desencadenada brillantemente en el Verano de 1942.

LA GUERRA EN EL ORIENTE MEDIO

Derrotados desde Narvik hasta Creta, en Libia y Egipto. sufriendo revés tras revés en el extremo Oriente[382] los británicos sólo obtenían victorias militares en el Oriente Medio.

Después de la ocupación de Siria y el Líbano y del posterior ataque,

---

[382] Después del ataque contra Pearl Harhour, los japoneses declararon la guerra a la Gran Bretaña y a Holanda, invocando como motivo a la colaboración de esas dos potencias en el bloqueo antinipón. Ocuparon con facilidad las desguarnecidas colonias holandesas de Insulindia, además de Hong-Kong y Singapur. (N. del A.)

conjuntamente con los soviéticos, contra el Irán, las tropas británicas y la Legión Arabe al servicio de Inglaterra sostuvieron feroces combates contra los nacionalistas irakies de El Gailani.

La represión en el Irak coincidió con las promesas de "independencia" hechas a Siria y el Líbano. Claro es que los gobiernos establecidos entonces en Beirut y Damasco eran partidarios de la ayuda de los Aliados, mientras El Galiani se desentendía totalmente de la guerra entre las potencias del Eje y los países democráticos.

LA BATALLA DEL ATLANTICO

La Flota Inglesa sufrió, en 1942, los más rudos golpes de toda su historia. A pesar de la enorme ayuda que significó la entrada de los Estados Unidos en la contienda, el arma submarina alemana estuvo a punto de provocar el desplome del Imperio Británico, según reconoció el propio Churchill. Seis millones de toneladas de buques ingleses fueron hundidas por los alemanes. A esta cifra hay que añadir otros dos millones de toneladas de barcos americanos. Los submarinos de Doenitz operaban en todos los mares, desde el Océano Glacial Artico hasta el Indico; aparecieron incluso en el Antártico y en pleno Mar Rojo. Afanosamente buscó el Almirantazgo medios para contrarrestar la mortífera eficacia de los submarinos adversarios; a cada medida respondían Doenitz y Raeder con una contramedida que restablecía la anterior situación. Por cada navío que los astilleros ingleses, trabajando sin parar, construían, los alemanes hundían tres. La situación llegó a ser tan desesperada para los ingleses que hubo un momento -en Febrero de 1942- que las Islas Británicas sólo dispusieron de una reserva de víveres para escasamente un mes.

La Luftwaffe, los pequeños destructores y torpederos de la Marina de Superficie y las minas magnéticas hundieron, además, medio millón de toneladas.

Las pérdidas de la Marina de Guerra fueron, igualmente, muy elevadas. En el Mediterráneo, los sumergibles hundieron a los portaaviones "Eagle" y "Ark Royal" y al acorazado "Barham", así como a seis cruceros y cinco buques cisterna,

Pero los mas dolorosos golpes fueron asestados en el Atlántico. Está fuera de toda duda que sin la entrada de Estados Unidos en la guerra, Inglaterra hubiera debido retirarse del conflicto, lo que hubiera permitido al Reich concentrar todo su esfuerzo en Rusia. Incluso puede afirmarse, sin exageración, qué si Roosevelt no logra hacer entrar a América en el conflicto en Diciembre de 1941, y tarda sólamentente, más, se hubiera encontrado en la disyuntiva de pedir la paz o perecer de inanición.

En las trágicas circunstancias en que se hallaban, los ingleses apelaron a todos los medios para tratar de hacer llegar víveres y armamentos a las Islas. Por ejemplo; empezaron a utilizar buques de pasajeros con transportes de tropas y de material bélico. Esto dio lugar al penoso incidente del "Laconia". Este vapor de línea de 20.000 toneladas fue hundido por un submarino alemán cerca de Ciudad del Cabo.

El propio oficial artillero de este inofensivo buque de pasajeros como lo denominó el comunicado oficial del Almirantazgo Británico manifestó que el "Laconia" poseía ocho cañones, ametralladoras antiaéreas, cargas de profundidad y aparatos "Asdic" para la detección de submarinos. El barco transportaba 700 soldados británicos, 160 soldados polacos, 1.800 soldados italianos que habían sido hechos prisioneros por los ingleses en Etiopía, y ochenta mujeres y niños. El propio Doenitz ordenó por radio al comandante del submarino que suspendiese su misión de guerra, emergiera., atendiese a los náufragos y heridos y pusiera sobre aviso a otros submarinos alemanes que operaban en aquella zona para tratar de salvar el mayor numero posible de vidas. Después de cumplir la orden, el sumergible U-156 envió un mensaje por onda internacional de 600 metros, comunicando que había podido salvar a algunos náufragos y que si navíos ingleses de salvamento querían acercarse a aquella área no serían atacados. Dos días después llegaron los submarinos alemanes, que recogieron a unos doscientos náufragos, mientras unidades de la Marina Francesa, enviadas por orden del Gobierno de Vichy desde Dakar se acercaban al lugar del hundimiento para hacerse cargo de los botes repletos de náufragos.

Pero los ingleses, en vez de enviar socorros, enviaron a su aviación, que bombardeó a los submarinos alemanes, los cuales debieron suspender las operaciones de salvamento. Casi la mitad de los náufragos pudieron ser salvados, siendo de destacar la intervención de los buques franceses "Anamite" y "Gloire" que salvaron muchas vidas. Según el Almirante Doenitz[383] *"después de que el torpedo había hecho explosión en el "Laconia", los ingleses cerraron con llave las celdas de los presos italianos y trataron de impedir con las armas que éstos pasaran a los botes salvavidas. Esta fue la causa de que el número de italianos salvados fuera tan reducido".*

El comportamiento de los Aliados en el episodio del "Laconia" contribuyó en gran manera a la progresiva deshumanización de la guerra en el mar. Los métodos de la guerra total fueron introducidos, también, en este escenario de combate, por las "democracias" y no por los estados totalitarios. Es está una verdad que ninguna propaganda aliadófila ha sido capaz de soslayar.

OCUPACION BRITANICA EN MADAGASCAR

Después de sus triunfos en Siria, Líbano, Persia y el Irak, los ingleses se apuntaron un nuevo éxito, a principios de Mayo de 1942. El día 5, tropas británicas y sudafricanas desembarcaron en Madagascar. El puñado de franceses leales a Vichy capituló el día 9.

El Comunicado Oficial del Gabinete de Guerra británico, presidido por el propio Churchill declaró que Madagascar había sido ocupada para impedir un desembarco japonés. Nada más fácil para los "fascistas" de Tokio que atravesar todo el Océano Indico, unos seis mil kilómetros y apoderarse de Madagascar.(¡!) He aquí una suculenta frase del vizconde Halifax, dirigiéndose a la prensa americana: *"Es agradable constatar que el Eje no es siempre el prim ero en el terreno de las iniciativas."*

AYUDA MASIVA DE OCCIDENTE A LA URSS

Mucho se ha dicho acerca de la masiva ayuda dispensada por los anglosajones

---

[383] Las represiones alemanas contra los franceses sólo empezaron varios meses después de haber iniciado sus actividades los francotiradores de la "Résistance". Es evidente que un Ejército de Ocupación no puede dejarse apuñalar Impunemente por la espalda. Por lo demás, el racionamiento de víveres en la Zona Ocupada de Francia fue menos severo que el implantado por los liberadores de De Gaulle ... y las ejecuciones sumarias muy inferiores en número. (N. del A.)

La Historia de los Vencidos (El suicidio de Occidente)

a sus aliados soviéticos. Citaremos, tan sólo, unas cifras que revelan elocuentemente hasta que punto las democracias occidentales se volcaron en el socorro de su amenaza de hoy.

Los Estados Unidos enviaron a la URSS 15.000 aviones de combate; 7.200 tanques; medio millón de camiones "jeeps" y tractores, un centenar de barcos de transporte y toda clase de mercancías, víveres y municiones.

La Gran Bretaña, por su parte, envió 6.500 aviones, 5.000 tanques, 4.000 cañones, y materias primas por valor de unos cuarenta y cinco millones de libras esterlinas; A todo esto hay que añadir el envío de técnicos y científicos y la cesión de informaciones de carácter militar.

Sin esta enorme ayuda, Stalin se hubiera ciertamente desplomado en el Verano de 1942. Y, a pesar de ella, a un paso estuvo de la derrota total... Una derrota absoluta frente a, escasamente, los dos tercios del Ejército Alemán, que debía dedicar más de dos millones y medio de hombres a combatir en Africa del Norte, guarnecer los extensos territorios ocupados, asegurar las defensas antiaéreas y los servicios de seguridad y Marina.

HASTA LAS MONTAÑAS DEL CAUCASO

La ofensiva lanzada por Timoshenko a mediados de Mayo en dirección a Kharkov terminó en un absoluto fracaso. Doscientos mil soldados soviéticos fueron hechos prisioneros. Otra ofensiva lanzada en el sector del Wolchow terminó con la destrucción del segundo Ejército Soviético. Un tercer intento para romper el cerco de Leningrado fracasó igualmente.

Al llegar el verano, la Wehrmacht organizó dos grandes ofensivas; una rumbo al Sur, hacia el Cáucaso; otra rumbo al Este, con dirección a Stalingrado. Todo el frente soviético, desde Kursk a Rostoff debió ceder. Las tropas de Von Kleist treparon por las montañas del Cáucaso, y en el Elbruz, el pico más alto de Europa, ondeó la swástika.

Mientras tanto, las tropas de Von Paulus conseguían abrirse camino hasta Stalingrado.

La moral soviética se resquebrajó nuevamente. Ocurrieron alzamientos en la retaguardia. Los cosacos se sublevaron, y crearon grandes dificultades a las fuerzas de represión contra ellos enviadas. Hubo también rebeliones en Geo rgia, - Azerbaidján y entre los kurdos de Armenia. Volvieron a menudear las deserciones en el Ejército Rojo. Stalin, presa del pánico, no cesaba de urgir a sus aliados occidentales que abrieran un segundo frente en las costas de Francia... como si no existiera ya en Egipto, en el Atlántico y sobre los cielos de Europa, sin olvidar la labor de los guerrilleros que, sobre todo en Serbia y Croacia, entretenían numerosas divisiones alemanas que, en el Este hubieran podido contribuir a hundir definitivamente la moral del Ejército Rojo.

El desembarco en Francia era, aun, imposible, pero Roosevelt y Churchill encontrarían una adecuada compensación en Africa del Norte.

EL ALAMEIN

La mañana del 23 de Octubre de 1942, las tropas del Octavo Ejército británico, al mando, de Montgomery, se lanzaron a la ofensiva partiendo del Alamein donde había quedado detenido el anterior ataque de Rommel, por falta de combustible. Las tropas británicas disponían de más del doble de efectivos que su oponente y del triple de tanques; la superioridad aliada en aviones era de once contra uno.

La propaganda inglesa ha pretendido hacer creer al mundo que la victoria de El Alamein fue un nuevo Austerlitz y Montgomery un segundo Napoleón. La realidad es que la batalla fue ganada por la producción bélica y la superioridad numérica. Rommel hizo prodigios para no ser copado y, en hábiles retiradas, logró mantener siempre un frente estabilizado, infligiendo, además, terribles pérdidas a su adversario. En el transcurso de esa batalla de persecución, Montgomery recibió ingentes cantidades de material de guerra y tropas de refresco, particularmente australianas e indias. En cambio, la ayuda recibida por Rommel fue mínima. La Marina de Guerra italiana seguía escondida en el Adriático, y su Aviación intervenía muy raramente. Así, los escasos petroleros y mercantes que se atrevían a cruzar el Estrecho de Sicilia eran impunemente hundidos por la R.A.F. y los cruceros británicos.

DESEMBARCO ALIADO EN AFRICA DEL NORTE

La Historia de los Vencidos (El suicidio de Occidente)

A pesar del bombardeo de Mers-el-Kébir, a pesar de Oran, de las invasiones de Siria, el Líbano y Madagascar, a pesar del bloqueo por hambre decretado por Inglaterra... a pesar del bombardeo de Dakar, de los crímenes de los "maquisards" armados por Londres, a pesar de las maniobras de los "gaullistas" londinenses hubo muchos, la mayoría altos cargos de Vichy que, queriéndolo o no, sabiéndolo o no, ayudaron a Inglaterra que siendo aliada de Francia, la trató infinitamente peor que su enemiga Alemania.

Mucho se ha hablado del "double jeu" de Vichy. Insólitamente, se ha mezclado el "honor" en tales trapisondeos; el "honorë" de Francia, según la interpretación de muchos -casi todos- sus militares de carrera, consistía en ayudar a los intrépidos "copenhagueantes" de Mers-el-kébir mientras, por el otro lado, se multiplicaban las zalemas al Reich y se mandaban trabajadores "voluntarios" a Alemania.

Ben Johnson dijo que "el patriotismo es el último refugio del granuja". Y Hawthorne "no es posible tener el cordero y el dinero de la venta del mismo". Refugiándose en el patriotismo la mayoría de "vichysois" contribuyeron positivamente, faltando a su palabra empeñada, a derrotar a quien tras haberles vencido y desarmado, les había tratado con dulzura impar en la Historia[384]; para satisfacer su venganza por el buen trato recibido y la consiguiente humillación sufrida por su vieja xenofobia, los patriotas profesionales, los militares de carrera, los nobles con partícula, incluso "last but not least" ó los clérigos de choque, hicieron del "doble juego" una institución nacional.

Y lo grotesco del caso es que no se puede hablar, aún hoy día, muchos años después del fin de la tragedia, con los raros supervivientes entusiastas del "vichysmo" sin que esmalten su pesada conversación y sus fosilizados argumentos con continuas alusiones a "le honneur". En la vieja Europa pre-judaica del siglo XIX y principios del XX, antes de que Judas Iscariote y Mammon se convirtieran en sus deidades oficiales, una traición y una ruptura de compromiso - en una palabra, un "double jeu" - podían ser explicadas, e incluso justificadas, con diversas excusas o motivos, primordialmente, el "patriotismo". Pero a nadie se le ocurría emparentar tales gitanerías con el honor.

---

[384] El judío Dr. H. Aboulker escondió en su domicilio a agentes angloamericanos que prepararon la invasión y sobornaron a numerosos funcionarios franceses. (André Savignon: "*Dans ma prison de Londres*")

De la misma manera que no se puede tener el cordero y el dinero de la venta del mismo, tampoco se puede ser "patriota" ¡o creer serlo! y a la vez un hombre de honor. No se puede vivir libre, en un castillo, con criados alemanes a su servicio, habiendo dado palabra de militar "francés" de que no se evadiría, luego, efectivamente evadirse, como hizo el General Giraud... y luego tener el impudor de hablar de "honneur".

El más flagrante ejemplo de traición fraguada con la complicidad de Vichy fue el desembarco de tropas anglo-norteamericanas en Argelia, el 8 de Noviembre de 1941. El escritor Louis Rougier, panegirista acérrimo del Mariscal Petain, ha admitido que éste estaba de acuerdo con Churchill en muchos puntos y al corriente de las intenciones de los Aliados de desembarcar en Argelia. La numerosa y bien organizada comunidad judía de Argel colaboró activamente en la lucha contra los escasos franceses que, en Africa del Norte, ofrecieron resistencia a la invasión.[385]

Este inesperado ataque por la espalda motivó el definitivo hundimiento del frente alemán del Norte de Africa. A pesar de la enorme superioridad en efectivos humanos y material en favor de Montgomery no es probable que la ofensiva iniciada en el Alamein hubiera terminado por eliminar el frente germanoitaliano de Libia. Pero la tan inesperada como rápida ocupación de Argelia y la consiguiente invasión de Túnez cogieron el frente italo-germano del revés e imposibilitaron, prácticamente, toda defensa eficaz.

Las consecuencias del desembarco en Argelia repercutieron en el frente ruso, pues Hitler al ver al "Afrika Korps" cogido entre dos fuegos, debió retirar tropas y aviones que operaban en el frente del Volga y enviarlos a toda prisa al Mediterráneo. En aquel mismo momento estaba en todo su apogeo la terrible batalla de Stalingrado y la Wehrmacht tenía imperiosa necesidad de todas sus fuerzas.

Mientras Rommel se defendía como podía en el reducto de Cirenaica. Las tropas del Mariscal Von Arnim, que, enviadas desde Rusia, hacían frente a los angloamericanos, se veían casi totalmente desasistidas por los italianos, cuya obsesión parecía ser reembarcar y "volver a casa". Pese a todos estos contratiempos los alemanes aún lograron asestar un tremendo golpe a los

---

[385] Von Paulus y el General Seidlitz se avinieron a formar una especie de "Gobierno" títere alemán bajo égida soviética. Es posible que actuara bajo amenaza o fuera drogado. Personas que lo vieron deponer en el Proceso de Nuremberg afirman que daba la impresión de estar idiotizado. (N. del A).

norteamericanos en Kasserine (Túnez), en Febrero de 1943.

Pero este postrer zarpazo no impediría el definitivo hundimiento del frente germanoitaliano en Africa del Norte. Von Arnim, cayó prisionero con los restos maltrechos de sus tropas, pues, por enésima vez, la Flota Italiana que continuaba en el Adriático se negó a prestar su apoyo a los mercantes que debían preceder al reembarque del "Afrika Korps" y de los soldados de Bastico.

STALINGRADO

Venciendo la formidable oposición de las tropas del mariscal Zhukov, el Sexto Ejército Alemán consiguió llegar a controlar la ciudad de Stalingrado. Durante semanas y semanas se combatió en la ciudad, calle por calle y casa por casa. La consolidación de Stalingrado por los alemanes era decisiva. Si se lograba, ni siquiera la formidable ayuda angloamericana sería suficiente para compensar su pérdida. Centro de comunicación vital, pues unía Moscú al Cáucaso, el petróleo ruso, las tres cuartas partes del cual se producen, justamente en el Cáucaso, quedaría inevitablemente bloqueado y caería con toda probabilidad en poder de la Wehrmacht.

Por esa razón Stalin mandó a todas sus reservas a ese frente. Hitler, que ya dirigía personalmente las operaciones en el frente ruso, no pudo concretar, en cambio todo su esfuerzo en ese sector vital, a causa del brusco empeoramiento de la situación en Africa del Norte. Quince divisiones de la reserva, listas para ser enviadas al frente del Volga, debieron ir al nuevo escenario en Túnez, así como 500 aviones que tanta falta hacían en Stalingrado.

La presión soviética se fue endureciendo paulatinamente y, el día 19 de Octubre (1942) dos meses después de iniciada esa gigantesca batalla, los rojos consiguieron romper el frente por el Tercer Ejército Rumano, que quedó su sumergido por las masivas oleadas del "rodillo ruso". Otro golpe gemelo aplicado en el ala opuesta del Sexto Ejercito motivó el cerco de esa brillante fuerza armada, que se había paseado victoriosamente por toda Europa. Trescientos mil hombres quedaron cercados en un cuadrado de unos setecientos kilómetros de lado. Von Manstein intentó romper el cerco, pues el Sexto Ejército acosado, a la vez por tres Ejércitos soviéticos se veía obligado a actuar a la defensiva. La Luftwaffe trató de establecer un puente aéreo, pero la Aviación Roja, que había recibido abundantes refuerzos enviados por Churchill y Roosevelt, logró impedírselo.

A Von Paulus le falta, sobre todo combustible para sus tanques. Un nuevo ataque de Von Manstein le permite llegar hasta treinta kilómetros de la bolsa, pero sus tanques se quedan clavados en la nieve. Los soviéticos han mandado a ese sector tres ejércitos más con material modernísimo.

Luchando en proporción adversa de once a doce contra uno, sin víveres, sin medicamentos y sin combustible, la resistencia del Sexto Ejército, que se prolongó hasta el primero de Febrero, permitió a la Wehrmacht ganar un tiempo precioso. En efecto, si las tropas cercadas en Stalingrado no hubieran resistido durante dos meses y medio aferradas a las ruinas de la ciudad, todo el frente alemán del Cáucaso hubiera caído envuelto por la maniobra de cerco de Zhukov, y Ucrania se hubiera encontrado en una situación harto comprometida. Nueve ejércitos soviéticos fueron necesarios para derrotar al Sexto Ejercito Alemán; las pérdidas rojas fueron elevadísimas. El sacrificio del Sexto Ejército no fue, pues, vano. Permitió reajustar las líneas del frente y ganar tiempo. Los noventa mil supervivientes emprendieron un largo cautiverio. El Mariscal Von Paulus se rindió cuando ya no quedaban ni cartuchos para las tropas, ni combustible para los tanques.[386]

Por primera vez desde el principio de la guerra, un ejército alemán había sido derrotado. Este golpe y el del Africa del Norte fueron como un aviso de que la estrella de la Wehrmacht, aquella máquina perfecta, empezaba a declinar.

LA GUERRA SUBVERSIVA

Si bien ya desde el principio de la guerra el bando aliado había utilizado el recurso de la guerra subversiva -guerrilleros y francotiradores-, tal procedimiento llegó a alcanzar su punto culminante a finales de 1942 y 1943. Los efectos puramente militares de la acción subversiva fueron, en conjunto, negligibles. El propio general Eisenhower, comandante supremo de las tropas aliadas ha reconocido[387] que las actividades de la "Résistance" francesa por ejemplo, no

---

[386] Dwight D. Eisenhower: "*Crusade in Europe*".
[387] En ciertas contadísimas ocasiones, empero, los "maquisards" galos llegaron a atacar a unidades alemanas, sobre todo cuando estas se retiraban en 1944. El porcentaje de rojos españoles entre tales

La Historia de los Vencidos (El suicidio de Occidente)

acortaron la guerra ni aportaron una ayuda digna de mención a las tropas que desembarcaron en Normandía.[388]

Lo mismo puede decirse de los otros grupos de guerrilleros actuando en Bélgica, Holanda, Noruega y centroeuropea. Sólo en Yugoslavia, los "partisanos" comunistas de Tito y los nacionalistas del General Draza Milhailovich llegaron a constituir una relativa amenaza para las tropas alemanas de ocupación. Los "ustachis" croatas, pese a la ayuda germanoitaliana, se vieron frecuentemente en apuros, pues la aviación anglosajona enviaba ingentes cantidades de material bélico a Tito.

Pero en el aspecto psicológico, la actuación de esos guerrilleros fue de gran importancia. Que una "heroica" partida de maquis hiciera descarrilar un tren hospital, arrojara una bomba en un cinematógrafo o asesinara a un alcalde "colaboracionista" y que tales actos produjeran represalias del ocupante para impedir que la indisciplina y el caos se apoderaran del país, está en una lógica relación de causa a efecto. Que la masa neutra de la población civil pagara, muy a menudo, la consecuencia de este estado de cosas es, desgraciadamente, natural.

Pero esperar que la política de colaboración entre ocupantes y ocupados pudiera desarrollarse en el áspero clima creado deliberadamente por los Aliados y los guerrilleros a su servicio era utópico.

Paradójicamente, el lugar donde las actividades subversivas, ampliamente financiadas por Londres, obtuvieron su más señalado éxito fue el "Protectorado" alemán de Bohemia y Moravia. La R.A.F. arrojó paracaidistas cerca de la ciudad de Lídice con la misión de entrar en contacto con los grupos locales de partisanos y organizar con ellos el asesinato de Reinhardt Heydrich, dirigente máximo de la Gestapo, que se encontraba en aquella región. El atentado fue ejecutado con matemática precisión, bajo la dirección de un israelita llamado Peretz Goldstein. Heydrich había llevado a la Gestapo a un alto grado de eficiencia y su pérdida fue muy acusada.

Los servicios alemanes de policía del Protectorado cercaron en Lídice los guerrilleros y paracaidistas que en número de un centenar, habían participado en la

---

"maquisards" fue desproporcionadamente elevado. (N. del A.)

[388] En todo caso, es dudoso que todos los hombres de Lídice fueran fusilados. Un notario de Bremen acreditó, en 1961 haber localizado, en la post-guerra, a más de treinta hombres de la ciudad inmolada. ("*L'Europe Réelle*". Bruselas, Agosto 1961).

operación. La mayoría fueron capturados y, de acuerdo con las leyes de la guerra, ejecutados. Los alemanes obligaron luego a las mujeres, ancianos y niños de la ciudad, que habían protegido a los guerrilleros y les habían prestado asilo, a partir. Lídice fue incendiada; la población masculina fue fusilada, según la versión dada por los servicios checos emigrados en Londres.[389]

En el único lugar donde las actividades de los guerrilleros tuvieron una auténtica trascendencia militar, aparte de Yugoslavia, fue en Ucrania, debido a que la Wehrmacht apenas podía cubrir el terreno conquistado por necesitar de todas sus unidades en primera línea. Amplias zonas quedaron, así, desguarnecidas, y elementos bolcheviques dejados sobre el terreno con este propósito pudieron organizar, utilizando a menudo el terrorismo como método de persuasión, batidas de partisanos que hostilizaban la retaguardia alemana, atacaban a los convoyes de pertrechos y destruían puentes y vías de ferrocarriles.

EL RODILLO RUSO

Mientras el Sexto Ejército se inmolaba en Stalingrado, luchando sólo contra nueve ejércitos soviéticos, las tropas de Von Kleist pudieron evacuar ordenadamente la zona del Cáucaso y establecer una sólida línea defensiva al Oeste de Kharkov, donde Zhukov se estrelló sufriendo graves pérdidas. Si en el sector Sur la situación pudo ser estabilizada, no sucedió lo mismo en el sector Norte donde los rojos, atacando con grandes concentraciones de tanques y aviones lograron obligar a los alemanes a levantar el cerco de Leningrado. Las bajas sufridas por los bolcheviques se contaban por decenas de millares, pero cada división aniquilada era substituida por otra.

Stalin explotó a fondo la inagotable demografía soviética, movilizando incluso a hombres de sesenta años, y utilizando a mujeres y ancianos en servicios auxiliares. A pesar de eso, las reconquistas territoriales del Ejército Rojo dependían exclusivamente del hecho de que no se le enfrentaba la totalidad de la Wehrmacht

---

[389] El Servicio de Información del Departamento de Marina de los Estados Unidos, utilizó los servicios de la Mafia cuyos miembros sicilianos sabotearon la resistencia del Eje en la isla. A cambio de la ayuda prestada, Lucky Luciano, famosísimo gángster, vio su condena de treinta años de presidio conmutada, y se fue a vivir a Italia, después de la guerra. (Véase "*Crime in América*", por el Senador Estes Kefauver).

La Historia de los Vencidos (El suicidio de Occidente)

ni más de las dos terceras partes de los recursos bélicos de Alemania. En 1943, el Reich debía atender a un sin fin de frentes creados por los occidentales, aparte del frente aéreo impuesto por la R.A.F. y la Aviación Norteamericana. Pero ni siquiera contando con esa forzosa dispersión de fuerzas de su enemigo pudo Stalin conseguir una ventaja decisiva. Miles de litros de sangre debió pagar por cada metro cuadrado de estepa reconquistada. Incluso la victoria de Stalingrado estuvo condicionada y posibilitada por el golpe que anglosajones y franceses "gaullistas", con la complicidad de los "vichystas" y la pasividad italiana pudieron dar, simultáneamente, en Noráfrica. Si Hitler no hubiera debido mandar sus últimas reservas a aquel sector entonces, el frente de Stalingrado hubiera podido ser mantenido lo suficiente para permitir a Von Manstein y a Hoth llegar a tiempo de consolidar aquella importantísima posición. Y mantener Stalingrado significaba la pérdida del Cáucaso para los soviéticos.

El impresionante rodillo ruso, empero, no fue capaz de explotar adecuadamente su enorme superioridad numérica y de material bélico. La potencialidad industrial anglosajona puesta al servicio de la demografía de la Gran Rusia hubiera sido definitivamente aplastada en las heladas estepas en 1942 o, lo más tarde, en 1943, por la Wehrmacht y sus escasos aliados sí las democracias Occidentales no hubieran conseguido abrir el triple frente de Africa del Norte, del Atlántico y del terrorismo aéreo contra Alemania, aparte del "frente interior" de partisanos, particularmente activos en Yugoslavia y Ucrania.

La masiva ofensiva lanzada por Zhukov a mediados de 1943 no sólo no logró perforar las líneas alemanas, sino que se saldó con un fracaso absoluto y un repliegue soviético de más de cien kilómetros, permitiendo a la Wehrmacht recuperar nuevamente la ciudad de Kharkov.

En Julio de 1943 el Alto Mando Alemán lanzó una ofensiva en el área Orel-Belgorod-Kursk; la finalidad de esa operación era eliminar un saliente del frente, el cual los soviéticos habían concentrado ochenta divisiones. Esa Operación, que recibió el nombre clave de "Ciudadela", se inició con los mejores auspicios, pero el desembarco angloamericano en Sicilia obligó a Hitler a traer más tropas del frente ruso y enviarlas a Sicilia, Cerdeña y Grecia. La audaz operación quedó así truncada, pues la doble tenaza de cerco alemana perdió fuerza y los rusos pudieron retirarse con la mayor parte de su equipo.

Una vez más, una oportunísima maniobra militar anglosajona, auxiliada por la debilidad italiana, permitió a Stalin evitar una sangrienta derrota.

ITALIA SE TAMBALEA. DESEMBARCO ALIADO EN SICILIA

La Isla de Pantellaria, situada en el Estrecho de Túnez, fue capturada por los anglosajones sin disparar un sólo tiro. 15.000 soldados italianos se rindieron al acercarse las naves de desembarco enemigas. Unos días después era ocupada la isla de Lampedusa. El 9 de Julio (1943) quince divisiones aliadas fueron desembarcadas en Sicilia, donde había nueve divisiones italianas y cuatro alemanas. El desembarco estuvo a punto de terminar en una hecatombe. Un temporal, tan formidable como inesperado, arrojó numerosas barcazas de desembarco contra los acantilados; el viento arrastró docenas de planeadores británicos y canadienses; muchos cayeron al mar. Las operaciones de desembarco se retrasaron en varias horas.

En tales circunstancias, un ataque audaz de los germano-italianos hubiera rechazado sin dificultades la proyectada invasión de la isla, a pesar de la protección de la Flota y la Aviación aliadas. Pero los italianos no quisieron secundar el ataque y se replegaron hacia el centro de Sicilia. Los alemanes establecieron un reducto defensivo en las zonas montañosas y lograron mantener la resistencia hasta el 17 de Agosto.[390]

Un tercio de los soldados italianos en Sicilia desertaron; los restantes apenas ofrecieron resistencia. Si el Ejercito Italiano dejó, prácticamente de luchar en Sicilia, la moral de la retaguardia llegó a su punto más bajo. Mussolini, que tantos partidarios tenía, o parecía tener, en las horas grandes del Fascismo, fue abandonado por la mayoría del pueblo italiano al producirse los primeros reveses militares. El primer bombardeo de Roma -que no admitía parangón con los que a diario sufrían Berlín, Hamburgo, Colonia y todas las grandes ciudades alemanas- provocó un pánico histérico que prendió hasta en los altos cargos gubernamentales. Los generales Hugo Cavallero y Zaussi, del Estado Mayor, el General Amé, Jefe de los Servicios de contraespionaje y diversos miembros del Cuerpo Diplomático

---

[390] Raymond Cartier: "*La Seconde Guerre Mondiale*".

La Historia de los Vencidos (El suicidio de Occidente)

empezaron a facilitar información sobre las bases alemanas en la Península y a instar urgentemente a los anglosajones para que desembarcaran cerca de Roma.

En la "carrera hacia la traición" que se desencadenó varios altos gerifaltes del "Gran Consejo Fascista" no llegaron ciertamente en los últimos lugares. El día 25 de Julio (1943) fue este Gran Consejo el que decidió el derrocamiento de Mussolini. Al día siguiente el Rey lo llamó a Palacio y, a traición, lo mandó prender.[391]

Mussolini fue enviado primero a Ponza, después a Cerdeña, y finalmente al Gran Sasso. Pero una unidad de planeadores y paracaidistas alemanes, al mando del Coronel de las SS, Otto Skorzeny, logró rescatarle en una operación personalmente ordenada por Hitler, que pasará a la Historia como un caso único de precisión, inventiva y valor.

Mussolini fue substituido por el Mariscal Badoglio, el titulado Héroe de Etiopía. Este héroe prometió que su Gobierno seguiría luchando lealmente al lado de Alemania. Pero mientras tal prometía estaba preparando una espectacular "volte face". El 3 de septiembre, los Aliados desembarcaban en Reggio (Calabria), y cinco días después el Gobierno Italiano firmaba la paz separada con los enemigos de la víspera y declaraba la guerra a Alemania[392].

La situación, número de efectivos, dispositivos confidenciales y fuerza real de las seis divisiones alemanas que se encontraban en Italia fueron comunicadas inmediatamente a Eisenhower, Jefe Supremo de las Fuerzas Aliadas. La Flota Italiana, que había pasado la guerra escondida en los puertos del Adriático, zarpó el 7 de Septiembre "para luchar o morir" como dijera dramáticamente el Ministro de Marina, Conde de Courten. En vez de ello, lo que hizo fue ir a entregarse a los anglosajones. El acorazado "Roma", empero, fue torpedeado por los submarinos alemanes y el "Vittorio Véneto" resulto seriamente averiado.

El Alto Mando Alemán en Italia no se dejó sorprender por la situación

---

[391] El papel jugado por la Masonería Italiana -declarada ilegal por Mussolini, pero tratada con mucha suavidad- en los acontecimientos del 7 al 9 de Septiembre fue notabilisimo. Masón fue Dino Grandi iniciador del complot contra Mussolini y también Badoglio. Según A. S. Leese (in "*The Jewish War of Survival*", página 98), Badoglio era medio judío, lo mismo que Bottai y Ciano, opinión corroborada por el Rabino Wise. (Vide "*Opinion Magazine*", Noviembre 1939).

[392] A Dino Grandi, Badoglio y los generales Ambrosio y Roatta, "hermanos" de Darlan y artífices de la caída de Italia les ocurriría lo mismo. Es el sino de los masones: una vez han traicionado, no sirven para nada y la masonería les abandona. (N. del A.)

insólitamente creada en el espacio de unas horas. Unidades enteras del Ejército Italiano fueron desarmadas por destacamentos especiales de las SS que actuaron con notoria. celeridad. Un número importante de "camisas negras" y algunas unidades de Infantería italianas permanecieron leales a la alianza con el Reich; el Mariscal Kesselring ocupó Roma sin resistencia. El Rey Víctor Manuel, Badoglio y varios, ministros anglófilos lograron huir acogiéndose a la protección anglosajona. Aunque el cambio de actitud de Italia representó un golpe terrible para Alemania, es evidente que la presencia de ánimo de Kesselring permitió aminorar en gran parte los efectos del golpe. Con todo, Badoglio y sus seguidores lograron reforzar a los Aliados con 350.000 soldados italianos, 500 aviones y una flota de guerra de 125 unidades modernísimas. Además, contribuyeron a la formación y al sostenimiento de numerosas partidas de guerrilleros que operaron a espaldas del frente alemán en Italia y, aparte de sus acciones de sabotaje causaron la muerte de más de seis mil italianos adictos a Mussolini. Este, después de su espectacular rescate fundó, en Verona, el Nuevo Estado Italiano, o República Social, que se alineó resueltamente al lado de Alemania y habida cuenta de las circunstancias, prestó a ésta una ayuda relativamente apreciable.

El frente alemán de Italia, pues, se tambaleó, pero no se hundió. Las seis divisiones alemanas asistidas por algunas unidades fascistas italianas, se enfrentaron a diecisiete divisiones aliadas, en las que estaban representadas, prácticamente, todas las razas del mundo. Allí había senegaleses y brasileños, americanos y polacos, italianos de Badoglio, canadienses, indios, griegos, sudafricanos, marroquíes, australianos, neozelandeses, sirios y libaneses, paquistaníes... Todos acudían a defender a Europa contra la barbarie nazi. Pero los valientes cruzados de la Democracia fueron bruscamente detenidos al Norte de Salerno, en cuya playa habían logrado desembarcar gracias a la "volte face" italiana el 10 de Septiembre.

EL GUIÑOL AFRICANO

La situación política en Africa del Norte, entretanto, se asemejaba a un gui ñol. Cada uno de los tres aliados utilizaba a sus muñecos franceses en la lucha de influencias que se desarrollaba. Evidentemente, el hombre de Inglaterra parecía ser

La Historia de los Vencidos (El suicidio de Occidente)

De Gaulle, pero la City se equivocó totalmente en sus cálculos, pues mientras aquél que debía su carrera política a la Gran Bretaña, flirteaba abiertamente con los comunistas. Estos acaudillados por André Marty, el Carnicero de Albacete, obedecían, huelga decirlo, a Moscú. El tercero en discordia era el General Henri Honoré Giraud, el hombre d e Washington.

Argel se convirtió en un patio de Monipodio. Cada cual hacía frenéticos esfuerzos para apoderarse del Poder. Ciertas personalidades de Vichy, que antaño habían jugado la carta de la colaboración franco -alemana, empezaron a emigrar al Africa del Norte. La grotesca bufonada terminó, como es corriente en estos casos, en un mar de sangre. El camarada Marty, primer consejero del General De Gaulle, habla:

> *"Lo que deseamos es el triunfo del Comunismo en todo el mundo. Seamos dignos de la confianza de nuestros amigos soviéticos. No luchamos por la burguesía ni por generalitos fracasados..."*

Cinco mil comunistas aplauden, entusiasmados. Los hombres de De Gaulle disparan contra la multitud. Marty se lo toma bastante mal... Pero todavía se necesitan el uno al otro y el idilio gaullo-comunista continuará por algún tiempo.

El Almirante Darlan, que lo ha sido todo (pétainista, antipétainista, germanófilo, anglófobo, y americanófilo, sin dejar de ser discretamente soviétófilo) decide volverse francés realista, y se presenta en Argel nombrándose a sí mismo Alto Comisario del Consejo Imperial Francés. Pero nadie necesita a Darlan. Por grandes que hayan sido los servicios prestados por este notorio francmasón a los Aliados con sus tácticas dilatorias y equívocas[393] no es menos cierto que su misión ya ha terminado y que son otros quienes van a aprovecharse de sus maniobras. Y Darlan es asesinado en un taxi... ¿Por quién? Responda el adagio latino ¿Cui prodest?

Igual suerte seguirá Pierre Pucheu, otro oportunista de la política y seriamente ligado al Movimiento Sinárquico ultracapitalista. Pucheu, ligado a la Masonería, se había permitido expresar ciertas ideas propias no demasiado agradables a los

---

[393] Churchill ya había experimentado un asalto a la "Westwall" atlántica: a finales del Verano de 1942, unidades de comandos británicas y tropas de choque canadienses habían intentado poner pie en Dieppe, siendo diezmadas o apresadas. (N. del A.)

comunistas. Personalmente, se había enemistado con De Gaulle y André Marty; Pucheu fue judicialmente asesinado, tras una parodia de proceso que fue poco apreciada por Londres y New York. El autor del asesinato legal de Pucheu fue el hebreo J. Abbadie que llegaría, con De Gaulle, a ser Ministro de Justicia.

Insidias, tráfico de influencia, traiciones y muertes -violentas y judiciales-. Y detrás de todo ese caos, una Fuerza consciente y perfectamente organizada: el Judaísmo. El General Dioméde Catroux, Gobernador General de Argelia; Leber, Director general de la "Banque de Lí Algérie" y alcalde de Argel; Jacques Sousteille, presidente del Comité "France-Israel", Ministro de Información; Georges Meyer, Director de la Oficina de Prensa del Ministerio de la Guerra. Y muchos más...

DE MOSCU A TEHERÁN VÍA EL CAIRO

El 18 de Octubre de 1943 se celebró en Moscú, la conferencia de la "Comisión Consultiva Europea". Los llamados "Big Three" -Estados Unidos, Gran Bretaña y la URSS- se irrogaron graciosamente, el derecho de dirigir los destinos del Continente Europeo, una vez definitivamente liberado del yugo hitleriano. El periódico londinense "The Observer" comentó:

> "Es la primera vez en la Historia que una comisión política decidirá de la futura organización de Europa sin que ninguna nación europea tenga voz ni voto en las discusiones. Hoy, nadie puede extrañarse de ello, pues... se ha producido una colosal revolución en las relaciones internacionales.
>
> "... La justificación de esta Comisión, sin contar con Francia ni con las otras naciones aliadas del Continente, está en el hecho de que, después del final victorioso de esta guerra, la Gran Bretaña, América y la Unión Soviética deberán, durante un cierto tiempo, mantener la pesada presión de una poderosa fuerza armada sobre Europa... Habrán, probablemente, algunas tropas indígenas (sic), en Francia, en Yugoslavia, en Grecia, etc... Pero serán reducidas a la nada por la coalición todopoderosa de los Tres Grandes."

Estos párrafos clarísimos no necesitan comentarios. Demuestran que lo que cuenta, para Londres, Washington y Moscú, excusas "humanitarias" y justificaciones ideológicas aparte, es dominar a Europa, incluso contra la voluntad de las tropas indígenas de los países aliados" del Continente. A pesar de la Cruzada Democrática.

La Historia de los Vencidos (El suicidio de Occidente)

A pesar de la Carta del Atlántico.

Un mes más tarde, los "Tres Grandes" se reunían en Teherán. Stalin pide urgentemente la creación de un "segundo frente" en las costas occidentales de Francia. Churchill, que, cuando sus múltiples obligaciones masónicas y compromisos electoreros y sionistas se lo permiten, piensa "en inglés", prefiere un desembarco en Yugoslavia o en Grecia... en el llamado bajo vientre de Europa. Espera atacar a Alemania por el Sur e impedir, así, que los soviéticos lleguen, con la ayuda anglosajona, a ocupar el Centro del Continente, con ol cual, la vieja constante nacional inglesa del "Two po-wer standard" -uno de cuyos postulados es, precisamente, el equilibrio militar y político- pasaría a mejor vida. Stalin, inteligente, prefiere, en cambio, un desembarco en la costa occidental del Continente; sigue fiel a su línea política de pre-guerra: que se dañen mutuamente, lo más posible, democracias y fascismos, sabe que un desembarco en Francia prolongará la guerra y, por otra parte, obligará a Hitler a retirar muchas fuerzas del frente ruso... Así podrá él (Stalin) liberar (sic) gran parte de Europa, lo que habría sido impedido por la aplicación del plan de Churchill.[394]

Stalin no se contenta con esas demandas militares, y pone sobre el tapete sus reivindicaciones territoriales: parte de Finlandia, Besarabia, y Bukovina, los Estados Bálticos y media Polonia. Churchill objeta débilmente que fue justamente Polonia la causa -la pobre excusa - para declarar la guerra a Alemania. Pero Roosevelt apoya resueltamente a Stalin y se decide el sacrificio polaco.

Stalin, a continuación, manifiesta que considera como "zonas de influencia "soviética" Rumania Hungría, Checoslovaquia y Polonia". Nuevamente Roosevelt se muestra totalmente de acuerdo con su amigo del Kremlin. Y nuevamente Churchill se traga la serpiente.

Termina la Conferencia de Teherán. En el Cairo tiene lugar una continuación de la Conferencia, con asistencia de los Estados Mayores. Un nuevo "grande" se presenta con la pretensión de hacer oír su voz y sus "derechos": De Gaulle. Dos días permanece en las antesalas de las oficinas de Churchill y Roosevelt, sin ser recibido. Se le ignora; no existe. Por fin, logra una corta audiencia;. trata de hacer valer los derechos de Francia, pero todo lo que logra es ser fotografiado junto a

---

[394] Documentación del Senado: 18-1V-1946.

Roosevelt y Churchill. Francia no interesa ya a nadie; cumplió su papel al inmolarse en la lucha contra Alemania. Después de la guerra, la IV República, con o sin De Gaulle, será un satélite de los "grandes" apoyándose ora en este, ora en aquel. La "víctoíre" consistirá en perder el rango de gran potencia, el Imperio, y, prácticamente, la soberanía nacional, la cual necesita de la fuerza para subsistir.

Pero tal vez lo más importante de lo debatido en este ciclo de conferencias de los "grandes", que cierra el año 1943, es la solemne adopción de un plan de genocidio destinado a Alemania: Un plan de asesinato colectivo, apenas encubierto, germinado en la mente enferma de un magnate judío y obedientemente oficializado por Roosevelt, Churchill y Stalin: el Plan Morgenthau.

EL PLAN MORGENTHAU

Henry Morgenthau, Secretario del Tesoro en la Administración rooseveltiana presentó un proyecto para el exterminio de medio pueblo alemán y la destrucción de Alemania como nación. Dicho plan, estudiado en la Conferencia de Casablanca y adoptado en Teherán, proponía:

1) Privar a Alemania de la totalidad de su industria.
2) Regular su producción agrícola.
3) Ocupar permanentemente su territorio.
4) Declarar "criminales de guerra" a todos aquellos alemanes que hubieran participado en tareas gubernativas o administrativas a partir de 1933.
5) Utilización de mano de obra alemana en batallones de trabajos forzados para la reconstrucción de las regiones afectadas por la guerra en Rusia o Inglaterra.
6) Suprimir toda clase de pensiones de guerra a viudas y huérfanos de guerra.

Morgenthau fue, asimismo, el creador y "alma mater" de la sedicente "Sociedad para la Prevención de la Tercera Guerra Mundial", cuya finalidad era velar para que se cumplieran todas las cláusulas antes citadas. Esa Sociedad trabajó activamente para que se llevara a cabo el desmembramiento de Alemania, en que se expulsara a los alemanes de los países neutrales, en que no se concedieran visados para ir a Alemania a súbditos de países neutrales, en que no se permitiera la emigración del país, y en poner mil trabas para el restablecimiento de los servicios postales y telefónicos con Alemania y Austria. Si todos estos puntos no pudieron ser íntegramente llevados a la práctica débese, primordialmente, a la oposición de una parte de las tropas aliadas de ocupación, y al hecho previsible de que ambos bloques, soviético y occidental, se apercibieron de que convenía conservar a Alemania -o una ficción de la misma- para servirse de ella contra sus nuevos enemigos, y aliados de la víspera.

El propio Cordell Hull, al que ni con las más calenturienta imaginación podría calificarse de "naz" le dijo a Roosevelt que "el Plan Morgenthau tiene como finalidad asesinar por inanición al cuarenta o cincuenta por ciento del pueblo alemán, y convertir al resto en una masa nómada, embrutecida y miserable. Dicho plan contradice al sentido común y nunca podrá ser adoptado por un gobierno americano. El senador William Langa, por Dakota del Norte dijo, en el Senado, que "Mr. Morgenthau aparece, ahora, convicto ante el Tribunal de la Conciencia Humana como el instigador sistemático de la aniquilación de los pueblos de habla alemana."[395]

Morgenthau no estaba solo en su campaña de odio vengativo. Harry Dexter White (Weiss) y muchos otros correligionarios suyos le acompañaban en el "gang" de la "Society for the Prevention of the World War III". Grandes humanitarios como Einstein, Emil Ludwig, Goldstein, y tantos más.

Otra organización creada a instigación de Morgenthau fue el "Comité Interaliado de Coordinación", que suministraba propaganda para las Naciones Unidas. El Secretario General de esa entidad fue el hebreo Isaac Hamwee.

Churchill fue el único que intentó oponerse a la materialización del plan Morgenthau, en Teherán, pero Roosevelt y Stalin decidieron llevarlo a la práctica. El viejo imperialista que era o, más exactamente, creía ser Churchill, quería mantener a Alemania viva, como pieza indispensable del "puzzle" de equilibrio continental, en el cual todavía se esforzaba en creer. Ya que sería difícil de imaginar que el inventor de los bombardeos de las poblaciones civiles alemanas -y no

---

[395] De la biografía de Sir Winston Churchill, por Gilbert y su hijo Randolph. (Citado por S.A. Observer, Julio 1977)

alemanas- el noble "copenhagueante" de Mers-el-Kebir, el hombre que faltando a su palabra, entregó a los chekistas centenares de miles de rusos emigrados a Occidente, obró movido por razones humanitarias.

Más bien debemos creer que el contrasentido permanente que es la vida de política de Churchill está provocado por sus alianzas fáusticas. A nuestro entender, el viraje que da el viejo imperialista y reaccionario en 1938 tiene una motivación económica. En el anteprólogo de esta obra se citan tres frases de Churchill, entresacadas de su libro "Grandes Contemporáneos" muy favorables a Hitler y Mussolini. Ese libro apareció en 1937. Pero en 1938, tras una serie de operaciones desgraciadas en la Bolsa de Londres, llevadas a cabo por sus agentes, Vickers & Da Costa, Churchill quedó en la ruina.

Entonces, el financiero australiano Sir Henry Stracosch ofreció a Churchill pagar sus deudas a fondo perdido. Tales deudas ascendían a la entonces colosal suma de 18.162 Libras esterlinas. Churchill aceptó en el acto y así no debió subastarse su castillo de Chartwell, ni retirarse de la política como era su deseo en vista de su bancarrota. A partir de entonces las "ideas" políticas churchillianas dieron un giro copernicano. Mencionemos, de paso que tanto Stracosch, el "generoso", como Vickers & Da Costa los "desafortunados" eran judíos.[396]

INTENSIFICACION DE LA GUERRA AEREA CONTRA EUROPA

La guerra aérea contra los civiles fue extendida en 1943 a toda la Europa ocupada o aliada de Alemania. Ocasionalmente, se atacaron, también, objetivos militares, pero que ello fue hecho sólo excepcionalmente nos lo demuestra el aumento constante de la producción bélica alemana. En 1944, cuando los bombardeos contra Alemania llegaron a su pleno apogeo fueron construidos, bajo la dirección de Albert Speer, más de veinte mil aviones. Atacar los centros bélicos de Alemania, muy bien protegidos, costaba la pérdida de, a veces, centenares de aparatos. Evidentemente, era más cómodo descargar las bombas sobre ciudades desprotegidas, a causa de no tener interés militar alguno. Además, eso facilitaba la realización de los objetivos de los provocadores -y, a la vez, los beneficiados- de la

---

[396] El terrorismo aéreo como medio de "combate" fue preconizado, en la entreguerra, por Douhet, un general de aviación italiano (N. del A.)

La Historia de los Vencidos (El suicidio de Occidente)

guerra. Abría una zanja de odio entre anglosajones y alemanes, de la cual sólo los bolcheviques se aprovecharían cumplidamente.

Pero el objetivo buscado por los altos mandos militares angloamericanos, es decir, provocar la desmoralización y el pánico entre la población civil, lanzar a ésta a una revuelta contra su gobierno y forzarle a pedir la paz para que cesaran los bombardeos de terror, fracasó rotundamentete[397].

En el segundo semestre de 1943, la Aviación Norteamericana secundó muy activamente a la R.A.F. en sus ataques terroristas. En una semana, Hamburgo sufrió seis bombardeos. Los aliados arrojaron más de ciento cincuenta mil bombas explosivas e incendiarias, así como dos mil quinientas latas de fósforo para activar los incendios. Un millón de personas se quedaron sin hogar; setenta y cinco mil perecieron. Los ataques los realizaban manadas de mil y más aviones.

A Hamburgo siguió Colonia; luego Kiel, Berlín, Lubeck, Halle, Viena, Budapest, Praga, Bucarest... También Milán, Turín, Pisa, Génova y Roma. Aviones cazabombarderos, volando a baja altura, arrojaron bombas sobre la Catedral de Colonia, sobre los edificios universitarios de Heidelberg, sobre el Palacio Verde de Galeano Alessi, en Génova.

Si el objetivo buscado por el terrorismo aéreo, es decir, provocar el hundimiento moral de Alemania y sus aliados, fracasó, decenas de millares de pilotos anglosajones perdieron sus vidas para satisfacer el anhelo de venganza talmúdico. El propio L. Mac Lean, Comodoro británico del Aire manifestó que la verdad sobre el te rrorismo aéreo fue ocultada al pueblo inglés,[398] que nunca lo habría aprobado. Los ataques aéreos sobre objetivos civiles alemanes costaron a los vencedores 85.000.000.000 de dólares, sesenta mil muertos y más de cien mil heridos. Los destrozos materiales infligidos a las poblaciones civiles son incalculables, y el número de muertos inocentes no baja del millón y medio.

Innumerables manifestaciones del Arte y la Cultura europeos fueron sepultadas bajo las bombas. El Mariscal del Aire inglés Sir Arthur Ha rris calificó los bienes

---

[397] Comodoro L. Mac Lean "*La Ofensiva de la Aviación de Bombardeo*"

[398] En Noviembre de 1943 tuvo lugar, en New York, una subasta de objetos de arte italianos -robados por las tropas de Eisenhower- por un valor total de 30.000.000 de dólares,. incluyendo las famosísimas esculturas de la Capilla de Santa Rosalía, de Palermo. Pero cuando tales obras de arte no po-dían, todavía, ser robadas, eran "pseudo-arte" europeo de baratija, y podían ser impunemente destruidas. (N. del A.)

culturales que sus bombas destruyeron como "pseudo-arte europeo de baratija[399].

DE MONTE CASSINO A LEROS

El Mariscal Kesselring había conseguido lo que parecía imposible después de la traición de Badoglio: estabilizar el frente italiano, luchando en inferioridad numérica en proporción de uno contra tres, seis divisiones más dos de reserva contra diecinueve divisiones adversarias, con una aviación inferior y sin flota para proteger las largas costas de sus flancos la Wehrmacht logró evitar ser copada y, aún batiéndose en retirada, infligió a su poderoso adversario rudos golpes.

En Monte Cassino, la resistencia adquirió tintes heroicos. Tres asaltos aliados fracasaron sucesivamente. El 15 de Marzo de 1944 tuvo lugar uno de los más impresionantes bombardeos preparatorios que jamás se han visto. Durante cinco horas y media, 600 aviones y 900 cañones de largo alcance estuvieron machacando las posiciones alemanas. Luego siguió el ataque de la infantería, apoyada por gran número de tanques. Pero fue insólitamente rechazado por los supervivientes germanos.

Dos meses más tarde, empero, el Quinto Ejército Americano logró romper el frente al Oeste de Cassino. Kesselring debió abandonar la posición, tan bien defendida, para evitar ser copado: tropas francesas del Mariscal Juin fueron las primeras en poner pie en las ruinas abandonadas de Monte Cassino. La Wehrmacht se replegó al norte de Roma, sin perder la cara. Durante veintiún meses, en Italia, ocho divisiones que no recibieron ningún apoyo ni, casi, refuerzos, resistieron el ataque de diecinueve divisiones aliadas, que fueron constantemente reforzadas y renovadas y que contaron con el apoyo de fuerzas aéreas muy superiores y de una poderosa flota, a la que se unió el grueso de la flota ita liana, con mandos anglosajones.

Pero allí donde la superioridad de los Aliados no fue tan absoluta, en 1943, la Wehrmacht logró, aún, asestar fuertes golpes. En Grecia, Creta y las Islas del Egeo, una parte de las guarniciones italianas intentaron entregarse, siguiendo las consignas de Badoglio. Pero la rápida intervención de las tropas alemanas logró

---

[399] Joachim von Ribbentrop: "*Zwischen London und Moskau.*"

La Historia de los Vencidos (El suicidio de Occidente)

impedirlo en todos los casos, con la excepción de Leros.

Pero fue, justamente, en esa isla, donde los ingleses sufrieron una completa derrota. Los paracaidistas alemanes, al mando del General de División Müller, lograron desalojar a los ingleses, pese al apoyo de unidades de la flota británica. En un audaz golpe de mano, veintiséis paracaidistas de las SS capturaron al general inglés Tilney y a su Estado Mayor, a 350 soldados ingleses y 150 italianos, rompiendo la espina dorsal de la posición anglo-italiana en la isla. Inglaterra que esperaba, en 1943, atacar Europa por el Sudeste fracasó, pese al apoyo italiano, debido a la acción de sólo veinticinco mil soldados alemanes, esparcidos en un arco de seiscientos kilómetros, desde Corfú hasta Lemnos, pasando por Creta.

EMPIEZA EL REPLIEGUE GENERAL EN EL FRENTE DEL ESTE

La formidable ayuda angloamericana había conseguido que los soviéticos contaran, desde mediados de 1943 en adelante, con una superioridad de siete contra uno en tanques, nueve contra uno en artillería y cinco contra uno en aviación. Los efectivos numéricos del Ejercito Rojo superaban, así mismo, a los de la Wehrmacht y sus aliados en una proporción de cinco y medio por uno. Gracias al admirable espíritu de lucha y casi increíble disciplina del Ejército Alemán pudo mantenerse incólume en el frente del Este. Replegándose ordenada y lentamente, haciendo pagar con usura cada metro cuadrado que los rojos recobraban, las tropas europeas llevaron a los soviéticos al borde de la postración. Stalin había amenazado en Teherán en una paz separada con el Reich si los occidentales no abrían pronto un segundo frente en las costas francesas. Echando mano de sus últimas reservas de hombres, pudo organizar su ofensiva de 1944, que terminó con la ruptura del sector central del frente del Este, en Minsk. El Mariscal Walter Model logró, no obstante, cerrar el boquete abierto por los rusos, tras infligirles graves pérdidas.

En Tscherkassy -sector Sur- siete mermadas divisiones alemanas fueron copadas por no haberse replegado a tiempo. Atacadas simultáneamente por treinta y cuatro divisiones rojas, los sitiados lograron romper el cerco, en una acción en que se combinaron la más indómita bravura con el valor de la desesperación y el frío cálculo estratégico. Soldados belgas de la "Legión Wallonie" hicieron prodigios de valor.

El 10 de Abril (1944), los soviéticos tomaron Odessa. La posición erizo que los alemanes habían dejado en Sebastopol resistió durante dos meses y causó gran número de bajas a los asaltantes, pero debió capitular cuando ya se habían agotado las municiones, el 9 de Mayo. A lo largo de todo el frente, el rodillo ruso avanza, ensangrentado. El pequeño Ejército Finés recibe un duro golpe en Carelia Central y pierde todo el terreno trabajosamente conquistado. La Línea Mannerheim es rota. Helsinki pide ayuda a Berlín, que no puede proporcionarla.

Conforme se va agravando la situación en el frente ruso, aumentan las concentraciones de tropas angloamericanas en el Sur de Inglaterra y los rumores de invasión del Continente se vuelven cada vez más insistentes. Esto obliga a Hitler a retirar fuerzas de Rusia y de los Balcanes para enviarlas a Francia y a Bélgica. Simul táneamente, la actividad de los guerrilleros serbios se incrementa.

En Berlín se aperciben de que la situación es cada vez más desesperada. "Tráigame Vd. la paz con Inglaterra o con Rusia" le dice Hitler a Ribbentrop[400]. Los soviéticos parecen sumamente dispuestos a un alto el fuego, pues tal solución colmaría sus objetivos políticos permanentes: Que los pueblos occidentales se destrocen entre sí, mientras la URSS restaña sus heridas para preparar el siguiente golpe. Agentes soviéticos en Estocolmo ofrecen la posibilidad de una paz en el Este de Europa: única condición, que los alemanes se retiren detrás de la línea de demarcación existente antes del 21 de Junio de 1941, y que la URSS tenga manos libres en Extremo y Mediano Oriente. El Japón, que se ve cada vez envuelto en mayores dificultades en el Pacífico, y debe mantener inmovilizado el setenta por ciento de su ejército en China, apoya de inmediato esta solución. China sería para los soviéticos, mientras los nipones dedicarían todo el peso de sus fuerza s a combatir contra los americanos en el Pacífico y Birmania.

Pero Hitler no se fía en absoluto de la URSS y prefiere una paz separada con Occidente. Mas ya en la Conferencia de Casablanca, Roosevelt y Churchill han proclamado como intangible el principio de la "rendición incondicional", principio estúpido e impolítico, que prolongará innecesariamente la guerra durante casi dos años más, en perjuicio de todos, menos del Bolchevismo. Todos los esfuerzos hechos por Ribbentrop para lograr la paz en el Oeste, resultan vanos. Los Aliados

---

[400] Dwigt D. Eisenhower: "*Crusade in Europe*".

han publicado los "comptes rendus" de las Conferencias de Casablanca y Teherán, han dado a conocer los detalles del innoble Plan Morgenthau; sabiendo que su única alternativa es resistir o morir, mantenerse en pié o desaparecer como nación unida y libre, los alemanes endurecen aún más su resistencia. Así se desperdiciará una posibilidad de detener la carnicería que asola a Europa.

DESEMBARCO EN NORMANDIA

El 6 de Junio de 1944, el grueso de las flotas inglesa y americana, protegiendo a innumerables navíos de transporte, se acercó a la costa francesa y facilitó los primeros desembarcos de tropas. Tres mil aviones cubrieron a una flotilla de planeadores que arrojó veinte mil hombres a retaguardia de las líneas alemanas. Los Aliados utilizaron, en total, en esa operación: 13.000 aviones, 4.300 naves de transporte y de guerra, 2.000 planeadores y noventa y una divisiones.[401] La invasión de Europa dio comienzo en la zona comprendida entre Cherburgo y Arromanches. A pesar de su inferioridad numérica, las tropas de von Rundstedt se lanzaron a un violento ataque que rechazó a los ingleses hacia la playa. Pero la llegada constante de refuerzos procedentes de Inglaterra logró consolidar la cabeza de puente.

Los restos de la flota submarina alemana se sacrificaron en una batalla desigual contra la fuerza combinada de las dos mayores flotas de guerra del mundo, y lograron hundir a más de trescientos barcos cargados de tropas y material. La Luftwaffe lanzó sus últimas reservas al combate, consumiéndose en una lucha desigual.[402] El Alto Mando Alemán se vio nuevamente obligado a hacer prodigios maniobreros para extraer fuerzas de otros frentes y mandarlas a Francia. El frente balcánico, en particular, quedó casi totalmente desguarnecido, lo que permitió a los ingleses iniciar el asalto a la fortaleza europea por el Sudeste, saltando de isla en isla, en el Mar Egeo. Cinco divisiones selectas, de las SS fueron rápidamente transportadas del frente ruso al francés, al mismo tiempo que Stalin preparaba una nueva ofensiva en el sector Central. El Reich, atacado por cuatro puntos a la vez -

---

[401] El principal inconveniente con el que tropezaba la Luftwaffe no era la insuficiencia de aviones, sino la falta de combustible. La producción de combustibles sintéticos en Alemania aunque notable, no llegó a cubrir las necesidades de la guerra. (N. del A.)

[402] Dwigt D. Eisenhower: "*Crusade in Europa*".

Rusia, Francia, Italia y, en mucho menor escala, los Balcanes- empezaba a desmoronarse. Sólo la fe en las armas secretas anunciadas por Hitler y el Doctor Goebbels mantenía aun viva la llama de la esperanza.

LAS ARMAS DE LA REPRESALIA

La propaganda aliada pretendió que las armas secretas de que hablaba Hitler en sus discursos eran un bluff destinado a sostener la moral de sus soldados. No obstante, los hechos demostrarían la falsedad de esas afirmaciones. La técnica alemana hizo verdaderos prodigios en el curso de la contienda, muy especialmente a partir de 1942.

Las bombas volantes V-I y V-II pasaron su fase experimental en 1942 y su producción en serie se inició en 1943. Existía, además, el prototipo de una V-3, de efectos aun más demoledores que las anteriores. El inconveniente principal radicaba en la falta de tiempo. Las bombas y llegaron demasiado tarde. De haberlas podido utilizar dos o tres semanas antes, los alemanes hubieran probablemente evitado el desembarco de Normandía. Hay que tener en cuenta que las primeras bombas volantes fueron lanzadas sobre Londres y el Sur de Inglaterra el día 13 de Junio, es decir, siete días. después de haberse realizado el desembarco en Normandía. No cabe duda de que la mortandad entre las tropas destinadas a la Invasión hubiera sido terrible, dada su abigarrada concentración en aquella reducida zona.

El mismo Eisenhower ha admitido[403] que si Alemania hubiera podido utilizar las bombas V unas semanas antes de lo que lo hizo, la operación "Overlord" (nombre en código del desembarco de Normandía) habría sido imposible llevar a la práctica.

Pero la gran esperanza de Hitler era la bomba atómica. En 1939, Otto Hahn, físico alemán de renombre mundial[404] descubrió que mediante el bombardeo de núcleos de uranio por neutrones se producía un fenómeno llamado "kerns-paltung" o desintegración nuclear. El seis de Enero de 1939, la revista alemana "Ciencias Naturales" publicó el feliz resultado de las experiencias realizadas a este respecto en el "Káiser Wilhelm Institüte". Como indica Salvador Borrego en "Derrota

---

[403] Otto Hahn recibió el premio Nobel de Física en 1945 precisamente por sus trabajos sobre la fisión del uranio, (N. del A.)

[404] Salvador Borrego: "*Derrota Mundial*", Editorial JUS, México 1961.

La Historia de los Vencidos (El suicidio de Occidente)

Mundial", en dicho Instituto trabajaba una hebrea [405], Lisa Meitner, quien inmediatamente se traslada a Suecia y comunicó a New York todo lo que sabía acerca de los experimentos atómicos alemanes. Según Marschalsko[406] la Meitner informó a América a través de un físico danés, correligionario suyo.

Pronto se formó en New York un clan de científicos que, basándose en los descubrimientos de Otto Hahn y sus colaboradores del "Káiser Wilhelm Institute" y en sus propios conocimientos, se dispuso a producir la bomba atómica para Norteamérica. O, más exactamente, para la América de Roosevelt, puesto que ni el Congreso, ni el Senado, ni el propio Gobierno fueron informados.

Formaban este equipo los judíos Albert Einstein, emigrado de Austria; Robert Oppenheimer, judío graduado de la Universidad de Gottingen; Léo Szilárd, judío de Budapest; Klaus Fuchs, judío alemán[407] y -"rara avis"- un "Gentil", el italiano Enrico Fermi, cuyas ideas comunistoides nunca fueron un secreto para nadie.

La Financiación del "Proyecto Mannhattan" -nombre clave que fue dado a la producción de la bomba atómica- corrió a cargo, exclusivamente, de judíos. Lewi s Strauss, uno de los managers de la fabulosa banca "Kuhn, Loeb, & Co." y antiguo consejero financiero de otro atomista hebreo, David Lilienthal, aseguraba la coordinación entre científicos y banqueros judíos.

En 1942 todavía llevaban los alemanes una gran ventaja en el campo de la investigación nuclear. Pero los sabotajes sufridos en la planta atómica de Peenemunde, así como los bombardeos de la R.A.F. hicieron demorar la producción de la bomba. Cuando la guerra terminó, el 9 de Mayo de 1945, Alemania poseía el secreto de la bomba atómica, mientras que los sabios que trabajaban en el proyecto Mannhattan aún no habían llegado a encontrar el sistema del detonador. Fue, precisamente, la incautación de los secretos (N.d.E.: y de materiales, incluido Uranio 235), atómicos alemanes lo que permitió a los yankees ultimar la construcción de

---

[405] Louis Marschalsko: "*World Conquerors*", pags. 194,195,196.

[406] Fuchs, que tras haber traicionado a Alemania traicionó a su patria adoptiva los USA, pasando al lado de la U.R.S.S., vivió en Alemania del Este, y era, ciertamente, hijo de una judía, pero se desconoce la raza de su padre. (N. del A.)

[407] Hitler había dicho a Goebbels : "Con una sola bomba terminaremos esta terrible guerra" (J. P. Goebbels. "Diario"). Ciertos científicos alemanes de la planta de Peemunde sabotearon sus propias investigaciones por escrúpulos humanitarios.(N. del A.)

su primera bomba "A", que seria arrojada en Hiroshima.[408]

De haber dispuesto, asimismo, de unos meses más, la Luftwaffe hubiera podido contar con nuevos carburantes sintéticos cuya puesta a punto había pasado ya del plano experimental.

Si Italia, y después, la mayoría de sus Aliados, no la hubieran abandonado en pleno combate, no cabe duda de que Alemania hubiera dispuesto de esos preciosos tres o cuatro meses que separaron su rtiunfo de su derrota. Tres o cuatro meses que significaron el triunfo de las llamadas "Democracias" y, paralelamente, quiérase o no admitir, la derrota de Europa.

TRAICIONADO POR TODOS

En las trágicas circunstancias en que se debate el Reich, la traición disfrazada de "realismo", de "objetividad", y, sobre todo de "patriotismo", empieza a hacer su aparición en escena. Primero, tímidamente; después, sin recato alguno. Los antiguos aliados del Reich creen que se salvarán comprando el perdón democrático-soviético con la deserción e, incluso, con el ataque a Alemania.

Rumania fue la primera en abandonar a Hitler, El Conducator Antonescu, partidario de la lucha a ultranza contra el comunismo, fue apresado por orden del Rey Miguel. El día 23 de Agosto, Bucarest pedía la paz por separado a la Unión Soviética, y, dos días más tarde, tomaba las armas contra la Wehrmacht. 350.000 soldados rumanos, acuartelados en la metrópoli, fueron lanzados contra la espalda del Octavo Ejército Alemán que, al este del Dniester, intentaba impedir el desbordamiento de las hordas rojas precisamente sobre Rumania. Batiéndose entre dos fuegos, el Octavo Ejército consiguió abrirse camino hacia los Cárpatos, mientras cinco divisiones que habían debido abandonar Besarabia cuando ocurrió la defección rumana intentaban llegar a Bulgaria.

Pero, exactamente quince días después de la traición del monarca rumano Miguel de Hohenzollern que sería destronado por sus nuevos aliados soviéticos, ocurrió la defección búlgara. Bulgaria declaró la guerra al Reich y se preparó a mandar a su ejército a las reducidas guarniciones alemanas que aún se oponían a

---

[408] Fue, también, a través de este Wallemberg que Roosevelt consiguió convencer a Suecia de la necesidad de suspender sus ventas de cojinetes de bolas a Alemania. (N. del A.)

los británicos en el Egeo y Grecia. El caso de Bulgaria es de una insólita bufonería, sin dejar, por ello, de ser trágico. He aquí, someramente, la exposición de los cinco actos de la tragicomedia búlgara:

1) Bulgaria, políticamente aliada del Reich, aunque militarmente neutral, participa con sus tropas en la ocupación de Macedonia, Tracia Meridional y Dobrudja. En 1941, sin duda para hacer valer su co ndición de miembro del Eje, declara la guerra a la lejana Inglaterra, pero se niega hacer lo propio con la más cercana Unión Soviética. Sólo la presión de Von Papen, embajador de Alemania, logrará que se manden simbólicamente, algunas unidades de combate, en calidad de "voluntarios", al frente ruso.

2) Al darse cuenta de que Alemania, sola frente a una coalición mundial, tiene escasas probabilidades de vencer, Bulgaria declara la guerra al Reich sin molestarse en buscar una excusa. Al mismo tiempo, pide a Inglaterra la suspensión de hostilidades. Unas hostilidades platónicas, que nunca han llegado a concretarse realmente.

3) Stalin, que ve esfumarse la posibilidad de "liberar" a Bulgaria (oficialmente, "enemiga" de Inglaterra, la "aliada" del Kremlin), declara la guerra a los reaccionarios de Sofía.

4) Los reaccionarios de Sofía, aterrados ante la perspectiva de ser "liberados" por los ejércitos soviéticos, deciden que es preferible ser liberados por los occidentales, razón por la cual anulan sus negociaciones de "paz" con Inglaterra - que se ha tomado el asunto con evidente flema- y declaran la guerra a los Estados Unidos.

5) Los hábiles -los "patrióticos"- políticos del Consejo de Regencia búlgaro han conseguido estar, simultáneamente, en estado de guerra con Alemania, la Unión Soviética, la Gran Bretaña y... por vía, de consecuencia, con el resto de Naciones Unidas y Commonwealth. Naturalmente, quien pagará la factura de tanto maquiavelismo de vía estrecha es el pueblo búlgaro. Sofía será sucesivamente bombardeada por la Luftwaffe de Hermann Goering y por los "Liberators" de Dwigt David Eisenhower. Los soviéticos atravesarán la frontera rumano -búlgara y los hábiles serán ejecutados por "traidores al pueblo".

Tras este quinto acto cayó el Telón. Un Telón Rojo. Un comediógrafo podría basar en estos hechos históricos una obra titulada "Los dividendos de la traición".

Tras Bulgaria y Rumania seguirá Finlandia. El caso finlandés, empero, es muy diferente. Helsinki comunica a Berlín que no puede continuar la guerra si no recibe refuerzos urgentemente. Estos refuerzos no pueden ser enviados y Mannerheim debe aceptar los términos del armisticio propuesto por los rusos. Las conversaciones entre fineses y soviéticos tuvieron lugar en el domicilio del prominente fina nciero judío sueco Marcus Wallenberg, que fue quien facilitó los primeros contactos entre Moscú y Helsinki.[409]

En Hungría el Almirante Horthy pide la paz a los soviéticos, que se acercan rápidamente, sobre todo después de la defección rumana. Pero los miembros del Movimiento Hungarista dan un golpe de estado y destituyen a Horthy. Ferenc Szalasi toma el poder y, con sus partidarios, luchará al lado de Alemania hasta el final. Aproximadamente un tercio del Ejército Húngaro se entrega a los soviéticos.[410] Pero las tropas alemanas de Von Schoerner logran estabilizar la situación en los Cárpatos, donde los soviéticos de Tolbujin reciben un durísimo golpe y son frenados en su avance.

La Wehrmacht, que está abandonando los últimos territorios conquistados en Rusia, no cesa de recibir golpes por la espalda. El 29 de Julio de 1944 ocurre el alzamiento general de Varsovia. El llamado ejército secreto polaco, con sus veinte mil hombres, se echa abiertamente a la calle, apoyado por más de doscientos mil civiles. El General Bor-Komorowski, líder de los sublevados, ha recibido la promesa formal de apoyo de las tropas soviéticas, que están a las puertas de la capital.[411] Pero los polacos se equivocan, una vez más.

Se equivocan ahora como se equivocaron en 1939, cuando creyeron que franceses e ingleses irían a la guerra por defender Dantzig. La aviación Roja cesa, súbitamente, sus actividades, y permite a la Luftwaffe que machaque a los

---

[409] Miklós, general de los húngaros que se pasaron al bando soviético, fue, más tarde, ejecutado por la N. K. W. D. por "fascista" (N. del A.).

[410] El comisario soviético Jacob Katz había prometido la ayuda del Ejército Rojo a Windolowski, el emisario del General Bor-Komorowski. La "Pravda" había excitado a la sublevación desde varios días antes, y prometido ayuda rusa. (D. Eisenhower. *Crusade in Europe*")

[411] Philippe Henriot fue uno de los escasos vichystas que no practicó el "double jeu"; con su actitud demostró que se podía ser patriota y honrar la palabra empeñada sin ser un servil adulador del ocupante. (N. del A.)

La Historia de los Vencidos (El suicidio de Occidente)

guerrilleros de Varsovia. Estos, tras sesenta y siete días de heroica resistencia, capitularán. Los alemanes incendian el ghetto de la capital, que había sido uno de los principales núcleos de la resistencia. Numerosos jefes polacos que, de acuerdo con las leyes de la guerra podrían haber sido ejecutados, son indultados... Pero muy poco tiempo conservarán la vida. Cuando los soviéticos llegan a Varsovia -dos días después de haber capitulado el Ejército Secreto Polaco, fundamentalmente anticomunista-, reanudan los rojos su interrumpida ofensiva -esos polacos, "patriotas de la vieja escuela", serán ejecutados o enviados a Siberia.

Por todas partes la Wehrmacht debe enfrentarse a enemigos que actúan en la clandestinidad. Los diversos partidos comunistas "nacionales" colaboran eficacísimamente en esta forma de combate particularmente desleal. Al revés que en 1943, las acciones de los guerrilleros revisten ahora una auténtica importancia militar, sobre todo en el Este, los Balcanes e Italia. Los comunistas dominan la mayor parte de los grupos de partisanos. Aparte de la finalidad militar, éstos persiguen un objetivo político: preparar el camino al Bolchevismo, o, al menos, a regímenes puente. En consecuencia, las ejecuciones de elementos calificados de "nacionalistas" o "derechistas" se multiplican. Philippe Henriot, Ministro de Propaganda de Vichy[412] es sacado de su cama a altas horas de la noche y ejecutado ante su esposa e hijos. Dentro de los mismos rangos de la resistencia, tanto en Francia como en Italia y Yugoslavia, elementos no-comunistas y con mayor razón anticomunistas, son ejecutados, bajo fantásticas acusaciones de traición o connivencia con los alemanes.

En Yugoslavia, sobre todo, la situación es confusa hasta lo indecible. Los alemanes de Von Weichs, ayudados por los ustachis croatas luchan contra los partisanos comunistas de Josip Broz (a) Tito, los "trotskystas" de Vidmar y Bebler y los guerrilleros monárquicos y nacionalistas del General Draza Mihailovicht. A su vez, Mihailovicht lucha contra Tito, y éste contra los "desviacionistas" Bebler y Vidmar y contra Mihailovicht.

En medio de aquel indecible caos, se mueven, también, italianos fascistas y comunistas. Cuando, a finales de 1944, Von Weichs, con autorización del Führer,

---

[412] En la Conferencia de Yalta se decidió aumentar la ayuda al marxista Tito y suspenderla al antimarxista Mihailovitch... A PROPUESTA DE ROOSEVELT Y CHURCHILL .ó 9-II-45, Apéndice C.ó

propone a los Aliados abandonar Yugoslavia con la condición de que los resortes del mando queden en las manos del General Mihailovich, estos se niegan[413]. En Londres no quieren una restauración monárquica en Belgrado y, gracias a Londres y Washington, Tito llegará al poder.

El sabotaje y la traición se manifiestan activamente también, en Alemania. El 20 de Julio de 1944, el Coronel Conde Von Stauffenberg colocó una bomba debajo del escritorio de Hitler en el Cuartel General de éste. La bomba mató a tres personas (dos generales y el taquígrafo de Hitler), pero el Führer resultó únicamente con heridas en un brazo. Stauffenberg al oír el estallido y ver saltar en pedazos la sala de conferencias, telefoneó al Almirante Canaris para que éste pusiera en movimiento el mecanismo de la "Operación Walkiria". El General Fromm, que mandaba el Ejército del Interior, debía arrestar y ejecutar sumarísimamente a Goebbels, Goering, Ribbentrop, Fritzsche y Bormann y desarmar a una unidad de las SS acuartelada en Berlín. Las tropas del comandante Remer debían sitiar los Ministerios. El Mariscal Von Witzleben, se autonombró Jefe Supremo de la Wehrmacht y comenzó a dar órdenes de alto el fuego en todos los frentes, preludio de la capitulación, pero no tardó en ser detenido y fusilado.

Goebbels, con gran presencia de ánimo. toma la iniciativa, llama a su despacho a Remer y, delante de él habla por teléfono con Hitler, al que los conjurados suponen muerto; Goebbels entrega el auricular a Remer, que escucha la voz inconfundible, palidece y sale corriendo a ordenar a sus hombres que depongan las armas.

El General Fromm, viendo que el Ejército, las SA, las SS y, en general, todo el pueblo berlinés, empieza a dar señales de adhesión a Hitler, trata de salvarse apelando a un medio indigno. Llama a Von Stauffenberg y a Olbricht y los manda fusilar. Pero la Gestapo descubre el papel jugado por Fromm y le arresta. Ludwig Beck, que debía suceder a Hitler como Canciller del Reich y pedir la paz a los Aliados, trata de suicidarse, pero ni siquiera este último acto desesperado le sale bien; sólo se causa una leve herida, pero uno de sus subordinados le remata de un tiro en la sien. El General Von Treschkow, otro viejo aristócrata complicado en el complot y previsto como futuro Ministro del Interior, fue igualmente detenido y ejecutado. El General Lindemann; otro cómplice, se suicidó cuando iba a ser

---

[413] Charles De Gaulle: "*Memoires.*"

detenido.

La Gestapo descubrió que Canaris era un traidor y, tras unos cuantos meses de cárcel, este viejo agente del "Intelligence Service" fue ejecutado. La conspiración había extendido sus tentáculos hasta París. El General Von Stuelpnagel. comandante de la guarnición alemana en Francia detuvo a los principales jefes de la Gestapo y de las SS establecidos en París, pero debió abandonar el plan iniciado, al llegar noticias de Berlín y de la represión organizada por la Gestapo en Alemania. Von Stuelpnagel fue detenido y fusilado. En suma tomaron parte en la conspiración 135 miembros del Estado Mayor Central de la Wehrmacht. El mismo Rommel estaba más o menos complicado en ella; para evitarle comparecer ante un Tribunal de Honor que habría, ciertamente, demostrado su participación en el "putsch", se ofreció al viejo Zorro del Desierto la alternativa del suicidio, que fue aceptada. Exceptuando al habilisimo Schacht, todos los que directa o indirectamente participaron en el atentado y la posterior tentativa de cuartelazo fueron detenidos, y la mayoría ejecutados.

A pesar de la rápida liquidación de esta amenaza interior, el efecto que el fracasado "putsch" hizo sobre el pueblo alemán fue necesariamente, deplorable.

EL ULTIMO ATAQUE DE LA WEHRMACHT

En Agosto de 1944 tropas francesas "libres" desembarcaban en Córcega, prácticamente desguarnecida, y la ocupaban rápidamente. Unos días después, ocurría el desembarco en Provenza. El 20 de Agosto era ocupada Toulon y el General De Gaulle desembarcaba en Francia, procedente de Argel. Tres días después, las tropas angloamericanas ocupaban París. (Batiendo todos los récords de la mistificación histórica se ha pretendido que París fue liberada por las tropas de Leclerc y los "maquis" de las Fuerzas Francesas del Interior. En realidad, guste o no a los melómanos gaullistas, París fue liberada por los norteamericanos. (N. del A.)

A finales de Agosto, los Aliados cruzaban la frontera belga. El 3 de Septiembre era reconquistado Bruselas; el día 5, Amberes; el 9, Le Havre (Le Havre había preparado un recibimiento grandioso a sus libertadores americanos. Los alemanes habían abandonado la ciudad y el puerto dos días antes. Insólitamente, el puerto fue completamente destruido por un bombardeo norteamericano, y en la postguerra reconstruido por una empresa americana. (N. del A).

La Wehrmacht se replegaba hacia Alemania y Holanda. En Septiembre, los paracaidistas ingleses fueron aniquilados en Arnhem (Holanda) y los americanos y los franceses de Leclerc fueron detenidos con grandes pérdidas en los Vosgos. El 16 de Diciembre de 1944 el Ejército Alemán dio su último gran golpe en las Ardenas. El frente angloamericano fue materialmente triturado en una profundidad de ciento diez kilómetros. El ataque hubiera tenido un éxito completo de no haberse debido detener los tanques alemanes por falta de combustible. Treinta y ocho divisiones anglosajonas estuvieron a punto de ser cercadas, y el sector de Bastogne los americanos presa del pánico, tuvieron pérdidas terribles.

Por falta de combustible debió, igualmente, desecharse la idea de un ataque en los Vosgos. Y como, al mismo tiempo Stalin preparaba el asalto a Europa, varias unidades selectas debieron ser nuevamente sacadas del frente Occidental y transportadas a toda prisa al Oriental. La última esperanza de victoria habiase esfumado para Alemania.

DE GAULLE EN MOSCU. ALIANZA CON STALIN

A finales de Noviembre (1944) el General De Gaulle, Presidente del Gobierno Provisional de la República Francesa, se trasladó a Moscú para entrevistarse con Stalin. El día 10 de Diciembre, los dos estadistas firmaron un Pacto de Amistad Franco-Soviético, valedero por diez años. Dicho pacto, en realidad, prorrogaba el anterior, firmado por Laval y Livitnoff en 1935.

Stalin convence a De Gaulle de la necesidad de ser realista con relación a Polonia. El Zar Rojo pretende vender su pacto contra la aprobación pública, por parte de Francia, de la política soviética en Polonia, tendente a instalar el "Comité de Lublin" (comunista) y a ignorar al "Gobierno Legal", instalado en Londres.[414] El acuerdo entre franceses y soviéticos fue instantáneo y De Gaulle recibió, oficialmente en la Embajada de Francia, a los principales miembros del Comité de

---

[414] Ese viejo sátiro Ehrenbourg fue siempre objeto predilecto de la beata admiración de nuestros inefables intelectuales y progresistas occidentales. En cambio, Lenin, buen psicólogo, le llamaba "la ramera al alcance de todos"- (N. del A.)

La Historia de los Vencidos (El suicidio de Occidente)

Lublin: el Presidente Bierut, el Ministro de Asuntos Exteriores, Usubska-Morawski, y el Ministro de la Guerra, Rola--Zymierski. De- Gaulle hace más: envía un delegado cerca del Comité de Lublin y recibe en París, a un representante, -un embajador ó de ese comité. Esto equivale a un reconocimiento oficial del Gobierno procomunista polaco y, simultáneamente, representa un bofetón diplomático para el Gobierno Polaco en Londres, Para Westminster y para la Casa Blanca. Stalin no dejará de subrayar el gesto "realista" de De Gaulle. También puede, sin duda, aplicarse el adjetivo de realista a la aprobación sin reservas dada por De Gaulle a la pretensión staliniana de llevar la frontera germanopolaca hasta la Línea Oder-Neisse.

La opinión pública, la "Conciencia Universal", la "Humanidad Democrática", etc., están de acuerdo en que Roosevelt, el hombre de Pearl Harbour y de Yalta, fue un estadista ejemplar. Pero no cabe duda alguna de que De Gaulle fue su precursor en el camino de la capitulación oficializado en Yalta.

LOS SOVIETICOS IRRUMPEN EN ALEMANIA

Tras ocupar los Países Bálticos, tropas soviéticas, mandadas por el Mariscal Charnonski, penetraron en Prusia Oriental. El director de la "Pravda", Ilya Ehrenbourg (judío), escribe, en un memorable editorial, esta enormidad:

> "¡Soldados del Ejército Rojo Arrancad por la violencia el orgullo racial de las mujeres alemanas!.. ¡Violad, destruid, matad".[415]

Los soldados del Ejército Rojo cumplirán la orden del viejo revolucionario de la "Pravda". A los soldados americanos se les da una consigna similar: "Destruidlo todo... Hombres, casas y ganado". Se trata de un consejo de un correligionario de Ehrenbourg; de un banquero multimillonario, de un auténtico "capitalista" Henry Morgenthau.

El 22 de Octubre, los rusos ocupan Goldap y Nemmersdorff, pero las tropas del General Hossbach detienen el avance rojo, pasan al contraataque y, el 4 de Noviembre recobran Goldap. El día siguiente, reconquistan Nemmersdorff. Un cuadro horroroso se despliega ante sus ojos. En Nemmersdorff, mujeres clavadas

---

[415] "L'Europe Réélle", Bruselas, nro. 25 Mayo 1960.

en las puertas de sus casas; muy pocas sobrevivirán a esa crucifixión. Todas las mujeres, entre doce y setenta años han sido violadas docenas de veces por mongoles, tártaros, kirghizes y demás salvajes que integran esas avanzadas del glorioso Ejército Rojo. Ancianos castrados o con los ojos reventados. Un grupo de prisioneros franceses que se había quedado deliberadamente en la ciudad, para recibir a sus libertadores soviéticos, ha sido ametrallado; los heridos, rematados a golpes de pala. La propaganda de Goebbels es un pálido reflejo de la realidad. El monstruo rojo resulta sor más inhumano e innoble de lo que la "PropagandaStaffel" ha venido proclamando año tras año.

En Metgethen, cerca de Koenigsberg, reconquistada por la Wehrmacht el 19 de Febrero (1945) pueden verse centenares de cadáveres de mujeres ultrajadas colgando de los árboles de la calle principal, con el vientre abierto a bayonetazos; bebés con las cabezas aplastadas. Los cadáveres de los rojos muertos en el curso del contraataque alemán están recubiertos de cuatro o cinco trajes arrebatados a civiles; todos son portadores de botín: relojes, joyas, anillos. Los prisioneros de guerra, serbios, franceses y rusos, acompañan a la Wehrmacht en su retirada, sin necesidad de vigilancia: prefieren permanecer con sus carceleros que esperar a sus libertadores...

Un infierno inenarrable se abate sobre Europa y no solamente sobre Alemania. Un sin fin de historiadores neutrales y aún aliadófilos atestiguan, asombrados, el salvajismo del noble aliado soviético. No se trata solamente de bestialidades cometidas por tropas asiáticas semi-salvajes. Está probado que los abusos contra la población civil son deliberadamente fomentados por el Alto Mando Soviético: la famosa proclama de Ehrenburg no es un caso aislado, sino un prototipo. A los soldados soviéticos se les da vodka en grandes cantidades antes de proceder a la ocupación de una ciudad.

Escuchemos al americano Francis Sampson, prisionero de guerra en el campo de Neubrandenburg:

"A media noche llegan los rusos. Dan la impresión de una tribu de sal vajes: disparan en todos los sentidos, con sus fusiles, aunque nadie les arnenaza. La mayor parte son asiáticos. Antes de una hora Neubrandenburg es un mar de llamas, permanecemos en

La Historia de los Vencidos (El suicidio de Occidente)

el campo, pues no osamos encontrarnos con nuestros libertadores."[416]

Caravanas de aterrorizados civiles emprenden la marcha hacia Occidente, abandonándolo todo. Decenas de millares de prisioneros ingleses, americanos y rusos, trabajadores forzosos o voluntarios de toda Europa, huyen de la marca roja que se desborda. Hitler retira sus últimos efectivos de los Balcanes y una parte de los que quedan en Italia, donde Kesselring tiene orden de retirarse hasta los Alpes y organizar allí una zona fortificada.

Apenas quedan tropas en el frente occidental; todas son enviadas al Este. Se movilizan todos los hombres, desde los dieciséis hasta los sesenta y dos años. Los occidentales pueden ocupar la mayor parte de Alemania, amén de toda Austria, Bohemia, Eslovaquia y Yugoslavia, si quieren. Pero, insólitamente, se clavan en el terreno. El General Patton, que avanzaba resueltamente hacia Praga, recibe la orden de detenerse y dar marcha atrás. Hay que permitir a los soviéticos ocupar ellos mismos la parte que les corresponde según el reparto de Europa, acordado en Yalta.[417]

EL CRIMEN DE DRESDE

La retirada de la población civil del Este de Europa ante la llegada de los rojos ofreció a los Aliados occidentales un nuevo recurso para lograr que sus bombardeos terroristas fueran, aún, más mortíferos. Como las autoridades alemanas alojaban a mujeres, ancianos y niños en las ciudades del centro del país, la R. A. F. y la Aviación Norteamericana empezaron a atacar esas ciudades, atestadas de refugiados. Las víctimas de tales ataques aumentaron considerablemente de número. En un solo bombardeo nocturno contra Berlín perecieron carbonizados 25.000 civiles. En Leipzig, 15.000. En Hamburgo, 18.000. Pero todos los récords fueron batidos el 13 de Febrero (1945) con el bombardeo de Dresde, que significó el mayor ataque contra una indefensa masa de civiles.

---

[416] Del 4 al 11 de Febrero, los Tres Grandes, reunidos en Yalta, se repartieron, democráticamente, el dominio del mundo. Más adelante hablamos de las consecuencias de Yalta. (N. del A.)

[417] David Irving, súbdito británico de raza judía, ha escrito un libro, que de haber sido escrito por un alemán le hubiese costado muchos años de cárcel. En ese libro se trata con cruda dureza la acción británica contra Dresde.

La ciudad, situada a unos 120 kilómetros del frente del Este, albergaba a una masa de 800.000 refugiados que huían ante el avance de Zhukov. Dresde en una ciudad abierta, es decir, no albergaba tropas, ni poseía fábricas de guerra, ni objetivos militares de ninguna clase. No poseía siquiera, artillería antiaérea, pues había sido retirada y llevada al frente del Oder para ser utilizada como antitanque. Sobre la masa de aterrorizados refugiados se abalanzaron 900 aviones de bombardeo ingleses, arrojando 400.000 bombas incendiarias. Tres horas después, una segunda oleada de 1.200 tetramotores ingleses lanzó 200.000 bombas incendiarias y 5.000 explosivas. Antes del alba, se produjo un tercer ataque con 150.000 bombas incendiarias y bidones de fósforo, para activar la horrorosa pira.

F. J. P. Veale, escritor inglés, cuenta que "tras los bombardeos, aparatos de caza británicos descendieron en vuelos rasantes y ametrallaron a los refugiados que trataban de escapar a través del "Gross Park" ... ametrallaron incluso a las fieras del Parque Zoológico que, frenéticas por el ruido y la luz cegadora de las explosiones, se escaparon..."

Este auténtico crimen de guerra, cometido contra una población indefensa, sin ningún objetivo militar, reservada exclusivamente para albergue de refugiados -el Comando Alemán de la zona había dado orden de que las caravanas de tropa siguieran por fuera de la ciudad, bordeándola - ha quedado, naturalmente, impune. Y ha sido, precisamente, en Inglaterra, donde más libros se han escrito, tratando del crimen de Dresde, no hallándole otra justificación que el deseo del Gobierno Inglés de ponerse a la altura -o sobrepasar- las brutalidades de los soviéticos.[418] No ha sido posible establecer, con alguna aproximación, el total de víctimas causadas por los tres bombardeos de la ciudad. Pero ningún autor baja de la cifra de 250.000 muertos, es decir, más que Hiroshima y Nagasaki juntas. Nunca fue nadie inculpado por esta odiosa bestialidad. Ningún poder temporal, ningún poder espiritual, NINGUNA IGLESIA, CRISTIANA O NO, condenó este hecho. El Cardenal yankee Cushing -la única persona de los Estados Unidos que ignoraba (preferimos suponerlo así) que la "católica familia Kennedy" era un "gang" de contrabandistas de alcohol- guardó atronador silencio. Bastante había alborotado ya en la preguerra,

---

[418] En vez de pre ocuparse tanto de la discriminación racial, las altas autoridades religiosas -cristianas o no- creemos harían santamente en preocuparse de la discriminación religiosa, practicadas por ellas mismas. ¿Ha rogado públicamente, algún Cardenal, Arzobispo Anglicano, o Papa, por Ribbentrop o Mussolini?. (N. del A.)

cada vez que un puntapié alemán se perdía en las posaderas de un rabino.

En 1965, a la muerte del hombre directamente responsable de este crimen gratuito, el H. S. M.. Winston Churchill, por el que las sedicentes altas autoridades religiosas oraron píamente una polémica se desató en Occidente para determinar qué clase de obra monumental debía dedicarse al fenecido Grande; parece ser que las altas autoridades políticas y religiosas aún no han logrado resolver tan grave cuestión... Desde estas modestas páginas nos permitimos brindarles una idea: el monumento a Churchill ya existe: Lo constituye las ruinas de Dresde, que los soviéticos han mantenido en el mismo estado como testimonio imperecedero de la barbarie democrática.

MUERTE DE ROOSEVELT. TRUMAN, NUEVO PRESIDENTE

El día 12 de Abril (1945) falleció el Presidente Roosevelt. Automáticamente, según estaba previsto por la Constitución Norteamericana, fue nombrado Presidente el anterior vicepresidente, Harry Truman.

Poco se sabía del nuevo presidente, a parte de que era masón de alto grado, como lo había sido Roosevelt. Más tarde se sabría que su verdadero nombre completo era Harry Salomon Schippe Truman, y que tenía antecedentes judíos, aunque en menor escala que Roosevelt. de quien sería digno sucesor.

LOS ULTIMOS ESTERTORES DE ALEMANIA

Ciento cincuenta mil soldados, cercados en Prusia Oriental, resistieron durante ciento tres días a más de ochocientos mil soldados soviéticos. Parte de la población civil pudo ser evacuada por mar. Más de un millón de refugiados lograron salvarse, pero muchos miles perecieron ahogados. Los submarinos soviéticos se aprovecharon del blanco fácil y desprotegido que ofrecían los transportes. El "Wilhelm Gustloff", el "Goya", el "General Steuben" y muchos otros buques que viajaban con las insignias de la Cruz Roja fueron destruidos.

Los Aliados Occidentales, por su parte, colaboraron en estas acciones de la Flota Roja, sembrando de minas el Báltico para que los fugitivos del Este no pudieran escapar a su espantoso destino.

El 25 de Abril americanos y rusos establecieron contacto junto al río Elba. El mismo día se iniciaba la Conferencia de San Francisco y se promulgaba la Carta de las Naciones Unidas. Participaban todos los países aliados en la lucha contra Alemania, es decir: Australia, Bélgica, Bolivia, Brasil, Canadá, China, Colombia, Costa Rica, Cuba, Checoslovaquia, República Dominicana, El Salvador, Etiopía, Grecia, Guatemala, Haití, Honduras, India, Irán, Irak, Liberia, Luxemburgo, México, Países Bajos, Nueva Zelanda, Nicaragua, Noruega, Panamá, Filipinas, Polonia, Unión Sudafricana, URSS, Gran Bretaña, Estados Unidos, Yugoslavia, Chile, Ecuador, Egipto, Francia, Islandia, Paraguay, Perú, Uruguay y Venezuela.[419] Entre tanto, las tropas de Zhukov han llegado a las puertas de Berlín. El Ejército de Wenck intenta romper el cerco de la capital del Reich, pero es diezmado. El 22 de Abril, Hitler decide permanecer en la capital cercada y morir en ella. Ordena a Keitel y a otros jefes militares que salgan para Hamburgo. El día 25, los rusos llegan a situarse a unos centenares de metros de la Cancillería. Muchachos de 14 y 15 años de las Juventudes Hitlerianas se inmolan ante a los tanques soviéticos. Estos están terriblemente exhaustos, pero continúan luchando empujados por el fanatismo de sus comisarios políticos.

El 29 de Abril, Hitler dicta su Testamento político. En él comunica la decisión de casarse con "la mujer que, después de muchos años de amistad, vino a esta ciudad sitiada, por su propia voluntad y para compartir mi muerte." Designa ejecutor testamentario a Martín Bormann, y termina anunciando su decisión de poner fin a su vida.

El 30 de Abril de 1945, Adolfo Hitler se suicidó, en compañía de su esposa, Eva Braun. Por expreso deseo suyo, manifestado en su testamento, su cuerpo fue incinerado.

Hitler nombró sucesor suyo al Almirante Doenitz, que se encontraba en Hamburgo. Este intentó lograr una paz por separado con los occidentales, sin conseguirlo.

Himmler, por mediación del sueco Conde Bernadotte, alto dignatario de la Cruz Roja Internacional, intentó lo mismo, con idéntico resultado negativo: los

---

[419] En el Capítulo IX tratamos más ampliamente de la Conferencia de San Francisco, sus antecedentes y consecuencias. (N. del A.)

anglosajones respondieron que la rendición debía ser incondicional y en todos los frentes a la vez.

El General Jodl, por su parte trató de que Eisenhower aceptara un armisticio en su sector, mientras las tropas alemanas del frente del Este continuarían resistiendo a los bolcheviques: la respuesta de Eisenhower fue que mientras todas las fuerzas alemanas de todos los sectores no depusieran las armas, los Aliados continuarían las hostilidades. Jodl intentó, entonces, concluir un acuerdo con Montgomery, en el sentido de que éste aceptara, en su sector, la rendición de las fuerzas alemanas que se oponían, pero, además, aceptara también la rendición de diversas unidades del frente del Este, que tratarían de cruzar Alemania para rendirse a los ingleses, y no a los soviéticos.

El Almirante Friedeburg, que se encargó de esa misión por encargo de Jodl y Doenitz, recibió de Montgomery que, dicen, es un ferviente anglicano, la siguiente respuesta:

"RENDICION INCONDICIONAL O EXTERMINIO EN MASA. DE LO CONTRARIO, CADA TREINTA MINUTOS LOS BOMBARDEROS INGLESES CONVERTIRAN A UNA CIUDAD ALEMANA EN UN MONTON DE CENIZAS, DE MODO QUE NINGUN NIÑO ALEMAN QUEDARA CON VIDA."

Tampoco Montgomery fue declarado "criminal de guerra" por ninguna autoridad temporal ni religiosa. Evidentemente, los criminales sólo pueden serlo los vencidos, una vez convenientemente amordazados.

La rendición incondicional que la Alemania vencedora no impuso a Francia ni a nadie, se firmó en el Cuartel General Aliado en Reims, el 7 de Mayo de 1945.

Los Generales Keitel y Jodl saludaron militarmente, firmaron el acta de rendición y expresaron la esperanza de que "los vencedores traten generosamente al pueblo alemán." Nadie respondió al saludo ni a las palabras de los Generales alemanes. La guerra había terminado. Los cañones callaron. Pronto empezarían a hablar los fusiles de los pelotones de ejecución.

LA PERSONALIDAD DE HITLER

Mucho se ha escrito sobre la personalidad de Hitler, después de su muerte. No han faltado los "estudios psicológicos" con pretensiones científicas.

Ahora resulta que, según los psiquiatras dedicados a la Literatura y a la Historia Contemporánea, Hitler fue un loco sangriento. ¡Un loco!.. Pero, ¡por Dios!, para dominar a un loco basta con dos guardianes forzudos.

Para reducir a un loco no hace falta organizar la mayor coalición mundial que el mundo ha visto.[420]

No parece muy razonable creer que pueda llegarse a las alturas que alcanzó Hitler, siendo un paranoico. No se salta del anonimato a Canciller del mayor país de Europa en unos años, sin el respaldo de una fabulosa fortuna y sin otra influencia que el peso de su propia personalidad, siendo un loco criminal que dirige una asociación de malhechores, tal versión sólo puede ser apta para el cerebro subdesarrollado del pitecántropo demo-marxista. A base de miles de millones y de lavado cerebral publicitario puede, en Democracia, fabricarse un estadista, pero no puede hacerlo un movimiento anti-marxista que no sólo no cuenta con el apoyo de la Alta Finanza, sino que se enfrenta a la misma.[421]

¿Un loco? Sea. Pero un loco que en menos de tres años dio trabajo a seis millones y medio de parados que le había dejado en herencia la democrática República de Weimar, y aún pudo dar empleo a dos millones de obreros extranjeros, procedentes de países democráticos -Francia, Polonia, Checoslovaquia, Lituania, la Austria de Dollfuss-, que debían ir a ganarse el pan al "Infierno" Nazi.[422]

¿Un loco?... Bien pero un loco que fue el mayor conquistador de la Historia.

¿Donde está Napoleón, el Aníbal, el César, el Alejandro que haya hecho algo parecido?

Hitler conquistó Polonia en quince días, Dinamarca en siete horas, Noruega en

---

[420] No han faltado los neopsiquiatras que han demostrado, brillantemente, que quien estaba loco era todo el Pueblo Alemán, tomado colectivamente. Paradójicamente, tales autores han tenido buen cuidado en presentarse como "antirracistas" (N. del A.)

[421] El apoyo de Krupp, Thyssen y otros magnates alemanes, fue relativo, forzado por las circunstancias y, en algunos casos, posterior a la toma del Poder por el Nazismo. (N. del A.)

[422] La tesis oficial pretende que Hitler pudo emplear a sus cesantes gracias a la fabricación de armamento. Falso: Inglaterra y Francia empezaron su rearme antes que Alemania -de hecho, no cesaron de armarse después de Versalles- y, pese a sus enormes Imperios semi-explotados, tenían paro obrero. América tiene, hoy, fábricas de armamento (y de cohetes, satélites artificiales y bombas atómicas e hidrógenas) y tiene una masa flotante de ocho a diez millones de parados. (N. del A.)

un par de semanas, Holanda en cinco días, Bélgica en una semana y media, una Francia xenófoba y orgullosa, armada hasta los dientes detrás de su pacífica Línea Maginot, en tres semanas; la Isla de Creta sin utilizar una chalupa; Grecia y Yugoslavia en una campaña relámpago que costó menos sangre que uno solo de los innumerables bombardeos terroristas de la R.A.F.

La Wehrmacht se paseó victoriosa desde el Cabo Norte hasta las puertas de Alejandría y desde el Atlántico hasta el Volga, el Mar Caspio y las montañas del Cáucaso. Y cuando, frente a la mayor coalición de que habla la Historia, luchando en proporción adversa de uno contra diez o más, mientras sus débiles aliados le traicionaban o le abandonaban uno tras otro, debió iniciar el repliegue, no fue una retirada caótica, no fue un nuevo Beresina; allí donde Napoleón se hundió sin remisión, Hitler, dirigiendo personalmente las operaciones se mantuvo en pie, asestando golpes terribles y causando a su adversario veinte millones de bajas.[423]

¿Un loco? ... Sí; un loco que señaló antes que nadie el peligro comunista a escala mundial, hoy reconocido por todos, incluso por quienes pretenden que no existe... y como prueba de ese reconocimiento ahí tenemos a la NATO. Un loco que puso los cimientos de un Nuevo Orden Europeo cuando los satisfechos burgueses de nuestro actual "Mercado Común" seguían aferrados a las periclitadas ideas de la Revolución Francesa. Un loco que instauró la legislación social más avanzada del mundo, sin necesidad de robar a los patrones; un loco que redujo al mínimo la delincuencia y las lacras sociales de su patria.[424]

Un loco homicida... Sí; eso decía Churchill, el humanitario promotor del terrorismo aéreo sobre Europa. Pero un loco homicida que ofreció nueve veces una paz- empate cuando era vencedor absoluto, desde 1940 hasta 1942; un loco homicida que con garantía de su voluntad de paz con Occidente envió a Inglaterra

---

[423] Esta cifra ha sido reconocida por los propios soviéticos, entre otros, por el Mariscal Kalinov. ("*Los Generales Soviéticos hablan.*")

[424] Será, si se quiere, debido a la pura coincidencia, pero los propagadores, activadores y beneficiarios del vicio organizado, la pornografía y los delitos en gran y pequeña escala eran judíos. Judío el abogado Magnus Hirschfeld, que batalló durante años por la legalización de la Sodomía. Judíos Brecht. Leonhardt, Frank, Werfel, Mann, Ludwig, y todos los profesionales de la pluma que trabajaron contra Alemania. Judíos Barnat y Katzmarek, agiotistas y estafadores. Judíos los únicos ciudadanos alemanes que defendieron el "Diktat" de Versalles. (N. del A.)

a su lugarteniente Hess.[425]

Un loco que afirmaba que tanto el Liberalismo como todos sus sucedáneos el Marxismo y el Bolchevismo, son todos de origen judío. Algo, al fin y al cabo, autentificado por la confesión de parte de eminentes judíos. Un loco que venció ideológicamente, a todos sus cuerdos adversarios.

Desde 1945 hasta hoy, por la Televisión, la Radio, el Cine, la Prensa, de todas las tendencias, se denigra sistemáticamente, todo lo alemán. Todo son criticas contra el Nazismo, las SS, las SA, las Juventudes Hitlerianas, los "Campos de exterminio", etc.

¿Por qué esa obsesión?

Tal vez porque Hitler ganó ideológicamente la guerra. como lo prueba el hecho de que todas sus ideas y planes están siendo llevados a la práctica. La estupidez de sus enemigos les hizo creer que puede fusionarse a una doctrina, que puede colgarse a una idea, en un Nuremberg del espíritu. Y no saben más que remedar e imitar mal -y con otros nombres- al Nacional-Socialismo.

Y ahora... hablan del peligro comunista.

... del peligro amarillo y el crecimiento demográfico de los pueblos de color.

... del derecho de los pueblos a disponer de sí mismos (derecho que las sedicentes Democracias no quisieron aplicar en Dantzig, y luego han debido aplicar en sus inmensos Imperios Coloniales, en contra suya).

... de la necesidad de la asociación Capital-Trabajo, como único dique contra el Comunismo.

... de la primacía del Estado sobre los pequeños egoísmos particulares, de una Europa Unida

... de un Mercado Común Europeo.

... y, en Tel-Aviv, el flamante Estado de Israel, implanta unas leyes radicales que son una religión, corregida, ampliada y aumentada de las Leyes de Nuremberg, sin que ningún premio Nobel, ningún Jean Paul Sartre, ningún arzobispo protestante o católico encuentre oportuno rasgarse las vestiduras.

Sí. Hitler ganó ideológicamente, la guerra, de la misma manera que Napoleón;

---

[425] En el Capitulo VIII hablamos de la fábula de los SEIS MILLONES de judíos gaseados y de los CAMPOS DE CONCENTRACION utilizados por AMBOS BANDOS CONTENDIENTES. (N. del A.)

pese a que en Waterloo los mil cañones del Gran Corso fueron vencidos por los cinco mil de sus adversarios, incapaces de combatir una idea con otra idea mejor. Hitler expuso en "Mein Kampf" los puntos esenciales del Nacional-Socialismo: Creencia en el principio aristocrático de la Naturaleza; en el valor del individuo, de la nacionalidad y de la Raza Aria. Superación de la lucha de clases, gracias a la creación de una colectividad nacional. Socialismo no marxista y Nacionalismo sin xenofobia,

En el plano de las realizaciones concretas: Liberación de las cadenas impuestas al pueblo alemán en Versalles... Igualdad de derechos para Alemania en el terreno político y militar con relación con las otras potencias... Creación de una clase media sana, previsión para la vejez, facilidades para la accesión al estudio de todos los jóvenes que demostraran capacidad para ello, independientemente de la clase social de los padres, protección para la Madre y los niños, lucha sin piedad contra la Criminalidad y la Vagancia. Una Economía al servicio del Pueblo Alemán y no del Montecarlo bursátil. Reforma agraria. Eliminación de los judíos de la dirección política del Pueblo Alemán, y expulsión del territorio del Reich de todos los individuos o colectividades que no pudieran acreditar la realización de un trabajo regular y productivo para el país.

En la última página del "Mein Kampf" puede leerse:

"El Partido Nacional Socialista Obrero Alemán es partidario de un Cristianismo Positivo, aunque no se compromete políticamente, en favor de ninguna confesión particular. pero combate incondicionalmente el espíritu materialista judaico dentro de la esfera del pueblo alemán".

Tras unos principios políticos francamente liberales, Hitler llegó, a base de estudio, reflexión y experiencia, a elaborar una doctrina nueva y vigorosa, basada en la Raza, la Jerarquía, la Disciplina y la Tierra.

Desde 1920 hasta su fin, en 1945, en medio de las ruinas de la Cancillería del Reich, mantuvo una misma línea política: lucha a muerte contra el Bolchevismo. Nunca quiso la guerra con Occidente, pero siempre quiso luchar contra la URSS, por necesidades vitales para Alemania, para Europa toda, y por antagonismo ideológico. Con la Rusia soviética, potencia de la mentira, usó del axioma formulado en el "Mein Kampf": "el veneno violento sólo puede ser contrarrestado por otro veneno, más violento todavía". Por ello, el pacto Ribbentropp-Molotoff fue, según feliz expresión del publicista canadiense Adrien Arcand, "el cloroformo del cirujano antes de la operación".

Y cuando el 7 de mayo de 1945, por orden del Almirante Doenitz, antes de la rendición incondicional, todos los cañones de la Wehrmacht quedaron apuntando a Oriente, quedó patentizada, por enésima vez, la voluntad del Nacional Socialismo de luchar contra el Marxismo, en beneficio de Alemania, evidentemente, pero de toda Europa también.

LA DEMOCRACIA EN ACCION EN ITALIA

El gobierno de la República Social Italiana capituló, oficialmente, el 7 de mayo de 1945. Benito Mussolini intentó alcanzar la frontera suiza, pero el Gobierno de Berna le hizo comprender que no sería admitido en territorio helvético.

No pudieron, Mussolini y su séquito, llegar a Austria, como pretendían. Capturados por un grupo de partisanos comunistas, fueron asesinados Mussolini, su pareja, Clara Petacci, el hermano de ésta, alto dignatario fascista, Marcelo Petacci, y los líderes del Partido, Alessandro Pavolini, Ettore Mutti, Roberto Farinacci, Francesco Barracu, Luigi Gatti, el capitán Cassalinuovo y el Rector de la Universidad de Bolonia, Profesor Coppola. Los cadáveres fueron mutilados y colgados boca abajo en una estación de gasolina de Dongo. Durante quince horas el populacho estuvo desfilando y escupiendo a los restos del hombre que habían vitoreado unos días atrás.

El líder del grupo de "ejecutores" -como les llamó púdicamente, la Prensa Occidental- era un tal "Coronel" Valerio Audisio, miembro del Partido Comunista y, posteriormente, diputado. Los traidores fueron glorificados y la escoria del país llevada al Parlamento. El antiguo miliciano de la guerra de España, Randolfo Pacciardi, fue nombrado Ministro de la Defensa Nacional.

HIROSHIMA, NAGASAKI Y CAPITULACION JAPONESA

A pesar de sus espectaculares éxitos de 1942 y 1943, que le llevaron a Nueva

La Historia de los Vencidos (El suicidio de Occidente)

Guinea y Birmania, el Japón - las tres cuartas partes de cuyas fuerzas estaban entretenidas en la lucha contra el coloso chino - no pudo hacer frente a la superioridad numérica y material de sus enemigos.

A principios de 1945 el Mikado hizo tanteos de paz, a través de la URSS[426] y también de Suecia, pero Roosevelt los rechazó. El Japón debía ser aplastado y eliminado como gran potencia. Suzuki, nuevo Presidente del Consejo de Ministros, ofrece retirar todas las tropas japonesas de Birmania, China, Malasia y las islas que aún conservan en el Pacífico. Sólo pide la no ocupación de la metrópoli y que sea respetada la Familia Imperial. Pero el nuevo Presidente Truman sigue las huellas de su predecesor.

Incluso en América es "Vox populi" que Tokio quiere la paz. El día 6 de Agosto, un avión americano deja caer la primera bomba atómica sobre Hiroshima, que no posee ningún objetivo militar. Setenta mil personas perecen en el acto. El Japón pide, oficialmente, la paz. Washington prepara laboriosamente su respuesta a la petición japonesa. Muy laboriosamente, para que Stalin tenga tiempo de denunciar su tratado con Tokio, declarar la guerra a su vez y poder así participar como "beligerante" en la Conferencia de la paz. Lo hace el día 8. Veinticuatro horas después, otra bomba atómica es arrojada sobre Nagasaki. Cincuenta y cinco mil muertos.

El Imperio del Sol Naciente anuncia oficialmente, su rendición incondicional.

Los soviéticos no han llegado a disparar un solo tiro contra los japoneses, pero serán los únicos que obtendrán ganancias territoriales en Extremo Oriente. Los chinos, que luchan contra el Japón desde 1931 recibirán, como premio la implantación del Comunismo, posibilitada por Washington. Norteamérica que es la que, realmente ha vencido en el campo de batalla, perderá las Filipinas. Los ingleses y los holandeses, que han encajado los duros golpes iniciales del Mikado, desaparecerán como primeras potencias en Asia. Magnífico balance.

---

[426] Lejos de atacar a los rojos, como a ello se había comprometido, el Japón firmó con Moscú un tratado de alianza en 1942, cediendo a la URSS sus reservas carboníferas de Sakhalin y absteniéndose de atacar a los mercantes americanos que llevaban mercancías al puerto de Vladivostock. El signatario de ese pacto, tan beneficioso para la URSS, fue el hebreo Salomón Lozovski. (N. del A.)

CAPITULO VIII

PURIM 1945

Las trece razones de la sinrazón - La leyenda de los seis millones de judíos exterminados - La parodia jurídica de Nuremberg - La "liberación" de Europa. *Vae Victis* - Traición en Asia y nuevo Mapamundi.

> STALIN: *"Les invitó a brindar por la ejecución de cincuenta mil oficiales alemanes".*
> CHURCHILL: *"Esto está en contradicción con los principios de la Justicia Británica".*
> ROOSEVELT: *"¿Qué les parece a Ustedes si lo dejamos en 49.500?... ¿Qué opinas tú Eliot?"*
> ELLIOT ROOSEVELT: *"Espero que no serán 50.000 solamente, y que llegaremos a la cifra de 100.000..."* (De las Actas de la Conferencia de Teherán)

LAS TRECE RAZONES DE LA SINRAZON

Repasando los discursos y declaraciones oficiales de diversas personalidades responsables del campo aliado, hemos encontrado trece razones que se han esgrimido preferentemente para justificar la Cruzada contra el Nacional Socialismo y el Fascismo.

Analicémoslas brevemente.

I.-"LUCHAMOS EN DEFENSA DE LA INDEPENDENCIA POLACA" (Winston Churchill).

Puede pensarse lo que se quiera sobre la estatura moral y la inteligencia de los miembros de los Gabinetes inglés y francés que declararon la guerra a Alemania.

Pero sería ultrajar su sentido común el suponer que no se dieron cuenta de que la posición geográfica de Polonia imposibilitaba a Inglaterra o a Francia una defensa adecuada de aquél país. Un simple vistazo a un atlas debió, ciertamente, permitirles verificar tal evidencia. No obstante, ellos permitieron -o, más exactamente- ellos forzaron a Mr. Chamberlain a otorgar una garantía a Polonia, a pesar de que sabían perfectamente -no podían no saberlo- que tal garantía era perfectamente impracticable.

Ese es el punto esencial: ¡Ellos lo sabían!

Los hechos confirmarían ampliamente ese punto: Ingleses y franceses no movieron un dedo para ayudar a los polacos. Nada menos que Hore Belisha, Ministro de la Guerra británico, declaró que "Antes de que, por algún milagro, podamos operar para salvar a Polonia, el paciente habrá muerto.

La muerte del paciente fue precipitada por la invasión soviética. ¿Cuál fue la reacción anglofrancesa ame este ataque por la espalda?... ¿Interpusieron Inglaterra y Francia su famosa garantía a Polonia y declararon la guerra a la URSS?. Ya sabemos que no fue así.

Cuando los rojos de Chernyakonski y Zhukov llegaron a Polonia, el embajador soviético en Méjico, Umansky, declaró, tranquilamente:

"La URSS considera como suyo el territorio polaco ocupado en Septiembre de 1939".[427]

Nadie dijo nada en Londres. Tampoco habían dicho nada Churchill, Vansittart, Halifax et alia cuando, en 1943, los alemanes manifestaron haber descubierto una gigantesca fosa en Katyn, cerca de Smolensko, conteniendo los cuerpos de miles de oficiales polacos, asesinados por los rusos. La Cruz Roja Internacional confirmó este aserto. El Gobierno Polaco exilado en Londres quiso investigar sobre este asesinato colectivo pero Stalin se negó a permitir las actividades de ninguna comisión investigadora sobre su territorio y además rompió las relaciones diplomáticas.

Pero los ingleses, tan preocupados por Dantzig y por todo lo concerniente a Polonia en general en 1939, se tomaron el asesinato de quince mil oficiales polacos

---

[427] "*The Times*", Londres. 12-XI-1944.

con notable flema. El judío Kerensky, al que sería muy difícil de calificar de nazi, dijo que el General Sikorski, Jefe del Gobierno Polaco en Londres supo la verdad de lo ocurrido a la élite de la oficialidad polaca en manos de los so viéticos, por lo menos dos años antes de que lo descubrieran los alemanes, pero debió guardar silencio por presión británica.[428] (*N.d.E.: durante el proceso de derrumbe de la Unión Soviética -a comienzos de los años '90-, por primera vez desde la guerra, el Gobierno Ruso comunicó que la responsabilidad de la Masacre de Katin correspondía al Ejército Rojo, mostrando el engaño que sustentaron los gobiernos comunistas durante más de cuarenta años. La verdad puede decirse una vez que a nadie le interesa*)

También por presión británica los polacos de Londres debieron suspender la publicación de su semanario "Polish News", debido a ciertos comentarios hechos por este periódico por la actitud antipolaca y prosoviética de las comunidades judías del este del país. Y cuando el antisemitismo empezó a provocar centenares de deserciones entre los polacos que luchaban por Inglaterra desde Narvik hasta Alejandría, el Gobierno Británico comunicó oficialmente a Sikorski que sería muy bien visto por este gobierno (el inglés) si se tomaran medidas para suprimir toda manifestación de antisemitismo entre las tropas polacas estacionadas en este país.

El 9 de Septiembre de 1944 Churchill dijo en los Comunes: "Es necesario que se produzcan cambios en la frontera de Rusia con Polonia... Los rusos han sufrido tanto con la ocupación alemana que tienen derecho a exigir fronteras seguras en sus límites occidentales".

De estas insólitas manifestaciones churchillianas se desprende:

a) los polacos no han sufrido con la ocupación alemana.

b) Polonia es una amenaza potencial para la URSS, y ésta está en su derecho de exigir fronteras "seguras".

c) Tales seguridades sólo pueden obtenerse entregando a la débil Unión Soviética una parte del territorio de la poderosa Polonia...

Los bolcheviques organizaron un Gobierno "polaco", con Rokossiwsky, un Mariscal del Ejército Rojo, como Ministro de la Guerra. Inglaterra y Francia dieron su consentimiento, y a los polacos de Londres se les mandó callar. Media Polonia

---

[428] "*The New Leader*", USA, 14-X-1943.

fue regalada a la URSS, y a la otra mitad se le adjudicaron territorios tan indiscutiblemente germánicos como la Baja Silesia, Breslau (ahora Wroclaw) y Stettin. La nueva Polonia bolchevizada se desplazó, así, trescientos kilómetros en dirección Oeste. Un par de guerras más y aparecerá "Polonia" por los Pirineos. (!)

Creemos haber probado que no fue Polonia el motivo por el cual Inglaterra y Francia con la bendición de Roosevelt[429] declararon la guerra a Alemania en 1939. Pero en realidad, el testimonio unánime de la Historia demuestra que jamás un estado ha ido a la guerra por defender los intereses de otro. Y menos que nadie, Inglaterra.

II.- "LUCHAMOS POR DEFENDER EL DERECHO DE LOS PEQUEÑOS PAISES A VIVIR SUS PROPIAS VIDAS". (Winston Churchill)

La conducta de los vencedores en el transcurso de la guerra demuestra. y contrariamente a lo pretendido por Churchill, que ninguna nación -pequeña o grande - del mundo tiene derecho a vivir su "propia vida" si tal derecho:

a)   daña los intereses vitales de Inglaterra, y lo que Churchill y su "dique" tenían por tales.

b)   excita la codicia del Imperialismo Soviético o del Imperialismo del Dólar.

En efecto, ni Noruega ni Dinamarca, cuyos respectivos espacios aéreos fueron violados centenares de veces por los pilotos ingleses, y cuya proyectada invasión no pudo llevarse a cabo por haberse enterado los alemanes y haberse anticipado en realizarla, tuvieron el derecho a "vivir sus propias vidas". Tampoco se le reconoció tal derecho al pueblo islandés, víctima de una auténtica agresión por parte de los angloamericanos. Lo mismo puede, en verdad, decirse del Irán, invadido por ingleses y soviéticos.

Los territorios franceses del Africa Occidental, más Madagascar, Siria, el Líbano, Argelia y Túnez, fueron invadidos así mismo, por los anglosajones, a pesar

---

[429] Roosevelt tampoco creía mucho en "la nación polaca". Ante el congreso declaró (Octubre 1944) que *"después de todo, la mayor parte de los habitantes de Polonia no eran polacos".* (N. del A.)

de haber sido, el Gobierno de Vichy, reconocido oficialmente por los Estados Unidos y la Unión Soviética. Tal reconocimiento no impidió a los norteamericanos ocupar los territorios de la Polinesia Francesa, las Antillas y la Guayana, más las islas de Saint Pierre y Miquelon. Fueron, también, los norteamericanos, los que ocuparon Groenlandia, perteneciente a Dinamarca.

En cuanto a los "nobles aliados soviéticos", se apoderaron, antes del ataque alemán, de media Polonia, de los tres países Bálticos, y de extensas regiones de Finlandia y Rumania.

Se hace difícil pensar que los Aliados fueron a la guerra por defender el derecho de todos estos pequeños países a "vivir sus propias vidas". ¿Pensaron ingleses y franceses, en el derecho de Bélgica y Suecia a vivir sus "propias vidas", cuando en 1940 y 1941 planearon invadirlas, lo que no pudieron realizar por la ya mencionada anticipación alemana en Noruega y por haberse repetido el caso en Bélgica?

¿Pensaron en el derecho de los "pequeños países" neutrales a "vivir sus propias vidas" cuando impusieron a Suecia, Portugal, Irlanda, Argentina, Chile, España, etc, unas restricciones económicas y financieras que representaron, por otra parte, una evidente intrusión en los asuntos internos de estos países?

¿Pensaron en el derecho de Suecia a vivir su vida cuando, desde Londres y New York aconsejaron a Estocolmo suspender las ventas de cojinetes de bolas a Alemania?... ¿o en el consiguiente derecho de España cuando planearon la ocupación de las Canarias o el desembarco en Rosas (Gerona), o cuando el Almirantazgo Británico se comportaba como una cofradía de corsarios con sus odiosos "navycerts"?

El mismo Churchill declaró, con graciosa desenvoltura, que "los derechos de las pequeñas naciones no deben atarnos las manos". Duff Cooper, manifestó[430] que "... no debemos preocuparnos en preguntar a las pequeñas naciones qué piensan hacer. O se ponen a nuestro lado, o las obligaremos a hacerlo. Ya deberían haberse tomado medidas en este sentido respecto a Holanda y Bélgica".

Los "pequeños países", Eslovaquia y Croacia, a los que el III Reich había devuelto su independencia fueron, nuevamente, englobados por la fuerza dentro de los amorfos conglomerados estatales Checoslovaquia y Yugoslavia, sin tener en

---

[430] *"The Daily Mail"*, Londres, 12 -IV -1940.

cuenta para nada su deseo de libertad nacional.

III.- "LUCHAMOS POR LA PAZ" (Lord Halifax)

No se sabe si, cuando el noble Lord pronunció esta frase estupenda, ante la Cámara de los Comunes, sus honorables colegas se la tomaron en broma, o bien consideraron que se trataba de un "lapsus liguae". Lo que es evidente, en todo caso, es que la frase hizo fortuna, y a su cargo la tomaron diversos estadistas Aliados.

Para un simple mortal, no iniciado en las sutilezas de la dialéctica democrático-marxista, parece evidente que la única manera de oponerse a la guerra, es abstenerse de hacerla. Si realmente lucharon por la paz los Aliados ¿por qué pues, declararon la guerra?

La contradicción inherente a los términos de la original frase de Lord Halifax dispensan de toda argumentación.

IV.- "LUCHAMOS POR EL CUMPLIMIENTO DE LA PALABRA EMPEÑADA, Y CONTRA LA VIOLACION DE LOS TRATADOS INTERNACIONALES." (Sir Anthony Eden)

Aún suponiendo que Alemania -y Alemania sola - violó el Tratado de Versalles, esta causa de guerra no lo es en absoluto. Da por sentado que Alemania es el único país del mundo cuyos gobernantes violan los tratados internacionales. No tiene en cuenta los cambios de circunstancias políticas que imposibilitan, a veces, actuar de acuerdo con un tratado cuando las condiciones bajo las que se concluyó el acuerdo han cambiado completamente. No debemos, tampoco, olvidar que una cosa es un tratado y otra un asentimiento obtenido bajo el chantaje por hambre.

Además, Inglaterra y Francia no fueron, jamás, elegidas por un hipotético parlamento mundial como "policías del Universo". Ni tampoco se sabe que el Altísimo las haya nombrado "Angeles Exterminadores de los Incumplidores de Pactos". Precisamente, Inglaterra posee un récord impresionante de violaciones de pactos. Además, el hecho de aliarse con la Rusia Soviética, expulsada de la tan democrática Sociedad de Naciones en 1939 por su traidor e improvocado ataque contra Finlandia demuestra que el Gobierno Inglés no declaró la guerra a Alemania en un sobresalto de puritana indignación por el escaso respeto que le merecía a Hitler el "Tratado" de Versalles. La URSS es el mayor violador de pactos que existe; nadie podría negar esto.

En cuanto a lo del "cumplimiento de la palabra empeñada" no parece que ingleses, franceses, y americanos estén en disposición de dar lecciones a nadie. En 1917, y, posteriormente, en 1941, se hicieron ciertas promesas a los árabes, relativas a Palestina. Tales promesas fueron totalmente incumplidas. Chamberlain y Daladier empeñaron su palabra en Munich en el sentido de solventar sus futuras diferencias con Hitler en conferencias internacionales de alto nivel (según moderna expresión); unos meses después incumplían clamorosamente su palabra empeñada, con su espectacular - e inefectiva - garantía a Polonia. A ésta se le prometió que, una vez aplastado el monstruo nazi, serían restablecidas sus fronteras, pero ya en 1943 estaban de acuerdo los "Tres Grandes" en entregar media Polonia a la URSS. En 1942, Churchill prometió a España la devolución de Gibraltar si ésta conservaba su neutralidad -que tan beneficiosa resultaría para los Aliados- ... Treinta años después, los ingleses continúan en Gibraltar (tras haber concedido la independencia a trescientos millones de adoradores de vacas sagradas).

Los Aliados no fueron a la guerra en un rapto de santa indignación contra Alemania, para defender la palabra empeñada o la santidad de los tratados internacionales. En tal caso, no se hubiera aliado con los soviéticos, ni roto su propio pacto con Polonia, entregándola inerme al Bolchevismo.

Charles Liddell Hart, bien conocido escritor e historiador británico resume, muy acertadamente, esta cuestión, de la siguiente manera:

"He sido, durante mucho tiempo, observador cercano de la Historia contemporánea y, realmente, no puedo hacerme muchas ilusiones acerca de las bases morales de la política exterior británica. Cuando oigo decir que, de pronto, reaccionamos ante la amenaza que el Nazismo representaba para al Civilización y para la intangibilidad de los tratados internacionales, no puedo por menos de sonreír tristemente".

V.- "LUCHAMOS POR LA DEFENSA DE LOS PRINCIPIOS CRISTIANOS (Franklin D. Roosevelt)

La Historia de los Vencidos (El suicidio de Occidente)

Examinemos, muy seriamente, esta insólita declaración hecha por el piadoso Presidente Americano ante la Cámara de Representantes de su país.

Dos de los cuatro "grandes", China y la Rusia Soviética, no son países cristianos. Esta es un país oficialmente ateo, y prácticamente ateo. Aquella es budista, confucianista, representando las misiones cristianas bastante menos del uno por ciento de la población total. El profesor Chan Ministro de Información de Chiang-Kai-Shek, manifestó en (1944) que "los chinos no se fiaban de los cristianos occidentales porque fueron a Oriente con una Biblia en la mano y un fusil en la otra"

Los judíos de mundo entero tomaron parte, activa o pasivamente, en la contienda. Bien sabido es que el porcentaje de individuos de raza judía practicante de religiones cristianas es reducido. La suerte de millones de mahometanos dependía del resultado final de la guerra, y muchos cientos de miles de ellos lucharon en el bando aliado. Lo mismo puede decirse de trescientos millones de indios. A ninguno de estos países y razas les importaban un comino los "principios cristianos".

En cuanto a los pastores espirituales de esa pretendida Cruzada en defensa de los principios cristianos, Franklin Delano Roosevelt, Presidente de los Estados Unidos de América, era Francmasón, afiliado a la "Holland Lodge", número ocho, New York, desde el 28 de Noviembre de 1911. En 1929 fue iniciado en el grado treinta y dos, y el año siguiente con gran pompa, en el treinta y tres y último. Formaba parte, además de numerosas órdenes paramasónicas: era miembro del "Cyprus Shirine Temple", "Gran Cedro" de la logia "Cedros del Líbano" de Warwich (New York) y presidente honorario de las "Almas Shrine Temple," de Washington.[431]

Winston Churchill, simbólico "Wellington", Primer Ministro de la Gran Bretaña, afiliado a la Logia Madre de la Masonería Inglesa desde los 18 años de edad.

Stalin fue, hasta los 24 años, un delincuente común, condenado por atraco. Ateo, organizó unas persecuciones anticristianas en Rusia y Ucrania, que superaron en refinamiento de crueldad todo lo visto hasta la fecha.

El "Cuarto Grande", Generalísimo Chiang-Kai-Shek, Presidente de la República de China, igualmente afiliado a la Masonería, iniciado en la Logia "Shanghai", de San Francisco de California, antes de la guerra.

---

[431] Georges Ollivier: *"Franklin Roosevelt L'Homme de Yalta"*, página. 11

¿Defensa de los principios cristianos, este "póker" de "hermanos" y atracadores?...

¿Dónde? ¿En Katyn? ¿En Dresde?... ¿En Hiroshima, Nagasaki, Hamburgo y Berlín? ¿En los campos de esclavos de Siberia? ¿En la exigencia sin precedentes en la historia, de una rendición incondicional?

VI.- "LUCHAMOS POR LA DEMOCRACIA" (Winston Churchill)

Esta "razón de guerra" no fue sólo esgrimida por el Premier británico en su célebre discurso de "cantidad de sangre, sudor y lágrimas" sino que las repitieron, sucesivamente, todos los grandes bonzos demoliberales, desde Roosevelt hasta Spaak y desde Halifax hasta De Gaulle.

No es este el espacio adecuado para perderse en una crítica de la tan cacareada "Democracia", sistema de gobierno consistente en el recuento de cabezas, independientemente del contenido de las mismas. Limitémonos a recordar la deliberadamente olvidada verdad histórica de que el Nacional Socialismo llegó al poder en Alemania por medios absolutamente democráticos, gracias a una victoria electoral indiscutida. Mientras que las democracias inglesa y francesa tuvieron su origen y su legitimación en los regicidios de Carlos II y Luís XVI.

¿Lucharon por la Democracia los Aliados? ¿Es la Rusia Soviética una democracia? ¿Es China -ya sea con el hermano Chiang, ya con el camarada Mao, una democracia?

Las potencias occidentales -que pretendían luchar por la Democracia- no se conmovieron poco ni mucho cuando el Rey Carol de Rumania destituyó al Primer Ministro Octavian Goga, democráticamente elegido por su pueblo. Claro es que Goga era germanófilo y anticomunista. El "mundo democrático" celebró como un éxito el "cuartelazo" de Belgrado, en Marzo por una camarilla impopular y dictatorial, pero apoyada por la influencia de Moscú y el dinero de Londres y New York.

Salazar, dictador de Portugal fue constantemente solicitado por Inglaterra y los Estados Unidos para que les cediera bases en las islas Azores, en el transcurso de la guerra.

Hailé Selassié, dictador de Etiopía, fue el gran amigo de los ingleses contra los italianos.

Mustapha Pachá Kemal Ataturk, dictador de Turquía, recibió, en 1938, un préstamo de dieciséis millones de libras esterlinas sin interés para sustraerlo a la influencia alemana, y un sin fin de maharajás indios y reyezuelos de tribus negras fueron subvencionados por Londres para que se avinieran a suministrar carne de cañón para los multicolores ejércitos "británicos".

Pero ninguno de esos dictadores molestaba a las democracias...

El que molestaba era Hitler, el dictador que, apoyado por la gran mayoría del pueblo alemán, quiso suprimir la influencia de un cuerpo parásito en los asuntos de su Patria, e identificó al tal con la Fuerza que dirige, a la par, la Komitern... y la Kapintern.

Tal "crimen" no lo podían tolerar democráticos presidentes como Roosevelt, Churchill y Daladier, que introdujeron en sus países la costumbre -tan dictatorial- de los decretos- leyes.

VII.- "LUCHAMOS POR LA SUBSTITUCION DE LA FUERZA BRUTA POR LA LEY COMO ARBITRO ENTRE LAS NACIONES" (Lord Halifax)

A pesar de lo cual, los Aliados vencedores crearon, en 1945, la "Organización de las Naciones Unidas" en la cual, si bien todos los vencedores -y los vencidos convenientemente reeducados y con la excepción, claro está, del réprobo alemán - tenían voz y voto, los llamados "Cuatro Grandes" se reservaban el aristocrático derecho de Veto, cuyo peso es superior al de todos los votos juntos.

Los casuistas democráticos han argüido que, al fin y al cabo, es justo que un gran país, de doscientos millones de habitantes, como los mastodónticos URSS y USA, tenga más fuerza legal que Luxemburgo. Argumento impecable... si no fuera por el "pequeño detalle" de que el voto de Luxemburgo, con seiscientos mil habitantes vale, en la ONU, tanto como el de la India, con trescientos millones. Claro es que la India no tiene un ejército enorme, y los otros "Grandes" sí lo tienen.

¿Substitución de la Fuerza bruta por la Ley?"... No. Lo que hizo la Conferencia de San Francisco y lo que hace cada día la ONU es darle Fuerza Legal a la Fuerza Bruta. La cual, por otra parte, se manifiesta ahora más que nunca. En efecto, desde que terminó la II Guerra Mundial, "the war to end wars", -la guerra para terminar con las guerras -, como dijera aquél gran humorista, Roosevelt, anotamos los siguientes conflictos bélicos:

- China, 1945-49: nacionalistas contra rojos.
- Indonesia, 1945-47: Holanda contra rebeldes.
- Grecia, 1946-49: Gobierno contra comunistas del ELAS
- Cachemira, 1947-50: India contra Pakistán.
- Israel, 1948-49: Israel contra árabes e ingleses.
- Filipinas, 1948-52: Gobierno contra Huks comunistas.
- Malaya, 1945-54: Inglaterra contra rebeldes rojos.
- Indochina, 1945-54. Francia contra el Viet-Minh.
- Corea, 1950-53 Corea del Sur y USA contra Corea del Norte y China.
- Formosa, desde 1950: China Roja contra USA y chinos nacionalistas.
- Kenya, 1952-53: Inglaterra contra los Mau-Mau.
- Marruecos, 1951-56: Francia contra árabes.
- Sinaí, 1956: Israel contra Egipto.
- Suez, 1956: Inglaterra y Francia contra Egipto
- Sicilia, 1956: Gobierno contra separatistas.
- Túnez, 1952-55: Francia contra árabes.
- Hungría, 1956: URSS contra Hungría.
- Quemoy-Matsu, 1954-58: Chinos comunistas contra chinos nacionalistas y USA.
- Líbano, 1958: Gobierno y USA contra rebeldes.
- Tibet, 1950-59: Tibetanos contra chinos rojos.
- Chipre, 1955-59: Inglaterra contra rebeldes EOKA.
- Argelia, 1954-63: Francia contra árabes.
- Cuba, 1958-59: Gobierno contra rebeldes y Castro.
- Laos, 1959 hasta 1977: Gobierno contra Pathet Lao.
- Kuwait, desde 1961: Inglaterra contra Irak.
- Goa, 1961: India contra Portugal.
- Yemen, desde 1962: Monárquicos contra republicanos ayudados por Egipto.

La Historia de los Vencidos (El suicidio de Occidente)

- Congo, 1960-62: Gobierno y Naciones Unidas contra rebeldes y separatistas.
- Vietnam del Sur, 1959-76: Vietnam y USA contra Viet-Cong y China Comunista.
- Himalaya, 1959-62: India contra China Comunista.
- Angola, desde 1960: Portugal contra rebeldes
- Nueva Guinea Occidental, 1962: Holanda contra Indonesia.
- Colombia, desde 1960: Gobierno contra rebeldes comunistas.
- Cuba, 1962: USA contra Cuba.
- Venezuela, 1963: Gobierno contra rebeldes comunistas.
- Malasia, desde 1963: Inglaterra y Malasia contra Indonesia.
- Congo, desde 1964: Gobierno contra rebeldes Simba.
- Tailandia, desde 1964: Gobierno contra rebeldes comunistas.
- República Dominicana, 1965: Gobierno y USA contra rebeldes.
- Perú, 1965: Gobierno contra rebeldes.
- Cachemira, 1965: India contra Pakistán.
- Pakistán, 1971: India contra Pakistán.
- Palestina, 1968 y 1973: Estados árabes contra judíos.
- Guinea Portuguesa, 1964 -75: Portugal contra rebeldes.
- Mozambique, 1966-75: Portugal contra rebeldes.
- Biafra, 1970 -75: Gobierno contra rebeldes, apoyados por Zambia, Mozambique y Bostwana.
- Guatemala, 1974: contra el Salvador.
- Chipre, 1975: Griegos contra turcos.
- Bangladesh, 1975: Gobierno contra separatistas.
- Líbano, 1975-77: Sirios contra palestinos, musulmanes contra cristianos y judíos contra todos.
- Tailandia 1972 hasta hoy: Gobierno contra rebeldes.
- Katanga. 19760-77: Angoleños contra congoleños.
- Mozambique, 1976: Pro-soviéticos contra pro-americanos.
- Etiopía, 1977: Guerra contra Somalia y Eritrea.

En total, pues, 56 guerras o conflictos armados mayores, más un sin fin de revueltas interiores, "pronunciamientos", cuartelazos, etc. Si, realmente, las Democracias fueron a la guerra para terminar con las guerras y "substituir la Fuerza Bruta por la Ley como árbitro entre las naciones", se han lucido (N.d.E.: nótese que el recuento sólo llega hasta 1977, año de publicación del libro. A la fecha -2000 -, los llamados "conflcitos" suman cientos).

VIII.- "LUCHAMOS EN DEFENSA DE NUESTRA PROPIA SEGURIDAD"
(Sir Anthony Eden)

Este argumento es, tal vez, el más comúnmente aceptado por el "hombre de la calle", al menos en Inglaterra, la iniciadora, con su antigua satélite, Francia, de la Cruzada Democrática.

Churchill le dijo una vez a Von Ribbentrop, entonces embajador en Londres que "si Alemania crece demasiado, será aplastada otra vez"[432].

Es decir, Inglaterra -o, más exactamente, el grupo de hombres influyentes que se había irrogado la representatividad de Inglaterra- no podía soportar la idea de un Estado alemán fuerte. Que Alemania, con setenta millones de habitantes que alimentar en un territorio insuficiente, planee una expansión territorial a costa del Bolchevismo, enemigo jurado de Europa y del Mundo Blanco, esto es agresividad. Una agresividad "que pone en peligro al Imperio Británico"... el cual, con sesenta millones de ingleses sobrealimentados, se sobrecoge de horror al pensar que Hitler desea anexionarse Bielorrusia, territorio más pequeño que cualquiera de los seis o siete grandes "dominions" dependientes de Londres.

Es un hecho innegable que Hitler buscó un arreglo con Inglaterra y hasta, en prenda de sus intenciones pacíficas con respecto a ella, se avino a limitar el tonelaje de su flota de guerra, a un treinta y cinco por ciento del de la Home Fleet. En el terreno práctico aún fue más lejos, pues en 1939 la "Kriegsmarine" representaba menos del diez por ciento de la Marina Inglesa, y un dieciocho por ciento de la Francesa. Y hasta un niño sabe que, sin una poderosa Marina de Superficie, es prácticamente imposible invadir Inglaterra... Y todavía más, para Alemania, invadir los Estados Unidos de América, a pesar de las aprensiones de Roosevelt. En

---

[432] Joachim Von Ribbentrop: *"Zwischen London und Moskau"*.

cambio, no hace falta una poderosa Marina para atacar a la URSS. Si a alguien le interesaba la guerra generalizada para salvarse era a Stalin. Pero no a los intereses auténticos de Inglaterra, Francia o América, que fueron lanzados a una devastadora guerra mundial para evitar la destrucción del Bolchevismo, Capitalismo de Estado instaurado en Rusia.

Se ha pretendido que si Inglaterra y Francia no hubieran atacado a Hitler éste, después de dominar a Polonia y a Rusia, se hubiera vuelto contra las democracias occidentales, en su loco deseo de dominar el mundo... En primer lugar hay que comprender que, después de terminar con el Bolchevismo, Alemania hubiera debido restañar sus heridas, pues Stalin era -y lo demostró cumplidamente - un gran adversario. En segundo lugar, habría que demostrar el "loco deseo" del Führer de dominar el mundo. Pero, sobre todo, hay que darse cuenta de que esos razonamientos son absolutamente superfluos. "Si Inglaterra y Francia hubieran... Hitler habría o no habría hecho..." Todo eso es condicional pasado. La Historia ignora ese modo de conjugación.

Lo que Hitler hubiera hecho si Inglaterra y Francia no le hubieran declarado la guerra, no lo sabe nadie, nadie lo sabrá jamás, ni el mismo Hitler pudo saberlo. La historia no se preguntará si Hitler habría declarado la guerra a Francia e Inglaterra. La Historia dirá que, el 3 de septiembre de 1939, Inglaterra y Francia declararon la guerra a Alemania, y que esta guerra terminó con la total derrota de Europa, incluyendo, en primer lugar a Francia e Inglaterra, obligados a ser satélites de Washington para no tener que serlo de Moscú.

El argumento de la "lucha por la propia seguridad" no vale nada. Incluso suponiendo que Londres y París se hubieran sentido amenazadas, hubieran debido prepararse para guerra, pero no -jamás- declararla. Una guerra que se declara sin haber sido atacado no es justificable, delante del pueblo a la que se impone, más que si corresponde a necesidades vitales. Inglaterra y Francia, cuya soberanía se extendía sobre un tercio de las tierras de esta planeta, y que dominaban, efectivamente, las rutas de accesos marítimos -lo que representaba, para Inglaterra solamente, el control de los 8/9 de la superficie del Globo- no podían esgrimir este argumento.

Hitler necesitaba una expansión hacia el Este, con Polonia o contra Polonia. Los Gobiernos inglés y francés hicieron de ello un "casus belli". Pero no fue "defensa de su propia seguridad", que nadie amenazaba entonces, ni, menos aún, de Polonia que, como los hechos demostrarían cumplidamente, no interesaba a nadie... O, si acaso, interesaba a la URSS, pero en calidad de presa.

IX.- "LUCHAMOS EN DEFENSA DE LA SAGRADA Doctrina QUE NOS ENSEÑA QUE TODOS LOS HOMBRES SON IGUALES DELANTE DE DIOS (Franklin D. Roosevelt)

No vamos a discutir ahora sobre la muy resbaladiza cuestión de la "Igu aldad" de los hombres, qué se entiende por tal Igualdad, en qué son iguales, y si hay o no hay... hombres que son más iguales que los otros (sic).

Permítasenos, no obstante, hacer notar que, si todos los hombres son iguales delante de Dios, parece bastante trivial luchar por ello aquí abajo, pues ni los "liberators" ni los "Stukas" tienen poder suficiente como para hacer variar el criterio de Dios sobre este particular.

Cuando Roosevelt pronunció esta celebrada frase[433] en los Estados Unidos de América se discriminaba contra los negros; ciertos empleos les estaban prohibidos, y en casi la mitad de los Estados de la Unión se les prohibía el matrimonio con personas de raza blanca. Algo parecido sucedía en diversos territorios del Imperio Británico. En Africa del Sud-Oeste, las relaciones sexuales entre personas de diferente raza estaban castigadas con cinco años de presidio[434]. En la Unión Sudafricana, en ciertos casos, con la expulsión del país. En el "Dominion" de la India también existía una complicadísima organización de castas. También en la China democrática ocurría algo parecido.

Pero, más que las disposiciones legales, estableciendo discriminaciones entre las personas en razón de su raza, una auténtica discriminación existía -y existe, aún, hoy, pese a toda la propaganda del "Racismo" antirracista- perfectamente enrraizada en el sentimiento de los pueblos anglosajones, en toda Francia -con la excepción de los habitantes de los barrios muy modestos de París, Lyon y Marsella- y, en general, en toda Europa... y no solamente en Alemania e Italia.

---

[433] Discurso en el Congreso, 6-1-1942.
[434] A.S. Leese: *"The Jewish War of Survival"*.

Los judíos son los primeros en no creer en la pretendida "Igualdad" humana[435]. La idea de ser el Pueblo Elegido de Dios para gobernar el mundo, defendida por los talmudistas, es totalmente contraria a la malsana teoría igualitaria.

La misma propaganda de guerra -que continúa, con muy ligeras atenuaciones, en plena vigencia desde que estalló la "Paz"- según la cual los alemanes eran unos criminales, unos locos sangrientos tomados colectivamente, y los judíos unas víctimas inocentes de todas las acusaciones contra ellos formuladas, es una prueba suplementaria de que ni siquiera en el bando aliado se creía en tal "razón" de guerra.

X.- "LUCHAMOS EN DEFENSA DEL DERECHO DE LOS PUEBLOS A DISPONER DE SI MISMOS" (Franklin D. Roosevelt)

Si los Aliados lucharon en defensa del derecho de los pueblos a disponer de sí mismos, se hace muy difícil comprender por qué declararon la guerra a Alemania cuando Hitler había propuesto la celebración de un plebiscito, internacionalmente controlado, en Dantzig, en el que se consultaría a los habitantes de la ciudad si deseaban continuar "libres" bajo administración polaca, o bien preferían volver a la soberanía alemana.

También cuesta mucho trabajo explicarse porque se expulsó a los árabes de Palestina, que habitaban aquel país desde más de dieciocho siglos, para regalárselo a los judíos. No se comprende, tampoco, como no se consultó a once pueblos del este de Europa sobre si deseaban o no convertirse en satélites de la Unión Soviética.

El pretendido "derecho de los pueblos a disponer de sí mismos" no se aplicó -y continúa aplicándose-, más que en contra de los intereses de Europa.

XI.- "LUCHAMOS CONTRA EL IMPERIALISMO Y LA OPRESION DE LOS PUEBLOS" (Joseph Djugaschvili (a) Stalin)

El imperialismo ha sido definido como "política de un Estado, tendente a colocar

---

[435] Más adelante hablamos del Racismo, de lo que es, de lo que se pretende que es, con finalidades propagandísticas y del babelismo imperante en torno a la palabra "igualdad". (N. del A.)

a ciertos poblaciones o a ciertos estados bajo su dependencia, política o económica."

Unión Soviética

La Unión Soviética desde su nacimiento, en 1917, hasta el momento de su participación en la Cruzada Democrática se anexionó: Armenia, Georgia, Azerbaidjan, Kazakhstán, Kirghizia, Tadjikistán, Tanu-Tuva, Mongolia Exte-rior, Carelia Oriental y Ucrania. Inmediatamente antes del ataque alemán se apoderó de Carelia Occidental, Pétsamo, Viborg, Lituania, Letonia, Estonia, Besarabia, Bukovina y media Polonia. Después de la guerra se anexionó igual-mente la Prusia Oriental, más territorio polaco, la Rutenia Transcarpática y Sakhalin del Sur. Y esto sin contar el Este de Alemania, Bohemia y Moravia. Eslovaquia, Hungría, Rumania, Bulgaria, la nueva "Polonia", Albania y Yugoslavia, nuevos satélites de Moscú[436].

Inglaterra

Veamos ahora Inglaterra. En 1939, para cada inglés trabajaban 14 personas. Londres disponía de 39 millones de kilómetros cuadrad os de un total de 140 millones para toda la tierra. La relación de extensión territorial entre la Gran Bretaña y el Imperio Británico era de 1:150. La influencia de Inglaterra en numerosos Estados más o menos independientes, indirecta pero no por ello menos eficaz, le daba posibilidad de mandar en más de medio mundo. Para fijar las bases de este poderío fueron necesarias 250 guerras en, aproximadamente, tres siglos.

Estados Unidos

Quien estudie el empleo de la violencia por la política exterior de los Estados Unidos, obtiene como resultado más de 150 acciones militares, destinadas a imponer con las armas, tanto en su propio Continente como fuera de él, su apetencia de poder.

Después de su separación violenta de la corona de Inglaterra, los Estados Unidos iniciaron su extensión hacia el Oeste, arrebatando paulatinamente todo su territorio a todos sus aborígenes piel-rojas y terminando por encerrarlos en reservas.

---

[436] Posteriormente parecen haber surgido discrepancias entre los soviéticos y los yugoslavos y albaneses (N. del A.)

La Historia de los Vencidos (El suicidio de Occidente)

Más de medio centenar de "tratados" fueron concluidos entre el gobierno de Washington y las dive rsas tribus indias, estableciendo nuevas fronteras "definitivas". Una vez has otra dichas, fronteras fueron franqueadas por soldados de la unión, tales violaciones dieron origen a la guerra del hacha negra, las guerras con los seminolas, los apaches y los sioux, y terminaron con la exterminación política y física de los americanos aborígenes.

En 1830, el Gobierno americano provocó y financió la separación de Texas y Mexico. Diez años después los téjanos eran engullidos por sus protectores del Norte. Un ter ritorio mayor que cualquiera de las grandes naciones occidentales europeas había sido obtenido con esa unión. En 1842, aprovechándose de las dificultades que Inglaterra tenía en el Continente Europeo, Washington propuso un "tratado" que Londres, en las circunstancias del momento, no tuvo más remedio que aceptar, por él cual, Oregón pasaba a formar parte de la Unión.

Entretanto, el instinto imperialista norteamericano había dirigido su ávida mirada hacia México. Dos tercios del territorio nacional de este país fueron obtenidos después de la derrota mexicana, en el "Tratado dictado" de Guadalupe Hidalgo. California, Arizona y Nuevo México pasaron a formar parte de los Estados Unidos.

El territorio de Alaska fue comprado al Zar por una suma ridícula. Rusia se vio obligada materialmente a vender, por constarle que, si no aceptaba las condiciones de Washington, Alaska sería ocupada con un pretexto fútil como el que sirvió para declarar la guerra a México. El territorio de Louisiana fue igualmente comprado a Francia.

En la segunda mitad del siglo XIX el imperialismo americano fue particularmente activo: fomento del separatismo panameño,[437] y posterior "protección" sobre la nueva República, con el control directo de la zona extraterritorial donde fue construido el Canal Transoceánico. Desembarcos de intimidación en Alejandría (Egipto) en 1882; en Colombia (1885); en Seúl (Corea) en 1888; en Buenos Aires (Argentina), 1890; en Valparaíso (Chile) 1891; en Río de Janeiro (Brasil) en 1894. Incorporación de las Islas Hawaii. "Apertura" forzosa del Japón al comercio Norteamericano por la Escuadra del Comodoro Perry. Guerra de despojo contra

---

[437] Panamá formaba parte de la República de Colombia más como el Gobierno colombiano tenía unas exigencias económicas, -a cambio de la concesión de la Zona del futuro canal- juzgadas demasiado elevadas por Washington, se organizó la secesión panameña. (N. del A.).

España 1898-99[438] y anexión "de facto" de Cuba y Filipinas, y "de jure" de Puerto Rico. Ocupación de Tutuila y Samoa, en el Pacífico, más las islas de Guam, Wake y Midway.

El nuevo siglo comienza con idéntico signo: desembarco en Santo Domingo e instalación de un gobierno "fantoche" en 1903. Intervenciones militares en la República de Panamá (1908 y 1912) y Nicaragua (1910). Expedición militar contra México y conquista y saqueo de Veracruz (1914). Ocupación militar de Haití (1915-1934). Otra expedición punitiva contra México, en 1916. Ocupación militar durante nueve años, de Santo Domingo (1916-1925) y durante cinco años (1917-1922) de Cuba. Intervención naval en Costa Rica (1919). Desembarcos y bombardeos aéreos en Honduras (1925) y Nicaragua (1926). Ocupación de Cantón y Enderbury, en el Pacifico (1938) etc. Todas estas anexiones imperialistas fueron realizadas mediante el empleo de la fuerza, y, adicionalmente, con el quebranto de numerosos tratados y pactos internacionales[439].

Francia

En cuanto a Francia, la segunda potencia colonial en 1939, adquirió su enorme imperio mediante guerras -casi imposible sería haberlo adquirido pacíficamente- ora contra los indígenas, ora contra otras potencias que la habían precedido[440] (N.d.E.: de hecho, las respercusiones del Imperialismo Francés van a llegar hasta la propia Guerra de Viet-Nam, entre otras).

Se hace muy difícil admitir que los Aliados fueran a la guerra contra Alemania,

---

[438] Parece ser una constante histórica del imperialismo americano el injustificado ataque de un pacífico, buque Yanqui. El "Lusitania", en 1947 El "Reuben James" y más tarde, Pearl Harbour, en 1941. Incluso el "Maine", en 1898. Se ha demostrado que tal navío fue hundido por su propio Comandante el judío Adolf Marix. (Véase Elizabeth Dillings: "*The Plot against Chritianity*", pág. 120). Ese hundimiento fue un pretexto de la guerra, cuyo resultado fue la ocupación americana de Cuba y las Filipinas lo que permitió a gran número de judíos instalarse en esas islas (Según el escritor judío Elbogen en "*A Century of Jewish Life*", págs. 341-342 y la Enciclopedia Judía, pág. 625). (N. del A.)

[439] Tres semanas después de haber firmado el Pacto Briand-Kellogg (un documento absurdo que debía terminar con las guerras) los "Marines" desembar- caban, por enésima vez, en Nicaragua, y la aviación americana bombardeaba Nanking. (N. del A.).

[440] De las modernas naciones colonialistas, Alemania fue tal vez la única en obtener un imperio colonial mediante compras y tratados diplomáticos en tiempos de Bismarck. (N. del A.)

para oponerse al "Imperialismo y a la opresión de los pueblos".

XII.- LUCHAMOS POR LA LIBERTAD DE COMERCIO... Y POR LA LIBRE NAVEGACION EN TODOS LOS MARES" (Sir Anthony Eden)

Por lo que se refiere a la libertad de comercio, remitimos al lector a lo dicho en el apartado II. La libertad de comercio de los países neutrales fue constantemente atropellada por los aliados en el transcurso de la guerra. Después de la guerra, cuando Washington -o, más exactamente, New York- han considerado que ciertos países occidentales no debían comerciar con la URSS, se les ha dado una virtuosa lección de anticomunismo -sic- a la yanqui, y se les ha aconsejado de abstenerse de vender sus productos a los "apestados" del otro lado del telón de acero.., a pesar de lo cual, los Estados Unidos son los primeros clientes de la URSS.

Cuando la Argentina de Perón empezó a comerciar libremente sin pasar por el control financiero de Wall Street, empezó una verdadera guerra política y económica, contra Buenos Aires, culminada con la descarada participación del embajador norteamericano, Spruille Braden en el putsch anti-peronista de 1955[441].

Cuando, en 1954, el Brasil intentó vender directamente su propio petróleo, fue organizado un formidable boicot. Nadie compraba el café brasileño. Para vender su café, principal fuente de divisas para el país, el gobierno brasileño se vio obligado a derogar una serie de leyes que aseguraban que el petróleo nacional pertenecería siempre a sociedades brasileñas. Desde entonces, la "Standar Oil" del trust Rockefeller controla el petróleo "brasileño".

Cada vez que en Guatemala ha aparecido un gobierno que ha intentado sustraer la riqueza del país al control del trust "United Fruit", del judío Samuel Zemurray, ha estallado, con rara oportunidad. una revolución que ha dado al traste con las veleidades de independencia del gobierno en cuestión.

¿Es, todo esto, libertad de comercio? ¿Existe, acaso, libertad de comercio en la aliada Rusia Soviética?

¿Atacó, Alemania, la libertad de comercio de alguien? ¿Atacó, acaso la libertad

---

[441] Cuatro personajes coadyuvaron activamente en el derrocamiento de Pe-rón: el General Franklin Lucero, masón; el Almirante Isaac Rojas, judío, y sus correligionarios Eduardo Vuletich y Abraham Krislavin, que enreda-ron a Perón creándole dificultades con la Iglesia Católica. (N. del A)

de navegación por todos los mares?... ¿No fue, precisamente, Inglaterra, quien, antes de la guerra, impidió el paso de buques italianos que se dirigían a Eritrea y Somalia a través del Canal de Suez?... ¿No fue, todavía, Inglaterra quien inventó, durante la guerra, el odioso sistema de los "navycerts?

XIII.- "LUCHAMOS POR LA LIBERTAD" (Winston Churchill)

¿De qué libertad?...

No ciertamente de la libertad de palabra, pues en Inglaterra, madre del "Parlamentarismo", y por orden personal del propio Churchill, más de tres mil personas fueron encarceladas, sin acusación alguna, sin proceso, sin posibilidad de apelación, sin hacer caso alguno del "Habeas Corpus". Dichas personas -diputados, almirantes, héroes de la primera guerra mundial, catedráticos, políticos y escritores- habían hecho uso de la sacrosanta "libertad de palabra" para criticar la política inglesa en la anteguerra y la propia declaración de guerra. Fueron privadas de libertad a consecuencia de un decreto-ley, llamado regulación 18-b, que no estaba en vigencia cuando las críticas reprochadas fueron formuladas.

Algo similar ocurrió en América, donde varios millares de súbditos americanos de origen alemán fueron encarcelados por meras sospechas de deslealtad. En la democrática América de Roosevelt las detenciones preventivas tuvieron un carácter marcadamente racistas. Una veintena de millares de ciudadanos americanos de origen japonés fueron hacinados en campos de concentración, sin que la Conciencia Universal alborotara como lo hizo en otros casos similares.

Las "democracias" pudieron, con toda razón, acusar a Alemania de no permitir la propaganda democrática y la propaganda marxista en su territorio. Paralelamente, Alemania pudo, con la misma razón, acusar a todos los países democráticos de ejercer una censura feroz sobre toda clase de libros y publicaciones favorables al nacionalsocialismo o, simplemente, al pueblo alemán.

La auténtica razón fue la salvación, por las democracias occidentales, del bolchevismo, entronizado en la vieja Rusia. Para obtener tal fin fueron manejados un sin fin de excusas y, sobre todo, de causas secundarias: el revanchismo francés; la envidia inglesa ante un fuerte competidor que se apoderaba de antiguos mercados británicos; el imperialismo yanqui que veía en la autodestrucción de Europa la posibilidad de colonizarla política y económicamente y, como mecha para el polvorín, la xenofobia y tradicional miopía política polaca.

Las prisas de Hitler precipitaron, también ciertamente, la conflagración mundial, pero no cabe duda alguna que, de no haber estallado a propósito de Dantzig, otro pretexto se habría hallado y, en cualquier caso, ya en 1939, las fuerzas que querían la guerra estaban resueltas a tenerla, y no hubieran tolerado un nuevo Munich.

Clausewitz decía que "la guerra es la continuación de la política por otros medios y sólo estalla cuando ya no existe una posible solución de compromiso entre los beligerantes eventuales".

No obstante, ciertos autores han pretendido que, en 1939, existieron posibilidades de evitar la guerra hasta el último momento. Estos autores creen que el conflicto político que precedió a la guerra enfrentaba a Alemania con las democracias occidentales.

Pero la realidad es que enfrentaba a Hitler y el nazismo con el judaísmo por una parte y con el Presidente Roosevelt, que temía la competencia comercial alemana, por otra. No había compromiso posible: el Presidente Roosevelt y el Sionismo Internacional precipitaron a Europa en la guerra; el primero para salvar la economía americana hundiendo a Hitler, el segundo porque los éxitos del nazismo significaban el fin de la noción artificial del "pueblo judío".

Beck, Churchill y Daladier no fueron más que marionetas manejadas por Roosevelt y sus consejeros, el noventa por ciento de los cuales eran judíos[442].

LA SINCERIDAD DE CHURCHILL

Entresacado de las Memorias de Churchill[443]:

1.- "El Presidente Roosevelt me dijo un día que iba a solicitar se le sugiriera el nombre que convenía dar a la II Guerra Mundial. Le contesté: La guerra inútil. Pues nunca otra guerra fue más fácilmente evitable que la presente".

2.- "Las cláusulas económicas del Tratado de Versalles eran vejatorias y habían sido concebidas de manera tan estúpida que pronto se convirtieron en inoperantes. Ni un sólo personaje influyente pudo preservarse suficientemente de la imbecilidad

---

[442] Paul Rassinier en "*Le Soleil*", 6-6-1967.
[443] W.S. Churchill, *Memorias*, Tomo 1, págs. 6, 7 y 8. Edición francesa.

general para decir estas verdades esenciales con la crudeza necesaria. Los aliados continuaron, empujando a Alemania hasta que sus huesos crujieran, lo cual tuvo un efecto desastroso sobre la prosperidad del mundo y la actitud de los pueblos germánicos". Es cierto "ni un sólo personaje influyente pudo preservarse de la imbecilidad general..." ¡ni siquiera Churchill!

LA LEYENDA DE LOS SEIS MILLONES DE JUDIOS EXTERMINADOS

En el transcurso de la guerra mundial, el judaísmo que, oficialmente, se declaró parte beligerante, sufrió un determinado número de bajas.

El cargo más grave hecho por los vencedores a los vencidos fue, precisamente, haber exterminado, deliberadamente, por medio de cámaras de gas, hornos crematorios, fusilamientos en masa, etc., nada menos que seis millones de judíos inocentes.

Las primeras cifras oficiales señalaban un número de once millones de judíos exterminados por los nazis. Más tarde, empero, los violines de la orquesta democrática fueron convenientemente acordados, dejándolo en la cifra de seis millones que ha permanecido oficial hasta bien recientemente, que se empieza hablar de cinco millones doscientos mil (N.d.E.: actualmente, los historiadores antinazis "serios", están comenzando a hablar de 4 millones... ¡y seguirá bajando!).

La cifra de seis millones es sencillamente imposible. Antes de la guerra, la población judía de Europa era, aproximadamente de seis millones de personas y si hubiesen sido asesinados seis millones de judíos, no quedaría ninguno, lo cual no es, ni mucho menos, exacto.

Hoy, solamente un Poliakoff, un Schwart-Bart, un Hoffer, un León Uris y otros sionistas por el estilo pretenden, todavía, agarrarse a ese fantasma. No porque los sionistas, unos cuantos publicistas a su sueldo digan que seis millones de los suyos perecieron en la guerra es preciso aceptarlo como un axioma. Un delito no se considera por una simple declaración del acusador.

Según el "World Almanac" (Anuario Mundial) de 1947, en el año 1938 había en el mundo 15.688.259 judíos. Esta cifra fue facilitada al mencionado Anuario Mundial por el llamado Comité judeoamericano y fue confirmada por la Oficina Estadística de Sinagogas Americanas.

La Historia de los Vencidos (El suicidio de Occidente)

En 1948, según el testimonio del demógrafo Hanson W. Baldwin, confirmado por el judío Arthur Hays (a) Sulzberger, director del *"The New York Times"* y famoso sionista, existían en el mundo entre 15.600.000 y 18.700.000 judíos[444].

Tomando como cierta la cifra más alta, resultaría en los diez años que mediaron entre 1938 y 1948 -período que comprende los años de guerra de 1939 a 1945, durante los cuales se pretende que Hitler hizo exterminar a seis millones de judíos- la población mundial judía habría aumentado en más de tres millones.

Efectivamente, si, a efectos de comprobación, supusiéramos que Hitler hizo exterminar a seis millones de judíos, nos encontraríamos con que el aumento de su población fue realmente, de... ¡nueve millones! y esto en tiempo de guerra... Es decir, un aumento de tres millones, más otros seis millones de nacimientos, para suplir los seis millones de judíos pretendidamente gaseados o quemados bajo el régimen nazi.

Teniendo en cuenta que, según las propias fuentes judías, actualmente existen en el mundo 18.000.000 de judíos, el aumento de nueve millones en los años de guerra -sin contar, siquiera, los descensos ocurridos por causas naturales- representaría un incremento demográfico, total del cien por cien, lo cual es absolutamente imposible aunque todos los judíos y judías, desde los doce hasta los sesenta años de edad, en el transcurso de esos diez años se hubieran dedicado a la procreación durante veinticuatro horas diarias.

Para establecer la cifra aproximada de judíos que, por todos conceptos, perecieron durante la guerra en Europa, hay que tener muy presentes los seis puntos siguientes:

1.- El número de judíos que emigraron de Europa antes de la ruptura de hostilidades entre Alemania de un lado, e Inglaterra, Francia y Polonia del otro, ha sido deliberadamente subestimado. Pero el diario judío "Aufbau", editado en New York[445] revela que no menos de 1.500.000 judíos emigraron de Europa (excluyendo la URSS) antes del 1 de Septiembre de 1939.

2.- La cifra de judíos que lograron huir de Europa durante la guerra ha sido,

---

[444] *"The New York Times"* 22-11-1948.

[445] *"Aufbau"*, New York. 13-VIII- 1948.

también, pasado por alto. El escritor israelita Kimche[446] estima esa cifra no inferior a 150.000.

3.- El número de hebreos que habitaban en territorios controlados por la Unión Soviética, o emigraron a los mismos, y que fueron, en su mayor parte evacuados al Este de los Urales, ha sido notablemente subestimado. Gerald Reitlinger, otro escritor judío[447] reveló qué 300.000 judíos pudieron llegar a territorio soviético entre 1939 y Junio de 1941. Y esto sin tener en cuenta los 1.700.000 judíos polacos, que vivían en la porción del país ocupada por los rusos en 1939. El periodista hebreo David Bergelson manifestó[448] que "... gracias a Dios, los judíos antes de la llegada de los alemanes el ochenta por ciento de ellos residentes en Ucrania, los países bálticos y Bielorrusia, pudieron ser salvados... en ese momento vivían en Rusia, aproximadamente, 5.200.000 judíos."

4.- Tampoco han tenido en cuenta, los propagandistas que sostienen -aun- la tesis de los "seis millones", la cifra relativamente importante de judíos exterminados en pogromos por los polacos, ucranianos, lituanos, estonianos, letones, rumanos y yugoslavos.[449]

5.- Los judíos que murieron a consecuencia de las hostilidades, incluyendo los que formaban parte de las Fuerzas Armadas regulares de los numerosos países Aliados, así como el número desproporcionadamente elevado de judíos formando parte de los grupos de partisanos en toda Europa. Todos estos individuos han sido computados, absurdamente, dentro de la cifra de los seis millones.

6.- En fin, el número de judíos en diversas partes de Europa que habían estado bajo control de Alemania ha sido estimado muy por debajo de la realidad, cuando no negligido totalmente. Se olvidó, muy oportunamente, que más de las cuatro quintas partes de judíos que se instalaron en Palestina entre 1945 y 1948 procedía del Continente Europeo, excluyendo Rusia.

El periódico "Basler Nachrichten" de la neutral Suiza publicó[450] un articulo que

---

[446] David Kimche: "*The Secret Roads*." Secker & Warburg Ltd. Londres, 1955.

[447] Gerald Reitlinger: "*The Final Solution*". Londres, 1963.

[448] En el periódico moscovita "*Einheit*", 5- XII -1942.

[449] Según las cifras más modestas, 140.000, injustamente atribuidos a los alemanes. (N. del A.)

[450] 13-VI-1946.

La Historia de los Vencidos (El suicidio de Occidente)

denegaba formalmente la fábula de los "seis millones". Tomó, como punto de partida, la cifra de 5.800.000 israelitas viviendo en Europa (excluyendo la URSS) en 1933.[451]

A continuación practicó las siguientes sustracciones: 1.500.000 judíos emigrados de Europa especialmente a América, después de 1933[452]; 413.128 judíos en países neutrales de Europa[453]; 800.000 judíos (el ochenta por ciento) que vivían más allá de la "Línea Ribbentrop-Molotoff", y que escaparon, según el ya citado David Bergelson, con el Ejército Rojo, después de la invasión alemana, de Junio de 1941. Por otra parte, 1.559.660 judíos vivían aún en Europa, excluyendo la URSS, al final de la guerra.[454] Esto dejaba un total de -aproximadamente- un millón y medio de judíos desaparecidos, según el citado "Bassler Nachrichten", periódico que ni remotamente puede ser tildado de "nazi" ni siquiera de germanófilo.

Aún cabría deducir de este millón y medio las víctimas de guerra, los partisanos muertos en acción y, sobre todo, las víctimas de los bombardeos aéreos, tanto alemanes como Aliados. Teniendo en cuenta estos conceptos, el periódico suizo Die Tat de Zurich[455], llega a la conclusión de que *"el total de víctimas judías, en los campos de concentración alemanes durante la guerra, es de, aproximadamente, 300.000".*[456]

Si comparamos los datos facilitados por la "American Jewish Conference" y el Anuario Mundial de 1942 con la Enciclopedia Judía, sobre la población mundial israelita en 1939 y 1945, se encuentra la diferencia máxima posible de 1.277.212. Aún haría falta demostrar que todas esas personas habían sido gaseadas o quemadas, y no estaban en la Rusia Soviética, país que suele facilitar datos deliberadamente inexactos sobre su población.

Hay que tener en cuenta también, que, en período de guerra, el aumento demográfico tiende, naturalmente, a decrecer... En cualquiera de los casos, incluso la cifra de un millón de judíos muertos -por todos los conceptos- parece

---

[451] Cifra atribuida por el "*The New York Times*", del 11-1-1945 a la "Conferencia Judeo-Americana".

[452] "Aufbau", ya citado.

[453] Anuario Mundial, 1942, página 594.

[454] Rapport del "Anglo-American Palestine Committee" (Comité angloamericano para Palestina).

[455] 19-1-1955.

[456] Esa cifra incluye los fallecimientos de judíos a causa de todos los factores, epidemias, muertes naturales, inanición, e, incluso, bombardeos de la aviación aliada. (N. del A.)

manifiestamente superior a la realidad. Incluso si se hubiera propuesto asesinarlos a todos, Hitler no hubiera podido exterminar a más de un millón. En 1933, cuando Hitler subió al poder, había en Alemania 600.000 judíos; de ellos, al menos 425.000 habían conseguido huir del país cuando Inglaterra y Francia declararon la guerra al Reich.

En el Este de Europa, ya hemos visto como los propios judíos admiten que, como mínimo, 800.000 judíos de entre el millón que allí había en el momento del ataque alemán a la URSS, pudieron salvarse.

Adrien Arcand, conocido publicista canadiense manifestó que el número total de bajas judías en el transcurso de la pasada contienda mundial se ele -va a 600.000, aunque la mitad de ellos no perecieron en campos de concentración, sino en ocasión de la destrucción del "ghetto" de Varsovia, cuando Hitler ordenó a la Luftwaffe arrasar ese sector que se había sublevado, armas en la mano, en tiempo de guerra y en un país vencido: tipo de represión admitida por las leyes militares alemanas, inglesas, francesas, americanas, soviéticaó y utilizado, después de la guerra mundial, en Argelia, Kenya, Indochina, Ucrania, Vietnam, Budapest, Berlín- Este por los vencedores del Reich.

Los otros murieron, en su mayor parte, a causa de la subalimentación y el tifus. Oleadas de aviones ingleses y americanos atacaban los almacenes de víveres, puentes, carreteras y enlaces de ferrocarriles de Alemania. Se sabe que Hitler hizo comunicar, oficialmente, a los Aliados, a través de Suiza: "Estáis destruyendo los víveres de vuestros prisioneros, pues no tengo la menor intención de privar a mi pueblo de una parte de su alimentación para darla a los vuestros. Vosotros seréis los responsables"[457] Muchos judíos -que fueron, indiscutiblemente, los presos peor tratados- murieron, así, a causa de la subalimentación.

De las cifras facilitadas por el escritor judío Jacob Letchinsky se deduce, Igualmente, que, como máximo, de trescientos cincuenta a cuatrocientos mil israelitas perecieron en la contienda, por todos los conceptos y, aproximadamente, los dos tercios de esa cifra, en los campos de concentración[458].

Otro judío, el renombrado demógrafo Allen Lesser, confesó[459] que "el numero

---

[457] "L´Europe Réelle", Bruselas, núm. 36-37, Abril-Mayo 1961.

[458] Jacob Letchinsky: "La situation économique des Juifs depuis la Guerre Mondiale".

[459] Memorah, New York, Abril 1946.

de judíos fallecidos en la pasada contienda ha sido profusamente exagerado", pero no llegó a citar una cifra aproximada.

Aldo Dami, autor que dista mucho de ser un "pro-nazi", con sangre judía en sus venas y casado con una judía, ha escrito un documentadísimo libro[460] en el que demuestra que el total "posible" de víctimas judías en la guerra fue de seiscientas mil aunque, afortunadamente, dicho total posible no se alcanzó, pues hubo muchos individuos, dados oficialmente por desaparecidos en las cámaras de gas y crematorios que aparecieron, años después, en el nuevo Estado de Israel.

Para Dami perecieron, aproximadamente, medio millón de judíos, incluyendo los de la sublevación armada del "ghetto" de Varsovia y las víctimas del terrorismo "partisano", del consiguiente "contra-terrorismo" y de los bombardeos aéreos.

Todo cálculo serio estima, efectivamente, que la cifra no puede ser superior a seiscientos o setecientos mil, por todos los conceptos, debiéndose considerar que solamente podría hacerse responsables a los nazis de la muerte de, como máximo, cuatrocientos mil, en los campos de concentración. Y aún no debemos olvidar que parte de estas cifras y datos sobre los que han trabajado Dami, Letchinsky, Lesser, etc., han sido facilitados por organismos soviéticos, los cuales tienen tendencia a considerar la Estadística como un arma política, y ni siquiera el más ingenuo espectador se sentirá inclinado a pensar que los soviéticos han arreglado las cifras para excusar a los alemanes e inculpar a los judíos, sino al contrario.

Una bombástica campaña publicitaria a escala mundial ha pretendido demostrar que los nazis eran unos criminales y los judíos unas tímidas e inocentes víctimas, que se encaminaban hacia las cámaras de gas y los crematorios entonando el Cantar de los Cantares. No obstante, bueno será tener presente que, cuando alguien insiste en ser juez de sí mismo es por que está convencido de que un juez imparcial le condenará. Y los judíos han sido -o pretendido ser- los jueces de Alemania y del Nacional Socialismo.

En efecto, fue el "Congreso Mundial Judío" quien tuvo el monopolio de la preparación de las "pruebas" de las atrocidades nazis en el Proceso de Nuremberg: el propio Congreso Mundial Judío, reunido en 1948, lo admitió así. En esa parodia de proceso se exhibieron muchas películas. El valor probatorio de films y fotografías

---

[460] Aldo Dami: "*Le dernier des Gibelins*".

es muy relativo, pero en Nuremberg no se trataba de probar nada... No se trataba de establecer una culpabilidad o una inocencia ante unos íntegros magistrados y un jurado imparcial y libre. La farsa fue montada cara al populacho, y a éste le impresionará ciertamente más una buena película de "miedo" que un razonamiento lógico perfectamente construido.

El film más importante de los muchos que fueron exhibidos fue el que presentaba las "atrocidades alemanas en el campo de concentración de Buchenwald". Durante cuatro años este film fue exhibido por los cinco continentes, como preludio de interminables colectas para aliviar la suerte de los pobres supervivientes y de sus parientes. Hasta que un buen día se demostró que tal film había sido tomado por orden de las autoridades alemanas, pero no en Buchenwald, sino en Dresde. Se trataba, en realidad, de atrocidades Aliadas... Se trataba del incalificable ataque contra la ciudad abierta de Dresde, repleta de refugiados del Este. La película fue discretamente retirada de la circulación, pero otras siguieron -y siguen- martirizando retinas y cerebros de los Goyim, cuyo complejo de culpabilidad con relación al "Pueblo Elegido" debe ser cuidadosamente entretenido, pues constituye la principal fuente de divisas del titulado Estado de Israel.

Philip Auerbach, un hebreo que fue nombrado por los ingleses subsecretario de Estado del Gobierno Autónomo de Baviera, en 1945, fue uno de los principales inventores de pruebas, hasta que en 1952 fue condenado a vatios años de cárcel por haber falsificado documentos, que sirvieron para condenar a la última pena a funcionarios del Reich. Auerbach fue uno de los más destacados artífices de la leyenda de los crematorios en el campo de concentración de Dachau. Dicha leyenda pasó a mejor vida cuando el Cardenal Faulhaber, Arzobispo católico de Munich, informó a los americanos que, durante los "raids" aéreos sobre aquella ciudad, en 1944, se produjeron más de cien mil víctimas; concretamente, en cierta memorable ocasión, perecieron 30.000 personas. El propio Cardenal pidió a las autoridades que los cuerpos de las víctimas fueran incinerados rápidamente en los crematorios del campo de Dachau, para impedir la generalización de las epidemias. Las autoridades le informaron que ello era imposible, pues sólo existía, en el crematorio del campo, un horno. Dicho horno se utilizaba para incinerar a los que fallecían a consecuencia de la dura vida concentracionaria. (Especialmente de subalimentación, pues es de suponer que si la población civil alemana debía someterse a un estricto racionamiento, cada vez más insuficiente, las condiciones de vida en los campos de prisioneros y detenidos no debían ser precisamente halagüeñas).

El comunista húngaro Miklós, en su libro "SS Obersturmführer Mengele" pretende que, en su calidad de detenido-empleado en el campo de Auschwitz, controlaba los hornos crematorios y las cámaras de gas. Dice el marxista Miklós: "25.000 personas, judíos, gitanos, rusos, ucranianos, etc, fueron quemadas desde principios de 1940 hasta finales de 1944." El socialista francés Paul Rassinier, ex-alcalde de Belfort y deportado por los alemanes, respondió en su sensacional libro *"Le Mensonge d´Ulysse"* (*"La Mentira de Ulises"*) que "25.000 personas diarias durante casi cinco años supondría 45.000.000 de incinerados en Auschwitz sólo; y con cuatro hornos crematorios de quince parrillas cada uno, a tres cadáveres por parrilla, harían falta doce años para acabar de quemarlos a todos". Rassinier pagaría su fidelidad a la Aritmética con un proceso en difamación que contra él entablado por la Asociación de ex-Deportados franceses, donde los marxistas tienen predominio casi absoluto.

El Doctor Kautsky, judío, que pasó seis años de su vida en campos de concentración, escribe: "He estado en la mayoría de grandes campos de prisioneros de Alemania y, concretamente, durante tres años, en Auschwitz. Y puedo testificar que en ningún campo, y en ningún momento, ha existido eh ninguno de ellos una instalación parecida a una cámara de gas".[461]

Bertrand Russell, el escritor británico al que ni remotamente podría acusarse de germanófilo y, menos aún, de nazi reconoce[462] que en el campo de Belsen no hubo, contra lo que pretendió la propaganda, una cámara de gas. En el proceso de Luneburg fueron condenados los funcionarios alemanes encargados de la dirección de este campo. Savitri Devi señala[463] que se aceptó como prueba el testimonio oral de tercera o cuarta mano, de meretrices, lesbianas e invertidos, y hasta de una tal Ada Bimko, judía polaca, que resultó estar medio loca. El Juez americano Reitlinger, que dirigió el proceso de Luneburg reconocería, más tarde, en su obra "The Fina l Solution" que los veredictos habían sido prácticamente impuestos... ¿Por quién?[464]

---

[461] Benedikt Kautsky: *"Teufel und Verdammte"*.

[462] Bertrand Russell: *"The Scourage of the Swastika"*.

[463] Savitri Devi Mukherjee: *"Gold in the Furnace"*

[464] El Juez Reitlinger era judío de raza (N. del A.)

Paul Rassinier es rotundo en lo que atañe a los famosos campos de Buchenwald y Dora: "... ni en Buchenwald ni en Dora existían cámaras de gas..."[465] Señala que en 1944 los alemanes mandaron al frente a los guardianes de los campos y entregaron la administración a los propios prisioneros. La burocracia concentracionaria encontró en la historia de las cámaras de gas el único medio para justificar el terrible trato dado por ellos a sus compañeros de cautiverio. Dice Rassinier: "Los burócratas del campo, que tan desvergonzadamente nos robaron los alimentos y los vestidos, causaron la muerte del 80 por ciento de nosotros, según demostraron las estadísticas y ven en las supuestas cámaras de gas el único medio con el cual poder explicar todos estos cadáveres y justificarse a sí mismos".

Por lo demás, todos los historiadores están de acuerdo en que, bajo el régimen de autogobierno, las condiciones de vida empeoraron extraordinariamente[466]. Kogon y Uris, escritores israelitas defensores de la tesis de los "seis millones" han admitido esto.

El edificio de mentiras fue derrumbándose poco a poco, piedra por piedra. Hasta que el "Institut für Zeitgeschichte" (Instituto de Historia Contemporánea) de Munich, siempre en vanguardia del llamado "resistencialismo" alemán y plagado de hebreos en sus cargos de dirección, se vio obligado a comunicar a la prensa que:

"Las cámaras de gas de Dachau no fueron nunca terminadas ni puestas en acción. Las exterminaciones masivas de judíos empezaron en 1941-1942, en algunos lugares de Polonia, pero, en ningún caso, en territorio alemán".

"En ningún caso en territorio alemán", dice el Instituto de Historia Contemporánea. Pero como es un hecho que, hoy en día, existen cámaras de gas en los antiguos campos convertidos en museos para "edificación" de las masas, cuyo complejo de culpabilidad debe ser continuamente atizado, el Instituto de Munich debiera, en realidad, decir: "Las cámaras de gas no fueron puestas en acción durante la guerra... pero fueron construidas por los Aliados, después de la guerra, a efectos probatorios".

El Instituto de Munich sabe hacer bien las cosas, excepto para Juan Pueblo, que engullirá ingenuamente cualquier cosa que le repita suficientemente la radio, la

---

[465] Paul Rassinier: *Le mensonge d´Ulysse*.
[466] Las famosísimas verdugos Mor Klein y "Tigresa Klara" que habían operado en Belsen resultaron ser..., judías. (Véase L. Marschalsko: *World Conquerors*, página 168).

prensa o la televisión al servicio de los poderes políticos establecidos, resulta evidente que la historia de las cámaras de gas es indefendible. En cuanto a los crematorios, todos los testimonios de primera mano han afirmado que se utilizaban para incinerar los cadáveres de los numerosos fallecidos a causa de las epidemias, la inanición y los bombardeos[467], Entonces, los resistencialistas de Munich sitúan las "cámaras de gas" en Auschwitz, en la actual Polonia bolchevizada, donde las autoridades locales no permiten ninguna encuesta histórica seria, y el historiador se ve obligado a creer en el testimonio de las honorables autoridades comunistas bajo "palabra de honor" (re-sic).

Esos "lugares de la Polonia ocupada" citados por el muy oficioso Instituto de Munich son: Chelmo, Belzec, Maidanek, Sobibor, Treblinka y Auschwitz. Por lo que se refiere a los cinco primeros, la existencia y funcionamiento de las cámaras de gas que no ha sido atestiguada más que por el llamado "Documento Gerstein", que presentó tal número de falsedades y exageraciones que el propio Tribunal de Nuremberg lo rechazó.

En cuanto a Auschwitz, la única prueba de la existencia de las cámaras de gas reposa en un documento triunfalmente exhibido en Nuremberg[468]. Se trata de una carta de la administración general de los campos de concentración dirigida a la casa Topf & Sohne, de Erfurt, en la que se solicita el suministro, no de cámaras de gas, sino de hornos crematorios y de unos llamados "baños-duchas". Estos "baños-duchas" son, según los germanófobos profesionales, las célebres cámaras de gas. Cuando se les pregunta en qué se basan para llegar a tan peregrina conclusión, responden que los alemanes no eran tan estúpidos para formular claramente órdenes tan acusadoras para ellos, y que "baño-ducha", significa, en lenguaje de código "cámara de gas". Tampoco se molestan en explicarnos a los simples mortales dónde y cómo han descubierto la clave de tan abracadabrante código.

En cambio, pretenden haber encontrado una orden de cierto "alto jefe" nazi en el sentido de que dejaran de utilizarse, temporalmente, dichas cámaras de gas... de

---

[467] Según Rassinier (Op. cit.) gran parte de los fallecimientos fueron causados por un bombardeo aliado (los americanos solían bombardear de noche y arrojaban las bombas en cualquier aglomeración urbana). Cuando los Aliados ocuparon Buchenwald, abrieron las fosas donde sus propias víctimas estaban enterradas y fotografiaron la lúgubre "mise en scéne" para que sirviera de "prueba" de la brutalidad nazi. (N. del A.)

[468] Documento N. 11450/42/B1/H.

donde hay que concluir que los alemanes eran muy estúpidos o muy listos, alternativamente, según conviniera a los especiosos razonamientos de los judíos y sus ocasionales "compañeros de viaje". Pero es que, además, no han hallado tal orden, sino que simplemente se apoyan en un testimonio de segunda mano, de un tal Kurt Becker, que salvó su vida protegiendo a la judía húngara Baronesa Weiss. El celo de los propagandistas judíos que han explotado el tema de las exterminaciones de Auschwitz ha superado su bien reconocido sentido aritmético y, al mismo tiempo, ha mostrado en cuán poco estiman el nivel de inteligencia de sus lectores.

Una tal Olga Lengyel, autora de una horripilante narración sobre el universo concentracionario[469] se presenta en el mismo como deportada en Auschwitz, y declara que conoció "hasta los más íntimos detalles sobre las cámaras de gas y los crematorios". La Señora Lengyel afirma:

> *"Después de 1941 cuatro hornos crematorios entraron en servicio y los resultados de este inmenso plan de exterminación aumentaron notablemente. Trescientos setenta cadáveres cada media hora -todo el tiempo que era necesario para reducir carne humana en cenizas-, daba un total de 720 por hora, o sea 17.820 cadáveres diarios, pues los nazis trabajaban día y noche, con asesina eficiencia. Pero también debemos tener en cuenta las parrillas gigantes al aire libre, que podían destruir 8.000 cadáveres diarios. En números redondos, aproximadamente, 24.000 cadáveres diarios eran incinerados"*. (págs. 80, 81 y 82)

Pero un total de 24.000 cadáveres diarios significa, nada menos, que 8.760.000 al año. Olvidando enteramente el periodo comprendido entre la apertura del campo, en 1940 y la supuesta instalación de los cuatro nuevos hornos gigantes, "después de 1941", y suponiendo que hasta el final de la guerra, en 1945, el sistema de exterminio por medio de los mencionados hornos solamente funcionó la mitad del tiempo (a pesar de que la señora Lengyel pretende que funcionó sin interrupción alguna) resultaría que no fueron ya "seis millones" los judíos exterminados ógaseados y cremadosó sino, casi, 17.000.000... Es decir, más que la cifra de judíos existentes -según fuentes judías- EN TODO EL MUNDO.

---

[469] Olga Lengyel: *"Five Chimneys"*. Panther Books, Londres, 1959.

La Historia de los Vencidos (El suicidio de Occidente)

Cada día una vieja mentira se derrumba bajo el peso de la Verdad. La placa conmemorativa del campo de Dachau, estableciendo que 238.000 judíos fueron gaseados allí es discretamente suprimida. El Obispo Neuhauss ler publica un interesante panfleto demostrando la inexistencia de instalaciones de exterminio en masa en Dachau. Por otra parte, el número de muertes por subalimentación y a causa de la epidemia de tifus declarada a principios de 1945 no pudo ser superior, en el peor de los casos, a 30.000 personas.

En el proceso de los guardianes de Auschwitz, celebrado en 1964 y 1965 en Alemania Occidental, se ha puesto de manifiesto, por enésima vez, el poco respeto que le merece el público a los organizadores de esas mascaradas "jurídicas" y el aún menor respeto que les merece la Aritmética.

Según la publicación irlandesa "Nationalist New"[470] uno de los testigos de cargo, un tal Krath, judío, afirmó que había trabajado en el laboratorio dental del campo, donde vio a los funcionarios alemanes del mismo "arrancando los dientes de oro de miles de cadáveres". Añadió Krath: "Casi a diario los hombres de las SS se presentaban con un camión cargado de dientes". He aquí como razona esta fantástica deposición la mencionada re vista irlandesa:

"Con objeto de que el número de gaseados sea subestimado y no exagerado, vamos a tomar como hechos ciertos: a) en cada boca judía hay 32 dientes y cada uno de ellos es de oro. b) los hombres de las SS, en vez de un camión usaban un "jeep". c) La frase de Krath "casi cada día" será interpretada como "un día sí y otro no". Creemos que estas deliberadas subestimaciones son más que honradas para el sedicente testigo de Frankfurt.

"Suponiendo que cada jeep poseía una plataforma de carga de cinco pies de lado[471] y solamente dos píes de altura tenemos una capacidad de carga de cincuenta pies cúbicos. Suponiendo que cada diente judío tenía, en promedio, una pulgada[472] de longitud y una sección de 1/4 de pulgada, obtenemos una capacidad total, por cada boca, de dos pulgadas cúbicas, es decir, 864 series de 32 dientes por boca, por cada pie cúbico. Por consi-guiente, cada jeep transportaba un mínimo de 1.382.400 dientes, procedentes de las bocas -totalmente doradas (!)- de 43.200

---

[470] Nationalist News", Vol. 11 - no. 8, 6.12-1964.

[471] Pié: Medida británica, equivalente a 30,47 cms.

[472] Pulgada: 2,54 cms. (N. del A.)

gaseados. Considerando que el jeep solo efectuaba su macabro viaje un día sí y otro no, -y no diariamente como pretendió Krath-. debieron ser gaseados, nada menos, que 15.800.000 judíos... solo en Auschwitz. ¡Y esa cifra sólo incluye los hebreos con dentaduras completas... y completamente postizas! Y ese testigo fue escuchado por el Tribunal... Ante esta exhibición de la Justicia democrática de hoy, no podemos por menos de mostrar nuestros propios dientes con una buena carcajada!"

(Realmente el proceso de los Guardianes de Auschwitz, en Frankfurt, consiguió la increíble proeza de igualar, en maligna estupidez, al proceso de Nuremberg. El abogado defensor fue amenazado con ser llevado a un tribunal de "desnazificación", dos testigos de la defensa, Georg Engelshall y Jacob Fries, fueron detenidos en plena Audiencia, tras su deposición; los acusados no podían hablar, etc.)

Como quiera que, sucesivamente, se iba demostrando que ni en Dachau, ni en Bergen-Belsen, ni en Dora ni en ninguna parte de Alemania existieron cámaras de gas para la exterminación de judíos, fue necesario ir trasladando el lugar de esas pretendidas ejecuciones masivas a la actual zona soviética o a Polonia y, concretamente, a Auschwitz, si bien historiadores judíos como Kautsky y Kastzner y socialdemócratas como Dami niegan formalmente que tampoco allí se halla exterminado "en masse" a judíos o a gentes de otras razas.

Precisamente, una de las más curiosas invenciones de la moderna Leyenda -a la que se pretende hacer pasar por historia- consiste en esa extraña manía que, según los cultivadores del género "heroico-resistencialista-concentracionario", tenían los alemanes de hacer viajar a sus supuestas futuras víctimas; los "heimatlos" eran constantemente llevados de un lado para otro.

Tal invención es muy práctica: cuando se demuestra que en tal sitio los alemanes no pudieron, humanamente, haber gaseado o quemado, a tantos o cuantos cientos de miles de judíos, se pretende, muy tranquilamente, que los nazis internaron allí a aquellos judíos... pero fue sólo temporalmente, pues luego los condujeron a otro sitio, donde fueron exterminados. Y si en ese otro sitio se demuestra que tal asesinato colectivo no pudo, materialmente, llevarse a cabo, se prolonga el viaje cuanto es necesario... Generalmente estos viajes suelen terminar en algún lugar del Este de Europa, controlado por los comunistas los cuales, muy seriamente, afirman bajo palabra de honor que, allí, los nazis exterminaron a tantos

La Historia de los Vencidos (El suicidio de Occidente)

y cuantos israelitas, y el asunto se da por concluido.

Hasta ahora, sólo he mos presentado pruebas y testimonios emanados de personas que no han sido, ni son nazis, sino que se trata de judíos, medio-judíos y socialdemócratas honrados. Estas personas no fueron obligadas o contra promesa de obtener la libertad, a escribir sus "biografías"... poco antes de ser ejecutadas por los comunistas.., o por los demócratas occidentales.

Estas personas no han buscado ventajas económicas y sociales al negar la falsedad de la historia de los "seis millones": han buscado, sencillamente, decir la verdad. Ello les ha costado persecuciones sin cuento y un sin fin de molestias en su vida privada y profesional. Las estadísticas que hemos utilizado son, también, procedentes de fuentes judías, exceptuando el Anuario Mundial, en cuya redacción no tomaron parte los nazis.

Apelaremos, ahora, al testimonio del sentido común. Creemos que es, para empezar, totalmente absurdo, que una nación comprometida en una guerra desesperada y sufriendo una trágica crisis de transporte, haga viajar a millones y millones de seres humanos a través de media Europa, con el único fin de exterminarlos en un lugar determinado y no en otro.

No es, en absoluto, lógico, que una nación que debe apelar a sus últimas reservas de energía y de material, deba dedicar no menos de 15.000 tre nes, más el personal ferroviario necesario, más los miles de guardianes precisos para custodiar a esa ingente masa de viajantes, sólo por el capricho de no asesinar a un judío en Burdeos o en Rotterdam y sí en Auschwitz. En Normandía, en 1944, lucharon muchachos de diecisiete años, de las Juventudes Hitlerianas ... Ah! Pero seis millones de viajantes judíos, dedicándoles aunque sólo fuera un vigilante para cada cincuenta personas, representaban 120.000 soldados armados, con sus consiguientes servicios auxiliares y de intendencia. En total, no menos de 160.000 hombres. Si los nazis, además de sor unos criminales, no hubieran sido, igualmente, unos estúpidos, hubieran sin duda enviado a esos 160.000 hombres a Normandía, o a Rusia, después de ejecutar sumariamente, doquiera se hallaren, a los judíos caídos en sus manos...

¡Pero no...! Los nazis no se apercibieron del tiempo, material y hombres que ahorraban con tan sencillo procedimiento. Y siendo tan estúpidos fue preciso organizar una coalición mundial, luchando al límite de sus fuerzas, y estando al borde de la derrota, en un combate agotador que duró seis años... ¡Si no llegan a ser estúpidos...!

La estupidez nazi parece haber alcanzado proporciones cósmicas. A pesar de los numerosos trabajadores extranjeros, prisioneros de guerra y voluntarios trabajando para Alemania, el problema de la mano de obra era uno de los más acuciantes para los ministros Sauckel y Ley. Todos los hombres sanos, con edades comprendidas entre 18 y 45 años, estaban en los frentes de combate; Seis millones de judíos internados -según la moderna "Historia"- hubieran podido ser utilizados tanto en la construcción de fortificaciones, como en la industria, en los servicios públicos, la agricultura, etc. Esto se le hubiera ocurrido a cualquier gobernante normal. Pero ya sabemos que los nazis eran unos estúpidos y en vez de hacer tal se dedicaron a hacer viajar de un lado a otro del Continente, a ese enorme masa de mano de obra potencial, para terminar por enviarla a ser gaseada y luego cremada en Auschwitz, precisamente en Auschwitz.

Pero no parecen haber sido los nazis sólo los estúpidos. Reflexionemos. Parece ser que, en el transcurso de la guerra, instituciones de tanto prestigio en su género como el Intelligence Service", el "Center Intelligency Agency", el Espionaje Soviético, etc., llegaron a poseer una completísima información acerca de cuanto sucedía en Alemania. Los ingleses estaban al corriente incluso del atentado que contra el Führer se preparaba y que tuvo lugar en la Cancillería, el 20 de julio de 1944. El Almirante Canaris, Jefe del contraespionaje alemán y agente británico, debió ser igualmente -contra lo que todos creían- un estúpido, Porque ni Canaris, ni los Servicios Secretos británico, americano y soviético, ni nadie supo nada en el transcurso de la contienda, de las pretendidas exterminaciones masivas de judíos, por medio de los crematorios y de las cámaras de gas. De haberlo sabido, no es concebible que hubieran dejado de airearlo convenientemente, disponiendo, como disponían, de todo el aparato propagandístico mundial. Precisamente, el "leif motiv" la propaganda aliadófila consistió en presentar a los alemanes como los "villanos de la película".

Sí; decididamente eran unos estúpidos todos los miembros de todos los Servicios de Espionaje de todos los (numerosos) países Aliados. Porque... ¡en fin...! seis millones de personas no desaparecen así como así sin dejar rastro... y menos aún si esos seis millones de personas se pasan los seis años de la guerra viajando por toda Euro pa... Miles... millones de personas les han tenido que ver. Su presencia ha debido ser constatada, más aún en una Polonia infestada de guerrilleros antialemanes... Pues no. Nadie les vio. Y si fueron vistos, ello no llegó a conocimiento de 44 servicios de contraespionaje en estado cataléptico. Claro es que la catalepsia de los tales servicios de los países aliados era muy especial, pues hasta tenían contactos en el Gran Cuartel General del Führer... ¡Cuán raro todo esto!.. Y ¡cuán rara también la catalepsia de la Cruz Roja Internacional que no se enteró de nada!.. Por no hablar del siempre tan bien informado "Congreso Mundial judío" que también guardo silencio[473]. ¡Qué raro que ni uno solo de los servicios diplomáticos de los servicios neutrales acreditados en Alemania se enterase de nada!

Tampoco se enteraron los Aliados inmediatamente después de ocupar Alemania unas semanas más tarde. Primero había que preparar la escenificación. Había que asesinar a 18.000 miembros de las SS, amontonar sus restos en una enorme fosa y mostrarlo a los periodistas y fotógrafos de todo el mundo, como se hizo en Buchenwald. Había que construir, apresuradamente, cámaras de castigos, había que hacer pasar cadáveres alemanes por judíos, había que traficar impúdicamente con la muerte[474].

Cuatro son los motivos principales de esa gigantesca estafa de los "seis millones" de judíos exterminados.

a) El complejo de culpabilidad de los anglosajones al entrar en Alemania y comprobar "de visu", los terribles destrozos causados en poblaciones civiles sin interés militar alguno. Había que inventar un crimen aún mayor para tratar de justificar o, al menos, explicar los horrores gratuitos de la R.A.F. y los "Liberators" de Roosevelt.

b) Desacreditar al pueblo alemán el cual debía, forzosamente, saber algo de lo que se pretende ahora sucedió en Polonia, aunque ni los mismos polacos se enteraran entonces. Presentar al pueblo alemán a los ojos atónitos de la horrorizada

---

[473] De haber iniciado la calumnia de los seis millones en plena guerra, el Judaísmo se hubiera expuesto a que Alemania hubiera recurrido al testimonio de una Comisión Investigadora de Países neutrales que hubiera restablecido la Verdad (N. del A.).

[474] Véase artículo de C. Illión, "*En Pie*", Madrid, abril 1961.

Humanidad como un hato de fanáticos asesinos. Considerando que Alemania -o lo que de la misma resta aún relativamente "libre" - es todavía la mayor, por no decir la única fuerza que en Europa puede oponerse al comunismo, no cabe la menor duda de que este objetivo, en el que parecen colaborar alegremente muchos ingenuos "liberales" es, objetivamente, comunista.

Llamamos la atención sobre el hecho que, con monótona regularidad, cada vez que se da un paso para normalizar la situación de Alemania, se desencadena, a escala mundial, una gran campaña antialemana a base de los consabidos tópicos de los "seis millones", las cámaras de gas, la hornos crematorios, las celdas de castigo, etc. Los medios para provocar esas campañas son variadísimos: Un obscuro coronel al que se rapta espectacularmente, sacándolo de su anonimato para convertirlo en el "mayor verdugo de la Historia"; el diario de una jovencita muy bien dotada para la literatura rosa, el cual es convenientemente lanzado por la publicidad, convirtiéndolo en un asombroso "chef d´oeuvre"[475]; el intrépido "soplo" de que tal o cual ministro de Bonn fue miembro del Partido Nacionalsocialista hace veinte años; las anotaciones del niño Rubinovich, otro literato en ciernes, describiendo con galanura y estilo las crueldades de los nazis... anotaciones oportunamente descubiertas en un cubo de basura...

c)   Saciar la venganza del Judaísmo, cuyas actividades fueron públicamente denunciadas por el Nacionalismo, que a punto estuvo de aplastarlo. Procurar-se una excusa para silenciar a cualquier movimiento político que intente exponer el peligro del Sionismo y del Bolchevismo.

d)   Obtener, con el lucrativo negocio de las reparaciones -negocio que lleva trazas de eternizarse- la fuente de ingresos que colme el déficit permanente del Estado de Israel. Limitar el renacer del pueblo alemán con la sangría constante de nuevas y absurdas reclamaciones[476].

---

[475] El Profesor Stielau, de Lubeck, osó, en 1959, poner en duda la autenticidad del "Diario" de Ana Franck. Fue expulsado de su cátedra y procesado... Pero apenas un año más tarde, una encuesta de la policía holandesa permitió verificar que tal "diario" había sido profusamente adornado a posteriori... Pero no importa; las gentes de medio mundo continuaron emborrachándose lacrimógenamente leyendo las desventuras de Ana y Peter, mientras -¡oh, sentimentalismo dirigido!- son incapaces de acordarse de Dresde, Hiroshima o Katyn... (N. del A).

[476] Llamamos la atención sobre el hecho revelador de que tales reparaciones son exigidas a la Alemania

La Historia de los Vencidos (El suicidio de Occidente)

El Nacional Socialismo tomó, evidentemente, medidas encaminadas a terminar, de una vez para siempre, con el grave peligro interno que el Judaísmo Político y los movimientos a él infeudados representaban para Alemania. Los mismos responsables del Judaísmo se han ufanado del gran papel por ellos desempeñado en la materialización de la derrota alemana de 1918, en la confección del Tratado de Versalles, en las revoluciones bolcheviques acaecidas en Alemania desde el fin de la primera guerra mundial y en el boicot generalizado contra el Reich, iniciado incluso antes de la subida de Hitler al poder. Pero hay que tener en cuenta que esos judíos que traicionaron a Alemania eran ciudadanos alemanes y gozaron, hasta 1933, de las plenas ventajas de la ciudadanía. Como a tales, estaban obligados a cumplir con las leyes dictadas por los diferentes gobiernos legales de su país; no podían solidarizarse con los enemigos de "su" patria sin incurrir en las sanciones previstas para los traidores, independientemente de su confesión religiosa o de su extracción racial. Es evidente que todos los judíos alemanes no fueron, no pudieron ser culpables pero no es menos evidente que existe un movimiento político internacionalista, Judaísmo, Sionismo o como quiera llamársele, que la fuerza de representatividad del mismo es enorme, y unánimemente reconocida, y que tal movimiento político declaró la guerra a Alemania en 1917... guerra que todavía sigue en pie.

No podrá negarse que el Judaísmo, por boca de sus líderes Weizzmann, Goldmann y Untermeyer, declaró oficialmente la guerra al Reich en 1939. Y de sobras es sabido que, en tiempo de guerra, la Policía de un país no puede analizar, caso por caso, pesando, midiendo, aquilatando y decidiendo con arreglo a una irreprochable Justicia Distributiva. A los elementos susceptibles de representar un peligro para la seguridad nacional se les interna en cárceles y, cuando éstas no bastan, en campos de concentración[477]. Los países democráticos no hicieron otra cosa; los japoneses de California y Arizona; los alemanes del Canadá y de Pennsylvania, sin contar los anglosajones de pura cepa opuestos a la guerra, fueron internados en campos de concentración y tratados de manera bien poco amable. Los alemanes del Volga -cuyo número oscilaba entre ciento cincuenta y doscientos

---

Occidental, pero no al régimen "marioneta" de Pankow. (N. del A.)

[477] El sistema concentracionario no fue inventado por los alemanes, sino por los ingleses que lo pusieron en práctica, por vez primera, en ocasión de la guerra Anglo-Boer. (N. del A.)

cincuenta mil- fueron deportados en bloque a Siberia y nada más a vuelto a saberse de ellos.

Los judíos de Alemania -al menos una gran mayoría de ellos- representaban una "quinta columna" dentro de un país empeñado en una guerra a muerte. El precedente de la puñalada por la espalda asestada por el Sionismo al Reich en 1917 era demasiado reciente para ser olvidado. Los miembros de esa quinta columna eran súbditos alemanes, y todo Estado Soberano tiene derecho[478] a dictar determinadas leyes contra una categoría o grupo de sus ciudadanos. Los israelitas, originarios de otros países conquistados por la Wehrmacht eran, así mismo, un peligro, como las actividades de la Resistencia -donde los judíos eran legión- demostrarían cumplidamente.

Es un hecho histórico que por orden personal de Hitler se fomentó la emigración de los israelitas alemanes hacia Palestina, que la causa principal de que el número de emigrantes fuera tan reducido fueron las trabas burocráticas opuestas por Londres. En 1938, el Doctor Schacht había ultimado un plan que hubiera permitido la evacuación, previa indemnización, de toda la población judía, plan que obtuvo la aprobación de Hitler. Peno la negativa del Doctor Weizzmann, presidente del Congreso Mundial Judío hizo fracasar el proyecto. No nos basamos en el testimonio de un neonazi, sino en el de un bien conocido escritor judío, comunista, y residente en Czernowicz (Polonia).[479]

Las razones de la negativa de Wei zzmann son obvias: los judíos de Alemania y Austria sufrirían en caso de guerra, pero tales sufrimientos eran necesarios para el cumplimiento de las finalidades de la Guerra Santa contra Hitler. No hay guerra sin víctimas. Los sufrimientos y el número de muertos serían convenientemente multiplicados por la propaganda, y a cambio de unos miles de víctimas -no de seis millones- conseguiría clavarse el cuchillo de Shylock en el corazón de Alemania. Pero por esa misma razón debe hacerse responsables de lo sucedido a su pueblo, a los líderes del judaísmo Internacional.

---

[478] Hablamos de derecho político, no moral. La Moral es del dominio de los teólogos; la Política, de los políticos. Estos no son, probablemente, muy morales en su proceder, pero la total atonía de los teólogos ante el crímen de Dresde, el escándalo de Nuremberg y la estafa onusina no lo es más. (N. del A.)

[479] J. G. Burg: "*Schuld und Schicksal*". citado por la "*Deutsche Welt Zeitung*" 10- III-1962, y por "*L´Europe Réelle*", n. 45-49. Mayo, 1962.

La Historia de los Vencidos (El suicidio de Occidente)

Cuando los gobiernos de Gran Bretaña, Francia, y sobre todo, los Estados Unidos, interfiriéndose en asuntos que no eran de su incumbencia, empezaron a criticar las medidas discriminatorias tomadas por Hitler contra los judíos alemanes[480] el Führer ofreció, públicamente, en un discurso pronunciado ante el Reichstag, pagar los gastos de desplazamiento de tales judíos hasta Inglaterra, Francia o cualquier otro lugar de los respectivos Imperios. Pero Londres y París no quisieron saber nada. Los políticos anglofranceses se horrorizaban de que sus colegas alemanes quisieran desembarazarse de gentes de tan excelsas virtudes morales como los judíos "askenazim"... pero cuando se les ofrecía, con portes pagados hasta destino, un cargamento humano de tan excelente calidad, en vez de lanzar estentóreos "hurras", lo rehusaban olímpicamente, a pesar de contar con sus semivacios territorios coloniales a medio explotar.

Más adelante ya en plena guerra, Heydrich y Goering sometieron a Hitler el llamado "Plan Madagascar", consistente en trasladar a esa isla del Océano Indico a los judíos de Europa; Madagascar quedaría sometida a control internacional, y la manutención de sus habitantes correría a cargo de los países de nuestro Continente en proporción al número de hebreos que habían albergado antes de su deportación a la isla en cuestión.

Pero dificultades de orden técnico, derivadas del desarrollo de la contienda, impidieron llevar a la práctica ese plan.

Al "Plan Madagascar" y al posterior proyecto de creación de una "reserva" en el este de Europa, entre Polonia y Rusia, se referían los documentos alemanes que hablaban de la "solución final" del Problema Judío. La propaganda aliadófila y sionista ha pretendido que la palabras "solución final" significaban exterminio en masa pero no se ha tomado la molestia de precisar en qué se basa para propugnar tan insólita transcripción.

El desarrollo de las operaciones bélicas, los bombardeos aéreos terroristas, el bloqueo por hambre, las acciones de los partisanos, etc., fueron empeorando

---

[480] Mientras en Londres se preocupaban tanto de la suerte de los judíos en Alemania, se recibió en el "Foreign Office" una protesta, respaldada por millares de firmas, de los irlandeses residentes en los Estados Unidos, protestando por las medidas discriminatorias y represivas adoptadas por los británicos en el Ulster contra los nacionalistas pro-Eire. A los irlandeses de América se les aconsejó ocuparse de sus propios asuntos... en América. (N. del A).

paulatinamente el trato dado a los internados en los campos de concentración. Se cometieron, ciertamente, numerosos abusos, solapados, al parecer, por Kaltenbrunner, y varios jefes de campo fueron castigados.

El "dossier" de los campos de concentración nazis no puede cerrarse sin mencionar otros hechos mediata o inmediatamente conexos. Por ejemplo, en 1941, fue publicado en los, entonces, neutrales Estados Unidos de América, un libro de Theodore N. Kauffmann, judío, titulado "Germany must perish" (Alemania debe perecer).

En tal libro se afirma que: "los alemanes, por el mero hecho de serlo, y sin tener en cuenta si se trata de nazis, comunistas o filosemitas, no merecían vivir, y que después de la guerra serian movilizados 25.000 médicos, cuya misión seria esterilizar, diariamente, veinte alemanes cada uno, de modo que, al cabo de dos meses y medio, o tres meses a lo sumo, no quedaría un solo alemán capaz de reproducirse, y en unos cincuenta o sesenta años esa raza odiada será tan sólo un mal recuerdo".

Kauffmann afirmaba que los judíos alemanes compartían aquella idea, considerándola humanitaria. El Führer ordenó que el libro, que había sido entusiásticamente acogido por la crítica americana, fuera leído por todas las emisoras de radio de Alemania.[481] Es fácil imaginar el efecto que tal lectura produjo.

El libro de Kauffmann no fue único en su género, Maurice Gomberg, otro judío de Filadelfia, escribió un panfleto titulado "Un nuevo orden moral para la paz y la libertad permanente." En él se abogaba por la deportación de los alemanes, que pasarían en calidad de esclavos, a ser propiedad de los Aliados, y el reparto del país entre sus vecinos. También este libro fue leído sin comentarios adicionales, por las emisoras de radio alemanas. Lo mismo se hizo con el famoso Plan Morgenthau, que causó la indignación que es fácil imaginar.

Estos hechos -aunque circunstanciales con relación al inevitable drama de los campos de concentración- lo sitúan en su justo lugar, lo califican y determinan.

La cifra de los "seis millones", desmentida por la Aritmética, no reposa mas que en un vago testimonio de un tal Doctor Hoettl, que declaró en el proceso de

---

[481] Tras la eliminación física de los alemanes, el Autor hebreo proponía el reparto del país entre Francia, Holanda, Bélgica, "Chequia" (Checoslovaquia), Suiza, Italia, Dinamarca, Polonia, Hungría, y la URSS. (N. del A.)

La Historia de los Vencidos (El suicidio de Occidente)

Nuremberg haber oído a Eichmann (?) evaluar el número de judíos asesinados en los campos en cuatro millones, más otros dos millones por "otros procedimientos". Observemos el carácter indirecto de este testimonio... cuyo único apoyo es la palabra de honor del tal Hoettl... Pero, ¿quién es Hoettl? Se sabe que durante la guerra fue miembro de las SS... y también un agente que trabajaba para los servicios secretos británicos. El periódico londinense "Week End" empezó el 25 de Enero de 1961, una serie de revelaciones bajo el titulo "Our Man in the SS". (Nuestro hombre en las SS). Ese hombre era Hoettl.

Y así, quince años después de Nuremberg, el único testimonio en favor de la cifra de los seis millones de judíos exterminados por los nazis se extinguió brutalmente, Y aunque el mito de los seis millones continúa siendo oficial, cada vez va apareciendo más claramente su falsedad... Unos años más y ya no quedará de él más que el triste recuerdo de la más colosal estafa de todos los tiempos.

LA PARODIA JURIDICA DE NUREMBERG

En otros tiempos, por ejemplo en la at n criticada Edad Media, cuando un país resultaba derrotado en una guerra, se le hacía, por regla general, pagar una contribución al vencedor y, de paso, entregarle a éste un par de provincias fronterizas. En casos excepcionales, algún jefe militar o político del campo vencido era aherrojado en una mazmorra o, aún más excepcionalmente, ejecutado de un golpe de hacha. Incluso en la Edad Antigua, era lo más frecuente que un vencedor en el campo de batalla se limitara a desarmar a los vencidos, aunque respetando sus vidas.

Hay que remontarse al siglo V antes de Cristo para encontrar a un salvaje, Brenus, que se nombró a sí mismo juez, y condenó y mandó ejecutar a los vencidos. Pero es en la Conferencia de Yalta donde el llamado mundo democrático dará un salto atrás -él, tan progresista- de veinticinco siglos. Pues Brenus será ampliamente superado, si no en violencia, sí, al menos, en hipocresía, en la infame parodia jurídica de Nuremberg, cuyo antecedente está en la reunión de los tres grandes a orillas del Mar Negro.

Aunque en la lista original de "criminales de guerra", redactada por las Naciones Unidas, no habían más que 2.524 criminales alemanes, pronto las unidades especiales de "desnazificación" organizaron una gigantesca cacería humana contra más de un millón de alemanes.

El lugar elegido para procesar a los dirigentes del III Reich fue Nuremberg. ¿Por qué Nuremberg y no Berlín, la capital? Al fin y al cabo, en Berlín la "Democracia" había alcanzado uno de sus más señalados triunfos: los Ejércitos occidentales deteniéndose a unos kilómetros de la capital, renunciando a ocuparla, y permitiendo la espeluznante entrada de los mongoles de Zhukov, con aquellas públicas violaciones de muchachitas de ocho años, de ancianas de setenta, de religiosas, de madres de familia... siguiendo al pie de la letra las consignas innobles del viejo Ehrenbourg.

La elección de Nuremberg como sede de la venganza pseudo-jurídica debe estar basada, probablemente, en el hecho de haber sido allí donde fueron dictadas por los altos mandos nazis las "leyes raciales" del III Reich. Y allí mismo, en Nuremberg, quisieron los vencedores -los auténticos vencedores de la Guerra Mundial- saborear su venganza.

En Nuremberg se sentaron como jueces los representantes de las potencias culpables de los crímenes colectivos de Katyn, de Hiroshima, de Dresde, de Berlín y de los "maquis" franceses. Se habló mucho -demasiado- de la Ley, sin precisar cuál. Pero el principio básico de todo código penal civilizado: *"Nullum crimen, nullani poenam sine lege"* en virtud del cual nadie puede ser acusado ni condenado por la comisión de actos que, cuando fueron cometidos, no estaban sancionados por la Ley, no fue tenido en cuenta.

Las leyes de la guerra, dictadas por las Convenciones Internacionales de Ginebra y la Haya, de las cuales eran signatarias todas las potencias Aliadas, no fueron tenidas en cuenta; en cambio, se inventaron una serie de nuevas "figuras jurídicas", tales como las "organizaciones criminales"; una de tales organizaciones criminales fue el Partido Nacional Socialista, al que llegaron a estar afiliadas trece millones de personas. Los miembros de tales organizaciones -las SS, las SA, el Frente del Trabajo, etc - eran culpables en principio, y debían demostrar su inocencia. ¡El mundo al revés! Durante treinta siglos, todo reo había sido considerado, en principio, inocente, debiendo demostrarse su culpabilidad con pruebas materiales... pero los "juristas" de Nuremberg descubrieron ese magnífico método, ignorando, tal vez, la dificultad y, a veces, la imposibilidad de exhibir prueba negativa.

Los prisioneros fueron torturados. A Sauckel se le hizo firmar una confesión bajo al amenaza de que su mujer y sus hijos serían entregados a la N.K.W.D. Cuando, ante el Tribunal, Sauckel declaró que su confesión le había sido dictada por la C.I.C. americana, el juez Kempner rehusó escucharle y aceptó la "declaración espontánea" dictada al Ministro Alemán como una prueba de cargo.

Julius Streicher manifestó al Tribunal que le habían arrancado los dientes y, sujetándole la cabeza, habían escupido dentro de su boca. Los "jueces" manifestaron tranquilamente que todo aquello nada tenía que ver con el "juicio".

El Tribunal, aceptaba o rechazaba pruebas sin sujetarse a criterio alguno. Se consideraba "prueba" una deposición escrita de un señor que ni siquiera comparecía en el juicio y, en consecuencia, no podía ser interrogado por la defensa; nada menos que 300.000 de esos "afidávits" fueron, muy seriamente, considerados pruebas materiales por los jueces.

Se exhibieron, a diestra y siniestra, documentos que, más tarde, serenamente examinados, resultaron ser absurdas falsificaciones. Se sometió a los acusados a toda clase de presiones. Ni siquiera se les permitió elegir a sus abogados defensores[482].

Contrariamente a los más elementales principios jurídicos, fiscales, jueces y funcionarios del Tribunal eran, a la vez, "juez y parte"... Dos mil cuatrocientos de los tres mil funcionarios empleados en aquella gigantesca farsa eran judíos[483].

Por mayestática decisión de los "jueces", el hecho de haber actuado de acuerdo con explícitas ordenes superiores no relevaba de responsabilidad a los acusados, ni siquiera se consideraba un atenuante. Finalmente, el Tribunal se reservaba el derecho de aceptar o no las declaraciones de los testigos.

Cuando un acusado, concretamente Schacht, podía demostrar que había conspirado contra el gobierno de su país en tiempo de guerra, era absuelto con todos los pronunciamientos favorables. El resultado final de la indigna farsa de Nuremberg fue la glorificación de la traición y el castigo de los que no habían

---

[482] A consecuencia de ello, algunos acusados tuvieron así dos fiscales y ningún defensor. Streicher discutía más con su abogado que con Jackson o Rudenko. El defensor asignado al antisemita Streicher fue el judío. Doctor Marx (N. del A.).

[483] L. Marschalsko: "*World Conquerors*".

traicionado a su país.

El Juez Wennersturm, norteamericano, dimitió de su cargo en Nuremberg por considerar que su participación en tal mascarada constituiría una deshonra para él y para la Justicia norteamericana. Francis Parker Yockey, funcionario del Tribunal, dimitió también, por idénticos motivos. Según Parker Yockey, el principal testimonio de cargo contra von Ribbentrop fue aportado por su antiguo adjunto, Friedrich Gauss. Ahora bien, Gauss fue amenazado con ser entregado, él y toda su familia, a los soviéticos sino declaraba lo que el Fiscal le dictaría[484].

Un sin fin de juristas, escritores e historiadores ingleses, americano, franceses, de las más variadas tendencias, desde Freda Utley, esposa de un comunista, hasta Bardeche, pasando por Montgomery Belgion, Gilbert Murray, F. J. P. Veale, Coston, Hoffstetter, Taylor, Hogan y muchísimos más han escrito muy documentadas obras tratando del crimen legal de Nuremberg.

Goering resumió en una frase el pensamiento de acusados y observadores imparciales: "No era menester tanta comedia para matarnos"... El Presidente Truman dijo que el Proceso de Nuremberg significó el más alto exponente de la Justicia Democrática. Por una vez dijo verdad. "Justicia Democrática" Sí. Pero no Justicia... ¿Justicia, aquella asamblea de caníbales con cuello duro y toga?

Si verdaderamente se hubiera querido hacer justicia, el Tribunal hubiera estado constituido por magistrados de países neutrales, con jurisdicción sobre ambos bandos y con facultad de procesar a unos y otros. Dicho tribunal se hubiera basado en la legislación preexistente, esto es, en las Convenciones de Ginebra y La Haya. Porque nadie puede creer, seriamente, que sólo los vencidos cometieron crímenes y los vencedores ninguno.

El 30 de septiembre fueron promulgadas las sentencias, fijándose la fecha del 15 de octubre para las ejecuciones. El Mariscal Hermann Goering y el Doctor Ley se suicidaron.

Sucesivamente y por este orden, fueron ahorcados, como "criminales de guerra": Joachim Von Ribbentrop, Ministro de Asuntos Exteriores, Wilhelm Keitel, el Jefe del Alto Estado Mayor de las Fuerzas Atinadas, Alfred Jodl, Jefe del Estado

---

[484] Francis Parker Yockey fue encarcelado por las autoridades norteamericanas y se le encontró, muy oportunamente, "suicidado" en su celda. (N. del A.)

La Historia de los Vencidos (El suicidio de Occidente)

Mayor: Julius Streicher, editor del periódico antisemita "Der Stuermer"; Ernst Kaltenbrunner, Jefe del Departamento de Seguridad; Fritz Sauckel, Ministro del Trabajo; Hans Frank, Gobernador General de Polonia; Arthur Seyss-Inquart, Gobernador General de Austria; Wilhelm Frick, Ministro del Interior y Protector, Comisario de Bohemia y Moravia y Alfred Rossenberg, teórico del Partido y Administrador de los territorios del Este.

Los condenados subieron por su propio pie al patíbulo. Streicher, mirando fijamente al verdugo americano le dijo: "Los bolcheviques te colgarán a ti y a los tuyos algún día". Luego, dirigiéndose a los corresponsales de Prensa, gritó: "FIESTA DEL PURIM 1946"[485].

Las últimas palabras de los acusados fueron "vivas" a Alemania y a Hitler[486], Albert Speer, Ministro de Armamentos, y Baldur Von Schirach, Jefe de las Juventudes Hitlerianas, fueron condenados a veinte años de prisión. El Almirante Karl Doenitz, a diez años, aunque cumplió once, siendo liberado en 1956. Speer y Von Schirach cumplieron una condena de veinte años y con Rudolf Hess que, habiendo ido a Inglaterra a ofrecer la paz fue condenado a cadena perpetua por "criminal de guerra". Los ingleses han dicho que tal oferta de paz no podía tomarse en consideración, no sólo por razones políticas, sino sobre todo porque Hess está loco. En tal caso no se comprende como se mantiene a Hess en una prisión.

El trato dado a Hess es indigno; sólo se le permite andar 1.500 pasos diarios, que se cuentan con un pasómetro atado a una pierna. Sólo puede recibir una visita, de quince minutos de duración, una vez al mes. Porque, en cierta ocasión, Frau Hess consiguió entregar a su marido, subrepticiamente unas tabletas de chocolate, hubo un diputado laborista que se levantó en la Cámara de los Comunes para interpelar al Gobierno por no haber protestado oficialmente por la negligencia de los vigilantes de la prisión de Spandau. Los procesos de Nuremberg continuaron hasta

---

[485] La fiesta máxima de Judaísmo es el Purim, la festividad del odio. El Purim conmemora el asesinato del Ministro Ammán, de sus diez hijos y de setenta y cinco mil personas. Este genocidio, cometido en el siglo VI antes de Jesucristo bajo el reinado del Roosevelt de la época, el rey Asuero de Persia, es conmemorado cada año por los judíos del mundo entero. Alemania había querido oponerse a la s maquinaciones de los israelitas en su patria. Esto explica el grito de Streicher (N. del A.)

[486] Ni siquiera la propaganda aliadófila ha conseguido enturbiar el hecho de la muerte dignísima de los reos de Nuremberg. Contrasta con el fin de los trotskystas en la URSS, descrito por su correligionario Koestler ("El Cero y el Infinito").

1948, sentenciándose a millares de alemanes por el hecho de no haber traicionado a su Patria. Martin Bormann fue juzgado en rebeldía y condenado a muerte[487].

No podrá saberse nunca cual hubiera sido la actitud del Reich en el caso de haber vencido; no sabemos si hubieran podido o querido acusar a los jefes aliados de crímenes de guerra. La historia sólo puede tener en cuenta lo que se ha hecho, y no lo que se supone que otros hubieran hecho. En cualquiera de los casos, los alemanes nunca formularon ninguna declaración en ese sentido, como hicieron los "grandes" en Teherán y Yalta. Pero sí dirá la historia, por ejemplo, que numerosos altos dirigentes políticos franceses, como Edouard Daladier, Jefe del Gobierno que declaró la guerra a Alemania en 1939, Paul Reynaud, que sucedió a Daladier, Léon Blum, el "buda" judío del socialismo francés -enemigos declarados de Alemania-, fueron respetados por ésta.

Después de que los generales Giraud y Juin rompiendo su palabra empeñada, se escaparon del castillo en que estaban internados, la vigilancia sobre los políticos franceses se hizo más estricta, pero siempre se les reconoció una ración equivalente a la de un general alemán, vivían en habitaciones de hotel y podían recibir toda clase de visitas. El Gobierno de Vichy procesó en Riom, a los políticos que consideró culpables de la entrada de Francia en la contienda y de la posterior derrota militar. Pero aquel simulacro de proceso, caracterizado por sus constantes aplazamientos, no pronunció ninguna condena[488].

LA "LIBERACION" DE EUROPA. ¡VAE VICTIS!

El Nuevo Purim no empezó y terminó en Nuremberg. La primera tarea de los liberadores consistió, precisamente, en eliminar todo rastro de nacionalismo en los países liberados. Así, hombres como Charles Maurras y Xavier Vallat, nada sospechosos de simpatías hacia Alemania, pero anticomunistas, fueron acusados de traición y "colaboracionismo" y condenados por los tribunales "gaullistas", donde

---

[487] Según versiones de prensa, Bormann logró huir a la Argentina, donde fue reconocido por un médico judío, que logró ganarse su confianza y le asesinó "médicamente". Según otras versiones, Bormann era un agente soviético que falleció recientemente en Moscú, de muerte natural. En realidad, nada seguro se supo de él (N. del A.)

[488] El único político francés que perdió la vida fue el ex-ministro Georges Mandel-Rothschild, judío, al que los "militiens" de Vichy aplicaron la "ley de fugas" (N. del A.)

los comunistas estaban ampliamente representados.

El Mariscal Petain fue condenado a muerte, conmutándosele la pena por la de reclusión perpetua. El defensor de Verdún moriría en la cárcel, mientras el viejo desertor comunista Thorez era nombrado por De Gaulle vicepresidente del Consejo de Ministros.

El ex-Primer Ministro Pierre Laval fue condenado a muerte y ejecutado después de haber intentado suicidarse. Francia batió largamente su propio record revolucionado de 1789. Pierre-Henri Teitgen, Ministro de Justicia de la IV República, declaró[489] que Danton, Robespierre y los demás eran unas criaturas comparadas con nosotros. Ellos no hicieron condenar más que a 17.000 traidores, pero nosotros hemos ejecutado a 105.000...

¡105.000 condenados a muerte!.. Más los ejecutados "sumariamente" más los asesinados por "elementos incontrolados"; más los miles de condenados a prisión, destierro, trabajos forzados e "indignación nacional".

La élite nacionalista, derechista, o simplemente anticomunista, aunque no forzosamente germanófila, fue diezmada. A causa de sus ideas -y exclusivamente de sus ideas- fueron fusilados escritores como Paul Chack, Georges Suarez, Henri Béraud, Jean Hérold-Paquis, el poeta Robert Brasillach y muchos más. El 18 de noviembre de 1945, el -Comité National des Ecrivains- publicaba una lista de autores sobre los cuales sus miembros lanzaban la "excomunión" y en compañía de los cuales se comprometían a no publicar ningún escrito, en ningún periódico ni revista.

Entre los escritores "excomulgados" por fascistas figuraban Renoist-Mechin, Georges Blond, Charles Maurras, Pierre Drieu La Rochelle, Pierre Bénoit, Henri Bordeaux, Louis Ferdinand Céline, Alphonse de Chateaubriant, Alfred Fabre-Luce, Jean Giono, Sacha Guitry, Henri de Montherlant, Paul Morand, Abel Bonnard, el Premio Nobel Alexis Carrel, Henri Massis, André Salmon, Maurice Bardeche, etc. Especialmente virulenta fue la liberación en Bélgica. Se abrieron nada menos que 346.000 expedientes por colaboración con el enemigo; hubo más de 57.000 condenas, la mayor parte a muerte, reclusión perpetua a veinte años de cárcel. Hubo, además, como en todas partes, el cupo "normal" de ejecuciones sumarias.

---

[489] Declaración hecha ante la Asamblea Nacional Francesa, el 6 de agosto de 1946. ("*Journal Officiel*", 7-VIII-1946, pág. 3.012).

Se batieron todos los récords de vileza; como los patriotas (sic) no pudieron capturar al jefe "rexista" Degrelle, asesinaron a su hermano Edouard, que nunca se había significado en política. Los padres de Degrelle fueron igualmente encarcelados durante largos meses. El rey Leopoldo III, que se había negado obstinadamente a ir a Inglaterra, a "resistir" por radio, fue forzado a abdicar, pese a que las elecciones demostraron que la mayoría del pueblo belga estaba a su lado.

En Holanda y Noruega se produjeron hechos similares. En Italia, la represión alcanzó grados particularmente crueles[490]. Incluso la neutral Suiza consideró necesario adherir a la moda del momento: la caza de los nazis y los fascistas. No se limitó la "libre Helvecia" a negar el derecho de asilo a los perseguidos políticos; la Legación alemana fue asaltada y saqueada; los bienes de alemanes residentes, robados; italianos fascistas que se habían acogido a la hospitalidad del país fueron entregados en la frontera a bandas de "maquis" comunistas, a sabiendas de que estos iban a ejecutarlos previa tortura.

En esta carrera hacia la indignidad las tropas británicas de ocupación no se quedaron atrás. Doscientos mil rusos y ucranianos anticomunistas del Ejército de Wlassow, que se encontraban en Austria en el momento de terminar la guerra, fueron entregados, juntamente con sus familiares, -y contra lo que se les había prometido cuando se rindieron- a los soviéticos. Así se produjo aquella hecatombe de millares de suicidios, de hombres matando a sus mujeres y seccionándose, después, sus propias venas.

Los tanques ingleses debieron intervenir para reducir la resistencia de los rusos blancos que fueron, contra todos los principios que los Aliados decían defender, entregados a sus verdugos comunistas. Muchos miles de anticomunistas croatas, eslovenos, serbios, eslovacos, ucranianos y checos fueron, asimismo, entregados a los sicarios de Stalin.

---

[490] La Liberación de Italia fue iniciada, con singular provecho, por las tropas de ocupación. Especialmente en la región de Monte-Cassino y la provincia de Frosinone.
El Mariscal Juin que -se dice, es católico- redactó en su orden del día, dirigida a sus "tabores" de marroquíes a sus órdenes: "Os lo prometo solemnemente, cuando el enemigo sea vencido, las casas, las mujeres y el vino os pertenecerán durante cincuenta horas. En ese lapso de tiempo, podréis hacer lo que os plazca".
Balance: Sesenta mil italianas violadas en condiciones particularmente atroces. Niñas, muchachas, mujeres de toda edad, incluso las enfermas, las religiosas y las asiladas en un manicomio. El diputado monárquico Covelli pidió en el Parlamento una pensión vitalicia para esas víctimas de la barbarie democrática. (N. del A.)

La Historia de los Vencidos (El suicidio de Occidente)

Draza Mihailovitch, el "guerrillero" monárquico yugoslavo que estuvo luchando, durante toda la guerra, contra los alemanes, fue ejecutado por orden del sanguinario Broz (a) Mariscal Tito. Las potencias occidentales no se dignaron emitir siquiera una protocolaria protesta.

Cinco millones de alemanes de Prusia Oriental fueron expulsados de sus hogares. Un impresionante éxodo comenzó entonces hacia el Oeste de Alemania, donde los llamados tribunales de "desnazificación" condenaban diariamente a millares de personas, en farsas pseudo-judiciales en las que a los acusados ni se les permitía hablar.

Peor fue todavía lo sucedido a los alemanes de los Sudetes, cuyo Calvario comenzó el 13 de mayo de (1945), día de la llegada procedente de Londres, del Presidente Benes. El recibimiento que se le hizo en Praga sobrecogió de horror al mundo:

Centenares de alemanes y alemanas, colgados boca abajo, de los árboles de la Avenida San Wenceslao... y cuando el gran humanitario llegó, sus cuerpos, empapados en gasolina, fueron quemados, formando antorchas vivientes.[491]

No menos de 400.000 alemanes fueron asesinados en los primeros meses de la Liberación. Otros 3.000.000 de alemanes debieron abandonar el país en que habían nacido, tras sufrir abominables vejaciones. Masacres horrorosas en Saaz, carnicería en Aussig, donde fueron violadas y, luego, degolladas, dos mil quinientas mujeres de todas edades. Expulsión de poblaciones enteras, látigo en mano; hombres obligados a cavar sus propias tumbas. Soviéticos, judíos y checos rivalizaron en brutalidades y sevicias contra las minorías nacionales en Checoslovaquia, en especial la minoría alemana. Hubo centenares de miles de violaciones; los médicos soviéticos rehusaban la asistencia médica a las mujeres que habían sido ultrajadas; muchas de ellas cometieron suicidio... En un solo día, en Brno, 275 se dieron la muerte[492].

Terrible fue también la represión en Hungría. 600.000 prisioneros de guerra y 230.000 civiles pertenecientes a la élite nacional fueron enviados a campos de trabajos forzados en Rusia.

---

[491] Libro Blanco de los Sudetes. (Dokumente VI-XVII)
[492] Wenzel Janksch: "*Postdam, 1945*".

Entre tanto, En Europa Occidental, un judío, Martin Hemler, con la asistencia oficial de las autoridades, anglo-sajonas y francesas de ocupación, dirigía la persecución de un cuarto de millón de magiares que se habían refugiado en Austria y Baviera.

La represión fue también muy dura en Bulgaria y Rumania, donde la arpía Anna Pauker dirigió personalmente la depuración contra los "traidores".

La minoría alemana de Yugoslavia -200.000 personas en 1939- fue internada en bloque en campos de concentración. Nada más a vuelto a saberse de ella.

Huelga decir que todos los estadistas europeos que colaboraron con Alemania o fueron simplemente anticomunistas, fueron ejecutados tras haber sido condenados en indignas farsas pseudo-jurídicas. Incluso el Padre Tisso, Jefe del Estado Eslovaco, fue colgado en Bratislava.

Siguiendo su clásico sistema de la "ingeniería social" -eliminación de las élites dirigentes y pensadores de cada país sometido- los soviéticos procedieron a la exterminación de las clases intelectuales, incluyendo a sus antiguos "compañeros de viaje", liberales y social-demócratas rebautizados socialtraidores.

Pero algo similar, aunque más disimulado, ocurrió en la Europa Occidental, liberada por los anglosajones. Se prohibió al gran escritor Erwin Guido Kolbenhayer continuar dedicándose a la Literatura, por el "delito" de haber escrito artículos laudatorios para el Nacional Socialismo. El noruego Knut Hamsum, "culpable" de simpatías hacia Alemania y de haber estrechado la mano a Von Ribbentrop en una recepción oficial, fue acusado de traición. Sentencia: treinta días de cárcel e indignidad nacional.

Cuando, una vez libre, Hamsum, uno de los más prestigiosos escritores del siglo y premio Nobel, se permitió criticar a sus "jueces", fue encerrado, a sus ochenta y tres años de edad, en un asilo de lunáticos. Al director de cine Veit Harlan, culpable de haber dirigido una película tildada de antisemita en 1933, se le prohibió continuar ejerciendo su profesión. Lo mismo le ocurrió a Leni Riefenstahl, que había dirigido un film sobre los Juegos Olímpicos de Berlín en 1936[493].

Es un hecho bien conocido que las listas negras contra intelectuales y artistas

---

[493] En cambio, los judíos Preminger, Zanuck, Maté et alia pueden, impunemente, continuar fabricando docenas de films anti-alemanes, muchos años después de terminada la guerra (N. del A.)

La Historia de los Vencidos (El suicidio de Occidente)

fuero n confeccionadas antes que las de políticos y miembros de las SS, Gestapo y SA. En esas listas figuraban hombres de tanta categoría y renombre mundial como Wilhem Furtwangler, el más grande de los directores de orquesta sinfónica, los célebres músicos Richard Strauss, Linke Walter Gieseking, Clemens Krauss, Vasa Prihoda... los escritores Slezak, Carrossa, Gerhardt Hauptmann, Heinrich George, Sven Hedin, Herybert, Friedrich Schreywogl, Giselher Wirsing; poetas como Asta Sudhaus y Nana Schlegel; escultores como Arno Breker y Thorak; actores como Emil Jannings, Cristina Soderbaum, Werner Krauss, Gretl Schorg... Las más absurdas excusas servían para condenar al ostracismo a intelectuales y artistas de fama mundial.

El compositor Ernst Dohnanyi estuvo varios años sin poder trabajar sólo porque la "Asociación de Judíos Veteranos de Guerra" le proclamó fascista. El pianista Heinrich Gulda fue encarcelado porque pudo probarse que había pertenecido a las "Juventudes Hitlerianas".

Se organizó el pillaje sistemático de librerías y bibliotecas, públicas y privadas, así como de hemerotecas y museos. Millones de libros, revistas, periódicos publicados en Alemania entre 1933 y 1945 fueron quemados en inmensas piras por los defensores de la Libertad de Pensamiento. En el no mbre de esa libertad fueron condenados a presidio los magiares Alfonsz Luzsenszkya y Dolány-Kovacs, "culpables" de haber traducido el Talmud y de haber publicado unas estadísticas demostrando que más del 60 por ciento de la riqueza de Hungría estaba controlada por israelitas[494].

En el nombre de la Libertad abstracta fueron suprimidas todas las libertades concretas. En el nombre de la Democracia igualmente abstracta, fueron impuestas a Europa, y no solamente a Alemania, las listas negras, la censura, la irradiación, la deportación, la pérdida de los derechos Civiles... En el nombre de la Igualdad se establecieron una infinidad de privilegios y derechos especiales. Aunque en la II Guerra Mundial perecieron más de 50.000.000 de personas, sólo los judíos, independientemente de su nacionalidad oficial, percibieron -y continúan percibiendo- indemnizaciones personales. Sólo ellos fueron compensados, al ciento por uno, de todos los perjuicios sufridos -real o imaginariamente- en una guerra provocada, en

---

[494] Louis Marschalsko: "*World Conquerors*", pág. 182.

gran parte, por el Sionismo.

Entre 12 y 15 millones de personas del Este de Europa fueron expulsadas de sus hogares, sin indemnizaciones de ninguna clase, y sin que los demócratas de Occidente -¡ellos tan humanitarios!- tomaran medida alguna para aliviar su suerte. Se obligó a Alemania a reconocer una deuda de "reparaciones" de 3.600.000.000 de marcos, pagaderos al Estado de Israel... que ni siquiera existía cuando las pretendidas exterminaciones masivas de judíos tuvieron lugar. Esto equivalía, por otra parte, a darle la razón, retrospectivamente, a Hitler, cuando afirmaba que - independientemente del lugar de su nacimiento, un judío es, antes que nada, judío - Si se afirma, por ejemplo, que los nazis exterminaron a 90.000 judíos holandeses (lo que constituye una siniestra broma) y luego se obliga a Alemania a pagar una indemnización por ello, no a Holanda, sino a Israel, es evidente que se reconoce que cuando Hitler decía que el judío es, antes que nada, judío, tenía razón. Aunque no hay motivo para atribuir tal descubrimiento al Führer: antes que él dijeron lo mismo San Luis, Voltaire, Mahoma, los Faraones de Egipto. Napoleón, Franklin, Lutero, Erasmo de Rotterdam, Cicerón y todos los gerifaltes del Sionismo, desde Herzl hasta Goldman.

Esas reparaciones especiales, fundadas sobre la grandiosa leyenda de seis millones de fantasmas, llevan trazas de eternizarse.

Periódicamente, nuevas cargas son echadas sobre los hombros del pueblo alemán. Indemnizaciones al Estado de Israel; indemnizaciones a los judíos residentes en Europa, que parecen haber resucitado en bloque; indemnizaciones a los antiguos Aliados -ahora, parece, ya menos aliados-; reparaciones pendientes aún de la I Guerra Mundial, gigantesco robo científicamente organizado y perpetrado por las diversas comisiones de ocupación, inglesas, americanas, francesas y soviéticas.

Desde mayo de 1945 hasta junio de 1954, es decir, en sólo nueve años, los despojos cometidos en Alemania en nombre de la Democracia, fueron estimados por el periódico "Der Weg" editado en Buenos Aires:[495]

> Bienes y propiedades deliberadamente destruidos después del fin de

---

[495] "Der Weg", no. junio 1954, Buenos Aires. Citado por L. Marschalsko, 176.

La Historia de los Vencidos (El suicidio de Occidente)

la guerra: 320.000 millones DM.

➢ Valores confiscados bajo pretexto de "Desnazificación": 108.500 millones DM.

➢ Botín de las tropas de ocupación (únicamente en zona Occidental): 15.000 millones DM.

➢ Confiscaciones "indirectas", expropiación de la Flota Mercante, etc: 138.100 millones DM.

➢ Pérdida sufrida por la población alemana a consecuencia de la "reforma" monetaria impuesta por los Aliados Occidentales: 198.000 millones DM.

➢ Pérdida representada por los "billetes de ocupación" emitidos por los Aliados: 46.000 millones DM.

➢ Daños causados por los incendios intencionados de bosques y parques forestales en la Zona Francesa: 14.000 millones DM.

➢ Desmantelamientos de fábricas: 10.000 millones DM.

➢ Pérdidas causadas por la limitación artificial del precio del carbón: 84.000 millones DM.

➢ Confiscación de valores alemanes en el Extranjero: 18.000 millones DM.

➢ Además hay que tener en cuenta el robo de las patentes de invención alemanas, por la explotación de las cuales ciertos capitalistas americanos se embolsan de dos a tres mil millones de dólares anualmente.

➢ Durante el período 1945-1948, y sólo en las tres zonas occidentales, nacieron más de 300.000 niños de madres solteras, cuya manutención costó a los alemanes más de cien millones de marcos[496]

Alemania y Austria recibieron un trato como jamás se había dado a un país vencido. La población fue tratada de una manera infrahumana y "una política de hambre organizada fue introducida por nosotros, y dura todavía en 1948", según el escritor norteamericano Yockey. A pesar de que América enviaba alimentos y ropas a todos los lug ares del mundo, rehusó hacer lo mismo con los países vencidos. "Las raciones alimenticias fueron fijadas muy por debajo de los mínimos requeridos,

---

[496] Savitri Devi: "*The Lightning and the Sun*".

tanto cuantitativa como cualitativamente y, muy pronto, la desnutrición, las enfermedades de la piel y degenerativas empezaron a matar a las gentes por centenas de millares...[497]

En el principio de la exaltación de su victoria, el Ejercito americano prohibió incluso a su personal el dirigir la palabra a la población civil. Esta absurda medida debió ser abandona da cuando los castigos contra soldados americanos que la desobediencia llegaron a ser demasiado numerosos. La población de Europa -y no solamente la alemana- fue tratada como esencialmente inferior a los conquistadores americanos. Fue oficialmente mencionada como "the indigenous population" -la población indígena-. En los edificios públicos había bares, servicios higiénicos y sanitarios especiales para los americanos y negros superiores[498].

Gran parte de los edificios que no habían sido destruidos por lo s bombardeos Aliados fueron incautados para alojar en ellos a las familias de los soldados americanos. Los propietarios fueron expulsados sin indemnización. La población civil fue privada incluso del derecho de autodefensa contra los americanos. Europeos que respondieron con la fuerza a soldados americanos que trataban de robarles o injuriarles fueron condenados por tribunales militares... Un alemán fue condenado a dos años de prisión por haber tratado de "sucio judío" a un oficial americano que pretendía introducirse en su casa[499].

La forma particularmente deshonrosa en que fue llevada a cabo la ocupación de Europa y sobre todo de Alemania, por el Ejército Americano, muestra a las claras la presencia -más aún, el predominio- de elementos culturalmente ajenos, pues ningún país occidental, ni siquiera un país extremadamente joven, como Norteamérica podría haber llevado a la práctica semejantes procedimientos, varios años después de terminada la contienda, y a sangre fría.

Su constitución profunda, presencia histórica, dos milenios de tradición de honor hubieran impedido esa vergüenza. Se pregunta el ya mencionado Yockey, exfuncionario de los ocupantes yankees "¿Qué nación" occidental hubiera reducido a las mujeres de otra nación occidental al estatuto legal de las concubinas?"[500]. Y no

---

[497] Francis Parker Yockey (Ulik Varange): "*Imperium*", págs. 542-543.
[498] Francis Parker Yockey (Ulik Varange): "*Imperium*" págs 542, 543 y 545.
[499] Francis Parker Yockey (Ulik Varange): "*Imperium*" págs 542, 543 y 545.
[500] Francis Parker Yockey (Ulik Varange): "*Imperium*" págs 542, 543 y 545.

obstante, eso fue lo que hizo el Alto Mando Americano en Alemania y Austria permitió el concubinato y prohibió el matrimonio entre sus "boys" y las "hembras" de los territorios ocupados. Los resultados de tal política fueron los que, probablemente se buscaban: las enfermedades venéreas asumieron proporciones de plaga en la Europa sometida.

Queremos creer que las llamadas "autoridades espirituales" protestaron contra este estado de cosas. Empero una cosa es cierta tales protestas debieron ser extremadamente confidenciales, pues nadie se enteró y precisemos, "pour mémoire" que Radio Vaticano posee la emisora más potente del mundo, y que la riqueza de la Iglesia Anglicana es proverbial.

Ante una población indígena reducida a al más estricta miseria, las tropas de ocupación blancas y de color, vivían protegidas por ametralladoras y alambradas. Alimentos que sobraban y ropas usadas de los ocupantes fueron quemadas en medio de la calle, a la vista del populacho famélico y vestido de harapos. Cuando, en 1947, estuvo a punto de producirse una revuelta general, uno de los gobernadores americanos anunció oficialmente que, si se producía una revuelta, sería aplastada con bayonetas y ametralladoras y, si es necesario, con fusilamientos de rehenes[501].

Esa vergüenza general, sistemáticamente organizada, que no era en realidad, otra cosa que la estricta aplicación del infame Plan Morgenthau, fue cuidadosamente ocultada al Pueblo Americano, cuya generosidad fue vilmente estafada. La escandalosa propaganda sobre los sufrimientos de los "pobres judíos" explotó hábilmente el cándido sentimentalismo "dirigido" del Pueblo Americano. Miles de millones de dólares en mercancías de todas clases -ropas y alimentos especialmente- fueron enviados a Europa para las víctimas de la guerra... pero no aprovecharon, en general, a las víctimas, sino a los negociantes de la guerra.

Bajo los auspicios de la U.N.R.RA. se favoreció exageradamente a los judíos, pero al mismo tiempo se organizó un floreciente negocio de "mercado negro" controlado por personas de la misma procedencia racial. Finalmente fueron también dos hebreos, el banquero Herbert H. Lehman y el Alcalde de Nueva York, Fiorello

---

[501] Aparte de Varange y Marschalsko, el jesuita alemán Padre Reichenberger da abundantes detalles de estas auténticas provocaciones de las autoridades ocupantes (N. del A.)

La Guardia, los principales factotums de tal entidad.

El General Patton, uno de los más prestigiosos jefes del Ejército Americano, trató de oponerse a los innobles abusos que, en nombre de su patria, cometían ciertos indeseables. Además, amenazó públicamente con trasladarse a América y hacer oír su voz al verdadero pueblo americano, explicándole las infamias cometidas al socaire de su bandera. Pero, con rara oportunidad, tuvo un accidente. Su coche fue embestido por un camión que se dio a la fuga; transportado a una ambulancia, ésta fue, a su vez, embestida por otro camión, resultando muerto el General que quiso oponerse a las infamias de la Ocupación.

Otro General, el británico Frederick Morgan, Delegado de la UNRRA en la Zona Inglesa de Alemania, pretendió, igualmente, oponerse a los abusos judíos. Inmediatamente, Herbert H. Lehman pidió al Gobierno Británico la sustitución de Morgan. Londres rehusó. Pero la presión que debió sufrir el "Foreign Office" le incitó a "dimitir" al General que tuvo la candidez de creer que Inglaterra había ganado la guerra, y que él debía servir a "Old England" antes que a Israel.

Pese a todas las medidas precautorias de los "boys" de Morgenthau y de los "tovaritchs" de Ehrenbourg, el mundo llegó a entrever algo de lo que sucedía en Alemania. Para tratar de justificar "post facto" los excesos de los libertadores hubo que llevar a puntos realmente absurdos la leyenda de la perversidad intrínseca del Nazismo. Los más perfeccionados sofismas, las más inconcebibles historias y las más absurdas estupideces fueron difundidas millones y millones de veces por las rotativas del mundo entero.

A cada religión, a cada secta, a cada sector de opinión, a cada tendencia artística o filosófica, se le dedicó la propaganda "antinazi" adecuada; así, a los católicos se les dijo que Hitler quería eliminar el Catolicismo Alemán en beneficio del protestantismo, mientras a los protestantes se les dijo exactamente lo contrario: a los celosos guardianes de la Moral se les dijo que Bormann o tal otro dirigente nazi era partidario del Nudismo, pero no se les dijo que el Nacional Socialismo terminó con una sede de lacras sociales más o menos toleradas en Francia, la "Filie Ainée de l'Eglise".

Tampoco se les dijo que en la anticristiana Alemania Nazi, las dos Iglesias, Católica y Evangélica, eran las mayores propietarias de bienes inmuebles y muebles, después del Estado, ni que, 1933 hasta el fin de la guerra, el Gobierno de

Hitler estuvo poniendo a disposición de ambas Iglesias, cantidades que oscilaron entre 130 y 725 millones de marcos anuales.

Creemos necesario insistir sobre este punto del pretendido anticristianismo hitleriano, del que no aparecen vestigios en "Mein Kampf". Nada anticristiano debieron encontrar en el Nazismo los obispos católicos alemanes cuando el 20 de Agosto de 1935, en ocasión de la Conferencia de Fulda, enviaron un telegrama al Führer expresándole sus sentimientos de fidelidad y respeto. Lo mismo hicieron los obispos protestantes, en Enero de 1934.

Es cierto que S. S. Pío XI había aprobado los decretos del Santo Oficio condenando los escritos de Alfred Rossenberg y del profesor Bergmann sobre el Racismo, pero no es menos cierto que ni las teorías de Rossenberg ni las de Bergmann eran oficiales en Alemania Nacional Socialista. Por otra parte. se olvida con demasiada frecuencia que, dentro de la jerarquía católica, solamente el Soberano Pontífice es infalible, y aún, sólo cuando habla "ex-catedra", circunstancia que se da muy raramente.

La encíclica "Mit brennender Sorge", publicada el 22 de Marzo de 1938, condenaba dos de los veintidós puntos doctrinales del Nacional Socialismo: los que hacían referencia a las "exageraciones racistas" y "al monopolio de la educación juvenil" que el Estado Alemán pretendía arrebatar a la Acción Católica.[502] ... PERO ES EL COLMO DEL IMPUDOR CALLAR QUE TODOS LOS MOVIMIENTOS POLITICOS QUE SE OPUSIERON AL NACIONAL SOCIALISMO HAN SIDO CONDENADOS IGUALMENTE.

Una buena parte de los católicos de hoy -especialmente los demócrata - cristianos franceses e italianos, que se extasían leyendo al "católico" Schumann, que facilitaba, por los micrófonos de la B.B.C., las listas de los franceses que debían ser asesinados por los "maquis", consideran "de buen tono" calificar de anticristianos al Nazismo y al Fascismo. No obstante, cabría preguntarse por qué, si el Nazismo era tan anticristiano, la Santa Sede se dio tantas prisas en concluir

---

[502] Otra encíclica, "Non Abbiamo Bisogno", condenó el principio "totalitario" del Estado Fascista. Recordemos, empero, que fue ese denigrado Estado fascista el que restableció la enseñanza religiosa en las escuelas de Italia (Octubre de 1923), y normalizó las relaciones entre Roma y el Quirinal, por el tratado de Letrán (11-11-1929). De nada le valió esto a Mussolini, al que el Arzobispo de Milán, Schuster, rehusó albergue cuando intentaba huir de los partisanos comunistas que lo ejecutarían dos días después. (N. del A.)

con el Reich el famoso Concordato Pacelli-Von Papen.

Recordemos que, cuando tal Concordato fue firmado, los principios nazis eran conocidos, al menos, desde diez años atrás.

El Vaticano, siempre muy bien informado, sabía qué era el Nazismo, y no parecía, entonces, encontrarlo particularmente perverso. Tal constatación vendría después, coincidiendo con la derrota militar. Muchas personas olvidan que el Vaticano es, TAMBIEN un poder político, terrenal. Y, como a tal, es inteligente. Inteligencia, del latín intelligere, comprender; comprender por donde sopla el viento; superinteligencia de la veleta, siguiendo el Viento de la Historia.[503]

Es cierto que el Vaticano tuvo conflictos con Hitler y Mussolini, pero eso no prueba, políticamente hablando, estrictamente nada. ¿Con quién no tuvo conflictos el Vaticano? Nuestros Reyes Católicos Isabel y Fernando fueron excomulgados[504] durante varios años; también lo fue Carlos V[505]; también fueron condenados con excomuniones, interdictos, amonestaciones etc, Napoleón, Bismarck muchos reyes de Prusia y de Inglaterra, los primeros reyes de Italia... Todos los sistemas políticos -dejando a parte la llamada Monarquía de Derecho Divino - fueron condenados por el Vaticano: Liberalismo, Capitalismo, Marxismo en todas sus variantes, Judaísmo, Sionismo, etc.

... ¡Hasta Santa Juana de Arco fue condenada como hereje, por una muy regular asamblea, que actuaba en nombre de la muy oficial Inquisición Francesa...!

Es cierto que, en lo que concierne a los judíos, en general, la política vaticana ha dado un viraje de noventa grados... ("Oremus et pro perfidis Judaeis," ayer; "Oremus et pro Judaeis", hoy ... ¿"Oremus et pro BONISSIMIS Judaeis", mañana?) Pero no es menos cierto que, hasta nueva orden, la Doctrina Católica la constituyen el Evangelio y las decisiones de los Concilios... Para los cristianos no católicos, el Evangelio, por la boca de Cristo califica los *bonissimis* de mañana de "Hijos del Diablo" "Hijos de la Mentira", "Hijos de las Tinieblas" "Raza de Víboras "Sepulcros Blanqueados" "Asesinos de los Profetas", "Raza de Fornicadores" y "Enemigos del

---

[503] La expresión "Viento de la Historia", se debe al muy católico General De Gaulle, enemigo personal del no menos católico Mariscal Petain. (N. del A.).

[504] Dos veces: una a causa de la falsificación de su bula de matrimonio y otra en 1482 a causa de los nombramientos eclesiásticos (N. del A.).

[505] A causa del saqueo de Roma, en 1527, (N. del A.)

La Historia de los Vencidos (El suicidio de Occidente)

género humano"... Hitler, Goebbels o Streicher nunca llegaron a decir nada tan definitivo.

Un pacifista bienpensante explicaría, tal vez, que la actitud del Vaticano hacia el Nazismo y el Fascismo tras la derrota militar de éstos, está motivada por los excesos y los crímenes cometidos por los vencidos. Admitamos, a título puramente dialéctico, que todas las maldades atribuidas al Nazismo sean auténticas... ¿Y qué?... ¿Acaso no fue la propia Iglesia quien inauguró brillantemente la serie de las grandes matanzas colectivas con sus ocho Cruzadas, con el genocidio de los albigenses y, más tarde, con la cruel represión de los hugonotes en la Noche de San Bartolomé?... ¿Acaso condenaron las diversas sectas protestantes a sus numerosos adeptos del Norte de América, autores, a costa de los aborígenes piel-rojas, del mayor genocidio de la Historia, con treinta millones de muertos en las cifras más conservadoras? Si se juzga una doctrina, una sociedad, un partido, una religión por los crímenes que en su nombre se han cometido, entonces el Catolicismo y el Cristianismo en bloque, deben ser incluidos en las listas de las doctrinas criminales, igual que cualquier otra religión.

El último "descubrimiento", consistente en denigrar sistemáticamente a los jefes nazis, no vale, tampoco, gran cosa... pues por el mismo sistema de razonar, podría aducirse que San Pedro, el primer Papa, fue, en cierta memorable ocasión, un triple perjuro y un cobarde, según los Evangelios; que el primer "Tesorero" de lo que podríamos llamar el Gobierno Provisional de la Iglesia Cristiana, Judas Iscariote, fue un digno representante del genio financiero de su raza; que el apóstol y evangelista Mateo era lo que, en nuestra desgraciada época, llamaríamos un "Quisling"; que el primer santo, cronológicamente hablando, el buen Dimas, crucificado a la diestra del Hijo del Hombre, era un "gángster" podría también hablarse de la adúltera Magdalena... Pero, ¿se ha oído jamás que los impíos Hitler, Goebbels o Hess declararan, tranquilamente que el Cristianismo es una religión de perjuros, cobardes, estafadores, traidores, gángsters y mujeres fáciles?

Muy interesante sería saber hasta qué punto la influencia masónica fue determinante en ciertas raras actitudes de determinados influyentes grupos católicos.

Por ejemplo, el 14 de septiembre de 1938, SS. Pío XI recibió, en Castelgandolfo, a un grupo de refugiados españoles. Si bien reprobó las persecuciones sufridas por el clero español, no estableció ninguna diferencia entre los nacionales, que fusilaron a dieciséis sacerdotes vascos por delitos políticos, y los gubernamentales. que mataron a catorce mil, más una docena de obispos por el "delito" de ser eclesiásticos[506].

La infiltración masónica en ciertas esferas católicas y, más aún, protestantes no constituye ninguna novedad, y nada tendría de particular que ciertos altos consejeros bebieran sus informaciones en aguas no demasiado puras.

Sería absurdo pretender que el Nacional Socialismo no cometió abusos y torpezas, inherentes a toda obra humana. Hubo, tal vez, ciertas exageraciones que, más que racistas, cabría calificar de zoológicas. Hubo, también, indudablemente, muchos uniformes, demasiados uniformes y, lo que es peor, en momentos críticos, existió un híper-nacionalismo desplazado, a lo siglo XIX, que hizo apartarse de Alemania a ciertas fuerzas cuyo concurso hubiera sido decisivo. La desconfianza hacia los pueblos del Este, en especial los ucranianos que esperaban a los alemanes como libertadores y a los que la estúpida política del Gauleiter Koch y de Kaltenbrunner hizo perder como preciosos aliados, la obcecación en querer tratar con Inglaterra, como si tres siglos de cooperación anglo-judaica no significaran nada...

Pero aún suponiendo que fueran ciertos todos los crímenes y todos los errores que al Nazismo se atribuyen, es evidente que los que cometieron los Aliados, entre 1945 y 1955 en Alemania, fueron aún mayores, con el agravante de haber sido perpetrados a sangre fría, sin la excusa de las obcecaciones que el caos de la guerra producen incluso en los más sosegados espíritus.

TRAICION EN ASIA Y NUEVO MAPAMUNDI

Chiang-Kai-Shek, a pesar de su estrecha vinculación con la Masonería, era un sincero anticomunista o pretendía serlo. Mientras Roosevelt y Stalin necesitaron de él para que, con sus tropas inmovilizara al grueso del Ejército Japonés y le impidiera

---

[506] En 1953, ciertas altísimas dignidades católicas, cuya buena fe fue ciertamente abusada por pescadores en aguar turbias, protestaron por la ejecución del agente comunista Grimau, en España y nada dijeron por la de Bastien-Thiry, militante nacionalista, que sólo intentó asesinar a De Gaulle. A Grimau se les reprocharon más de veinte crímenes. La paja y la viga! (N. del A.)

su ataque contra Siberia, Chiang-Kai-Shek recibió una graduada ayuda y fue considerado -teóricamente al menos- como uno de los "Cuatro Grandes". Pero tan pronto como el Japón capituló, el "hermano Chiang" dejó de ser necesario. Es el clásico sino del masón; ser el mayordomo introductor del Bolchevismo y morir, precisamente, a manos del Bolchevismo. La Masonería, maestra del embuste, engaña, antes que a nadie, a los masones, por que le consta que "el engañado es quien mejor engaña".

Así, tan pronto como el Japón dejó de existir como gran potencia y la URSS pudo concentrar en Extremo Oriente toda su atención diplomática y militar, empezó -con secular pericia masónica-, la campaña orquestada contra Chiang-Kai-Shek, atribuyéndosele toda clase de inmoralidades, tanto a él como a su administración: fue presentado a los ojos del mundo como un ladrón indigno. El Embajador americano en China, Patrick Hurley, dimitió en señal de protesta contra esa campaña indigna.

El Presidente Truman envió al General Marshall -el mismo que, con Rockefeller y Roosevelt, organizó la encerrona de Pearl Harbour- a China para que convenciera a Chiang -Kai-Shek de la necesidad de dar entrada a los comunistas en su Gobierno. Como éste se negara resueltamente, Marshall aconsejó al Departamento de Estado que denegara todas las licencias de exportación de muni ciones a China. No contento con esto, Marshall hizo anular el contrato que obligaba al Gobierno Norteamericano a vender aviones de bombardeo al Gobierno de Chiang-Kai-Shek. Entre tanto, Stalin facilitaba una ayuda masiva a Mao-Tsé-Tung. El Gobierno de Chiang intentó comprar armamento a Inglaterra, pero determinadas presiones desde Washington obligaron a Londres a abstenerse.

El Secretario de Estado, Byrnes, se entrevistó con Chiang-Kai-Shek el 26 de noviembre de 1945, sugiriéndole que admitiera a comunistas en su Gobierno, y amenazándole con suspender la ayuda económica americana, de la misma manera como ya se había suspendido la ayuda militar.

La máquina propagandística mundial empezó a hacer creer a las masas desinformadas, -y especialmente las masas americanas- que Mao Tsé-Tung no era un comunista, sino un "reformista agrario", un revolucionario del tipo de los franceses de 1789. Harry Hopkins fue enviado a Moscú, para entrevistarse con Stalin; poco después, Hopkins y Marshall se entrevistaron con Chiang-Kai-Shek; el resultado de todos estos conciliábulos fue la entrada de comunistas en el Gobierno de Pekín. Esto equivalía a la legitimación -la legalización, al menos- de la traición; el caballo de Troya marxista instalado dentro de la propia Administración posibilitó la derrota de los nacionalistas. Estos, privados de toda ayuda, mientras Mao-Tsé-Tung la recibía a manos llenas, y no solamente de la URSS, terminaron por ser militarmente batidos en toda línea, debiendo retirarse al último baluarte de Formosa.

El Comunismo Internacional extendió así, su dominio sobre la inmensa China, con más de seiscientos millones de habitantes y un territorio dieciséis veces mayor que Francia. Lo que había sido, y pudo continuar siendo, un Aliado, se convirtió, por obra y gracia de Truman, Marshall, Hopkins et alia, en una terrible amenaza para Occidente.

Las instituciones mundialistas *"Institute of Pacific Relations"* (Instituto de Relaciones del Pacífico) y "Amerasia", financiadas por el "trust" Rockefeller, estuvieron en vanguardia de la propaganda pro-Mao y anti Chiang-Kai-Shek. De la primera de esas entidades formaba, entonces, parte, el más tarde secretario de Estado, Dean Rusk, viejo empleado de los Rockefeller. De la segunda, el conocido espía Owen Lattimore.

Manchuria fue cedida a China, sin consultar para nada a los manchues. También se decidió -en Yalta- la entrega a la URSS de Sakhalin Meridional y del Archipiélago de las Kuriles, más la posesión en arriendo de las zonas portuarias de Port Arthur y Dairen. Otro de los acuerdos de Yalta preveía el derecho de pasaje de un ferrocarril extraterritorial que uniría Dairén a la Siberia Meridional. Un ferrocarril extraterritorial y una carretera a través del "corredor polaco" pedía Hitler, y se le declaró la guerra. El "corredor polaco" era de diferente cuerda, por lo visto, que el corredor de Dairén a través de China, cuando ésta no era, todavía, comunista.

En Asia Central, la URSS consideró necesario aumentar su "espacio vital", y exigió al Afganistán la cesión de la región de Kuschka. Las potencias occidentales no protestaron por esa enésima violación de los solemnes principios de la Carta del Atlántico. Afganistán, a pesar de que la URSS había firmado con Kabul un pacto de amistad y no-agresión, reconociendo las fronteras comunes, el 31 de agosto de 1926, debió ceder, el 14 de junio de 1946, y los soviéticos tomaron posesión de Kuschka.

Otro pacto de no agresión y Amistad, firmado entre la URSS y Turquía (17-XII-

La Historia de los Vencidos (El suicidio de Occidente)

1925) fue unilateralmente quebrantado por aquélla que, en Marzo de 1945, lo denuncia, dando a conocer sus pretensiones sobre el Kurdistán Turco y exigiendo el control de los Dardanelos.

En Europa Oriental y Central, los soviéticos instalan sus gobiernos títeres, sin base popular alguna, pero con el apoyo de las bayonetas del Ejercito Rojo. Los masones occidentalistas -así los llama Moscú- son sucesivamente eliminados: Benes, Massaryk, los inconscientes polacos "londinenses", los agrarios húngaros, los "mandilones" monárquicos de Bucarest, Sofía y Belgrado han dejado de ser útiles y tienen el fin reservado a los traidores.

Entonces, Churchill -que también ha dejado de ser útil y ha sido espectacularmente arrinconado[507]- constata el establecimiento a lo ancho de todo nuestro Continente, de un Telón de Acero, expresión tomada de un discurso de Goebbels, y que hará fortuna. Churchill confiesa que la última guerra ha sido un error "We killed the wrong pig" ¡Demasiado tarde!

Sí, demasiado tarde, por que Inglaterra, el viejo parásito político del continente ha contribuido eficazmente al asesinato de éste, y la muerte del agente a expensas del cual vive el parásito produce la muerte de éste. Churchill, que, en aquellos momentos, sintió, ciertamente, la tentación de pensar en inglés, y no en masón, objetivamente marxista, es lanzado a las tinieblas exteriores de la política. A Sión le ha hecho falta un Churchill en tiempos de guerra, para exprimir al pueblo inglés y hacerle luchar en una guerra que significará su propio suicidio como gran potencia.

Pero cuando, al fina l de la guerra, Churchill tiene la tentación de entenderse con Doenitz, para echar a los rusos de Europa, entonces, muy oportunamente, se descubre que su administración ha sido un dechado de inmoralidades y favoritismos. Por eso es barrido, literalmente, en las elecciones. Por que si "el mundo judío y Roosevelt" forzaron a Londres a declarar la guerra a Alemania, como dijera Chamberlain, bien sencillo debió ser para "el mundo judío y ... Truman" organizar una derrota electoral de los conservadores ingleses, derrota consumada, a la par, por la traición del "Times" y por la formidable campaña propagandística electoral

---

[507] Los conservadores fueron aplastados en las elecciones del 26 de julio de 1945, tras una extraña campaña electoral, en la que los laboristas acusaron al Gobierno de Churchill de toda clase de inmoralidades, nepotismos y malversaciones, acusaciones que fueron, insólitamente, suscritas por el rancio "Times" (del judío Isaac Hammsworth). (N. del A.)

del Partido Laborista. (¿quién la pagó?).

El mundo comunista extiende progresivamente su influencia en el Norte de Corea, donde Stalin, con la anuencia de Truman, instala una "República Popular", mientras la zona Sur de ese viejo país queda bajo influencia americana, aunque oficialmente "libre".

Un nuevo Mapamundi es la principal secuela de la Segunda Guerra Mundial. Es el resultado de la Gran Cruzada de las Democracias -por cierto, incluyendo la Soviética- contra los Fascismos, Cruzada que ha entregado al Bolchevismo: Polonia, Estonia, Letonia, Lituania, Rumania, Bulgaria, Hungría, Bohemia, los Sudetes, Eslovaquia, Yugoslavia, Albania, media Alemania, extensos territorios en Finlandia, China, Manchuria Meridional, las Kuriles y el Norte de Corea. En total, unos trece millones de kilómetros cuadrados y casi ochocientos millones de personas entregadas a la tiranía bolchevique. He aquí el resultado palpable de la Cruzada, cuyas consecuencias siguen pagándose hoy y se pagarán durante largo tiempo.

Austria y Finlandia serán "neutralizadas" después de los respectivos tratados de paz, prohibiéndoseles, prácticamente, entretener una fuerza armada eficaz. A Austria se le prohibirá, igualmente, en nombre de la Libertad y de la Democracia, formar parte de organismos internacionales al lado de Alemania, o concluir con ésta tratados aduaneros, comerciales o políticos de la clase que fueren. Finalmente, se le impondrá una pesada contribución de guerra en concepto de reparaciones, pese a que la propaganda Aliada siempre había presentado a Austria como un país libre, sojuzgado por la Alemania nazi contra su voluntad.

Finlandia y Austria serán, pues, un "no man's land", provisionalmente no bolchevizado, entre el Imperio Comunista y la Europa residual.

El trágico resultado de la Guerra Mundial no se produjo a consecuencia de un capricho del azar. El nuevo Mapamundi había sido decidido en Yalta y Teherán, en el transcurso de la contienda, y en Postdam, semanas después del cese de hostilidades. Pero, Yalta, Teherán y Postdam no fueron más que ejecuciones de planes previamente trazados; otros hombres, otras Fuerzas, que no aparecieron en primerísimo plano a los ojos de los profanos, habían ya decidido el destino del mundo y su división en dos zonas de influencia, llamadas Occidental y Oriental.... Capitalista y Comunista... Americana y Soviética... Democrática y Marxista... aunque la realidad detrás de todas esas denominaciones era el control del Judaísmo de todo el Universo, a través de una artificial división del mundo en dos bloques, falsamente antagónicos, e igualmente sometidos al dominio de Judá.

En 1941, Maurice Gomberg, personaje muy influyente del Sionismo Americano, publicó *"A New Moral Order for Permanent Peace and Freedom"*[508]. En dicho libro se incluye un Mapamundi que es la copia exacta del que resultaría después de la "Victoria" de 1945.

La Unión Soviética se extiende, en dicho mapa profético, desde Vladivostock hasta las puertas de Hamburgo; Polonia, Checoslovaquia, Yugoslavia, Hungría, Rumania, Bulgaria, Albania y los Estados Bálticos son mostrados como "estados asociados" de la URSS; Finlandia y Austria aparecen como "territorios neutralizados"; China está dentro de la órbita soviética, pero no es denominada "estado asociado de la URSS", sino que se le atribuye una cierta autonomía; las Kuriles y Sakhalin del Sur están coloreadas de rojo, lo mismo que Manchuria. Hasta se prevé la división de Alemania en dos zonas; Berlín está partida en dos, y hasta se prevé un reparto de influencia en Corea. El profeta Gomberg predecía, incluso, la creación de un Estado judío en Palestina... ¡Increíble, el poder de penetración del futuro poseído por este profeta!

Sí; increíble en toda la extensión de la palabra. Porque es materialmente imposible que, a principios de 1942, en la neutral América pudieran predecirse tantas cosas "impensables" y acertar en todas. Y, sin embargo, así lo hizo Gomberg.

¿Milagro?... ¿Profecía?...

Nos limitaremos a sugerir que, tal vez, la mejor manera de acertar una profecía es poner todos los medios necesarios para que lo profetizado se realice. Esta es la única manera de predecir el futuro. No conocemos otra.

El libro de Gomberg es una prueba más de que el Mundo y sus acontecimientos están predeterminados por Fuerzas insospechadas y que todas las guerras, generales o locales, las discusiones de la ONU, las conferencias de desarme, las reuniones de "alto nivel" y las "escaladas" no son más que pura tramoya destinada a engañar al hombre de la calle, embrutecido por la Desinformación, Mundial.

"Por qué -se objetará- reveló Gomberg los planes secretos del Judaísmo

---

[508] (Un Nuevo Orden Moral para la Paz y la Libertad Permanente). Editado en Filadelfia, Febrero 1942. Citado por el Padre E. J. Reichenberger in "*Europa in Trummern*".

Político?"... "¿Por qué correr ese riesgo inútil?..."

La respuesta es sencilla. Los judíos, maestros del engaño comercial (la Publicidad) saben, de sobras, que, en Democracia "la Verdad es lo que se hace creer a la mayoría". El libro de Gomberg estaba destinado, evidentemente, a las masas judías, no iniciadas en los secretos de la Alta Política del Sanedrín. Aunque su libro fuera leído por unos cuantos centenares de "Gentiles", y aunque estos despreciables "Goyim" lo recomendaran a unos cuantos miles de amigos y conocidos ¿qué importancia podía ello tener?... Ante las revelaciones de estos pocos miles de hombres se alzaría el infranqueable telón de la ironía universal, adornado con sonrisas sarcásticas y compasivas.

Cuando la propaganda no hablaba aún de "crímenes de guerra" alemanes, y los únicos crímenes conocidos eran las horribles matanzas de Bromberg y Katyn, el judío Gomberg ya anunciaba los "procesos" contra los "criminales de guerra" nazis. Los planes para el asesinato jurídico de Nuremberg y la exterminación de la élite europea no fueron forjados en la Conferencia de Moscú, ni en la de Yalta, ni en la de Postdam, sino que los "estadistas" Aliados se limitaron a poner su protocolaria firma al pie del Diktat del hebreo Gomberg, el precursor de Morgenthau, heraldo de Baruch y programador del nuevo Purim.

CAPITULO IX

LA "DESCOLONIZACION"

Ayuda técnica y militar a la URSS. La O.N.U. - El Estado de Israel - Anticolonialismo, neocolonialismo y "tercer mundo" - Oriente Medio - Egipto - Etiopía - Sudán Anglo-Egipcio - Somalia - Libia - Mascate - India - Indochina - Birmania - Indonesia - Filipinas - Malasia y Sarawak - Afganistán - Nueva Guinea Occidental - Guayana Británica - Antillas Británicas - Chipre - Túnez- Marruecos - El discurso de Brazzaville y el Africa Negra Francesa - Madagascar - Congo Belga - El "caso" de Argelia - El abandono del Africa Británica - · El reducto sudafricano - Angola, primera etapa de la conspiración contra Portugal - El buen colonialismo - El "antirracismo". De Budapest al "Deep South" - El asesinato de Kennedy, la cuestión racial y la mala fe de la Desinformación

> "Se quiera o no se quiera, tendremos el Gobierno Mundial. Sólo se trata de saber si ese Gobierno Mundial será instaurado por medio de la fuerza, o por consentimiento". James P. Warburg, ante el Senado de los Estados Unidos, el 17 de febrero de 1950

AYUDA TECNICA Y MILITAR A LA URSS

En el momento de terminar la Guerra Mundial, el Ejército Rojo estaba completamente destrozado. La Wehrmacht le había infligido golpes terribles, causándole veinte millones de bajas "reconocidas". Pese a la fantástica ayuda anglosajona, la economía soviética había quedado seriamente quebrantada.[509] Es cierto que la URSS había absorbido extensos territorios, pero no

---

[509] El judío Bernhardt Bernstein, alto funcionario de las Fuerzas Americana de Ocupación en Alemania reveló, ante el Senado (I-XII-1945) que "Alemania había descubierto no sólo los gases venenosos más potentes del mundo (Tabun y Saryn) -que nunca fueron utilizados por el monstruo Hitler- ¡sino los "misiles" de navegación espacial... que, unos años más tarde, la propaganda nos ha querido presentar como éxitos "fantastichevsky" de los técnicos soviéticos. (N. del A.)

lo es menos que tales territorios habían sido escenario de la guerra y no podían, momentáneamente, constituir una ayuda demasiado grande para la "Patria del Proletariado".

Las potencias occidentales, en cambio, habían sufrido infinitamente menos a causa de la guerra. Inglaterra no había visto su suelo nacional convertido en campo de batalla. Los Estados Unidos se hallaban en el cenit de su poderío militar. industrial y económico. La misma Francia, con su enorme Imperio todavía intacto, había sufrido un quebranto infinitamente menos importante que la URSS. Para poder ocupar los territorios que se le adjudicaron en Yalta, los soviéticos debieron apelar a sus últimos recursos humanos y materiales; mongoles tártaros y kirghízes fueron utilizados en el asalto final a Berlín; en los Cuerpos Auxiliares del Ejército Rojo abundaban las mujeres. Los soviéticos, en fin, no poseían todavía la bomba atómica.

Es evidente que, de habérselo propuesto los Aliados occidentales hubieran podido expulsar a los soviéticos del Centro de Europa, obligándoles a retirarse detrás de la Línea Curzón o más lejos aún. En aquellos momentos y en las circunstancias dadas, si los Gobiernos de Londres y Washington hubieran exigido a la Unión Soviética que se retirara de los territorios ocupados, contraviniendo los tan cacareados principios de la Carta del Atlántico, aquélla no habría tenido más remedio que hacerlo; no había podido arriesgar una guerra encontrándose en inferioridad total y desposeída de la bomba atómica, máxime teniendo en cuenta que Chiang-Kai-Shek todavía controlaba las dos terceras partes de China.

Lejos de proceder así, los Aliados occidentales siguieron una política que no hubiera resultado más beneficiosa para el comunismo si hubiera sido dictada por Moscú. Millares de aviones fueron dinamitados por los anglosajones; miles de toneladas de material bélico fueron desguazadas y vendidas como chatarra. Se permitió a los soviéticos apoderarse de la mayor parte del material de guerra alemán... Con el aplastamiento del nazismo, habíase llegado a la aurora de la Humanidad.. Ya no habría más guerras. Esto se decía a los militares y a los políticos anglosajones que tenían la tentación de pensar, primero, en los intereses de Inglaterra o América... Pero ni Inglaterra ni América habían ganado la guerra porque no era su guerra... Inglaterra y América debían servir al Mundialismo, al dúo, falsamente rival, Capitalista-Comunista... a Sión...

En abril de 1945, las tropas americanas pudieron haber ocupado, de habérselo

La Historia de los Vencidos (El suicidio de Occidente)

propuesto los principales centros científicos y militares de Alemania: Peenemunde, Berlín, Ste ttin... Pero Truman, Churchill y Eisenhower ordenaron a sus generales quedarse clavados en el terreno. Patton había ocupado parte de Bohemia y hubiera podido conquistar toda Eslovaquia, pero una orden de Eisenhower les obligó a retirarse, volviendo a cruza r el Elba en sentido inverso. Lo soviéticos pudieron, por voluntad exclusiva de los americanos, apoderarse de la más completa colección de "dossieres" de invenciones e investigaciones que el mundo ha visto. Por otra parte, centenares de técnicos alemanes que intentaron rendirse a los anglosajones fueron entregados por estos a los rusos.

Si durante la invasión alemana de Rusia, el potencial soviético de guerra se encontraba efectivamente en estado de inferioridad ¿cómo explicar que, hoy en día, se encuentra a un nivel casi superior, sino superior, al de todo el Occidente reunido?... Una respuesta, al menos parcial, podría encontrarse en la colección de técnicos alemanes capturados por los rojos y trabajando por fuerza en beneficio de estos. Asimismo, y cada vez que ha sido preciso, por un extraño juego de circunstancias la Técnica de Occidente ha trabajado en beneficio de la URSS. Puede calcularse que más de 400 sabios y técnicos alemanes, muchos de ellos de reputación internacional fueron deportados a la Unión Soviética, entre otros: el doctor Ewerst, director de la Industria Osram; el doctor Schreiber, director del Instituto de Investigaciones Bacteriológicas del Reich; el doctor Gustav Herz, director del Instituto Científico Heinrich Hertz, de Berlín y del Centro de Estudios de la Sociedad Siemens; el doctor Nikolaus Riehl, especialista de reputación mundial en el campo de la Luminescencia; el Barón Manfred Von Ardenne, mago de la Electrónica; el doctor Peter Thyessen, director del mundialmente famoso "Káiser Wilhelm Institut" y verdadera celebridad en el campo de la Electroquímica; el profesor Max Volmer Rector de la Universidad de Berlin-Charlottenburg y experto en materia de aislantes y acumuladores; el Profesor Bock, Jefe de Investigaciones del Ministerio del Aire del Reich; los profesores Sartorius, Kunze, Sandler, Hugo Kreisbach, Anton Von Poller, Wilke, etc. del Directorio Económico del Führer: el doctor Ludwig Bewilogua, sabio atómico de primerísima fila y muchísimos más que harían la lista excesivamente prolija.

En 1945, el Profesor Siegfried Günther que, bajo la dirección de Ernst Heinkel, se había ocupado de las investigaciones a propósito de los aviones a reacción, se ofreció a las autoridades americanas para trabajar en una de sus fábricas aeronáuticas. La propuesta fue rechazada y Günther debió ir a instalarse en la zona alemana controlada por los rusos, donde vivía su familia, Pero en octubre de 1946, la Policía Soviética arrestó a Günther, subordinando su liberación a un pacto de colaboración. Günther fue trasladado a Kalinin, el centro experimental más importante de la URSS. A finales de 1947, el primer Mig-15 a reacción, creado por Günther, afrontaba su fase experimental; el hijo de Stalin felicitó personalmente al sabio alemán, pero no le dijo que su invento había sido atribuido a los sabios soviéticos. El caso de Günther no es un caso aislado en la crónica de los acontecimientos que han llevado la fuerza militar soviética a un nivel de perfección técnica y científica elevadisimo.[510]

El Instituto de Investigaciones Aeronáuticas del Reich y la Estación Experimental Rechlin fueron trasladados en bloque a la URSS. Tal vez esto explique porque la Unión Soviética, que en 1939 no era nadie en el campo de la Aeronáutica ocupa ahora, un lugar tan preeminente en este aspecto.

La fábrica de aviones "Junker", en Dassau, y la de instrumental de precisión "Zeiss", con sus 7.000 expertos, fueron trasladadas a Rusia. Las grandes prensas hidráulicas "Wotan", para forjar matrices, fueron igualmente transportadas a la URSS; los americanos no consiguieron crear nada parecido a las "Wotan" hasta 1959.

Sin la ayuda, generalmente obtenida por la violencia, de los expertos alemanes, caídos en manos de los rojos por la benevolencia de los Gobiernos Occidentales, y sin la ayuda del gigantesco "apparat" de sabotaje, espionaje y traición organizado en Occidente en su provecho, jamás habría la URSS logrado situarse en la delantera de la moderna técnica.

Los occidentales, en cambio, en vez de tratar de aprovechar, en beneficio del llamado "Mundo Libre", las instalaciones industriales de Alemania estuvieron, hasta 1951, destruyéndolas sistemáticamente... particularmente en la Zona Británica. La enorme capacidad de producción del obrero alemán y el casi increíble poder de rec uperación del mayor pueblo de Europa pudo más que la maligna estupidez de la política seguida por los ocupantes de su Sector Occidental.

---

[510] Senador Tom Connally: "*My name is Tom Connally*" págs. 279-280.

La germanofobia obsesiva y enfermiza de los Gobiernos de Inglaterra, Francia y los Estados Unidos fue óy en cierta medida lo continúa siendoó el más precioso auxiliar de la política del Kremlin. Y frente a esta realidad, muy poco importan el anticomunismo subjetivo y verbal y la ayuda condicional y graduada, prestada a Alemania Occidental por los Estados Unidos.

LA O.N.U.

La última finalidad del Movimiento Político Judío es el establecimiento de un Súper Gobierno Mundial, con la paulatina desaparición de los estados nacionales. Cuando se estudia la composición racial de los integrantes de la Internacional del Oro, de la Internacional Comunista, de todos los grandes monopolios y de todas las organizaciones subversivas, de las entidades "mundialistas", de los grupos dirigentes de las revueltas "sociales" y de los gobiernos bolcheviques, puede verificarse que el predominio sionista es constante. Paralelamente, en la llamada Organización de las Naciones Unidas, la influencia judía es importantísima.

La primera tentativa de establecer un Gobierno Mundial la constituyó, como sabemos, la "Sociedad de Naciones", cuyo primer Secretado General fue el judío Huysmans. Pero el intento fracasó porque a dicha entidad le faltaba lo esencial de todo auténtico Gobierno: una fuerza coercitiva.

En 1939, un periodista judío, Clarence K. Streit, publicó un libro "Union Now" (Ahora, Unión), abogando por una Unión Mundial, a la que se llegaría gradualmente, mediante uniones regionales. El programa de Streit coincidía, totalmente, con el de la Komitern, elaborado en 1936: Socialización de las economías de todas las naciones; Unión Federal de los diversos grupos de naciones "socializadas"; Amalgama de todas esas "uniones federales" en una unión mundial de estados socialistas. La única diferencia entre lo propugnado por Streit y lo programado por la Kominten, consistía en el léxico; así, donde Manuilsky o Dimitroff decían "soviético", Streit decía "socialista".

En 1941, Streit escribió "Union now with Britain", abogando por una primera "unión" entre el Imperio Británico y los Estados Unidos; una desmesurada campaña de elogios propagandísticos acogió el libro. El mismo Streit y un tal Melvyn Ryder -más tarde Director del Presupuesto con Eisenhower- fundaron la "Federal Union

Incorporated", entidad que abogaba abiertamente por la "ciudadanía mundial", por la creación de una moneda internacional y por la socialización de los medios de producción.

Diversas personalidades se afiliaron a la "Federal Union": Harold L. Ickes, Ministro del Interior con Roosevelt; John Foster Dulles, más tarde Secretario del Estado con Eisenhower; el Juez Owen J. Roberts, del Tribunal Supremo, y muchos más.

Paralelamente otra entidad mundialista, la llamada "World Fellowship", presionaba al Congreso de los Estados Unidos para que impusiera como "finalidad de guerra" no solamente la lucha contra Alemania y el Nacional Socialismo, sino también, la creación, al término de las hostilidades, de una "Organización de Naciones Unidas". El director ejecutivo de "World Fellowship" era un marxista judío, con simpatías confesadas hacia el Bolchevismo: Willard Uphaus.

La "United World Federalists" (Unión de Federalistas Mundialistas) fundada por el sindicalista Norman Cousins y por el multimillonario banquero hebreo James P. Warburg abogaba, con estruendoso apoyo publicitario, por idénticas finalidades.

El primero de enero de 1942, 26 naciones en guerra contra Alemania se reunían en Washington. Sus delegados firmaron la "Declaración de las Naciones Unidas" confirmando los principios de la Carta del Atlántico. El 30 de octubre de 1943, fue dada a conocer la Declaración en Moscú, por la que el Reino Unido, la Unión Soviética y los Estados Unidos de América preconizaban la urgente creación de una organización internacional que agrupara, en la postguerra, a los estados pacíficos.

Por fin, en 1945, se fundó oficialmente, la "Organización de las Naciones Unidas". Los aspectos pacifistas de esa entidad fueron enfatizados y cacareados a los cuatro vientos por la Gran Prensa y los monopolios internacionales de Información. Pocas personas se dieron cuenta, entonces, de que la Carta de las Naciones Unidas tiende, realmente, a crear una "unión" social económica, cultural, política y militar y coloca a todo estado miembro, sabiéndolo o no, en la vía del Socialismo Total, es decir, del Comunismo.

Evidentemente, la O.N.U. no es aún un Gobierno Mundial pero no cabe duda de que es el "point de départ" y el marco adecuado para ello. Todas las tentativas, oficiales o no, de unión o de federación, hechas hasta el advenimiento de la O.N.U., patrocinadas directa o indirectamente por ella, se dirigen a ese objetivo. El 17 de

La Historia de los Vencidos (El suicidio de Occidente)

febrero de 1950 en pleno Senado de los Estados Unidos, James P. Warburg, de la Kuhn, Loeb & Co., hijo de uno de los judaicos financiadores de la Revolución Soviética de 1917, se vanaglorió: *"Se quiera o no se quiera, tendremos el Gobierno Mundial. Sólo se trata de saber si ese Gobierno Mundial será instaurado por medio de la Fuerza, o por consentimiento".*

El 25 de abril de 1945 tuvo lugar en San Francisco la primera Asamblea General de las Naciones Unidas, cuyo Primer Secretario General fue Alger Hiss, más tarde convicto de espionaje en favor de la Unión Soviética. En dicha reunión fue aprobada la Carta de las Naciones Unidas, o reglamento de la Organización Mundial.

Junto a Alger Hiss, los principales arquitectos de la O.N.U. fueron Harry Dexter White (Weiss), Léo, Pasvolski y Dalton Trumbo, judíos los tres, Y, unos años más tarde convictos de espionaje en favor de la URSS. Pasvolski, que había nacido en Rusia, había colaborado durante muchos años en "New Masses", "The Daily Worker" y otras publicaciones comunistas americanas. White era subsecretario del Tesoro de los Estados Unidos. En cuanto a Trumbo, era un antiguo actor de Hollywood, y miembro activismo de una célula de espionaje comunista. Es bien sabido que esos hombres fueron no sólo los miembros principales de la Delegación Americana en las N.U., sino especialmente los redactores de la Carta de la Organización[511]. Con ellos colaboró muy activamente personaje de tanto relieve en la URSS como Vyacheslav Molotoff.

Ciertos "especialistas" de la Política Internacional se maravillan de la labor, objetivamente comunista, de la O.N.U. ¿Qué de extraño tiene ello, si los autores de su Carta Constitucional y su primer Secretario General fueron comunistas notorios?... Lo extraño sería que la O.N.U. no llevara a cabo una labor comunistoide.

Pasvolski fue el encargado de explicarle al Senado de los Estados Unidos el contenido de la famosa Carta. La explicación fue hecha a base de "lenguaje filosófico", jerga de logia destinada a confundir al cándido auditorio. Pero, además, fue un explicación parcial. Por ejemplo, Pasvolski no le dijo al Senado, entre otras cosas importantes, que en el curso de la reunión de San Francisco, un trato fue concluido entre Molotoff y Hiss, según el cual, el jefe del Secretariado Militar de las

---

[511] El noruego Trygve Lie, sucesor de Hiss como Secretado General de las O.N.U. fue el primero en revelar la existencia del acuerdo entre Hiss y Molotoff ("*In the Cause of Peace*", pág. 45). y Lie no era un nazi sino un marxista notorio. (N. del A.).

Naciones Unidas sería siempre, un comunista, y, efectivamente, siempre lo ha sido. Desde 1945 hasta hoy un cargo de tan decisiva importancia ha sido cubierto por un yugoslavo, Dragoslav Protitch, y seis soviéticos, Sobelov, Zynchenko, Chernychev, Dobrynin, Arkadov y Suslov.

Tampoco le dijo Pasvolski al Senado que los puntos esenciales de la Carta de la O.N.U. eran un calco casi exacto de la Constitución de la URSS[512].

Nada menos que Salvador de Madariaga, al que es imposible calificar de "fascista", ha descrito la Carta de las Naciones Unidas como una traducción del sistema político soviético al idioma internacional, adaptándolo a una futura comunidad internacional... La Organización de las Naciones Unidas mostró, desde su nacimiento, la marca de Moscú[513].

El Dr. J. A. Lovell, distinguido publicista norteamericano, ha escrito a este respecto:

"La O.N.U. fue formada para suceder a la Sociedad de Naciones. Pero el verdadero origen de ambos se halla en el Manifiesto Comunista... no son, en realidad, más que una extensión de la Revolución Mundial, preludio del Gobierno Mundial. La Carta de las N.U. fue redactada por Hiss y Pasvolski, identificados como comunistas. La mayoría de sus artículos fueron extraídos de la Constitución de la URSS. Toda referencia a Dios ha sido deliberadamente omitida en su redacción... Esa omisión no fue accidental. Fue planeada para agradar a los anticristianos de Moscú, padres de la Carta, y a sus "camaradas" del resto del mundo"[514].

No fueron solo los repetidamente mencionados Hiss, Pasvolski, White, Trumbo y Molotoff los principales arquitectos de la Carta de la O.N.U. En la redacción de la inmensa mayoría de reglamentos internos de las diversas subcomisiones intervinieron comunistas, declarados o no, y los inevitables "compañeros de viaje". En la Subcomisión de Información y Prensa, coincidieron Robert M. Hutchins, Rector de la Universidad de Chicago y conocido "intelectual rosado", el Profesor Zechariah

---

[512] Los ingleses Mark Ewell ("*Manacles for Mankind*") y J. Creagh-Scott ("*Hidden Government*") han puesto de relieve la enorme similitud existente entre la Constitución de la URSS y la Carta de la N.U. redactada por cuatro comunistas (N. del A)

[513] Salvador de Madariaga: "*Victors, Beware!*".

[514] Articulo "*The Godless United Nations*", aparecido en "*The American Mercury*", Agosto 1959.

La Historia de los Vencidos (El suicidio de Occidente)

Chaffee, sionista, y su correligionario checoslovaco Lev Sychrava. Al frente de todo ello se halla-ba el soviético Jacob Lomakin, antiguo funcionario de la NKWD. El reglamento interno de esa subcomisión fue redactado, oficialmente, por Eleanor Roosevelt, y realmente por William T. Stone, antiguo miembro del cuerpo de redacción del periódico comunista "Amerasia"[515].

Veintiuno de los noventa y seis miembros de la Comisión Preparatoria que redactó los estatutos de la U.N.E.S.C.O.[516] han sido, hasta la fecha, identificados como agentes comunistas, abundando entre los restantes, los "fellow-Travellers", simpatizantes y marxistas de diversas tendencias. Nada tiene, pues, de extraño, que la UNESCO patrocine publicación de innumerables libros, objetiva y hasta subjetivamente marxistas. Alpenfels, Benedict, Dunn, Klineberg, Ashley Montagu, Weltfish, Powdermaker Lévi Carneiro y Cardozo, autores de libros y folletos tendenciosos editados por esa poderosa dependencia de la O.N.U. han resultado ser miembros de numerosas Organizaciones para o criptocomunistas.

El escritor suizo Pierre Hoffstetter precisa, en una obra reciente, muy documentada como todas las suyas:

"Los americanos no han tenido la menor suerte con su personal onusino... al menos en un principio: Documentos del Departamento de Estado, publicados en 1950, prueban que todos los siguientes políticos fueron muy activos durante el período preparatorio de la O.N.U.: Alger Hiss, Harry Dexter White, Virginius Frank Coe (Cohen), Noel Field, Laurence Duggan, Henry Julian Wadleigh, John Carter Vincent, David Weintraub, Nathan Gregory Silvermaster, Harold Glasser, Victor Peno, Irving Kaplan, Sol (Salomon) Adler, Abraham George (Silverman), William L. Ullman y William H. Taylor. Por desgracia, todos estos personajes, sin una sola excepción, fueron más tarde identificados, bajo juramento, como agentes secretos comunistas"[517].

El "Jewish Chronicle", órgano de la Judería británica, reconoció que "las más importantes organizaciones judías, tales como la B'nai B'rith, el Congreso Mundial Judío y el Consejo Consultivo de Organizaciones Judías intervinieron activamente

---

[515] "Amerasia" era órgano oficial de la entidad del mismo nombre, que tanto trabajó por la causa de la China Roja entre 1945 y 1948 (N. del A.).

[516] "Organización Económica, Científica y Cultural de la O.N.U."

[517] Pierre Hoffstetter: *"O.N.U., Danger!"*, pág. 27.

en la redacción de la "Declaración de los Derechos del Hombre", presentando a los delegados de la O.N.U., no una colección de opiniones y puntos de vista, sino una detallada serie de argumentos que sirvieron de punto de partida para su trabajo"[518].

La influencia del Judaísmo en la O.N.U. y en sus diversas dependencias ha sido -y es- grandísima y, por supuesto, absolutamente desproporcionada con relación a la importancia numérica y al peso especifico del Pueblo Judío[519].

Judaísmo, Comunismo y Capitalismo son el trípode en que se apoya la O.N.U. Ya hemos visto que su primer Secretario General fue Alger Hiss, convicto de espionaje en favor de la URSS; el segundo fue el noruego Trygve Lie, ex-agente de la Komintern [520] y masón de alto grado. Al marxista Lie le sucedió Dag Hammarskjoeld, otro hermano de alta graduación[521]. U Thant sucesor del anterior, fue antiguo Jefe de Publicidad de una organización criptocomunista de Birmania[522] y el actual Kurt Waldheim, fue militante socialista en Austria (N.d.E: posteriormente, sin embargo, se "recordaría" la participación de Waldheim en el Gobierno Nacionalsocialista en Austria. Sería interesante ver qué hizo para "refrescar la memoria" de los aterioescleróticos de la O.N.U.).

Como es norma histórica que parece regir para toda entidad subjetiva u objetivamente comunista, la O.N.U. fue creada con dinero procedente de los Estados Unidos. El Gobierno Norteamericano, entonces presidido por Truman, le adelantó la suma de sesenta y cinco millones de dólares, sin interés, reembolsables en 1982.

John David Rockefeller Jr. adquirió por 8.500.000 dólares las tierras sobre las que se construiría el rascacielos onusino, en Mannhattan, y se las regaló a la Organización. El Ayuntamiento de New York, contribuyó financieramente a la construcción y al entretenimiento del palacio de cristal de la O.N.U. La Banca Rothschild de París, por su parte, contribuyó a la financiación de las instalaciones y dependencias de la UNESCO en EL ESTADO DE ISRAEL.

Si el monstruo Hitler, en la cumbre de su poderío militar y político, hubiera

---

[518] *"The Jewish Chronicle"*, Londres. 17-6-1955.

[519] Al menos, dos tercios de los puestos clave de las N.U. estaban, en 1945-46 ocupados por hebreos. En la actualidad, la proporción se mantiene y aún tiende a aumentar. L. Marschalsko: *"World Conquerors"*.

[520] León Trotsky: *"Stalin y sus crímenes"*.

[521] Hammarksjoeld estaba estrechamente ligado con la Alta Finanza y el trust mundial del cobre. Esto no le impedía ser un buen marxista. (N. del A.).

[522] Articulo de P. Hoffstetter, en *"Charivari"*, Abril. 1963. París.

pretendido anexionar Francia, España y Portugal amparándose en que, quince siglos atrás, los germánicos visigodos habían vivido y fundado una Civilización en la Península Ibérica y en Francia, la Conciencia Universal se hubiera horrorizado. Y, por una vez, con toda razón. Pero esa misma Conciencia Universal encontró no sólo perfectamente justificado, sino incluso altamente humanitario y justo que en Palestina se constituyera un titulado "Estado de Israel" a pesar de que los judíos habían abandonado aquél país diecinueve siglos antes...

Los sangrantes corazones de los progresistas de toda laya, siempre dispuestos a verter torrentes de lágrimas por los negros "explotados", los amarillos sub-alimentados y, sobre todo, los judíos perseguidos, guardaron extraño y unánime silencio sobre la tragedia de un millón y medio de árabes expulsados de sus hogares y de sus tierras e internados en su mayor parte en campos de concentración (Horresco referens!) (N.d.E.: a la fecha, las cifras señalan que suman 4 millones de palestinos lo que han debido abandonar su territorio a expensas de Israel. Recuérdese que este texto fue escrito en 1977).

Al término de la Segunda Guerra Mundial, el Sionismo exigió a las Naciones Unidas el cumplimiento de las promesas que abusivamente les había arrancado, con relación a la creación de un "Hogar Nacional Judío" en Palestina. Pero, paralelamente otras promesas habían sido hechas a los pueblos árabes para ganar su concurso en la Cruzada Democrática. Las promesas hechas a uno y otro bando era totalmente incompatibles. El sionista Ben Gurion, por su parte, declaró en un discurso pronunciado en Tel-Aviv que "Palestina será un Estado Judío, exclusivamente judío, porque nuestro pueblo no puede renunciar, en esta tierra nuestra ni a la cima de las montañas ni al fondo del Mar Muerto".

Los Estados Unidos y la URSS dieron todo su apoyo a los sionistas; en Inglaterra, el Gobierno laborista de Attlee, en principio favorable -pues, ¡no faltaría mas!- a la creación del Estado de Israel en Palestina, hasta entonces Mandato Británico, debía contar con la firme oposición del pueblo inglés... No entendía muy bien el inglés medio, que se había sacrificado durante seis años de terrible guerra, que la gran victoria contra el monstruo nazi se saldara con pérdidas territoriales... y todavía entendía menos que los beneficiarios de la derrota política de Albión revertieran a los "pobres" judíos, por los cuales centenares de miles de ingleses habían dado sus vidas luchando contra Hitler, su mayor enemigo.

El plan del Gobierno laborista británico consistía en instalar gradualmente a los inmigrantes judíos en Palestina dando tiempo al "Foreign Office" para vencer la oposición de los países árabes, sin dañar demasiado la posición política de Inglaterra en el Oriente Medio. Pero Albión, una vez realizado su papel en la tragedia del suicidio europeo, contribuyendo con todas sus fuerzas, recursos e influencia a la derrota alemana, ya no interesaba para nada al Movimiento Político Judío. Desde el cese de las hostilidades en Europa, al viejo león británico le está sucediendo lo mismo que a Chiang-Kai-Shek, a los nacionalistas polacos, a los monárquicos antifascistas italianos y, en general, a todos los que lucharon contra el Eje, exceptuando la URSS y, en ciertos aspectos, los Estados Unidos... de momento. Es bien sabido que la utilidad del traidor cesa cuando la traición se consuma.

Inglaterra, ajena a Europa desde Cromwell, contribuye más que nadie al asesinato de nuestro Continente como centro rector del mundo... para ser luego traicionada, a su vez, por el Judaísmo, su antiguo aliado y beneficiario principal, a la larga, del impresionante rosario de felonías anti-europeas cometidas por la Gran Bretaña en el transcurso de los tres últimos siglos.

En consecuencia, los judíos no secundaron las iniciativas inglesas en Palestina. Y no solamente no las secundaron, sino que llevaron a cabo una guerra de francotiradores, de la que fueron víctimas propicias las tropas inglesas estacionadas en Tierra Santa. También la población civil, árabe e inglesa, debió pagar su tributo de sangre. El sueco Conde Bernadotte, nombrado por las Naciones Unidas mediador oficial en la disputa, expresó la opinión de que las organizaciones terroristas sionistas "Haganah" e "Irgun Zvai Leumi" eran las principales culpables del caos desatado en Palestina; también manifestó que las tierras del Neguev debían ser adjudicadas a Jordania, y no al nuevo Estado de Israel. Bernadotte fue a sesinado por los terroristas del "Irgún".

También por una bala judía fue asesinado Lord Moyne, Alto Comisario Británico. Evidentemente, el eco que encontraron esos asesinatos sionistas en la Gran Prensa Mundial fue muy "moderado" ... los standes titulares de los periódicos se reservaban, entonces, al llamado "caso español" y al terrible peligro que para la paz del mundo representaba el régimen fascista (?) de Madrid.

Entretanto, se celebraba en Washington una marcha de seiscientos rabinos, exigiendo medidas contra los antisemitas de Londres. El rabino Korff llevó su

La Historia de los Vencidos (El suicidio de Occidente)

impudor hasta el extremo de pedir que los Estados Unidos lanzaran otra bomba atómica... sobre Londres[523].

En 1947, la lucha entre árabes y judíos degeneró en una guerra declarada. Verdaderos arsenales fueron enviados a los sionistas, tanto desde los Estados Unidos como desde la URSS. En cambio, los países árabes fueron abandonados a su suerte, mientras los ingleses intentaban salirse de aquél tremendo avispero.

La O.N.U. reconoció al Nuevo Estado de Israel la plena soberanía sobre unos nueve mil kilómetros cuadrados de la antigua Palestina, pero los sionistas hicieron conocer su intención de anexionarse, así mismo, el territorio del Neguev, con sus ricos yacimientos petrolíferos. De nada sirvió la resistencia de los árabes mal armados frente a los terroristas judíos, dotados del más moderno armamento americano y soviético. El Neguev fue para Israel, sin que las "recomendaciones" verbales de la O.N.U. para que se reconocieran los derechos de los árabes sirvieran para nada.

Algunas semanas antes de la expiración del Mandato Británico sobre Palestina, los sionistas habían bombardeado ciudades árabes y, en Deir Yassine, arrojado al fondo de una inmensa fosa doscientos cadáveres de mujeres, ancianos y niños árabes horriblemente mutilados. La Comisión de Conciliación reunida en Ginebra en 1949, no pudo llegar a obtener nada positivo, por que la Delegación Sionista, por boca de su Presidente Chaim Weizzmann, hizo saber que "el regreso a sus hogares de los refugiados árabes equivaldría "a hacer retroceder las manecillas del reloj de la historia..." y que "el mundo tiende actualmente a resolver la cuestión de las minorías, y la partida de los árabes resuelve, el caso de Palestina".

Una revista belga[524] escribió a este respecto:

> *"Contrariamente a las resoluciones de las Naciones Unidas... Estas palabras caracterizan todos los actos de Israel desde su fundación que es, ella misma, contraria al espíritu de la Carta. Se ha expulsado a más de un millón de árabes, desposeyéndoles de todo, se les ha obligado a reconocer el hecho consumado... contrariamente a las resoluciones de las Naciones Unidas.. El Departamento de Socorros de la O.N.U. distribuyó a los desgraciados árabes harina enmohecida, ropas usadas y tiendas de*

---

[523] Gerald L. K. Smith: "*The jews Have Got me Atom Bomb*", página, 3.
[524] "*L´Europe Réelle*", núm. 22: Febrero 1960. Bruselas.

campañas agujereadas; les dejó abandonados a la intemperie, contrariamente a las resoluciones de las Naciones Unidas... Las autoridades israelíes bloquearon, el 28 de julio de 1948, los bienes árabes depositados en los bancos, alrededor de seiscientos millones de libras esterlinas... contrariamente a las resoluciones de las Naciones Unidas... El 30 de marzo de 1950, el Gobierno Británico cedió a Israel todos los derechos y propiedades del Gobierno Mandatario y, en 1951, desbloqueó, en provecho de Israel, catorce millones de libras esterlinas... contrariamente a las resoluciones de las Naciones Unidas..."

Desde luego, sería pecar de candidez creer que, al obrar contrariamente a las resoluciones de las Naciones Unidas, el Estado de Israel, y la O.N.U. se situaron en campos antagónicos. La O.N.U. ayudó, con hechos, a los sionistas, mientras se oponía con palabras. Todo ello formaba parte del plan encaminado a engañar y desmoralizar a los países árabes.

El Estado de Israel nació del genocidio, el rapto, el robo, la rapiña y la expoliación de los árabes de Palestina que allí vivían legítimamente, pues Palestina era tierra árabe desde docenas de generaciones. No es sorprendente, pues, que ningún estado árabe haya reconocido la existencia legal del Estado de Israel, verdadero "peligro para la paz" -según la terminología en boga- en el Cercano Oriente.

A pesar de que Israel ocupaba el último lugar en la lista de los estados que habían solicitado su admisión en la O.N.U., fue inmediatamente acogida en la misma, a consecuencia de una "propuesta especial de admisión", presentada, simultáneamente, por los Estados Unidos y la Unión Soviética.

Desde su creación, Israel ha sido un foco de guerras y de intrigas constantes en una de las regiones de mayor importancia estratégica del orbe. El Estado-Gángster, que vive de la explotación de las riquezas minerales del Mar Muerto, de los pozos petrolíferos del Neguev y, sobre todo, del chantaje contra Alemania Occidental y Austria es, a pesar de su elevado nivel de vida el único en Oriente Medio que posee un partido comunista legalmente organizado. La principal industria de Israel es la del armamento, según versión oficial del *"New York Herald Tribune"* periódico que ni remotamente puede ser calificado de "nazi".

Mencione mos, finalmente, que la mayoría de los miembros de la casta gobernante del Estado de Israel, Ben Zvi, Moshe Shertok, Ben Gurion, Sharett,

Dayan, Golda Meyr, etc., son oriundos de Rusia Occidental y antiguos revolucionados bolcheviques.

ANTICOLONIALISMO, NEOCOLONIALISMO Y "TERCER MUNDO"

No se es fuerte porque se tienen Imperios. Se tienen Imperios porque se es fuerte. Al derrochar sus fuerzas Inglaterra y Francia en su Cruzada Democrática contra Alemania y las fuerzas que a ésta seguían en Europa, perdieron su rango de primeras potencias y, en consecuencia, sus imperios Coloniales. Lo mismo sucedió a Holanda y Bélgica y, desde luego, a la derrotada Italia. Sólo el obtuso cerebro de un "chauvin" francés o de un viejo "tory" británico puede extrañarse de que el resultado de la "Victoria" contra el monstruo nazi sea la desaparición de sus Viejos Imperios. Porque, desde que el mundo es mundo, toda victoria -toda victoria auténtica, se entiende- se ha salvado con ganancias territoriales para el vencedor y pérdidas territoriales para el vencido. De lo contrario, se trata de una victoria pírrica, es decir, de una falsa victoria... de una derrota. En consecuencia. el "chauvin" girondino y el "toryí, vanidosos y egoístas, deberían deducir, con correcta lógica, ateniéndose al resultado de la última contienda mundial, que la misma se saldó con una aplastante y definitiva derrota para Inglaterra y Francia.

Pero el orgullo de un falso nacionalismo patriotero a lo siglo XIX les impide llegar a tan sencilla, a tan meridiana conclusión. Y los Churchill, los De Gaulle sirven, todavía, de abanderados del victorioso patriotismo.

Es innegable, empero, que en la tragedia anticolonialista europea, el papel jugado por la Unión Soviética, a través de sus agentes, de sus quintas columnas, sus compañeros de viaje y su acción subversiva, ha sido, y es, decisivo. No es menos cierto que, desde Washington, tanto o más que desde Moscú, se ha hecho cuanto ha sido posible para soliviantar contra las metrópolis europeas a las masas de las antiguas colonias. Y es, en fin, indiscutible, que los gobiernos democráticos de Europa -de una Europa vencida- han contribuido eficazmente a la llamada política de "dégagement", de abandonismo y de traición...

En efecto, prisioneros de su propia ideología democrática y del protestantismo político creado por De Gaulle -o por quienes le manejan- los caducos gobiernos de París, Londres, La Haya y Bruselas, no han podido luchar con eficacia contra los rebeldes de las colonias cuyos métodos de combate han sido, son y serán, la copia exacta de los empleados por la demasiado famosa "Résistance" contra Alemania. Y si, por ejemplo, ciertos mandos militares han querido emplear contra los "guerrilleros" y francotiradores, los métodos autorizados por las leyes de la guerra, una pléyade de "intelectuales rosados" se ha apresurado a recordarles que tales métodos son "criminales", y que por similares motivos fueron colgados numerosos mariscales y generales alemanes en Nuremberg, Dachau, Frankfurt y cien otros lugares de la geografía europea.

Vivimos en una época de plena transmutación de valores morales. De no ser así, cuando se habla de "colonialismo" debería mencionarse, en primer lugar, al más inhumano y cruel de todos ellos: el colonialismo soviético. Debería reconocerse que, mientras los europeos en Asia, Africa y América han civilizado a pueblos salvajes o, al menos, les han hecho adelantar realmente en el tan loado camino del progreso -con los abusos, defectos e imperfecciones de toda obra humana- los soviéticos colonizan (en el sentido peyorativo que se atribuye a esa expresión) a múltiples pueblos de rancia cultura y civilización. Pero los intelectuales rosados, profesionales del antirracismo, siempre dispuestos a horrorizarse porque a un antropófago no se le conceden todavía los beneficios de la Democracia, incluyendo la independencia, guardan distraído silencio sobre la esclavización, por el Bolchevismo, de once naciones europeas, siete asiáticas y casi mil millones de personas... raramente se ha visto un más flagra nte ejemplo de mala fe intelectual. No es cierto que el "viento de la Historia" -como dicen los marxistas de salón- sea la causa irreversible de la independencia de las jóvenes naciones. Es cierto, porque la Historia es obra de los hombres, y no estos de la Historia, como pretenden el determinismo y el materialismo histórico de Marx. No deja de ser curioso que ese famoso viento que tan activo se muestra en Africa y Asia, no aparezca nunca en el inmenso Imperio Soviético. El llamado "anticolonialismo" no es un fenómeno histórico; es, simplemente, la expresión y la realización del programa de la Komitern para dominar y comunizar el mundo.

"La bolchevización de Europa se conseguirá a través de la ruta Pekín-Nueva Delhi-Argel", es una frase atribuida a Lenin, que de Comunismo debía saber bastante más que los especialistas de los "grandes" rotativos internacionales. Evidentemente, el Kremlin y la Casa Blanca, los orientadores del "Viento de la

La Historia de los Vencidos (El suicidio de Occidente)

Historia" en Asia y Africa aprovechan el concurso de los estrechos patriotismos locales, de "snobs" intelectualoides y, sobre todo, de nietos de antropófagos con un barniz cultural comprado en Harvard, Oxford o La Sorbonne. Los progresistas, los eternos idiotas útiles de las metrópolis europeas, se encargan de orquestar la cacofónica sinfonía anticolonialista, presentándola a los ojos de las masas crédulas como un "movimiento irreversible de la Historia".

La primera consecuencia de la pretendida independencia de innumerables naciones afroasiáticas es el debilitamiento de Europa del llamado "Mundo Libre". La segunda es la creación de un neocolonialismo yankee -o judeo-yanki- más o menos disimulado, pero mucho más brutal en sus métodos que jamás lo fuera la peor administración colonial europea. Este neocolonialismo, apenas ve lado neocolonialismo fenicio, realizado bajo cubierto de la O.N.U. tiene una contrapartida política: el "non engagement", el neutralismo, primera fase por la que deben pasar los pueblos liberados del dominio europeo.

El fin del Neocolonialismo europeo, más o menos relativo, paternalista y antes de entrar en el Infierno Rojo, del que no parece haber escapatoria.

El fin del neocolonialismo europeo, mas o menos relativo, paternalista y mitigado, es el Neocolonialismo Soviético o Judeo-Yanki, absoluto y bruta l, operando detrás de hombres de paja, fantoches sanguinarios como Sekú Touré, N´Krumah, Nehru, Sukarno, Gizenga, etc. Tras las bellas frases a propósito del "derecho de los pueblos a disponer de sí mismos", de la "lucha por la dignidad y la independencia de la gente de color", vienen las horrorosas matanzas del Congo, de Katanga, de Angola, de Argelia, de Kenya hasta llegar la muy reciente de Zaire que no será seguramente la última.

Las frases bellas y altisonantes están en la base de todo asesinato colec tivo. Tras las ardientes frases de enardecido humanitarismo de los enciclopedistas vendrán los viles crímenes de la Revolución Francesa; tras el muelle pacifismo de Tolstoy, la salvaje carnicería del Octubre Rojo. El Infierno Revolucionario parece estar empedrado de frases bellas y conmovedoras. Las "frases", los eslóganes y los tópicos generalmente aceptados por la plebe son, junto con las "ideologías" desconectadas de la realidad, los progenitores de la Revolución.

Así, al final del llamado proceso descolonizador aparece el Neocolonialismo, sistema de explotación sin ninguna de las ventajas del viejo colonialismo con todos sus inconvenientes multiplicados.

ORIENTE MEDIO

Ya hemos descrito cómo los franceses fueron traicionados por sus "Aliados" ingleses en el Medio Oriente a partir de 1943. Al final de la guerra mundial, Londres apoyó a los nacionalistas sirios y libaneses, tanto diplomática como militarmente, y fue precisamente el judío rothschildiano Spears, el descubridor de De Gaulle en 1940, quien dirigió la maniobra "sur place". En 1946, París se vio obligado a reconocer la independencia de Siria y confirmar la del Líbano, que ya la había obtenido legalmente, en 1943, por iniciativa británica.

Por su parte, el Gobierno Laborista británico -que deshizo, en un lustro, la obra de siglos- concedió la independencia al Irak (Mesopotamia), en 1945. Desde entonces, la antigua colonia es enemiga inconciliable de Gran Bretaña, con la que sostuvo durante vados años, una guerra larvada a propósito de la zona petrolífera de Kuwait, hasta que ese mini-estado alcanzó también la independencia.

También Jordania recibió la independencia de manos del Gobierno de Attlee, en 1946. En guerra permanente, aunque no declarada, con su vecino israelita, y en desacuerdo con la política de Nasser y de sus sucesores, la paz dista de estar asegurada en Jordania, a pesar de haber sido declarado ilegal el Partido Comunista.

EGIPTO

La política de Occidente con respecto a Egipto ha sido, desde el hundimiento de Alemania, tan absurda, que más parece deliberada que estúpida, por cuanto incluso la estupidez humana tiene un límite, por insondable que pueda parecer. El caso es que mientras el Imperio Otomano (1914-19) y el tercer Reich (1939-1945) fueron fuertes, la Gran Bretaña mantuvo tropas en todo el país y, muy especialmente, protegió la Zona del Canal de Suez. Pero al desaparecer aquellos Imperios y agigantarse el Imperio Soviético, Inglaterra retiró sus tropas de ocupación y, más tarde, perdió el control del Canal, arteria vital del Imperio Británico.

En 1951, el Gobierno del Rey Faruk entró en conflicto diplomático con Londres, a causa de Israel. Un año más tarde, Faruk fue destituido por una Junta Militar dirigida por el Coronel Naguib. En 1954, subió al poder el Coronel Gamal-Abd-el Nasser, que conseguía la retirada de las tropas inglesas del país. Londres se comprometió a aliviar la suerte del millón y medio de refugiados árabes, expulsados por los israelitas de Palestina, Pero Londres incumplió sus promesas.

En 1956, el Gobierno Egipcio solicitó de los Estados Unidos y de la Gran Bretaña la financiación de la presa del Alto Nilo, en Assuán. Después de haber prometido en firme su concurso, los occidentales interpusieron una serie de condiciones calificadas por El Cairo de "inaceptables y humillantes". Esto determinó la ruptura de las negociaciones y la súbita aceptación de la ayuda soviética. Simultáneamente, el Coronel-Presidente Nasser recordó en términos apremiantes a la Gran Bretaña sus promesas a propósito de la ayuda a los refugiados árabes de Palestina.

Cuando más tirantes eran las relaciones entre egipcios y anglosajones, el 26 de julio de 1956, Nasser anunció la nacionalización de la "Compañía Universal del Canal Marítimo de Suez". La Compañía protestó, recordando que la concesión del Canal, de la cual ella era detentora, era duradera hasta 1968. La respuesta de El Cairo fue que tanto Francia como Inglaterra -las principales protestatarias contra la nacionalización... habían nacionalizado centenares de empresas, después de 1945. El Presidente del Consejo de Ministros francés, Guy Mollet, se había distinguido, precisamente, por su celo nacionalizador. Por otra parte, la Compañía del Canal de Suez era egipcia. El contrato concluido entre el Khedive Ismail Pachá y la Compañía del Canal, el 22 de febrero de 1866, ratificado por un firmán del Sultán de Turquía, decía textualmente:

"Y.. la Compañía Universal del Canal de Suez es egipcia, regulándose según las leyes y usos del país" (Articulo 16).

Y también:

"Y... las diferencias que pudieran surgir entre el Gobierno Egipcio y la Compañía serán sometidas a los Tribunales locales y resueltas según las leyes del país".[525]

Puede estarse o no de acuerdo con las nacionalizaciones de empresas, pero lo que es evidente es que una empresa egipcia está sometida a las leyes egipcias, siendo una injerencia extranjera la campaña que contra Nasser se hizo entonces en

---

[525] Henry Coston: "*La Haute Banque et les Trusts*" págs. 299 y 300.

Londres y París.

Y lo que fue más que una injerencia -una auténtico "crimen contra la paz"- fue la invasión de Egipto, realizada desde Israel, con la activa cooperación de la Flota Británica y de unidades especiales de paracaidistas franceses.

Que millares de colonos franceses e ingleses sean degollados por los fellahgs o los Mau-Mau, y Londres y París se apresuran a convocar una conferencia con los asesinos, pero que la multimillonaria compañía del Canal de Suez sea nacionalizada o, si se quiere, despojada de unos bienes adquiridos de muy particular manera, y el "Foreign Office" y el "Quay d Orsay" envían a miles de ingleses y franceses a morir en Egipto, simultáneamente atacado, con clásica alevosía, por el Ejército Israelí, equipado por Londres y París. Decididamente, el "Mundo Libre" está siendo extrañamente dirigido.

La estúpida acción contra Egipto terminó en un fiasco absoluto. Para salvar la cara, Washington y Moscú debieron mostrarse disconformes con la "Operación Mosqueteros"[526] mientras Nasser amenazaba con dinamitar las instalaciones del Canal, dejándolo inservible. Por otra parte, los demás estados árabes anunciaron su propósito de intervenir en el conflicto. Era preciso evitar una generalización de la contienda, cuya primera víctima hubiera sido Israel. Por eso intervino la O.N.U., poniendo fin a la aventura.

Eisenhower, que no quiso prestar ayuda alguna a Egipto cuando aún era aliado de Occidente, le ayudó movilizando a "su" O.N.U. y a la Sexta Flota en 1956, cuando, al menos aparentemente, era aliado -o, al menos, simpatizante- de la U.R.S.S. Las consecuencias de la loca aventura de Suez fueron fatales para Inglaterra y Francia: su prestigio e influencia en Oriente Medio habían sufrido un golpe terrible; sus establecimientos comerciales e industriales en Egipto y otros países árabes habían sido puestos bajo secuestro[527]; la amistad anglo-franco-americana recibió un rudo golpe y la posición soviética en el Mediterráneo Oriental

---

[526] Nombre clave dado a la invasión de Egipto por los tres asociados: Gran Bretaña, Francia e Israel. (N. del A).

[527] El ex-Presidente del Gobierno francés, Pierre Mendés-France, habló en la Asamblea Nacional en contra de la intervención armada en el Sinaí, pensando, sin duda, en las reacciones antisionistas que la acción no dejaría de provocar. Mendés-France recibió su pago: mientras todos los bienes franceses eran puestos bajo secuestro, los pertenecientes a la esposa (judía), de aquél, los almacenes Cicurel, de El Cairo, eran la única excepción. (N. del A.).

La Historia de los Vencidos (El suicidio de Occidente)

resultó considerablemente reforzada.

Foster Dulles, entonces secretario de Estado norteamericano, declaró que Nasser tenía la intención de nacionalizar el Canal de Suez ya en 1954, y no como venganza por la negativa occidental a financiar la presa de Assuán, sino como represalia por el trato dado a los árabes de Palestina. Pero, según parece, había otras personas y entidades que estaban al corriente de la decisión de Nasser...

Ocho días antes del rapto del Canal de Suez por Nasser, cuatro mil acciones del fundador de la Compañía del Canal de Suez fueron vendidas, en tres lotes, en la Bolsa de Londres. Los tres lotes habían sido aportados por el mismo bien inspirado (o bien informado) vendedor.

Y los tres fueron adquiridos por el mismo comprador. El vendedor era la Compañía de Jesús.

Y el comprador, el Estado Soviético. Esto es todo[528].

El Presidente Nasser. ciertamente, siguió, en ocasiones una política contraria a Occidente. Objetivamente, pues, fue, muy a menudo, un agente - sabiéndolo o no, queriéndolo o no - del Comunismo. Su incondicional apoyo a los fellahga de Argelia y con los bantúes del Africa del Sur, coincide, en ambos casos, con la política real y oficial de Moscú y Tel-Aviv. Parece probable que en El Cairo se hayan dejado llevar por el odio anti-occidental, sin darse cuenta de que la cábala mundialista y judeófila que gobierna en Londres, París y New York no representa, en realidad, los intereses de los pueblos inglés, francés y americano.

Mucho se ha escrito acerca de la personalidad del Coronel Nasser. Se le calificó de "Führer Arabe", de aprendiz de dictador e, incluso, de antisemita. (Esto último es absurdo: los árabes son, al menos, tan semitas como puedan serlo los judíos). Es posible que Nasser fuera maniobrado adecuadamente para, sin proponérselo él, hacer la política mas conveniente al Movimiento Político Judío; por lo menos, hasta donde fuera posible explotar su ciego resentimiento hacia Occidente. No hay, tampoco, que olvidar que, en julio de 1958, Nasser fue nombrado Gran Maestre de la Gran Logia Valle del Nilo. Tal vez esto explique el apoyo dado a Nasser por los siguientes parlamentarios judeo-británicos, afiliados al Partido Laborista y partidarios de la nacionalización del Canal de Suez: Sydney Silverman, Ian Mikardo, Barney

---

[528] "*Le Bulletin de París*", 23-VIII-1956.

Stross, A. Samuel y la doctora Summerskill.

La Conferencia de dieciocho naciones celebrada en Londres para buscar una conciliación entre el Gobierno Egipcio y las potencias occidentales tuvo, como Secretario General, al hebreo Abraham Samuel del "Foreign Office", que se mostró en todo momento extremadamente nasseriano.

Aunque Anuat-el-Sadat sucesor de Nasser, se ha alejado algo de la URSS, acercándose a Occidente, los resultados de la negativa política de Attlee y Guy Mollet con respecto a Egipto pueden considerarse irreversibles. Esto ha quedado confirmado con la reciente iniciativa del primer Ministro egipcio de "negociar" con Israel una paz imposible, cuyo único resultado ha sido resquebrajar aún más la unidad del llamado mundo árabe y dar una caución moral al Estado de Israel, pues al pedir éste las lógicas garantías de paz, no pudo ofrecer Sadat más que su palabra de honor.

ETIOPIA

En 1947, por el Tratado de París, y forzada por la diplomacia angloamericana, Italia debió renunciar a todos sus derechos sobre este país donde, en escasos años, el fascismo mussoliniano llevó a cabo una formidable obra. El Negus, Hailé Selassié, volvió a ocupar el Trono, siendo aconsejado por el hebreo No rman Bentwich en la redacción de la Constitución "democrática" con que decidió dotar a su país. Numerosos judíos entraron al servicio de la Administración etíope. El Profesor Kamrat se encargó de la Instrucción Pública; Norbert Marion, Ministro de Justicia; Uhlendorff, de Propaganda; los señores Katz y Tedesco dirigieron las Finanzas del nuevo Estado y su correligionario Abraham Schalitz, de la Higiene.

Etiopía, gran campeona de la Democracia, necesitaba -como no- su salida al Mar Rojo. Para ello se le adjudicó, benévolamente, la colonia italiana de Eritrea.

En 1975 el Negus fue depuesto por un golpe militar izquierdista y luego asesinado.

La influencia de la URSS en Etiopía es creciente. Actualmente este país está enfrascado en una guerra cruenta con Somalia, mientras los soviéticos, con apoyos a ambos bandos, y preferentemente a los más débiles somalíes, van incrementando su influencia, tendiente a suplantar al izquierdista Mengistu por un gobernante comunista cuando el país se haya convertido definitivamente en un satélite de Moscú.

SUDAN ANGLO-EGIPCIO

En 1951, este territorio se desvinculó de la Corona Británica, nombrándose Faruk, "rey del Sudán". Pero, en 1956, una Junta Militar asumió el poder y se separó de la tutela de El Cairo, erigiéndose en República independiente. El problema racial -negros y musulmanes- que no se manifestaba cuando Inglaterra administraba el país es ahora el primero de los numerosos que tiene planteados la nueva administración independiente, por cuyo dominio luchan, bajo cuerda, rusos chinos y americanos.

SOMALIA

Roma y Londres -siempre bajo presión americana- debieron conceder la independencia a sus territorios somalíes en 1960. Francia aún conserva en el Mar Rojo, el pequeño territorio de Obock, que ya ha sido reivindicado por la joven República Somalí. Actualmente Somalia es un satélite soviético. En la guerra que sostiene con Etiopía, la URSS -con influencia en ambos bandos- parece inclinarse por los somalíes.

LIBIA

Por "recomendación" de la O.N.U. la independencia de la antigua colonia italiana de Libia fue proclamada el día 24 de Diciembre de 1951. La influencia americana y británica ha suplantado la de Italia. Este país, no obstante, al revés que la mayoría de los restantes nuevos estados africanos, mantuvo una relativa estabilidad política, hasta épocas muy recientes. Pero la substitución del Rey Idriss por el caudillo militar Muhamad El Ghadafi ha liquidado la influencia occidental, substituyéndola por la soviética.

MASCATE

Los Sultanatos de Mascate y Omán, al Sur de la Península Arábiga, estaban ligados con la Gran Bretaña por un "Tratado de amistad"; luego por uno de "Cooperación"... Pero, términos sibilinos aparte, antes de la victoria inglesa en 1945, Omán era una colonia británica, y ahora es, prácticamente independiente", es decir, anti-británica (pero financiada con dinero británico y anti-europea.)

INDIA

Cediendo a presiones de Washington, y maniatado por su propia nebulosa ideología socialista marxista, el gobierno de Attlee concedió la independencia a la India, Pakistán y Ceilán en 1947. El monopolio propagandístico mundial insistió mucho en el hecho de que las dos nuevas naciones "independientes" continuarían formando parte de la Commonwealth. La realidad, empero, es muy otra: Inglaterra continúa financiando "naciones" folklóricas en Africa y tribus de hambrientos en Asia. La Commonwealth no es más que un conglomerado amorfo de razas y pueblos, con predominio afroasiático, sin que la Corona Británica cuente poco ni mucho.

El "campeón" de ese conglomerado fue, hasta su muerte, Jawaharlal Nehru, el falso apóstol de la paz y -para el coro mundial de ingenuos- el líder del "Tercer Mundo" neutralista.

Nehru había sucedido al Mahatma Gandhi, casuista famoso, al que una hábil propaganda ha hecho pasar por un santo y un pacifista. Nehru heredó de Gandhi incluso la reputación de pacifista. Este pacifista que, en plena guerra de Indochina y, más tarde, en ocasión del conflicto coreano, se opuso a que los aviones occidentales sobrevolaran el territorio indio, agredió y se incorporó los territorios portugueses de Goa, Damao y Diu, y desde 1951, contribuyó a financiar a los Mau Mau de Kenya[529].

---

[529] En colaboración con el cuartel general soviético en Africa, entonces instalado en Addis-Abeba, agentes indios aportaron una ayuda preciosa a los salvajes Mau-Mau de Jomo Kenyatta. Un emisario personal de Nehru, Apa B. Pant, recorrió durante cinco años el Africa Oriental, desde Nairobi hasta el Congo, sosteniendo discretamente las campañas anti-blancas y anti-europeas. (*Défense de L´Occident*, núm. 27-París).

Los grupos anti-blancos de Malasia y Egipto Y el partido chipriota "Enossis" antibritánico y ultra-izquierdista así como los secesionistas y comunistas de Cheddi Jagan en la Guayana Británica, fueron, asimismo, financieramente ayudados por el Gobierno Nehru. Los sucesores del "hombre de la rosa" son, actualmente

La Historia de los Vencidos (El suicidio de Occidente)

Nehru fue comunista y miembro del Partido, en su juventud, según él mismo admite en su autobiografía; tal vez esto explique que jamás se haya opuesto al Comunismo. Su más próximo colaborador, Krishna Menon, autor de histéricos alegatos anti-occidentales en la O.N.U., era un marxista confeso.

A pesar de que la inmensa mayoría de sus cuatrocientos millones de súbditos están subalimentados, el "hermano" Nehru se permitió subvencionar -con dinero de procedencia británica- todas las campañas contra los europeos, en Asia y Africa. Y mientras protesta contra la política del "Apartheid" del Gobierno Sudafricano, somete bárbaramente, por la fuerza, al Estado de Cachemira, cuya independencia se había comprometido a respetar, y olvida de ocuparse de sus sesenta millones de intocables.

Contando con la tácita anuencia de su "hermano" Mendés-France presidente del Consejo de Ministros francés, Nehru se apoderó, en 1954, de los "comptoirs" franceses, Pondichéry, Yanaón, Chandernagor, Kárikal y Mahé. Posteriormente se anexionó el territorio de Goa, sin preocuparse -claro es- de la voluntad de los goaneses. Toda la actuación política de Nehru ha favorecido al Comunismo; en la Conferencia de Bandung atacó groseramente a Occidente; en una conferencia de prensa en Viena negó airadamente la existencia del Telón de Acero. En Varsovia, de regreso de Moscú, declaró, poéticamente: "He dejado una parte de mi corazón en la U.R.S.S.".

En la O.N.U. su acólito Krisna Menon pidió, reiteradamente, la admisión de la China Comunista y la unificación de una Alemania neutra y desarmada.

A la muerte de Nehru, sus sucesores siguen idéntica política, pero China, que ya había violado las fronteras indias en el Himalaya en 1964, sigue siendo la gran amenaza para la India, a pesar de los "méritos" que la sedicente política pacifista de ésta acumula sin cesar.

SRI LANKA (EX CEILAN)

Otro neutralista "reinó" en Ceilán al obtener la llamada independencia:
Salomón Bandaranaike, un mestizo de judío e india. A su muerte, le sucedió en

---

los abanderados de la Cruzada contra Africa del Sur (Nota del A.)

la Jefatura del Gobierno su esposa (¡como en una vulgar Monarquía reaccionaria!) que hizo las veces de árbitro en ocasión del conflicto fronterizo entre Pekín y Nueva-Delhi.

INDOCHINA

Al retirarse de Indochina los japoneses en 1945, el Viet-Minh, comunista, apoyado por Moscú, organizó una revuelta antifrancesa, que debía durar nueve años, al cabo de los cuales Francia, abandonada por sus Aliados de Londres y Nueva York, se vio forzada a reconocer la independencia de su antigua y próspera colonia, que se fragmentó en cuatro estados: Camboya, Laos, Vietnam del Norte, donde se instauró un régimen comunista infeudado a Moscú y Vietnam, del Sur.

Mendes-France, el campeón del "abandonismo" -título que unos años después debería ceder con todos merecimientos a De Gaulle - fue el signatario de esta humillante capitulación de Francia que, desde 1945, es decir, desde la consumación de su VICTORIA, no ha hecho más que cosechar derrotas en tres continentes.

En 1960, agentes y guerrilleros comunistas, ayudados por China Roja, derrocaron al régimen occidentalista de Laos instaurando en el país un neutralismo positivo.

Entre tanto, el Sud-Viet Nam se enfrenta a una revuelta permanente de los comunistas Viet-Congh, apoyados por China Roja, el Viet Nam del Norte y la U.R.S.S.

Durante años, la familia Diehm gobernó a este país, oponiéndose firmemente a las actividades comunistas, el Pentágono ayudó a Saigón, considerándola como la más firme base antibolchevíque en Asia del Sudeste. Pero los políticos de la Casa Blanca encontraban a Diehm excesivamente reaccionario. Con la complicidad confesada de Washington se produjo un golpe de Estado perpetrado por unos cuantos generales y coroneles. El Presidente Diehm, su hermano Ngo Din Nhu y varios ministros, fueron fusilados... Desde entonces, se produjeron cinco cambios de gobierno en el Sud-Viet Nam. Pero los "egg head" de la Casa Blanca respiraron tranquilos.

En tiempos de Truman consiguieron echar a los franceses de Indochina; ahora le había tocado el turno al régimen anticomunista de Saigón, sustituido por una

Junta de Generales que pretendían combatir el Comunismo con medios "democráticos". Entre tanto, los Viet Congh multiplicaban sus golpes contra el Ejército Vietnamita, ayudado por unidades del Ejército Americano a su vez no excesivamente ayudado por Washington.

En 1975, el Secretario de Estado americano, Kissinger, obtenía el Premio Nobel de la Paz por la entrega del Vietnam al Comunismo. Naturalmente lo que pactó Kissinger con su Colega norvietnamita fue el alto el fuego y la retirada de las tropas americanas y norvietnamitas Pero lo que se hizo, tal como el más cándido podía prever, fue dejar que estos ocuparan el Sur del país y lo comunizaran.

La magia del llamado "Cuarto Poder" -los medios de comunicación- permitió que, pese a tan descomunal fiasco, Kissinger continuara gozando de tan grandiosa como injusta popularidad hasta la derrota electoral de Ford, en que fue sustituido por un anglosajón izquierdista y millonario.

BIRMANIA

El Gobierno de Attlee concedió la independencia a este país en 1947. La partida de los ingleses, lejos de aportar la paz y el progreso, como esperaban los ingenuos nacionalistas, coincidió con la iniciación de luchas intestinas prolongadas durante años. La vecindad de la China Comunista es un peligro Suplementario para este país, miembro de la S.E.A.T.O. (Organización del Tratado del Sudeste de Asia).

INDONESIA

Bajo presión americana, las viejas colonias holandesas de Insulindia fueron amputadas al mundo occidental en 1949, para instalarse, bajo la égida del criptomarxista y masón Sukarno, en un inestable neutralismo primera fase de su posterior bolchevización.

En 1958, ciertos círculos militares indonesios, opuestos al marxismo larvado de Sukarno y su administración se sublevaron, con la intención de tomar el poder y alinearse al lado de Occidente. Pero, faltos de ayuda, fueron sometidos por Sukarno, que recibió abundante ayuda norteamericana, para decantarse luego hacia la U.R.S.S., por lo que fue depuesto por un golpe militar.

El gobierno de Yakarta se anexionó Timor Occidental en 1975 sin que las "recomendaciones" de la O.N.U. sirvieran de nada.

FILIPINAS

Los Estados Unidos concedían la independencia a este país en 1946, y pronto debió sostener, el nuevo Estado, una lucha encarnizada contra los guerrilleros comunistas. Aunque aliado del mundo occidental, este Estado hace frente común, habitualmente, con la política mendicante del llamado "Tercer Mundo".

MALASIA Y SARAWAK

En septiembre de 1963 Londres concedió la prometida independencia a la "Federación Malaya", que comprende la península de Malasia, con el puerto de Singapur y el territorio de Sarawak, en Borneo del Norte, cuya posesión le discuten Filipinas y, sobre todo, Indonesia.

El principal artífice de la independencia malasia fue, sin duda, el judío David Marshall, originado de Irak y presidente, durante varios años -bajo discreto control británico- de Singapur. Marshall fue el primero en exigir, apoyado por el comunista chino Lee-Kuan-Yew, la independencia total. Había sido iniciado en la política por Morgan Philips, antiguo Secretario General del Partido Laborista.

El Estado Malayo, en una situación de guerra larvada con Indonesia, en pésimas relaciones con Filipinas, sostenido teóricamente por Washington, y prácticamente por Londres, tiene un problema interno muy difícil de resolver: el problema racial.

La minoría china, que aumenta constantemente de volumen, y con numerosas infiltraciones comunistas, gana constantemente influencia con relación a los malayos y mestizos de este inestable estado. Para acabar de complicar la situación, el área de Singapur se ha declarado independiente del resto del país.

Nadie puede predecir el próximo futuro del Sudeste Asiático, pero es indudable que la única fuerza organizada y que sabe perfectamente a donde va, es la comunista.

AFGANISTAN

La Historia de los Vencidos (El suicidio de Occidente)

En este país, gobernado por un régimen feudal, mantenía una política de relativa amistad con Occidente hasta que a principios de 1977 un golpe de Estado "liberal" apoyado, como siempre, por la Embajada americana produjo un cambio de régimen con Parlamento, Constitución y partidos políticos. Los comunistas dieron generosamente su apoyo a este cambio que representaba un paso positivo para sus intereses.

La noche del 29 al 30 de Abril de 1978 se repitió el "golpe de Praga". Los comunistas que tan generosamente habían ayudado al primer ministro Mohamed Daoud a desembarazarse de la anterior "dictadura" dieron un Golpe de Estado que en un fin de semana dejó todos los resortes del poder en sus manos. Según testimonios de europeos que lograron escapar, en dos días se dio muerte a 30.000 personas de la élite afgana, incluyendo al primer ministro a quién, antes de su ejecución se le hizo contemplar la de todos los miembros de su familia.

El primero de Mayo de 1978 se nombraba nuevo gobierno cuyos miembros eran todos del partido comunista. El país ha pasado a ser un satélite soviético.[530] (N.d.E.: despúes de una cruenta y larga guerra contra la U.R.R.S. por la que se la llamó el "Vietnam Ruso", Afganistan obtuvo nuevamente su independencia. Actualmente, un Gobierno Taliban tiene serios problemas para mantener el poder).

NUEVA GUINEA OCCIDENTAL

A finales de 1961, la Indonesia del criptocomunista Sukarno pidió, en la O.N.U. que Holanda le devolviera el territorio del Irián, o Nueva Guinea Occidental; territorio que, por ninguna razón etnográfica, geográfica e histórica, puede ser considerado parte integrante de Indonesia. A principios de 1962, la URSS envió importantes suministros de armas y aviones a Yakarta y, en abril, paracaidistas indonesios fueron lanzados en Irián, pero fueron fácilmente vencidos por la reducida guarnición holandesa.

Holanda pidió a la O.N.U. el envío de observadores oficiales, para que hicieran constar el hecho de la agresión indonesia, pero U Thant rehusó. En cambio, la casa de contratación onusina recomendó la apertura de negociaciones entre La Haya y

---

[530] "*Arab news*", Jeddah, 2-5-78.

Yakarta, para fijar las modalidades de la transmisión de soberanía de Holanda a Indonesia. Holanda, acusada y condenada por la O.N.U y abandonada por todos sus aliadas debió abandonar este último florón de su viejo Imperio. Tropas de la O.N.U. procedieron a la ocupación del Irián que, tras una breve época de transición, será entregado a Indonesia.

GUAYANA BRITANICA

En 1955 estallaron desordenes anti -británicos fomentados por el "Partido Progresista del Pueblo" (comunista), cuyo Secretario General es la Señora Janet Jagan, de soltera Janet Rossenberg. Los comunistas de la Guayana fueron, tal vez, ayudados por Moscú, pero también lo fueron, en todo caso, por Washington. A pesar de que la revuelta pudo ser militarmente vencida, los políticos de Londres decidieron conceder la independencia a este territorio, en 1961. Guayana continua siendo "miembro de la Commonwealth"... y, gracias a ello, continua también siendo un estado criptocomunista En efecto, a los pocos meses de obtenida la independencia el pueblo de la Guayana se sublevó contra la tiranía del mestizo Cheddi Jagan, el marido de la hebrea y comunista Janet Rossenberg. La revuelta anticomunista fue sofocada por tropas enviadas por la antigua metrópoli, consolidándose, así, gracias a los capitalistas de Londres, un régimen declaradamente marxista y anti-blanco.

ANTILLAS BRITANICAS

Trinidad, Tobago, Barbados y Jamaica, aunque continúan dependiendo del Imperio Británico, han obtenido la "autonomía interna" formando la llamada "West Indies Federation". Los lazos que unían a estos territorios con la Corona Británica se van aflojando paulatinamente, mientras entran en la órbita de Wall Street.

CHIPRE

A finales de 1955 estallaron graves disturbios en esa isla. El partido "Enossis", cripto-comunista, fue el iniciador de la guerra civil, aunque pronto apareció en escena el poderoso grupo terrorista "Eoka", a cuyo frente se encontraba el

La Historia de los Vencidos (El suicidio de Occidente)

arzobispo ortodoxo Makarios, que recibió poderosa ayuda de América.

En 1960, Chipre fue declarada independiente, aunque formando parte de la Commonwealth En 1975, la minoría turca, apoyada por Turquía, alcanzó una posición preponderante en la isla. La solución salomónica impuesta por Kissinger no fue del agrado de nadie, y menos de los greco-chipriotas. El resultado de la incoherencia de la política exterior americana -muy coherente, en cambio, si se la analiza desde el punto de vista sionista - fue la pérdida de un bastión pro-occidental en el Mediterráneo Occidental, que quedó, así, neutralizado.

TUNEZ

Inmediatamente después del fin de la Segunda Guerra Mundial, los extremistas del "Neo Destour" y otros movimientos separatistas tunecinos iniciaron contra Francia una larga serie de acciones de guerrilla y sabotaje... reproducción, exacta de la acción de los "maquis" franceses contra Alemania.

El Gobierno de Mendés-France concedió la autonomía interna a Túnez en 1954, y la independencia total en 1956. Un año después. Habib Bourguiba[531] hizo destituir al Bey, relativamente occidentalista alineando al país en la vía del llamado neutralismo. Una de las primeras medidas del "hermano" Bourguiba, consistió en autorizar la existencia legal del Partido Comunista Tunecino, cuyo Secretario General es el judío Maurice Nisard.

Bourguiba prestó asilo y ayuda a los Fellahgs argelinos que, desde 1954, lucharon contra Francia y la presencia europea en Africa del Norte. En 1961, el puerto y la base militar de Bizerta, que el Bey había reconocido a Francia hasta 1966, fueron traicioneramente atacados por tropas tunecinas. La ONU., evidentemente, no tomó medidas contra Túnez. Un país "de color" no puede ser un agresor, denominación reservada a los países blancos por la Asamblea onusina.

MARRUECOS

---

[531] El "hermano" Bourguiba, que gusta presentarse como virtuoso demócrata, no es más que un oportunista de la Política. Durante la Guerra Mundial era speaker de lengua árabe en Radio Sari y sus "affiches" propagandísticos consistían en un montaje mostrándole entre Mussolini y Hitler. (N. del A.)

En 1956, España y Francia concedieron la independencia a sus zonas de Protectorado en Marruecos. La nueva nación, cuyos problemas internos son numerosos y graves -y se han agravado indeciblemente por la ausencia de los antiguos tiranos europeos- pareció preocuparse mucho, desde lo comienzos de su independencia, de política exterior. Una política exterior netamente expansionista y "anticolonialista".

En 1957, elementos incontrolados atacaron los territorios españoles de Ifni y Río de Oro. En 1959 y 1960 el Delegado Marroquí en la O.N.U. pidió, oficialmente, la devolución de tales territorios a Marruecos. En 1962 se batieron todos los "récords" de la ridiculez: el delegado marroquí en la O.N.U. pidió, además de Ifni, Río de Oro, Meli-lla y Ceuta, las Islas Canarias, apoyado por los delegados soviético y polaco.

Mucho podría escribirse sobre el papel desempeñado por Rabat en la revuelta antifrancesa de los fellahga argelinos, así como sobre los masivos envíos de armamento soviéticos a los puertos marroquíes.

En 1976, tras el tragicómico espectáculo de la "Marcha Verde", Marruecos se anexionó el Sahara Español, repartiéndoselo con Mauritania. Pese a los "tratados" firmados, Marruecos agrede constantemente a los pesqueros españoles y se incauta de los fosfatos de Fos-Bucraa que España descubrió y valorizó.

EL DISCURSO DE BRAZZAVILLE Y EL AFRICA NEGRA FRANCESA

En enero de 1944, el General De Gaulle pronunció, en Brazzaville (Congo Francés), un discurso sobre la política colonial francesa, que él juzgaba anticuada. Ese discurso sembró la semilla de la independencia si es que puede concebirse sean independientes esa colección de repúblicas folklóricas y viejas tribus caníbales, cuyos pomposos delegados en las Conferencias Internacionales y en la O.N.U. son el hazmerreír del Universo y, a la vez los hombres de paja del odioso neocolonialismo de los trusts.

El "récord" aband onista de Mendés-France fue ampliamente superado por De Gaulle que, entre 1958 y 1960, siguiendo el "Viento irreversible de la Historia", concedió la independencia a catorce naciones: Gabón, Guinea, República del Congo-Brazzaville, Chad, Togo, Camerún, Malí, Sudán, República del Níger, Alto Volta, Mauritania República Centroafricana (Ubangui Chari), Costa del Marfil,

Dahomey y Senegal.

Estos países africanos, francófonos o anglófonos, se dedican a votar contra las antiguas metrópolis en la O.N.U. Su política de "non engagement" no es otra cosa que un vergonzante "chantage" religiosamente aceptado por los pseudogobiernos occidentales. A pesar del tan cacareado progresismo, la Civilización retrocede en estos territorios que han pasado del humano colonialismo europeo al inhumano Neocolonialismo de los trusts americanos y de Moscú.

En la Guinea ex-Francesa, el conocido marxista Sekú Turé recibió una ayuda masiva de Wall Street. En general, puede afirmarse que la ayuda americana a las tribus negras artificialmente convertidas en "estados soberanos" es directamente proporcional al grado de bolchevización alcanzado por los jefes de tribu, llamados pomposamente "presidentes".

MADAGASCAR

En 1947, comenzaron las luchas de guerrillas contra los franceses. Al cabo de once años, bajo la égida del General De Gaulle, Madagascar fue declarada República independiente, dentro de la "Commonwealth" Francesa de la que se separó en 1960.

CONGO BELGA

La colonia belga del Congo, con dos millones y medio de kilómetros cuadrados (ochenta veces mayor que Bélgica) era el país africano de mayor desarrollo cultural, industrial y social. A pesar de la admirable obra de Bélgica en ese país, la presión norteamericana a través, especialmente de la O.N.U obligó a una absurda - por lo prematura - concesión de independencia.

Lumumba manejado por el Comunismo desató una orgía de terror anti-blanco. En septiembre de 1960, una conjuración de oficiales congoleños derrocó a Lumumba, que fue asesinado y sustituido por el llamado "Coronel" Mobutu. Entonces intervino la ONU. que, invocando, el famoso principio de "No Intervención" había tolerado los horribles excesos cometidos contra los colonos belgas durante tres meses. La intervención de la O.N.U. provocó la vuelta al caos general. La provincia de Katanga, bajo el mando de Moisés Tshombé, se declaró independiente, independencia que no fue aceptada por la O.N.U. La famosa Organización Mundial envió mercenarios etíopes, indios y marroquíes, que cometieron toda suerte de desmanes contra la población blanca y contra los negros katangueños.

El Congo se convirtió en un campo de batalla de oscuros intereses. U Thant, sucesor de Hammarksjoeld -que pereció en un raro accidente de aviación- continuó la obra iniciada por su predecesor. La destrucción de la independencia katangueña tenía ciertos objetivos precisos: permitir al trust del cobre judeoamericano, la "United States Steel" liquidar a un competidor tan peligroso como la "Union Minniere du Haut Katanga"; a los afroasiáticos de amordazar un anticomunista prooccidental como Tshombé y, sobre todo, al grupo de financieros presidido por Ro Gustav Hammarksjoeld, el hermano del fallecido "Mister H", de apoderarse de las riquezas del subsuelo katangueño.

El grupo en cuestión comprende entre otros, a Sture Linner, un sueco, Jefe de las "operaciones" onusinas en el Congo, a George Rail ex-Secretario de Estado de los Estados Unidos y a otros miembros de la familia Hammarksjoeld[532].

A principios de 1977 se volvió a desatar la guerra en la zona katangueña a causa de la invasión de los comunistas angoleños. Es difícil hacer previsiones pero es evidente que la influencia occidental que aún queda en el Congo está siendo amenazada por el Comunismo desde Angola.

EL "CASO" DE ARGELIA

El primero de noviembre de 1954 estalló una sublevación en Argelia, en la región de los Aurés, que fue muellemente combatida por el Gobierno de París. Durante cuatro años, empero, los progresos de los guerrilleros y saboteadores fellahgs, ayudados por Túnez, Rabat y El Cairo, y financiados por New York y Moscú, fueron nimios. En realidad, la guerra en favor de la Argelia Francesa[533] debía ser ganada o perdida en París.

El 13 de mayo de 1958, hubo un "cuartelazo" de generales y coroneles que, en

---

[532] "*Défense de L´Occident*", artículo de P. Hoffstetter; abril, 1963.

[533] La moderna Argelia fue construida, sobre todo, por colonos de origen italiano, maltés y español; en menor escala, franceses de Alsacia y Bretaña. (N. del A).

La Historia de los Vencidos (El suicidio de Occidente)

once días, terminó con la IV República de Coty y Pflimlin. El objetivo de los militares y algunos "activistas" civiles, promotores del "pronunciamiento" era salvar lo que quedaba del Imperio Francés y, por encima de todo, Argelia para Occidente y para Francia. Los hermanos Bromberger -que no pueden ser acusados de fascistas- han relatado[534] el maravilloso trabajo de zapa realizado por los judíos Soustelle[535], Frey[536] y Schweissguth[537], amén del "hermano" Delbecque[538] y del siempre agitado Michel Debré[539], para convencer a los jefes militares de la rebelión de que el "hombre providencial" a elegir no era otro que Charles De Gaulle, el viejo speaker de la B.B.C. y autor del desgraciado discurso de Brazzaville.

A pesar de haber sido llevado al poder y plebiscitado para evitar la pérdida de Argelia, De Gaulle hizo todo lo contrario a lo que se había comprometido y cuando el F.L.N. había sido militarmente derrotado[540] lanzó, sorpresivamente, su plan de "autodeterminación". (16 de septiembre de 1959). En abril de 1960 hubo una rebelión de los europeos de Argelia que fue ahogada en sangre. Ante el temor de que los paracaidistas de Argelia fueran arrojados en París y pretendieran ocupar los edificios gubernamentales, el Gobierno de la V República "gaullista" armó a las turbas del "Cinturón Rojo" de la capital de Francia.

El viejo "dinamitero" del Frente Popular de España y Ministro de Cultura de Francia, André Malraux, tuvo ocasión de rejuvenecerse lanzando una de sus inflamadas proclamas a varios millares de "compañeros" estacionados ante su domicilio.[541]

---

[534] S. y A. Bromberberg: *"Les Treize Complots du Treize Mai"*

[535] Jacques Soustelle, Presidente del "Comité France-Israel", caería, después, en desgracia (N. del A.).

[536] Antiguo empleado de la "Société Le Nickel", trust controlado por la familia Rothschild, de París. Ministro del Interior con De Gaulle (N. del A)

[537] De la familia de los banqueros Schweissguth y Mirabaud. Con una hermana casada con Couve de Murville, Ministro con De Gaulle (N. del A.)

[538] Leon Delbecque, "homme á tout faire" del trust "Textiles du Nord" y antiguo colaborador de Mendés-France Él y el israelita Neuwirth recogieron la mayoría de adhesiones en pro de De Gaulle entre los conjurados militares de Argel. (N. del A.)

[539] Michel Debré, sobrino del Gran Rabino de Alsacia, Robert Debré, y esposo de una La Panouse de las familias bancarias De Wendel y Montalembert.

[540] Varios gerifaltes del F.L.N., entre ellos el propio Ferhat Abbas, han reconocido posteriormente que, en 1958, los rebeldes fellahga estaban dispuestos a aceptar un armisticio. (N. del A.)

[541] Los "intelectuales" franceses estuvieron (como no!) al lado de los fellahga. Un célebre manifiesto contra

En tan críticas circunstancias el Gobierno de Kennedy, ofreció a De Gaulle el apoyo de a VI Flota Americana. La revuelta fue sofocada y el viejo héroe de Radio Londres consolidado en el poder, lo que significó, en resumidas cuentas, la pérdida de Argelia para Francia y para Occidente. La independencia del nuevo "Estado" fue reconocida el 1 de julio de 1962. Desde entonces, la Argelia independiente se debate en medio de un caos permanente, del que son víctimas invariables los colonos europeos que, confiando en la palabra de honor de Ben Bella, permanecían en una tierra que, sin ellos y sus inmediatos antepasados, continuaría siendo incivilizada.

Ben Bella, económicamente ayudado por el Gobierno Francés, inició la socialización de tierras y empresas en Argelia y "aceptó" remesas de armas y municiones procedentes de Rusia y Checoslovaquia. Un golpe de estado dado por el Coronel Boumedienne terminó con el "reinado" del antiguo atracador[542] pero la política argelina continúa siendo tan antioccidental como lo fue en tiempos de Ben Bella.

En la actualidad Argelia, rival de Marruecos por no haber podido participar en el reparto del Sahara, apoya a los independentistas del Frente Polisario -ayudados por el Comunismo Chino- y permite que, desde Radio Argel, hable pidiendo la independencia de las Canarias, Antonio Cubillo. Por otra parte existen bases de submarinos rusos en Mers-el-Kébir.

EL ABANDONO DEL AFRICA BRITANICA

El Africa británica fue traicionada, simultáneamente, por Londres y New York, limitándose Moscú, como siempre, a recoger los frutos de sus enemigos capitalistas.

La Revolución Africana contra el Imperio Británico no está siendo dirigida por africanos. Aparte de los oropeles propagandísticos de la Gran Prensa, los líderes revolucionarios africanos no poseen más que un superficial barniz cultural, una

---

"la tortura" fue firmado por 121 de esos subproductos de una sociedad en plena descomposición. Huelga decir que se referían a los malos tratos infligidos por las autoridades francesas a diversos terroristas del FLN. Ningún manifiesto protestando contra los miles de exacciones cometidas por los fellahga contra indefensos civiles fue redactado por esa "troupe" de comunistas, socialistas, "intelectuales", curas progresistas y miembros de la Internacional Coridonesca (N. del A.)

[542] Ben Bella habría sufrido condena por atraco a la Oficina de Correos de Orán. Antiguo sargento del Ejército francés, había, igualmente, sido con-denado por desertor (N. del A.).

mente infantil o criminalmente lunática y una desmedida ambición. Pero no son más que hombres de paja. Lenin y Trotsky, hombres de una inteligencia netamente superior a la de los pobres N´Krumah, M´Boya, Kaunda, Kenyatta, etc., no planearon ni realmente hicieron, la Revolución Soviética, sino que fueron meros instrumentos de la Alta Finanza.

El mismo complejo de intereses está, hoy, haciendo la Revolución Africana contra las potencias coloniales europeas, y, en primer lugar, contra Inglaterra. Pero no para la instalación en el poder de Lenins, Trotzkis, ni Stalins negros, sino de un régimen controlado por la O.N.U. con una orientación netamente bolchevique.

El conocido sindicalista Irving Brown, un judío neoyorquino cuyo verdadero apellido es Bronstein, organizó sindicatos en Ghana y Kenya, así como en Argelia, de donde fue expulsado por el Gobernador Robert Lacoste, en 1957. Huelga decir que la labor de tales sindicatos -afiliados a las centrales neoyorquinas A.F.L. y C.I.O.- fue y es totalmente revolucionaria y antieuropea[543]. Según el documentado periodista norteamericano, Westbrook Pegler, Brown-Bronstein trabaja por cuenta del sindicalista-agitador David Dubinsky, correligionario suyo. Dubinsky, a su vez, es un agente de Nelson David Rockefeller, antiguo gobernador de Nueva York y "gran patrón" de la mastodóntica "Standard Oil" de New Jersey. "Human Events", por su parte, ha manifestado que el consejero político número uno de Rockefeller es Anna M. Rossenberg.

El "American Committee for Africa", influyente organización anticolonialista y marxizante con sede en Nueva York, ayudó financiera y políticamente a los terroristas de Kenya y Ghana y, sobre todo, del Africa del Sur. Son principales animadores de esa entidad el marxista Reinhold Niebuhr, el novelista criptocomunista Rex Stout, los prominentes hebreos Oscar Hammerstein, Will Maslow, Alex Meiklejohn y John Gunther el riquísimo Senador y luego vicepresidente de Estados Unidos Hubert Horatio Humphrey, Chester Bowles, y el muy influyente sionista Arthur M. Schlessinger, consejero privado del difunto Presidente Kennedy y presunto autor de sus discursos.

Pero no se trata solamente de individuos actuando, o pretendiendo actuar particularmente, ni siquiera de entidades oficiosas o semioficiales La actitud oficial

---

[543] Hilaire Du Berrier: "*Laborís International Network*".

de todos los Gobiernos de Washington desde el fin de la guerra ha sido y favorable a los pretendidos "movimientos de liberación" en las viejas colonias europeas. En el Verano de 1960, el Presidente Eisenhower hizo objeto de un grandioso recibimiento al "presidente" Lumumba en cuyo honor fue disparada una salva de diecinueve cañonazos, y al que se reservó alojamiento en la misma residencia que había ocupado unas semanas atrás, la Reina de Inglaterra.

En Octubre de 1960, John F. Kennedy, entonces candidato demócrata a la Presidencia, recibió en su propia casa al líder terrorista del Mau-Mau, Tom M'Boya[544].

Naturalmente la URSS, ya actuando directamente ya, sobre todo, por conducto de sus s atélites, continúa ayudando a las tribus negras con pretensiones de naciones. También el Gobierno de Israel, ayuda, técnica, militar y financieramente al Gobierno de Ghana, a los cafres de Luthuli y, hasta que Kenya obtuvo su "independencia" a los Mau-Mau[545].

Los Gobiernos MacMillan y Home estuvieron igualmente, a la altura de la situación en esa tarea de liquidación de un gran Imperio. Harold Wilson, el Laborista que les sucedió siguió las huellas de sus antecesores[546].

Las consecuencias del "Viento de la Historia" en la antigua Africa Británica son las independencia nacionales de Tanganyika, Uganda, Gambia, Nigeria, Somalia, Ghana (Costa del Oro) y Sierra Leona, "liberadas" bajo la égida de MacMillan. Y Kenya, Rhodesia del Norte (Tanzania) y Nyassala ndia las "liberadas" por Sir Alex Douglas Home.

Estos jefes de tribu, promovidos "presidentes" o delegados en la O.N.U. por sus financiadores del Eje Moscú-New York serían de una irresistible comicidad si se olvidaran los horribles crímenes que han cometido o hecho cometer.

---

[544] Cuando sólo era Senador por Massachusetts, Kennedy declaró (febrero 1956): "Es vital que nuestros aliados sean informados de que, después de un cierto periodo, sostendremos a todos los pueblos que deseen obtener la independencia". (N. del A.).

[545] "*Lectures Françaises*", París, agosto 1962.

[546] Rhodesia del Sur se separó, en 1965. de la tutela de Londres que pretendía dar el voto a las tribus negras, lo que hubiera significado la "congolización" de Rhodesia y el fin, político y físico, de su población blanca, que fue la auténtica creadora del actual país. Naturalmente la Conciencia Universal se puso en contra de Ian Smith, sometido al bloqueo de materias primas y a una fuerte ofensiva política, orquestada por la ONU. y obedientemente secundada por Londres (N. del A.)

La Historia de los Vencidos (El suicidio de Occidente)

El muy "progresista" Kwame N´Krumah, de Ghana, gustaba parafrasear -antes de ser derrocado por uno de los innumerables pronunciamientos militares que se producen en las nuevas "repúblicas negras"- los textos sagrados, en especial la Biblia; al pie de su estatua en Accra, está gravada la siguiente frase: "Buscad primero el reino de mi política y todo lo demás os será dado por añadidura". El Obispo Anglicano Roseveare fue expulsado de la democracia ghanesa porque osó protestar contra la pretensión del Redentor N´Krumah de que la juventud de su pueblo recitara esta jaculatoria: "N´Krummah os hará pescadores de hombres"[547].

El "doctor" Kamuzu Banda, futuro Presidente del Nyassaland y líder del "Partido del Congreso Malawi" (que hacía condenar a seis meses de cárcel a los desgraciados indígenas que no poseían la insignia del Partido) se hacía llamar: "El Ngwazi" (Gran Hechicero) Doctor Kamuzu Banda, Mesías y Redentor del Pueblo Malawi, Salvador de la Indomable Tierra Malawi, Constructor del Estado Malawi, Presidente Vitalicio del Magnifico Partido del Congreso, Primer Presidente de Malawi, Ministro de los Recursos Naturales, de los Aprovisionamientos y de la Policía y, en verdad, el gran hombre del poderoso pueblo Malawi"[548]. (Cuando el "doctor" Banda se hacía llamar de tan pomposa manera, no era más que "futuro" Presidente. Es inimaginable la denominación que luego se otorgaría a sí mismo).

Pobre Africa!. Y pobres africanos!

EL REDUCTO SUDAFRICANO

El "Viento de la Historia", es decir la descolonización exigida por un rebaño de frenéticos progresistas de color, manipulados por el eje judaico Moscú-New York, tenía, también, que llegar a la Unión Sudafricana.

Con la mala fe característica de los grandes medios informativos, se ha pretendido ignorar que, antes de la llegada de los primeros colonos portugueses y holandeses en el Sur del Continente Africano, los negros no habitaban ese país. Cien años después, los bantúes, procedentes del Norte, atacaron la colonia del Cabo. Durante un siglo, los bóers, descendientes de los primeros colonos blancos, debieron librar nueve sangrientas guerras contra los cafres y los bantúes; pero los

---

[547] *"Candour"*, Londres, 30 de marzo de 1962.
[548] *"Candour"*, Londres, noviembre 1963.

bóers vencedores no quisieron exterminar a los vencidos negros. sino que incluso les ofrecieron territorios dentro de los cuales tendrían plena soberanía. De ahí arranca la tan criticada - por tan poco conocida - doctrina del Apartheid.

El hombre blanco ha convertido un país seco y pobre en un jardín. Gracias a él, los negros, originarios de las selvas del interior gozan -a pesar de la "horrible tiranía racista" del Apartheid-, de salarios cinco veces más elevados que en Kenia, tres veces más elevados que en el Congo y el doble que en la India de los falsos apóstoles Nehru, Menon, Gandhi y adláteres[549].

La doctrina del Apartheid se basa en la realidad del hecho innegable del secular atraso de los cafres y bantúes, así como en el problema que crearía el mestizaje. Consiste en el desarrollo separado de dos razas y dos culturas... si es que puede denominarse "cultura" al grado de civilización y al conjunto de conocimientos de las tribus cafres. La cuestión de si se han cometido abusos contra los negros y los mestizos está fuera de lugar; ninguna obra humana es perfecta, pero está fuera de toda duda razonable que el fin de la política de Apartheid traería consigo un caos gemelo al de Kenya o del Congo.

Fue el Primer Ministro Británico MacMillan quien "abrió el fuego", oficialmente, contra la política interna de la Unión Sudafricana, en un discurso pronunciado en Pretoria en 1960. MacMillan "aconsejó" (sic) al Gobierno Sudafricano la liquidación de su política de Apartheid, con la consiguiente concesión de los derechos políticos -es decir, del sistema un hombre, un voto- a los negros y a los mestizos del país. La concesión de tal derecho significaría el suicidio de los bóers, cuyo número es de 3.125.000, frente a 15.000.000 de cafres y bantúes un millón y medio de mestizos y medio millón de indios.

Los países de color de la Commonwealth dictaron una serie de medidas contra el Africa del Sur, a causa de la decisión del Gobierno del Dr. Verwoerd de mantener en su integridad la Política del Apartheid. Nehru y N´Krumah, fueron los campeones de esa nueva Cruzada Humanitaria. La Unión Sudafricana no tuvo más alternativa que separarse de la Commonwealth, sin que los Estados blancos de tal conglomerado -Australia, Canadá y Nueva Zelanda, además del Reino Unido- hicieran nada en su defensa.

---

[549] "*Nation Europa*", Coburg, núm. 12, agosto 1963.

La Historia de los Vencidos (El suicidio de Occidente)

Pronto empezaron las algaradas y las revueltas de los bantúes, cafres y hotentotes del país contra las autoridades. En Sharpeville los policías blancos debieron disparar para evitar ser linchados por una multitud de bantúes. La Gran Prensa desfiguró los hechos, pretendiendo que el Gobierno de Verwoerd intentaba "asustar" a los negros con asesinatos colectivos. El bien documentado periódico norteamericano "Closer Up"[550] citó los nombres de los principales agitadores sudafricanos responsable de los incidentes habidos entre blancos y negros: "He aquí los nombres de los individuos que agitaron a las masas negras contra las autoridades sudafricanas: Emmanuel Isaacs, Phiippa Levy, Leon Levy, Amy Rietstein Dennis Goldberg, Paul Joseph, Gerald Goldman, Bernard Gottschalk, Hannah Stanton, Monty Berman, Doctor Abrahams, Ernst Moses Wentzel, Joe Slovo y Raymond Isaac Aronstein. "Closer Up" se preguntaba, irónicamente "¿se trata de bantúes?".

Una información de la Agencia A.T.S.[551] informó que en Johannesburg la Policía irrumpió en la sede del movimiento subversivo y secreto "Poqo", Esa central estaba dirigida por un cuadrunvirato de judíos, llamados Goldreich, Godberg, Berstein y Ferstenstein. Otro judío, David Pratt. atentó contra la vida del Doctor Verwoerd, hiriéndole gravemente. También la "acción legal" anti-Apartheid es dirigida por un judío, apellidado Kahn, jefe del partido de Oposición o Integracionista.

Sus correligionarios Oppenheimer (del trust diamantífero) Barnato y Strauss, le secundan en esa tarea de soliviantar a los negros contra los blancos de origen holandés, francés y británico.

Con ocasión del proceso contra los autores del sabotaje de Rivonia, de entre las diez personas condenadas por conspirar contra el Estado seis eran negros, uno indio y los tres restantes -los cabecillas-, los hebreos Dennis Goldberg, Lionel Bernstein, delegado de propaganda del Partido comunista local (clandestino) y Arthur Goldreich, antiguo miembro de una de las bandas de terroristas del "Irgún Zvai Leum", que había luchado contra los ingleses y los árabes en Palestina[552]. El abogado defensor de esos individuos fue Abraham Fischer (a) Bram, identificado por el Departamento de justicia de la Unión Sudafricana como miembro del Partido

---

[550] "*Closer Up*", julio 1960.
[551] Agencia A.T.S., 19-7-63.
[552] "*Common Sense*", Union, New York, no. 435, 15-9-1964.

Comunista[553]. Este mismo Departamento publicó una lista de 129 personas, "de raza blanca" que había participado en acciones subve rsivas contra el Gobierno. De esas 129 personas, 93 fueron identificadas como judías y se supone que, al menos, una veintena más pertenezcan igualmente a esa raza. La mayoría de esas personas no habían siquiera nacido en Sudáfrica.

La lista en cuestión cita sus lugares de procedencia; unos cuantos ejemplos bastarán: Isaac Abraham Aber (Lituania), Morris Barenblatt (Rusia), Emmanuel Brown (Palestina), Jack Cohen (Rusia), Alexander Israel (Polonia), Joe Levenson y Eli Weinberg (Letonia). etc.

La Unión Sudafricana está sufriendo un verdadero boicot económico y político, encabezado por New York (o, si se prefiere, Washington) y Moscú, con la inevitable concurrencia del Estado de Israel -que practica en Israel un racismo muy especial, contra el que nadie se atreve a protestar[554]- y de los comparsas amarillos y negros.

En el Congreso Panafricano de Addis-Abeba, se lanzaron amenazas precisas contra Pretoria. Ben Bella ofreció sus "voluntarios" y lo mismo hicieron el Negus y el grotesco N´Krumah, laureado del Premio Lenin[555].

La O.N.U. condenó la política del Apartheid y una campaña internacional se desarrolló para excluir a la Unión Sudafricana de éste y de todos los organismos internacionales[556]. Incluso se trazó un plan para el ataque de los "cascos azule s onusinos que, de momento no ha sido llevado a la práctica".

---

[553] *Regulation Gazette*, no. 142 Johannesburg, 16-11

[554] Israel es el único Estado del mundo, en la actualidad, cuya nacionalidad se basa en la sangre, es decir, en la Raza. Es bien conocido el caso de Rita Eitani, a la que se rehusó la nacionalidad israelí por ser, sólo, medio-judía. "Europe-Action" (8-3-1965) menciona el caso de tres intelectuales judíos, Amos Kennan, Irgal Turmakin y Uri Zohar, que fueron encarcelados y multados por haber visitado el pueblo árabe de Dir-el-Assad, en Galilea "zona reservada para no-judios".

[555] No se debe exagerar el potencial militar que significaría esa alianza de primitivos y reyezuelos folklóricos de tribus negras. Recordemos que la atrasadísima Etiopía, conquistada y órelativamenteó civilizada por los italianos, no fue "liberada" del colonialismo por los negros, sino por un Cuerpo de Ejército británico, mayormente integrado por tropas blancas originarias... de Africa del Sur! (N. del A.)

[556] Con ocasión del "caso sudafricano", La O.N.U. batió su ya impresionante récord de cinismo y mala fe. Después de una docena de discursos de delega-doshechiceros de diversas naciones africanas, el Dr. Louw, delegado sudafricano, contestó a los alegatos rebatiéndolos uno por uno, sin hacer caso de los insultos proferidos por los delicados progresistas de charol. Pero a petición del delegado de Ghana, el discurso de Louw no fue registrado en los archivos. Para la posteridad los bóers debieron guardar contrito silencio (N. del A.)

Si estas medidas no se han llevado, aún, a cabo, es porque, sin el concurso de la Alta Finanza, ello no puede realizarse. Y tanto la City como Wall Street quieren evitar una ruptura de relaciones comerciales con Pretoria. Londres sabe que esta significaría el paro forzoso de medio millón de obreros en la Gran Bretaña, pues la Unión Sudafricana es, todavía, uno de los mejores clientes de Inglaterra. Por otra parte, el boicotear los productos sudafricanos traería como consecuencia una devaluación del dólar y la libra. En efecto: la más importante de las exportaciones del Africa del Sur es precisamente ese oro que sostiene tanto a uno como a otra.

En definitiva el mayor enemigo de los "Afrikaaner" parece ser el enemigo interior, sin menospreciar el peligro que puedan significar la O.N.U., la URSS, los Estados Unidos -o, mas exactamente, su Gobierno real que maneja al legal-, Israel y las tribus negras de dentro y de fuera de la Unión. Los grandes financieros de El Cabo, Harry Oppenheimer de la "Anglo-America Corp." "De beers Consolidated Mines", etc., y sus correligionarios del interior y exterior pueden provocar el colapso sudafricano que significaría el fin de los valerosos bóers y el retorno de los negros del país a la más absoluta barbarie, con la consiguiente instalación, del bolchevismo en Pretoria.

Para conseguir este fin, no se escatiman medios, incluyendo los más viles. En ocasiones, la vileza se empareja con la más grotesca farsa: en 1962, el Premio Nobel de la Paz fue concedido nada menos que a Albert Luthuli, el jefe terrorista bantú[557].

ANGOLA, PRIMERA ETAPA DE LA CONSPIRACION CONTRA PORTUGAL

Portugal fue la siguiente víctima en la lista del anticolonialismo. Después del traicionero golpe descargado en Goa por Nehru, siguió la agitación en Angola,

---

[557] Los Premios Nobel son concedidos por un Comité prácticamente controlado por el banquero C. J. Hambro (que fue el último Presidente de la Sociedad de Naciones) y por su correligionario, el financiero Marcus Wallenberg. Tradicionalmente, estos acaudalados individuos atribuyen los Premios Nobel de la Paz a comunistas o criptocomunistas. Emily Balch, presidenta honoraria de la Liga Femenina pro-Paz y Libertad (comunista), el negro onusino Ralph Bunche, el mundialista inglés Boyd-Orr, el cafre Luthuli, ilustran esta tesis. Los Premios de Literatura, Medicina, Química y Física siguen la misma orientación política: Quasimodo, Pasternak Sokholov Andric, Isidor Rabi, Felix Bloch, Bertrand Russell, Gide, Sartre, etc. (N. del A.)

organizada desde el exterior. Grupos de indígenas conducidos por revolucionarios profesionales y procedentes del Congo liberado de la presencia belga irrumpieron, en 1962, en la provincia ultramarina de Angola, quemando plantaciones y destruyendo poblados de los angoleños leales a Portugal. La ONU condenó el colonialismo portugués "recomendando" a Lisboa la concesión de la "independencia" a Angola. Para vergüenza de los corruptos pseudo-gobiernos que conducen a Occidente al abismo, los delegados de Inglaterra, los Estados Unidos, Italia, Bélgica y Holanda coincidieron con el soviético Gromyko en su voto condenatorio[558].

Aunque la firmeza y el tacto político de Salazar consiguió, de momento, salvar la situación en Angola y mantener el orden en Mozambique, la lucha política contra Portugal continuó hasta el famoso golpe militar de 1974, que derribó al régimen de Lisboa.

Encabezado por Spinola, un general aristócrata, se formó una Junta Militar izquierdista que pronto le derrocó y expulsó del país. Angola y Mozambique fueron entregadas a jefes de tribus negras, Neto y Machel, de filiación comunista. En cambio, en Guinea, se impusieron de momento los intereses americanos.

EL "BUEN" COLONIALISMO

Todos los sucesores de Roosevelt se declararon, con notoria impertinencia, anticolonialistas. Naturalmente, se trata de un anticolonialismo dirigido y, desde luego, muy particular. Cuando hablan de colonialismo, los pomposos hombres de paja de Washington se refieren a la presencia europea en Africa y Asia, y a la labor de los colonos blancos, que enseñaron a vivir como personas a negros y amarillos, librándoles de la antropofagia, de las epidemias, de la idolatría más monstruosa, construyendo universidades, hospitales, carreteras y ferrocarriles, centros de investigación, aeródromos.

Pero nada dicen del colonialismo comunista (soviético y chino) y, desde luego, omiten cuidadosamente mencionar el colonialismo americano o judeoamericano.

---

[558] Uno de los líderes de los "nacionalistas" angoleños era un negro políticamente formado en Moscú, llamado Holden Roberto. Las autoridades de ocupación onusinas en el Congo le prestaron una ayuda declarada. Luego sería desbancado por el pro-soviético Agostinho Neto (N. del A.)

La Historia de los Vencidos (El suicidio de Occidente)

Si los Truman, los Eisenhower, los Kennedy, los Johnson, los Rusk, los Stevenson, los Goldberg y demás gobernantes americanos afirman que Asia pertenece a los asiáticos y Africa a los africanos, entendiendo por unos y otros a los amarillos, a los negros y a los árabes exclusivamente, entonces también América debe pertenecer a los americanos... pero a los verdaderos americanos, es decir, a los indios piel-rojas, los autóctonos del Nuevo Continente. Aunque sólo quedaran dos o trescientos mil supervivientes del genocidio perpetrado por los pulcros puritanos en Norteamérica, esos individuos, según la curiosa óptica del anticolonialismo americano debieran salir de sus reservas (de sus "ghettos" forzosos) y tomar posesión del país que los colonialistas yankees les arrebataron... Porque si los franceses en Argelia, los bóers en Sudáfrica, los belgas en el Congo o los ingleses en Rhodesia hubieran seguido el ejemplo de los piadosos lectores de biblias y cazadores de "sioux", no se hubieran creado, ni en Argelia, ni en Pretoria, ni en el Congo, ni en Salisbury, los problemas del artificial anticolonialismo de charol, precursor del neocolonialismo de Wall Street.

Nada dicen los grandes medios informativos de ese flagrante ejemplo de "colonialismo", el colonialismo económico, consistente en conceder créditos a hechiceros cafres, hotentotes y bárbaros, disfrazados de "presidentes de República", bajo la insignificante condición de comprar todo lo que necesiten a determinados trusts y monopolios, de la manera que estos lo exijan y al precio que estos dicten... Muy rara, esta atonía de la Gran Prensa, incluyendo la comunista... El neocolonialismo económico de Wall Street[559] no limita su acción al área de los antiguos Imperios Coloniales europeos. Sudamérica, bajo la excusa de oponerse al Comunismo está siendo paulatinamente sometida al imperialismo económico de la Alta Finanza Judía, disfrazada de yankee. Y, naturalmente, no sólo no encuentra oposición real alguna el Comunismo, sino que avanza cada día más.

VENEZUELA

En Venezuela, el Presidente-Dictador Marcos Pérez Jiménez, mantenía el país en paz y libre de las influencias marxistas[560]. Pero su régimen fue derribado por un

---

[559] Realmente, apátrida, aunque centrado en New York, (N. del A.)

[560] Es probable que, bajo Pérez Jiménez, hubo grandes abusos, pero óa parte de que después ha habido

"pronunciamiento" teledirigido desde Washington. El nuevo Gobierno, que se proclamó "democrático" a pesar de haber sido impuesto con las bayonetas y el dinero extranjero, fue dirigido por Rómulo Betancourt, acreditado marxista y miembro de la Internacional Coridonesca. Betancourt es el hombre de la "Standard Oil Corp." Durante su gestión, Venezuela atravesó un largo periodo de desórdenes y violencias. provocados por los "castristas" del Frente de Liberación Nacional, contra los que actuó bien muellemente el Gobierno de Caracas. A Betancourt le sucedió Leoni de su mismo partido y tendencias[561].

ARGENTINA

Ya se ha mencionado la intervención de la Casa Blanca y de sus servicios "especiales" -más o menos oficiales- en el derrocamiento de Perón. Desde la caída del "terrible" tirano la Argentina no conoció tampoco la paz interior, ni la prosperidad que se le prometió. El Comunismo ganó rápidamente, posiciones, sin que los organismos oficiales se preocuparan ni poco ni mucho, aún menos tomaran medidas preventivas ¿Cómo iban a hacerlo, siendo Silvio Frondizi, el propio hermano del Presidente, miembro del Partido Comunista clandestino?[562]

REPUBLICA DOMINICANA

---

aún másó el nepotismo y el desorden admi-nistrativo en Sudamérica parecen males crónicos (N. del A.)

[561] Rómulo Betancourt había fundado, varios años atrás, el Partido Comunista de Costa Rica. Una de sus frases predilectas era: "Yo soy, he sido y siempre seré un comunista" Cuando los venezolanos se hartaron de semejante individuo, el "Institute of Pacific Relations" y el "Rockefeller Center" de New York le acogieron con los brazos abiertos, inventando y acreditando en su beneficio la ridícula leyenda del "expatriado leal y democrático". Más tarde, ese leal demócrata fue enviado a Venezuela para que representara el papel de "presidente" (Véase "*The Secret Government of the United States*", por Mary M. Davison: pág. 76).

[562] Frondizi parecía estar rodeado de bien curiosos Personajes. Cuando fue depuesto por una insurrección militar en 1962, el General Rauch, Ministro del Interior, llevó a cabo una enérgica depuración de comunistas infiltrados en los altos cargos gubernamentales. De los diecisiete detenidos, diez resultaron ser judíos, incluyendo a Samuel Schmukler ex-Secretario Personal del Presidente Frondizi. Otras cincuenta y dos personas fueron encarceladas por actividades comunistas y "delitos económicos". Veinte al menos de esas personas, eran judías. ("*Jewish Chronicle*", Londres, 3-5.1963). En la actualidad, tras un efímero regreso de Perón, gobierna en Argentina una Junta Militar, presidida por el General Videla, nacionalista y anticomunista, enfrentada a una latente subversión.

La Historia de los Vencidos (El suicidio de Occidente)

Uno de los casos más recientes de neocolonialismo judeo-yanki fue el de la República Dominicana. Hasta 1930 ese país fue el más atrasado y pobre del Continente, junto a la negroide Haití. Cuando Rafael Leónidas Trujillo se hizo cargo del poder, el país entró en una era de prosperidad. Es posible -o incluso probable- que hubiera una gran corrupción administrativa, como ha afirmado la "Gran Prensa", pero no es menos cierto que ello no fue privativo del Gobierno de Trujillo y que, en cualquier caso, en diecisiete años, la República Dominicana consiguió liquidar su Deuda Exterior. Además, Trujillo estableció un sistema económico basado en el trabajo, y no en el Oro. Esto bastaba para etiquetarlo de "reaccionario" y de "fascista". Además, el hecho de haber puesto al Partido Comunista fuera de la ley era, al parecer, un ultraje para los "pink-intelectuals" de la Casa Blanca.

En consecuencia, la "Organización de Estados Americanos", bajo presión de Washington, condenó el régimen de Trujillo sin permitirle, prácticamente, defenderse. En 1959, un ejército de invasión fue enviado contra la República Dominicana. Lo componían comunistas dominicanos expatriados, portorriqueños, cubanos castristas y venezolanos. Ese ejercito de invasión dispuso de dos buques de guerra bajo pabellón norteamericano, y numerosos aviones de caza y bombardeo, pero fue aplastado. Castro, Betancourt y Muñoz Marín (Gobernador de Puerto Rico) pagaron asesinos a sueldo para que mataran a Trujillo, al menos en dos ocasiones[563]. Finalmente, en 1960, un militar dominicano asesinó al viejo dictador. Con su muerte llegó, por fin, la Democracia, furriel del Comunismo. Desde la desaparición de Trujillo, la República Dominicana atraviesa por momentos de grave desorden, interrumpidos, de vez en cuando, por períodos de relativa calma. Los "marines" han debido intervenir para apuntalar el régimen democrático, pero los únicos vencedores parecen ser los marxistas.

En la O.N.U. nada se dijo sobre este calificado acto de Neocolonialismo y de intromisión en los asuntos internos de un pequeño país... Como tampoco se objetó contra la anexión del Tibet por la China Roja. Nada hizo Occidente en favor de los desgraciados tibetanos, e incluso los cómicos delegados anticolonialistas del Tercer Mundo guardaron discreto silencio. ¡Claro es que sus amos de New York y de Moscú

---

[563] Véanse los nada reaccionarios "*The New York Times*" (9 -VIII-1959) y "*Life*" (17-VIII-1959).

habían olvidado señalarles la partitura!

CHILE

Sólo queda por mencionar, como más reciente, el caso de Chile. En 1971, Salvador Allende Gossens, aliado a la Masonería y medio-judío, alcanzó una mayoría relativa (el 34 por ciento de los votantes y el 21 por ciento de los inscritos) en las elecciones para la Presidencia de la República.

Aunque en la campaña electoral tuvo buen cuidado de presentarse como no - marxista, al llegar al poder -que obtuvo por la ambigua actitud de otro judío, Frei, dirigente demócrata -cristiano- se confesó comunista. Las medidas de Allende arruinaron al país, cuya tasa de inflación llegó al 400 por ciento, lo que constituye un récord mundial.

Un pronunciamiento militar, dirigido por el General Pinochet derrocó a Allende, que se suicidó antes de ser capturado. La represión anticomunista de Pinochet merece los más furibundos ataques de Prensa y políticos occidentales que guardan distraído silencio ante la represión comunista en Rusia y países satélites. (N.d.E.: curiosamente, la primera "colonia" que saludó al nuevo régimen militar, fue la Comunidad Judía, el 13 de Septiembre de 1973, dos días después del Golpe. Pinochet mantendría extraordinarias relaciones con Israel).

EL ANTIRRACISMO DE BUDAPEST AL "DEEP SOUTH"

La única manera de solucionar un problema es plantearlo bien, y para ello, es imprescindible ponerse de acuerdo sobre el significado de las palabras. Al "hombre de la calle", los poderosos medios de la moderna ingeniería emocional le han hecho creer que el concepto "racismo" significa persecución de toda persona perteneciente a otra raza, y, concretamente a la minoría judía, a los negros y a los amarillos. Ello es absolutamente falso, y si bien es cierto que en el nombre del Racismo se han cometido crímenes, -¿y en nombre de qué empresa humana o divina no se han cometido crímenes? - no lo es menos que ellos son netamente inferiores, cuantitativa y cualitativamente hablando, a los cometidos por los profesionales del "antirracismo" sistemático.

La Historia de los Vencidos (El suicidio de Occidente)

Existen dos clases de Racismo. El que podríamos llamar "negativo" es el que pretende establecer la superioridad moral de una raza sobre las demás, que son denominadas "goy" -simiente de ani mal, en el argot rabínico- y están destinadas a la esclavitud política. En cambio el verdadero Racismo positivo, no es un principio dirigido contra el extranjero, sino "una voluntad de enraizamiento en la sangre y la tierra, fuente de la gran comunidad solidaria, y garantía de la futura prosperidad de todos"[564].

El Racismo consiste en el mutuo respeto entre las razas y en la exigencia de ese respeto. Se basa en el reconocimiento de las realidades humanas y de los hechos históricos.

Es un hecho, por ejemplo que la India fue, durante muchos siglos, un país de elevadísimas cultura y civilización, pero su decadencia empezó cuando su población, aria, se mezcló con elementos negros y semíticos. Siempre ha sucedido así: el mestizaje precede siempre a la decadencia, decadencia física, intelectual y moral. Tal sucedió en Egipto, en la antigua Grecia, en Persia, en la India, en el Imperio Romano. En cambio, los pueblos que han mantenido la pureza de su sangre, reduciendo al mínimo los contactos con otras razas, han logrado sobrevivir a las más terribles pruebas.

El pueblo de Israel, el campeón del Antirracismo Verbal -para que los practiquen los demás- es el más claro ejemplo de ello[565].

Si todos los hombres son moralmente iguales y existe entre ellos una hermandad común y esencial -en el sentido de que un cafre y un malayo, por ejemplo, pertenecen ambos a la especie humana y no a la animal- sólo la mente calenturienta de un "antirracista" blanco -especie masoquista que no es, en realidad, más que un racista anti-blanco- se atreverá a poner en duda que existen, entre las cuatro Grandes Razas humanas (amarilla, negra, semítica y blanca) enormes diferencias de grado de cultura y de civilización.

---

[564] Alphonse de Chateaubriant: "*La Gerbe des Forces*".

[565] La diferencia más clara entre lo que es un Racismo positivo y otro negativo, podrá apreciarse comparando la institución del Apartheid con las leyes raciales en vigor en el titulado "Estado de Israel". En el primer caso, rige el principio "Separate but Equal" (Separados pero iguales) en el segundo un nacional-racismo estrechísimo, que incluso pone cortapisas a los matrimonios entre personas de la misma raza semita (judíos con árabes). Obvio es decir que los piadosos antirracistas de profesión, guardan silencio sobre este Crimen Contra la Humanidad (N. del A).

La Igualdad absoluta no existe en la Naturaleza. No existe igualdad entre las especies animales y vegetales; todas tienen sus propias peculiaridades y es, justamente, esa diversidad natural la que hace la vida posible en nuestro Planeta, La Igualdad absoluta no existe en la realidad, y de poder llevarse a la práctica equivaldría al caos.

Uno de los ejemplos más típicos de la cobardía y, en realidad, del infantilismo de nuestros sedicentes intelectuales, es la equivalencia que pretenden establecer entre los conceptos de "racismo y "genocidio". Aún entonces, claro es, se refieren al hecho, aparentemente intolerable, de la negación del derecho de voto a los cafres, papúas, simbas y pigmeos, y no al racismo antiblanco de los Lumumba, Sukarno, Luthuli, N´ Krumah, Turé, etc. Para esos señores que, en la mayoría de los casos, no han viajado por países coloniales ni tienen de los indígenas otra idea que la que les han prefabricado los periódicos y folletos progresistas, un Mau-Mau degollando a una anciana blanca es un personaje altamente calificado del "devenir" histórico; en cambio, un Afrikaaner que enseña a vivir como una persona a un bantú, es un colonialista-racista que pretende ir contra el Viento de la Historia.

Reproducimos parte de un discurso pronunciado por Emmanuel Rabinovich ante el Consejo de Emergencia de los rabinos europeos, celebrado en Budapest, el 12 de enero de 1952[566].

"Habéis sido convocados para recapitular los principales puntos del nuevo programa. La finalidad por la cual hemos luchado tan denodadamente durante tres mil años se halla, al fin, al alcance de nuestra mano... Recordareis el éxito que obtuvo nuestra campaña de propaganda durante los años treinta, que provocó odios cuya explosión final significó la Segunda Guerra Mundial.

Yo puedo aseguraros que la última generación de niños blancos o, al menos, la penúltima, está naciendo ahora... Nuestras Comisiones de Control forzarán, en el interés de la paz, el mestizaje de blancos con otras razas. La Raza Blanca desaparecerá, pues la mezcla de blancos con negros significa el fin del Hombre Blanco, y así, nuestro más peligroso enemigo no será más que un recuerdo. Entraremos, así, en una era de mil años de paz y prosperidad, la Pax Judaica, y nuestra raza dominará, sin discusión el mundo. Nuestra inteligencia superior conseguirá, ciertamente mantener nuestra

---

[566] Publicado "in extenso" por Eustace Mullins, 30 Sixth St., SE. Washington, D.C, U.S.A. en "*Common Sense*", Vol. 1, núm. 167; Unión, New Jersey, I-VIII-1952.

dominación sobre un mundo de razas de color".

"Para convenceros de la certeza de nuestra dominación, permitidme recordaros cómo hemos convertido todos los inventos del Hombre Blanco en armas en contra suya. Sus imprentas y radios son el instrumento de nuestra propaganda y su industria pesada fabrica las armas que son enviadas al Asia y al Africa para destruirle. Nuestros hermanos en Washington están dando gran impulso al Punto IV para el desarrollo de la industria en áreas subdesarrolladas, con objeto de que, después de la destrucción de las ciudades y plantas industriales de Europa y América por las armas atómicas, los supervivientes blancos no puedan ofrecer resistencia alguna contra las enormes masas de las razas de color que, bajo nuestro mando, mantendrá, una superioridad tecnológica".

"Y así, con la visión de la victoria mundial ante vuestros ojos, volved a vuestros países e intensificad vuestra obra, hasta que llegue ese ya próximo día, en que Israel se revelará en su glorioso destino como la Luz del Universo!"

¿Megalomanía? Sin duda, Ahora bien: no imposible de llevar a la práctica. Todas las medidas de la O.N.U. y sus innumerables dependencias tienden al mestizaje y, concretamente al mestizaje de los blancos con los negros y los amarillos mientras, al mismo tiempo, omiten de tomar medida alguna contra el rabioso racismo judío[567]. Y no sólo la O.N.U., sino la Casa Blanca, y todos sus satélites, incluyendo como a tales, naturalmente a los gobiernos de Londres, París, Bonn, Roma, etc. Entretanto, Moscú y sus satélites siguen idéntica política.

Ultimamente han ido apareciendo especialmente, en América una serie de amorosos redentores del negro. Creemos que es imprescindible detenerse a estudiar, siquiera someramente la llamada "Cuestión Racial" en el viejo Sur, en el "Deep South" de los Estados Unidos.

En Abril de 1861, cuando estalló la Guerra de Secesión, los nordistas hallaron una utilisirna bandera ideológica en el abolicionismo que exigía el fin de la esclavitud. En realidad, la guerra había empezado a causa de la rivalidad económica entre nordistas y sudistas, y la envidia que causaba al Norte la prosperidad económica de

---

[567] El racismo agresivo de Israel es tan viejo como este pueblo extraño. "No harás pactos con los extranjeros; no tendrás piedad de ellos. No contraerás matrimonio con ellos al extranjero no darás tu hija para su hijo, ni tu hijo para su hija" (*Deuteronomio* VII, 2-3). "y sus reyes (de los extranjeros) te harán de padre, y sus reinas de madre; ellos se doblegarán ante ti, con su rostro en el polvo y lamerán el polvo de tus pies" (*Isaías*, XLIX, 22-23). "y beberás la leche de los gentiles y sus reyes te amamantarán oh Israel! (*Isaías*, XL, 10, 12, 16). Podríamos citar doscientos ejemplos más (N del A.).

los plantadores y Campesinos del Sur cuya cultura era, además, netamente superior. Los sudistas, amparándose en el texto de la Constituc ión de los Estados Unidos, pretendieron separarse de la Unión.

El Presidente Lincoln había subrayado, varias veces, que la finalidad de la guerra no era la abolición de la esclavitud, sino la preservación de la unidad nacional, y que para salvar a ésta estaba dispuesto incluso a transigir con el mantenimiento de aquélla en el Sur. Para él, la liberación de los negros no era la verdadera finalidad de la guerra, sino simplemente un ardid propagandístico y una medida militarmente necesaria[568].

La revista "Nation Europa"[569] resume así este episodio capital de la Historia Americana:

"En Octubre de 1883 en sendos discursos pronunciados en Charleston y Quincy (Illinois), recordó que no era su intención "querer exigir la igualdad política y social de las razas blanca y negra, pues, físicamente, existe una tal diferencia entre ambos que nunca podrán vivir en un estado de perfecta igualdad".

Al obtener su libertad, los negros americanos cometieron terribles excesos que, al ser tolerados e incluso fomentados por las autoridades de ocupación de los vencedores, todavía ensancharon más la zanja de odio que separaba a nordistas y sudistas.

Y, no obstante, todos los americanos conscientes sabían que la institución de la esclavitud era condenable y que era preciso liquidarla. Para permanecer fieles a la verdad histórica hay que insistir en el hecho de que los grandes puertos del Norte habían alcanzado su envidiable prosperidad mediante el tráfico de esclavos. El Norte era tan responsable como el Sur, pues los mercaderes de esclavos que hacían venir a los negros del Africa habitaban sobre todo en las ciudades del Norte. Según "Nation Europa", la esclavitud es un crimen imputable a todo el pueblo americano. Ahora bien, hay que matizar y tener en cuenta a todos los elementos, si se pretende estudiar objetivamente el problema.

Hay que considerar, para empezar, que los negros que fueron deportados al

---

[568] Ulik Varange, "*Imperium*".

[569] "*Nation Europa*". núm. 13. septiembre 1963. Coburg, Postfach 670 (ALEMANIA)

Nuevo Continente, ya por negreros británicos, ya por mercaderes esclavistas de Nueva Inglaterra, ya por negreros españoles u holandeses, habían sido extraídos de un medio totalmente salvaje. La mayor parte de ellos eran esclavos ya en Africa, y habían sido vendidos a los mercaderes por sus amos negros. Una vez terminadas las atrocidades de la travesía, la deportación a América significaba para ellos una neta mejoría con relación al género de vida que llevaba anteriormente en su tierra natal.

"Cuando el fin de la Guerra de Secesión dio la libertad a los negros esclavos, ese regalo cayó en manos de hombres que, en el transcurso de la Historia nunca han podido ir más allá de los primeros pasos de una cultura propia. Cuando los pueblos blancos iniciaron la colonización del Africa, los negros habían sido incapaces de inventar la rueda y, a pesar de sus extensas costas, ríos y lagos, desconocían incluso la navegación. No poseían ni la consciencia de raza, ni una tradición histórica; no poseían instituciones de ningún género, exceptuando, si acaso, la esclavitud sin la cual es imposible imaginar la vida en Africa.

"El americano medio, que se avergüenza a veces, de la suerte de los negros en U.S.A. no tiene más que echar una ojeada a su alrededor para darse cuenta de cómo han vivido los negros en otras partes. Haití es un ejemplo convincente: desde 1687 hasta 1804, fue una colonia francesa, siendo considerada como la más floreciente del Hemisferio Occidental Cuando se convirtió en Estado independiente. El negro Jean Jacques Dessalines se hizo nombrar "Emperador", iniciando su "reinado" con la exterminación de todos los blancos que había en el país[570]. Gracias al genocidio brutal de Dessalines, Haití se convirtió en un país exclusivamente negro y, simultáneamente, en la zona más atrasada y salvaje de América. Sólo durante el periodo 1915-34, que coincidió con la ocupación militar de Haití por los Estados Unidos, hubo una relativa prosperidad y paz. Pero cuando Roosevelt retiró las tropas de ocupación, Haití volvió a ser el país más pobre y atrasado de América"[571].

"La evolución de los negros bajo la dirección de los blancos en el Sur de los Estados Unidos dio resultados mucho más positivos. Pero fue dentro de un espíritu de segregación racial y de respeto mutuo de las razas separadas".

---

[570] *Enciclopedia Americana*, 1961, Vol. XIII.
[571] "*Nation Europa*" núm. 13.

En ningún, lugar del mundo vive el negro tan prósperamente como en Norteamérica si no es en ciertas regiones del Africa del Sur. Allí donde el negro es independiente - o cree serlo, pues en realidad no lo es - la civilización retrocede siglos. Podrá objetarse que esto, al fin y al cabo, es asunto que concierne exclusivamente a los propios negros. Aún aceptando esa razón (?) no puede olvidarse el hecho de que, cuando llega a una situación preponderante el negro suele tener tendencia a desahogar sus complejos de inferioridad tiranizando a las minorías blancas que han construido una civilización sin, prácticamente ayuda alguna de sus hermanos de color.

Los sedicentes progresistas suelen explicar esto como una revuelta, es decir, una venganza contra las injusticias seculares que los blancos han flecho sufrir, según ellos, al negro. Esta explicación neglige dos hechos capitales: primeramente que la colonización europea en Africa ha durado, como máximo, trescientos años, y que, aún descontando el atraso que la presencia europea haya significado para el Continente Negro, no hay vestigios de una verdadera civilización negra, por lejos que se remonte en las brumas de la Historia. En segundo lugar, se olvida que el Africa era, antes de la llegada de los europeos, el Continente de los sacrificios humanos, del canibalismo y de la trata de esclavos[572].

No es que consideremos moral ni ético que unos mercaderes desalmados despoblaran los pueblecitos costeros del Senegal y la Guinea. Simplemente nos limitamos a hacer constar el hecho histórico e irrefutable de que, con la esclavitud lo menos que puede decirse es que los negros no perdieron nada[573].

Ahora, llevando a sus últimas consecuencias el igualitarismo democrático, los "fellow travellers" liberales y progresistas intentan imponer la integración racial. Ya Lenin había aconsejado a los comunistas americanos que se sirvieran del "problema negro" para crear dificultades al gobierno de su país[574]. Los sedicentes liberales no

---

[572] La marcha de los blancos coincide, precisamente con el retorno de la esclavitud. Mercaderes árabes, especialmente del Yemen, Zanzíbar y el Sudán, trafican de nuevo con esclavos negros. La esclavitud constituye para ciertos estados (con un asiento en la O.N.U.) la principal fuente de divisas (N. del A.).

[573] Aunque sólo fuera por motivos egoístas, el patrón esclavista debía sentirse inclinado a tratar bien al esclavo que no le salía barato ciertamente (N. del A).

[574] El plan para la agitación negra en U.S.A. manipulado por los comunistas, fue trazado en 1912, según documentos que obran en la Oficina de Archivos del Congreso - 1957 - núm. 8557. Dicho plan fue confeccionado por un tal Israel Cohen, con el título: "*A racial program for the 20th Century*".

se dan cuenta, o no quieren dársela, de que la Igualdad no se impone ni se concede; la Igualdad se adquiere.

El escritor católico francés Jacques Ploncard d´Assac ha escrito:

> "El Evangelio conocía tan bien la desigualdad que resultaría de nuestra libertad, que instituyó la Caridad para este mundo y la Reversibilidad para el otro. Por haber olvidado, o mal comprendido, esta verdad tan simple, se ha llegado a proclamar una igualdad formal de los individuos y de los pueblos... En el plano nacional, esta confusión de la Igualdad y de la Equidad ha sido causa de la confusión de los deseos y de las necesidades, del sueño y de la realidad, del egoísmo y del Bien Común"[575].

Las razas blanca y negra, y todas las razas entre sí son de desigual valor; las diferencias raciales no se borran con decretos de ideólogos nebulosos y desligados de la realidad. Nada más falso e hipócrita que esa actitud pseudo-caritativa que algunos creen deber adoptar y que consiste en fingir que no se perciben las diferencias y, sobre todo, en no llamar a las cosas por su nombre.

Esto es innoble. Es como decirle a un negro: "Ya veo que no eres como yo, pero te perdono y llevo mi delicadeza hasta el extremo de simular que blanco es igual a negro y que Beethoven no vale más que el tam-tam".

Ser racista no significa forzosamente odiar a las demás razas, sino aceptar el hecho de las diferencias existentes entre ellas, y admitir que todos los hombres tienen derecho igual al respeto de su persona tal cual es.

Los sudistas de los Estados Unidos consideran que tal respeto sólo es posible, al menos de momento, mediante la segregación racial. Esta no consiste, como pretende hacer creer una prensa malévola, en la explotación o semi-esclavización del negro.

Negros y blancos son iguales en deberes y en derechos, pero separados "Separate but Equal". La segregación racial no es un sistema de opresión, sino una defensa natural contra el mestizaje.

La integración forzosa significa el fin de la Raza Blanca en los Estados Unidos[576].

---

[575] Jacques Ploncard & Assac: "Le Nationalisme et la Question Coloniale".

[576] El Gobierno Británico, sigue la misma política integracionista que el Americano. Mensualmente, millares de jamaicanos, pakistaníes, indios, cingaleses y toda clase de negros, emigran a Inglaterra, donde existe, ya, el paro obrero. Precisamente, el único punto en que coinciden totalmente conservadores, laboristas y

Para el negro que ha adquirido algún dinero o posición, la unión con una mujer blanca significa el mayor símbolo del éxito; este es un hecho comprobado diariamente. Pero la Historia Universal demuestra irrevocablemente que estos matrimonios mixtos no hacen más que provocar la decadencia de la Cultura, e incluso, a la larga, de la moral. Los ejemplos abundan. En Washington, a principios de siglo, la segregación racial era absoluta y la capital federal era citada regularmente como ejemplo de población de gran moralidad.

Pero Roosevelt decretó la integración forzosa: el crimen, y las enfermedades venéreas hicieron estragos entre los estudiantes. Una gran parte de la población blanca se fue a vivir al extrarradio abandonando el casco urbano a la población negra y mestiza.

Hogaño la capital del -teóricamente- más fuerte país del mundo posee una población mestiza y negra en un 58 por ciento. Pues bien; ahora, la vieja Washington puritana se ha convertido en la ciudad donde se cometen mayor número de delitos con relación a la población. En 1947, las estadísticas demostraron que el 43 por ciento de delincuentes juveniles en la ciudad de Filadelfia eran negros, proporción enorme si se tiene en cuenta que la población de color en aquella ciudad representaba entonces el 14 por ciento [577]. En el mismo año se demostró estadísticamente que cuatro de cada cinco muchachos negros norteamericanos habían tenido diferencias con la ley, al llegar a los 18 años de edad. En el Estado de Carolina del Norte la proporción de nacimientos ilegítimos es veinte veces mayor entre la población negra que entre la blanca; en Maine, once veces; en Michigan, ocho veces y en California catorce veces mayor[578].

Las estadísticas del Departamento de Justicia de los Estados Unidos, en 1950, demostraron que la población negra había cometido el 54 por ciento de los crímenes y atracos de ese país, proporción enorme si se tiene en cuenta que los negros sólo representan, de momento el 10 por ciento de la población total americana. Las mismas estadísticas probaron que la proporción de delitos cometidos por los negros

---

liberales, es en no restringir la inmigración de color y eso a pesar de la creciente hostilidad de la mayoría de la población de las Islas (N. del A).

[577] *Philadelphia Presbitery Report*, 1947.

[578] Prof. W. George: "*Race, Heredity and Civilization*"

La Historia de los Vencidos (El suicidio de Occidente)

es, en los Estados integrados, EL DOBLE QUE EN LOS SEGREGADOS[579].

Aproximadamente el 90 por ciento de los ciudadanos negros norteamericanos tienen antecedentes penales[580].

Hemos dicho que la población negra representa en Washington el 58 por ciento de la población; esa cifra no tiene en cuenta las ciudades satélites de los alrededores; contando la gran área de la capital, la población negra y mestiza es, aproximadamente algo inferior a la mitad: 43 por ciento. Pues bien, según estadísticas del Departamento de Justicia, facilitadas en 1957, he aquí la clasificación de los delitos cometidos en Washington, Distrito de Columbia, en el transcurso de un año; clasificación hecha atendiendo a la procedencia racial de los delincuentes:

DELITO	BLANCOS	NEGROS
Asesinato	7	41
Homicidio por negligencia	9	15
Violación	20	145
Atentados contra el pudor	9	31
Robo	126	782
Tentativa de robo	12	67
Robo con fractura	500	1.926
Hurto	749	2.294
Estafa	168	455
Atraco a mano armada	397	3.204
Otros delitos mayores	29	93
TOTAL	2.026	9.053

En la misma zona -precisamente una zona donde los negros gozan, hace tiempo, de la plenitud de sus derechos cívicos- y durante el mismo periodo de tiempo, se registraron 639 casos de gonorrea y sífilis entre la población blanca y 12.438 casos entre la población de color.

Entre jóvenes de 17 años, las cifras son de 20 y 834. Finalmente, se registraron 617 casos de nacimientos ilegítimos entre la población blanca y 3.128 entre la de

---

[579] Ibid. íd. Op. Cit.
[580] Kenneth Goff: *"Reds Promote Racial War"*, pág. 9.

color[581].

El número de reclutas declarados no aptos en las pruebas de calificación mental exigidas por el Ejército de los Estados Unidos es sensiblemente igual para blancos y negros, pero teniendo en cuerna que la población negra sólo representa, de momento, el 10 por ciento de la total del país, resulta que el porcentaje de "insuficientes mentales" es diez veces mayor entre los negros que entre los blancos.

Los contrarios al mestizaje (que eso y no otra cosa es la integración racial), tanto en los Estados Unidos como en Sudáfrica, no son sólo los blancos. El Movimiento de los "Black Muslims" (Musulmanes Negros) y el Jefe Bantú Maatanzima y sus seguidores son, en ambos países, los abanderados del antimestizaje, pidiendo la aplicación de la fórmula "Separate but Equal"[582].

El 17 de mayo de 1954, el "lunes negro", el Tribunal Supremo de los Estados Unidos decidió, unilateralmente, que la integración sería, desde entonces, obligatoria también en los Estados del Sur. El Presidente del Tribunal que tomó aquella decisión era Earl Warren, bien conocido por sus tendencias ultra - izquierdistas. Es preciso hacer constar que Warren violó la Constituc ión, ya que, al decidir motu propio la integración obligatoria, no podía referirse a ninguna ley; se permitió, pues, una incursión en el campo legislativo, promulgando, simplemente, una decisión tomada por él mismo. Todas las tentativas para pedir explicaciones al legislador-dictador Warren sobre su legal sentencia han fracasado por la solidaridad integracionista de las "diques" gobernantes en la Casa Blanca. Infinidad de grupos de presión sostuvieron al Tribunal Supremo en su campaña integracionista Los principales fueron:

a)La N.A.A.C.P. (Asociación Nacional Para el Progreso de la Gente de Color), en cuya dirección apenas si se encuentran personas de color, exceptuando, al inevitable Ralph Bunche y al "pastor" marxistoide Martin Luther King (74). En cambio, abundan los judíos, tales como Lehman, Frankfurter,

---

[581] Los negros americanos disponen de más universidades propias ócostea-das por los blancosó que los habitantes de cualquier "democracia popular" (N. del A.).

[582] Después de unos principios sensatos, los Black Muslims han terminado por caer en el ridículo. Ahora exigen el control total de nueve Estados de la Costa del Pacifico para los quince millones de negros americanos (N. del A).

La Historia de los Vencidos (El suicidio de Occidente)

Maslow, Joseph Robinson y el presidente de la entidad Joseph Springarn.

b)La "American Civil Liberties Union" (Unión para las Libertades Cívicas Americanas) igualmente de extrema izquierda, a cuyo frente se hallan los hebreos Arthur Hays (a) Sulzberger, director del "The New York Times" y Leonard Hass.

c)La "Americans for Democratic Action" (Americanos pro-Acción Democrática), de ideología socialista fabiana. Esta entidad, financiada por el Consejo de Relaciones Exteriores de la dinastía Rockefeller se distinguió por haber abogado vigorosamente por la abolición del "Comité de Actividades antiamericanas" que tanto luchó contra la traición y espionaje soviético en USA.; por sus campañas contra los movimientos nacionalistas sudistas y segregacionistas, por la expulsión de la China nacionalista y la admisión de la China Roja en la O.N.U. y por el desarme general bajo el control de las Naciones Unidas. La ADA, llevó a cabo una bombástica propaganda en pro de los hombres del Tribunal Supremo.

Forman parte de esta entidad prepotente, entre otros: Chester Bowles, ministro con Kennedy; el judío Arthur Schlessinger, consejero privado del propio Kennedy; el sindicalista marxista hebreo David Dubinsky y el multimillonario de la misma raza. Jacob J. Javits, así como el notorio marxista Reinhold Niebuhr y el Senador, ex-Presidente de la U.N.R.R.A. y poderoso banquero, Herbert H. Lehman.

d) La inevitable "Anti Deffamation League" (Liga Anti-difamatoria) que es una especie de "Orden Terciaria" judía. En América como en Africa del Sur, a los negros les han salido unos muy curiosos defensores[583].

Las famosas marchas sobre Selma (Alabama) y Montgomery, estaban dirigidas y organizadas por individuos no pertenecientes a la Raza Negra, dejando a parte al famoso Doctor King. Otra "demostración de masas", dirigida contra el Estado segregacionista de Mississipi, fue ideada y dirigida por un grupo de 21 abogados neoyorquinos, a cuyo frente se encontraba una "troika" de judíos, Morton Stavis (a)

---

[583] Martin Luther King, fue miembro de más de 60 entidades, asociaciones y clubs comunistas ("*Common Sense*", Union, New Jersey, USA., num, 449, 15-IV-1965, pág. 3).

Moses Isaac Stavisky, Ernst Rosenberger y Barney Rosenstein[584]. Stavis-Stavisky pertenecía al Partido Comunista. Martin Luther King fue procesado por alterar el orden público en Selma; su abogado defensor fue otro judío, Jack Greenberg, autor de un libro titulado "Citizens Guide to Desegregation" ("Guía Ciudadana para la Desegregación").[585]

EL ASESINATO DE KENNEDY, LA CUESTION RACIAL Y LA MALA FE DE LA DESINFORMACION

Conexo con la actual situación política y racial en el Sur de los Estados Unidos, aparece el extrañísimo asesinato del Presidente John Fitzgerald Kennedy. Aunque no en la forma en que pretendieron presentarlo al público los grandes medios desinformativos internacionales.

Nada más conocerse la noticia. del asesinato de Dallas, la TV. Francesa, la BBC. Británica, la RAI Italiana y en general, los más importantes periódicos de los Estados Unidos, se apresuraron a notificar, sin la sombra de una duda, que el acto había sido cometido por los "fascistas-racistas" del Sur, que odiaban a Kennedy por su política ultra-integracionista. En seguida se acusó formalmente a la "John Birch Society", al "Ku-Klux-Klan", a los nazis de Lincoln Rockwell, a la propia policía del Estado de Texas.

Pero, de pronto, se hace público que el asesino es un tal Lee Harvey Oswald, comunista notorio, que había pasado tres años en la URSS. y casado con una rusa. Incluso había intentado renunciar, en 1961, a su nacionalidad americana. Oswald, admirador de Castro y de Mao-Tsé-Tung, marxista de tendencia trotzkysta, no podía ser un "nazi". Pero, he aquí que, cuando iba a ser trasladado a la cárcel y en plena Comisaria de Dallas, Oswald es asesinado por un tal Jack Ruby.

Inmediatamente, vuelven a la carga, con su cínica mala fe habitual, la Gran Desinformación Internacional. "Oswald -se dice ahora- no es, en realidad, el auténtico asesino, sino un testaferro o, tal vez, un cabeza de turco"... Los fascistas

---

[584] La hebrea Arma M. Rossenberg, alto funcionario de Departamento de Estado, fue la campeona de la promiscuidad racial en el Ejército Norteamericano. (Kenneth Goff, Op. cit. pág. 9).

[585] Rapport del Comité de Actividades antiamericanas, núm. 3123, 21-PC-1950. Ese documento afirma que esos tres abogados eran comunistas (N. del A)

del Sur le han asesinado, aprovechándose de la rara lenidad de la Policía de Texas, para impedirle que hablara.

Ruby, el asesino de Oswald, no es ningún idealista que -para vengar a Jacqueline Kennedy- ha anticipado el castigo merecido por Oswald... Ruby no puede ser un patriota. Ruby es el propietario de un salón de strip-tease y un miembro conocido de los bajos fondos... Es decir, Ruby es un racista-fascista.

Esto lo dicen y lo repiten centenares de veces todas las radios y todas las prensas del mundo... Lo dicen hasta que se hace público que el tal "Jack Ruby" se llama, en realidad, Jacob Rubinstein. He aquí lo que faltaba por ver: ¡un fascista judío!

Mas la tenacidad en la mala fe de los grandes desinformadores es inagotable... Diabolicum perseverare... Olvidando cuidadosamente a Rubinstein, -al que continúan llamando, cuando le mencionan, "Jack Ruby"- se descubre que Oswald, a quién el propio FBI considera el asesino de Kennedy, no era un comunista sino un excomunista. Oswald había evolucionado, convirtiéndose en un racista- fascista.

Había, por fin, encontrado la solución satisfactoria, que permitiría cargar el odioso crimen sobre las espaldas de los odiados segregacionista del Sur. Pero, por tercera vez, el globo difamatorio de los demócratas de toda laya se deshincha...

La bien informada "National Zeitung" de Munich[586] revela que, unas semanas antes del magnicidio de Dallas, Oswald había intentado asesinar al General Edwin Walker[587] regularmente acusado de "fascista" por los progresistas norteamericanos. El disparo de Oswald pasó justo por encima de la cabeza de su presunta víctima. Extraño fascista este Oswald, que intentaba asesinar nada menos que al muy fascista General Walker. Y más extraño, todavía, que el raro "neofascista" Oswald fuera salvado del mal paso en que se hallaba después de su fallido asesinato, por el Ministro de Justicia de los Estados Unidos. Robert Kennedy, hermano de la futura

---

[586] 29 de Noviembre 1963.

[587] El General Edwin A. Walker fue relevado del mando de su unidad, en Alemania Occidental, por haber pronunciado unas conferencias anticomunistas ante sus tropas. La Administración Kennedy consideró que esto podía perjudicar su política de "Coexistencia pacífica" y pretendió destinar a Walker a un cargo sin importancia en América. Walker abandonó el Ejército, rehusando incluso su pensión de retiro, y se dedicó a la política. Actualmente es una de las figuras máximas de lo que se suele denominar "extrema derecha" norteamericana Un psiquiatra, trató de "probar" que Walker estaba loco. Este loquero se hacía llamar Charles E. Smith, pero su auténtico nombre era Kantor, hijo de un judío ruso (N. del A).

víctima de Oswald...

Desde luego, todo es rarísimo en el doble asesinato de Dallas... si se mira desde el ángulo por el que nos lo muestra la Desinformación organizada. Pero es clarísimo si se analizan los elementos que se conocen y que hacen desvanecer, como pompas de jabón, las pérfidas insinuaciones que pretenden cargar esta tragedia sobre los hombres de las "derechas" norteamericanas[588].

Kennedy no fue asesinado por los llamados fascistas americanos ni por los racistas del Sur. Esto está archidemostrado. Todas las perversas insinuaciones de los grandes rotativos desinfomadores no han podido aportar prueba alguna en favor de esa tesis. Kennedy fue asesinado por un comunista público y notorio. El mismo FBI ha reconocido que Oswald fue el autor del asesinato. Ahora bien: lo que es absurdo, lo que nunca podrá creer un observador imparcial de los hechos es:

a) Que la Policía de Texas, informada por el FBI de que existía un plan para asesinar a Oswald -por una información confidencial recibida dos horas antes[589]- fuera incapaz de protegerle adecuadamente.

b) Que el FBI y la Policía Federal, de reputada severidad, sean incapaces de hacer hablar aun "falso duro" y crápula de los bajos fondos como Rubinstein (a) Ruby.

c) Que un obrero parado, sin un dólar en los bolsillos, como Oswald, pudiera emprender viaje a Rusia, permanecer allí unos años, casarse con una rusa, declarar que estaba harto del Comunismo Ruso, manifestar sus deseos de regresar a los Estados Unidos y que las severísimas autoridades soviéticas no pusieran ninguna dificultad a su marcha.

d) Que el mismo Oswald, a pesar de continuar en la miseria pudiera efectuar su viaje a Mexico, del que tanto se habló entonces, permaneciendo allí en un hotel de lujo. ¿Quién pagó sus gastos?... Y ¿por qué?... Y sobre todo, por qué la muy estricta Comisión de Inmigración de los Estados Unidos concedió el pasaporte a Oswald a las veinticuatro horas de haberlo solicitado, cuando normalmente tardan

---

[588] Utilizamos esa expresión de "derechas" como concesión a la inercia mental de los más. En realidad, los términos "derecha" e "izquierda" pertenecen, ya, al diccionario político del siglo XIX, por haber sido superados. (N. del A.).

[589] "*La Vanguardia Española*", Barcelona, 2 -XI-1963.

una semana y a pesar de tratarse el tal Oswald de un comunista notorio y fichado por el FBI?

Lenin hablo mucho, en sus obras, del asesinato provocación. Se asesina a un político liberal, progresista o "compañero de viaje" y luego se cargan las culpas a la extrema derecha. Esto provoca disturbios, de los que los comunistas -los únicos bien organizados y que, por haber realizado la acción provocadora, están preparados- se aprovechan cumplidamente.

Kennedy fue asesinado para que su muerte sirviera al Comunismo Internacional, aunque es probable que en el Kremlin no se supiera todo lo que se tramaba a este fin. No fue asesinado por anticomunista, ya que la actuación de Kennedy y su Administración fue tan objetivamente comunista como la de Roosevelt. Kennedy fue asesinado para que su muerte provocara una guerra civil en América, pues la Desinformación Organizada no dejaría de acusar al Sur, a los "racistas", a las derechas... a los "fascistas", en suma.

Y esta auténtica guerra civil, aparte de dejar las manos libres a la URSS y a la China Roja en todo el mundo, debilitaría el poderío material y moral norteamericano y, al mismo tiempo, impondría la integración racial forzosa, es decir, el mestizaje.

Acudamos al viejo aforismo romano "cui prodest?": ¿Qué beneficio podían obtener los llamados fascistas americanos liquidando a Kennedy?... Ninguno. Pues no podían ignorar que el automático sucesor de éste era Lyndon B. Johnson, situado aún más a la izquierda que su predecesor, por difícil que esto pueda parecer. Y tampoco podían ignorar que la mala fe habitual de la Gran Prensa echaría definitivamente a la Opinión Pública encima de ellos. Además, quienquiera esté familiarizado con el credo político de la "extrema derecha" norteamericana sabe que ésta considera a los gobernantes oficiales de su país, incluyendo a los "presidentes", como meros ejecutores, con muy relativo poder personal y obedientes a las consignas de los que en ellos mandan.

CAPITULO X

LA GUERRA IDEOLOGICA

La guerra ideológica - Guerra subversiva y espionaje soviético - Las posiciones clave del poderío mundial de Israel - ¿Qué es el comunismo?

> *"Como puedes ver, mi querido Conningsby, el Mundo es gobernado por personajes diferentes de quienes se imaginan los que no están tras el escenario".* ("Conningsby", Benjamin Disraelí)

LA GUERRA IDEOLOGICA

Ni siquiera el más auténtico demócrata, por anticomunista que sea, subjetivamente, podrá pretender que la llamada "Guerra Fría" está siendo ganada por lo que algunos ingenuos llaman abusivamente, "Mundo Libre". La Guerra Ideológica, conducida con diabólica inteligencia y habilidad, está siendo ganada, en todas sus facetas, por el Comunismo.

Washington se equivoca continuamente en la guerra no declarada que sostiene (?) contra Moscú. La equivocación continua parece ser la Constante Histórica de la política de la Casa Blanca desde los tiempos de Roosevelt. El hecho de que las masas hayan aceptado esa versión de la equivocación continua, del error en cadena, como explicación del innegable y permanente avance del Comunismo, debería bastar al más incrédulo observador para convencerle de que el nivel mental del hombre disuelto en la masa anónima no es superior al de una criatura de diez años.

Porque es materialmente imposible que unos hombres, por muy estúpidos que se les quiera suponer, no hayan acertado, ni una soja vez, en sus relaciones con Moscú, desde 1933 hasta hoy. Aunque a la Casa Blanca y al Departamento de Estado sólo fueran, tras cuidadosa selección a la inversa, los mayores esquizofrénicos de América, alguna vez, por casualidad, por equivocación, acertarían. La acción política y militar de Roosevelt y sus hombres con respecto a Alemania, Italia y el Japón, fue, técnicamente, magistral. Esos mismos hombres y las mismas fuerzas que los mueven han continuado en el poder. Los ideólogos del New Deal son los de la New Frontier y los que rodean a Carter. Los que planearon la Segunda Guerra Mundial y destruyeron Alemania son los autores del Error Continuo del "Mundo Libre" ante Moscú...

Los políticos que eran inteligentes cuando se trataba de hundir a Europa, se han vuelto unos ingenuos cuando se trata de oponerse al bolchevismo. Esa es la versión oficial, muy seriamente aceptada, al parecer, por editorialistas, directores de periódicos y de radio, "expertos" en cuestiones de Política Internacional... en fin, por los fabricantes de la Opinión Pública.

Occidente es derrotado en toda la línea, políticamente hablando, porque se nutre de una ideología que le es dictada por su propio Enemigo.

El Enemigo de Occidente no es Rusia. Rusia fue asesinada en 1917. Tampoco lo es, esencialmente, la URSS, ya que esta no pasa de ser un instrumento, un medio adecuado al fin perseguido por el Movimiento Político Sionista y los "mundialistas" de toda laya que con él colaboran, y las Fuerzas que dictan la política exterior e interior de Occidente y del mundo aun no totalmente esclavizado por el Bolchevismo lo son también. Las finalidades de la política de la Casa Blanca y del Kremlin son convergentes, independientemente de la voluntad o de los movimientos de humor de los Carter y los Brejnev, de los Gromyko y de los Bhzezinski.

E, independientemente, también, del papel que puedan jugar las rivalidades personales y de clan, los desviacionismos, liberales o progresistas, trotskystas, titoistas o chino-albaneses. Por encima de esa capillas sólo hay una realidad que cuenta: la Revolución Permanente, dirigida por el Sionismo (lo que no implica necesariamente -repitámoslo, pues tememos a los efectos de la inercia mental- a todos los judíos) con el auxilio de sus fuerzas auxiliares, la Masonería especialmente.

Y son, precisamente, el Judaísmo y sus auxiliares, quienes controlan, casi totalmente, el monopolio informativo -en realidad, propagandístico- internacional. Echemos una ojeada a tal monopolio y a las personas y entidades que lo dirigen.

Prácticamente, todos los periódicos y emisoras de Radio y Televisión del mundo, se nutren de las noticias proporcionadas por siete grandes agencias de noticias: United Press International, Associated Press, Havas, Wolff, Reuter, Stéfani y France-Presse.

Todas estas agencias están controladas por el Gran Capital, mayoritariamente judío. Ellas filtran y seleccionan las noticias de manera que sólo sea conocido lo que pueda favorecer los intereses de la Causa que sirven.

En Norteamérica, el predominio judío sobre la Gran Prensa es absoluto. El mayor trust publicitario del país es la "Hearst Corporation". fundada por Maurice de Hirsch, judío alemán. Este trust dispone de treinta y dos periódicos y revistas en los Estados Unidos e Inglaterra, más cinco emisoras de radio y televisión, y un noticiario cinematográfico. El "New York Times", es propiedad del hebreo Sachs. El "New York World" de su correligionario Joseph Pulitzer. El "Washington Post" de Eugene Meyer. Exceptuando a unos cuantos diarios provinciales y, parcialmente, al "Chicago Tribune", toda la prensa norteamericana está controlada por judíos.

Las diversas redes de Televisión, en Norteamérica, están infeudadas al Gran Capital y dirigidas por una "troika" de prominentes hebreos: William Paley (a) Palinsky, Irving Kahn y David Sarnoff, éste último nacido en Rusia.

En Inglaterra, el dominio sobre los medios de información es tan completo como en los Estados Unidos. Financieramente, cinco grandes trust controlan el 70 por ciento de las publicaciones británicas, mientras el 30 por ciento restante, también parcialmente controlado sigue la línea general marcada por los grandes. Los "Big Five" de la Prensa Británica son:

a) El trust Beaverbrook, fundado por el canadiense Samuel Aitkens. Dispone de tres periódicos en Londres -entre ellos el "Daily Express"- y otros tres en provincias, con un total de nueve millones de ejemplares diarios.

b) El trust de los hermanos Berr (lord Kemsley y Lord Camrose), judíos, que posee treinta y dos periódicos, algunos de ellos muy leídos, como el "Daily Telegraph", el "Financial Times" el "Sunday, Graphic", etc.

c) El trust de la "Provincial Press Newspapers" con once periódicos, la mayoría socialistas, infeudado a la dinastía Rothschild de Londres.

d) El trust Rothermere con tres periódicos, entre ellos el muy leído "Daily Mail" Y dieciocho publicaciones provinciales

e) La "Westminster Press Ltd.", que representa treinta y cinco periódicos.

La prensa roja de la Gran Bretaña se reduce al viejo "Daily Worker" el decano de los diarios comunistas europeos. El director es Derek Kartum y el editorialista Peter Zinkin, ambos judíos. Otro judío escribe regularmente en el "Worker": Ivor Montagu, hijo de un banquero y Presidente del criptocomunísta "Movimiento de la Paz", en Inglaterra También existe un semanario comunista "Challenge" destinado a la juventud lo dirige un hebreo, Monty Cohen.

En cuanto a la TV Comercial (independiente) de Inglaterra, es propiedad de un trust en el que abundan los judíos entre ellos Whallay Cohen, antiguo Alcalde de Londres[590].

En Francia observamos un panorama semejante El hebreo Marcel Bleustein (a) Blanchet, director de "Publicis" el mayor trust publicitario de Europa, controla los periódicos "France Soir", "France Dimanche" "París Journal" y la mayor parte de revistas femeninas e infantiles, amén de medio centenar de publicaciones provinciales, con un total de ejemplares diarios que rebasa los seis millones.

Otro judío, Pierre Lazzareff, dirige la mayor parte de los periódicos y revistas de Bleustein y posee, a su vez, el semanario ilustrado "París Match".

El grupo israelita Servan-Schreiber controla los periódicos "L Express" Y "Les Echos" ambos de tendencia socialista. Los judíos O. Rosenfeld y Roger Nahon dirigen el portavoz de la S.F.I.O., "Le Populaire".

"L´Aurore" de expresión más moderada, pertenece a otro judío, Robert Bony (a) Lazurick.

El "objetivo" (sic) "Le Monde" es dirigido por dos masones, Beuve-Méry, y Víanson-Ponté.

Un magnate de la industria de armamentos el judío Marcel Dassault (a) Bloch, controla el semanario "*Jours de France*".

A propósito hemos dejado en último lugar a "L´Humanité" portavoz oficial del

---

[590] Tanto los datos referentes a Inglaterra como otros países están actualizados, en la medida de lo posible, hasta el mes de julio de 1978. Algunos pueden haberse modificado sin haberlo observado a tiempo de publicar la oportuna rectificación, sin embargo, en conjunto, la gran mayoría de datos pueden considerarse plenamente válidos, ya que se trata de grandes grupos de presión y de familias con un inmenso poder que lo mantienen durante años e incluso siglos. (N. del A).

Partido Comunista Francés. Es un caso típico de la cínica alianza Capitalismo-Comunismo. He aquí: Los suscriptores de las acciones de la sociedad de dicho periódico fueron los señores Javal, Levy-Bruhl, Mauss, Casewitz, Rouff, Salomon Reinach, Picard (a) Le Pie, André y Levy-Brahms Exceptuando a Rouff, todos los demás eran judíos; ninguno era un paria de la Tierra. Cuando tuvo lugar la primera ampliación de capital, el banquero Luis Louis-Dreyfus contribuyó con 20.000 francos. Posteriormente, se creó la "Société Nouvelle du Journal L´Humanité", cuyo Consejo de Administración estaba compuesto por los siguientes individuos:

- Lévy-Brvhl (judío), 123 acciones.
- Picard (a) Le Pic (judío), 123 acciones.
- Louis Louis-Dreyfus (judío), 31 acciones.
- Charles Louis-Dre yfus (judío), 31 acciones.

a estos antiguos accionistas se añadieron los nuevos:

- J. Clement (francés), 10.000 francos.
- Hoyer (francés), 1.250 francos.
- Vaillant (procedencia desconocida), 1000 francos.
- Poisson (francés), 1.000 francos.
- León Blum (judío), 1.000 francos.
- Diversas organizaciones obreras, 5.875 francos.
- Achille Rosnoblet, 28.000 francos.
- Mme. Helene Rosnoblet, 25.000 francos.

Más tarde se descubriría que Alain y Héléne Rosnoblet que aportaban, juntos, el 40 por ciento del capital eran, en realidad, los "préte-noms", los testaferros... de los Rothschild. Henry Coston facilita abundantes precisiones sobre la generosa ayuda que, aún hoy, prestan los grandes capitalistas al órgano del Partido Comunista Francés[591]. Tal financiación se lleva a cabo, generalmente, por el canal de la publicidad.

Existe en Francia, otro periódico comunista, de tendencia "trotzkysta" y pro-

---

[591] Henry Coston: "*Le Retour des 200 Familles*", págs. 158-162.

china, "La Voie Communiste", dirigido por Simon Blumenthal.

Citamos solamente a los Estados Unidos, la Gran Bretaña y Francia, aunque en la Prensa y Radio de los restantes países del "Mundo Libre" sucede, aproximadamente, lo mismo, y las mismas Fuerzas orientan la abusivamente llamada Información Pública.

El Cine es un medio de inagotables posibilidades para influenciar moralmente a las masas y contribuir a su "lavado de cerebro". Hollywood es la mayor fábrica de ideas que existe. Tales ideas son, por lo general, degenerativas y, muy a menudo, cripto-marxistas. Cuando en Hollywood se produce una película anunciada como "anticomunista", las tesis sostenidas en dicho film son calculadamente estúpidas y el efecto real producido por el mismo es contrario al anunciado.

En Hollywood, los judíos son legión. No en vano la profesión de actor ha contado, siempre, con numerosos adeptos en las razas semíticas. La mayor parte de las grandes productoras de películas son judías.

- La "Metro Goldwyn Mayer" fue fundada por Marcus Loew, siendo sus máximo dirigentes actuales Samuel Goldwyn y Nicholas Schenck.
- La "Universal Films Inc." está dirigida por Carl Laemmle (a) Julins Baruch.
- La "Paramount Pictures Inc." está presidida por el judío Balaban.
- Su correligionario Harry Cohn es el director de la "Columbia Pictures".
- La "Warner Bros", fundada por los hermanos Warner, hebreos de Galitzia, posee medio centenar de distribuidoras en todo el mundo.
- La "2Oth Century Fox" fundada por otro elegido, William Fuchs y dirigida actualmente por el griego Spyros A. Skouras, masón.
- La "United Artists", propiedad de un numeroso grupo de capitalistas, a cuyo frente se halla Hiram Abrams (a) Abrahams.

Centenares de artistas, argumentaristas y directores de cinema son, también judíos y, con muy raras excepciones realizan una labor sutil y tenaz, más o menos disimuladamente marxistoide.

Entre los actores hebreos de más fama que trabajan o han trabajado en Hollywood encontramos a Peter Lorre, Charles Chaplin, Tony Martin, Tony Curtis,

Kirk Douglas, Edward G. Robinson (Goldenberg) Paul Muni, Frank Sinatra, Marléne Dietrich, Bette Davis (Davids), Francis Lederer, Paul Lukas, Diana Durbin, Silvia Sydney (Katz), Mischa Auer, Eddie Fisher, Judy Garland, Adolphe Menjou, Judy Holiday, Hedy Lamarr (Kreisler) Douglas Fairbanks, Pauette Goddard Shelley Winters, Melwyn Douglas, Liberace, los hermanos Marx, las hermanas Andrews y un sin fin de figuras de segunda fila[592].

Entre los directores y argumentistas judíos encontramos a Arthur Miller, David O Selznick Joseph Pasternak, Albert Maltz, Rudolph Maté, Ernst Lubitsch, Ben Hecht[593], Fritz Lang, Sol (Salomon) Bernstein, Walter Wanger, Elia Kazan, George Cukor, Arthur Lubin, Mike Todd, Darryl E. Zanuck etc.

El "cine" británico y más aún, el francés, se encuentran igualmente muy influenciados por el capital y la ideología judía.

La "J. Arthur Rank Organization" es una empresa hebrea, y hebreo es también el primer director y productor británico -Hitchcock aparte- Alexander Korda, de origen húngaro.

Stéphane André Aboulker dirige la Productora "Films de la Tour"; André E. Algazy, la "Mitropa Films"; André Aron, la "Compagnie Continentele Cinemathéque"; Simon Barstoff, la "S. B. Films"; Elie Berdayan, la "Francorex" y la "Mabrouka Films"; Jacques Bénoit-Lévy, consejero técnico de publicidad de la Unión de Prensa Internacional Cinematográfica y Teatral y director de las más importantes revistas cinematográficas y "artísticas" francesas; Jean Bénoit-Lévy realizador de mas de 400 películas; Charles Burguet (a) Levy, presidente de "Centra Cinéma" y fundador de "Films Azur" y muchos más.

Numerosos son, también, los actores judíos actuando en el Cine Francés: Jean-Pierre Aumont (a) Salomon; Jean-Paul Alphen, Anouk Aimée (a) Françoise Sofia; Annabella (a) Schbow; Yves Montand (a) Lvi, oriundo de Venecia, y su esposa, Simone Signoret (a) Kaminker, de Praga, comunistas ambos, Charles Dorat, etc.

---

[592] Han sido oficialmente identificados como comunistas Paul Muni, Edward G. Robinson, Danny Kaye, Fairbanks, Chaplin, Silvia Sydney, Melwyn Douglas, la aria Joan Crawford (esposa del millonario director de "Pepsi-Cola"), etc. (N. del A.)

[593] Una frase de Ben Hecht en su libro "A Jew in Love" *"Una de las mejores cosas realizadas por una multitud fue la crucifixión de Cristo. Intelectualmente, fue un gesto espléndido. Pero yo, en vez de crucificarle lo hubiera echado a los leones Nunca hubieran hecho un Salvador de un montón de carne picada".*

La Historia de los Vencidos (El suicidio de Occidente)

También en el "cine" italiano y sueco, por no mencionar el alemán, predomina la influencia semita.

El "Brainwashing" de las masas soviéticas lo dirigen, naturalmente, como en Occidente, judíos. El viejo buda Ilya Ehrenbourg fue, hasta su fallecimiento, e organizador de la propaganda oficial. La producción cinematográfica era controlada, hasta no hace mucho, por Epstein, siendo su correligionario Serge Eisenstein el realizador más renombrado del Cinema Soviético. Prensa, literatura[594], cinema y "arte" soviéticos dependen, directamente, de la "Agirprop" y su principal, por no decir única finalidad, es servir a la Revolución.

Que los judíos predominan muy especialmente en esta labor de "lavado de cerebro" colectivo es demostrado por el simple hecho de que, hasta ahora, de entre 132 personas recompensadas con el Premio Linón, ¡74! han sido identificadas como judías.

La Prensa, Radio y Televisión de los principales países occidentales en manos del Enemigo, representa un Caballo de Troya infinitamente más peligroso que las células comunistas instaladas en nuestra retaguardia. Estas armas propagandísticas sirviendo, objetivamente, al Marxismo han hecho posible la pública aceptación del milagro del Error Continuo de los políticos occidentales, entre los cuales, cómo la experiencia viene demostrando, abundan, por otra parte, los traidores.

Hollywood, las grandes agencias de noticias, la propaganda tendenciosa, los relatos "objetivos" sobre las realizaciones del Comunismo, el nuevo "Dogma" del Viento de la Historia, el Antirracismo desenfrenado, el "Antifascismo" histórico, el Cristianismo de izquierdas, el Coexistencialismo, el Anticolonialismo, el "Arte" abstracto, la bobalicona credulidad de los más ante la letra impresa o la imagen propagandística mil veces repetidas... los eslóganes reiterados y diversos, apropiados a todos los gustos, a todas las mentalidades, a todos los "intereses", a todos los "patriotismos", a todas las filias y fobias de una Humanidad desquiciada, que ha substituido la Moral por el Egoísmo, la Verdad por el 51 por ciento de los votos emitidos, y a Dios por el Becerro de Oro... Todo ello está en la base del engaño colectivo y en cadena sufrido por el Occidente, hasta provocar su derrota...

---

[594] Los más o menos sancionados por la Censura Oficial soviética, Pasternak, Tarsis. Evtouchenko y Daniel son judíos, probablemente trotskystas (N. del A.).

la derrota más estúpida de todas: el Suicidio.

Desde la monstruosa esta fa de Versalles hasta hoy, la historia de la derrota occidental es la historia del engaño colectivo de los propios enemigos naturales del Comunismo. Engaño de los polacos a los que se solivianta para lanzarles a toda clase de provocaciones antialemanas, hasta culminar en la matanza de Bromberg... haciéndoseles creer que las democracias occidentales les defenderán...

Engaño repetido, ya en plena conflagración con los noruegos, los belgas y holandeses, los griegos y yugoslavos, los monárquicos italianos que siguen a Badoglio, los rumanos, búlgaros y húngaros que vuelven sus armas contra los alemanes y son liquidados luego, por sus nuevos "aliados" soviéticos... los vencedores ingleses y franceses, que tras su victoria pierden sus Imperios y se convierten en potencias de tercer orden y satélites de New York... los blancos de Ultramar desde Argelia hasta Sudáfrica y Rhodesia, que lucharon contra una ideología que preconizaba la hegemonía del Hombre Blanco en Europa y ciertas Zonas de Influencia africanas y asiáticas, y hoy se ven convertidos tras la victoria a la que contribuyeron en ciudadanos de se-gunda fila, denunciados por el dedo puritano e inflexible de los progresistas que desearían verlos a la merced de cualquier cafre "emancipado" por el Viento de la Historia.

Engaño colectivo y en cadena... pues los que engañaron ayer son engañados hoy por los progresistas que serán engañados mañana, cuando llegue el último acto de la tragicomedia. Nada más trágico, pero también nada más cómico que estos europeos de Argelia - que votaban a socialista y comunista antes de la revolución de los nativos musulmanes y beréberes... que estos tránsfugas de la OAS, los Salan (masón y radical-socialista) los Argoud, los Zeller, antiguos resistentes, es decir francotiradores incapaces de vencer a sus aventajados discípulos, los francotiradores fellahgs, durante nueve años de lucha... buscando la salvación en un ciego, estúpido y criminal antiterrorismo, y terminando por realizar una revolución de ópera bufa, sin otro resultado que engañar a sus partidarios y engañarse a sí mismos para facilitar así la victoria "electoral" del F.LN, consagrada por París y ratificada solemnemente en Evian y en las calles de Argel[595].

---

[595] El primer Embajador de Francia ante la nueva República de Argelia, el ferviente "descolonizador" Jeanneney, sufrió, en plena calle y ante una multitud obscenamente divertida "el mayor ultraje que puede infligirse a un hombre", (según "*Rivarol*" París, agosto 1962). A la esposa del Embajador de Suecia estuvo a

Engaño colectivo y en cadena, provocado por esa intoxicación progresista, masónica, por ese "pas d´enemi á gauche" consustancial a toda "democracia", por ese Viento de la Historia en suma. Intoxicación que ha llegado a alcanzar plenamente al clero, incluyendo a altos príncipes de la Iglesia, tales como Monseñor Duval, Arzobispo de Argel, y después promovido Cardenal partidario y protector confeso de los fellahga[596]...

Duval, cuya Catedral fue profanada por los beréberes emancipados, pudo asistir, cuando "los suyos" vencieron, a la conversión de sus iglesias en mezquitas, cuando no en mataderos, almacenes o "dancings".

El engaño colectivo y en cadena, que continuará repitiéndose "ad nau-seam", hasta el total hundimiento de Europa y la Civilización Occidental, mientras siga nutriéndose de las ponzoñosas ideas que su propio Enemigo le suministra para perderle.

GUERRA SUBVERSIVA Y ESPIONAJE SOVIETICO

El Presidente Roosevelt había nombrado Jefe de Personal del Proyecto Mannhattan -nombre clave dado a la fabricación de la primera bomba atómica- a la hebrea Anna M. Rossenberg.

Esta señora, pues, fue la responsable de todos los empleos concedidos a varios centenares de personas. Bien es sabido que no fue demasiado afortunada en la elección de varias de ellas, pues los secretos atómicos fueron entregados a la U.R.S.S. por una bien organizada célula integrada por los siguientes individuos: Julius Rossenberg, Ethel Rossenberg, Harry Gold, Morton Sobell, David Greenglass, Abraham Brithmann, Miriam Moskovitch, Emmanuel Bloch, David Weinberg, William Pearl, John Vág-Weiszfeld, David Boehm y Edwin David. Ruth Greenglass, esposa

---

punto de sucederle una "peripecia" harto desagradable a la puerta de su domicilio La expresión peripecia, aplicada a este caso, no es nuestra. El muy conformista "*Le Figaro*" llamó, púdicamente, a estos sórdidos excesos, "Peripecias inevitables de la Descolonización" (N. del A).

[596] Es preciso tener presente que el hecho de ser Obispo, Arzobispo, Cardenal o Papa, no es ninguna garantía de muy sentido político. Además, en las épocas de Decadencia -y la nuestra lo es- aparece, invariablemente el grotesco tipo del clérigo revolucionario y renegado, el bufón de la tragedia. Recuerden se los catos de Talleyrand, Fouché, Sieyés y tantos otros obispos y curas apóstatas de la Revolución Francesa (N. del A).

de David Greenglass, fue arrestada en calidad de cómplice de los anteriores. Estos catorce espías y traidores a la Patria son, todos, judíos.

¡Coincidencia!

Esta red de espionaje tenía ramificaciones en el Canadá y en el Reino Unido. En el Canadá fueron arrestados Martin David Kamen y John Hitchook Chaplin, el primero de ellos judío y el segundo, probablemente, también.

En Inglaterra fueron detenidos y condenados por espionaje y traición, Klaus Fuchs, Bruno Pontecorvo y Dean Slack. Pontecorvo es judío. Fuchs y Slask son hijos de judía y Gentil[597].

Para redondear esta serie de coincidencias, el alto funcionario soviético que, "centralizaba" la información recibida en la Embajada Soviética en Washington era un tal Abramovitch Adams.

La "Comisión de Actividades Antiamericanas no parecía muy dispuesta a admitir que los 19 más arriba mencionados espías habían podido transmitir los secretos atómicos a su patria adoptiva, la U.R.S.S.. sin ayuda de algún o algunos miembros de esta muy poderosa "Comisión de Energía Atómica". Interrogados los miembros de esta Comisión, se demostró que todos habían procedido, al menos, con notoria ligereza, aunque no pudo demostrarse, técnicamente, que habían cometido traición. Formaban aquella ligera Comisión de Energía Atómica: David Lilienthal, Joseph Lilienstein, Raytnond F. Bacher, David Strauss, William W. Waymack y Albert Pike. Exceptuando a este último, los demás eran hebreos.

Existía, aún, otro organismo "controlador" el "Comité de Energía Atómica del Senado", cuyo presidente era Karl Kohen, judío nacido en Alemania.

El escándalo promovido en los Estados Unidos cuando se supieron detalles de este asunto fue enorme. El juicio del matrimonio Rossenberg que, al menos nominalmente, aparecía como el núcleo de la célula, fue un ejemplo admirable de la secular sutileza judaica. La mayoría - siete - de los jurados eran judíos, al igual que el Juez Kauffmann, el Fiscal General Saypol y el defensor Bloch.

La expansión constante del comunismo, y las denuncias sensacionales de Mac Carthy y lo que -a pesar de la Conspiración del silencio de la Gran Prensa se iba

---

[597] En Inglaterra fueron Peter y Helen Kroger (a) Cohen, los que facilitaron a los soviéticos informes sobre el sistema inglés de radar y los submarinos Polaris. Los pederastas Burgess y Maclean eran ingleses, pero el más famoso de los espías británicos, Gordon Lonsdale (a) Molody, era judío (N. del A.).

La Historia de los Vencidos (El suicidio de Occidente)

sabiendo a propósito de la identidad de la inmensa mayoría - si no de la totalidad de los espías, habían llegado a alarmar de tal manera al pueblo norteamericano que, indudablemente si se hubiera salvado la vida a los Rossenberg, su protección habría causado más mal que bien al Movimiento Político Judío. Los Rossenberg vivos habrían hecho desbordar las sospechas de las masas americanas, por adormecidas que estuvieran, en cambio, muertos, seguirían sirviendo a su Causa. El espía, soldado de un ejército invisible y sin gloria, pierde toda su utilidad una vez identificado. Con su muerte protege el secreto de quienes le mandan. La condena de los Rossenberg fue una prueba de lealtad y de rectitud del Judaísmo Americano para con los Estados Unidos.

Con la ejecución de los Rossenberg culminó el más sensacional caso de espionaje proósoviético conocido hasta entonces.

Pero en realidad, el caso Rossenberg no fue más que una etapa en el largo camino de traiciones pro-bolcheviques. Y cuando aún no se habían apagado los ecos de la tempestad provoca da por ese caso, otra espía, Judith Coplon, también judía, alta funcionaria del Departamento de Justicia, fue denunciada por el FBI. Durante las diligencias de su proceso se evidenció que, en Junio de 1947, se envió equipo atómico a la URSS, con conocimiento de muy altos funcionarios -no identificados- de la Casa Blanca!

Entre tanto, durante el periodo 1947-1949, una célula de espionaje comunista establecida en el Canadá, entregó todos los secretos atómicos canadienses a la URSS. Según la revista "L´Emancipation Nationale" de Montreal (8-IX-1954), la red se componía de veintiún miembros, cuyos nombres eran Schmil Kokan (a) Samuel Karr (a) Sam Cohen líder del Partido Comunista en Canadá Occidental; Fred Rose (a) Frederick Rossenberg; Gordon Lunan, (a) David Gordon; Agatha Chapmann; Allan Nunn May; H. S. Gerson; Durford Smith; Edward Wilfred Mazerall; Israel Halperin; F. W. Poland; Eric Adams; Kathleen Wilsher; Matt S. Nightingale; David Shugarz; Samuel Sol Burman (a) Salomon; J.S. Benning; Freda Linton; Herminia Rabinowich; William Helbein; Raymond Boyer y Emma Woikin.

La "Commission Royale" encargada de estudiar este caso, publicó el "curriculum vitae" de estos individuos. Ninguno de ellos era un paria explotado por el Capitalismo y todos poseían un nivel de cultura y educación notable. Sólo Durnford Smith, Mazerall, Benning y Boyer eran auténticamente canadienses; los demás eran judíos.

Hablaremos someramente del sensacional "Caso Hiss". Alger Hiss miembro del "Brain Trust" de Roosevelt y, luego, de Truman; Sub-Secretario de Justicia y, más tarde, de Estado (Asuntos exteriores organizador de la Conferencia de Dumbarton Oaks y de San Francisco, coautor del texto del articulado de las Naciones Unidas y Primer Secretario General de dicha organización mundial... consejero oficial de Roosevelt y Truman en Yalta y Potsdam... eminencia gris del Partido Demócrata... y agente soviético.

Durante el proceso contra ese individuo, muy poderosas, influencias hicieron lo posible por salvarle, aunque al final fue condenado a cinco años de cárcel por perjurio.[598]

La célula Hiss estaba integrada por su hermano Donald, asociado del secretario de Estado. Dean Acheson, con el que había dirigido un bufete de abogado en New York; el prestigioso abogado John J. Abt, especializado en la defensa de comunistas y "fellow travellers" Nathan Witt, Irving Kaplan, George Silvermannn y Lee Pressmann. Exceptuando a los dos hermanos Hiss, los otros eran judíos.

Algo más a propósito de Alger Hiss: cuando salió de la cárcel antes de cumplir su condena, (reducción de su pena por buena conducta) encontró todas las puertas abiertas. Cuando John Fitzgerald Kennedy se presentó candidato a la Presidencia de los Estados Unidos, Hiss formó parte de su equipo electoral. Y, en Noviembre de 1962 Hiss, traidor a su país, y espía demostrado perjuro por partida doble y expresidiario, habló ante las cámaras de televisión de la "American Broadcasting" para acusar a Richard Nixon, el antiguo adversario de Kennedy y acusador de Hiss cuando éste fue procesado.[599]

Para presentar y describir los numerosos casos de espionaje y traición que se han producido en los Estados Unidos desde el fin de la Segunda Guerra Mun-dial hasta nuestros días, habría que escribir un grueso volumen a esta sola cuestión dedicado.

Basándose en noticias de Agencias publicadas en la Prensa del "Mundo Libre", y en datos recogidos en libros y publicaciones especializadas, hemos confeccionado una lista de los más destacados espías descubiertos por el F.B.I. y por la "Comisión

---

[598] Aunque se demostró que Hiss había sido espía, su defensor interpuso el recurso de la prescripción. Pero cometió perjurio al afirmar que nunca había sido miembro del partido Comunista. (N. del A.).

[599] Crónica de P. Hoffstetter en "*Défense de l'Occident*" Marzo 1963.

La Historia de los Vencidos (El suicidio de Occidente)

de Actividades antiamericanas" desde 1947 hasta finales de 1962. En esta lista incluyo a los espías ya mencionados. Sólo tengo en cuenta a los específicamente condenados por espionaje sin ocuparnos de los casos de "negligencia", etc.

- Rudolph Abel (a) Emil Goldfuss Judío
- John J. Abt Judío
- Sol (Solomon) Adler Judío
- Jacob Albam Judío
- María Bachrach Judía
- Elizabeth Bentley Americana
- Alva Bessie Judío
- Margaret Bennet Porter ¿?
- Herbert Biebermann Judío
- Emmanuel Bloch Judío
- David Boehm Judío
- Joseph Brandt Judío
- Harry Bridges Judío
- Abraham Brothmann Judío
- Esther Brunauer Judía
- Stephen Brunauer Judío
- Gertrude Cameron Americana
- John Carter Vincent Americano
- Vera Chalkmann Judía
- Whittaler Chambers Americana
- Nelson Chipchin ¿?
- Charles E. Coe (Cohen) Judío
- Franz Cohen Judío
- Jerorne B. Cohen Judío
- Morrís U. Cohen, Judío
- Prof. H. Coleman Americano
- Judith Coplon Judía
- Leo Crowly Judío
- Lauchlin Currie Americano

- Edwin David Judío
- John Patton Davies (Davids) Judío
- David Demarest Lloyd Judío
- Leo. M. Drazzdorff Judío
- Gustavo Durán Español
- Max Elitcher Judío
- Arpard Erdos Judío
- Irving Fayans Judío
- Abraham Feller Judío
- Federick Vanderbitl Field Americano
- Hertha K. Field Judía
- Noel H. Field Judío
- Olga Field Judía
- Edward Fitzgerald Judío
- William Frauenglass Judío
- Mark Gayn (Julius Ginsberg) Judío
- Abraham Georg Judío
- Harold Glasser Judío
- Sydney Giausmann Judío
- Jakob Golosh Judío
- Stella Gordon Judía
- Jacob Graumann Judío
- Carl Greenbaum Judío
- Michael Greenberg Judío
- David Greenglass Judío
- Ruth Greenglass Judía
- Harry Gold Judío
- Helda Gumperz Judía
- Maurice Halperin Judío
- Haldore Hanson Americano
- Ruth Marcha Harrisson Americana
- David Hawkins ¿?
- Alger Hiss Judío

- Donald Hiss Judío
- John Hitchook Chaplin ¿?
- Philip Jaffe Judío
- Julius J. Joseph Judío
- Martin David Kamen Judío
- Irving Kaplan Judío
- Paul Katemburg Judío
- Mary Jane Keeney Americana
- Dorothy Kenyon Americana
- Leon Keysserlyng Judío
- Ruth Keysserlyng Judía
- Charles Kramer Judío
- Hermann Landau Judío
- Ring Lardner Judío
- Owen Lattimore Americano
- Michael J. Lee (Ephraim Libermann) Judío
- Paul Lefantieff Lee Judío
- Sol Leshinsky Judío
- Esther Loss Judía
- Harry Magidoff Judío
- Daniel E. Margolies Judío
- Albert Maltz Judío
- Larsen Mano Judío
- Peveril Meigs Judío
- Jacob J. Melekh Judío
- Franz Michael Judío
- Leonard S. Mins Judío
- Ella Montagu Judía
- Miriam Moskowitz Judío
- Phileo Nash ¿?
- Steve Nelson (Messaroch) Judío
- Franz L. Neumann Judío
- Harry Ober Judío

- Sam Ornitz Judío
- Olga V. Osmarch Judía
- Williard Park ¿?
- George Perazich Judío
- Simom Peress Judío
- William Perl Judío
- Victor Perlo Judío
- Jay Peters (Goldenberger) Judío
- Edward O. Posniack Judío
- Lee Pressmann Judío
- Mary Price Americana
- Philip Raine Judío
- Bernard Redmont Judío
- William Remington Americano
- Edward Rooth Judío
- Allen Rossenberg Judío
- Ethel Rossenberg Judía
- Julius Rossenberg Judío
- Andrew Roth Judío
- Daniel Rothschild Judío
- Jack Rothwell Judío
- Jack (Jacob) Sargent Judío
- Irving P. Schiller Judío
- Herbert S. Schimmel Judío
- Sylvia Schimmel Judía
- Frederick Schumann Judío
- Benjamin Schwartz Judío
- Theodore Seiger Judío
- Harlow Shapley (Shapiro) Judío
- George Silvermann Judío
- Nathan Gregory Silvermaster Judío
- Moses Simson Judío
- Agnes Smedley Americana

La Historia de los Vencidos (El suicidio de Occidente)

- Morton Sobell Judío
- Ruth Sobell Judía
- Jack Soblen Judío
- Ralph Spitzer Judío
- Albert Stern Judío
- Esther Stern Judía
- John Stewart Service Americano
- Anna Louis Strong Americana
- William Taylor Americano
- Helen Tenney Americana
- John Tripton Fishburn ¿?
- Dalton Trumbo Judío
- Frances M. Tuscher ¿?
- Ludwig Ullmann Judío
- John Vag Weiszfeld Judío
- Jacob Viner Judío
- Henry Julian Wadleigh Judío
- Eugéne Wallach Judío
- Harold F. Ware ¿?
- Robert Warren Barnett Americano
- Helen Warren Barnett ¿?
- David Weinnberg Judío
- David Weinntraubb Judío
- Nathaniel Weyl Judío
- Harry Dexter White (Weiss) Judío[600]
- Donald Wheeler Americano
- Nathan Witt Judío
- Karl Wittuogel Judío

---

[600] Dexter White fue Sub-Secretario del Tesoro con Morgenthau, concibió el "Fondo Monetario de las N.U." y presidió la Conferencia Financiera de Bretton Woods. Durante su administración, las prensas para la impresión de moneda americana fueron milagrosamente obtenidas por los Soviets, que inundaron Europa de "auténticos falsos dólares". White fue cómplice de Hiss, y colaboró en la redacción del "Plan Morgenthau". Antes de comparecer ante la "Comisión de Actividades antiamericanasí, se suicidó. (N. del A.).

- Milton Wolff Judío
- George S. Wuchinich Judío
- Hyman Gerber Yavis Judío

Es decir, que entre los 158 agentes comunistas mencionados, hay 124 judíos, 10 individuos de raza incierta, 23 norteamericanos y el pederasta Durán, español de nacionalidad norteamericana.

Parece que una Prensa como la que padecemos, que se agita desesperadamente en busca del sensacionalismo, aún a costa de espiar intimidades y de cultivar el escándalo, auténtico o inventado, deberá airear el hecho, por demás singular, de que una comunidad como la judía, cuya población no llegaba al tres por ciento del total de la norteamericana, albergue en su seno, nada menos que el 78,5 por ciento de los más importantes espías y traidores hasta ahora descubiertos y "convictos" en su país. Raro, muy raro, el atronador silencio observado por la Gran Prensa ante este hecho de un sensacionalismo sin precedentes.

Rarísimo, también, que a la Gran Prensa no le haya llamado la atención el hecho de que ni uno sólo de los individuos más arriba mencionados pertenezcan a la clase "proletaria", y en cambio, la mayoría de ellos sean "capitalistas". Ahí tenemos al millonario Frederick Vanderbitl Field; al magnate de Hollywood Albert Maltz; a uno de los asistentes administrativos del Presidente Truman, Lauchlin Currie; a los altos funcionarios Edward Fitzgerald, del Departamento del Tesoro, Abraham Feller y Jacob Melekh, de la Delegación Americana en la O.N.U.; Owen Lattimore, funcionario, sucesivamente, de tres o cuatro departamentos oficiales; Ware, del Ministerio de Agricultura; Daniel Rothschild, de la Imprenta Oficial del Gobierno; Sol Leshinsky, de la Oficina Internacional de Refugiados. Sumamente extraño que no se subraye el hecho de que el espía Soblen fuera el "protegé" de los banqueros Buttenweiser, y que cuando huyó no se dirigiera a la URSS, sino a Israel. ¿Puede, honradamente, creerse, que si el espía hubiera sido un alemán, y que, prevaliéndose de la protección de un compatriota, hubiese buscado refugio en la Alemania Federal, la Gran Prensa hubiera omitido de subrayarlo ad nauseam?

Ella -la Gran Prensa- se preocupa solamente de saber si es cierto que el más implacable enemigo de los espías y saboteadores procomunistas Joseph McCarthy, ha tratado con excesiva rudeza a un comunista que se niega a cooperar con una

La Historia de los Vencidos (El suicidio de Occidente)

Comisión del Senado[601]. Pero no encuentra nada de extraño en el hecho de que los primeros saboteadores detenidos por el FBI y la Policía Militar al comienzo de la Guerra de Corea fueran cuatro judíos: Max Schnaltzer, Minton Silvermann, Samuel Zakkmann y Sam Kerr. Esto es una coincidencia y, como tal, parece carecer de importancia No...; lo único que interesa es saber si se han guardado las formas exteriores de la Democracia...

Los cinco primeros oficiales expulsados del Ejército de los Estados Unidos por actividades comunistas fueron los miembros del Pueblo Elegido: Harry Specor, Phil Weiss, Irving Specor, Abraham Kotlechuk y Rheabel Mendelssohn. De esto tampoco se habló mucho, como igualmente se calló que de los seis primeros desertores norteamericanos de la guerra del Vietnam -desertores por razones políticas- que hablaron ante la Televisión de Moscú, cuatro eran también judíos: Joseph Metz, Phillip Callicott, Mark Alan Shapiro y Edwin Arnett. ¿No es, acaso, América, una Democracia?

En una Democracia como América puede repetirse hasta la saciedad que los prusianos son unos salvajes que rinden culto a la violencia y hasta se tolera un ridículo pseudo-anticomunismo. Pero lo que no puede hacerse, en una Democracia como América -o, al menos, no puede hacerse sin grandes riesgos personales-, es decir, la sencilla verdad de que, si bien no todos los judíos son comunistas, si, al menos, la aplastante mayoría de los caudillos y los grandes dirigentes de la traición, sabotaje y el espionaje comunistas son judíos.

En una democracia como América puede, por ejemplo, publicarse la lista de los miembros del Comité Central del Partido Comunista, y mencionarse que, los "camaradas" Henry Winston y Benjamín J. Davis, Jr., son de raza negra. Pero no puede decirse -bajo pena de ser acusado de racistas que, de los otros once, ocho son judíos. Y pretender vencer a la Mentira Comunista poniendo trabas y vetos a la

---

[601] Contra lo que se ha pretendido, McCarthy no era un antisemita. El hecho de que la mayoría de los traidores por él desenmascarados fueran judíos no es imputable al Senador de Wisconsin. Sus dos principales ayudantes eran los hebreos Roy M. Cohn y David Schine, si bien tales ayudantes no le ayudaron mucho cuando debió hacer frente a la campaña difamatoria contra él desencadenada por Drew Pearson y Walter Winchell (Lipschiltz) Recordemos, además, esta extraña coincidencia: Cuando Mikoyan, se trasladó a los USA, se hospedó precisamente en un hotel perteneciente a Schine. Según Josephson, Flynn y Gerald Smith, McCarthy fue médicamente asesinado en el Hospital "Bethesda" (para culminar, ¿de donde cree usted que salió el nombre de este famoso hospital?). (N. del A.).

Verdad es, sencillamente demencial.

BIBLIOGRAFÍA

Luis Araquistain: *El Comunismo en la Guerra Civil Española.*

Jacques Bainville: *Les Conséquences Politiques de la Paix.*

R. S. Baker: *Woodrow Wilson: Memoiren und Dokumente.*

Salvador Borrego: *Derrota Mundial.*

Boris Brassol: *The World at the Cross Roads.*

William C, Bullit: *The World Menace.*

William C. Bullit: *Cómo los Estados Unidos ganaron la guerra y por qué están a punto de perder la paz.*

J. G. Burg: *Schuld und Schicksal.*

Georges Champeaux: *La Croisade des Démocraties.*

Winston S. Churchill: *Step by Step.*

Winston S. Churchill: *Great Contemporaries.*

Winston S. Churchill: *Memorias.*

Galeano Gano: *Memorias.*

Thomas Connally: *My name is Tom Connally.*

Henry Coston: *La Haute Banque el les Trusts.*

Henry Coston: *Les Financiers qui mènent le monde.*

Henry Coston: *Le Retour des 200 familles.*

Birger Dahlerus: *Memorias.*

Aldo Dami: *Le Dernier des Gibelins.*

Savitri Devi: *The Lightning and The Sun.*

Savitri Devi: *Gold in the Furnace.*

Charles De Gaulle: *Mémoires.*

Mary M. Davison: *The Secret Government of the USA.*

Karl Doenitz: *Zehn Jahre und zwanzig Tage.*

Sir Barry Domvile: *From Admiral to Cabin Boy.*

Benjamin Disraelí: *Life of Lord George Bentinck.*

Benjamin, Disraelí: *Conningsby.*

Departamento de Estado USA: *War and Peace*

Robert Edward Edmonssor: *I Testify*

Alcide Ebray: *La Paix Malpropre.*

Dwight David Eisenhower: *Cruzada en Europa.*

Thomas Elmhirst: *The German Air Forces,*

Olivier d´Etchegoyen: *Pologne. Pologne...*

Mark Ewell: *Manacles for Mankind.*

Rev. Denis Fahey: *The Rulers of Russia.*

A N. Field: *All these things.*

John T. Flynn: *El Mito de Roosevelt.*

Henry Ford Sr.: *The International Jew.*

James V. Forrestal: *The Forrestal Diaries.*

J. F. C. Fuller: *History of World War II.*

Friedrich Grimm: *Francia y el Corredor Polaco.*

Hans Grimm: *Warum?... Woher?... aber Wonin?*

Russell Greenfell: *El Episodio de Bismarck.*

Paul Joseph Goebbels: *Diario.*

Maurice Gomberg: *A New Moral Order for Permanent Peace and Freedom.*

W. George: Race. *Heredity and Civilization.*

H. A. Groynne: *The cause of World Unrest.*

K. Hierl: *In Dienst fur Deutschland.*

Theodor Herzl: *A Jewish State.*

A. Homer: *Judaism and Bolshevism.*

Averell Harrimann: *¿Paz con Rusia...?*

Sven Hedin: *Without Commission in Berlin.*

F. H. Hinsley: *Hitler no se equivocó.*

Arthur Harris: *Bomber Ofensive.*

Ilse Hess: *Prisoner of Peace.*

Franz Halder: *El Estado Mayor Alemán.*

Stephen Hecquet: *Les Guimbardes de Bordeaux.*

B. Jensen: *The Suez Crisis.*

Colin Jordan: *Fraudulent Conversion.*

Emmanuel M. Josephson: *Rockefeller, the Internationalist.*

Husband E. Kimmel: *Facts about Pearl Harbour.*

Mauricio Rail: *Pearl Harbour, traición de Roosevelt.*

Benedikt Kautsky: *Teuffel und Verdammte.*

Peter von Kleist: *Auch du varst dabei!*

Robert H. Ketels: *Révision... des Idées. Souvenirs.*

Arnold S. Leese: *The Jewish War of Survival.*

Arnold S. Leese: *Chinese Communism?*

Trygve Lie: *In the Cause of Peace.*

Emil Ludwig: *Life of Roosevelt.*

Ch. Liddell Hart: *Defence of Europe.*

Ch. Liddell Hart: *The German Generals State.*

Ch. Liddell Hart: *The Other Side of the Hill.*

Jacob Letchinsky: *La situation économique des Juives depuis la Guerre Mondiale.*

Salvador de Madariaga: *Victors Beware!*

L. Maclean: *Ofensiva de la Aviación de Bombardeo.*

Jan Massaryk: *La Resurrección de un Estado.*

Louis Marschalsko: *The World Conquerors.*

Georges Michon: *Clemenceau.*

Francesco Nitti: *El Tratado de Versalles como instrumento para continuar la guerra.*

Vladimir d´Ormesson: *A propos du Corridor de Dantzig.*

Leon de Poncinis: *The Secret Forces Behind Revolution.*

Leon de Poncinis: *La Mystérieuse Internationale Juive.*

Franz von, Papen: *Memorias.*

Oswald Pirow: *Was the Second World War Unavoidable?*

Jacques Ploncard d´Assac: *Le Nationalisme et la Question Coloniale?*

Jacques Ploncard d´Assac: *Coexistence Pacifique et Guerre Révolutionnaire?*

Angelo S. Rappoport: *Pioneers of the Russian Revolution.*

Paul Rassinier: *Le Véritable procès Eichmann.*

Paul Rassinier: *Le Mensonge díUlysse.*

Traian Romanescu: *Amos y Esclavos del Siglo XX.*

Traian Romanescu: *La Gran Conspiración Judía.*

Traían Romanescu: *Traición a Occidente.*

Archibald M. Ramsay: *The Nameless War.*

Iman Raguza: *The Life of Stalin.*

Arthur Rogers: *El Misterio del Estado de Israel.*

Paul Reynaud: *Révélations Politiques.*

Olivia O´Grady: *Beasts of the Apocalypse.*

D. Petrovsky: *La Russie sous les Juifs.*

Capitán Rosskyll: *The War at Sea.*

Elliott Roosevelt: *Así lo quería mi padre.*

Joachim von Ribbentrop: *Zwischen London und Moskau.*

Bertrand Russell: *The Scourage of the Swastika.*

P. Sorokin: *Social and Cultural Dynamics*

André Savignon: *Dans ma prison de Londres.*

J. M. Spaight: *Bombing Vindicated.*

Hjalmar Schacht: *Memorias.*

Gerald L. K. Smith: *Suicide.*

Frederick R. Sanborn: *Pearl Harbour.*

Ronald Seth: *Secret Servants.*

J. Creagh Scott: *Hidden Government.*

John C. Sherwood: *Roosevelt and Hopkins.*

Charles Sarolea: *Impressions of Soviet Russia.*

Ernst von Salomon: *Die Geachteten.*

Henry Wickham Steed: *My Memoirs.*

Robert E. Theobald: *Last Secret of Pearl Harbour.*

J. Tourly: *Le Conflit de Demain.*

Arnold J. Toynbee: *Hitler´s Europe.*

C. de Tormay: *Le livre proscrit.*

J. J. Tharaud: *Causerie sur Israel... Vienne la Rouge.*

Leon Trotsky: *Stalin y sus crímenes.*

Ulik Varange: *Imperium.*

H. de Vries de Heelelingen: *Israel: son passé, son avenir.*

E. O. Volkmann: *Die Deutsche Staatssumwalzung.*

Stephen Wise (Weisz): *Años de Lucha.*

Gitselher Wirsing: *Cien Familias Dominan el Imperio.*

Nesta E. Webster: *The Socialist Network.*

Robert Wilton: *Russia's Agony.*

Robert Fl. Wílliams: *Know Your Enemy.*

Quincey J. Wright: *Study of War.*

Desmond Young: *Rommel.*

Leonard Young: *Deadlier than the H-Bomb.*

F. Mac Cullagh: *Red Mexico.*

Ivan Krylov: *My career in the Soviet Central Staff.*

Henry Wickham Steed: *Through thirty years.*

Bernard Lazare: *L'Antisémitisme.*

William Zuckermann: *The jews in revolt.*

Sidney O'Reilly: *Britain's master spy.*

George A. Hill: *Go spy the land.*

Ariadna Williams: *From liberty to Brest-Litovsk.*

Bruce Lockhart: *Memoirs of a British agent.*

Meriel Buchanans: *The dissolution of an Empire.*

David Lloyd George: *War Memoirs.*

Sidney Lee: *Dictionary of National Biography.*

Sidney Dark: *The Jew today.*

Douglas Reed: *Insanity Fair.*

Charles Lindbergh: *War Memoirs.*

Más las *Enciclopedias británica y americana*, el diccionario *Larousse* y la Enciclopedia Judía (*Jewish Encyclopoedia*)

OMISIONES

En el capítulo dedicado a la relación de personalidades judías dentro de los diversos gobiernos comunistas, se omitió por error todo un párrafo relativo a Bulgaria imprescindible para ofrecer una visión total del problema y que por ello reproducirnos seguidamente:

"Bulgaria no podía ser una excepción, y aunque es país poco conocido dentro de los comunistas y es ciertamente difícil lograr información fidedigna, de la información, obtenida entre los exilados búlgaros en España hemos podido recoger los siguientes nombres: Mati Pincas, famosa pianista cuyo padre fue durante muchos años director de la prisión central. Rajo Ávramov, gobernador civil durante muchos años y en la actualidad importante director industrial. Jak Natan, miembro del Comité Central del Partido Comunista Búlgaro, profesor de Economía. Ruben Avramov, miembro del Comité Central del Partido Comunista Búlgaro. Marco Bejar, director general de la policía de seguridad. Dentro de los artistas, con gran influencia en el país mencionaremos a Ruben Levi, Armandos Baruj, escritor y Pancho Vladigerov, compositor."

Otros libros publicados por Omnia Veritas

Omnia Veritas Ltd presenta:

HISTORIA PROSCRITA
I
LOS BANQUEROS Y LAS REVOLUCIONES

POR

VICTORIA FORNER

Los procesos revolucionarios necesitan agentes, organización y, sobre todo, financiación, dinero.

LAS COSAS NO SON A VECES LO QUE APARENTAN...

Omnia Veritas Ltd presenta:

HISTORIA PROSCRITA
II
LA HISTORIA SILENCIADA DE ENTREGUERRAS

POR

VICTORIA FORNER

"El verdadero crimen es acabar una guerra con el fin de hacer inevitable la próxima."

EL TRATADO DE VERSALLES FUE "UN DICTADO DE ODIO Y DE LATROCINIO"

Omnia Veritas Ltd presenta:

HISTORIA PROSCRITA
III
LA II GUERRA MUNDIAL Y LA POSGUERRA

POR

VICTORIA FORNER

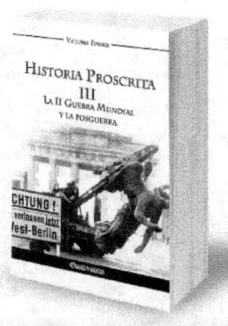

Distintas fuerzas trabajaban para la guerra en los países europeos

MUCHOS AGENTES SERVÍAN INTERESES DE UN PARTIDO BELICISTA TRANSNACIONAL

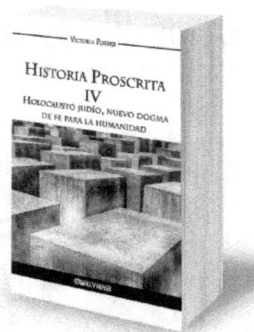

Omnia Veritas Ltd presenta:

Historia Proscrita IV
Holocausto judío, nuevo dogma de fe para la humanidad
por Victoria Forner

Nunca en la historia de la humanidad se había producido una circunstancia como la que estudiaremos...

Un hecho histórico se ha convertido en dogma de fe

"La historia que usted está por leer es verdadera, contrariamente a lo que pueda suponerse..." **Antony Sutton**

Un área de investigación histórica totalmente inexplorada...

"No pretendo hacerle creer a nadie que he descubierto una novedad – los políticos mienten..." **Antony Sutton**

Anthony Sutton tiene una gran virtud: se atiene a la documentación concreta, verificable y confirmada

La Historia de los Vencidos (El suicidio de Occidente)

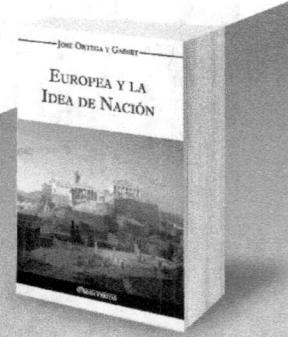

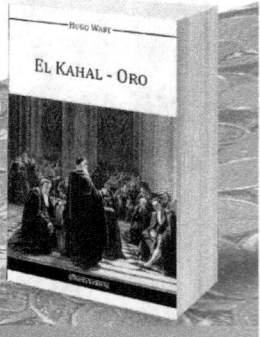

La Historia de los Vencidos (El suicidio de Occidente)

OMNIA VERITAS

Omnia Veritas Ltd presenta:

JUANA TABOR 666

de HUGO WAST

El culto de Satanás había tenido desde el siglo XIX apasionados adeptos...

y para hacerla más accesible, hizo de ella una contrafigura de la Ley de Dios.

OMNIA VERITAS

Omnia Veritas Ltd presenta:

Complot contra la Iglesia

de MAURICE PINAY

La profecía de un reinado Dios en la Tierra, la interpretaron los judíos como la promesa de un reino y dominio mundial de Israel

La autenticidad de estos documentos judiciales queda fuera de duda...

OMNIA VERITAS

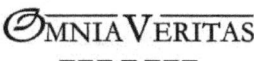

Omnia Veritas Ltd presente:

LA GUERRA OCULTA
de Emmanuel Malynski

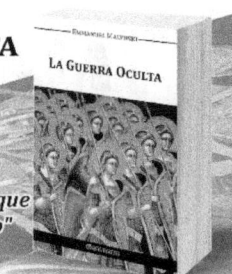

En esencia, **La Guerra Oculta** es una metafísica de la historia, es la concepción de la perenne **lucha entre dos opuestos** órdenes de fuerzas...

La Guerra Oculta es un libro que ha sido calificado de "maldito"

El análisis más anticonformista de los hechos históricos

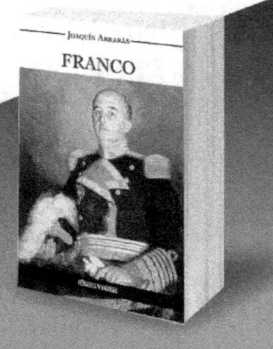

www.omnia-veritas.com

www.ingramcontent.com/pod-product-compliance
Lightning Source LLC
Chambersburg PA
CBHW060219230426
43664CB00011B/1483